최신사례를 통한

상속·증여세법의 이해

홍효식

박영사

　　국민생활 향상을 위한 국가 의무의 양적·질적 확대로 말미암아 국가의 재정수요는 확대되었고, 이를 충족하기 위한 조세는 필수불가결의 요소라고 할 것이나 이를 부담하여야 하는 국민의 재산권에 직접적으로 영향을 미치므로 우리 헌법에서는 "조세의 종목과 세율은 법률로 정한다"라고 조세법률주의를 천명하고 있으며, 개인의 생명과 신체의 자유를 위한 죄형법정주의와 자리를 같이 하고 있습니다.

　　사회가 전문화되고 복잡·다양해지는 한편, 국민들의 권리의식이 향상되면서 국가 또는 행정청을 상대로 한 법률분쟁이 급증하고 있는데 그 대표적인 분야가 조세소송이고, 복지국가를 지향하고 있는 현대에 있어 막대한 재정수요를 위한 국가의 징세권의 강화로 말미암아 이러한 추세는 더욱 심화되리라 생각됩니다.

　　범죄수사, 공소제기 및 유지, 범죄수사에 관한 사법경찰관에 대한 지휘, 법원에 대한 법령의 정당한 적용 청구, 재판 집행의 지휘·감독 등 잘 알려진 분야 외에 검사의 주요한 직무 중의 하나가 '국가를 당사자로 하는 소송과 행정소송의 수행 또는 그 수행을 지휘하고 감독하는 것'입니다. 우리 검찰에서도 이 송무업무에 대한 중요성을 인식하고, 공익의 대표자로서 국가의 재산과 재정을 지키는 한편, 국민의 정당한 재산권 등이 침해되는 일이 없도록 노력을 기울이고 있습니다.

　　저자는 약 25년 전 서울지방검찰청 송무부 검사로 근무할 때 이미 패소 확정된 서울 강남구 소재 당시 시가 천억 원대 토지에 대하여 다시 소를 제기하여 치열한 법리다툼 끝에 국유로 환수하는 데 성공하는 등 수많은 중요 국가소송을 수행하여 왔고, 법무부 송무과 검사로 근무하면서 국가 송무업무 관련 주요 법령의 개정을 통하여 현재의 고등검찰청 중심의 송무체계 개편을 주도하는 등 국가 송무업무 전문검사입니다.

 이번에 저자가 오랜 송무업무 경험을 바탕으로, 서울고등검찰청에서 수행·지휘한 수많은 조세소송을 분석하고 실제 소송에서 자주 등장하는 사건 유형과 논란이 되고 있는 쟁점 등을 정리하여 책자로 발간하게 되었습니다. 이처럼 본서는 저자가 분석한 실무상의 최신사례와 여러 법적인 쟁점들에 대한 검토를 담고 있어 조세사건을 담당하는 실무자들은 물론 상속세 및 증여세에 대해 관심을 갖고 있는 일반인들에게도 도움이 될 것으로 생각합니다.

 아무쪼록 본서가 조세소송에서 발생하는 최신 사례들에 대한 지식과 지혜를 일반인들과 공유하고, 조세송무를 수행하는 분들에게 업무능력을 향상시키는 데 도움이 되어 궁극적으로는 올바른 조세행정은 물론 국민들의 권익을 지키는 데 일익을 담당할 수 있기를 바라며, 상속세 및 증여세 외에 소득세, 법인세, 부가가치세 등 다른 세목에 대한 책자의 발간도 기대합니다.

2019. 7.

검찰총장 윤 무 일

머리말

　　필자는 약 30년간의 검사생활 중 꽤 오랜 기간 국가 송무업무를 담당하여 왔다. 현재는 서울고등검찰청 송무부 조세담당 검사로서 서울, 중부, 인천 지방국세청 및 그 산하 세무서와 서울, 경기, 인천 지역의 각 지방자치단체 그리고 관세청 등이 수행하는 조세소송을 지휘하는 업무를 맡고 있다.

　　각급 법원에서 조세소송 판결이 하루에도 적게는 수건, 많게는 수십 건씩 선고되고 있다. 국가재정과 국민의 재산권에 직접적인 영향을 미치는 판결 내용을 서울고등검찰청 조세팀만 일회적으로 알고 지나치기가 아깝고 이후 업무를 담당할 검사 및 공익법무관 등에게 도움이 되고자 사실관계, 원·피고의 주장 및 판결요지 등을 정리하여 보존하여 오던 중, 이를 이용하여 일반 납세자들과 조세소송 수행관계자들이 쉽게 이해할 수 있는 책자로 만들면 어떨까 하는 다소 무모한 생각을 가지게 되었다.

　　조세법은 법학적 기초 위에 회계에 관한 지식뿐만 아니라 각종 사회 현상에 대한 이해가 필요한 분야로서 매우 어렵다. 특히 상속세와 증여세는 재정수요를 조달하는 외에 부의 대물림과 집중 현상을 완화하는 등 부의 재분배 기능을 지니고 있어 이러한 부분에 대한 깊은 인식도 필요로 한다. 그러한 이유에서인지 조세법 관련 기존의 책자들은 내용이 방대하고 회계실무에서 필요한 내용 위주로 서술되어 있거나, 이론서로서의 역할에 치우치고 있어 일반인으로서는 접근이 매우 어려운 실정이다.

　　이러한 점 등을 고려하여 이 책에서는 실제 소송에서 자주 등장하는 사례를 선정하고 그와 관련된 이론 등을 설명하여 일반 독자들도 흥미를 갖고 접근한 후 점차 상속세 및 증여세법에 대한 이해를 높이는 방법으로 집필하고

자 하였다. 우선 본서의 앞부분에서는 상속세 및 증여세법 전체를 개괄적으로 서술하여 개별사례에 접근하기 전에 우리나라의 상속세와 증여세가 부과되는 기본 골격을 이해할 수 있도록 하였다. 다음 상속세 및 증여세법 체계에 따라 유형별로 최신사례를 중심으로 대상사건을 선정하여 사실관계와 주장내용, 판결요지 등을 설시한 후, 그 내용을 이해할 수 있도록 관련 법령과 시행규칙, 기본통칙 등을 설명하고 그 사안과 관련된 판례 및 조세법이론 등을 소개하는 한편, 판결의 의미 등을 분석함으로써 해당 부분에 대한 깊이 있는 이해를 도모하였다.

법률은 모든 사회관계를 규율할 수는 없다. 엄격해석이 요구되는 조세법률주의 하에서 급변하는 사회경제적 상황에 민감하게 대처하여야 하고 미처 생각하지 못한 경제적 이익이 발생하는 현상 또는 관계 등에 대하여도 공평하고 적정한 과세를 하여야 하는 조세법 부분은 더욱 그러하다. 상속세 및 증여세법도 마찬가지여서 자주 개정 작업이 이루어지고 있다. 그런데 조세법령불소급의 원칙 등으로 과세처분은 납부의무가 성립한 행위 시 법령에 따르도록 되어 있고, 특히 법원에서 다투는 과세처분의 대상이 되는 수익, 소득, 행위, 거래 등은 어느 정도 시일이 경과된 것으로서 당시 법령에 의할 수밖에 없다. 그러나 이 책에서는 독자의 편의를 위하여 현행법 조문 위주로 기술하였고, 내용이 개정된 경우에는 개정 전·후의 내용을 설명하는 방식을 취하였다. 지면 관계상 제·개정 모든 과정을 설명하지 못한 점 등에 대한 양해를 바란다. 또한 실제 소송에서 자주 등장하는 사건 유형과 논란이 되고 있는 쟁점 위주로 서술하다 보니 상속세 및 증여세법 모든 부분을 설시할 수는 없었다. 사례에서 빠진 부분은 앞부분 제1편 상속세 및 증여세 개요 부분을 참조하기 바란다.

다소 무모하게 시작한 작업이 어느 정도 마무리되는 순간, 부족한 부분이 많아 부끄러운 마음을 금할 길이 없고, 본인의 능력부족과 시간부족을 탓하지 않을 수 없다. 앞으로 개정 작업 등을 통하여 미진하고 부족한 부분을 보완할 것을 마음속으로 다짐하면서, 양해를 구하고자 한다.

    맨 처음 아이디어를 제공하여 주시고, 능력이 모자란 필자에게 격려와 조언을 아끼지 않으신 문무일 검찰총장님과 문찬석 대검 기조부장님, 김후곤 대검 공판송무부장님께 진심으로 감사드린다. 필자를 친동생 이상으로 보살펴주시면서 출판과정에 많은 도움을 주신 윤재윤 법무법인 세종 대표변호사님, 미숙한 이 책을 기꺼이 출판해 주신 박영사 안종만 회장님, 조성호 이사님, 편집부 이승현 과장님에게도 깊은 감사의 말씀을 드린다. 그리고 무엇보다도 사례의 선정부터 쟁점정리, 내용분석에 이르기까지 함께 해온 서울고등검찰청 송무부 조세팀 소속 공익법무관들에게 진심으로 감사드린다. 그들의 헌신적인 노력 없이는 시작도 할 수 없는 작업이었다. 매일 밤늦게까지 함께 토론하고 검토하던 그 때가 많이 그리워질 것 같다.

2019년 7월
저자 씀

차례

제1편 | 상속세 및 증여세법 개요

제 **2** 편 | 상속세편

1. 상속세를 과세하는 재산의 범위 / 67
대법원 2015. 2. 12. 선고 2012두7905 판결

2. 유류분과 상속세 및 증여세의 경정 / 81
서울행정법원 2018. 9. 13. 선고 2018구합616 판결

제3편 | 증여세편

30. 이혼과 증여세 : 재산분할 및 위자료 / 444
대법원 2017. 9. 12. 선고 2016두58901 판결

31. 증여계약의 취소와 후발적 경정청구 / 455
서울행정법원 2017. 11. 23. 선고 2017구합54036 판결

제**4**편 | 재산의 평가편

46. 최대주주 할증평가 / 664

대법원 2018. 2. 8. 선고 2017두48451 판결

법령약어

1. 관련 법, 영, 규칙 등의 표시

상증세법 ⋯ 상속세및증여세법

상증세법 시행령 ⋯ 상속세및증여세법 시행령

상증세법 시행규칙 ⋯ 상속세및증여세법 시행규칙

상증세법 집행기준 ⋯ 상속세및증여세법 집행기준

상증세법 기본통칙 ⋯ 상속세및증여세법 기본통칙

국제조세조정법 ⋯ 국제조세조정에관한법률

자본시장법 ⋯ 자본시장과금융투자업에관한법률

부동산실명법 ⋯ 부동산실권리자명의등기에관한법률

공정거래법 ⋯ 독점규제및공정거래에관한법률

* 국세기본법, 국세징수법, 조세특례제한법, 소득세법, 법인세법, 부가가치세법
  등 그 밖의 법률명 전체를 기재함

2. 예규 등의 표시

재재산 ⋯ 재무부, 재정경제원, 재정경제부, 기획재정부 재산세제과 예규

재산, 재삼, 재산상속, 재산세과, 서면법규, 법령해석재산 ⋯ 국세청 재산세3
      과, 재산세과, 상속증여세과, 법규과, 법률해석과 예규

서일, 서면4팀 ⋯ 국세종합상담센터, 고객만족센터 예규

3. 판례, 심판례 등의 표시

헌재 ⋯ 헌법재판소 결정례

대법원 ⋯ 대법원 판례

국심 또는 조심 ⋯ 국세심판원 또는 조세심판원 심판결정례

참고문헌

강석규, 『조세법 쟁론』, 삼일인포마인, 2019.

국세청, 『상속세 및 증여세법』, 국세공무원교육원, 2019.

김완석, 박종수, 이중교, 황남석, 『국세기본법 주석서』, 삼일인포마인, 2018.

박훈, 채현석, 허원, 『상속·증여세 실무 해설』, 삼일인포마인, 2019.

송옥렬, 『상법강의』, 홍문사, 2019.

신찬수, 이철재, 정창모, 『법인세의 실무』, 삼일인포마인, 2018.

안수남, 김동백, 김강영, 『양도소득세』, 광교, 2018.

윤충식, 장태희, 강지헌, 『조세특례제한법 해석과 실무』, 삼일인포마인, 2018.

율촌 조세판례연구회, 『조세판례연구[Ⅲ]』, 세경사, 2013.

이광재, 『상속·증여세의 이론과 실무』, 삼일인포마인, 2018.

이준봉, 『조세법총론』, 삼일인포마인, 2019.

임승순, 『조세법』, 박영사, 2019.

임재연, 『자본시장법』, 박영사, 2019.

임창규, 『법인세법의 해석과 적용』, 삼일인포마인, 2015.

정해욱, 전영석, 『종합소득세 실무』, 영화조세통람, 2019.

최성일, 『상속세와 증여세 실무』, 삼일인포마인, 2019.

(사)한국세법학회, 『조세판례백선 2』, 박영사, 2015.

신호영, "상속세 연대납부의무에 대한 연구", 「세무와 회계 연구」 제7권 제2호, 2018. 외 다수 논문

제 **1** 편

상속세 및
증여세법 개요

I 상속세

1. 상속세의 개요

가. 상속세의 의의

상속세란 자연인의 사망을 통해 무상으로 이전되는 재산을 과세물건으로 하여 그 취득자에게 과세하는 세목이다.

재산의 무상취득이라는 점에서 상속도 포괄적 의미의 소득을 구성하지만 소득에 합산하여 소득세를 부과한다면 상속인에게 과다한 누진세의 부담이 있어 별도로 상속세 과세체계를 둔 것이다. 또한 사회정책적으로는 부의 세습으로 인한 집중을 완화하여 국민들의 경제적 균등을 도모하고자 함에 그 의의가 있다.

나. 상속세의 과세방식

(1) 유산세 방식

유산세 방식은 피상속인의 유산 전체를 과세표준으로 하여 과세하는 방식이다. 아래에서 설명하는 유산취득세 방식보다 위장분할이나 허위신고를 행할 우려가 적고 세무집행이 용이하지만 응능부담의 원칙이나 공평과세의 원칙과는 어긋나는 측면이 있다.

(2) 유산취득세 방식

유산취득세 방식은 유산을 취득한 자의 취득재산을 과세표준으로 하여 과세하는 방식이다. 이 방식은 유산취득자의 취득분에 대응하여 개별적으로 과세되므로 공평과세의 이념에 적합하고 유산의 분할을 촉진하여 부의 집중을 억제하고자 하는 취지에 부합하지만, 허위의 분할 및 신고가 행해질 우려가 있다.

(3) 상속세 및 증여세법의 규정

상속세 과세가액을 피상속인을 기준으로 산정하고[상속세 및 증여세법(이하 '상증세법'이라 한다) 제3조, 제13조 제1항], 공동상속의 경우에도 상속재산분할 전의 총 상속재산액에 누진세율을 적용하여 세액을 산출하고 있는 점 등에 비추어 현행 상증세법은 유산세방식을 채택하고 있다고 할 것이다.[1]

다만 이와 같이 계산된 세액의 납부와 관련하여, 상증세법은 상속인 각자의 상속분에 따라 배분된 세액을 납부하도록 하면서 각자가 받았거나 받을 재산을 한도로 연대납부의무를 지우고 있다(상증세법 제3조의2).

2. 상속세의 납세의무

가. 상속세의 과세물건 – 상속

상속세의 과세물건으로서의 상속에는 민법상의 상속(민법 제5편) 외에도 유증(遺贈),[2] 사인증여(死因贈與),[3] 특별연고자에 대한 상속재산의 분여(分與)[4]가 모두 포함된다(상증세법 제2조 제1호).

나. 상속세의 납세의무자

상속세의 납세의무자는 상속인과 수유자[5]이다(상증세법 제3조의2 제1항).

'상속인'이란 법정상속인(민법 제1000조), 대습상속인(민법 제1001조), 피상속인의 배우자(민법 제1003조), 상속결격자(민법 제1004조)를 말하고, 여기에는 상속개시 후 상속을 포기한 자(민법 제1019조), 특별연고자(민법 제1057조의2)도 포함된다(상증세법 제2조 제4호).

---

1) 대법원도 이와 같이 보고 있음(대법원 2005. 9. 15. 선고 2003두12271 판결 등).
2) 유언에 의하여 재산을 타인에게 무상으로 이전하는 행위(민법 제1073조 내지 제1090조).
3) 증여자의 사망으로 인하여 효력이 생기는 증여(민법 제562조).
4) 피상속인과 생계를 같이 하고 있던 자, 피상속인의 요양간호를 한 자 및 그 밖에 피상속인과 특별한 연고가 있는 자에게 상속재산을 나누어 주는 것(민법 제1057조의2).
5) 유증을 받은 자 또는 사인증여에 의하여 재산을 취득한 자(제2조 제5호).

다. 상속세의 계산구조

| 총 상속재산가액 | • 본래의 상속재산 : 사망 또는 유증·사인증여로 취득한 재산
• 의제상속재산 : 보험금, 신탁재산, 퇴직금 등
• 추정상속재산 : 피상속인이 사망 전 1년(2년) 이내에 2억(5억) 이상 처분한 재산 또는 부담한 채무로서 용도가 불분명한 금액 |

－

| 과세제외재산 | • 비과세재산 : 국가·지방자치단체에 유증한 재산, 금양임야, 문화재 등
• 과세가액 불산입 : 공익법인 등에 출연한 재산 등 |

－

| 공과금, 장례비용 채무 |

＋

| 사전증여재산 | • 피상속인이 상속개시일 전 10년(5년) 이내에 상속인(상속인 아닌 자)에게 증여한 재산가액
• 단, 증여세 특례세율 적용 대상인 창업자금, 가업승계주식 등은 기간에 관계없이 합산 |

⇩

| 상속세 과세가액 |

－

| 상속공제 | 아래 공제 합계 중 공제적용 종합한도 내 금액만 공제 가능
• (기초공제 + 그 밖의 인적공제)와 일괄공제(5억) 중 큰 금액
• 가업·영농상속공제   • 재해손실공제
• 배우자 상속공제   • 동거주택 상속공제
• 금융재산 상속공제 |

－

| 감정평가수수료 |

⇩

| 상속세 과세표준 |

×

세율

과세표준	1억원 이하	5억원 이하	10억원 이하	30억원 이하	30억원 초과
세율	10%	20%	30%	40%	50%
누진공제액	없음	1천만원	6천만원	1억6천만원	4억6천만원

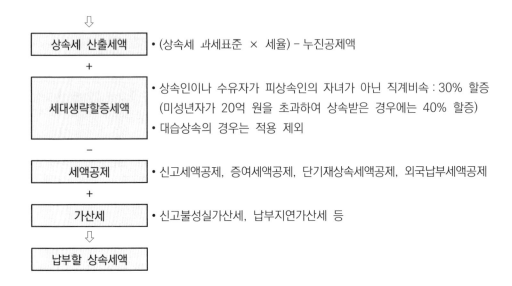

라. 상속세 과세대상인 상속재산의 범위

　　상속세가 부과되는 상속재산은, 피상속인에게 귀속되는 모든 재산으로서 ① 금전으로 환산할 수 있는 경제적 가치가 있는 모든 물건, ② 재산적 가치가 있는 법률상 또는 사실상의 모든 권리(피상속인의 일신에 전속하는 것으로서 피상속인의 사망으로 인하여 소멸되는 것은 제외)를 포함한다(상증세법 제2조 제3호). 이러한 상속재산은 적극재산만을 말하고, 소극재산(채무)은 상속재산에서 공제할 대상에 해당한다(상증세법 제14조 제1항 제3호).

　　한편, 피상속인이 거주자인지 비거주자인지에 따라 상속세 과세대상인 상속재산의 범위가 달라진다. 피상속인이 거주자[국내에 주소를 두거나 183일 이상 거소를 둔 사람]인 경우에는 모든 상속재산에 대하여 상속세가 부과되고 (무제한적 납세의무, 상증세법 제3조 제1호), 피상속인이 비거주자인 경우에는 국내에 있는 상속재산에 대하여서만 상속세가 부과된다(제한적 납세의무, 상증세법 제3조 제2호). 무제한적 납세의무자의 경우 외국 소재 재산에 대하여 해당 외국에서 상속세를 부과한다면 이중과세가 되므로, 이러한 부담을 덜어주고자 외국납부세액공제가 인정된다(상증세법 제29조).

마. 공동상속인의 연대납세의무

상속인 또는 수유자는 각자 받았거나 받을 재산을 한도로 하여 서로 연대하여 상속세를 납부할 의무가 있다(상증세법 제3조의2). 여기서 말하는 '각자가 받았거나 받을 재산'이란, 상속으로 인하여 얻은 자산총액에서 부채총액과 그 상속으로 인하여 부과되거나 납부할 상속세를 공제한 가액을 말한다(상증세법 시행령 제3조 제3항). 이는 상속세의 과세대상인 재산가액에서 비과세 및 과세가액 불산입액을 제외하고 공과금·채무 공제 등의 과정을 거쳐 산출한 과세가액에서 상속세를 공제한 가액을 상속분으로 나눈 가액을 의미한다. 즉 상속인 각자가 상속으로 인하여 얻은 이익을 한도로 상속세 연대납부의무를 부과한 것이다.

3. 상속재산의 구체적 검토[6]

가. 개 요

상속세의 과세대상인 상속재산은 피상속인에게 귀속되는 모든 재산으로서 ① 금전으로 환산할 수 있는 경제적 가치가 있는 모든 물건, ② 재산적 가치가 있는 법률상 또는 사실상의 모든 권리(피상속인의 일신에 전속하는 것으로서 피상속인의 사망으로 인하여 소멸되는 것은 제외)를 포함한다(상증세법 제2조 제3호). 이러한 상속재산에 해당하는지 여부는 실질과세의 원칙상 경제적 실질에 따라 판단하여야 할 것이다.[7]

나. 의제상속재산

민법상으로는 상속재산으로 볼 수 없지만 그 경제적 실질이 본래의 상속재산과 동일하다는 점에서 상속재산으로 의제되는 것이 있는데, 이를 의제상속재산이라 한다.

---

6) 자세한 논의는 [1] 상속세를 과세하는 재산 사례 및 [3] 의제상속재산(보험금 등) 사례 참조.

7) 대법원 1997. 11. 14. 선고 97누669 판결.

(1) 보험금

피상속인의 사망으로 인하여 받는 생명보험 또는 손해보험의 보험금으로서 피상속인이 보험계약자인 보험계약에 의하여 받는 것은 상속재산으로 의제한다(상증세법 제8조 제1항). 이때 보험계약자가 피상속인이 아닌 경우에도 피상속인이 실질적으로 보험료를 납부하였을 때에는 피상속인을 보험계약자로 보고 위의 보험금 등을 상속재산으로 의제한다(상증세법 제8조 제2항).

(2) 신탁 재산

피상속인이 신탁한 재산은 상속재산으로 보되, 타인이 신탁의 이익을 받을 권리를 소유하고 있는 경우 그 이익에 상당하는 가액은 상속재산으로 보지 아니한다(상증세법 제9조 제1항). 그리고 피상속인이 신탁으로 인하여 타인으로부터 신탁의 이익을 받을 권리를 소유하고 있는 경우에는 그 이익에 상당하는 가액을 상속재산에 포함한다(상증세법 제9조 제2항).

(3) 퇴직금 등

피상속인에게 지급될 퇴직금, 퇴직수당, 공로금, 연금 또는 이와 유사한 것이 피상속인의 사망으로 인하여 지급되는 경우 그 금액은 상속재산으로 보되, 다음의 어느 하나에 해당하는 것은 상속재산으로 보지 아니한다(상증세법 제10조).
   ① 「국민연금법」에 따라 지급되는 유족연금 또는 사망으로 인하여 지급되는 반환일시금
   ② 「공무원연금법」, 「공무원 재해보상법」 또는 「사립학교교직원 연금법」에 따라 지급되는 퇴직유족연금, 장해유족연금, 순직유족연금, 직무상유족연금, 위험직무순직유족연금, 퇴직유족연금부가금, 퇴직유족연금일시금, 퇴직유족일시금, 순직유족보상금, 직무상유족보상금 또는 위험직무순직유족보상금
   ③ 「군인연금법」에 따라 지급되는 유족연금, 유족연금부가금, 유족연금일시금, 유족일시금 또는 재해보상금

④「산업재해보상보험법」에 따라 지급되는 유족보상연금·유족보상일시금·유족특별급여 또는 진폐유족연금

⑤ 근로자의 업무상 사망으로 인하여「근로기준법」등을 준용하여 사업자가 그 근로자의 유족에게 지급하는 유족보상금 또는 재해보상금과 그 밖에 이와 유사한 것

⑥「전직대통령예우에 관한 법률」또는「별정우체국법」에 따라 지급되는 유족연금·유족연금일시금 및 유족일시금

다. 명의신탁재산의 상속재산 포함 여부

피상속인이 명의신탁을 하여 둔 재산에 대하여 수탁자에게 증여의제 규정이 적용되어 증여세가 부과되더라도, 그 재산이 신탁자인 피상속인의 소유에 속한 것이라는 실질에는 변함이 없으므로, 그 재산은 피상속인의 사망 시 상속재산에 포함된다.[8]

반대로 피상속인이 생전에 명의수탁 받은 재산은 명의신탁자에게 그 반환채무를 부담하고 있는 이상 상속재산가액에 포함될 수 없다.[9]

라. 처분 도중에 있는 재산의 상속재산 포함 여부

피상속인이 그 소유 재산을 매도하거나 혹은 타인 소유 재산을 매수하는 과정에서 상속이 개시된 경우 상속재산이 무엇인지가 문제된다.

재산양도계약의 이행 도중 상속이 개시된 경우에 상속세 및 증여세법상 상속재산의 귀속을 결정함에 있어, 소득세법상 자산의 양도시기·취득시기에 관한 규정을 준용하고,[10] 이에 따라 상속재산인지 여부의 판단은 **잔금청산 여부를 기준으로 한다.**

---

 8) 대법원 2004. 9. 24. 선고 2002두12137 판결.
 9) 대법원 1997. 11. 14. 선고 97누669 판결.
10) 대법원 2007. 6. 15. 선고 2005두13148 판결.

① 피상속인이 토지를 매도한 후 계약금 또는 중도금까지만 받고 잔금은 받지 않은 채 등기를 넘기지 않은 상태에서 사망한 경우 상속재산은 당해 토지이고 대금채권이 아니다.

② 피상속인이 토지를 매도한 후 잔대금까지 지급받고 등기를 넘기지 않은 상태에서 사망한 경우 상속재산은 당해 토지가 아닌 지급받은 매매대금이다.

③ 피상속인이 토지를 매수하여 대금을 완납한 경우에는 등기를 넘겨받기 전이라도 당해 토지가 상속재산에 해당한다.

④ 피상속인이 토지를 매수하고 잔대금을 완납하지 못한 상태에서 사망한 경우 상속재산은 당해 토지가 아닌 소유권이전등기청구권이다.

4. 상속세 비과세 대상[11]

가. 전사자 등에 대한 비과세

전쟁 또는 사변 등의 비상사태로 인한 토벌 또는 경비 등 작전업무를 수행하던 중 사망하거나 해당 전쟁 또는 업무의 수행 중 입은 부상 또는 그로 인한 질병으로 사망하여 상속이 개시되는 경우에는 상속세를 부과하지 아니한다(제11조, 시행령 제7조).

나. 비과세되는 상속재산

다음의 재산에 대해서는 상속세를 부과하지 아니한다(상증세법 제12조).

① 국가, 지방자치단체 또는 공공단체에 유증(사인증여 포함)한 재산

② 「문화재보호법」에 따른 국가지정문화재 및 시·도지정문화재와 같은 법에 따른 보호구역에 있는 토지

③ 「민법」 제1008조의3에 규정된 재산(분묘에 속한 1정보 이내의 금양임야와

---

11) 자세한 논의는 [7] 비과세하는 상속재산(금양임야 등) 사례 참조.

600평 이내의 묘토인 농지, 족보와 제구 등) 중 일정한 범위의 재산

④ 「정당법」에 따른 정당에 유증(사인증여 포함)한 재산

⑤ 「근로복지기본법」에 따른 사내근로복지기금이나 이와 유사한 단체에 유증(사인증여 포함)한 재산

⑥ 사회통념상 인정되는 이재구호금품, 치료비 및 그 밖에 이와 유사한 재산

⑦ 상속재산 중 상속인이 상속세 과세표준 신고기한 이내에 국가, 지방 자치단체 또는 공공단체에 증여한 재산

5. 상속세 과세가액

가. 생전 증여재산가액의 가산[12]

피상속인이 상속개시일 전 10년 이내에 상속인에게 증여한 재산가액과 상속개시일 전 5년 이내에 상속인이 아닌 자에게 증여한 재산가액은 상속재 산가액에 합산하여 과세한다(상증세법 제13조).

이는 피상속인이 자신의 사망을 예견한 시점에 상속재산을 미리 상속인 에게 증여함으로써 사후에 누진과세 되는 상속세의 부담을 부당하게 경감하 는 것을 방지하기 위한 취지이다.

다만, 증여세가 비과세되는 증여재산, 공익법인 등이 출연받은 재산, 증 여자가 「공익신탁법」에 따른 공익신탁으로서 공익 목적의 신탁을 통하여 공 익법인 등에 출연하는 재산, 장애인이 증여받은 재산으로서 일정 요건을 갖춘 재산, 합산배제 증여재산은 합산과세하지 아니한다(상증세법 제13조 제3항).

---

12) 자세한 논의는 [5] 상속개시 전 증여재산의 합산과세 사례 참조.

나. 생전 처분재산·채무부담액의 과세가액 산입[13]

피상속인이 재산을 처분하였거나 채무를 부담한 경우로서 다음의 어느 하나에 해당하는 경우에는 이를 상속받은 것으로 추정하여 상속세 과세가액에 산입한다(상증세법 제15조).

① 피상속인이 재산을 처분하여 받은 금액이나 피상속인의 재산에서 인출한 금액이 상속개시일 전 1년 이내에 2억 원 이상인 경우와 상속개시일 전 2년 이내에 5억 원 이상인 경우로서 그 용도가 객관적으로 명백하지 아니한 경우

② 피상속인이 부담한 채무를 합친 금액이 상속개시일 전 1년 이내에 2억 원 이상인 경우와 상속개시일 전 2년 이내에 5억 원 이상인 경우로서 그 용도가 객관적으로 명백하지 아니한 경우

피상속인이 상속개시 전에 재산을 처분하거나 채무를 부담하여 얻은 현금이 상속될 경우, 과세행정상 그 포착이 어려워 상속세 부당 경감의 우려가 있기 때문에 상증세법에서는 일정한 경우에 현금을 상속한 것으로 추정하여 과세가액에 산입하는 것이다.

다. 공제금액

(1) 공과금

공과금은 상속개시일 현재 피상속인이 납부할 의무가 있는 것으로서 상속인에게 승계된 조세·공공요금 기타 「국세징수법」에서 규정하는 체납처분의 예에 따라 징수할 수 있는 채권 중 국세, 관세, 임시수입부가세, 지방세와 이에 관계되는 가산금 및 체납처분비를 제외한 것을 말한다(상증세법 제14조 제1항 제1호, 상증세법 시행령 제9조 제1항, 상증세법 시행규칙 제2조의2).

---

13) 자세한 논의는 [6] 상속개시일 전 처분재산 등의 상속 추정 사례 참조.

(2) 장례비용

장례비용은 상속개시 당시 존재하는 채무는 아니지만, 상속개시에 필연적으로 수반하는 비용으로서 그 금액만큼 상속인의 담세력을 감소시킨다는 점에서 상속재산가액에서 공제한다(상증세법 제14조 제1항 제2호).

장례비용은 ① 피상속인의 사망일부터 장례일까지 장례에 직접 소요된 금액(1,000만 원 한도)과 ② 봉안시설 또는 자연장지의 사용에 소요된 금액(500만 원 한도)을 합한 금액으로 한다(상증세법 시행령 제9조 제2항).

(3) 채 무[14]

(가) 원칙적 공제

피상속인의 채무는 원칙적으로 상속재산가액에서 공제한다.

다만, 그 채무가 ① 국가·지방자치단체 및 금융회사 등에 대한 채무인 경우에는 해당 기관에 대한 채무임을 확인할 수 있는 서류에 의하여, ② 그 외의 자에 대한 채무인 경우에는 채무부담계약서, 채권자확인서, 담보설정 및 이자지급에 관한 증빙 등에 의하여 그 사실을 확인할 수 있는 서류에 의하여 증명되어야 한다.

상속개시 당시 이미 성립하여 존재하는 채무는 물론 이후 확정될 수 있어 종국적으로 피상속인의 부담으로 지급되어야 할 것이 확실시되는 채무도 포함된다.[15]

(나) 일정 범위의 증여채무의 불공제

상속개시일 전 10년 이내에 피상속인이 상속인에게 진 증여채무와 상속개시일 전 5년 이내에 피상속인이 상속인이 아닌 자에게 진 증여채무는 공제하지 아니한다.

---

14) 자세한 논의는 [9] 상속재산에서 차감하는 상속채무의 범위 사례 참조.
15) 대법원 2004. 9. 24. 선고 2003두9886 판결.

이는 생전 증여재산가액을 상속세 과세가액에 포함하도록 규정한 제13조의 실효성을 담보하기 위한 깃으로서 실제 증여채무의 존재 여부와 관계없이 일률적으로 공제를 부정하는 것이다.

라. 과세가액 불산입

(1) 공익법인 등에 출연한 재산[16]

피상속인 또는 상속인이 특정의 종교·자선·학술 관련 사업 등 공익목적의 일정한 사업을 영위하는 자에게 상속세 과세표준의 신고기한[상속개시일로부터 6개월] 이내에(법령상 또는 행정상의 부득이한 사유로 인하여 출연재산의 소유권의 이전이 지연되거나 공익법인 등의 설립허가 등이 지연되는 경우에는 그 사유가 없어진 날이 속하는 달의 말일부터 6개월 이내에) 출연한 상속재산의 가액은 상속세과세가액에 산입하지 아니한다(상증세법 제16조 제1항).

그러나 출연재산이 내국법인의 주식 등인 경우에는 상속세비과세의 한도(상증세법 제16조 제2항)가 있는데, 이는 주요 기업의 지배주주들이 주식을 공익법인에 출연한 뒤 그 공익법인이 주주권을 행사함에 있어 출연자의 의사에 따르도록 조종함으로써 증여세를 부담하지 않고 사실상 경영권을 행사하는 것을 방지하기 위한 것이다.

위의 예외에 대한 예외로서, 성실공익법인 등에게 해당 공익법인 등에의 출연자와 '특수관계에 있지 아니한 내국법인'의 주식 등을 출연하는 경우 등에는 공익법인 등이 지주회사할 위험성이 사실상 없기 때문에, 내국법인 주식 등의 비과세 기준율을 초과하여 출연할 수 있다(상증세법 제16조 제3항).

(2) 공익신탁재산

상속재산 중 피상속인 또는 상속인이 신탁법 제65조의 규정에 의한 공익신탁으로서 종교·자선·학술 또는 그 밖의 공익을 목적으로 하는 신탁을 통

---

16) 자세한 논의는 [8] 공익법인 등에 대한 출연재산과 상속세 과세가액 불산입 사례 참조.

하여 공익법인 등에 출연하는 재산의 가액은 상속세과세가액에 산입하지 아니한다(상증세법 제17조, 상증세법 시행령 제14조).

6. 상속공제

상증세법은 피상속인의 사망으로 인한 경제적 손실 등을 고려하여 상속세의 부담을 완화시킴으로써 상속인들의 생활안정을 도모하고자 각종 공제를 규정하고 있다.

가. 기초공제

거주자 또는 비거주자의 사망으로 상속이 개시되는 경우에는 상속세의 과세가액에서 2억 원을 공제한다(상증세법 제18조 제1항).

나. 가업상속공제[17]

(1) 의 의

가업상속공제란, 상속개시일을 기준으로 피상속인이 10년 이상 영위한 일정 요건을 갖춘 가업의 상속에 관하여 일정한 액수를 한도로 가업상속 재산가액을 상속세 과세가액에서 공제하는 것을 말한다(상증세법 제18조 제2항 제1호).

이는 상속인이 과도한 상속세 부담으로 인하여 피상속인이 생전에 영위하던 가업의 상속을 포기하는 것을 방지함으로써 경제의 근간이 되는 중소기업의 원활한 승계를 지원하고 이를 통하여 경제발전과 고용유지를 도모하기 위한 것이다.

---

17) 자세한 논의는 [10] 가업상속공제 사례 참조.

(2) 가업상속공제의 요건

(가) 피상속인 관련 요건

피상속인이 상속개시일로부터 소급하여 10년 이상 계속하여 가업을 경영하여야 하는데, 구체적으로 피상속인이 ① 가업인 중소기업 또는 중견기업의 최대주주등인 경우로서 피상속인과 그이 특수관계인의 주식 등을 합하여 해당 기업의 발행주식총수 등의 100분의 50 이상을 10년 이상 계속해서 보유해야 하고, ② 가업의 영위기간 중 다음의 어느 하나에 해당하는 기간을 대표이사로 재직하여야 한다(상증세법 시행령 제15조 제3항 제1호).

㉠ 100분의 50 이상의 기간

㉡ 10년 이상의 기간(상속인이 피상속인의 대표이사 직을 승계하여 승계한 날부터 상속개시일까지 계속 재직한 경우로 한정)

㉢ 상속개시일부터 소급하여 10년 중 5년 이상의 기간

(나) 상속인 관련 요건

상속인은 아래의 ①, ②, ③의 요건을 모두 갖추어야 한다(상증세법 시행령 제15조 제3항 제2호). 이 경우 상속인의 배우자가 위 요건을 모두 갖춘 경우에는 상속인이 그 요건을 갖춘 것으로 본다.

① 상속개시일 현재 18세 이상일 것

② 상속개시일 전에 2년 이상 직접 가업에 종사(상속개시일 2년 전부터 가업에 종사한 경우로서 상속개시일부터 소급하여 2년에 해당하는 날부터 상속개시일까지 기간 중 상속인이 법률의 규정에 의한 병역의무의 이행, 질병의 요양, 취학상 형편 등의 사유로 가업에 종사하지 못한 기간은 가업에 종사한 것으로 본다)하였을 것. 다만, 피상속인이 65세 이전에 사망하거나 천재지변 및 인재 등 부득이한 사유로 사망한 경우에는 그러하지 아니함

③ 상속세과세표준 신고기한까지 임원으로 취임하고, 상속세 신고기한부터 2년 이내에 대표이사 등으로 취임할 것

(다) 가업상속재산 관련 요건

'가업'이란 상속개시일이 속한 과세연도의 직전 과세연도말 현재 중소기업 또는 중견기업으로서 피상속인이 10년 이상 계속하여 경영한 기업을 말한다(상증세법 제18조 제2항 제1호). 다만, 다음에 경우에는 가업상속공제의 대상인 가업에 해당하지 않는다.

① 영농상속공제의 적용 대상인 사업(상증세법 제18조 제2항 단서)

② 상속이 개시되는 소득세 과세기간 또는 법인세 사업연도의 직전 3개 소득세 과세기간 또는 법인세 사업연도의 매출액의 평균금액이 3천억 원 이상인 기업(상증세법 제18조 제2항 제1호 괄호규정)

(3) 효과 - 가업상속공제 금액

가업상속공제 요건을 모두 충족하는 경우, 상속세 과세가액에서 아래의 금액을 한도로 하여 가업상속재산가액을 공제한다(상증세법 제18조 제2항 제1호).

① 피상속인이 10년 이상 20년 미만 계속하여 경영한 경우 : 200억 원

② 피상속인이 20년 이상 30년 미만 계속하여 경영한 경우 : 300억 원

③ 피상속인이 30년 이상 계속하여 경영한 경우 : 500억 원

이때 피상속인이 둘 이상의 독립된 가업을 영위한 경우에는 해당 기업 중 계속하여 경영한 기간이 긴 기업의 계속 경영기간에 대한 공제한도를 적용하며, 상속세 과세가액에서 피상속인이 계속하여 경영한 기간이 긴 기업의 가업상속 재산가액부터 순차적으로 공제한다(상증세법 시행령 제15조 제4항, 상증세법 시행규칙 제5조).

다. 인적공제

(1) 배우자 상속공제[18]

배우자 상속공제란 거주자의 사망으로 상속이 개시되어 배우자가 실제

---

18) 자세한 논의는 [11] 배우자 상속공제 사례 참조.

상속받은 금액의 경우 일정한 금액을 한도로 상속세 과세가액에서 공제하는 것을 말한다(상증세법 제19조).

상속세는 기본적으로 세대간에 재산이 무상으로 이전될 때 부과되는 조세인데 부부 간의 재산이전은 동일한 세대에서의 재산이전이라는 점과 부부가 혼인 중 취득한 공동재산에는 부부 쌍방의 기여도가 반영되어 있다는 점 등을 고려하여 배우자가 상속인이 된 경우에는 일정액을 상속세 과세가액에서 공제한다.

배우자 상속공제의 공제금액은 상속세 과세표준신고기한 경과 후 6월 이내에 배우자의 상속재산을 분할한 경우와 그렇지 않은 경우가 다른데, 그 기간 내에 분할한 경우에는 배우자가 실제 상속받은 재산가액을 공제한도액 범위 내에서 공제하고, 그 기간 내에 분할하지 않은 경우에는 5억 원만을 공제한다.

(2) 기타 인적공제

위의 배우자 공제 외에도 다음과 같은 인적공제가 인정된다(상증세법 제20조).

① 자녀 : 한 명당 5천만 원(제1호)

② 상속인(배우자 제외) 및 동거가족 중 미성년자 : 1천만 원에 19세가 될 때까지의 연수를 곱한 금액(제2호)

③ 상속인(배우자 제외) 및 동거가족 중 65세 이상인 자 : 5천만 원(제3호)

④ 상속인(배우자 포함) 및 동거가족 중 장애인 : 1천만 원에 상속개시일 현재 통계법상의 기대여명의 연수가 될 때까지의 연수를 곱한 금액 (제4호)

자녀공제는 미성년자공제와, 그리고 장애인공제는 다른 공제와 중복 적용 가능하고, 그 밖의 다른 인적공제는 중복 적용되지 않는다.

(3) 일괄공제

상속인 또는 수유자는 앞서 살펴본 기초공제액(2억 원)에 기타 인적공제액을 합한 금액과 5억 원 중 큰 금액을 공제받을 수 있다(상증세법 제21조 제1항).

상속세 과세표준의 신고가 없는 경우에는 일괄하여 5억 원을 공제하고 (상증세법 제21조 제1항 단서), 다만 피상속인의 배우자가 단독으로 상속받는 경우에는 일괄공제의 적용이 없다(상증세법 제21조 제2항).

라. 물적공제

(1) 금융재산 상속공제

상속개시일 현재 상속재산가액 중 순금융재산의 가액(금융재산의 가액에서 해당 기관에 대한 채무임을 확인할 수 있는 서류에 의해 입증되는 금융채무 가액을 뺀 금액, 시행령 제19조 제1항, 제4항)이 있으면 다음의 구분에 따른 금액을 상속세 과세가액에서 공제하되, 그 금액이 2억 원을 초과하면 2억 원을 공제한다 (상증세법 제22조 제1항).

① 순금융재산의 가액이 2,000만 원을 초과하는 경우 : 그 순금융재산의 가액의 100분의 20 또는 2,000만 원 중 큰 금액

② 순금융재산의 가액이 2,000만 원 이하인 경우 : 그 순금융재산의 가액

위에서 말하는 금융재산에는 정하는 최대주주 또는 최대출자자가 보유하고 있는 주식 등과 상속세 과세표준 신고기한까지 신고하지 아니한 타인 명의의 금융재산은 포함되지 않는다(상증세법 제22조 제2항).

위의 최대주주 또는 최대출자자란 주주 등 1인과 그의 특수관계인의 보유주식 등을 합하여 그 보유주식 등의 합계가 가장 많은 경우의 해당 주주 등 1인과 그의 특수관계인 모두를 말한다(상증세법 시행령 제19조 제2항).

(2) 재해손실 공제

상속세 과세표준 신고기한 이내에 화재·붕괴·폭발·환경오염사고 및 자연재해 등으로 인한 재난으로 인하여 상속재산이 멸실되거나 훼손된 경우에는 그 손실가액을 상속세 과세가액에서 공제한다(상증세법 제23조 제1항, 상증

세법 시행령 제20조 제1항).

다만, 그 손실가액에 대한 보험금 등의 수령 또는 구상권(求償權) 등의 행사에 의하여 그 손실가액에 상당하는 금액을 보전받을 수 있는 경우에는 공제하지 아니한다(상증세법 제23조 제1항 단서).

(3) 동거주택 상속공제[19]

피상속인과 상속인이 상속개시일부터 소급하여 10년 이상 계속하여 하나의 주택에서 동거하고 1세대 1주택에 해당하는 등의 일정한 요건을 갖춘 경우 상속주택가액의 100분의 80에 상당하는 금액(5억 원 한도)을 상속세 과세가액에서 공제한다(상증세법 제23조의2).

이는 1세대 1주택 실수요자의 상속세 부담을 완화하고 상속인의 주거안정을 도모함과 동시에 직계비속인 상속인이 피상속인인 노부모와 동거하며 봉양하는 것을 유도하게 위한 취지에서 마련된 제도이다.

동거주택 상속공제를 받기 위해서는 다음의 요건을 모두 갖추어야 한다.

① 피상속인과 직계비속인 상속인이 상속개시일로부터 소급하여 10년 이상(상속인이 미성년자인 기간은 제외) 계속하여 하나의 주택에서 동거해야 함(제1호)

② 피상속인과 상속인이 상속개시일로부터 소급하여 10년 이상 계속하여 1세대를 구성하면서 1세대 1주택에 해당하여야 함(제2호)

③ 상속개시일 현재 무주택자로서 피상속인과 동거한 상속인이 상속받은 주택이어야 함(제3호)

---

19) 자세한 논의는 [12] 동거주택 상속공제 사례 참조.

7. 과세표준과 세율

가. 과세표준

피상속인이 거주자인 경우에는 상속세 과세가액에서 ① 각종 상속공제를 적용한 금액(제1호)과 ② 상속재산의 감정평가수수료(제2호)를 뺀 금액이 상속세 과세표준이 된다(상증세법 제25조 제1항).

피상속인이 비거주자인 경우에는 상속세 과세가액에서 기초공제만을 적용한 가액이 상속세 과세표준이 되고, 추가공제 및 인적공제 등의 혜택은 주어지지 않는다.

한편, 과세표준이 50만 원 미만일 경우에는 상속세를 부과하지 아니한다(상증세법 제25조 제2항).

나. 세 율

상속세의 세율은 1억 원 이하의 상속세 과세표준 금액에 대한 10%의 세율부터 30억 원의 과세표준을 초과하는 금액에 대한 50%의 세율에 이르기까지 5단계의 누진세율을 채택하고 있다(상증세법 제26조).

8. 세액공제

가. 증여세액공제[20]

(1) 의 의

상증세법 제13조 제1항 제1호에 의하면 상속개시일 전 10년 이내에 피상속인이 상속인에게 증여한 재산가액은 상속재산가액에 합산되는데, 그 합산된 증여재산에 대한 증여세액을 상속세 산출세액에서 공제하는 것이 증여세액공제 제도이다(상증세법 제28조).

---

20) 자세한 논의는 [13] 증여세액 공제 사례 참조.

피상속인이 생전에 상속인에게 특정 재산을 증여하였다면 그 당시에 증여세가 부과되었을 것인데, 그 증여한 재산가액을 상속재신가액에 합산히여 상속세를 부과한다면 동일한 재산에 대하여 증여세와 상속세를 모두 부과하는 결과가 되므로, 이러한 이중과세를 방지하기 위하여 마련된 제도가 증여세액 공제 제도이다.

위와 같은 취지에서, 피상속인의 생전 증여에 대하여 부과제척기간의 만료로 증여세가 부과되지 아니한 경우에는 이중과세의 문제가 없다는 점에서, 그리고 상속세 과세가액이 5억 원 이하인 경우에는 상증세법 제21조에 의한 일괄공제(5억 원)를 받을 수 있다는 점에서 각 증여세액을 공제하지 아니한다(상증세법 제28조 제1항 단서).

(2) 공제한도액

(가) 수증자가 상속인 또는 수유자인 경우

당해 상속인 또는 수유자 각자가 납부할 상속세액에 그 상속인 또는 수유자가 받았거나 받을 상속재산에 대한 상속세 과세표준 상당액에 대하여 가산한 증여재산의 과세표준이 차지하는 비율을 곱하여 계산한 금액을 한도로 각자가 납부할 상속세액에서 공제한다(상증세법 제28조 제2항 후단).

(나) 수증자가 상속인 또는 수유자가 아닌 경우

수증자가 상속인 또는 수유자가 아닌 경우, 상속세 산출세액에 상속세 과세표준 중 상속인 등이 아닌자가 증여받은 재산에 대한 증여세 과세표준이 차지하는 비율을 곱하여 계산한 금액을 공제한도액으로 한다(상증세법 제28조 제2항 전단).

나. 외국납부세액공제

거주자의 사망으로 외국소재 상속재산에 대하여 외국에서 부과된 상속세액이 있을 경우에는 그 부과 받은 상속세에 상당하는 금액을 상속세 산출세액에서 공제한다(상증세법 제29조).

다만, 공제할 외국납부세액이 외국의 법령에 따라 부과된 상속세액을 초과하는 경우에는 그 상속세액을 한도로 한다(상증세법 시행령 제21조 제1항 단서).

다. 단기재상속에 대한 세액공제

(1) 의 의

상속개시 후 10년 내에 상속인 또는 수유자가 사망함으로써 다시 상속이 개시되는 경우에는 전(前)의 상속세가 부과된 상속재산 중 재상속분에 대한 전의 상속세 상당액을 상속세 산출세액에서 공제한다(상증세법 제30조).

이는 단기간에 상속이 다시 이루어지는 경우 상속인이 과중한 상속세 부담을 지게 될 우려가 있으므로 이를 방지하기 위하여 1세대 1회 과세원칙을 완화한 것이다.

(2) 동시사망 추정과 단기재상속 세액공제

부모가 민법 제30조[21])에 따라 동시에 사망한 것으로 추정되는 경우 상속세 과세는 부와 모의 각 상속재산에 대하여 별도로 과세하기 때문에 단기재상속 세액공제의 문제는 발생하지 않는다.

부모가 같은 날 사망하였더라도 그 사망의 선후가 밝혀진 경우에는 부와 모의 재산을 별도로 과세하고, 나중에 사망한 자의 상속세과세가액에 먼저 사망한 자의 상속재산 중 그의 지분이 포함되어 있다면 단기재상속 상속공제를 하여야 할 것이다.

---

21) 민법 제30조(동시사망) 2인 이상이 동일한 위난으로 사망한 경우에는 동시에 사망한 것으로 추정한다.

9. 세액의 신고와 결정 및 경정청구

가. 신고와 신고세액공제

상속인 또는 수유자는 상속개시일이 속하는 달의 말일로부터 6개월(피상속인 또는 상속인이 외국에 주소를 둔 경우에는 9개월) 이내에 상속세 과세표준의 계산에 필요한 상속재산의 종류·수량·평가가액·재산분할 및 각종 공제 등을 증명할 서류 등을 첨부하여 상속세과세표준 신고서를 관할세무서장에 제출하여야 한다(상증세법 제67조, 상증세법 시행령 제64조).

위의 신고기한 내에 상속세 과세표준을 신고한 경우에는 납부여부를 불문하고 세액의 100분의 3 만큼의 신고세액공제가 이루어진다(상증세법 제69조 제1항).

나. 가산세

신고기한 내에 상속세 과세표준 신고를 하지 아니하거나 신고하여야 할 과세표준에 미달하게 신고한 경우에는 무신고가산세(국세기본법 제47조의2)나 과소신고가산세(국세기본법 제47조의3)가 부과된다.

다. 과세표준과 세액의 결정

상속세는 부과주의 국세의 형태를 취하고 있으므로 정부의 결정에 의하여 상속세 과세표준과 세액이 결정된다.

납세의무자의 신고가 있는 경우에는 관할 세무서장은 상속세과세표준 신고기한부터 9월이 경과하기 전에 그 신고에 의하여 과세표준과 세액을 결정한다(상증세법 제76조 제1항, 제3항, 상증세법 시행령 제78조 제1항 제1호).

납세의무자의 신고가 없거나 신고한 과세표준이나 세액에 탈루(脫漏) 또는 오류가 있는 경우에는 관할 세무서장이 그 과세표준과 세액을 조사하여 결정하고(제76조 제1항), 결정 후 그 과세표준과 세액에 탈루 또는 오류가 있는 것을 발견한 경우에는 즉시 그 과세표준과 세액을 조사하여 경정(更正)한다(제76조 제4항).

라. 경정 등의 청구 특례

상속세 과세표준 및 세액을 신고한 자 또는 상속세 과세표준 및 세액의 결정 또는 경정을 받은 자는 다음의 사유가 발생한 경우 그 사유가 발생한 날부터 6개월 이내에 결정이나 경정을 청구할 수 있다(제79조 제1항).

① 피상속인 또는 상속인과 그 외의 제3자와의 분쟁으로 상속재산에 대한 상속회복청구소송 또는 유류분반환청구소송의 확정판결이 있는 경우(제1호, 시행령 제81조 제2항)

② 상속개시 후 1년이 되는 날까지 다음의 사유로 상속재산의 가액이 크게 하락한 경우(제2호)

 ㉠ 상속세과세표준 신고기한부터 9개월 이내에 상속재산이 수용·경매 또는 공매된 경우로서 그 보상가액·경매가액 또는 공매가액이 상속세과세가액보다 하락한 경우(시행령 제81조 제3항 제1호)

 ㉡ 법 제63조 제3항에 따라 주식 등을 최대주주 등의 경영권 수반 주식으로 할증평가하였으나 상속세과세표준 신고기한부터 9개월 내에 일괄하여 매각함으로써 최대주주 등의 주식 등에 해당되지 아니하는 경우(시행령 제81조 제3항 제2호)

10. 상속세의 납부

가. 자진납부

상속세 과세표준의 신고를 하는 자는 그 신고기한까지 다음의 금액을 뺀 금액을 납세지 관할 세무서, 한국은행 또는 우체국에 납부하여야 한다(상증세법 제70조 제1항).

① 징수유예 금액

② 각종 공제에 의하여 공제되는 금액

③ 연부연납을 신청한 금액

④ 물납(物納)을 신청한 금액

납부할 금액이 1천만 원을 초과하는 경우에는 그 납부할 금액의 일부를 납부기한이 지난 후 2개월 이내에 분할납부할 수 있고, 다만 연부연납을 허가 받은 경우에는 분할납부를 할 수 없다(상증세법 제70조 제2항).

나. 연부연납(年賦延納)

납세의무자는 상속세 납부세액이 2,000만 원을 초과하는 경우 상당한 담보를 제공하고 납세지 관할 세무서장에게 연부연납을 신청할 수 있다(상증세법 제71조, 상증세법 시행령 제67조).

상속세는 한 번에 납부하는 것이 원칙이지만 세액이 커서 납세의무자에게 부담이 될 수 있기 때문에 일정한 요건을 갖춘 경우에는 연부연납을 통해 상속세를 나누어 납부할 수 있는 제도를 마련한 것이다.

연부연납의 신청은 자진신고납부의 경우에는 상속세 과세표준 신고와 동시에 하고, 관할세무서장의 세액 결정에 의하여 납부하는 경우에는 그 납부기한까지 하여야 한다(상증세법 시행령 제67조 제1항).

연부연납신청을 받은 세무서장은 다음의 기간 이내에 신청인에게 그 허가 여부를 서면으로 결정·통지하여야 하고, 해당 기간까지 그 허가 여부에 대한 서면을 발송하지 아니한 때에는 연부연납을 허가한 것으로 본다(상증세법 시행령 제67조 제2항).

① 법정신고기한 내에 상속세 과세표준신고를 한 경우 : 상속세 과세표준 신고기한부터 9월이 경과하는 시점
② 기한 후 신고를 한 경우 : 신고한 날이 속하는 달의 말일부터 6개월
③ 관할세무서장의 세액 결정에 의하여 납부하는 경우 : 납세고지서에 의한 납부기한이 경과한 날부터 14일

다. 물 납

세금은 현금으로 납부하는 것이 원칙이지만(국세징수법 시행령 제18조), 상속세의 경우 세액이 크고 대상 재산이 그 처분에 시간이 필요한 부동산 등인 경우가 많아 현금납부 원칙을 고수하기 어려운 경우가 있을 수 있으므로, 이러한 어려움을 덜고 원활한 조세 징수를 위하여 물납제도가 인정된다.

납세지 관할 세무서장은 다음의 요건을 모두 갖춘 경우 납세의무자의 신청을 받아 물납을 허가할 수 있다(상증세법 제73조 제1항 본문).

① 상속재산(상속재산에 가산하는 증여재산 중 상속인 및 수유자가 받은 증여재산 포함) 중 부동산과 유가증권(국내에 소재하는 부동산 등 물납에 충당할 수 있는 재산으로 한정)의 가액이 해당 상속재산가액의 2분의 1을 초과할 것

② 상속세 납부세액이 2,000만 원을 초과할 것

③ 상속세 납부세액이 상속재산가액 중 금융재산의 가액을 초과할 것

물납의 신청은 자진신고납부의 경우에는 상속세 과세표준 신고와 동시에 하고, 관할세무서장의 세액 결정에 의하여 납부하는 경우에는 그 납부기한까지 하여야 한다(상증세법 시행령 제70조 제1항, 제67조 제1항).

관할 세무서장은 물납을 신청한 재산의 관리·처분이 적당하지 아니하다고 인정되는 경우에는 물납허가를 하지 아니할 수 있다(상증세법 제73조 제1항 단서).

Ⅱ 증여세

1. 증여의 의의[22]

증여세는 법에서 정한 증여가 이루어진 경우 법정요건에 따라 납세의무자에게 부과하는 세금인데, 여기서 "증여"란 그 행위 또는 거래의 명칭·형식·목적 등과 관계없이 직접 또는 간접적인 방법으로 타인에게 무상으로 유형·무형의 재산 또는 이익을 이전(현저히 낮은 대가를 받고 이전하는 경우를 포함)하거나 타인의 재산 가치를 증가시키는 것을 말하고, 다만, 유증과 사인증여는 제외한다(상증세법 제2조 제6호). 본래 상증세법상 증여의 개념은 민법의 개념을 차용해왔으나, 계속되는 변칙증여를 방지하기 위하여 2004. 1. 1. 완전포괄주의를 도입하여 위 개념을 수정한 것이다.

증여사실의 존부와 관련하여 법원은 실질과세의 원칙에 기초하여 수증자가 실질적으로 이익을 이전받았는지 여부를 심사하고 있는데, 가령 조세회피목적으로 이루어진 각 수증자들에 대한 증여자들의 교차증여에 조세회피목적이 존재하는 경우 위 가장행위를 부정하고 증여세의 과세대상이라고 판결하였다.[23] 반면, 증여가 취소·해제된 경우 이로 인하여 수증자가 이익을 받은 것이 없다면 증여세의 과세대상이 아니라고 판단하고 있다.[24]

2. 증여세의 특성

증여세는 상증세법상 증여를 원인으로 하여 재산을 취득한 경우 그 수증자가 증여받은 재산을 과세물건으로 하여 부과하는 조세이다. 상속세는 피상

---

22) 자세한 논의는 [16] 증여의 의의 사례 참조.
23) 자세한 논의는 [20] 실질과세원칙과 가장행위 사례 참조.
24) 자세한 논의는 [31] 증여계약의 취소와 후발적 경정청구 사례 및 [38] 증여재산의 반환과 명의신탁 증여의제 사례 참조

속인의 유산총액을 기준으로 과세하는 유산세 방식을 취하고 있으나, 증여세는 수증자를 기준으로 세액을 계산하는 방식을 취하고 있다. 그러나 상속세와 증여세는 재산의 생존 중 이전인지 사후이전인지의 차이가 있을 뿐 무상이전을 과세대상으로 한다는 점에서 동일한 특성을 갖는다.

한편, 증여는 주로 특수관계자 간 이루어지는 등 그 성질상 은폐의 가능성이 높아 과세처분을 위한 자료 수집 등이 어렵다. 입법자는 이를 감안하여 주식의 명의신탁 및 특정법인과 특수관계인 사이의 거래를 통한 특정법인의 주주에게 이익을 무상으로 이전한 경우 그 거래에 대하여 증여사실을 의제하거나 배우자에 대하여 재산을 양도하는 경우 증여사실을 추정하는 등 과세당국의 입증책임을 경감하는 장치를 마련하고 있다.[25]

3. 증여세 납부의무의 발생

가. 과세대상 증여재산

상증세법 제4조 제1항 제1호, 제2호, 제3호에 따르면 무상으로 이전받은 재산 또는 이익, 현저히 낮은 대가를 주고 재산 또는 이익을 이전받음으로써 발생하는 이익이나 현저히 높은 대가를 받고 재산 또는 이익을 이전함으로써 발생하는 이익, 재산 취득 후 해당 재산의 가치가 증가한 경우의 그 이익은 증여재산으로서 증여세의 과세대상이 된다. 다만, 상증세법은 완전포괄주의가 도입되기 이전 증여의제규정을 개별가액산정규정으로 변환한 다음, 해당 행위에 대하여는 별도로 증여재산가액을 산정하고 있다.

---

25) 자세한 논의는 [29] 배우자 등에 대한 양도시의 증여 추정 사례부터 [39] 명의신탁 재산의 상속 사례까지 참조.

나. 납부의무자[26]

증여세의 납부의무자는 원칙적으로 수증자(상증세법 제4조의2 제1항)이나, 수증자에 대해 증여세에 대한 채권확보 등이 곤란한 경우에는 증여자에게 연대납세의무가 발생할 수 있다(상증세법 제4조의2 제6항).

수증자의 납세의무의 범위는 수증자가 거주자인지 여부 및 수증재산의 소재지에 따라 달라지는데, 수증자가 거주자인 경우에는 수증재산 전액에 대하여 수증자가 납세의무를 지고 비거주자인 경우에는 국내에 소재한 재산의 수증액에 대해서만 비거주자가 납세의무를 진다(상증세법 제4조의2 제1항). 다만 국제조세조정에 관한 법률은 비거주자가 특수관계인인 거주자로부터 국외에 있는 증여재산을 증여받는 경우 또는 특수관계인이 아닌 거주자로부터 증여받은 국외에 있는 재산으로서 외국법령에 따라 증여세 기타 유사한 조세가 부과 또는 감면되는 경우에는 비거주자가 납세의무를 진다고 보고 있다.

▌증여세 납세의무자

수증자	증여세 납부의무의 범위	관계 법령	증여세 납부의무자
거주자	국내·국외에 있는 증여세 과세대상인 증여재산	상증세법 제4조의2	수증자 (거주자)
비거주자	국내에 있는 증여세 과세대상인 증여재산		수증자 (비거주자)
	특수관계인인 거주자로부터 받은 국외에 있는 증여재산	국조법 제21조	증여자 (거주자)
	특수관계인이 아닌 거주자로부터 증여받은 국외에 있는 재산으로서 외국법령에 따라 증여세 기타 유사한 조세가 부과 또는 감면되지 않은 증여재산		

다만, 위의 사정에도 불구하고 명의신탁을 통하여 재산을 증여한 것으로 보는 경우에는 실제소유자가 해당 재산에 대하여 증여세를 납부할 의무가 있다(상증세법 제4조의2 제2항).

---

26) 자세한 논의는 [19] 상증세법상 거주자와 이중거주자 문제 사례 참조.

다. 증여세 연대납세의무

(1) 개 요

증여자는 아래의 경우에 해당하는 경우에는 수증자와 연대하여 증여세의 납부의무를 진다(제4조의2 제6항). 한편 상증세법이 2018. 12. 31. 법률 제16102호로 개정되기 이전에는 명의신탁의제규정(상증세법 제45조의2)이 적용되어 재산을 증여받은 것으로 보는 경우에도 증여세의 연대납부의무가 인정되었으나, 증여세 납세의무자가 실제소유자로 전환됨에 따라 위 개정 상증세법 시행 이후 증여로 의제되는 경우부터는 연대납부의무자에서 제외되었다.

① 수증자의 주소나 거소가 분명하지 아니한 경우로서 증여세에 대한 조세채권을 확보하기 곤란한 경우

② 수증자가 증여세를 납부할 능력이 없다고 인정되는 경우로서 체납처분을 하여도 증여세에 대한 조세채권을 확보하기 곤란한 경우

③ 수증자가 비거주자인 경우

▌수증자별 · 증여재산별 증여자의 연대납부의무[27]

수증자	증여재산	증여자	수증자 납부의무	증여자 연대납부의무
거주자	국내재산	거주자	○	○
		비거주자		조세채권확보가 곤란한 경우
	국외재산	거주자	○	○
		비거주자		조세채권확보가 곤란한 경우
비거주자	국내재산	거주자	○	○
		비거주자		
	국외재산	거주자	×	과세 ×
		비거주자	×	과세 ×

(2) 증여자가 증여세 연대납부의무를 지지 않는 경우

증여자는 위의 점에도 불구하고, 제4조 제1항 제2호 및 제3호, 제35조부터

---

27) 국세청, 「상속세 및 증여세법」, 국세공무원교육원, 2019, p.157 참조.

제39조까지, 제39조의2, 제39조의3, 제40조, 제41조의2부터 제41조의5까지, 제42조, 제42소의2, 제42소의3, 제45조의3부터 세45조의5까지 및 제48조(출연자가 해당 공익법인의 운영에 책임이 없는 경우로서 대통령령으로 정하는 경우만 해당한다)에 해당하는 경우는 증여세 연대납부의무를 지지 않는다(제4조의2 제6항).

라. 증여세 납부의무가 없거나 면제되는 경우

(1) 증여재산에 대하여 수증자에게 소득세법상 소득세 또는 법인세법상 법인세가 부과·비과세 또는 감면되는 경우[28]

수증자의 증여재산에 대하여 소득세 또는 법인세가 부과된 경우에는 증여세 부과가 금지된다(제4조의2 제3항).

(2) 수증자가 영리법인인 경우

영리법인이 증여받은 재산 또는 이익에 대하여 「법인세법」에 따른 법인세가 부과되는 경우(법인세가 「법인세법」 또는 다른 법률에 따라 비과세되거나 감면되는 경우를 포함한다)에는 해당 법인의 주주 등에 대하여 증여세를 부과하지 아니한다(제4조의2 제4항). 다만 제45조의3(특수관계법인과의 거래를 통한 이익의 증여의제) 및 제45조의4(특수관계법인으로부터 제공받은 사업기회로 발생한 이익의 증여의제), 제45조의5(특정법인과의 거래를 통한 이익의 증여의제)의 경우에는 그 주주 등에게 증여세를 부과한다(상증세법 제4조의2 제4항).

(3) 수증자의 증여세 납부능력이 존재하지 않는 경우

아래의 유형으로서 수증자에게 증여세 납부능력이 없다고 인정되는 경우에는 그에 상당하는 증여세의 전부 또는 일부를 면제한다(상증세법 제4조의2 제5항).

---

28) 자세한 논의는 [18] 합병에 따른 이익에 대한 증여세 부과 및 소득세·법인세와의 관계 사례 참조.

① 저가 양수 또는 고가 양도에 따른 이익의 증여(상증세법 제35조)

② 채무면제 등에 따른 증여(상증세법 제36조)

③ 부동산 무상사용에 따른 이익의 증여(상증세법 제37조)

④ 금전 무상대출 등에 따른 이익의 증여(상증세법 제41조의4)

(4) 증여재산의 반환[29]

증여를 받은 수증자가 그 증여받은 재산을 당사자 간의 합의에 따라 증여자에게 반환하는 경우에는 당초 증여받은 재산을 통해 수증자가 얻은 이익에 대해 과세함과 동시에 반환한 재산을 통해 증여자가 얻은 이익에 대해서도 증여세를 부과한다.

그러나 수증자가 증여받은 재산을 당사자 간의 합의에 따라 증여세의 과세표준 신고기한 이내에 증여자에게 반환하는 경우(반환하기 전에 증여세 과세표준과 세액을 결정받은 경우는 제외)에는 처음부터 증여가 없었던 것으로 보고, 증여세 과세표준 신고기한이 지난 후 3개월 이내에 증여자에게 반환하거나 증여자에게 다시 증여하는 경우에는 그 반환하거나 다시 증여하는 것에 대해서는 증여세를 부과하지 않는다(상증세법 제4조 제4항).

4. 증여재산의 취득시기[30]

국세기본법 제21조 제2항 제3호에 따르면 증여세 납부의무는 증여에 의하여 재산을 취득하는 때에 성립한다. 재산의 취득시기와 관련하여 상증세법은 일반적으로 '인도한 날 또는 사실상 사용한 날 등'을 증여계약의 구체적인 이행이 있는 경우로서 재산을 취득한 때로 보아 과세한다(상증세법 제32조). 즉 증여계약을 전제로 하면서도 그 구체적인 실행일인 등기·등록·소유권 취득·인도일·사실상의 사용일 등을 취득시기로 보고 있다.

---

29) 자세한 논의는 [38] 증여재산의 반환과 명의신탁 증여의제 사례 참조.

30) 자세한 논의는 [21] 소유권이전등기청구권을 이전받은 경우의 증여 시기 사례 참조.

5. 증여세의 계산구조

증여세의 계산구조는 아래와 같은데, 이하 상증세법상 증여세의 산정 순서에 따라 주요 개념을 정리한다.

| 증여재산가액 | • 증여재산 |

－

| 비과세 및 과세가액
불산입액 | • 비과세(제46조) : 사회통념상 인정되는 피부양자의 생활비, 교육비 등
• 과세가액 불산입재산(제48조~제52조의2) : 공익법인 등에 출연한 재산 등 |

－

| 채무부담액 | • 증여재산에 담보된 채무인수액(제47조) |

＋

| 증여재산가산액 | • 해당 증여일 전 동일인으로부터 10년 이내에 증여받은 재산의 과세가액 합계액이 1천만 원 이상인 경우 그 과세가액을 가산(제47조) |

＝

| 증여세과세가액 |

－

| 증여공제 | • 증여재산공제(제53조)
• 재해손실공제(제54조) |

－

| 감정평가수수료 | • 부동산감정평가업자의 수수료(제55조) |

＝

| 증여세과세표준 |

×

| 세율(제56조) |

=

산출세액

+

세대생략할증세액
• 수증자가 증여자의 자녀가 아닌 직계비속이면 할증함(제57조)

+

세액공제 + 감면세액
• 제58조, 제59조, 제74조

−

연부연납 · 분납
• 물납불가

=

자진납부할 세액

6. 과세대상인 증여재산 및 과세가액의 산정

가. 과세대상인 증여재산

상증세법 제4조에서는 증여세의 과세대상인 증여재산의 범위를 규정하고 있다. 그중 제4조 제1항 제1호, 제2호, 제3호에 따르면 무상으로 이전받은 재산 또는 이익, 현저히 낮은 대가를 주고 재산 또는 이익을 이전받음으로써 발생하는 이익이나 현저히 높은 대가를 받고 재산 또는 이익을 이전함으로써 발생하는 이익, 재산 취득 후 해당 재산의 가치가 증가한 경우의 그 이익은 증여재산으로서 증여세의 과세대상이 된다.

나. 과세가액의 산정

(1) 개 요

상증세법 제31조는 증여재산가액 계산의 일반원칙을 아래와 같이 규정하고 있다.

① 재산 또는 이익을 무상으로 이전받은 경우 : 증여재산의 시가 상당액

② 재산 또는 이익을 현저히 낮은 대가를 주고 이전받거나 현저히 높은 대가를 받고 이전한 경우 : 시가와 대가의 차액. 다만, 시가와 대가의 차액이 3억원 이상이거나 시가의 100분의 30 이상인 경우로 한정한다.

③ 재산 취득 후 해당 재산의 가치가 증가하는 경우 : 증가사유가 발생하기 전과 후의 재산의 시가의 차액으로서 대통령령으로 정하는 방법에 따라 계산한 재산가치상승금액. 다만, 그 재산가치상승금액이 3억원 이상이거나 해당 재산의 취득가액 등을 고려하여 대통령령으로 정하는 금액의 100분의 30 이상인 경우로 한정한다.

한편, 상증세법은 완전포괄주의가 도입되기 이전 개별가액산정규정이 적용되는 경우들과 배우자 등에게 양도한 재산의 증여추정이 이루어지는 경우(상증세법 제44조), 재산 취득자금 등의 증여 추정이 이루어지는 경우(상증세법 제45조) 등 상증세법 제31조 제2항이 정하는 경우에는 별도의 규정을 두어 증여재산가액을 산정하고 있다.

▌증여재산가액 계산 방법[31)

	증여재산가액
무상 이전받은 재산 또는 이익	증여재산의 시가 (상증세법 제60조~제66조의 평가액, 이하 같음)
재산의 저가·고가 거래로 인하여 얻은 재산 또는 이익	시가 − 대가
재산취득 후 해당 재산의 가치증가 이익	재산가치상승금액(① − ② − ③ − ④) ① 재산가치증가사유 발생일 현재의 해당 재산가액 ② 해당 재산 취득가액 ③ 통상적인 가치상승분 ④ 가치상승기여분
증여 17개 유형 (상증세법 제33조~제42조의3)	각 개별규정에 따른 평가액

---

31) 국세청, 앞의 책, p.165 참조.

	증여재산가액
증여추정 유형 (상증세법 제44조~제45조)	각 개별규정에 따른 평가액
증여의제 유형 (상증세법 제45조의2~제45조의5)	각 개별규정에 따른 평가액
상속재산 재협의분할 증여재산가액	당초 상속지분보다 증가된 재산의 평가액
증여재산의 반환 및 재증여 증여재산가액	당초 또는 반환 증여 당시의 시가

(2) 개별가액산정규정[32]

(가) 개 요

상증세법 제4조 제1항 제4호는 상증세법 제33조부터 제42조의3에 규정된 변칙적인 증여에 대하여 개별가액산정규정들에 따라 증여세액을 산정할 것을 규정하고 있다. 법원은 개별가액산정규정이 특정한 유형의 거래나 행위를 규율하면서 그중 일정한 거래나 행위만을 증여세 부과대상으로 한정하고 과세범위도 제한적으로 규정함으로써 증여세 부과의 범위와 한계를 설정한 것으로 볼 수 있는 경우에는 상증세법 제2조 제6호의 문구에도 불구하고 증여세의 과세대상으로 삼지 않고 있다.

위 개별가액산정규정들을 열거하면 아래와 같다.

▌개별가액산정규정의 종류 및 근거조문

	제목	조문
1	신탁이익의 증여	제33조
2	보험금의 증여	제34조
3	저가 양수 또는 고가 양도에 따른 이익의 증여[33]	제35조
4	채무면제 등에 따른 증여	제36조
5	부동산 무상사용에 따른 이익의 증여	제37조
6	합병에 따른 이익의 증여	제38조
7	증자에 따른 이익의 증여[34]	제39조

---

32) 자세한 논의는 [17] 증여세의 완전포괄주의와 개별가액산정규정의 관계 사례 참조.

	제목	조문
8	감자에 따른 이익의 증여	제39조의2
9	현물출자에 따른 이익의 증여	제39조의3
10	전환사채 등의 주식전환 등에 따른 이익의 증여[35]	제40조
11	초과배당에 따른 이익의 증여	제41조의2
12	주식 등의 상장 등에 따른 이익의 증여[36]	제41조의3
13	금전 무상대출 등에 따른 이익의 증여	제41조의4
14	합병에 따른 상장 등 이익의 증여	제41조의5
15	재산사용 및 용역제공 등에 따른 이익의 증여	제42조
16	법인의 조직 변경 등에 따른 이익의 증여[37]	제42조의2
17	재산 취득 후 재산가치 증가에 따른 이익의 증여	제42조의3

(나) 개별가액산정규정의 유형

1) 신탁이익의 증여[38]

신탁계약에 의하여 위탁자 또는 위탁자가 지정한 수익자가 이익을 받는 경우에는 위탁자 또는 수익자에게 증여세를 부과한다(상증세법 제33조).

수익자가 위탁자 본인인 경우를 자익신탁, 제3자인 경우를 타익신탁이라고 하는데 그중 타익신탁의 경우 신탁의 수익을 형성한 자는 위탁자이고 이를 신탁을 통하여 제3자에게 귀속시키는 것은 상증세법 제2조 제6호에서 말하는 증여에 부합하므로 증여세 과세대상에 해당한다.

---

33) 자세한 논의는 [22] 저가양수에 따른 이익의 증여 사례 및 [23] 고가양도에 따른 이익의 증여 사례 참조.

34) 자세한 논의는 [24] 증자에 따른 이익 증여 사례 참조.

35) 자세한 논의는 [25] 전환사채 등의 행사로 인한 이익의 취득 사례 및 [26] 전환사채 등의 주식전환 등에 따른 이익의 계산방법 사례 참조.

36) 자세한 논의는 [27] 주식 상장에 따른 이익의 증여 사례 참조.

37) 자세한 논의는 [28] 법인의 조직변경 등에 따른 이익의 증여 사례 참조.

38) 자세한 논의는 [4] 신탁과 관련된 상속세 또는 증여세 사례 참조.

2) 보험금의 증여

가) 개 요

생명보험이나 손해보험에서 보험사고가 발생하거나 만기보험금을 지급하는 경우에는 지급사유가 발생한 날을 증여일로 하여 보험금 납부자와 수령인이 다른 경우에는 그 보험금 상당액, 수령인이 재산을 증여받아 보험료를 납부한 경우에는 증여받은 재산으로 납부한 보험료 납부액에 대한 보험료 상당액에서 증여받은 재산으로 납부한 보험료 납부액을 뺀 가액을 이익으로 하여 증여세를 과세한다(상증세법 제34조 제1항). 이는 보험이라는 수단을 이용하여 대가 없이 재산을 타인에게 이전한 것을 증여로 보아 증여세 과세대상으로 삼는 것이다. 다만, 이는 상증세법 제8조에 따라 보험금을 상속재산으로 보는 경우에는 적용하지 아니한다(상증세법 제34조 제2항).

나) 과세요건

간주상속 보험금으로 보기 위해서는 ① 피상속인의 사망으로 인하여 받는 생명보험 또는 손해보험의 보험금이어야 하고, ② 보험계약자가 피상속인이거나 실질적으로 보험료를 납부한 경우여야 한다.

3) 저가 양수 또는 고가 양도에 따른 이익의 증여[39]

재산의 양도인과 양수인 간에 ① 재산을 시가보다 낮은 가액으로 양수하거나 시가보다 높은 가액으로 양도한 경우에는 그 대가와 시가의 차액에서 기준금액을 뺀 금액을 증여이익으로 보아 증여세를 과세한다(상증세법 제35조). 다만, ② 대가와 시가의 차액이 대통령령으로 정하는 기준금액 이상이어야 하고, ③ 거래의 당사자가 특수관계에 있지 아니한 경우 거래 관행상 정당한 사유가 존재하지 아니하여야 하며, ④ 개인과 법인 간의 재산 양수도로서 부당행위계산부인의 대상이 되지 않는다면 거짓이나 부정한 방법으로 상증세를 감소시키는 경우에 비로소 증여세의 과세대상이 된다.

---

39) 자세한 논의는 [22] 저가양수에 따른 이익의 증여 사례 및 [23] 고가양도에 따른 이익의 증여 사례 참조.

4) 채무면제 등에 따른 증여

타인이 부담하고 있는 채무를 면제·인수 혹은 (대물)변제하는 경우 금전을 증여한 것과 동일한 효과가 있으므로 증여세를 과세한다(상증세법 제36조 및 상증세법 집행기준 36-0-1, 36-0-3 참조). 다만, 증여자가 연대납세의무자로서 납부하는 증여세액은 수증자에게 증여한 것으로 보지 아니한다(상증세법 집행기준 36-0-2).

채무면제는 무상의 이익공여로서 증여세의 과세대상이 되는 것은 당연하지만 과세가액의 산정에 대하여 수증이익을 일률적으로 채권의 액면가치를 기준으로 할 것은 아니고 채권의 실질가치를 고려하여 증여재산가액을 산정해야 한다는 견해가 있다.[40]

5) 부동산 무상사용에 따른 이익의 증여

타인의 부동산(그 부동산 소유자와 함께 거주하는 주택과 그에 딸린 토지는 제외)을 무상으로 사용함에 따라 이익 및 타인의 부동산을 부상으로 담보로 이용하여 금전 등을 차입함에 따라 이익을 얻은 경우에는 그 이익에 상당하는 금액을 이익을 얻은 자의 증여재산가액으로 보아 증여세를 과세한다(상증세법 제37조 제1항 및 제2항). 다만, 위 이익액이 대통령령으로 정하는 기준금액 이상이어야 하고, 거래의 당사자가 특수관계에 있지 아니한 경우 거래 관행상 정당한 사유가 존재하지 아니하여야 한다(상증세법 제37조 제3항).

실지 사용자가 불분명한 경우에는 부동산 소유자와의 근친관계와 부동산 사용자들의 재산상태·소득·직업·연력 등을 고려하여 실지사용자로 인정되는 자가 무상사용한 것으로 본다(상증세법 집행기준 37-27-2).

법원은 아들이 아버지 소유의 대지 위에 건물을 신축하면서 부자 공동으로 임대한 신축될 건물과 대지의 임대보증금으로 신축대금을 조달한 경우 임대보증금을 건물과 대지의 기준시가에 따라 안분하여 건물귀속분을 신축대금에서 공제한 나머지 신축대금 부분을 아들이 아버지로부터 증여받은 것으로

---

40) 임승순, 『조세법』, 박영사, 2019, p.909 참조.

보았다(대법원 1993. 6. 11. 선고 93누1435 판결). 한편 토지와 건물에 대한 임료의 총액은 알 수 있으나, 토지와 건물의 임료의 구분이 되어 있지 않은 경우에 그 구분은 그 비율이 현저하게 불합리하다고 볼 특별한 사정이 없는 한 토지와 건물의 기준시가에 의한 가액에 비례하여 안분계산하는 방식으로 하여야 한다(대법원 1997. 3. 14. 선고 96누3517 판결).

6) 합병에 따른 이익의 증여

특수관계[41]에 있는 법인 간 합병을 하는 경우, 합병비율 등을 조절함으로써 합병 후의 주식가치와 합병 전의 주식가치가 서로 상이할 경우 주식가치가 감소된 주주가 주식가치가 상승된 주주에게 주식가치 상승분을 무상으로 이전한 것으로 보아 주주들의 주식가치 상승분 중 대주주가 얻은 주식가치 상증분에 대하여 과세한다(상증세법 집행기준 38-28-1). 합병에는 흡수합병, 신설합병, 분할합병, 분할신설합병이 있는데, 상증세법은 위 유형에 무관하게 증여세액을 부과한다.

7) 증자에 따른 이익의 증여[42]

법인이 자본금 또는 출자액을 증가시키기 위하여 신주를 발행함으로써 이익을 얻은 경우에는 주식대금 납입일 등 대통령령으로 정하는 날을 증여일로 하여 그 이익에 상당하는 금액을 그 이익을 얻은 자의 증여재산가액으로 한다(상증세법 제39조). 다만, 행위 유형에 따라 과세요건이 다르므로 30% Rule[43] 등 아래의 요건을 충족하여야 하며, 납세의무자도 유형별로 상이하므로, 이에 주의하여야 한다.

---

41) 구체적인 범위에 대해서는 법인세법 시행령 제2조 제5항 참조.

42) 자세한 논의는 [24] 증자에 따른 이익 증여 사례 참조.

43) 30% Rule(이하 동일)

(1주당 신주인수가액 − 현물출자 후 1주당 평가액) ≧ 현물출자 후 1주당 평가액 × 30%

또는

(1주당 신주인수가액 − 현물출자 후 1주당 평가액) × 현물출자에 따른 발행주식수
  × 현물출자전 특수관계자의 지분율 ≧ 3억 원

▌증자 유형별 증여 요건[44)]

구분		증여요건		납세자
		특수관계인 여부	30% 차이 등 (현저한 이익)	
신 주 저가발행	실권주를 재배정하는 경우	적용 안 됨(×)	적용 안 됨(×)	실권주 인수자
	실권주를 재배정하지 않는 경우	적용됨(○)	적용됨(○)	신주 인수자
	제3자 직접배정 등	적용 안 됨(×)	적용 안 됨(×)	신주 인수자
신 주 고가발행	실권주를 재배정하는 경우	적용됨(○)	적용 안 됨(×)	신주 인수포기자
	실권주를 재배정하지 않는 경우	적용됨(○)	적용됨(○)	신주 인수포기자
	제3자 직접배정 등	적용됨(○)	적용 안 됨(×)	신주 인수포기자

8) 감자에 따른 이익의 증여

자본의 감소란 상법상 주주총회의 특별결의와 채권자보호절차를 거쳐 자본금을 감소시키는 것으로 통상 감자라고 한다. 감자에는 회사규모 등에 비해 자본금이 과잉인 경우 실제로 회사재산의 일부를 주주에게 분배하는 실질적 감자와 회사의 결손금을 보전하기 위하여 행하여지는 형식적 감자가 있다(상증세법 제39조의2). 감자를 하는 방법으로는 ① 액면금액 감소·발행주식총수 불변, ② 액면금액 불변·발행주식총수 감소, ③ 액면금액 감소·발행주식총수 감소가 있다. 감자에 대한 증여세 과세는 법인이 특정주주의 주식을 감자하는 경우로서 감자대가가 1주당 평균액의 70% 이하이거나 감자로 인한 대주주의 이익이 3억을 초과하면 그 특정주주와 특수관계에 있는 대주주가 상대적으로 이전받게 되는 경제적 이익에 대하여 증여세를 과세하는 것으로서 감자방식에 따른 증여이익 발생 및 과세 여부는 아래와 같다(상증세법 집행기준 39의 2−0−3).

---

44) 국세청, 앞의 책, p.279 참조.

▌감자 유형별 증여 요건

감자방식		감자시 주주에 대한 영향	증여세 과세
액면감소		모든 주주의 소유주식 동일하게 적용	해당없음
주식병합		모든 주주의 소유주식 동일하게 적용	해당없음
주식소각	유상소각	특정주주에게만 적용하는 경우	가능
	무상소각	특정주주에게만 적용하는 경우	가능

9) 현물출자에 따른 이익의 증여

현물출자는 주주 등이 회사의 설립시 또는 증자시 금전 이외의 재산(부동산, 유가증권, 무체재산권 등 재산적 가치가 있는 것)을 출자하고 당해 법인의 주식 등을 교부받는 것을 말한다(상증세법 집행기준 39의3-0-1).

▌현물출자에 대한 증여 요건

구분		저가발행	고가발행
과세요건	이익규모 (30% Rule)	해당없음	해당
	특수관계	해당없음	해당

10) 전환사채 등의 주식전환 등에 따른 이익의 증여[45]

전환사채, 신주인수권부사채 또는 그 밖의 주식으로 전환·교환하거나 주식을 인수할 수 있는 권리가 부여된 사채를 인수·취득·양도하거나, 전환사채 등에 의하여 주식으로 전환·교환 또는 주식의 인수를 함으로써 법에서 정한 이익을 얻은 경우에는 유형별로 지정한 이익에 상당하는 금액을 그 이익을 얻은 자의 증여재산가액으로 한다(상증세법 제40조 참조).

---

[45] 자세한 논의는 [25] 전환사채 등의 행사로 인한 이익의 취득 사례 및 [26] 전환사채 등의 주식전환 등에 따른 이익의 계산방법 사례 참조.

┃ 거래단계별 증여요건 및 증여재산가액 계산방법

거래단계	요건	증여재산가액
인수취득	① 특수관계인으로부터 전환사채 등을 저가로 취득한 경우	(ⓐ 시가 − ⓑ 인수·취득가액) 30%, 1억원 요건 적용됨
	② 발행회사로부터 최대주주 및 그와 특수관계에 있는 주주가 배정비율을 초과하여 저가로 인수·취득	(ⓐ 시가 − ⓑ 인수·취득가액) 30%, 1억원 요건 적용됨
	③ 발행회사로부터 주주 외의 자로서 최대주주와 특수관계인이 저가로 인수·취득	(ⓐ 시가 − ⓑ 인수·취득가액) 30%, 1억원 요건 적용됨
주식전환	④ ①의 자가 주식으로 전환하여 얻은 이익	[(ⓒ−ⓔ)×교부받은 주식수]−ⓕ 이자손실분 − 기과세된 가액(①의 증여가액) ※ 1억원 요건은 2004. 1. 1. 이후 적용
	⑤ ②의 자가 주식으로 전환하여 얻은 이익	[(ⓒ−ⓔ)×자기 지분 초과하여 교부받은 주식수]−ⓕ−기과세된 가액(②의 증여가액) ※ 1억원 요건은 2004. 1. 1. 이후 적용
	⑥ ③의 자가 주식으로 전환하여 얻은 이익	[(ⓒ−ⓔ)×교부받은 주식수]−ⓕ− 기과세된 가액(③의 증여가액) ※ 1억원 요건은 2004. 1. 1. 이후 적용
	⑦ 전환가액 등이 주식평가액보다 높아 전환사채 등으로 주식을 교부받은 자의 특수관계인이 얻은 이익	(ⓔ−ⓒ)×(전환 등에 의하여 증가한 주식수)×(주식을 교부받은 자와 특수관계에 있는 자의 전환전 지분비율)
양도	⑧ 특수관계인에게 시가보다 높은 가액으로 양도한 자가 얻은 이익	(양도가액−전환사채 등의 시가) 30%, 1억원 요건 적용됨

11) 초과배당에 따른 이익의 증여

법인의 배당시 그 법인의 최대주주 등의 특수관계인인 주주가 초과배당을 받은 경우에는 그 초과배당금액을 증여재산가액으로 보아 증여세를 부과한다(상증세법 제41조의2 제1항). 다만, 증여세를 부과할 때 해당 초과배당금액에 대한 소득세 상당액은 증여세산출세액에서 공제한다(상증세법 제41조의2 제2항).

❙ 증여재산가액 계산

$$초과배당금액 = 최대주주\ 등의\ 특수관계인인\ 주주의(배당금액 - 균등배당액)$$
$$\times \left[\frac{최대주주등의(균등배당액 - 배당금액)}{과소배당\ 받은\ 주주\ 전체의(균등배당액 - 배당금액)} \right]$$

2018. 1. 1. 이후 초과배당 이익이 발생한 경우에는 수증자가 증여자의 자녀가 아닌 직계비속인 경우에는 세대 생략 할증과세 규정(상증세법 제57조)을 적용한다. 다만, 이 경우에도 해당 초과배당금액에 대한 소득세 상당액은 증여세산출세액에서 공제한다. 이때 초과배당금액에 대한 소득세 상당액은 초과배당금액에 아래 구분에 따른 율을 곱한 금액으로 한다(상증세법 시행규칙 제10조의3).

❙ 초과배당금액에 대한 소득세 상당액

초과배당금액	율
5천220만원 이하	초과배당금액 × 100분의 14
5천220만원 초과 8천800만원 이하	731만원 + (5천220만원을 초과하는 초과배당금액×100분의 24)
8천800만원 초과 1억5천만원 이하	1천590만원 + (8천800만원을 초과하는 초과배당금액×100분의 35)
1억5천만원 초과 3억원 이하	3천760만원 + (1억5천만원을 초과하는 초과배당금액×100분의 38)
3억원 초과 5억원 이하	9천460만원 + (3억원을 초과하는 초과배당금액×100분의 40)
5억원 초과	1억7천460만원 + (5억원을 초과하는 초과배당금액×100분의 42)

12) 주식 등의 상장 등에 따른 이익의 증여[46]

기업의 경영 등에 관하여 공개되지 아니한 정보를 이용할 수 있는 지위에 있다고 인정되는 최대주주 등의 특수관계인이 해당 기업의 주식 등을 증여받

---

46) 자세한 논의는 [27] 주식 상장에 따른 이익의 증여 사례 참조.

거나 취득한 경우 그 주식 등을 증여받거나 취득한 날부터 5년 이내에 그 주식 등이 일정한 증권시장에 상장됨에 따라 그 가액이 증가한 경우로서 그 주식 등을 증여받거나 취득한 자가 당초 증여세 과세가액 또는 취득가액을 초과하여 이익을 얻은 경우에는 위 이익을 특수관계인의 증여재산가액으로 보아 증여세를 부과한다(상증세법 제41조의3 제1항). 이는 기업의 내부정보를 이용한 상장을 통하여 거액의 시세차액을 최대주주 등의 자녀에게 증여하는 것을 막기 위한 취지의 조문으로서, 상증세법은 조문을 통하여 상장이익에 대한 과세를 합리적으로 제한하는 것이다(대법원 2012. 5. 10. 선고 2010두11559 판결 참조).

13) 금전 무상대출 등에 따른 이익의 증여

타인으로부터 금전을 무상으로 또는 적정 이자율보다 낮은 이자율로 대출받은 경우에는 그 금전을 대출받은 날에 아래의 금액을 그 금전을 대출받은 자의 증여재산가액으로 하여 증여세를 과세한다(상증세법 제41조의4).

▌증여가액의 계산

구분	증여재산가액
무상으로 대출받은 경우	대출금액 × 적정이자율
적정이자율보다 낮은 이자율로 대출받은 경우	대출금액 × 적정이자율 − 실제 지급한 이자상당액

※ 적정이자율 개정연혁

00. 1. 1.~01. 12. 31.	02. 1. 1.~10. 11. 4.	10. 11. 5.~16. 3. 20.	16. 3. 21.~
11%	9%	8.5%	4.6%

14) 합병에 따른 상장 등에 대한 이익의 증여[47]

최대주주 등과 특수관계인이 최대주주 등으로부터 해당 법인의 주식 등을 증여받거나 유상으로 취득한 경우 또는 증여받은 재산으로 최대주주 등 외의 자로부터 해당 법인의 주식 등을 취득하거나 다른 법인의 주식 등을 취득한 경우로서 그 주식 등의 증여일로부터 5년 이내에 해당 법인 또는 다른 법

---

47) 자세한 논의는 [18] 합병에 따른 이익에 대한 증여세 부과 및 소득세·법인세와의 관계 사례 참조.

인이 특수관계에 있는 주권상장법인 또는 코스닥상장법인과 합병됨에 따라 상장시세차익을 얻은 경우 그로 인하여 비상장주식 등이 상장되는 효과가 발생한다(상증세법 제41조의5 및 상증세법 집행기준 41의5-0-1 참조).

15) 재산사용 및 용역제공 등에 따른 이익의 증여

가) 개 요

타인으로부터 무상이나 시가보다 저가 또는 고가로 재산을 사용하거나 사용하게 하는 경우, 타인으로부터 무상이나 시가보다 저가 또는 고가로 용역을 제공받거나 제공하는 경우에는 무상 또는 저가로 사용, 고가로 제공함에 따른 이익을 증여재산가액으로 하여 증여세를 과세한다(상증세법 제42조 제1항 및 상증세법 집행기준 42-0-2). 다만, 특수관계인이 아닌 자 간의 거래인 경우에는 거래의 관행상 정당한 사유가 없는 경우에 한정하여 제1항을 적용한다(상증세법 제42조 제3항).

나) 행위 유형 및 증여가액

▌행위유형 및 증여가액

	행위유형	증여재산가액
재산 · 용역의 무상사용 또는 무상제공	타인재산의 무상 담보제공 후 금전차입	(차입금×적정이자율) − 실지급이자
	기타	무상재산사용 또는 용역제공에 대한 시가상당액
재산 · 용역의 저가사용 또는 저가제공		시가와 대가와의 차액 상당액
재산 · 용역의 고가사용 또는 고가제공		대가와 시가와의 차액 상당액

16) 법인의 조직변경 등에 따른 이익의 증여[48]

상증세법은 주식의 포괄적 교환 및 이전, 사업의 양수 · 양도, 사업교환 및 법인의 조직변경 등에 의하여 소유지분이나 그 가액이 변동됨에 따라 이익을 얻은 경우 그 이익에 상당하는 금액을 그 이익을 얻는 자의 증여재산가액으로 한다(상증세법 제42조의2 제1항). 이는 대주주나 경영자가 법인의 조직 변

---

48) 자세한 논의는 [28] 법인의 조직변경 등에 따른 이익의 증여 사례 참조.

경을 이용하여 증여세를 회피하는 것을 방지하기 위하여 마련된 규정이다.

다만, '주식의 포괄적 교환 및 이선, 사업의 양수·양도, 사업교환 및 법인의 조직변경 등'에 의하여 소유지분 등이 변동되어야 한다고 명시하였으므로 법인의 모든 거래행위가 아니라, 이러한 유형에 해당되거나 그에 준하는 정도로 법인의 사업이나 조직에 중대한 변화가 있어야 증여세 부과가 가능하다.

17) 재산 취득 후 재산가치 증가에 따른 이익의 증여
가) 개 요
타인의 기여에 의한 재산가치 상승은 자기의 계산으로 형질변경·개발사업의 시행 등 해당 행위를 할 수 없다고 인정되는 자가 타인의 증여 등으로 재산을 취득한 후 5년 이내 당해 사업 등으로 재산가치가 상승되는 경우를 의미한다(상증세법 집행기준 42-31의9-9).

나) 과세요건
수증자가 특수관계인으로부터 재산을 증여받거나 기업의 내부 정보를 제공받아 그 정보와 관련된 재산을 유상으로 취득한 경우, 또는 차입한 자금 또는 특수관계인의 재산을 담보로 차입한 자금으로 재산을 취득한 다음 5년 이내에 재산가치 증가사유가 발생하여야 한다(상증세법 제42조의3 제1항). 다만, 거짓이나 그 밖의 부정한 방법으로 증여세를 감소시킨 것으로 인정되는 경우에는 특수관계인으로부터 재산 등 취득사유가 발생할 것을 요하지 않고 5년이라는 기간제한 규정도 적용하지 아니한다(상증세법 제42조의3 제3항).

(3) 증여와 실질이 유사한 경우의 증여재산
개별가액산정규정과 경제적 실질이 유사한 경우 등 증여의 각 규정을 준용하여 증여재산의 가액을 계산할 수 있는 경우의 그 재산 또는 이익도 증여재산에 포함된다(상증세법 제4조 제1항 제6호).

7. 비과세 및 과세가액 불산입

가. 개 요

상증세법은 일정한 경우 상증세 비과세 대상이거나 과세가액에 산입하지 아니함을 열거하고 있다. 이는 정부가 조세정책상 증여재산에 대하여 일부 과세권을 포기한 것이다.

나. 비과세되는 증여재산

상증세법 제46조에 의하여 증여재산에 대하여 비과세하는 경우들은 아래와 같다.

▌비과세되는 경우

	제목
1	국가나 지방자치단체로부터 증여받은 재산의 가액
2	내국법인의 종업원으로서 대통령령으로 정하는 요건을 갖춘 종업원단체에 가입한 자가 해당 법인의 주식을 위 단체를 통하여 취득한 경우로서 그 구성원이 대통령령으로 정하는 소액주주의 기준에 해당하는 경우 그 주식의 취득가액과 시가의 차액으로 인하여 받은 이익상당액
3	「정당법」에 따른 정당이 증여받은 재산의 가액
4	「근로복지기본법」에 따른 사내근로복지기금이나 그 밖에 이와 유사한 것으로서 대통령령으로 정하는 단체가 증여받은 재산의 가액
5	사회통념상 인정되는 이재구호금품, 치료비, 피부양자의 생활비, 교육비, 그 밖에 이와 유사한 것으로서 대통령령으로 정하는 것
6	「신용보증기금법」에 따라 설립된 신용보증기금이나 그 밖에 이와 유사한 것으로서 대통령령으로 정하는 단체가 증여받은 재산의 가액
7	국가, 지방자치단체 또는 공공단체가 증여받은 재산의 가액
8	장애인을 보험금 수령인으로 하는 보험으로서 대통령령으로 정하는 보험의 보험금
9	「국가유공자 등 예우 및 지원에 관한 법률」에 따른 국가유공자의 유족이나 「의사상자 등 예우 및 지원에 관한 법률」에 따른 의사자(義死者)의 유족이 증여받은 성금 및 물품 등 재산의 가액

	제목
10	비영리법인의 설립근거가 되는 법령의 변경으로 비영리법인이 해산되거나 업무가 변경됨에 따라 해당 비영리법인의 재산과 권리·의무를 다른 비영리법인이 승계받은 경우 승계받은 해당 재산의 가액

다. 과세가액 불산입되는 증여재산

상증세법 제48조, 제52조, 제52조의2는 아래와 같이 과세가액에 산입하지 않는 경우들을 규정하고 있다.

(1) 공익법인 등이 출연받은 재산[49]

국가가 개입하기 어려운 분야에서 공익사업을 유도하기 위하여 공익법인 등이 출연받은 재산은 과세가액에 산입하지 아니한다. 다만, 공익법인을 이용한 지배력 집중 내지 조세회피의 가능성이 존재하므로 상증세법은 출연재산의 사용목적 및 공익법인의 주식 보유비율, 사용의무 등을 규정하고 이를 위반하는 경우 증여세를 추징하고 있다.

(2) 공익신탁재산

증여재산 중 증여자가 「공익신탁법」에 따른 공익신탁으로서 종교·자선·학술 또는 그 밖의 공익을 목적으로 하는 신탁을 통하여 공익법인 등에 출연하는 재산의 가액은 증여세 과세가액에 산입하지 아니한다. 다만, 공익법인의 수익자가 상증세법상 인정되는 공익법인이거나 그 공익법인의 수혜자이고, 공익신탁의 만기일까지 신탁계약이 중도해지되거나 취소되지 아니하며, 공익신탁의 중도해지 또는 종료시 잔여신탁재산이 국가·지방자치단체 및 다른 공익신탁에 귀속될 것이 예정되어 있어야 한다(상증세법 제52조 및 상증세법 시행령 제14조 제1항).

---

49) 자세한 논의는 [41] 공익법인 주식출연 시 증여세 과세가액 불산입 사례 참조.

(3) 장애인이 증여받은 재산

대통령령으로 정하는 장애인이 재산(「자본시장과 금융투자업에 관한 법률」에 따른 신탁업자에게 신탁할 수 있는 재산으로서 대통령령으로 정하는 것을 말한다)을 증여받고 상증세법 제68조에 따른 신고기한까지 ① 자본시장법상 신탁업자에 대한 신탁이 이루어질 것, ② 그 장애인이 신탁 이익 전부를 받을 것, ③ 신탁기간이 그 장애인의 사망시까지로 설정되어 있을 것이라는 요건을 모두 갖춘 경우에는 그 증여받은 재산가액을 증여세 과세가액에 산입하지 아니한다. 단, 위 재산가액은 5억원을 한도로 하며 그 장애인이 살아 있는 동안 증여받은 재산가액을 합친 금액을 말한다.

8. 부담부증여시 채무인수액

가. 개 요

증여세 과세가액은 증여일 현재 이 법에 따른 증여재산가액을 합친 금액에서 그 임대보증금 등 증여재산에 담보된 채무로서 수증자가 인수한 금액을 뺀 금액으로 한다(상증세법 제47조 제1항). 다만, 증여자는 채무액만큼 재산을 양도한 것으로 보아 비과세요건을 갖추지 않은 부분에 대하여 양도소득세를 부담한다(소득세법 제88조 제1호).

나. 배우자 또는 직계존비속간 부담부증여인 경우

배우자 간 또는 직계존비속 간의 부담부증여(상증세법 제44조에 따라 증여로 추정되는 경우를 포함한다)에 대해서는 수증자가 증여자의 채무를 인수한 경우에도 그 채무액은 수증자에게 인수되지 아니한 것으로 추정한다. 다만, 그 채무액이 국가 및 지방자치단체에 대한 채무 등 대통령령으로 정하는 바에 따라 객관적으로 인정되는 것인 경우에는 그러하지 아니하다(상증세법 제47조 제3항).

9. 증여재산의 합산

해당 증여일 전 10년 이내에 동일인(증여자가 직계존속인 경우에는 그 직계존속의 배우자를 포함한다)으로부터 받은 증여재산가액을 합친 금액이 1천만원 이상인 경우에는 그 가액을 증여세 과세가액에 가산한다. 다만, 합산배제증여재산의 경우에는 그러하지 아니하다(상증세법 제47조 제2항). 증여재산의 합산과세시 증여재산의 가액은 각 증여일 현재의 재산가액에 의한다(상증집행기준 47-36-5). 위와 같이 합산된 증여재산가액은 직계비속에 대한 증여의 할증과세액에 포함된다(상증세법 시행령 제46조의3).

▌합산배제 증여재산

① 재산취득 후 해당재산 가치가 증가하는 경우 재산가치 상승금액(상증세법 제31조 제1항 제3호)
② 전환사채 등으로 주식전환 등을 함으로써 얻은 이익(상증세법 제40조 제1항 제2호) 및 전환사채 등을 특수관계인에게 고가 양도하여 양도인이 얻은 이익(상증세법 제40조 제1항 제3호)
③ 주식 등의 상장·코스닥상장에 따른 이익의 증여(상증세법 제41조의3)
④ 합병에 따른 상장 등 이익의 증여(상증세법 제41조의5)
⑤ 재산취득 후 재산가치 증가에 따른 이익의 증여(상증세법 제42조의3)
⑥ 특수관계법인과의 거래를 통한 이익의 증여의제(상증세법 제45조의3)
⑦ 특수관계법인으로부터 제공받은 사업기회로 발생한 이익의 증여의제(상증세법 제45조의4)
⑧ 명의신탁재산 증여의제(상증세법 제45조의2)
⑨ 비과세되는 증여재산(상증세법 제46조)
⑩ 증여세 과세가액 불산입 재산(상증세법 제48조, 제52조, 제52조의2)
⑪ 증여세 과세특례 적용대상인 창업자금의 증여(조특법 제30조의5 제10항)
⑫ 증여세 과세특례 적용대상인 가업승계 주식 등의 증여(조특법 제30조의6 제3항)
⑬ 증여세 감면대상인 영농자녀가 증여받는 농지 등(조특법 제71조 제6항)

10. 증여재산공제

증여재산공제는 수증자가 증여자와 밀접한 인적 관계에 있는 경우 증여세 과세가액에서 일정액을 공제하여 과세표준을 산정하도록 함으로써 납세의무자에 대하여 일종의 조세혜택을 부여하는 제도이다(헌재 2008. 7. 31. 2007헌바13).

수증자가 거주자인 경우, 증여일로부터 10년 간 아래의 어느 하나에 해당하는 사람으로부터 증여를 받은 경우에는 증여재산공제의 대상이 된다(상증세법 제53조). 즉, 수증자가 비거주자이면 증여재산공제 대상이 아니다. 또한 증여재산이 명의신탁 증여의제재산 등 합산배제 증여재산에 해당되는 경우 증여재산공제를 적용하지 않는다. 사실혼 관계에 있는 배우자는 공제의 대상이 아니나, 외국법령에 의하여 혼인으로 인정되는 배우자로부터 증여받은 경우에는 증여재산공제를 적용한다(재산상속 46014-439, 2004. 4. 8.). 한편, 미성년자가 결혼한 경우에도 민법상 성년의제가 적용되지 아니하므로 계속해서 미성년자로 본다. 2010. 1. 1. 이후 증여 분부터는 계부·계모와 자녀 간의 증여에 대해서도 친부·친모와 자녀 간의 증여와 마찬가지로 증여재산공제가 적용된다.

▌증여재산공제액[50]

증여자	2003~2007	2008~2013	2014~2015	2016. 1. 1. 이후
직계존속 (수증자가 미성년자인 경우)	3천만 원 (15백만 원)	3천만 원 (15백만 원)	5천만 원 (2,000만 원)	5천만 원 (2,000만 원)
직계비속			3천만 원	5천만 원
배우자	3억 원	6억 원	6억 원	6억 원
기타친족 (6촌 이내의 혈족, 4촌 이내의 인척)	5백만 원	5백만 원	5백만 원	1천만 원

이와 관련하여 증여일로부터 10년이 되기 이전에 법 개정 연혁이 존재하는 경우 어떻게 처리할 것인지가 문제될 수 있는데, 각 증여일을 기준으로 각 공제액을 판단한다. 예컨대 2013. 12. 31. 이전 증여재산가액이 직계존속으로

50) 국세청, 앞의 책, p.191 참조.

부터 성년인 수증자가 5천만 원을 증여받았을 때, 2014. 1. 1. 이후 다시 1천만 원을 승여받았다면, 증여재산공제액은 4천만 원이다(3천만 원+1천만 원).[51]

11. 재해손실공제

재난으로 인하여 증여재산이 멸실되거나 훼손된 경우에는 그 손실가액을 증여세 과세가액에서 공제한다. 다만, 그 손실가액에 대한 보험금 등의 수령 또는 구상권 등의 행사에 의하여 그 손실가액에 상당하는 금액을 보전받을 수 있는 경우에는 그러하지 아니하다(상증세법 제54조, 제23조).

12. 증여세 산출세액 계산

가. 개 요

증여세 산출세액은 증여세 과세표준에 세율을 적용하여 계산한다(상증세법 제56조). 단, 세대를 건너뛴 상속 등 조특법 또는 상증법상 예정한 경우에 대해서는 특례세율을 적용한다.

나. 세 율

(1) 일반적인 경우

상증법상 예정하는 증여세의 세율은 아래와 같다(상증세법 제56조 및 제26조).

과세표준	세율	누진공제
1억 원 이하	10%	-
1억 원 초과 5억 원 이하	20%	1,000만 원
5억 원 초과 10억 원 이하	30%	1,000만 원
10억 원 초과 30억 원 이하	40%	1,000만 원
30억 원 초과	50%	1,000만 원

---

51) 최성일, 『상속세와 증여세 실무』, 삼일인포마인, 2019, pp.992~993 참조.

(2) 특례세율이 적용되는 경우

(가) 창업자금에 대한 증여세 과세특례

18세 이상인 거주자가 제6조 제3항 각 호에 따른 업종을 영위하는 중소기업을 창업할 목적으로 60세 이상의 부모(증여 당시 아버지나 어머니가 사망한 경우에는 그 사망한 아버지나 어머니의 부모를 포함)로부터 토지·건물 등 대통령령으로 정하는 재산을 제외한 재산을 증여받는 경우에는 「상속세 및 증여세법」 제53조 및 제56조에도 불구하고 해당 증여받은 재산의 가액 중 대통령령으로 정하는 창업자금[증여세 과세가액 30억 원(창업을 통하여 10명 이상을 신규 고용한 경우에는 50억 원)을 한도로 함]에 대해서는 증여세 과세가액에서 5억 원을 공제하고 세율을 100분의 10으로 하여 증여세를 부과한다. 이 경우 창업자금을 2회 이상 증여받거나 부모로부터 각각 증여받는 경우에는 각각의 증여세 과세가액을 합산하여 적용한다(조특법 제30조의5).

(나) 가업의 승계에 대한 증여세 과세특례[52]

18세 이상인 거주자가 60세 이상의 부모(증여 당시 아버지나 어머니가 사망한 경우에는 그 사망한 아버지나 어머니의 부모를 포함)로부터 「상속세 및 증여세법」 제18조 제2항 제1호에 따른 가업의 승계를 목적으로 해당 가업의 주식 또는 출자지분을 증여받고 대통령령으로 정하는 바에 따라 가업을 승계한 경우에는 상속세 및 증여세법 제53조 및 제56조에도 불구하고 그 주식 등의 가액 중 대통령령으로 정하는 가업자산상당액에 대한 증여세 과세가액(100억 원 한도)에서 5억 원을 공제하고 세율을 100분의 10(과세표준이 30억 원을 초과하는 경우 그 초과금액에 대해서는 100분의 20)으로 하여 증여세를 부과한다. 다만, 가업의 승계 후 가업의 승계 당시 해당 주식 등의 증여자 및 상속세 및 증여세법 제22조 제2항에 따른 최대주주 또는 최대출자자에 해당하는 자(가업의 승계 당시 해당 주식 등을 증여받는 자는 제외한다)로부터 증여받는 경우에는 그러하지 아니하다(조특법 제30조의6).

---

52) 자세한 논의는 [40] 가업승계 지원제도 사례 참조.

(다) 세대생략 할증과세

수증자가 증여자의 자녀가 아닌 직계비속인 경우에는 증여세산출세액에 100분의 30(수증자가 증여자의 자녀가 아닌 직계비속이면서 미성년자인 경우로서 증여재산가액이 20억 원을 초과하는 경우에는 100분의 40)에 상당하는 금액을 가산한다(상증세법 제57조 제1항 및 상증세법 시행령 제46조의3). 다만, 대습상속의 경우에는 위 할증과세의 적용을 배제한다.

① 수증자가 미성년자인 경우로서 증여재산가액이 20억 원을 초과하는 경우

$$[증여세 산출세액 \times \frac{수증자 부모 외 직계존속 증여재산가액}{총 증여재산가액} \times 40\%]$$
$$- 종전에 납부한 할증과세액$$

② ① 이외의 경우

$$[증여세 산출세액 \times \frac{수증자 부모 외 직계존속 증여재산가액}{총 증여재산가액} \times 30\%]$$
$$- 종전에 납부한 할증과세액$$

다. 증여세 결정세액의 계산

증여세의 과세표준에 세율을 곱하여 증여세 산출세액을 도출한 다음, 박물관·미술관자료에 대한 징수유예액(상증세법 제74조), 납부세액공제(상증세법 제58조), 외국납부세액공제(상증세법 제49조), 신고세액공제(상증세법 제69조 제2항)를 시행하여 수증자가 신고·납부할 총 세액을 산출한다.

13. 영농자녀 등이 증여받은 농지 등에 대한 증여세 감면

농지·초지·산림지·어선·어업권·어업용 토지등 또는 축사용지(해당 농지·초지·산림지·어선·어업권·어업용 토지 등 또는 축사용지를 영농조합법인 또는

영어조합법인에 현물출자하여 취득한 출자지분을 포함)를 농지 등의 소재지에 거주하면서 영농[양축, 영어 및 영림 포함]에 종사하는 대통령령으로 정하는 거주자가 직계비속에게 증여하는 경우에는 해당 농지 등의 가액에 대한 증여세의 100분의 100에 상당하는 세액을 감면한다(조특법 제71조). 이는 일몰조항으로서 2020년 12월 31일까지 존치될 예정이다.

14. 증여세의 신고와 확정 및 납부

증여세 납세의무가 있는 자는 증여받은 날이 속하는 달의 말일부터 3개월 이내에 증여세의 과세가액 및 과세표준을 납세지 관할 세무서장에게 신고하여야 한다(상증세법 제68조 제1항).

증여세를 신고하는 자는 신고기한까지 증여세과세표준신고와 함께 자신이 산출한 납부세액을 납세지 관할 세무서·한국은행 또는 우체국에 자진납부하여야 한다(상증세법 제70조). 증여세 신고기한 내에 신고하고 자진납부한 경우에는 상속세의 경우와 마찬가지로 세액의 100분의 3의 신고세액공제(상증세법 제69조)가 이루어지고, 신고기한 내에 신고하지 않거나 미달하게 신고한 때에는 국세기본법상의 무신고가산세나 과소신고가산세가 부과된다.

상증세는 위의 신고에 불구하고 과세표준 및 세액을 정부가 결정하는 때에 확정된다(국세기본법 제22조 제3항, 제2항).

수정신고, 경정청구의 특례, 분납 및 연부연납 등은 상속세의 경우와 동일하나, 증여세에 대한 물납은 인정되지 않는다.

15. 가산세

정부는 세법에서 규정한 의무를 위반한 자에게 가산세를 부과할 수 있는데, 예컨대 상증세액에 대한 신고를 하지 아니한 경우 무신고가산세, 신고액이 정당한 처분액보다 적은 경우 그에 대한 과소신고 가산세 등을 부과하며,

그 과정에 사기 기타 부정한 행위 등 부정행위가 개입된 경우 그에 대한 가산
세를 추가로 부과한다.[53]

Ⅲ | 재산의 평가

1. 재산의 평가의 개요

상증세법상 과세처분이 적법하게 이루어질 수 있는 경우 그에 따라 과세
처분을 하기 위해서는 그 전제로 처분의 대상이 되는 재산의 가치를 평가하여
야 하는데, 세법에서는 이를 재산의 평가라고 한다(상증세법 제60조 제1항).

상증세법 제60조 제1항에 따른 시가는 불특정 다수인 사이에 자유롭게
거래가 이루어지는 경우에 통상적으로 성립된다고 인정되는 가액으로 하고
수용가격·공매가격 및 감정가격 등 대통령령으로 정하는 바에 따라 시가로
인정되는 것을 포함한다(상증세법 제60조 제2항).

적정한 평가가액인지를 판단하기 위해서는 그 가액의 성질 및 적정하게
산정된 것인지 여부, 우선순위 여부를 고려하여야 한다.[54]

2. 재산 평가의 순서

상증세법 제4장은 재산 평가의 순서를 정하고 있는데, 그 순서는 아래와
같다.

---

53) 자세한 논의는 [42] 상속세 및 증여세와 가산세 사례 참조.
54) 자세한 논의는 [43] 재산평가의 원칙 사례 참조.

1순위	평가대상 재산의 거래가액, 감정가액, 수용·경매·공매가액

⇩

2순위	유사매매사례가액 : 다만, 신고한 재산의 경우 평가기준일 전 6개월(증여는 3개월)부터 상속세 또는 증여세 신고기한 이내의 신고일까지 가액만 인정

⇩

3순위	평가대상 재산의 개별공시지가, 공시가격 등 보충적 평가방법

⇩

평가특례	저당권 등이 설정된 재산의 경우 순서에 따른 평가액과 담보하는 채권액 중 큰 금액으로 평가함

3. 시가 적용 시 판단기준일

상증세법상 재산의 평가는 **상속개시일 또는 증여일**(평가기준일) **현재의 시가**를 따르는 것이 원칙이다(상증세법 제60조 제1항).

다만, 수용·공매 및 감정가격 등 대통령령이 정하는 바에 따라 시가로 인정되는 경우에는 상속세의 경우 평가기준일 전후 6개월, 증여세의 경우 평가기준일 전 6개월부터 평가기준일 후 3개월까지 기간 동안 매매·감정·수용·경매 또는 공매가액을 기준으로 시가를 산정할 수 있다(상증세법 시행령 제49조 제1항).

4. 거래가액

해당 재산에 대한 매매사실이 있는 경우, 그 거래가액을 기준으로 시가를 산정한다. 다만, 그 거래가액의 산정이 객관적으로 부당하거나, 비상장주식의 경우 거래가액이 액면가액의 발행주식총액 또는 출자총액의 100분의 1에 불과하거나 3억 원 미만인 경우 이를 기준으로 거래가액을 산정할 수 없다(상증세법 시행령 제49조 제1항 제1호). 다만, 법원은 수증일로부터 6개월 이상 도과한 후의 거래가액을 증여 당시의 시가로 보기 위해서는 그간 아무런 가격변동이 없었다는 점을 입증하여야 한다는 태도를 취하고 있다(대법원 1988. 6. 28. 선고 88누582 판결).

5. 경매가격 · 공매가액 및 감정가격

상증세법은 위 거래가액과 더불어 수용가격 · 공매가격 및 감정가격을 시가의 범주에 포함시키고 있다(상증세법 제60조 제2항).

가. 수용 · 경매가격 및 공매가격

해당 재산에 대하여 수용 · 공매 · 경매 사실이 있는 경우에는 그 가액을 시가로 볼 수 있다(상증세법 제49조 제1항).

단, 상증세법 제73조에 따라 물납한 재산을 상속인 또는 그의 특수관계인이 경매 또는 공매로 취득한 경우, 경매 또는 공매로 취득한 비상장주식의 가액이 3억 원이나 액면가액의 합계액으로 계산한 당해 법인의 발행주식총액 또는 출자총액의 100분의 1 미만인 경우, 경매 또는 공매절차의 개시 이후 수의계약에 의하여 취득하는 경우는 제외한다(상증세법 제49조 제1항 제3호).

나. 감정가격

(1) 개 요

감정(鑑定)은 사실인정을 위한 주요 수단 내지 손해배상액 산정과 같은 측정의 방법으로 사용되는데, 통상 재판과정에서의 감정은 법원이 어떤 사항을 판단함에 있어 특별한 지식과 경험칙을 필요로 하는 경우에 그 판단의 보조수단으로서 그러한 지식경험을 이용하기 위하여 실시한다(대법원 1988. 3. 8. 선고 87다카1354 판결). 상증세법 또는 소득세법상 감정은 취득 당시의 대상물의 가치판단을 위하여 주로 사용된다. 요컨대 대상물의 거래가액을 확인하기 어려운 경우 그 가액을 산정하기 위하여 이용된다. 상증세법 및 소득세법은 감정을 법령을 통하여 시가 산정의 방법으로 규정하고 있다.

(2) 소급감정의 문제[55]

상증세법 시행령 제49조 제2항에서 정한 평가기간을 도과하였을 때, 즉 소급감정의 경우 판례는 원칙적으로 위 감정가액을 시가로 인정하고 있다. 다만, 최근 판례는 1개의 감정기관만이 감정가액을 측정한 점, 상속개시일과 감정일 사이에 상당한 시간이 경과하여 당해 사건 토지가 분할되었으며 부과제척기간도 도과하는 등 큰 변화가 있었던 점 등을 고려하여 소급감정에 의한 양도소득세 감면을 주장한 당해 사건 원고의 청구를 기각하거나(서울행정법원 2018. 6. 22. 선고 2017구합88923 판결 참조), 당해 사건 원고가 평가기준일로부터 약 2년 4개월이 경과한 이후 작성된 감정평가서들을 근거로 그 감정가액 평균액을 감정가격이라고 주장한 경우에 대하여 상증세법 제60조 제2항, 동법 시행령 제49조에서 정한 상속재산가액 시가인 '감정가격'에 해당한다고 볼 수 없다고 보아 원고의 청구를 기각하는 등(서울행정법원 2017. 9. 1. 선고 2017구합50317 판결 참조), 소급감정의 한계를 설정하는 듯한 태도를 보이고 있다.

6. 보충적 평가방법

그러나 위의 방법을 이용하여도 시가를 구할 수 없는 경우, 법 제60조 제3항에 규정된 보충적 평가방법에 따라 상증세 대상재산의 가치를 평가한다. 이하에서는 보충평가 대상재산 중 가장 대표적인 유가증권 및 부동산에 대하여 살펴본다.

---

55) 자세한 논의는 [44] 부동산의 가치평가 : 소급감정에 관한 사례 참조.

가. 부동산에 대한 보충적 평가

부동산에 대한 보충적 평가는 아래 부동산 유형[56]에 따라 시행한다.

부동산 유형	평가기준
토지	• 「부동산 가격공시에 관한 법률」에 의한 개별공시지가
주택	• 「부동산 가격공시에 관한 법률」에 의한 개별공시지가 및 공동주택가격
일반건물	• 일반건물은 신축가격기준액·구조·용도·위치·신축연도·개별건물의 특성 등을 참작하여 매년 1회 이상 국세청장이 산정·고시*하는 가액으로 평가 * 국세청 건물 기준시가 산정방법 고시
오피스텔 및 상업용 건물	• 국세청장이 지정하는 지역에 소재하면서 국세청장이 토지와 건물에 대하여 일괄하여 산정·고시*한 가액이 있는 경우 그 고시한 가액으로 평가 • 국세청장이 일괄하여 산정·고시한 가액이 없는 경우에는 토지와 건물을 별도로 평가한 가액으로 평가 * 오피스텔 및 상업용건물에 대한 기준시가 고시
임대차계약이 체결된 재산	• 평가기준일 현재 시가에 해당하는 가액이 없는 경우로서 사실상 임대차 계약이 체결되거나, 임차권이 등기된 부동산일 경우 　- 토지의 개별공시지가 및 건물의 기준시가와 1년간 임대료를 환산율(12%)로 나눈 금액에 임대보증금을 합계한 금액(토지와 건물의 기준시가로 안분한 금액을 말함)을 토지와 건물별로 비교하여 큰 금액으로 평가한 가액 ※ 임대차 계약이 체결된 재산의 평가액 = MAX(보충적 평가가액, 임대보증금 환산가액) 　• 보충적 평가가액 : 토지의 개별공시지가 및 건물의 기준시가 　• 임대보증금 환산가액 : (임대보증금) + (1년간 임대료 합계액 ÷ 0.12) 　• '1년간 임대료 합계액' 계산 : 평가기준일이 속하는 월의 임대료에 12월을 곱하여 계산

---

56) 국세청, 홈페이지 내 성실신고지원, 상속재산의 평가 및 증여재산의 평가 부분 참조(2019. 6. 13. 확인).

나. 유가증권에 대한 보충적 평가[57)]

유가증권에 대한 보충적 평가는 아래 주식 유형[58)]에 따라 판단한다.

주식 유형	평가기준
상장주식 또는 코스닥상장주식	• 상속개시일 이전·이후 각 2월간에 공표된 매일의 최종시세가액(거래실적 유무 불문)의 평균액 * 평가기준일 전후 기간이 4월에 미달하는 경우에는 동 기간에 대한 최종시세가액의 평균액 * 평가기준일이 공휴일, 매매거래정지일, 납회기간 등인 경우에는 그 전일 기준으로 평균액 계산
유가증권시장 상장 추진 중인 주식	• 아래 평가가액 중 큰 금액으로 평가한 가액을 시가로 보아 평가한다. – 자본시장과 금융투자업에 관한 법률에 따라 금융위원회가 정하는 기준에 따라 결정된 공모가격 – 코스닥시장 상장법인 주식 등의 평가방법에 따라서 평가한 해당 주식 등의 가액(그 가액이 없으면 비상장주식 평가규정에 따른 평가액)
코스닥시장 상장 추진 중인 주식	• 아래 평가가액 중 큰 금액으로 평가한 가액을 시가로 보아 평가한다. – 자본시장과 금융투자업에 관한 법률에 따라 금융위원회가 정하는 기준에 따라 결정된 공모가격 – 비상장주식 평가규정에 따른 평가액
비상장주식	• 상속개시일 전후 6월 이내에 불특정다수인 사이의 객관적 교환가치를 반영한 거래가액 또는 경매·공매가액이 확인되는 경우 이를 시가로 보아 평가한다. * 감정가액은 시가로 인정하지 않음 • 단, 가중평균한 가액이 1주당 순자산가치의 100분의 80보다 낮은 경우에는 1주당 순자산 가치에 100분의 80을 곱한 금액으로 한다.

---

57) 자세한 논의는 [45] 비상장주식의 가치평가 : 평가방법에 관한 사례 참조.

58) 국세청, 홈페이지 내 성실신고지원, 상속재산의 평가 및 증여재산의 평가 부분 참조(2019. 6. 13. 확인).

7. 저당권 등이 설정된 재산의 평가

저당권 등이 설정된 재산의 평가가액은 시가 또는 보충적 평가방법에 따라 평가한 가액과 아래 평가액 중 큰 금액으로 한다.[59]

▌저당권·질권이 설정된 재산, 양도담보재산, 전세권이 등기된 재산(보증금을 받고 임대한 재산 포함)

- 저당권(공동저당권 및 근저당권 제외)이 설정된 재산의 가액은 당해 재산이 담보하는 채권액
- 공동저당권이 설정된 재산의 가액은 당해 재산이 담보하는 채권액을 공동저당된 재산의 평가 기준일 현재의 가액으로 안분하여 계산한 가액
- 근저당권이 설정된 재산의 가액은 평가기준일 현재 당해 재산이 담보하는 채권액
- 질권이 설정된 재산 및 양도담보재산의 가액은 당해 재산이 담보하는 채권액
- 전세권이 등기된 재산의 가액은 등기된 전세금(임대보증금을 받고 임대한 경우 임대보증금)

8. 최대주주 할증평가

유가증권에 대한 평가와 관련하여, 최대주주 등의 주식에 대해서는 위 가액에 100분의 10 내지 30 가량 할증하여 과세표준을 산정하는데, 이를 최대주주 할증평가라고 한다.[60]

---

59) 국세청, 홈페이지 내 성실신고지원, 상속재산의 평가 및 증여재산의 평가 부분 참조(2019. 6. 13. 확인).
60) 자세한 논의는 [46] 최대주주 할증평가 사례 참조.

제 **2** 편

상속세편

1

상속세를 과세하는 재산의 범위

– 대법원 2015. 2. 12. 선고 2012두7905 판결 –

» 상속세는 상속개시일 당시에 피상속인이 소유하는 모든 상속재산에 대하여 과세하도록 되어 있음. 과세대상인 상속재산에는 민법상 상속재산뿐만 아니라 피상속인의 사망으로 인하여 상속인이 무상으로 취득한다는 점에서 상속재산과 실질이 동일한 보험금, 신탁재산, 퇴직금 등도 포함되며 이들에 대해서는 상증세법상 상속재산 의제 규정을 두고 있음. 또한 상속세 부담을 회피하기 위하여 피상속인이 상속재산을 현금화하는 경우가 빈번히 발생하므로 피상속인이 사망 이전 일정 기간 이내에 처분한 재산은 상속재산으로 추정하고 있음. 사안에서는 피상속인이 사망 이전에 피상속인 소유의 토지를 매도하기로 계약을 체결하였으나 잔금을 수령하지 않은 경우 토지가 상속세 부과대상에 해당하는지 여부가 다투어졌으므로 상속세 과세대상이 되는 재산의 범위에 대하여 검토하고자 함.

🗨️ 상속세 및 증여세법

제3조(상속세 과세대상)

상속개시일 현재 다음 각 호의 구분에 따른 상속재산에 대하여 이 법에 따라 상속세를 부과한다.

   1. 피상속인이 거주자인 경우 : 모든 상속재산

   2. 피상속인이 비거주자인 경우 : 국내에 있는 모든 상속재산

제8조(상속재산으로 보는 보험금)

① 피상속인의 사망으로 인하여 받는 생명보험 또는 손해보험의 보험금으로서 피상속인이 보험계약자인 보험계약에 의하여 받는 것은 상속재산으로 본다.

---

② 보험계약자가 피상속인이 아닌 경우에도 피상속인이 실질적으로 보험료를 납부하였을 때에는 피상속인을 보험계약자로 보아 제1항을 적용한다.

제9조(상속재산으로 보는 신탁재산)

① 피상속인이 신탁한 재산은 상속재산으로 본다. 다만, 타인이 신탁의 이익을 받을 권리를 소유하고 있는 경우 그 이익에 상당하는 가액(價額)은 상속재산으로 보지 아니한다.

② 피상속인이 신탁으로 인하여 타인으로부터 신탁의 이익을 받을 권리를 소유하고 있는 경우에는 그 이익에 상당하는 가액을 상속재산에 포함한다.

제10조(상속재산으로 보는 퇴직금 등)

피상속인에게 지급될 퇴직금, 퇴직수당, 공로금, 연금 또는 이와 유사한 것이 피상속인의 사망으로 인하여 지급되는 경우 그 금액은 상속재산으로 본다. 다만, 다음 각 호의 어느 하나에 해당하는 것은 상속재산으로 보지 아니한다.

1. 「국민연금법」에 따라 지급되는 유족연금 또는 사망으로 인하여 지급되는 반환일시금

2. 「공무원연금법」, 「공무원 재해보상법」 또는 「사립학교교직원 연금법」에 따라 지급되는 퇴직유족연금, 장해유족연금, 순직유족연금, 직무상유족연금, 위험직무순직유족연금, 퇴직유족연금부가금, 퇴직유족연금일시금, 퇴직유족일시금, 순직유족보상금, 직무상유족보상금 또는 위험직무순직유족보상금

3. 「군인연금법」에 따라 지급되는 유족연금, 유족연금부가금, 유족연금일시금, 유족일시금 또는 재해보상금

4. 「산업재해보상보험법」에 따라 지급되는 유족보상연금·유족보상일시금·유족특별급여 또는 진폐유족연금

5. 근로자의 업무상 사망으로 인하여 「근로기준법」 등을 준용하여 사업자가 그 근로자의 유족에게 지급하는 유족보상금 또는 재해보상금과 그 밖에 이와 유사한 것

6. 제1호부터 제5호까지와 유사한 것으로서 대통령령으로 정하는 것

제15조(상속개시일 전 처분재산 등의 상속 추정 등)

① 피상속인이 재산을 처분하였거나 채무를 부담한 경우로서 다음 각 호의 어느 하나에 해당하는 경우에는 이를 상속받은 것으로 추정하여 제13조에 따른 상속세 과세가액에 산입한다.

1. 피상속인이 재산을 처분하여 받은 금액이나 피상속인의 재산에서 인출한 금액이 상속개시일 전 1년 이내에 재산 종류별로 계산하여 2억원 이상인 경우와 상속개시일 전 2년 이내에 재산 종류별로 계산하여 5억원 이상인 경우로서 대통령령으로 정하는 바에 따라 용도가 객관적으로 명백하지 아니한 경우

2. 피상속인이 부담한 채무를 합친 금액이 상속개시일 전 1년 이내에 2억원 이상인 경우와 상속개시일 전 2년 이내에 5억원 이상인 경우로서 대통령령으로 정하는 바에 따라 용도가 객관적으로 명백하지 아니한 경우

② 피상속인이 국가, 지방자치단체 및 대통령령으로 정하는 금융회사 등이 아닌 자에 대하여 부담한 채무로서 대통령령으로 정하는 바에 따라 상속인이 변제할 의무가 없는 것으로 추정되는 경우에는 이를 제13조에 따른 상속세 과세가액에 산입한다. [개정 2013.1.1]

③ 제1항 제1호에 규정된 재산을 처분하여 받거나 재산에서 인출한 금액 등의 계산과 재산 종류별 구분에 관한 사항은 대통령령으로 정한다.

I 대상판결의 개요

1. 사실관계의 요지

원고 甲은 2005. 5.경 피상속인 乙을 대리하여 丙에게 토지를 30억 원에 매도하는 매매계약을 체결하고 매매계약 당일 丙으로부터 계약금 5억 원 상당의 약속어음을 받았는데, 이후 같은 해 6.경 乙이 사망하고 이후에 잔금을 지급 받아 같은 해 11.경 丙 명의로 소유권이전등기가 경료됨.

원고는 상속재산을 신고하는 과정에서 위 토지를 실지매매가액인 30억 원으로 평가하여 산정하였는데 관할 세무서상은 원고가 신고한 토지에 대한 매매가액은 잔금지급여부 및 매매대금이 불분명하다는 이유로 실지매매가액을 부인하고, 평가기준일 현재의 개별공시지가를 적용하여 100억 원으로 다시 평가한 뒤 상속세를 부과함.

2. 원고의 주장 요지

피상속인 乙이 사망 전에 丙과 위 토지를 매매하는 계약을 체결하였고, 이후 2005. 11.경 실제로 2005. 5.경 매매계약을 원인으로 한 소유권이전등기가 이루어졌으므로 원고가 乙로부터 상속한 것은 위 토지의 매매대금 30억 원에 불과함에도 토지의 개별공시지가인 100억 원을 상속받은 것으로 보아 상속세를 부과한 것은 위법함.

3. 판결 요지

가. 제1심 법원(피고 승소)

부동산을 매매·교환 등에 의하여 유상양도하는 계약을 체결하고 아직 양수인 앞으로 이전등기가 되지 아니한 상태에서 양도인 또는 양수인이 사망하여 상속이 개시된 경우, 상속개시 시점에서 세법상 그 재산의 보유자가 누구인가 하는 점에 관하여 상증세법에는 별도의 규정이 없고, 다만 소득세법에 '양도소득세의 과세표준 양도차익을 산정함에 있어 기준이 되는 자산의 양도 또는 취득시기에 관하여 이는 원칙적으로 양도자산의 대금청산일로 한다'는 규정이 있을 뿐임.

그러나 위 규정은 양도소득세의 과세요건을 가림에 있어서는 물론 상속재산의 귀속을 구분함에 있어서도 그대로 준용되는 것으로 해석함이 상당하고, 따라서 이 사건과 같이 매매대금이 전혀 지급되지 아니한 상태에서 매도인이 사망하고 상속인이 그 후 매매대금을 지급받고 매수인에게 소유권이전등기를 경료하여 준 경우에는 상속개시시점에 아직 부동산의 양도가 완성되지 않았으므로 상속인들로서는 부동산 그 자체에 대한 상속세를 부담하여야 하고 매매대금지급청구 채권이 상속재산이 되는 것은 아님.

나. 항소심 법원과 대법원(피고 승소)

(1) 망인이 사망하기 전인 2005. 5.경 위 토지를 30억 원에 매도하는 매매계약을 체결하였다는 점에 대하여, 계약금으로 지급되었다는 약속어음 용지는 2005. 7.경 교부된 것으로 확인되며 이 외에 5.경 매매계약이 체결되었음을 인정할 증거가 없고, 소유권이전등기의 등기원인이 2005. 5.경 매매라고 하여 실제 위 등기원인과 같은 일자에 매매계약이 있었다고 단정할 수 없으므로 실제로 망인이 사망하기 이전에 매매계약이 체결되었음을 인정하기 부족함.

(2) 설령 매매계약이 망인의 사망 시점 이전에 체결되었다고 보더라도 매매대금이 전혀 지급되지 않은 상태에서 피상속인이 사망하고 이후 상속인이 매매대금을 지급받아 매수인이 소유권이전등기를 경료하여 준 경우에는 상속개시시점에는 아직 부동산의 양도가 완성되지 않아 상속재산은 부동산 그 자체라고 보아야 함.

(3) 상증세법 제60조 제1항은 상속재산의 평가를 현재의 시가에 의하도록 하고 동법 시행령에서는 당해 재산에 대한 매매사례가액도 시가에 포함되는 것으로 규정하고 있으며 상속재산의 시가를 산정하기 어려운 경우에는 당해 재산의 종류·규모·거래상황 등을 감안하여 제61조 내지 제65조에 규정된 방법에 의하여 평가한 가액에 의하도록 규정하고 있음.

이들 규정이 말하는 '시가'란 불특정 다수인 사이에 자유로이 거래가 이루어지는 경우에 통상 성립된다고 인정되는 가액을 말하는 것이므로 비록 거래 실례가 있다 하여도 그 거래 가액을 상속재산의 객관적 교환가치를 적정하게 반영하는 정상적인 거래로 인하여 형성된 가격이라고 할 수 없는 경우에는 시가를 산정하기 어려운 것으로 보아 보충적 평가방법에 따라 그 가액을 산정할 수 있고, 이 사건에서 보충적 평가방법에 따라 개별공시지가인 100억 원을 토지의 상속재산 가액으로 본 것은 적법함.

Ⅱ 해설

1. 상속세를 과세하는 재산의 범위

가. 개 요

상속세는 상속개시일을 기준으로 하여 피상속인이 당시에 소유하는 모든 재산에 대하여 과세한다. 상속세는 반드시 민법상 상속재산에만 부과되는 것은 아니고, '피상속인의 사망으로 인하여 상속인이 무상으로 취득하는 재산'이라는 경제적 실질이 동일한 보험금 등에 대하여도 상증세법상 별도로 상속재산으로 규정하여 과세하고 있다(의제상속재산). 또한 피상속인의 사망 직전 상속세를 면피하려는 의도로 재산을 현금화하는 시도를 막기 위하여 피상속인이 사망하기 전 일정 금액 이상을 처분하거나 채무를 부담한 경우 이에 대한 사용처를 상속인들이 밝히지 못한다면 상속재산으로 추정하고 있다. 즉, 상속세를 과세하는 재산은 크게 민법상 상속재산, 의제 상속재산, 추정 상속재산세 가지로 분류할 수 있다.

나. 민법상 상속재산

(1) 개 요

민법상 상속재산은 동산, 부동산, 예금 등 피상속인에게 귀속되는 재산으로서 금전으로 환산할 수 있는 경제적 가치가 있는 모든 물건과 물권, 채권, 무체재산권 등 재산적 가치가 있는 법률상 또는 사실상의 권리를 일컫는다.

물권은 권리자가 특정의 물건을 지배해서 이익을 얻는 배타적 권리로서 유체물과 전기 기타 관리할 수 있는 자연력을 말하는데, 민법에서는 물권법정주의를 채택하고 있어 점유권, 소유권과 용익물권인 지상권, 지역권, 전세권, 유치권, 질권, 저당권 등 8가지의 법정물권 및 관습법상의 물권 이외의 물권은 임의로 창설할 수 없다(민법 제185조).

채권은 채권자가 채무자에게 급부를 청구할 수 있는 권리를 의미하는데, 피상속인의 부양청구권 등과 같이 피상속인의 사망으로 소멸되는 일신전속성을 갖는 것들은 상속세 과세대상에 포함되지 않고 따라서 전문자격증에 의해 개인사업체를 영위하다가 사망하여 해당 사업체에 대한 상속인이 이루어지는 경우 사업체에서 영업권에 해당하는 부분은 상속세 과세대상이 되지 않는다.[1]

(2) 유증 또는 사인증여재산

유증이란 피상속인이 유언에 의하여 자기의 재산을 상속인에게 무상으로 증여하는 행위를 의미한다. 유증으로 받은 재산은 민법상 상속재산으로서 상속세 과세대상에 해당한다. 유증은 단독행위인 반면 이와 달리 증여자와 수증자가 증여계약을 체결하면서 해당 증여계약의 효력은 증여자가 사망할 때에 발생시키는 정지조건부 증여를 사인증여라 하는데, 이러한 사인증여는 증여자의 사망으로 인하여 효력이 발생한다는 점에서 민법상 유증의 규정을 준용하고 있고 피상속인의 사망 후에 재산을 무상으로 취득하는 점에서는 그 경제적 실질이 상속과 동일하므로 상증세법에서는 사인증여재산을 상속세 과세대상으로 보고 있다.

(3) 증여계약 이행 중에 증여자가 사망한 경우의 목적 재산

증여자(피상속인)가 수증자(상속인)와 증여계약을 체결하였으나 등기, 인도 등 물권 변동의 효력을 발생시키는 행위를 마치기 전에 사망한 경우 사망한 시점에 해당 재산은 아직 피상속인의 소유인 것으로 보아 증여세가 아니라 상속세를 과세하게 된다.

(4) 매매계약이 이행 중인 재산

앞서 살펴본 증여계약의 경우와는 다르게 매매계약의 경우에는 소유권이전등기 여부가 아니라 잔금청산 여부를 기준으로 목적물의 귀속 여부를 결정하여 상속세를 부과한다.

---

1) 최성일, 앞의 책 p.125.

피상속인이 재산을 매도하기 위하여 매매계약을 체결하고 계약금 또는 중도금을 수령하고 산금을 수령하기 전에 사망한 경우에는 당해 재산은 상속재산에 포함하며 이때의 재산 평가액은 총매매가액에서 피상속인이 수령한 계약금 등을 차감한 가액으로 하게 된다.[2]

그 결과 피상속인이 매도인인 경우 잔금까지 모두 수령하였으나 실제 소유권이전등기만 이루어지지 않은 상태라면 목적물은 매수인에게 귀속되는 것으로 보아 매도인인 피상속인의 상속재산으로 보지 않으며, 반대로 피상속인이 매수인인 경우에 잔금을 모두 지급하였으나 실제 소유권이전등기만 이루어지지 않은 상태라면 목적물은 매수인에게 귀속되는 것으로 보아 피상속인의 상속재산으로 보게 된다.

(5) 피상속인의 명의신탁재산

(가) 개 요

상속재산의 귀속 여부는 명의와 상관없이 실질적인 소유권이 피상속인에게 있는지에 따라 결정되므로, 피상속인의 명의신탁재산 역시 상속재산에 포함되게 된다. 명의신탁은 주로 조세회피의 수단으로 악용되는 경우가 많으므로 증여세법상 증여로 의제하여 증여세를 부과하고 있는데, 명의신탁시기에 명의수탁자에게 증여한 것으로 의제하여 증여세가 과세된 경우라 하더라도 상속재산에 포함되는 경우 상속세가 부과된다.

따라서 피상속인이 명의수탁자인 경우 명의수탁재산의 소유권은 피상속인에게 있지 않으므로 이는 상속재산에서 제외된다. 다만 부동산의 경우, 부동산실명법의 적용을 받게 되므로 명의신탁의 유형을 살펴 상속재산의 귀속 여부를 살펴야 한다.

---

2) 국세청, 앞의 책, p.45.

(나) 등기명의신탁의 경우

등기명의신탁은 매도인과 명의신탁자(매수인)가 매매계약을 체결하면서 소유권이전등기를 명의수탁자 앞으로 하도록 하는 형태의 명의신탁을 의미한다. 이때에는 명의신탁약정과 소유권이전의 효력이 모두 무효가 되므로 명의수탁자 앞으로 마쳐진 소유권이전등기는 말소되고 소유권이 매도인에게 복귀되나, 다만 매도인과 명의신탁자 간의 매매계약 자체는 유효하므로 앞서 살펴본 매매계약이 진행 중인 재산과 동일한 구조로 상속재산의 귀속 여부를 판단하게 된다.

(다) 계약명의신탁의 경우

등기명의신탁과 달리 계약명의신탁은 매도인과 명의수탁자가 매매계약을 체결하는 형태의 명의신탁을 의미한다. 이때 매도인이 매수인이 명의수탁자임을 알고 있는 경우(악의)와 명의수탁자임을 모르고 있는 경우(선의) 부동산실명법에 의하여 그 법률효과가 달라지게 된다.

매도인이 악의인 경우에는 등기명의신탁과 마찬가지로 명의신탁약정과 소유권이전의 효력이 모두 무효가 되는데 차이점은 부동산실명법상의 적용을 받아 매매계약 자체의 효력도 무효가 되므로 매수인은 매도인에게 매매계약의 이행을 청구할 수 없으며 다만 명의수탁자를 상대로 매매대금 상당의 부당이득반환청구권을 행사할 수 있게 된다.

매도인이 선의인 경우에는 부동산실명법상 소유권이전의 효력을 유효한 것으로 보아 실제로 명의수탁자에게 소유권이 유효하게 귀속된다. 명의수탁자에게 소유권이 있으므로 명의신탁자의 상속재산은 매매계약의 목적물인 토지가 아니라 명의수탁자에게 지급한 매매대금 상당의 부당이득반환청구권이 된다.

(6) 유류분을 반환받은 경우

(가) 피상속인의 생전 증여재산을 유류분으로 반환 받은 경우

피상속인이 상속개시일 이전에 증여한 재산을 상속인이 유류분 반환을 청구하여 반환받게 된 경우 해당 유류분은 원래부터 상속재산에 포함된 것으로 보아 상속재산을 과세한다. 이때 피상속인의 재산을 증여받은 자가 해당 재산을 유류분으로 반환하게 되는 경우에는 당초부터 증여가 없었던 것으로 보게 되므로 기납부한 증여세에 대하여 환급을 받을 수 있게 된다.[3]

(나) 유증받은 재산을 유류분으로 반환 받은 경우

피상속인으로부터 유증을 받은 자가 상속세 과세표준 신고기한 이내에 해당 유증받은 재산을 다른 상속인에게 무상으로 이전한 경우 해당 재산은 상속인이 상속받은 것으로 보아 상속세를 과세한다.

다. 의제 상속재산[4]

(1) 보험금

대표적으로 의제상속재산에 해당하는 피상속인의 사망을 원인으로 한 보험금의 경우, 피상속인이 보험료를 불입하였다고 해도 보험금 수취인이 피상속인으로부터 보험금을 승계 받은 것으로 보는 것이 아니라 보험계약의 내용에 따라 수취인이 직접 원시취득한 것으로 보아 민법상으로는 상속재산으로 보고 있지 않지만 그 경제적 실질은 피상속인의 사망으로 상속인이 무상으로 재산을 취득한다는 점에서 상증세법에서는 이를 상속재산으로 간주하여 상속세를 과세하고 있다.

---

3) 최성일, 앞의 책, p.149.
4) 보다 자세한 내용은 [3] 의제상속재산(보험금 등) 사례 참조.

(2) 신탁재산

신탁이란 위탁자가 특정 재산을 수탁자에게 위탁하고 수탁자는 수익자의 이익을 위하여 그 재산을 관리·처분할 권한을 가지게 되는 법률관계를 의미한다. 따라서 외부와의 관계에 있어 신탁재산의 소유권은 수탁자에게 귀속되는 것처럼 보이지만 위탁자는 신탁을 해지하고 해당 재산의 소유권을 본인에게로 이전시킬 수 있는 실질적인 권리를 가지고 있으므로, 피상속인이 위탁자에 지위에 있는 경우 해당 신탁재산은 상속재산으로 보아 상속세를 과세하도록 규정하고 있다.

(3) 퇴직금

피상속인이 사망하기 전에 퇴직금 등을 지급받아 예금 등으로 소유하다가 사망한 경우 해당 예금 등은 당연히 민법상 상속재산에 해당한다. 퇴직금을 지급받기 전에 사망한 경우 해당 퇴직금을 근로자의 유족에게 지급하는 사망 퇴직금 등은 사용자와 근로자 사이의 제3자를 위한 계약에 준하므로 민법상 상속재산에 해당하지 않으나, 상속인들이 무상으로 취득하는 재산에 해당하므로 상속재산으로 의제하여 과세 형평을 꾀하고 있다.

라. 추정 상속재산[5]

앞서 살펴본 바와 같이 상속세는 원칙적으로 상속개시일 당시에 소유하고 있는 모든 재산에 대하여 과세하게 되므로 해당 시점에 이미 타인에게 양도한 재산이나 채무를 부담하고 있는 부분은 상속재산에서 제외된다. 그러나 피상속인이 재산을 처분하여 현금화하거나 채무를 부담하는 대가로 현금을 확보하여 상속인에게 재산을 승계시키는 경우 과세관청의 입장에서 이를 일일이 적발하여 상속세를 부과하는 것에 큰 어려움이 있으므로, 상증세법에서는 피상속인이 사망하기 전 1년 또는 2년 이내에 재산을 처분하거나 채무를

---

5) 보다 자세한 내용은 [6] 상속개시일 전 처분재산 등의 상속 추정(추정상속가액) 사례 참조.

부담한 금액이 2억 원 또는 5억 원 이상인 경우에는 피상속인이 현금화한 그 금전에 대한 사용처를 상속인이 입증하도록 하고 그 용도가 객관적으로 명백하지 아니한 금액에 대해서는 현금 등으로 상속받은 것으로 추정하여 상속세 과세가액에 산입하는 추정 상속재산 제도를 두고 있다.

2. 이 사건의 분석

가. 부동산의 취득시기에 관한 민법과 소득세법의 규정

토지에 대한 소유권은 물권에 해당하고, 민법상 부동산에 관한 법률행위로 인한 물권의 득실변경은 등기하여야 그 효력이 생긴다(민법 제186조). 따라서 사안에서와 같이 피상속인이 생전에 토지를 매도하는 계약을 체결하였더라도 사망시점에 소유권이전등기가 마쳐지지 않았다면 매매목적물 토지의 소유권은 여전히 피상속인에게 존재하게 되고, 사망 이후 상속인들은 토지를 상속받게 되며 동시에 매매계약 당사자의 지위도 승계 받게 된다.

그러나 민법상 소유권이전의 문제와는 별개로 소득세법에서는 '자산의 취득시기 및 양도시기는 해당 자산의 대금을 청산한 날로 본다'고 규정하고 있다(소득세법 제98조, 소득세법 시행령 제162조 제1항). 토지 매매계약상 대금의 청산시점은 잔금의 지급 시점이므로, 매도인 입장에서 매수인에게 소유권이전등기를 마쳐주었더라도 잔금을 지급 받지 않았다면 소득세법상 부동산의 양도는 이루어지지 않은 것으로 보아 여전히 매도인의 자산으로 취급하게 된다.

위 소득세법 규정의 입법취지와 관련하여 판례는 "위 각 규정은 납세자의 자의를 배제하고 과세소득을 획일적으로 파악하여 과세의 공평을 기할 목적으로 소득세법령의 체계 내에서 여러 기준이 되는 자산의 취득시기 및 양도시기를 통일적으로 파악하고 관계 규정들을 모순 없이 해석·적용하기 위하여 세무계산상 자산의 취득시기 및 양도시기를 의제한 규정이다"라고 밝히고 있다(대법원 2002. 4. 12. 선고 2000두6282 판결).

위 판례에서 설시된 바와 같이 민법과 세법은 각각 별개의 입법 목적과 입법 체계를 가지고 있으므로 민법과 세법에서 재산의 취득 시기에 대하여 다르게 판단하고 있다고 해서 양자가 모순되거나 상충되는 관계에 있는 것은 아니다. 또 다른 예로, 증여재산의 취득시기에 대하여 민법에서는 증여계약성립일을 취득시점으로 보는 반면 상증세법에서는 '재산을 인도한 날 또는 사실상 사용한 날 등'을 증여재산의 취득시기로 규정하고 있다(민법 제554조, 상증세법 제32조).

나. 매매계약 이행 중 피상속인이 사망한 경우의 상속재산

이 사건 상속인에 해당하는 원고 甲은 피상속인 乙의 매도인의 지위를 승계받아 乙의 사망 이후에 토지를 30억 원에 매도하여 실질적으로 30억 원의 금원을 취득하였음에도 토지의 시가에 해당하는 100억 원에 대하여 상속세를 부과한 것은 위법하다고 주장하였다. 원고는 피상속인 생전에 매매계약이 체결되었으므로 상속재산은 토지가 아니라 매매대금지급청구 채권이라는 취지로 주장을 한 것인데, 상속재산의 범위를 규율하는 상증세법에서 이와 관련된 명시적인 규정을 별도로 두고 있지 않은 것이 문제되었다.

이와 관련하여 법원은 '자산의 취득시기 및 양도시기는 해당 자산의 대금을 청산한 날로 본다'고 규정한 소득세법 규정은 상속세에 있어 상속재산의 귀속을 구분함에 있어서도 그대로 준용된다고 해석하였다. 따라서 피상속인의 사망시점에 잔금청산이 이루어지지 않은 토지는 아직 양도가 되지 않아 상속개시일에 피상속인의 소유로 남게 되며, 상속세는 상속개시일을 기준으로 피상속인이 소유한 모든 재산에 대하여 부과되므로 매매대금지급청구권이 아닌 토지 그 자체가 상속재산이 된다. 토지 그 자체를 상속재산으로 보게 되는 경우에는 상속재산 평가에 관한 상증세법 제60조 규정에 따라 토지의 시가를 상속세 부과기준금액으로 평가하게 된다.

다. 판결의 의의

상속세의 부과대상을 목적물 그 자체로 볼 것이냐 아니면 매매대금청구권으로 볼 것이냐 하는 문제는 법적 효과의 측면에서 많은 차이를 보인다. 사안에서처럼 상속세부과대상을 목적물로 보는 경우에는 추가적으로 목적물의 가치를 평가하는 과정에서 실제 매매거래대금과의 차이가 발생할 수 있다. 또한 상속재산을 목적물이 아닌 매매대금청구권으로 보게 되는 경우 상속세 물납허가요건을 충족시키지 못하게 되며, 실제 매매대금의 이동이 이루어진 경우에는 처분재산에 해당하여 상속추정규정의 적용을 받을 수 있는 등 법 적용과 과세가액 산정에 있어 실질적인 차이를 보이게 된다.

본 판결은 상증세법상 명문의 규정은 없으나 소득세법 규정을 준용하여 잔금청산 여부를 기준으로 재산의 귀속 여부를 판단해야 한다고 설시하여 매매계약이 이행 중인 재산에 대하여 상속세 부과기준을 명확히 규정한 것에 의미가 있다.

3. 관련 사례 등

토지거래허가구역 내 매매계약 이행 중인 토지의 상속재산가액(재산세과 – 395, 2012. 11. 8.)
토지거래허가구역 내 토지를 허가받지 않고 매매계약을 체결하여 잔금을 받기 전에 사망한 경우에도 해당 토지의 상속재산가액은 양도대금 전액에서 상속개시 전에 받은 계약금과 중도금을 뺀 잔액으로 함.

점유로 인한 시효취득재산의 상속재산 해당 여부(재산세과 – 619, 2011. 12. 29.)
상속인 명의의 부동산이 상속개시 전에 취득시효가 완성되어 민법 제245조의 규정에 따라 소송을 통하여 제3자에게 소유권이 이전된 경우 그 재산은 상속세 과세대상에 해당하지 않음.

2

유류분과 상속세 및 증여세의 경정

- 서울행정법원 2018. 9. 13. 선고 2018구합616 판결 -

» 사적자치의 원칙에 따라 유언의 자유가 인정되는 결과 피상속인은 상속인의 법정 상속분과 다르게 자유로이 재산을 처분할 수 있음. 이에 따라 법정상속인이 자신 의 법정상속분만큼 상속받지 못할 수도 있고, 상속인 아닌 자가 유언에 의하여 상 속재산을 증여받을 수도 있음. 이러한 결과는 피상속인의 사후에 상속인들에 대 한 부양을 보장하기 위하여 마련된 법정상속제도의 본질에 반하는바, 유언자유의 원칙과 법정상속제도 사이에 존재하는 이와 같은 모순을 해결하기 위하여 마련된 제도가 유류분임. 이 사건은 상속인의 유류분반환청구권의 행사에 따른 상속세 과세가액의 조정 및 수증자의 증여세 환급청구권이 문제된 사례로서, 유류분반환 청구권 행사의 상속법적 효과, 상속세 및 증여세의 후발적 경정청구 등에 관하여 검토하고자 함.

상속세 및 증여세법

제3조의2(상속세 납부의무)

① 상속인(특별연고자 중 영리법인은 제외한다) 또는 수유자(영리법인은 제외한다) 는 상속재산(제13조에 따라 상속재산에 가산하는 증여재산 중 상속인이나 수유 자가 받은 증여재산을 포함한다) 중 각자가 받았거나 받을 재산을 기준으로 대통령령으로 정하는 비율에 따라 계산한 금액을 상속세로 납부할 의무가 있다.

③ 제1항에 따른 상속세는 상속인 또는 수유자 각자가 받았거나 받을 재산을 한도로 연대하여 납부할 의무를 진다.

🗨 민법

제1112조(유류분의 권리자와 유류분) 상속인의 유류분은 다음 각호에 의한다.

　　1. 피상속인의 직계비속은 그 법정상속분의 2분의 1

제1113조(유류분의 산정)

① 유류분은 피상속인의 상속개시시에 있어서 가진 재산의 가액에 증여재산의 가액을 가산하고 채무의 전액을 공제하여 이를 산정한다.

제1114조(산입될 증여) 증여는 상속개시전의 1년간에 행한 것에 한하여 제1113조의 규정에 의하여 그 가액을 산정한다. 당사자 쌍방이 유류분권리자에 손해를 가할 것을 알고 증여를 한 때에는 1년전에 한 것도 같다.

제1115조(유류분의 보전)

① 유류분권리자가 피상속인의 제1114조에 규정된 증여 및 유증으로 인하여 그 유류분에 부족이 생긴 때에는 부족한 한도에서 그 재산의 반환을 청구할 수 있다.

② 제1항의 경우에 증여 및 유증을 받은 자가 수인인 때에는 각자가 얻은 유증가액의 비례로 반환하여야 한다.

🗨 국세기본법

제45조의2(경정 등의 청구)

① 과세표준신고서를 법정신고기한까지 제출한 자는 다음 각 호의 어느 하나에 해당할 때에는 최초신고 및 수정신고한 국세의 과세표준 및 세액의 결정 또는 경정을 법정신고기한이 지난 후 5년 이내에 관할 세무서장에게 청구할 수 있다. 다만, 결정 또는 경정으로 인하여 증가된 과세표준 및 세액에 대하여는 해당 처분이 있음을 안 날(처분의 통지를 받은 때에는 그 받은 날)부터 90일 이내(법정신고기한이 지난 후 5년 이내로 한정한다)에 경정을 청구할 수 있다. (각 호 생략)

② 과세표준신고서를 법정신고기한까지 제출한 자 또는 국세의 과세표준 및 세액의 결정을 받은 자는 다음 각 호의 어느 하나에 해당하는 사유가 발생하였을 때에는 제1항에서 규정하는 기간에도 불구하고 그 사유가 발생한 것을 안 날부터 3개월 이내에 결정 또는 경정을 청구할 수 있다.
1. 최초의 신고·결정 또는 경정에서 과세표준 및 세액의 계산 근거가 된 거래 또는 행위 등이 그에 관한 소송에 대한 판결(판결과 같은 효력을 가지는 화해나 그 밖의 행위를 포함한다)에 의하여 다른 것으로 확정되었을 때

I 대상판결의 개요

1. 사실관계의 요지

원고 甲, 乙, 丙과 戊는 1995. 11.경, 그리고 1997. 9경에 모친인 丁으로부터 A 회사 주식 약 16,000주씩 합계 약 64,000주를 증여받고, 증여세를 신고·납부하였음.

丁은 2005. 10.경 사망하였고, 원고들과 戊, 己, 庚, 辛 이상 7남매가 丁의 재산을 상속하였음.

己와 庚은 丁이 사망한 뒤 원고들과 戊를 상대로 丁으로부터 증여받은 A 회사 주식 등에 대한 유류분반환청구의 소를 제기하였고, 원고들과 戊는, 2008. 5.경 己와의 조정성립 및 2011. 9.경 庚과의 확정판결에 따라, 己와 庚에게 A 회사 주식 합계 약 9,600주(= 약 4,800주 + 약 4,800주)를 유류분으로 반환하였음.

관할 세무서장은, 己와 庚이 각 반환받은 위 유류분반환주식 합계 약 9,600주(= 약 4,800주 + 약 4,800주)를 상속세 과세가액에 가산하여 원고들에게 상속세를 부과하면서 그 납세고지서에 원고들이 각각 연대납세의무자 7인 중

1인이라는 점과 각각의 연대납세의무 한도액을 명시하였음.

한편 甲, 乙, 丙은 2017. 5.경 관할세부서장에게 위 유류분반환주식에 상응하는 기납부 증여세액을 환급하여 달라는 취지의 경정청구를 하였으나, 경정청구 기간 도과를 이유로 모두 거부되었음.

2. 원고의 주장 요지

원고들이 이 사건 유류분반환주식에 대한 증여세를 납부하였음에도, 이에 대하여 재차 상속세를 과세하는 것은 중복과세금지 원칙에 위배되어 위법함.

원고들에게는 이 사건 유류분반환주식에 대한 증여세 환급금채권이 있는바, 원고들은 관할 세무서장에게 국세기본법 제51조 제4항에 따라 원고들의 상속세 채무를 위 환급금으로 충당할 것을 신청하였으므로, 원고들의 상속세 납부의무는 국세기본법 제51조 제2항의 충당 내지 민법상 상계의 법리에 따라 모두 소멸하였음.

3. 판결 요지(피고 승소)

가. 중복과세금지원칙 위배 주장에 관한 판단

아래에서 보는 바와 같이 유류분 권리자가 반환받은 재산은 상속개시 시점에 상속을 원인으로 취득한 재산으로 보게 되므로 상속재산가액에 포함되어야 하고, 구 상증세법 제3조의2 제3항은 상속인 또는 수유자 각자가 받았거나 받을 재산을 한도로 연대하여 상속세를 납부할 의무를 진다고 규정하고 있는바, 원고들로서는 유류분 권리자에게 반환된 이 사건 유류분반환주식 가액이 상속재산에 포함됨으로 인하여 재계산된 상속세를 원고들 각자가 받았거나 받을 재산을 기준으로 계산한 비율에 의하여 고유의 상속세를 납부할 의무가 있고, 다른 공동상속인들의 상속세 채무에 대하여도 원고들 각자가 받았거나 받을 재산을 한도로 연대하여 납부할 의무를 부담하게 됨.

그 결과 원고들로서는 이 사건 유류분반환주식이라는 동일한 재산에 대하여 이미 수증자로서 증여세를 납부하였음에도 이 사건 유류분반환주식가액이 상속재산에 포함됨에 따라 재계산되어 증액된 상속세 채무를 부담하게 되기는 하나, 유류분 권리자의 유류분반환청구권 행사로 이 사건 유류분반환주식이 상속재산에 포함됨에 따라 원고들을 비롯한 상속인들이 이와 같이 증액된 상속세를 납부할 의무가 있는 이상, 과세관청이 이 사건 유류분반환주식에 대하여 원고들을 수증자로 보아 증여세 부과처분을 하였다고 하더라도 피고가 원고들에 대하여 다시 상속세 부과처분을 한 것이 중복과세로 위법하다고 할 수는 없음. 다만, 동일한 재산에 대하여 증여세와 상속세를 각기 부담하는 불합리함을 방지하기 위하여 국세기본법에서는 아래에서 보는 바와 같이, 당해 증여재산이 유류분반환청구소송의 대상이 되어 법원판결을 받아 다른 상속인에게 분여가 된 경우 당초 신고한 증여세에 대하여 결정 또는 경정을 구하는 청구를 할 수 있도록 규정하고 있을 뿐임. 따라서 이에 관한 원고들의 주장은 이유 없음.

나. 국세환급금 충당으로 인한 상속세 소멸 주장에 관한 판단

다음과 같은 이유로, 원고들에게는 이 사건 유류분반환주식에 대하여 당초 납부한 증여세 상당의 환급금이 존재한다고 볼 수 없음. 따라서 원고들에게 환급금 채권이 존재함을 전제로 하는 원고들의 상속세 소멸 주장도 이유 없음.

① 국세기본법 제51조 제1항은 "세무서장은 납세의무자가 국세·가산금 또는 체납처분비로서 납부한 금액 중 잘못 납부하거나 초과하여 납부한 금액이 있거나 세법에 따라 환급하여야 할 환급세액(세법에 따라 환급세액에서 공제하여야 할 세액이 있을 때에는 공제한 후에 남은 금액을 말한다)이 있을 때에는 즉시 그 잘못 납부한 금액, 초과하여 납부한 금액 또는 환급세액을 국세환급금으로 결정하여야 한다."고 규정하고 있음. 조세채무가 처음부터 존재하지 않거나 그 후 소멸한 경우 국가가 보유하고 있는 기납부세금은 법률상 원인이 없는 부당이득에 해당하므로 납세의무자는 그 납부한 세금 중 오납금, 초과납부금 또는 환급세액이 있는 경우 국가에 대하여 민법상 부당이득반환청구권을 가지는 것임. 국세기본법은 이를 '국세환급금'이라고 하여 그 환급 절차 등에 관하여 특칙을 두

고 있는바, 제51조 제2항에서는 세무서장은 국세환급금으로 결정한 금액을 대통령이 정하는 바에 따라 국세, 가산금 또는 체납처분에 충당하여 한다고 규정하고 있고, 같은 조 제4항에서는 납세자가 세법에 따라 환급받은 환급세액이 있는 경우에는 그 환급세액을 제2항의 납세고지에 의하여 납부하는 국세나 세법에 따라 자진 납부하는 국세에 충당할 것을 청구할 수 있고, 이 경우 충당된 세액의 충당청구를 한 날에 해당 국세를 납부한 것으로 본다고 규정하고 있음.

여기서 '오납금'이란 납세신고나 부과처분이 부존재하거나 당연무효임에도 납부 또는 징수된 세액을 말하고, '초과납부금'이란 신고 또는 부과처분이 당연무효는 아니지만 그 후 취소 또는 감액경정결정이 되어 그 전부 또는 일부가 감소된 세액을 말함. 따라서 부당이득의 반환을 구하는 납세의무자의 국세환급금채권은 오납액의 경우에는 처음부터 법률상 원인이 없으므로 납부 또는 징수 시에 이미 확정되어 있고, 초과납부액의 경우에는 신고 또는 부과처분의 취소 또는 경정에 의하여 조세채무의 전부 또는 일부가 소멸한 때에 구체적으로 발생함(대법원 2009. 3. 26. 선고 2008다31768 판결 등 참조).

② 유류분 권리자가 유류분반환청구권을 행사하는 경우 그의 유류분을 침해하는 증여 또는 유증은 소급적으로 효력을 상실하므로(대법원 2013. 3. 14. 선고 2010다42624 판결 등 참조), 丁의 증여에 의하여 재산을 수증 받은 원고들이 증여받은 재산을 유류분 권리자에게 반환한 경우 반환한 재산가액은 당초부터 증여가 없었던 것으로 보게 됨(상증세법 기본통칙 31-0…3). 원고들이 증여받은 이 사건 유류분반환주식을 유류분 권리자에게 반환하였음은 앞서 본 바와 같으므로, 이 사건 유류분반환주식은 당초부터 증여가 없었던 것으로 보게 되어 원고들은 납부한 증여세를 환급받을 수 있음. 그런데 이러한 사유는 당초 증여세 과세처분에 당연무효의 하자가 있는 경우에 해당하는 것이 아니라, 구 국세기본법(2015. 12. 15. 법률 제13552호로 개정되기 전의 것) 제45조의2 제2항 제1호에서 정한 '최초의 신고·결정 또는 경정에서 과세표준 및 세액의 계산근거가 된 거래 또는 행위 등이 그에 관한 소송에 대한 판결 등에 의하여 다른 것으로 확정된 경우'에 해당할 뿐이므로, 원고들로서는 과세관청에 경정청구를 하여 당초 증여세 과세처분의 효력을 소멸시킨 경우에만 초과납

부금으로 증여세를 환급받을 수 있음.

③ 그럼에도 원고들은 구 국세기본법 제45조의2 제2항에서 정한 경정청구 기간인 '해당 사유가 발생한 것을 안 날부터 2개월',[6] 즉 법원에서 조정 성립 또는 확정판결을 받은 날부터 2개월의 기간이 훨씬 도과한 2017. 5.경에야 증여세 경정청구를 하였고, 그에 따라 청구기간 도과를 이유로 그 경정 거부 처분이 이루어졌으므로, 이 사건 유류분반환주식에 대하여 원고들에게 부과된 증여세 처분은 여전히 유효하고, 원고들에게는 증여 세 초과납부금이 존재하지 않음.

다. 결국 원고들에 대한 상속세 부과처분은 적법함

Ⅱ | 해설

1. 유류분과 상속세 경정청구

가. 유류분 제도

(1) 의 의

유류분이란 피상속인의 재산에 대하여 상속인의 취득이 보장되고 있는 비율 또는 일정액을 말하며 이러한 유류분을 가질 수 있는 권리를 유류분권이 라고 한다(민법 제1112조 이하).

사적자치의 원칙에 따라 유언의 자유가 인정되는 결과 피상속인이 상속 인의 법정상속분과 다르게 자유로이 재산을 처분할 수 있다. 이에 따라 상속 인이 자신의 법정상속분만큼 상속받지 못할 수도 있는데, 이러한 결과는 상속

---

6) 이 사건 당시 시행중이던 구 국세기본법(2015. 12. 15. 법률 제13552호로 개정되기 전의 것) 제 45조의2 제2항에 의하면 '그 사유가 발생한 것을 안 날부터 2개월 이내에 결정 또는 경정을 청 구'해야 했는데, 현행법 하에서는 '그 사유가 발생한 것을 안 날부터 3개월 이내에 결정 또는 경 정을 청구'하면 된다.

인들의 생계 유지·보장을 위하여 마련된 법정상속제도의 본질에 반할 우려가 있으므로, 유언자유의 원칙과 법정상속제도 사이에 존재히는 이와 같은 모순을 해결하기 위한 제도가 유류분제도이다.

(2) 유류분반환청구권 행사의 상속법적 효과

유류분권리자가 반환의무자를 상대로 유류분반환청구권을 행사하는 경우 그의 유류분을 침해하는 증여 또는 유증은 소급적으로 효력을 상실한다. 따라서 유류분 권리자가 반환받은 재산은 상속개시 시점에 상속을 원인으로 취득한 재산이 되어 상속재산가액에 포함된다.

나. 국세환급금과 후발적 사유에 의한 경정청구

(1) 국세환급금의 의의 및 종류

국세기본법 제51조 제1항은 국세환급금에 대하여 "세무서장은 납세의무자가 국세·가산금 또는 체납처분비로서 납부한 금액 중 잘못 납부하거나 초과하여 납부한 금액이 있거나 세법에 따라 환급하여야 할 환급세액이 있을 때에는 즉시 그 잘못 납부한 금액, 초과하여 납부한 금액 또는 환급세액을 국세환급금으로 결정하여야 한다."고 규정하고 있다. 여기서 '오납액'이란 납세신고나 부과처분이 부존재하거나 당연무효임에도 납부 또는 징수된 세액을 말하고, '초과납부액'이란 신고 또는 부과처분이 당연무효는 아니지만 그 후 취소 또는 감액경정결정이 되어 그 전부 또는 일부가 감소된 세액을 말하며, '환급세액'은 적법하게 납부 또는 징수되었으나 그 후 국가가 보유할 정당한 이유가 없게 되어 각 개별세법에서 환급하기로 정한 세액을 말한다.[7]

(2) 환급청구권의 발생시기

납세자의 환급청구권의 발생시기는 국세환급금채권이 국세기본법 제51조의 '오납액', '초과납부액', '환급세액' 중 어느 것에 의하여 발생하였는지에

---

7) 대법원 2009. 3. 26. 선고 2008다31768 판결 등.

따라 다르다.

'오납액'의 경우에는 처음부터 법률상 원인이 없으므로 납부 또는 징수 시에 환급청구권이 이미 확정되어 있고, '초과납부액'의 경우에는 신고 또는 부과처분의 취소 또는 경정에 의하여 조세채무의 전부 또는 일부가 소멸한 때에 환급청구권이 구체적으로 발생하며, '환급세액'은 각 개별 세법에서 규정한 환급요건에 따라 확정된다.[8]

(3) 후발적 사유에 의한 경정청구

특히 부과처분의 취소 또는 경정에 의하여 조세채무의 전부 또는 일부가 소멸할 것을 요구하는 '초과납부액'과 관련하여, 후발적 사유에 의한 경정청구가 문제된다.

과세표준신고서를 법정신고기한까지 제출한 자 또는 국세의 과세표준 및 세액의 결정을 받은 자는 다음의 어느 하나에 해당하는 사유가 발생하였을 때에는 그 사유가 발생한 것을 안 날부터 3개월 이내에 결정 또는 경정을 청구할 수 있다(국세기본법 제45조의2 제2항).

① 최초의 신고·결정 또는 경정에서 과세표준 및 세액의 계산 근거가 된 거래 또는 행위 등이 그에 관한 소송에 대한 판결(판결과 같은 효력을 가지는 화해나 그 밖의 행위를 포함한다)에 의하여 다른 것으로 확정되었을 때

② 소득이나 그 밖의 과세물건의 귀속을 제3자에게로 변경시키는 결정 또는 경정이 있을 때

③ 조세조약에 따른 상호합의가 최초의 신고·결정 또는 경정의 내용과 다르게 이루어졌을 때

④ 결정 또는 경정으로 인하여 그 결정 또는 경정의 대상이 되는 과세기간 외의 과세기간에 대하여 최초에 신고한 국세의 과세표준 및 세액이 세법에 따라 신고하여야 할 과세표준 및 세액을 초과할 때

---

8) 대법원 1989. 6. 15. 선고 88누6436 전원합의체 판결 등.

⑤ 기타 위와 유사한 사유가 해당 국세의 법정신고기한이 지난 후에 발
생하였을 때

2. 이 사건의 분석

가. 원고들에 대하여 이 사건 유류분반환주식에 대한 상속세를 과세하는 것이 중복과세금지 원칙에 반하는지 여부

己, 庚의 유류분반환청구권 행사에 따라 그들의 유류분을 침해하는 丁의
원고들에 대한 증여는 소급적으로 효력을 상실하고 이 사건 유류분 반환주식
은 己, 庚이 상속개시 시점에 상속을 원인으로 취득한 재산이 되어 상속재산
가액에 포함된다.[9]

원고들은 丁으로부터 이 사건 유류분반환주식을 증여받을 당시에 그에
상응하는 증여세를 신고·납부하였음에도 이 사건 유류분반환주식 가액이 상
속재산에 포함됨에 따라 증액된 상속세 채무를 부담하게 되었다. 그러나 이
사건 유류분 반환주식이 상속재산에 포함된 이상 상속세 부과처분은 적법하
다고 보아야 하고, 소급적으로 그 효력을 상실한 丁의 원고들에 대한 증여에
대하여 납부된 증여세 상당액이 부당이득으로서 환급되어야 한다. 따라서 원
고들에 대하여 이 사건 유류분반환주식에 대한 상속세를 과세하는 것은 중복
과세금지 원칙에 반하지 않는다고 할 것이다.

나. 이 사건 유류분반환주식에 대한 증여세 환급금채권의 존재 여부 등

(1) 원고들에게 증여세 환급금채권이 존재하는지 여부

원고들과 戊는 모친인 丁으로부터 A 회사 주식 각 16,000주씩 합계 약

---

9) 위와 같이 유류분반환청구권 행사에 따라 반환한 재산가액에 관하여는 당초부터 증여가 없었던
것으로 보는 것이므로, 이 사건 유류분반환주식은 상증세법 제12조 제1항 제1호의 사전증여재산
으로 상속세 과세가액에 가산되는 것이 아니라, 처음부터 상속재산 자체인 것으로 본다.

64,000주를 증여받고, 증여세를 신고·납부하였으므로 적어도 그 당시에는 증여세의 신고·납부에 아무런 하자가 없었다. 따라서 원고들이 납부한 위 증여세를 납세신고나 부과처분이 부존재하거나 당연무효임에도 납부 또는 징수된 '오납액'이라고 볼 수는 없다.

다만, 己와 庚은 원고들과 戊를 상대로 이 사건 유류분반환주식에 대한 유류분반환청구의 소를 제기하였고, 원고들과 戊는 己와의 조정성립 및 庚과의 확정판결에 따라 己와 庚에게 이 사건 유류분반환주식을 유류분으로 반환하였으므로, 이는 신고 또는 부과처분이 그 후 취소 또는 감액경정결정이 되어 그 전부 또는 일부가 감소된 '초과납부액'에 해당한다고 봄이 타당하다.

이러한 초과납부액은 국세기본법 제45조의2 제2항 제1호에서 정한 '최초의 신고·결정 또는 경정에서 과세표준 및 세액의 계산근거가 된 거래 또는 행위 등이 그에 관한 소송에 대한 판결 등에 의하여 다른 것으로 확정된 경우'에 해당하고, 동조 제2항에 따라 '해당 사유가 발생한 것을 안 날부터 2개월', 즉 원고들의 경우에는 법원에서 조정성립 또는 확정판결을 받은 날부터 2개월 이내에 경정청구를 하여 당초 증여세 과세처분의 효력을 소멸시킨 경우에만 초과납부금으로 증여세를 환급받을 수 있다. 그럼에도 불구하고 원고들은 법원에서 조정성립 또는 확정판결을 받은 날부터 2개월의 기간이 훨씬 도과한 2017. 5.경에야 증여세 경정청구를 하였고, 그에 따라 청구기간 도과를 이유로 그 경정 거부 처분이 이루어졌으므로 이 사건 유류분반환주식에 대하여 원고들에게 부과된 증여세 처분은 여전히 유효하고, 결국 원고들에게는 증여세 초과납부금이 존재하지 않는다고 봄이 타당하다.

(2) 원고들의 상속세 납부의무가 국세기본법 제51조 제2항의 충당 내지 민법상 상계 법리에 따라 소멸하였는지 여부

국세기본법 제51조 제2항에서는 세무서장은 국세환급금으로 결정한 금액을 대통령령이 정하는 바에 따라 국세, 가산금 또는 체납처분에 충당하여 한다고 규정하고 있고, 같은 조 제4항에서는 납세자가 세법에 따라 환급받은 환급세액이 있는 경우에는 그 환급세액을 제2항의 납세고지에 의하여 납부하는 국세나 세법에 따라 자신 납부하는 국세에 충당할 것을 청구할 수 있고, 이 경우 충당된 세액의 충당청구를 한 날에 해당 국세를 납부한 것으로 본다고 규정하고 있다.

위와 같이 세무서장이 국세환급금을 국세, 가산금 또는 체납처분에 충당하거나 납세자가 이를 국세에 충당할 것을 청구하기 위해서는 그 전제로서 국세환급금이 존재해야 한다. 그러나 원고들은 법원에서 조정성립 또는 확정판결을 받은 날부터 2개월의 기간이 훨씬 도과한 2017. 5.경에야 증여세 경정청구를 하였으므로 원고들에게는 증여세 초과납부금 즉 국세환급금이 존재하지 않는다. 따라서 원고들의 상속세 납부의무가 국세기본법 제51조 제2항의 충당 내지는 민법상 상계 법리에 따라 소멸할 여지는 없고, 상증세법 제3조의2 제3항에 의하여 원고들은 각자가 받았거나 받은 재산을 한도로 연대하여 상속세를 납부할 의무를 부담한다.

만약 원고들이 己와의 조정성립일로부터 2개월 이내인 2008. 7.경까지, 그리고 庚과의 확정판결일로부터 2개월 이내인 2011. 11.경까지 각 경정청구를 하여 당초 증여세 과세처분의 효력을 소멸시켰다면 증여세 환급청구권이 발생할 것이고, 이 경우에는 원고들의 상속세 납부의무가 국세기본법 제51조 제2항의 충당 내지는 민법상 상계 법리에 따라 소멸할 것이다.

다. 판결의 의의

이 판결은 상속인들의 유류분반환청구권 행사가 있는 경우 그들의 유류분을 침해하는 증여는 소급적으로 효력을 상실하므로 그 증여재산은 상속재산 자체에 해당하여 상속재산가액 산정 시 포함되어야 함을 명확히 하였다.

또한 이 판결은 수증자가 기존에 납부한 증여세액은 국세환급금 중에서 '오납액'이 아닌 '초과납부액'으로서 이를 반환받으려면 국세기본법 제45조의2 제2항의 후발적 경정청구의 요건을 갖추어야 함을 밝혔다는 점에서도 그 의미가 있다.

3. 관련 사례 등

유증받은 상속재산을 유류분으로 반환한 경우(재산세과-579, 2011. 11. 30.)

피상속인으로부터 유증을 받아 상속재산을 취득한 자가 법정상속인에게 해당 상속재산을 유류분으로 반환한 경우 반환한 재산가액은 반환받은 상속인이 상속받은 것으로 봄.

유류분으로 반환받은 증여재산에 대한 상속세 부과 및 그 계산방식(조심 2011서2525, 2011. 10. 13.)

유류분으로 반환된 재산은 당초부터 증여가 없었던 것이므로 다시 피상속인의 상속재산으로서 다른 상속인(유류분 권리자)의 상속재산으로 보아야 하고 그에 대한 상속세 계산은 그 유류분반환분을 피상속인의 상속재산에 추가산입하여 일반적인 상속세 과세표준 등의 계산방식에 따름.

3

의제상속재산(보험금 등)

- 대법원 2016. 9. 23. 선고 2015두49986 판결 -

» 상증세법 제3조에 따라 피상속인이 거주자인 경우 모든 상속재산에 대하여 과세하게 되며, 이때 과세대상이 되는 상속재산의 범위에는 민법상 상속재산뿐만 아니라 상증세법상 의제상속재산과 추정상속재산이 포함됨. 의제상속재산에는 제8조의 보험금, 제9조의 신탁재산, 제10조의 퇴직금이 있으며 이들은 모두 피상속인의 사망을 원인으로 상속인 등이 무상으로 취득하는 재산이라는 점에서 일반적인 상속재산과 경제적 실질이 동일함. 즉, 의제상속재산제도는 실질과세원칙을 법 규정으로 구체화한 사례라고 할 수 있음. 이 사안은 피보험자가 피상속인인 경우 상속재산인 즉시연금보험금의 가액 평가방식이 문제되었으므로, 보험금을 비롯한 의제상속제도 전반에 대하여 검토하고자 함.

🗨 상속세 및 증여세법

제8조(상속재산으로 보는 보험금)
① 피상속인의 사망으로 인하여 받는 생명보험 또는 손해보험의 보험금으로서 피상속인이 보험계약자인 보험계약에 의하여 받는 것은 상속재산으로 본다.
② 보험계약자가 피상속인이 아닌 경우에도 피상속인이 실질적으로 보험료를 납부하였을 때에는 피상속인을 보험계약자로 보아 제1항을 적용한다.

제9조(상속재산으로 보는 신탁재산)
① 피상속인이 신탁한 재산은 상속재산으로 본다. 다만, 타인이 신탁의 이익을 받을 권리를 소유하고 있는 경우 그 이익에 상당하는 가액(價額)은 상속재산으로 보지 아니한다.

② 피상속인이 신탁으로 인하여 타인으로부터 신탁의 이익을 받을 권리를 소유하고 있는 경우에는 그 이익에 상당하는 가액을 상속재산에 포함한다.

제10조(상속재산으로 보는 퇴직금 등)

피상속인에게 지급될 퇴직금, 퇴직수당, 공로금, 연금 또는 이와 유사한 것이 피상속인의 사망으로 인하여 지급되는 경우 그 금액은 상속재산으로 본다. 다만, 다음 각 호의 어느 하나에 해당하는 것은 상속재산으로 보지 아니한다.

1. 「국민연금법」에 따라 지급되는 유족연금 또는 사망으로 인하여 지급되는 반환일시금
2. 「공무원연금법」, 「공무원 재해보상법」 또는 「사립학교교직원 연금법」에 따라 지급되는 퇴직유족연금, 장해유족연금, 순직유족연금, 직무상유족연금, 위험직무순직유족연금, 퇴직유족연금부가금, 퇴직유족연금일시금, 퇴직유족일시금, 순직유족보상금, 직무상유족보상금 또는 위험직무순직유족보상금
3. 「군인연금법」에 따라 지급되는 유족연금, 유족연금부가금, 유족연금일시금, 유족일시금 또는 재해보상금
4. 「산업재해보상보험법」에 따라 지급되는 유족보상연금·유족보상일시금·유족특별급여 또는 진폐유족연금
5. 근로자의 업무상 사망으로 인하여 「근로기준법」 등을 준용하여 사업자가 그 근로자의 유족에게 지급하는 유족보상금 또는 재해보상금과 그 밖에 이와 유사한 것
6. 제1호부터 제5호까지와 유사한 것으로서 대통령령으로 정하는 것

Ⅰ | 대상사건의 개요

1. 사실관계의 요지

甲은 2012. 6월 초 피보험자 및 사망 시 수익자를 乙로 하여 연금지급형태의 보험계약을 체결하고 보험료 합계 20억 원을 일시 납부하였는데, 같은 달 말 사망하여 자녀인 원고 乙이 甲의 재산을 상속함.

乙은 위 보험계약상 권리는 상증세법 제65조 제1항과 동법 시행령 제62조에 의한 정기금 수급권에 해당한다는 이유로 보험계약에 관한 상속재산가액을 15억 원으로 평가하여 신고하였음.

관할 세무서장은 정기금 지급 개시 이전에 상속이 이루어졌으므로 甲이 납부한 보험료를 상속받은 것으로 보아야 한다는 이유로 상속재산가액을 납입 보험료 20억 원으로 평가하고 그에 따른 상속세를 부과하였음.

2. 원고의 주장 요지

보험계약은 계약을 체결하면 효력이 발생하므로 계약체결일에 정기금수급권이 발생하였고, 보험계약 철회·해지로 받을 수 있는 보험금환급권과 정기금수급권은 양립이 불가능하므로 정기금수급권이 확정된 순간 보험료환급권은 소멸하였음.

따라서 보험료 환급권을 상속재산가액으로 평가하여 상속세를 부과하는 것은 조세법률주의에 반하고, 만약 청약철회기간 중 원고들이 정기금 수급권과 보험료 환급권을 선택할 수 있어 양자를 상속재산가액으로 볼 수 있다고 하더라도 높은 평가액의 권리를 과세대상으로 특정하도록 한 명시적인 규정이 없으므로 정기금이 아닌 납입보험료를 상속재산가액으로 보아 상속세를 부과한 것은 위법함.

3. 판결 요지

가. 제1심 법원(피고 일부 승소)

1) 보험계약상 권리의 평가 방법

상증세법 제60조 제1항은 "이 법에 따라 상속세가 부과되는 재산의 가액은 상속개시일 현재의 시가에 따른다", 같은 조 제2항은 "제1항에 따른 시가는 불특정 다수인 사이에 자유롭게 거래가 이루어지는 경우에 통상적으로 성립된다고 인정되는 가액으로 한다", 같은 조 제 3항은 "시가를 산정하기 어려운 경우에는 해당 재산의 종류, 규모, 거래 상황 등을 고려하여 제61조부터 제65조까지에 규정된 방법으로 평가한 가액을 시가로 본다"고 규정하고 있음.

상증세법 시행령 제60조 제1호는 "조건부 권리는 본래의 권리의 가액을 기초로 하여 평가기준일 현재의 조건내용을 구성하는 사실, 조건성취의 확실성, 기타 제반사정을 감안한 적정가액에 의하여 평가한 가액으로 한다"고 규정하고 있음.

2) 이 사건 상속재산의 평가 방법

보험금청구권은 보험사고가 발생하기 전에는 추상적인 권리에 지나지 않고 보험사고의 발생으로 인하여 구체적인 권리로 확정되어 그때부터 권리를 행사할 수 있게 되므로 청약철회 내지 해지가능 기간 중 보험계약자에게 발생한 보험계약상 권리는 ① 보험료 환급권과 ② 추상적 보험금청구권인데, 이들은 모두 구체적인 권리로 확정된 것이 아님.

보충적 평가방법은 불특정 다수인에 의하여 거래되는 가격을 산정할 수 없을 때 적용되므로 가급적 시가에 가깝게 평가되는 쪽을 선택해야 하는데 보험료 환급권은 청약철회 또는 해지라는 조건이 성립할 때 약관에 의하여 지급될 금액이 확정되어 있는 점, 이에 반하여 정기금은 상증세법 시행령 제62조와 같이 잔존기간이나 기획재정부령에 의하여 계산하는 등 불확정적인 금액인 점, 정기금 수급권만을 기준으로 한다면 상속인의 사망 또는 보험계약 체결 시기에 따라 상속세 과세표준을 조작할 수 있게 되므로 형평과세에 반하게 되는 점 등을 고려할 때 이 사건 보험계약상 권리에 대한 평가는 해지로 인한 보험료 환급권 가액에 상당한다고 봄이 타당함.

나. 항소심 법원(피고 승소)

원고의 상속재산은 甲이 이 사건 보험계약을 체결할 당시 보험회사에서는 이 사건 보험계약에 관하여 같은 보험료를 적용하고 있었던 점, 불특정 다수인이 위와 같은 보험료 상당액을 일시불로 납입하고 보험회사와 이 사건 보험계약을 체결할 수 있었던 점, 상속재산 평가기준일인 甲의 사망 시는 甲이 보험계약을 체결한 후 20일이 지나지 않았으며 이 사건 보험계약 체결이후부터 평가기준일 사이에 보험계약상 권리의 평가액이 하락하였다고 볼 만한 사정은 발견되지 않았다는 점 등을 고려하였을 때 甲이 납입한 보험료 상당액을 상속재산가액으로 봄이 타당함.

다. 상고심 법원(피고 일부 승소)

원고들은 위 즉시연금보험의 계약상 권리를 상속받음에 따라 그 청약을 철회하거나 계약을 해지하고 보험금을 환급받을 수 있는 권리를 취득하게 되었고 보험료 환급권의 가액은 청약철회기간 내에 상속이 개시된 경우에는 납입보험료 전액, 청약철회기간 이후에 상속이 개시된 경우에는 약관에 따라 계산되는 해지환급금 상당액이라고 봄이 타당하며 이는 원고들이 상속개시일 당시 실제로 위 즉시연금보험의 청약을 철회하거나 계약을 해지한 바 없었다고 하여 그 가액을 달리 산정하여야 할 것은 아니므로, 상속개시일 당시를 기준으로 한 보험료 환급금의 가액이 원고들의 상속재산의 재산적 가치에 가장 부합하는 금액이라고 봄이 타당함.

Ⅱ 해설

1. 의제상속재산

가. 개 요

상속세는 피상속인의 사망으로 인하여 피상속인이 소유한 상속재산을 상속인이 무상으로 취득하는 경우에 부과하게 되는 조세이다. 상증세법 제2조 3호에서는 상속재산의 정의를 '피상속인에게 귀속되는 금전으로 환산할 수 있는 경제적 가치가 있는 모든 물건(가목)과 재산적 가치가 있는 법률상 또는 사실상의 모든 권리(나목)'라고 포괄적으로 규정하고 있다.

그러나 간혹 피상속인에게 귀속되는 것으로 볼 수 없어 민법상 상속재산은 아니지만, 피상속인의 사망을 원인으로 하여 피상속인이 소유한 상속재산을 상속인이 무상으로 취득한다는 점에서 경제적 실질이 동일한 재산들이 있다. 보험금, 신탁재산, 퇴직금 등이 그러한 대표적인 사례로, 상증세법 제8조~제10조에서는 이들에 대하여 별도로 명문의 규정을 두어 해당 재산들을 상속재산으로 의제하고 있다.

나. 보험금

(1) 상속재산으로 보는 보험금

보험이란 개개인이 예상하기 어려운 사고나 재난에 대비하기 위하여 공동으로 금원을 지출하여 준비재산을 형성하고 사고나 재난을 닥친 경우에 그러한 재산으로부터 급여를 받는 제도를 뜻한다.

각종 보험 중에서도 상속재산으로 보는 보험금은 피상속인의 사망으로 인하여 받는 생명보험 또는 손해보험의 보험금으로서 피상속인이 보험계약자인 보험계약에 의하여 받는 것을 의미하며(상증세법 제8조 제1항), 보험계약자가 피상속인이 아닌 경우에도 피상속인이 실질적으로 보험료를 납부하였을 때에는 피상속인을 보험계약자로 보아 해당 보험금을 상속재산으로 본다(상증세법 제8조 제2항).

(2) 상속재산으로 보는 보험금의 범위

의제상속재산인 보험금에 해당하더라도, 상속인 등이 보험료 중 일부를 납부한 경우 그러한 비율에 해당하는 보험금에 대해서는 무상으로 취득한 것으로 볼 수 없어 상속재산에 포함시킬 수 없다.

또한 보험계약자가 제3자를 피보험자로 하고 자신을 보험수익자로 하여 체결한 생명보험계약에서 보험기간 내 보험수익자가 사망한 경우, 보험계약자가 다시 보험수익자를 지정하지 않고 사망한 경우에 준하여 보험수익자의 상속인이 보험수익자가 되고, 이때 보험수익자의 상속인이 보험자에 대하여 가지는 보험금지급청구권은 상속재산이 아니라 상속인의 고유의 재산이라는 것이 판례의 입장이다(대법원 2007. 11. 30. 선고 2005두5529 판결).

상속재산으로 보는 보험금의 가액은 지급받은 보험금의 총합계액에 피상속인이 납부한 보험료의 금액이 당해 보험계약에 의하여 피상속인의 사망 시까지 납부된 보험료의 총액에서 차지하는 비율을 곱하여 계산한 금액으로 한다.

이 경우 피상속인이 납부한 보험료는 보험증권에 기재된 보험료의 금액에 의하여 계산하고 보험계약에 의하여 피상속인이 지급받는 배당금 등으로 당해 보험료에 충당한 것이 있을 때에는 그 충당된 부분의 배당금 등의 상당액은 피상속인이 부담한 보험료에 포함된다.

(3) 의제상속재산에 해당하는 보험금의 계산방법

의제상속재산에 해당하는 보험금은, 전체 보험료에서 피상속인이 납부한 보험료의 비율에 따라 달라지게 된다. 즉 피상속인이 보험료를 전부 납부한 경우에는 보험금 전액이 상속재산이 되게 되며, 기타 상속인 등이 보험료 중 일부를 납부한 경우 지급받은 보험금의 총합계액에 피상속인이 납부한 보험료의 금액이 당해 보험계약에 의하여 피상속인의 사망 시까지 납부된 보험료의 총액에서 차지하는 비율을 곱한 금액을 상속재산으로 보게 된다.

$$\text{의제상속재산인 보험금} = \left(\text{보험금수령액} \times \frac{\text{피상속인이 부담한 보험료의 합계액}}{\text{피상속인의 사망 시까지 납부한 보험료의 합계액}} \right)$$

(4) 피보험자가 피상속인 외의 자인 경우

피상속인이 보험계약을 체결하고 보험료를 납부하였으나 피보험자를 피상속인 외의 자로 지정함에 따라 피상속인이 사망할 때 지급되지 않는 보험금은 상속개시일까지 납부한 금액과 납부한 보험료에 더하는 이자상당액을 합하여 평가한 금액을 상속재산에 포함한다. 다만, 상속세 과세표준 신고기한 이내에 해당 보험계약을 해지하고 수령하는 해약환급금을 상속재산의 가액으로 하여 상속세를 신고하는 경우에는 그 해약환급금 상당액으로 평가할 수 있다(재산세과 – 418, 2012. 11. 22.).

다. 퇴직금

(1) 의 의

피상속인이 사망 이전에 퇴직금을 받아 현금 또는 예금으로 소유하고 있는 경우에는 당연히 민법상 상속재산에 해당하고 의제상속재산에 해당되는 것은 아니다. 상속재산으로 보는 퇴직금은 퇴직금을 지급받기 전에 피상속인이 사망한 경우에 지급되는 사망 퇴직금 등을 의미하는데, 이러한 퇴직금은 사용자와 근로자 사이의 제3자를 위한 계약에 준하므로 민법상 상속재산에 해당되지 않기 때문이다.

상증세법 제10조는 "피상속인에게 지급될 퇴직금, 퇴직수당, 공로금, 연금 또는 이와 유사한 것이 피상속인의 사망으로 지급되는 경우 그 금액은 상속재산으로 본다"라고 다소 포괄적으로 규정하면서 비과세 및 감면혜택이 적용되는 유족연금 등에 대해서는 적용을 배제하고 있다.

(2) 상속재산으로 보지 않는 유족연금 등

다음에 열거하는 항목들에 대해서는 상속재산으로 보지 않아 상속세를 부과하지 않는다. 이처럼 비과세 또는 감면규정의 경우 엄격하게 해석하여 적용하는 것이 원칙이므로 이에 열거되지 않는 급여에 대해서는 의제상속재산 규정이 적용되어 상속재산에 포함되게 된다.

① 「국민연금법」에 따라 지급되는 유족연금 또는 사망으로 인하여 지급되는 반환일시금

② 「공무원연금법」, 「공무원 재해보상법」 또는 「사립학교교직원 연금법」에 따라 지급되는 퇴직유족연금, 장해유족연금, 순직유족연금, 직무상유족연금, 위험직무순직유족연금, 퇴직유족연금부가금, 퇴직유족연금일시금, 퇴직유족일시금, 순직유족보상금, 직무상유족보상금 또는 위험직무순직유족보상금

③ 「군인연금법」에 따라 지급되는 유족연금, 유족연금부가금, 유족연금일시금, 유족일시금 또는 재해보상금

④ 「산업재해보상보험법」에 따라 지급되는 유족보상연금·유족보상일시금·유족특별급여 또는 진폐유족연금

⑤ 근로자의 업무상 사망으로 인하여 「근로기준법」 등을 준용하여 사업자가 그 근로자의 유족에게 지급하는 유족보상금 또는 재해보상금과 그 밖에 이와 유사한 것

라. 신탁재산

신탁이란 위탁자가 특정 재산을 수탁자에게 위탁하고 수탁자는 수익자의 이익을 위하여 그 재산을 관리·처분할 권한을 가지게 되는 법률관계를 의미한다. 따라서 외부와의 관계에 있어 신탁재산의 소유권은 수탁자에게 귀속되는 것처럼 보이지만 위탁자는 신탁을 해지하고 해당 재산의 소유권을 본인에게로 이전시킬 수 있는 실질적인 권리를 가지고 있으므로, 피상속인이 위탁자의 지위에 있는 경우 해당 신탁재산은 상속재산으로 보아 상속세를 과세하도록 규정하고 있다.[10]

---

10) 보다 자세한 내용은 [4] 신탁과 관련된 상속세 또는 증여세 사례 참조.

2. 이 사건의 분석

가. 상속재산가액의 평가방법

상속세는 상속개시일을 기준으로 하여 피상속인이 당시에 소유하는 모든 재산에 대하여 과세하게 되는데, 이러한 상속재산에는 금전 뿐만 아니라 금전으로 환산할 수 있는 모든 경제적 가치를 가진 물건과 법률상 또는 사실상의 권리 등이 포함되어 있다. 따라서 상속세의 과세가액을 산정하는 과정에서는 반드시 이러한 상속재산들을 금전으로 평가하는 과정이 필요한데 이와 관련하여 상증세법 제60조 제1항에서는 이 법에 따라 상속세나 증여세가 부과되는 재산의 가액은 상속개시일 또는 증여일 현재의 시가에 따른다고 규정하고 있다.

사안에서 문제된 보험금의 경우 보험의 종류, 보험사고의 발생 여부, 보험금의 수령 방식 등에 따라 피상속인이 납입한 보험료와 상속인이 수령하는 보험금 수령액이 일치하지 않는 경우가 있다. 이때 시가를 산정함에 있어 불특정 다수인 사이에 자유롭게 거래가 이루어지는 것도 아니고 달리 그 가액을 평가하는 규정도 없어서 그 자체의 시가를 곧바로 산정할 수 없는 경우가 발생할 수 있다. 이와 관련하여 이 사안의 대법원에서는 해당 상속재산의 재산적 가치에 가장 부합하는 금액을 기준으로 과세할 수 있다고 판시하고 있다 (대법원 2016. 9. 23. 선고 2015두49986 판결).

나. 이 사건 즉시연금보험의 평가방법

사안의 1심은 원고가 수령하게 되는 보험금이 상증세법 제8조 제1항의 의제상속재산에 포섭된다는 전제로, 수령인인 상속인이 정기급 수급권의 방식으로 보험금을 수령하기로 선택하였을 때 그 가액을 어떻게 평가할 것인지가 문제되었다. 특히 사안에서처럼 원고가 보험계약을 해지하지 아니함에 따라 실질적으로 원고가 수령하게 되는 금액은 정기금 수급권으로 확정되었고 이것이 납입보험료 혹은 해약환급권에 미달하게 되는 경우에도 실제 수령액보다 과다한 납입보험료 혹은 해약환급권을 상속재산가액으로 인정할 수 있는지가 문제된 것이다.

사안의 1심에서는 상속세 과세표준을 조작하여 형평과세에 반하게 될 수 있다는 고려 하에 피상속인의 사망 시점에 청약철회가 가능하였던 보험계약 건에 대해서는 해약환급금을, 청약철회가 불가능하였던 보험계약건에 대해서는 납입보험료로 상속재산가액을 산정하였다.

반면 항소심에서는 원고가 보험계약에 따른 보험금 그 자체가 아니라 피상속인이 소유한 보험계약상의 권리 및 지위를 상속받은 것으로 보았다. 이 사안의 연금보험계약의 경우 계약자 및 수익자가 피상속인인 甲이었으므로, 즉시연금보험에 의한 생활자금 또는 종신연금은 피상속인의 사망으로 인하여 원고가 지급받게 되는 보험금이 아니라 甲이 수령할 예정인 연금에 대한 권리를 상속받은 것으로 보았다.

대법원은 연금지급형태의 보험계약에 대하여 상속개시일 당시 청약철회 기간이 도과되었는지를 살펴 도과되지 않은 경우에는 납입보험료 전액을, 도과된 경우에는 보험 약관에 따라 계산한 해약환급금을 상속재산으로 보았다. 또한 상속개시일 당시 실제로 위 즉시연금보험의 청약을 철회하거나 계약을 해지한 바 없었다고 하여 그 가액을 달리 산정하여야 할 것은 아니라고 판시하였는데, 이와 관련하여 상속재산가액은 상속개시일 현재의 시가로 한다는 (실제 수령금액이 아닌) 상증세법 제60조 제1항의 규정을 다시금 확인해둘 필요가 있다.

다. 판결의 의의

이 사건 판결에서는 크게 두 가지 쟁점에서 의미가 있다. 첫째로는 앞서 살펴본 바와 같이 즉시연금보험과 같이 시가를 산정하는 별도의 방법이 없는 경우에는 상속인이 어떤 방식으로 보험금을 수령하기로 선택하였는지와는 무관하게 해당 상속재산의 재산적 가치에 가장 부합하는 금액을 기준으로 과세할 수밖에 없다고 판시하여 법규정상 시가 산정 방법이 없는 경우의 시가 산정 기준을 제시한 점이다.

　둘째로는 이 사건 상속재산을 의제상속재산으로 본 1심과 달리 대법원에서는 즉시연금보험에 의한 생활자금 또는 종신연금은 甲의 사망으로 인하여 지급받게 되는 보험금이 아니므로 의제상속재산인 보험금으로 볼 수 없다고 판단한 점인데, 의제상속재산은 본래의 상속재산이 아닌 것을 상속재산으로 취급하는 것이므로 법적 안정성 측면에서 상증세법 제8조 제1항에서 규정한 바와 같이 '피상속인의 사망으로 인하여 받는 생명보험 또는 손해보험의 보험금으로서 피상속인이 보험계약자인 보험계약에 의하여 받는 것'에 부합하는 경우에만 의제상속재산으로 보아야 한다는 입장을 정리한 것이다.

3. 관련 사례 등

유족위로금 등이 상속재산에 해당하는지 여부(재산세과 - 367, 2011. 8. 1.)

근로자가 업무 외의 사유로 사망하여 그 근로자의 유족이 회사로부터 단체협약에 따라 위로금 성격으로 지급받는 유족위로금은 상속재산에 해당하고, 회사 및 노동조합으로부터 지급받은 경조금 및 상조금은 사회통념상 통상 필요하다고 인정되는 금품에 대하여 증여세가 비과세되는 것임.

퇴직금 수령 전에 상속개시된 경우 상속재산에 포함함(재삼 46014 - 1091, 1996. 4. 30.)

피상속인이 사망함에 따라 그가 근무하던 직장으로부터 상속인이 지급받아야 할 퇴직금에 대하여는 상속세 과세되며, 상속인에게 퇴직금을 지급하여야만 상속재산에 가산하는 것은 아님.

4

신탁과 관련된 상속세 또는 증여세

– 대법원 2017. 12. 7. 선고 2017두61492 판결 –

» 상증세법 제9조 제1항은 망인이 신탁한 재산을 상속재산으로 보되, 타인이 신탁의 이익을 받을 권리를 소유하고 있는 경우에는 그 이익에 상당하는 가액을 제외한다고 규정하고 있고, 동법 시행령에서는 위 '신탁의 이익을 받을 권리를 소유하고 있는 경우'의 판정은 원본 또는 수익이 타인에게 지급되는 경우를 기준으로 한다고 규정하고 있음. 위 규정에 의하면 관리신탁인 경우와 처분신탁인 경우 해당 재산이 상속재산인지 여부가 달라지므로, 관리신탁 및 처분신탁의 의의와 그 구별기준에 대하여 검토해보고자 함.

💬 상속세 및 증여세법

제9조(상속재산으로 보는 신탁재산)

① 피상속인이 신탁한 재산은 상속재산으로 본다. 다만, 타인이 신탁의 이익을 받을 권리를 소유하고 있는 경우에는 그 이익에 상당하는 가액을 제외한다.

I 대상판결의 개요

1. 사실관계의 요지

망 甲은 자신을 시조로 하는 '丙 종회'를 창설하고, 1984. 5.경 甲 소유의 임야 약 24,000㎡을 신탁을 원인으로 丙 종회 앞으로 소유권이전등기를 마친 다음, 2006. 3.경 사망하였음.

위 부동산이 2012. 경 보상금 합계 약 150억 원에 수용되자 丙 종회의 구성원이자 甲의 며느리, 손자녀인 원고들(丁 등)은 위 보상금의 각 1/8씩을 수령하였음.

관할 세무서장은 甲이 위 부동산을 丙 종회에 '관리신탁' 한 것으로서 그 소유자는 甲이므로, 甲의 상속인 乙(甲의 子)으로부터 각 해당 금액을 다시 증여받았다고 보고 상증세법 제9조에 의하여 丁 등에게 증여세를 부과하였음.

2. 원고의 주장

위 부동산이 丙 종회에 '관리신탁' 되었음을 이유로 증여세를 부과한 관할 세무서장의 처분은 위법함.

3. 판결 요지

가. 제1심 법원(피고 승소)

① 위 부동산의 신탁등기에 관한 등기권리증의 신탁원부에 '신탁의 목적: 관리'라고 기재되어 있고, ② 丙 종회의 창설과 위 부동산 신탁의 시기, 신탁기간 등에 비추어 甲은 丙 종회 명의로 위 부동산의 신탁등기를 마침으로서 甲 사후에 상속인들이 위 부동산을 임의로 처분하는 것을 방지하려고 한 것으로 보이며, ③ 甲이 丙 종회에 위 부동산을 신탁할 당시 丙 종회가 증여

세를 신고·납부하였다고 볼 자료가 없는 점을 감안하여 위 부동산의 신탁
은 '처분신탁'이 아닌, '관리신탁'임.

따라서 피고의 증여세 부과처분은 적법함.

나. 항소심 및 상고심 법원(피고 승소)

항소심 및 상고심 법원은 전심 법원의 판단을 인용하여 상소기각하였음

Ⅱ 해설

의제상속재산에는 신탁재산, 퇴직금, 보험금 등이 있다. 이하에서는 신탁
재산에 대해서 살펴보기로 한다.[11]

1. 신탁재산과 상속세 및 증여세

가. 의 의

신탁은 위탁자와 수탁자의 계약 또는 위탁자의 유언에 의하여 위탁자가
특정의 재산을 수탁자에게 위탁하고, 수탁자는 특정수익자의 이익을 위하여
그 재산을 관리·처분하게 하는 법률관계를 말한다.

위탁자가 신탁이익의 전부를 향수하는 신탁은 위탁자 또는 그 상속인이
언제든지 해지할 수 있으며, 신탁이 해지된 때에는 신탁재산은 수익자에게 귀속
하게 된다. 따라서 피상속인이 신탁재산의 위탁자인 경우 그 재산의 외형상·명
목상 소유권은 수탁자에게 귀속되지만 위탁자는 신탁을 해지할 수 있는 등 실질
적인 권리를 가지고 있으므로 신탁재산은 위탁자인 피상속인의 상속재산에 포
함된다.[12]

---

11) 자세한 내용은 [3] 의제상속재산 사례 참조.

나. 처분신탁과 관리신탁

상증세법 제9조 제1항은 망인이 신탁한 재산을 상속재산으로 보되, 타인이 신탁의 이익을 받을 권리를 소유하고 있는 경우에는 그 이익에 상당하는 가액을 제외한다고 규정하고 있고, 동법 시행령은 '신탁의 이익을 받을 권리를 소유하고 있는 경우'의 판정은 원본 또는 수익이 타인에게 지급되는 경우를 기준으로 한다고 규정하고 있다.

위탁자 본인이 신탁으로 인하여 발생되는 이익의 수익자가 되는 관리신탁과는 달리 이익의 수혜대상자가 위탁자 외의 자가 되는 신탁을 처분신탁이라 한다. 위탁자와 수익자가 다른 처분신탁의 경우 피상속인이 위탁한 신탁재산의 이익을 받을 권리를 타인이 보유하고 있는 경우 그 이익에 상당하는 가액은 상속재산으로 보지 아니하며(상증세법 제9조 제1항 단서), 이와는 반대로 피상속인이 신탁에도 불구하고 타인으로부터 신탁의 이익을 받을 권리를 여전히 보유하고 있는 경우에는 해당 이익에 상당하는 가액이 상속재산에 포함된다(상증세법 제9조 제2항). 처분신탁으로 이익을 얻은 경우에는 증여세를 부과한다.

다. 처분신탁과 관리신탁의 판단기준

법원은 처분신탁인지 관리신탁인지의 판단과 관련하여 1) 해당 수탁단체의 인적 구성원 및 목적과 수탁기간, 2) 신탁원부에 '관리'나 '처분'이라는 문언이 존재하는지, 3) 수탁단체에게 임대수익 외에 처분대가에 대한 수익권이 존재하는지 여부를 종합적으로 고려하여 이를 바탕으로, 민법상 당사자의 의사가 불명확한 경우 가정적 의사를 고려하여 그 의사를 법적으로 확정하는 규범적 해석의 법리에 비추어 신탁자의 기존 의사를 추정하여 그 판단기준을 정립하고 있다(대법원 2017. 12. 7. 선고 2017두61492 판결 등).

---

12) 최성일, 앞의 책, p.158 참조.

라. 신탁재산가액

피상속인이 재산을 신탁한 경우와 피상속인이 신탁의 이익을 받을 권리를 소유하는 경우 상속재산에 포함할 가액은 다음과 같이 구분할 수 있다.

① 피상속인이 신탁한 재산의 가액. 다만, 타인이 신탁의 이익을 받을 권리를 소유하고 있는 경우에는 그 이익에 상당하는 가액은 제외한다.

② 피상속인이 신탁으로 인하여 타인으로부터 신탁의 이익을 받을 권리를 소유하고 있는 경우에는 당해 이익에 상당하는 가액

마. 신탁이익 소유시기의 판정기준일

피상속인이 "신탁의 이익을 받을 권리를 소유하는 경우"란 원본 또는 수익이 수익자에게 실제 지급되는 때로 하되, 다음의 경우에는 그 소유시기를 아래와 같이 판정한다.[13]

① 수익자로 지정된 자가 그 이익을 받기 전에 해당 신탁재산의 위탁자가 사망한 경우 : 위탁자가 사망한 날

② 신탁계약에 의하여 원본 또는 수익을 지급하기로 약정한 날까지 원본 또는 수익이 수익자에게 지급되지 아니한 경우 : 해당 원본 또는 수익을 지급하기로 약정한 날

③ 원본 또는 수익을 여러 차례 나누어서 지급하는 경우 : 해당 원본 또는 수익이 최초로 지급된 날

④ 신탁계약을 체결하는 날에 원본 또는 수익이 확정되지 아니한 경우로서 이를 분할하여 지급하는 경우 : 해당 원본 또는 수익의 실제 분할지급일

---

13) 최성일, 앞의 책, pp.159~160 참조.

2. 이 사건의 분석

가. 보상금 수령행위의 증여 해당여부

사안에서 관할 세무서장은 甲이 위 부동산을 丙 종회에 '관리신탁'한 것으로서 그 소유자는 甲이므로, 甲의 상속인 乙(甲의 子)으로부터 각 해당 금액을 다시 증여받았다고 보고 상증세법 제9조에 의하여 丁 등에게 증여세를 부과하였고, 원고는 위 부동산이 丙 종회에 '관리신탁' 되었음을 이유로 증여세를 부과한 관할 세무서장의 처분은 위법하다고 주장하였다.

상증세법에 따르면 甲이 丙 종회에 신탁한 재산인 위 부동산은 원칙적으로 甲의 상속재산에 해당하고, 다만 위 신탁으로 丙 종회가 받을 이익 상당의 가액이 상속재산가액에서 공제되어야 한다. 한편 사안의 신탁이 처분신탁에 해당할 경우, 丙 종회가 위 부동산을 처분한 대가는 丙 종회에 귀속되고 망인의 상속재산에 포함되지 않으며, 丙 종회의 구성원인 丁 등은 위 부동산 보상금을 수령할 권리가 있어 위 보상금의 수령행위는 증여에 해당하지 않게 된다.

나. 사안의 신탁이 관리신탁에 해당하는지 여부

판례는 처분신탁인지 관리신탁인지의 판단과 관련하여 1) 해당 수탁단체의 인적 구성원 및 목적과 수탁기간, 2) 신탁원부에 '관리'나 '처분'이라는 문언이 존재하는지, 3) 수탁단체에게 임대수익 외에 처분대가에 대한 수익권이 존재하는지 여부를 종합적으로 고려하여 이를 바탕으로, 민법상 당사자의 의사가 불명확한 경우 가정적 의사를 고려하여 그 의사를 법적으로 확정하는 규범적 해석의 법리에 비추어 신탁자의 기존 의사를 추정하여 그 판단기준을 정립해왔다(대법원 2017. 12. 7. 선고 2017두61492 판결 등 참조).

사안의 경우 신탁계약상 丙 종회에게 임대수익 외에 처분대가에 대한 수익권이 존재하지 않았던 점, 신탁원부에 일부 '처분'이라는 문언이 존재하였으나 위 부동산의 명의인은 丙 종회 자체로서, 甲이 후손들에 의한 위 부동산을 임의처분을 방지하려고 노력한 흔적이 발견되는 점, 丙 종회가 증여세를 납부하지 아니한 점 등의 사정을 종합적으로 고려, 당사자의 의사가 불명확한 경우 가정적 의사를 고려하는 민법상 규범적 해석의 원칙에 따라 위 신탁계약의 성질을 관리신탁이라고 보아 과세대상인 증여에 해당한다고 판단하였다.

　이 사안 역시 실질과세의 원칙에 따라 제반 사정을 종합하여 가장 사실에 부합하는 법률관계를 설정하고, 그에 의거하여 판단을 하였다는 점에 의미가 있는 판결이다.

3. 관련 사례 등

가. 판 례

주주총회에서 인정결의하지 않은 피상속인의 퇴직금청구권의 상속재산 해당 여부 (대법원 2007. 5. 30. 선고 2007두6557 판결)
주주총회에서 퇴직금 지급을 결의하였다면 퇴직금 등의 청구권을 행사할 수 있는 것이나, 퇴직금액, 지급방법, 지급시기 등에 관한 주주총회의 결의가 있었음을 인정할 증거가 없는 이상 퇴직금 청구권의 행사는 불가능하므로 상속세 과세대상이 아님.

사안의 신탁계약의 성질은 관리신탁으로서 과세대상인 증여에 해당함 (서울고등법원 2018. 4. 18. 선고 2017누59224 판결)
망인인 戊가 특정 종회(己 종회)를 설립하고, 이에 부동산을 신탁하였으나, 사후 위 종회 소속의 戊의 며느리, 손자 등(庚 등)이 위 부동산에 대한 보상금을 나누어 관할 세무서장으로부터 증여세를 부과 받은 사안에서, 법원은 己 종회에게 임대수익 외에 처분대가에 대한 수익권이 존재하지 않았던 점 등을 종합적으로 고려하여 위 신탁계약의 성질을 관리신탁으로 봄.

나. 관련 예규 등

상속개시일 현재 재건축아파트 중 건물분만 아니라 재건축 조합명의로 신탁등기된 아파트의 대지권도 상속재산에 해당함(국심 2005서2949, 2006. 4. 13.)
쟁점아파트의 대지권은 1990. 4. 28. 신탁을 원인으로 2000. 1. 10. ○○○재건축조합 명의로 등기되어 있으나, 상증세법 제9조에서 피상속인이 신탁한 재산은 상속재산으로 본다고 규정하고 있는바, 상속개시일 현재 위 조합 명의로 신탁 등기된 대지권은 상속재산에 해당함.

5

상속개시 전 증여재산의 합산과세

– 서울행정법원 2018. 1. 11. 선고 2016구합73986 판결 –

» 상증세법 제13조 제1항은 상속개시일 전 일정기간 이내에 피상속인이 상속인 또는 상속인 아닌 자에게 증여한 재산가액을 상속재산가액에 합산하도록 규정하고 있는바, 이는 피상속인이 생전에 증여한 재산의 가액을 가능한 한 상속세 과세가액에 포함시킴으로써 조세부담에 있어서의 상속세와 증여세의 형평을 유지함과 아울러 피상속인이 사망을 예상할 수 있는 단계에서 장차 상속세의 과세대상이 될 재산을 상속개시 전에 상속인 이외의 자에게 상속과 다름없는 증여의 형태로 분할, 이전하여 누진세율에 의한 상속세 부담을 회피하려는 부당한 상속세 회피행위를 방지하기 위한 규정임. 실제 소송에서는 사전 증여사실 자체를 다투는 경우가 많은데, 이 사안 역시 사전 증여인지 여부가 문제된 사례로서 사전증여사실의 증명책임, 합산과세대상인 증여재산 등에 관하여 검토하고자 함.

🗨 상속세 및 증여세법

제13조(상속세 과세가액)

① 상속세 과세가액은 상속재산의 가액에서 제14조에 따른 것을 뺀 후 다음 각 호의 재산가액을 가산한 금액으로 한다. 이 경우 제14조에 다른 금액이 상속재산의 가액을 초과하는 경우 그 초과액은 없는 것으로 본다.

1. 상속개시일 전 10년 이내에 피상속인이 상속인에게 증여한 재산가액
2. 상속개시일 전 5년 이내에 피상속인이 상속인 아닌 자에게 증여한 재산가액

I 대상판결의 개요

1. 사실관계의 요지

甲은 2014. 3.경 사망하였는데, 甲의 상속인으로는 처인 원고, 자녀인 乙, 丙, 丁, 戊가 있음.

乙은 2014. 7.경 상속세 과세가액을 약 13억 8,300만 원으로 하여 상속세 과세표준 신고를 한 후 상속세 약 6,000만 원을 신고·납부하였음.

관할 세무서장은 피상속인의 사망으로 인한 상속세 조사 결과 ① 2009. 12.경 양도된 피상속인 명의의 A아파트의 양도대금 21억 5,000만 원 중 약 6억 6,500만 원(이하 '제1금원')이 원고 명의의 B아파트를 구입하는 데 사용되었고, 피상속인의 대출금 1억 원 및 피상속인 명의 계좌에 있던 금원 중 약 1억 900만 원(이하 '제2금원')이 원고 명의 계좌로 이체되어 위 각 금원이 원고에게 사전증여된 것으로 보아, 원고에게 상속세 약 3억 5,900만 원(가산세 포함)을 부과하였음.

2. 원고의 주장 요지

원고는 남편인 甲과 약 30년간 제과점을 함께 운영하여 모은 금원으로 A아파트를 甲 명의로 매수하였고, 이를 매도한 금원 중 일부인 제1금원 등으로 B아파트를 매수하였음. 따라서 A아파트의 매도대금 중 일부인 제1금원이 甲 명의의 계좌에서 인출된 것이라 하더라도 이는 원고 및 甲 부부의 공동재산이므로 원고가 甲으로부터 제1금원을 증여받은 것으로 볼 수는 없음.

설령 원고가 甲으로부터 제1금원을 증여받아 B아파트를 구입하였다고 보더라도, 원고는 위 아파트에 관하여 소유권이전등기를 경료한 후 소외 己와 사이에 임대차계약을 체결하고 己로부터 임대차보증금 3억 원을 지급받은 후 甲의 병원비, 생활비 등으로 사용하였으므로 제1금원 중 3억 원 부분은 사전증여재산에서 공제되어야 함.

제2금원은 甲의 수술비, 입원비 등의 치료비와 원고 및 甲의 공동 생활비로 사용되었으므로 원고가 甲으로부터 위 금원을 증여받은 것으로 볼 수 없음.

3. 판결 요지(원고 승소)

가. 제1금원과 관련하여(사전 증여재산에 해당하지 않음)

다음의 여러 사정들, 즉 ① 원고와 피상속인 甲은 약 30년 간 제과점을 함께 운영한 점, ② 원고는 실제로 위 제과점에서 빵을 포장·판매하고, 빵 재료를 납품하고 수금을 하러 오는 납품업자들에게 돈을 지급하는 등의 업무를 한 것으로 보이는 점, ③ 원고와 甲은 위 제과점 운영기간 동안 그 뒤편에 있는 숙소에서 가족들과 함께 거주하였던 것으로 보이는 점, ④ 甲은 약 1년 간 C대학교 병원 등에 입원하였는바, 甲은 와병 기간 중에 경제 활동을 전혀 할 수 없었고, 원고가 위 제과점을 폐업할 때까지 이를 전담하여 운영하였던 점, ⑤ 관할 세무서장은, A아파트의 분양 대금은 甲 명의의 D토지가 수용되면서 甲이 수령한 보상금으로 지급한 것이라고 주장하나, D토지의 수용시점과 A아파트의 소유권이전등기 경료 시점이 약 3개월의 차이가 나는 사정만으로 위 주장을 받아들이기는 어렵고, 설령 위 주장이 타당하다고 하더라도, D토지 역시 제과점의 운영 수익 등으로 취득한 것으로 볼 수 있는 점 등에 비추어 보면, A아파트는 甲 단독 명의로 되어 있음에도 불구하고 부부의 공동재산에 해당하고, 이를 처분한 대금 역시 부부의 공동재산이라고 봄이 상당하므로 원고 명의로 취득한 B아파트의 취득자금 중 일부인 제1금원은 원고와 甲의 공동재산이라고 할 것이어서 원고가 甲으로부터 이를 증여받았다고 볼 수는 없음.

나. 제2금원과 관련하여(사전 증여재산에 해당하지 않음)

조세부과처분 취소소송의 구체적인 소송과정에서 경험칙에 비추어 과세요건사실이 추정되는 사실이 밝혀진 경우에는 과세처분의 위법성을 다투는 납세의무자가 문제 된 사실이 경험칙을 적용하기에 적절하지 아니하다거나 해당 사건에서 그와 같은 경험칙의 적용을 배제하여야 할 만한 특별한 사정이 있다는 점 등을 증명하여야 하지만, 그와 같은 경험칙이 인정되지 아니하는 경우에는 원칙으로 돌아가 과세요건사실에 관하여 과세관청이 증명하여야 함. 부부 사이에서 일방 배우자 명의의 예금이 인출되어 타방 배우자 명의의 예금계좌로 입금되는 경우에는 증여 외에도 단순한 공동생활의 편의, 일방 배우자 자금의 위탁 관리, 가족을 위한 생활비 지급 등 여러 원인이 있을 수 있으므로, 그와 같은 예금의 인출 및 입금 사실이 밝혀졌다는 사정만으로는 경험칙에 비추어 해당 예금이 타방 배우자에게 증여되었다는 과세요건사실이 추정된다고 할 수 없음(대법원 2015. 9. 10. 선고 2015두41937 판결 등 참조).

다음의 여러 사정들 즉, ① 甲은 약 1년 간 C대학교 병원 등에 입원하였던 점, ② 원고는 위 입원비, 치료비 등을 원고 또는 甲의 기존 재산 또는 임대 수익 등으로 지출한 것으로 보이고, 甲으로부터 이체받은 제2금원도 제과점의 안채 수리비 등에 사용되었을 가능성이 높은 점, ③ 원고의 계좌에서 출금된 금원 중 상당액이 甲의 계좌에 입금되어 甲의 대출금 채무 변제, 甲의 병원비, 각종 보험료 등을 위하여 사용된 것으로 보이는데, 이와 같은 정황은 甲이 원고에게 증여하였다는 사정과 배치되는 점 등 제반 사정에 비추어 보면, 관할 세무서장이 제출한 증거만으로는 원고가 甲으로부터 제2금원을 무상으로 이전받았음을 인정하기에 부족하고 달리 이를 인정할 만한 증거가 없고, 따라서 이와 다른 전제에 선 상속세 부과처분은 위법함.

II 해설

1. 상속개시 전 증여재산의 합산과세

가. 의 의

피상속인이 상속개시일 전 10년 이내에 상속인에게 증여한 재산가액과 상속개시일 전 5년 이내에 상속인 아닌 자에게 증여한 재산가액은 상속세 과세가액에 합산한다(상증세법 제13조 제1항).

피상속인이 생전에 증여한 재산의 가액을 상속세 과세가액에 포함시키지 않는다면 피상속인은 그의 사망을 예상할 수 있는 단계에서 장차 상속세의 과세대상이 될 재산을 상속인 이외의 자에게 증여하여 누진세율에 의한 상속세를 회피할 우려가 있으므로, 이를 방지하기 위한 것이 상속개시 전 증여재산의 합산과세 제도이다.

나. 상속인에 해당하는지 여부의 판단 시점

상증세법 제13조 제1항은 상속세 과세가액에 합산하는 증여재산의 합산기간을 상속인과 상속인 이외의 자를 구분하여 규정하고 있는바, 상속인인지 아니면 상속인 이외의 자인지 여부의 판단은 상속개시시점을 기준으로 판단한다(국심 2002중1303, 2002. 8. 9.).

다. 합산되는 기간의 계산방법

세법에서 별도의 규정이 있는 경우를 제외하고는 민법상의 기간 계산방법을 세법에도 준용한다. 민법상 기간을 주·월·연으로 정한 때에는 이를 일(日)로 환산하지 아니하고 역(曆)에 의하여 계산하며(민법 제160조), 기간을 일, 주, 월 또는 연으로 정한 때에는 기간의 초일은 산입하지 아니한다(민법 제157조). 그리고 일정한 기산일로부터 과거로 소급하여 계산하는 경우에도 위와 같은 방식에 따른다.

예를 들어 상속개시일이 2019. 5. 31.이면, 그로부터 소급하여 10년이 되는 날인 2009. 5. 31.부터 상속개시 전까지 피상속인이 상속인에게 증여한 재산과 상속개시시점으로부터 소급하여 5년이 되는 날인 2014. 5. 31.부터 상속개시 전까지 상속인이 아닌 자에게 증여한 재산을 상속세 과세가액에 합산한다.

라. 합산과세대상인 증여재산[14]

(1) 상속포기한 상속인에 대한 증여재산의 합산 여부

민법 제1019조 제1항에 따라 상속을 포기한 자도 상증세법에서는 상속인에 포함된다(상증세법 제2조 제4호 후단). 과거 대법원 판례 또한 상속개시 전 증여재산에 대한 합산과세에서 말하는 상속인이라 함은 상속이 개시될 당시에 상속인의 지위에 있었던 자를 가리키는 것으로서, 상속이 개시된 후에 상속을 포기한 자도 위 규정의 상속인에 해당한다고 판시하였다(대법원 1993. 9. 28. 선고 93누8092 판결). 따라서 상속개시일 전 10년 이내에 증여한 재산이라면 수증자인 상속인이 상속개시 후 상속을 포기하더라도 그 재산가액을 상속세 과세가액에 합산해야 한다.

(2) 증여의제 또는 증여추정된 재산가액의 합산 여부

상속개시 전 증여재산을 상속재산가액에 합산하는 취지는 상속세 과세대상이 될 재산을 미리 증여의 형태로 이전하여 누진세율체계인 상속세를 회피하는 것을 방지하기 위한 것이고, 증여의제는 민법상의 증여에는 해당하지 않지만 경제적 실질이 증여와 동일한 경우에 이를 증여로 의제하여 증여세를 과세하는 것이 그 목적임에 비추어 볼 때, 증여의제되는 재산의 가액도 상속세 과세가액에 가산하는 것이 타당하다. 대법원도 피상속인이 저가로 양도하여 증여의제된 재산가액도 사망 전 증여재산 합산과세대상에 포함함이 타당하다고 판시하였다(대법원 1997. 7. 25. 선고 96누13361 판결).

다만, 피상속인이 타인에게 특정 재산을 명의신탁하여 증여로 의제되어 증여세가 과세된 경우, 그 명의신탁 재산이 실질소유자인 피상속인에게 환원되거나 피상속인의 상속재산에 포함되어 상속세가 과세된 경우라면 그 재산가액은 상속세 과세가액에 합산되는 사전증여재산에 해당하지 않는다(재산상속 46014-537, 2000. 5. 4.).

---

14) 상속재산에 가산한 사전증여재산에 대하여는 이중과세의 방지 차원에서 그 증여세액을 공제하는 바(상증세법 제28조), 증여세액 공제를 통한 구체적인 상속세 산정방법에 관하여는 [13] 상속재산에 가산한 증여재산에 대한 증여세액 공제 사례 참조.

(3) 증여세 부과제척기간이 만료된 증여재산의 합산 여부

피상속인이 상속인에게 증여한 재산 중 증여세 부과제척기간이 만료되어 증여세를 부과하지 못한 재산의 경우 그 가액을 상속세 과세가액에 합산하여야 하는지 여부가 문제된다.

이에 대하여 ① 상속세의 부과제척기간은 피상속인이 생전에 증여하여 합산과세되는 재산이든 피상속인 본래의 재산이든 구분하지 않고 상속세를 부과할 수 있는 날부터 기산하는 것이므로, 증여한 재산에 대한 증여세 부과제척기간이 만료되었더라도 상속세 부과제척기간 내라면 그 증여재산가액을 합산하여 상속세 과세가액을 산정할 수 있다는 견해(재재산 46014-293, 1997. 8. 23.)와, ② 증여세액의 공제에 관한 상증세법 제28조 제1항 단서에서 증여세 부과제척기간 만료로 증여세를 부과하지 못한 경우에는 증여세액 공제를 하지 않는다고 규정한 것은 증여세 부과제척기간이 만료된 경우에는 상속재산에 합산되지 않는다는 것을 내포한 것으로 볼 수 있다는 점에서 그 재산가액은 상속세 과세가액에 합산될 수 없다는 견해(조심 2012서2575, 2015. 9. 18.)가 있다.

이에 관한 명확한 대법원 판례는 없다. 다만, 10년 이내에 동일인으로부터 받은 종전 증여의 증여재산가액을 재차 증여의 증여세 과세가액에 가산하는 상증세법 제47조 제2항과 관련하여, 재차 증여의 증여세 과세가액을 산정하는 경우에는 부과제척기간이 만료한 종전 증여의 증여재산가액을 과세가액에 가산할 수 없다는 대법원 판례[15]의 취지가 상속세 과세가액에 합산하는 사전증여재산의 경우에도 그대로 적용된다는 전제에서 대법원의 입장을 위의 ②설과 같다고 해석하는 견해가 있다.[16]

---

15) 대법원 2015. 6. 24. 선고 2013두23195 판결. 해당 대법원 판례는 증여세부과처분취소 사건이었다.
16) 최성일, 앞의 책, p.221 참조.

마. 합산과세 대상에서 제외되는 증여재산

증여세가 비과세되는 증여재산(상증세법 제46조), 공익법인 등이 출연받은 재산(상증세법 제48조 제1항), 증여자가 「공익신탁법」에 따른 공익신탁으로서 공익 목적의 신탁을 통하여 공익법인 등에 출연하는 재산(상증세법 제52조), 장애인이 증여받은 재산으로서 일정 요건을 갖춘 경우의 재산(상증세법 제52조의 2 제1항), 합산배제 증여재산(상증세법 제47조 제1항)의 가액은 상속세 과세가액에 합산하지 않는다(상증세법 제13조 제3항).

2. 이 사건의 분석

가. 사전 증여사실에 대한 입증책임

일반적으로 조세부과처분의 적법성과 과세요건사실의 존재에 관하여는 과세관청이 입증책임을 부담하는 것이고 그 입증의 정도는 실액과세에 있어서는 법관에게 확실한 심증형성을 가능하게 할 것을 요한다(대법원 1989. 10. 24. 선고 87누285 판결 참조). 다만, 구체적인 소송과정에서 경험칙에 비추어 과세요건 사실이 추정되는 사실이 밝혀지면 상대방이 문제된 당해사실이 경험칙 적용의 대상 적격이 되지 못하는 사정을 입증하지 않는 한, 당해 과세처분이 과세요건을 충족시키지 못한 위법한 처분이라고 단정할 수 없다(대법원 2007. 11. 15. 선고 2005두5604 판결 참조).

사안의 상속세 부과처분은 제1금원 및 제2금원이 상속재산가액에 합산되는 사전 증여재산임을 전제로 이루어진 것이었으므로, 원칙적으로 관할 과세관청에게 위 금원이 사전 증여재산이라는 점에 대한 입증책임이 있다.

나. 제1금원이 사전 증여재산에 해당하는지 여부

제1금원은 甲 명의인 A아파트의 양도대금 중 일부로서 원고 명의의 B아파트 구입에 사용된 비용이었으므로, 일견 이를 甲이 원고에게 증여한 것으로 평가할 여지가 있어 사전 증여재산인지 여부가 문제되었다. 이와 관련하여, 부부 일방이 혼인 중 본인 명의로 취득한 재산이 실질적으로 부부 쌍방이 그 재산의 대가를 부담하여 취득한 것이 증명된 때에는 특유재산 추정은 번복되어 부부 공동 재산으로 보아야 하는바, A아파트 및 그 양도대금이 甲의 특유 재산인지, 아니면 부부 공동 재산인지 여부를 검토할 필요가 있다.

법원이 판시한 바와 같이, 원고와 甲이 제과점을 함께 운영하여 부부공동 재산을 형성한 점, 甲이 병원에 입원한 후에는 원고가 제과점을 전담하여 운영하였고 甲을 부양·간병하며 치료비 등을 지출한 점 등에 비추어 보면, A아파트가 甲의 단독 명의로 되어 있었더라도 이는 원고와 甲이 함께 모은 금원으로 취득한 부부의 공동재산이고, 이를 처분한 대금 역시 부부의 공동재산이므로 원고 명의로 취득한 B아파트의 취득자금 중 일부인 제1금원은 원고와 甲의 공동재산이라고 할 것이어서 원고가 甲으로부터 이를 증여받았다고 보기는 어렵다고 할 것이다.

다. 제2금원이 사전 증여재산에 해당하는지 여부

제2금원은 甲 명의 계좌에 있던 금원 중 일부가 원고 명의 계좌로 이체된 금원이었으므로 이를 사전 증여재산으로 볼 여지가 많았다. 그러나 부부 사이에서 일방 배우자 명의의 예금이 인출되어 타방 배우자 명의의 예금계좌로 입금되는 경우에는 증여 외에도 단순한 공동생활의 편의, 일방 배우자 자금의 위탁관리, 가족을 위한 생활비 지급 등 여러 원인이 있을 수 있으므로, 그와 같은 예금의 인출 및 입금사실이 밝혀졌다는 사정만으로는 해당 예금이 타방배우자에게 증여되었다는 과세요건사실이 추정될 수 없다.

법원이 판시한 바와 같이, 甲이 C대학교 병원에 입원하였던 점, 원고는 위 입원비, 치료비 등을 원고 또는 甲의 기존 재산 등으로 지출한 것으로 보이므로 제2금원 또한 甲의 치료비 등에 사용되었을 가능성이 높은 점 등에 비추어 볼 때 제2금원 또한 甲이 원고에게 증여한 것이라고 보기는 어렵다고 할 것이다.

라. 판결의 의의

위에서 살펴본 바와 같이 상증세법 제13조 제1항에 따라 일정 범위의 사전증여재산 가액은 상속세 과세가액에 포함되는데, 제반사정에 비추어 제1금원과 제2금원은 피상속인 甲이 원고에게 '증여'한 것으로 보기 어려웠다.

이 판결은 사전증여사실의 입증책임은 원칙적으로 관세관청에게 있다는 기존의 법리를 재확인하였다. 또한 이 판결은 합산과세대상인 증여재산에 해당하는지 여부는 실질과세의 원칙상 제반정황을 고려하여 개별적·구체적으로 판단하여야 함을 확인하였다는 점에서 그 의미가 있다.

3. 관련 사례 등

가. 판 례

> **채무를 인수한 경우 인수금액 상당액의 사전증여재산 가산 여부(대구고등법원 2011. 7. 22. 선고 2011누502 판결)**
>
> 물상보증인인 피상속인이 단지 채무자의 채무를 면책적으로 인수 혹은 변제하였다는 사정만으로는 그 인수 혹은 변제금액 상당액을 채무자에게 증여하였다고 볼 수 없음.

> **피상속인 명의의 계좌에 입금된 금액도 경우에 따라서는 사전증여재산에 해당할 수 있음 (대법원 2007. 11. 15. 선고 2005두5604 판결)**
>
> 피상속인 명의의 예금계좌에 입금된 돈일지라도, 제반사정에 비추어 그 예금계좌의 실질적 소유자를 상속인인 원고로 볼 수 있다면 그 예금계좌에 입금된 액수만큼 피상속인이 상속인에게 사전 증여하였다고 보아 이를 상속세 과세가액에 합산할 수 있음.

> **수증자가 대습상속인이 된 경우 증여받은 재산의 사전증여재산 가산 여부(대법원 2018. 12. 13. 선고 2016두54275 판결)**
>
> 피상속인이 생전에 손자에게 재산을 증여하고, 이후 손자가 피상속인의 대습상속인이 된 경우, 위 증여재산도 상증세법 제13조 제1항 제1호의 '피상속인이 상속인에게 증여한 재산'에 해당하므로 그 가액을 상속세 과세가액에 합산해야 함.

증여추정된 재산의 사전증여재산 가산 여부(서울행정법원 2019. 4. 30. 선고 2018구합 54071 판결)

일방 배우자가 타방 배우자에게 양도한 재산은 그 재산의 가액만큼 배우자가 증여받은 것으로 추정하는데(상증세법 제44조 제1항), 이에 따라 증여추정된 재산도 사전증여재산 가산의 대상이 될 수 있음.

나. 관련 예규 등

피상속인인 증여자보다 수증자가 먼저 사망한 경우(재산상속 46014-473, 2000. 4. 17.)

피상속인인 증여자(甲)보다 수증자(乙)가 먼저 사망한 경우 甲의 사망으로 개시된 상속의 상속세 과세가액에 乙에게 증여한 재산가액은 합산하지 아니함.

피상속인이 증여한 재산을 다시 돌려받은 후 사망한 경우(재산상속 46014-473, 2000. 4. 17.)

피상속인이 자녀에게 재산을 증여한 후 수 개월 지나 반환받은 후 사망한 경우, 그 재산에 대하여 자녀에게 증여세를 부과하고 피상속인의 상속재산으로 보되, 사전증여재산으로서 상속세 과세가액에 합산하지는 아니함.

6

상속개시일 전 처분재산 등의 상속 추정

- 서울행정법원 2018구합53597 사건 -

» 상증세법 제15조는 피상속인이 사망하기 전 1년 또는 2년 이내에 재산을 처분하여 받은 금액이나 채무를 부담한 금액이 2억 원 또는 5억 원 이상인 경우로서 용도가 객관적으로 명백하지 아니한 경우에는 이를 상속인이 상속받은 것으로 추정하여 상속세 과세가액에 산입한다고 규정하고 있음. 이는 피상속인이 상속재산을 주식이나 부동산 등으로 물려주는 것보다 상속개시 전에 이를 처분하여 과세자료의 포착이 쉽지 않은 현금 등으로 상속인에게 증여 또는 상속함으로써 상속세를 부당하게 경감하는 것을 방지하기 위한 규정임. 이 사건은 피상속인의 재산에서 인출한 금액이 '용도가 객관적으로 명백하지 아니한 경우'에 해당하는지 여부가 문제된 사례로서, '용도가 객관적으로 명백하지 아니한 경우'의 의미 및 상속 추정되지 않는 경우 등에 관하여 검토하고자 함.

🗨 **상속세 및 증여세법**

제15조(상속개시일 전 처분재산 등의 상속 추정 등)

① 피상속인이 재산을 처분하였거나 채무를 부담한 경우로서 다음 각 호의 어느 하나에 해당하는 경우에는 이를 상속받은 것으로 추정하여 제13조에 따른 상속세 과세가액에 산입한다.

1. 피상속인이 재산을 처분하여 받은 금액이나 피상속인의 재산에서 인출한 금액이 상속개시일 전 1년 이내에 재산 종류별로 계산하여 2억 원 이상인 경우와 상속개시일 전 2년 이내에 재산 종류별로 계산하여 5억 원 이상인 경우로서 대통령령으로 정하는 바에 따라 용도가 객관적으로 명백하지 아니한 경우

2. 피상속인이 부담한 채무를 합친 금액이 상속개시일 전 1년 이내에 2억 원 이상인 경우와 상속개시일 전 2년 이내에 5억 원 이상인 경우로서 대통령령으로 정하는 바에 따라 용도가 객관적으로 명백하지 아니한 경우

② 피상속인이 국가, 지방자치단체 및 대통령령으로 정하는 금융회사 등이 아닌 자에 대하여 부담한 채무로서 대통령령으로 정하는 바에 따라 상속인이 변제할 의무가 없는 것으로 추정되는 경우에는 이를 제13조에 따른 상속세 과세가액에 산입한다.

③ 제1항 제1호에 규정된 재산을 처분하여 받거나 재산에서 인출한 금액 등의 계산과 재산 종류별 구분에 관한 사항은 대통령령으로 정한다.

I 대상판결의 개요

1. 사실관계의 요지

피상속인 丙은 2014. 3. 12. 사망하였고, 이에 피상속인과 남매지간인 甲과 乙(원고의 父)은 상속세 과세가액을 약 11억 8,400만 원으로 신고하고 상속세 2,400만 원을 납부하였음.

관할 세무서장은 상속개시일 전 2년 이내에 피상속인의 예금계좌에서 순인출액 약 7억 8,800만 원 중 용도가 입증되는 금액을 제외한 약 1억 9,600만 원을 용도가 객관적으로 확인되지 않은 금액으로 보았고, 여기서 순 인출액의 20%인 약 1억 5,700만 원을 차감한 약 3,900만 원을 추정상속재산으로 지정한 다음 상속세과세가액에 합산하여 상속세 약 2,700만 원을 부과하였음.

이후 乙이 사망함에 따라 원고는 乙의 상속인 지위를 상속하였고, 아래의 2.항과 같이 주장하며 이 사건 소를 제기하였음.

2. 원고의 주장 요지

　① 관할 세무서장은 피상속인의 예금계좌에 입금된 재입금액 산정 시 12건 총 약 9,400만 원을 누락하였고, ② 상속 개시일 전 2년 이내 인출액 산정 시 2012. 3. 12. 인출한 금액을 포함하는 것은 부당하므로 관할 세무서장의 위 상속세 부과처분은 위법함.

3. 결정 요지

다음과 같이 조정을 권고함.
가. 아래와 같은 이유에서, 피고는 이 사건 처분금액 중 추정상속재산가액으로 합산한 약 3,900만 원에 상당하는 상속세를 취소하고 원고에게 부과한 상속세를 재산정하여 산정된 세액을 조정세액으로 함
　　추정상속재산 가액 산정 시 피상속인의 예금계좌에 입금된 재입금액 중 일부가 누락되었으므로 이와 같이 누락된 재입금액을 총 인출금에서 공제하여 추정상속재산을 재계산하면 위 3,900만 원은 추정상속재산에 해당하지 아니함.
나. 피고는 이 사건 처분에 의한 상속세와 위 가.항에 따라 재산정된 상속세액의 차액만큼을 상속세에서 감액경정함. 구체적인 세액결정 산정근거는 아래 표와 같음.

추정상속 재산가액	상속 일자	당초처분		경정처분		가감액
		과세가액	당초세액	과세가액	경정세액	
약 3,900만 원	2014. 3.12.	약 13억 2,200만 원	약 2,700만 원	약 12억 8,300만 원[17]	약 1,200만 원	– 약 1,500만 원

피고 측이 이를 받아들여 소송 종결됨.

---

17) 당초처분의 과세가액(약 13억 2,200만 원)에서 당초 과세관청이 추정상속가액으로 산정한 3,900만 원을 차감한 금액이다. 즉 위 3,900만 원을 추정상속가액으로 인정할 수 없다는 취지이다.

Ⅱ | 해설

1. 상속개시일 전 처분재산 등의 상속 추정

가. 의 의

피상속인이 사망하기 전 1년 또는 2년 이내에 재산을 처분하여 받은 금액이나 채무를 부담한 금액이 2억 원(1년) 또는 5억 원(2년) 이상인 경우에는 이를 상속인이 상속받은 것으로 추정하여 상속세 과세가액에 산입한다(상증세법 제15조). 피상속인이 위와 같이 현금화한 금전에 대하여 용도가 객관적으로 명백하지 않은 경우에는 상속인이 그 금액만큼 현금으로 상속받은 것으로 추정하여 상속세 과세가액에 산입하는 것이 추정 상속재산 제도이다.

이는 피상속인이 상속재산을 부동산이나 주식 등으로 물려주는 것보다 이를 미리 처분하여 과세자료의 포착이 어려운 현금 등으로 상속인에게 이전함으로써 상속세를 회피하는 것을 방지하기 위한 것이다.

나. 상속세 과세가액에 산입되는 재산 또는 채무의 범위

(1) 사용처 입증의 대상이 되는 처분재산 등

상증세법 제15조 제1항은 피상속인이 재산을 처분하였거나 채무를 부담한 경우로서 상속인이 관련 금액의 사용처를 입증하지 못한 경우에는 이를 상속받은 것으로 추정하여 상속세 과세가액에 산입함을 규정하고 있고, 상증세법 시행령 제11조 제1항에서는 위와 같은 용도 입증의 대상이 되는 재산의 처분금액 및 인출금액의 범위를 재산 종류별로 규정하고 있다.

구체적으로 살펴보면, 상증세법 시행령 제11조 제1항에서는 사용처 입증의 대상이 되는 처분재산 등에 관하여, 피상속인이 재산을 처분한 경우에는 그 처분가액 중 상속개시일 전 1년 또는 2년 이내에 실제 수입한 금액(제1호)을, 피상속인이 금전 등을 인출한 경우에는 상속재산 중 상속개시일 전 1년 또는 2년 이내에 실제 인출한 금전 등(제2호)을 규정하고 있다.

(가) 피상속인이 재산을 처분한 경우의 재산처분가액 – 제1호

피상속인이 재산을 처분한 경우에는 그 처분가액 중 상속개시일 전 1년 또는 2년 이내에 실제 수입한 금액이 상속재산가액에 산입된다. 이때 실제 수입한 금액이 명확하지 않은 경우에는 해당 재산 처분 당시를 기준으로 상증세법 제60조 내지 제66조에 따라 평가한 가액을 상속재산가액에 산입한다.

(나) 피상속인이 인출한 금전 등 – 제2호

통장이나 위탁자계좌 등을 통하여 입·출금이 반복되는 예금 등의 경우에 상속세 과세가액에 산입 대상이 되는 금액은, 상속개시일 전 1년 또는 2년 이내에 실제로 인출한 금전 등의 합계액에서 당해 기간 중 예입된 금전 등의 합계액을 차감한 금전 등이 된다(상증세법 시행규칙 제2조의3 참조). 이때 그 예입된 금전 등이 당해 통장 또는 위탁자계좌등에서 인출한 금전 등이 아닌 경우에는 이를 차감하지 아니한다.[18] 그리고 2개 이상의 통장 등으로 거래를 한 경우에는 모든 통장 또는 위탁자계좌를 기준으로 하여 인출한 금전 등의 합계액과 예입된 금전 등의 합계액을 계산한다.

입증책임과 관련하여 대법원은 "상속개시일 전 1년 이내에 인출된 예금을 상속세 과세가액에 산입함에 있어서는, 피상속인의 각 예금계좌에서 인출한 금액의 합산액에서 인출 후 입금된 금액의 합산액을 제외한 나머지 금액을

---

[18] 이는 사회생활이 핵가족화 되고 상속인과 피상속인의 경제적 생활기반을 달리하는 경우가 일반화되어 피상속인이 인출한 예금의 용도를 상속인이 일일이 밝히기가 어려운 현실에 비추어 볼 때 납세자로 하여금 상속개시일 전 1년 이내에 피상속인의 예금계좌에서 인출된 금액 전부에 대하여 그 용도를 입증하도록 하는 것이 부당한 반면, 과세관청으로서는 당해 예금계좌에 입금된 금액이 다른 재산을 처분한 금액 등 당해 예금계좌에서 인출된 금액이 아닌 경우에는 금융거래에 관한 조사권에 기하여 이를 입증할 수 있는 점을 고려하여, 통장 또는 위탁자계좌 등을 통한 거래는 현금 및 예금 또는 유가증권 별로 각각 통산하여 상속개시일 현재와 사망 1년 전을 비교하여 '잔액감소분'에 상당하는 금액에 대하여만 그 사용처를 입증하도록 하되, 다만 통장 등에 예입된 금액 등이 다른 재산을 처분한 금액을 입금한 것이거나 다른 사용처로부터 입금된 경우와 같이 그 예입된 금액이 통장 등에서 인출된 금액이 아닌 것이 명백한 경우에는 차감대상에서 제외되도록 한 것으로서, 용도입증 대상이 되는 인출재산 가액의 산정기준을 명확히 하여 논란의 소지를 방지한 것이라고 봄이 상당하다(서울고등법원 2001. 5. 29. 선고 2000누5632 판결).

처분가액으로 보되, 다만 입금액이 인출금과 관계없이 별도로 조성된 금액임이 확인되는 경우에는 그 금액을 인출금에서 제외하지 아니하나, 별도로 조성된 금액이라는 점에 대한 입증책임은 과세관청에게 있다"고 판시하였다(대법원 2002. 2. 8. 선고 2001두5255 판결).

(2) '상속개시일 전 1년 또는 2년 이내'의 기간 계산 방법

상증세법 제15조 제1항 각호 또는 상증세법 시행령 제11조 제1항 각호에서는 '상속개시일 전 1년 또는 2년 이내'로 상속세 과세가액에 합산되는 재산의 범위를 시간적으로 한정하고 있는바, '상속개시일 전 1년 또는 2년 이내'의 기간 계산 방법이 문제된다.

세법에서 별도의 규정이 있는 경우를 제외하고는 민법상의 기간 계산방법을 세법에도 준용한다. 민법상 기간을 주·월·연으로 정한 때에는 이를 일(日)로 환산하지 아니하고 역(曆)에 의하여 계산하며(민법 제160조), 기간을 일, 주, 월 또는 연으로 정한 때에는 기간의 초일은 산입하지 아니한다(민법 제157조). 그리고 일정한 기산일로부터 과거로 소급하여 계산하는 경우에도 위와 같은 방식을 준용한다.

예를 들면 상속개시일이 2018. 5. 20.인 경우에 상속개시일 전 2년이 되는 날을 역(曆)에 의하여 계산하면 2018. 5. 19.부터 소급하여 2년이 되는 날(2016. 5. 19.)의 다음날인 2016. 5. 20.이 된다. 이 경우 2016. 5. 20.부터 2018. 5. 20.까지의 기간 중에 처분한 재산 또는 부담한 채무 중 그 용도가 객관적으로 명백하지 아니한 가액이 상속인이 상속받은 것으로 추정되어 상속세 과세가액에 산입되는 것이다.

(3) '용도가 객관적으로 명백하지 아니한 경우'의 의미

상증세법 제15조 제1항 각호에서의 "용도가 객관적으로 명백하지 아니한 경우"란 ① 피상속인이 처분재산 및 재산에서 인출한 금전 등 또는 채무를 부담하고 받은 금액을 지출한 거래 상대방이 거래증빙의 불비 등으로 확인되지 않는 경우, ② 거래상대방이 금전 등의 수수사실을 부인하거나 거래상대방의 재산상태 등으로 보아 금전 등의 수수사실이 인정되지 않는 경우, ③ 거래상대방이 피상속인의 특수관계인으로서 사회통념상 지출사실이 인정되지 않는 경우, ④ 피상속인이 재산을 처분하거나 채무를 부담하고 받은 금전 등으로 취득한 다른 재산이 확인되지 않는 경우, ⑤ 피상속인의 연령·직업·경력·소득 및 재산상태 등으로 보아 지출사실이 인정되지 않는 경우를 말한다(상증세법 시행령 제11조 제2항 각호).

(4) 상속받은 것으로 추정하지 않는 경우 및 추정하는 경우 그 재산가액

처분재산가액 또는 채무부담가액 중 용도가 입증되지 아니한 금액이 다음의 ①, ②의 금액 중 적은 금액에 미달하는 경우에는 용도가 객관적으로 명백하지 아니한 것으로 추정하지 아니하며, 그 금액 이상인 경우에는 다음의 ①, ② 금액 중 적은 금액을 차감한 금액을 용도가 객관적으로 명백하지 아니한 것으로 추정한다(상증세법 시행령 제11조 제4항).

> ① 피상속인이 재산을 처분하여 받은 금액이나 피상속인의 재산에서 인출한 금전 등 또는 채무를 부담하고 받은 금액의 100분의 20에 상당하는 금액
> ② 2억 원

2. 이 사건의 분석

가. 관할 세무서장이 피상속인의 예금계좌에 입금된 재입금액 산정시 일정액(약 9,400만 원)을 누락하였는지 여부

당초 관할 세무서장은, 피상속인의 계좌에서 상속개시시로부터 소급하여 2년 이내의 인출액 약 21억 2,000만 원에서 예입된 금전 등이 당해 통장 등에서 인출한 금액으로 보여지는 금액을 재입금액으로 보아 총 13억 3,200만 원을 재입금액으로 보아 인정한 후, 순인출액 약 7억 8,800만 원에 대해서 소명

요구하였고 이 중 약 1억 9,600만 원을 사용처 불분명 금액으로 보아 순인출액의 20%에 상당하는 약 1억 5,700만 원을 차감한 약 3,900만 원을 추정상속재산으로 보아 상속세 과세가액에 가산하였는데, 이를 산식으로 도면화 하면 다음과 같다.[19]

구분	인 출 액			용 도 입증액 (ⓓ)	사용처 불분명 (ⓔ= ⓒ-ⓓ)	추정배제액(ⓕ) min(소명대상(ⓒ) 의 20%, 2억)	추정상속 재산가액 (ⓖ=ⓔ-ⓕ)
	총인출금 (ⓐ)	본인 계좌거래 (=재입금액) (ⓑ)	순인출금 (소명대상) (ⓒ=ⓐ-ⓑ)				
2년 내 인출	약 21억 2,000 만 원	약 13억 3,200 만 원	약 7억 8,800 만 원	약 5억 9,200 만 원	약 1억 9,600 만 원	약 1억 5,700 만 원	약 3,900 만 원

이에 원고는 관할 세무서장이 별도로 조성된 금액이라는 점에 관한 아무런 입증도 없이 피상속인의 예금계좌에 입금된 재입금액 12건 총 7,400만 원을 누락하였으므로 해당 금액은 추정상속가액 산정 시 공제되어야 한다고 주장하였다.

재판부는 원고의 위 주장을 바탕으로 누락된 재입금액 등을 계산하여 정당한 세액을 산출하였는데, 이를 산식으로 도면화하면 다음과 같다.

구분	인 출 액			용 도 입증액 (ⓓ)	사용처 불분명 (ⓔ= ⓒ-ⓓ)	추정배제액(ⓕ) min(소명대상(ⓒ) 의 20%, 2억)	추정상속 재산가액 (ⓖ=ⓔ-ⓕ)
	총인출금 (ⓐ)	본인 계좌거래 (=재입금액) (ⓑ)	순인출금 (소명대상) (ⓒ=ⓐ-ⓑ)				
2년 내 인출	약 21억 2,000 만 원	약 14억 600 만 원	약 7억 1,400 만 원	약 6억 4,200 만 원	약 7,200 만 원	약 1억 4,300 만 원	(-)

---

19) 위의 'Ⅰ. 3. 결정 요지'에서의 표는 과세가액 및 처분세액 전체에 관한 것이고, 아래의 표들은 처분세액 전체에 관한 것이 아니라, 과세가액에 산입할 것인지 여부가 문제되는 추정상속재산 가액의 구체적 액수에 관한 것이다.

위와 같이 계산한 결과, 순인출금 중 그 사용처가 불분명한 액수에서 추정배제액[20]을 빼는 경우 잔액이 음수(−)가 되므로, 사안에서 피상속인의 계좌에서 인출된 인출금액은 상증세법 시행령 제11조 제4항에 따라 용도가 객관적으로 명백하지 아니한 것으로 추정되지 않는 경우에 해당한다.

과세처분의 취소소송에 있어서 그 과세처분의 위법 여부는 그 과세처분에 의하여 인정된 과세표준 또는 세액이 그 과세물건에 대한 실제의 과세표준 또는 정당한 세액을 초과하는지 여부에 의하여 판단하여야 하므로, 과세관청의 상속세 부과처분 중 3,900만 원이 추정상속재산에 해당함을 전제로 한 부분은 위법하여 취소되어야 한다.

나. 상속 개시일 전 2년 이내의 인출액 산정 시 2012. 3. 12. 인출한 금액을 포함하는 것이 타당한지 여부

또한 이 사건에서는 상속 개시일 전 2년 이내의 인출액 산정시 2012. 3. 12. 인출한 금액이 포함되는지 여부가 문제되었다.

피상속인 丙이 2014. 3. 12. 사망하였으므로 상속개시일 전 2년이 되는 날을 역(曆)에 의하여 계산하면 2014. 3. 11.부터 소급하여 2년이 되는 날(2012. 3. 11.)의 다음날인 2012. 3. 12.이 되므로, 이 사건에서는 2012. 3. 12. 부터 2014. 3. 12.까지의 기간 중에 인출한 금액을 바탕으로 하여 추정상속가액을 계산하여야 한다.

따라서 법원이 판단한 바와 같이 피상속인 丙의 계좌에서 2012. 3. 12. 인출한 금액 또한 상속 개시일 전 2년 이내의 인출액 산정 시 포함되어야 할 것이다.

---

20) 상증세법 시행령 제11조 제4항에 따라 ① 순 인출금의 20%에 해당하는 금액과 ② 2억 원 중 적은 금액이 추정배제액에 해당한다.

다. 이 사건의 의의

위에서 검토한 바와 같이 예금 인출과 관련된 추정상속재산 가액은, 피상속인의 계좌에서 실제로 인출한 금전의 합계액에서 예입된 금전의 합계액을 차감한 액수를 바탕으로 하여(상증세법 시행령 제11조 제1항 제2호), 그 중 객관적 용도가 입증되지 않은 금액에 따라 계산된다. 이때 예입된 금전이 인출금과 관계없이 별도로 조성된 금액임이 밝혀진 경우 그 금액은 인출금에서 제외하지 아니하는데, 재판부는 별도로 조성된 금액이라는 점에 대한 입증책임이 과세관청에게 있다는 기존의 법리를 재확인하였다.

또한 이 사안은 상속세 과세가액에 합산되는 재산의 시간적 범위인 '상속개시일 전 2년 이내'와 관련하여 민법상의 기간 계산 방법이 구체적으로 적용된 사례라는 점에서도 그 의미가 있다.

3. 관련 사례 등

가. 판 례

'용도가 객관적으로 명백하지 아니한 경우'에 대한 입증책임(대법원 1999. 9. 3. 선고 98두4993 판결, 서울행정법원 2017구합87456 등)
피상속인이 사망하기 전에 그 명의의 예금계좌에서 일정액을 인출한 경우, 과세관청이 그 중 용도가 객관적으로 명백하지 아니한 금액이 있음을 증명한 때에는 납세자가 그 인출금의 용도를 구체적으로 증명하지 못하는 한 그 금액이 현금 상속된 사실을 증명하지 아니하더라도 상속세 과세가액에 산입할 수 있음.

재입금액이 인출금과 관계없이 별도로 조성된 금액이라는 점에 대한 입증책임(대법원 2003. 12. 26. 선고 2002두5863 판결)
상증세법 시행령 제11조 제1항 제2호에 의하면 상속개시일 전 2년 이내에 피상속인의 각 예금계좌에서 인출한 금액의 합산액에서 인출 후 입금된 금액의 합산액을 제외한 나머지 금액이 용도입증 대상금액이 되고, 다만 입금액이 인출금과 관계없이 별도로 조성된 금액임이 확인되는 경우에는 그 금액을 인출금에서 제외하지 아니하는데, 별도로 조성된 금액이라는 점에 대한 입증책임은 과세관청에게 있음.

나. 관련 예규 등

용도가 명백한 것으로 입증되지 않았다고 본 사례

피상속인이 처분한 재산에 대한 사용처를 소명할 때 상속세 신고서에 상속재산으로 현금을 기재하였다고 하여 용도가 명백한 것으로 인정되는 것은 아님(재삼 46014-2557, 1998. 12. 31.).

피상속인의 통장 및 위탁계좌에서 인출한 금전에 대한 사용처를 소명할 때, 당해 인출금이 폰뱅킹 등으로 타인에게 지급된 사실만으로 그 사용처가 명백하게 입증된 것으로 보기는 어려움(서일 46014-10704, 2002. 5. 23.).

피상속인이 처분한 재산의 가액 산정에 관한 사례

피상속인이 임대한 부동산을 처분하고 매수인으로부터 임대보증금을 차감한 잔액만을 수령한 경우, 상증세법 제15조 제1항 제1호에서 당해 재산을 처분하고 받은 금액이 2억 원 이상인지 여부는 총매매가액을 기준으로 판단하며, 차감한 임대보증금은 처분대금을 사용한 것으로 보아야 함(재삼 46014-1486, 1999. 8. 5.).

상속개시일 전 2년 이내에 피상속인이 상속재산을 처분한 경우 그 금액은 피상속인이 처분한 상속재산의 처분가액 중에서 상속개시일 전 2년 이내에 실제 영수한 금액을 말하는 것임(재삼 46014-1387, 1998. 7. 24.).

피상속인이 타인과 공유하는 재산을 처분한 경우, 소명대상금액인 '상속개시 전 1년 이내에 수령한 금액'에는 타인의 공유지분 상당액은 제외됨(국심 2001중664, 2001. 8. 30.).

비과세하는 상속재산(금양임야 등)

- 서울행정법원 2017구합68622 사건 -

» 금양임야는 본래 분묘의 수호와 관리를 위하여 민법에서 특별히 인정하는 개념이
지만, 상속세 비과세 대상이라는 점으로 인해 조세 분야와 관련하여 다양한 사건
이 발생하고 있는데 이 사건도 그중 하나로, 금양임야의 범위를 어느 정도까지로
보아야 할지가 문제되어 금양임야 및 묘토의 개념에 관해 검토해보고자 함

🗨 상속세 및 증여세법

제12조(비과세되는 상속재산)
다음 각 호에 규정된 재산에 대해서는 상속세를 부과하지 아니한다.

1. 국가, 지방자치단체 또는 대통령령으로 정하는 공공단체(이하 "공공단
체"라 한다)에 유증(사망으로 인하여 효력이 발생하는 증여를 포함하며, 이하
"유증 등"이라 한다)한 재산
2. 「문화재보호법」에 따른 국가지정문화재 및 시·도지정문화재와 같은
법에 따른 보호구역에 있는 토지로서 대통령령으로 정하는 토지
3. 「민법」 제1008조의3에 규정된 재산 중 대통령령으로 정하는 범위의 재산

🗨 시행령

제8조(비과세되는 상속재산)
① 법 제12조 제3호에서 "대통령령으로 정하는 범위의 재산"이란 제사를 주
재하는 상속인(다수의 상속인이 공동으로 제사를 주재하는 경우에는 그 공동으
로 주재하는 상속인 전체를 말한다)을 기준으로 다음 각 호에 해당하는 재산

을 말한다. 다만, 제1호 및 제2호의 재산가액의 합계액이 2억원을 초과하
는 경우에는 2억원을 한도로 하고, 제3호의 재산가액의 합계액이 1천만원
을 초과하는 경우에는 1천만원을 한도로 한다.

1. 피상속인이 제사를 주재하고 있던 선조의 분묘(이하 이 조에서 "분묘"라
   한다)에 속한 9,900제곱미터 이내의 금양임야
2. 분묘에 속한 1,980제곱미터 이내의 묘토인 농지
3. 족보와 제구

🗨 민법

제1008조의3 (분묘 등의 승계)
분묘에 속한 1정보 이내의 금양임야와 600평 이내의 묘토인 농지, 족보와 제
구의 소유권은 제사를 주재하는 자가 이를 승계한다.

Ⅰ 대상판결의 개요

1. 사실관계의 요지

원고 甲과 乙은 피상속인 丙이 사망하자, 상속받은 재산에 대해 상속세
과세표준을 신고·납부하였는데, 상속재산 중 경기도 소재 임야를 금양임야로
보아 비과세 대상으로 신고하였음.

관할 세무서장은 위 임야 중 일부가 묘지 등을 관리하는 추모공원으로
그곳에 타인의 묘지가 있고, 다른 일부분도 단순히 방치된 임야에 불과하며
그 외의 부분도 도로로서 비과세대상인 금양임야에 해당하지 아니함을 이유
로 상속세를 추가로 부과하였음.

2. 원고의 주장 요지

위 상속받은 임야 중 일부분을 현재 A공원묘원이 묘지 13기를 설치하여 일시 점유하고 있으나 그 점유가 한시적이고 원고가 이를 포기하거나 한 사실이 없으며 오히려 원고는 점유를 회복하기 위하여 계속하여 노력하고 있는 상황임.

다른 부분 역시 수십 년 된 수목이 식재되어 있는 임야지역이기는 하나 사진으로 봤을 때 단순히 잡목이 우거진 곳이라고 보기는 어렵고 수호하기 위한 금양임야의 일부로 보아야 함.

그 외의 부분 역시 현재 도로로 사용되고 있기는 하지만 이는 실제 분묘가 설치되어 있는 토지로 출입할 수 있는 유일한 통행로로 상속인들이 분묘에 접근하고 관리하기 위해서는 해당 도로를 통하는 것이 유일한 방법이기 때문에, 이 부분도 금양임야의 일부로 보아야 함.

3. 조정 요지

법원은 도로로 이용되고 있는 부분은 피상속인의 묘 등이 설치된 금양임야로 진입할 수 있는 유일한 통행로인 점을 고려하여 금양임야가 아님을 전제로 한 부과된 상속세 중 일부를 취소하라는 조정권고를 하였음.

피고 측에서 이를 받아들여 조정으로 종결됨.

II | 해설

1. 비과세 대상인 상속재산의 개요

가. 의 의

(1) 상속재산의 비과세제도

비과세란 국가가 원칙적으로 과세권을 포기한 것으로 처음부터 납세의무가 발생하지 아니하며 비과세하는 상속재산에 대하여 달리 어떤 용도로 사용하라는 지침도 없어 추후 세금을 징수하는 경우도 없다. 상증세법에서 규정하고 있는 비과세 상속재산은 두 가지로 구분될 수 있는데 하나는 전사자 등에 대한 모든 상속재산의 비과세이고 또 다른 하나는 일반적 사망의 경우로서 법령에서 비과세되는 상속재산으로 열거하고 있는 경우이다.

(2) 공익목적 출연 재산 등 과세가액 불산입 규정과의 차이

세법은 공익목적 출연 재산 등에 관하여 과세가액 불산입 규정을 두고 있다. 과세가액 불산입은 비과세 상속재산과 과세하지 않는다는 점에서는 공통점이 있다. 하지만 과세가액 불산입은 비과세와 달리 특정 용도로 사용할 것을 법령에서 규정하고 있으며 그러한 용도로 사용하지 아니할 경우 추후 세금을 추징한다는 점에서 비과세 상속재산과 차이가 있다.[21]

나. 전사자 등에 대한 상속세 비과세

전쟁 또는 대통령령으로 정하는 공무의 수행 중 사망하거나 해당 전쟁 또는 공무의 수행 중 입은 부상 또는 그로 인한 질병으로 사망하여 상속이 개시되는 경우에는 상속세를 부과하지 아니한다(상증세법 제11조).

---

21) 최성일, 앞의 책, p.180 참조.

전사자 등에 대한 상속세는 특정 재산에 한정하여 비과세하는 것이 아니라 그 상속인 재산 전부에 관하여 비과세로 한다는 점에서 이후에서 살펴볼 금양임야의 경우 등과 차이가 있다.

여기서 전쟁 또는 대통령령이 정하는 공무의 수행 중 사망 등의 범위에 관하여 고엽제 후유증에 의한 사망도 해당될 수 있는지 여부가 문제되었는데 법원은 이를 부정하였다(대법원 2014. 2. 27. 선고 2012두16275 판결).

다. 특정 재산에 관한 상속세 비과세

상증세법 제12조는 제11조의 경우와 달리 상속인의 재산 중 특정 재산에 한하여 비과세로 두고 있다. 그 재산을 열거하면 다음과 같다.

---

① 국가, 지방자치단체 또는 대통령령으로 정하는 공공단체(이하 "공공단체"라 한다)에 유증(사망으로 인하여 효력이 발생하는 증여를 포함하며, 이하 "유증 등"이라 한다)한 재산
② 「문화재보호법」에 따른 국가지정문화재 및 시·도지정문화재와 같은 법에 따른 보호구역에 있는 토지로서 대통령령으로 정하는 토지
③ 「민법」 제1008조의3에 규정된 재산 중 대통령령으로 정하는 범위의 재산
④ 「정당법」에 따른 정당에 유증 등을 한 재산
⑤ 「근로복지기본법」에 따른 사내근로복지기금이나 그 밖에 이와 유사한 것으로서 대통령령으로 정하는 단체에 유증 등을 한 재산
⑥ 사회통념상 인정되는 이재구호금품, 치료비 및 그 밖에 이와 유사한 것으로서 대통령령으로 정하는 재산
⑦ 상속재산 중 상속인이 제67조에 따른 신고기한 이내에 국가, 지방자치단체 또는 공공단체에 증여한 재산

---

③의 금양임야 등을 제외한 나머지는 대부분 국가나 지자체에 대한 증여·유증, 문화재, 정당에 대한 유증 등으로 공익에 관한 것인데 반해 ③의 금양임야 등은 사적인 목적인 제사에 관한 것으로 실제 사례에 있어서도 가장 다툼의 여지가 많은 사안이다.

2. 비과세대상인 금양임야와 묘토인 농지

가. 금양임야 및 묘토의 의의

금양임야란 지목에 관계없이 피상속인의 선조의 분묘에 속하여 있는 임야를 말하며, 묘토인 농지는 피상속인이 제사를 주재하고 있던 선조의 분묘와 인접거리에 있는 것으로서 묘제용 재원으로 실제 사용하는 농지를 말한다.[22]

금양임야 등의 범위에 관하여는 민법 제1008조의3이 규정하고 있는데 동 규정에서는 분묘에 속한 1정보 이내의 금양임야와 600평 이내의 묘토인 농지, 족보 및 제구의 소유권은 제사를 주재하는 자가 이를 승계하도록 규정하고 있다.

한편 앞서 언급한 바와 같이 민법 제1008조의3에 규정된 재산 중 대통령령으로 정하는 범위의 재산에 대해서는 상속세를 부과하지 아니하는데(상증세법 제12조 제3호), 여기서의 "대통령령으로 정하는 범위의 재산"이란 제사를 주재하는 상속인을 기준으로 ① 피상속인이 제사를 주재하고 있던 선조의 분묘에 속한 9,900㎡ 이내의 금양임야 ② 분묘에 속한 1,980㎡ 이내의 묘토인 농지 ③ 족보와 제구에 해당하는 재산을 말한다(상증세법 시행령 제3조 제3항).

다만, ①의 금양임야 및 ②의 묘토의 재산가액의 합계액이 2억 원을 초과하는 경우에는 2억 원을 한도로 한다(상증세법 시행령 제8조 제3항 단서). 단서의 개정규정은 2002. 1. 1. 이후 최초로 상속이 개시되는 분부터 적용되며, 이는 2억 원의 한도를 두어 고액의 상속세가 비과세되는 것을 방지하기 위함이다.[23]

이와 같이 금양임야 등 제사용 재산을 일반 상속의 대상에서 제외하여 특별 상속에 의하도록 하고 있는 이유는 제사용 재산을 공동상속하게 하거나 평등분할하도록 하는 것은 조상 숭배나 가통의 계승을 중시하는 우리의 습속이나 국민감정에 반하는 것이므로 일반 상속재산과는 구별하여 달리 취급하기 위한 것이다(대법원 1997. 11. 28. 선고 96누18069 판결).

---

22) 국세청 질의회신, 상증, 서면 2016-상속증여05575, 2016. 11. 21. 참조.
23) 상증세법 시행령(2001. 12. 31. 대통령령 제17439호로 일부개정된 것) 제·개정 이유.

나. 비과세 대상으로서의 금양임야 등에 해당하는지 여부가 문제되는 경우

(1) 제사를 주재하는 자가 소유할 것

비과세 대상으로서의 금양임야 및 묘토에 해당하기 위하여는 먼저 제사를 주재하는 자가 승계한 것에 해당하여야 한다. 여기서 제사주재자란 법원에 따르면 민법 제1008조의3에 의한 금양임야의 승계자는 제사를 주재하는 자로서 공동상속인 중 종손이 있다면 통상 종손이 제사의 주재자가 되나, 종손에게 제사를 주재하는 자의 지위를 유지할 수 없는 특별한 사정이 있는 경우에는 그렇지 않다(대법원 2004. 1. 16. 선고 2001다79037 판결).

한편 배우자, 장녀의 경우에는 금양임야를 승계하는 제사주재자를 공동상속인들의 협의에 따라 피상속인의 배우자로 정하고 해당 금양임야를 승계하는 경우에는 비과세 대상에 해당하고 제사주재자인 피상속인 배우자가 사망하여 상속이 개시됨에 따라 그 장녀가 제사주재자로서 해당 금양임야를 승계한 경우에도 역시 비과세 대상에 해당한다.[24]

(2) 상속개시 이전에 금양임야로 사용될 것

금양임야는 상속개시 당시 분묘가 소재하거나 세워질 예정으로 벌목을 금하고 나무를 기르는 임야에 해당하여야 하는데 상속개시 이후에 비로소 금양임야 및 묘토로 사용된 경우에도 비과세될 수 있는지 여부가 문제될 수 있다.

이에 관하여 법원은 상속세 과세가액에 산입하지 아니하는 민법 제1008조의3의 묘토라고 함은 상속개시 당시에 이미 묘토로서 사용되고 있는 것만을 말하고, 원래 묘토로 사용되지 아니하던 농지를 상속개시 후 묘토로 사용하기로 한 경우는 해당하지 아니한다(대법원 1996. 9. 24. 선고 95누17236 판결)고 판시하여 "상속 개시 당시에 묘토의 요건을 갖출 것"을 요구하였다.

---

24) 최성일, 앞의 책, p.183 참조.

조세 심판 결정에서도 같은 취지로, 납세의무 성립 당시 적용되는 상증세 법령에서 증여받은 묘토에 내하여 증어세를 비과세 한다거나 상속세를 비과세한다는 규정이 없으므로, 묘토라 하더라도 피상속인이 사망하여 상속으로 취득한 경우에만 상속세가 비과세된다고 한 바 있다(국세청 2005. 3. 7. 국심 2004중2562).

금양임야인지의 여부는 조상의 분묘가 소재하는 장소, 지형, 방향, 위치, 나무의 나이 및 밀집정도 등을 고려하여 혈통을 같이 하는 자손들이 금양임야로서 보존하여 왔는지의 여부에 따라서 판단하여야 한다.

3. 이 사건의 분석

가. 이 사건 임야의 금양임야 해당 여부에 대한 판단

금양임야로서 상속세 비과세 대상이 되기 위하여는 ① 조상의 분묘가 소재하거나 세워질 예정으로 벌목을 금하고 나무를 기르는 임야로서 ② 제사의 주재자가 승계받아 ③ 상속 개시 이전부터 해당 용도로 이용되고 있어야 한다.

위 사건 임야는 타인의 묘지가 설치되어 있는 부분, 잡목이 우거진 상태로 존재하는 부분, 도로로 사용하는 부분, 실제 분묘가 설치된 부분 등으로 구성되어 있어 실제 분묘가 설치된 이외의 부분도 금양임야로 인정할 것인지 여부가 문제되었다. 즉 ②, ③의 요건은 달리 다툼이 없었으나 도로와 같은 경우에도 금양임야로서 인정될 수 있는지 여부가 문제된 것으로 ①의 요건이 쟁점이 된 것이다.

이 사건 소송에서 재판부는 도로 부분에 관해서도 비록 그 토지가 임야나 나대지가 아닌 도로의 용도로 이용되고 있더라도 묘지로 출입할 수 있는 유일한 통로란 점에서 분묘를 위한 공간으로서 금양임야의 개념에 포함된다고 판단을 하였다.

나. 판결의 의의

이 사건 소송에서 법원은 금양임야의 개념을 정립하고 기존의 금양임야
에 대한 개념에 근거하여 비록 실제로 분묘가 설치되지 아니한 부분일지라도
그것이 분묘를 위해 사용되고 있을 경우 비과세 상속재산인 금양임야 등에 해
당한다는 법리를 재확인한 점에서 의미있는 사례라고 할 것이다.

4. 관련 판례 등

**토지 주변의 상황과 토지의 현재 현황을 근거로 금양임야 또는 묘토에 해당하지 아니한다
고 본 사례**(대법원 1997. 5. 30. 선고 97누4838 판결)

민법 제1008조의3 소정의 묘토인 농지는 그 경작하여 얻은 수확으로 분묘의 수호, 관리 비
용이나 제사의 비용을 조달하는 자원인 농토이어야 하고, 그 중 제사의 비용을 조달하는 것
이 중요한 것이 됨은 분명하나 반드시 이에 한정되는 것은 아닌바 지목이 전으로 되어 있으
나 도시계획상 일반 주거지에 편입되어 있고 주변 일대가 완전히 도시화되어 있으며, 타인으
로 하여금 콩이나 채소 등을 재배하게 하여 그 경작자가 경작대가로 단순히 1년에 한두 번
정도 토지소유자의 조상의 분묘 등 분묘 3기의 벌초를 하여 온 것에 불과하다면, 그 토지를
분묘의 수호, 관리 비용을 조달하기 위한 묘토인 농지라고 볼 수는 없음.

**제사주재권이 없는 사람으로부터 제사용 재산인 금양임야를 증여받은 경우, 그 가액을 증
여세과세가액에서 제외할 수 없다고 본 사례**(대법원 2000. 9. 5. 선고 99두1014 판결)

위 규정은 일가의 제사를 계속하기 위하여 제사용 재산을 증여받는 경우 그 가액을 증여세과
세가액에서 제외시키기 위한 것이므로 제사주재권이 없는 사람으로부터 제사용 재산인 금양
임야를 증여받는 경우 그 가액을 증여세과세가액에서 제외할 수 없음.

**금양임야가 수호하는 분묘의 기지를 처분한 후에도 분묘를 이전하기까지는 금양임야라고
본 사례**(대법원 1997. 11. 28. 선고 96누18069 판결)

금양임야 등 제사용 재산을 일반상속의 대상에서 제외하는 취지 등을 고려하면 분묘의 기지
가 제3자에게 이전된 경우에도 그 분묘를 사실상 이전하기 전까지는 그 임야는 여전히 금양
임야로서의 성질을 지니고 있으므로, 금양임야가 수호하던 분묘의 기지가 포함된 토지가 토
지수용으로 인하여 소유권이 이전된 후에도 미처 분묘를 이장하지 못하고 있던 중 피상속인
이 사망하였다면 위 임야는 여전히 금양임야임.

8

공익법인 등에 대한 출연재산의 상속세 과세가액 불산입

― 대법원 2014. 10. 15. 선고 2012두22706 판결 ―

» 상증세법에서 규정하고 있는 공익법인 등에 대한 출연재산의 과세가액 불산입 규정은 공익법인의 사회적 기능을 고려하여 국가적 차원에서 세제감면 등의 혜택을 주고자 하는 것임. 과세가액 불산입 혜택을 받기 위해서는 법정 시한인 상속세 과세표준신고 기한 내에 출연을 하여야 하고 예외적으로 대통령령으로 정하는 부득이한 사유가 있는 경우에는 그 사유가 없어진 날이 속하는 달의 말일부터 6개월까지로 기한이 연장됨. 사안은 피상속인이 생전에 공익법인을 상대로 조건부 주식 기부증서를 작성하였는데 사망 후 주식이 공익법인으로 기증되는 과정에서 상속인인 원고들이 해당 주식의 존재를 몰랐던 것이 제16조 '부득이한 사유'에 해당하는지가 문제된 것으로서 공익법인 등에 대한 과세가액 불산입 요건 등에 대해서 검토하고자 함.

💬 상속세 및 증여세법

제16조(공익법인 등에 출연한 재산에 대한 상속세 과세가액 불산입)

① 상속재산 중 피상속인이나 상속인이 종교·자선·학술 관련 사업 등 공익성을 고려하여 대통령령으로 정하는 사업을 하는 자(이하 "공익법인 등"이라 한다)에게 출연한 재산의 가액으로서 제67조에 따른 신고기한(법령상 또는 행정상의 사유로 공익법인 등의 설립이 지연되는 등 대통령령으로 정하는 **부득이한 사유**가 있는 경우에는 그 사유가 없어진 날이 속하는 달의 말일부터 6개월까지를 말한다) 이내에 출연한 재산의 가액은 상속세 과세가액에 산입하지 아니한다.

② 제1항에도 불구하고 내국법인의 의결권 있는 주식 또는 출자지분(이하 이 조에서 "주식 등"이라 한다)을 공익법인 등에 출연하는 경우로서 출연하는 주식 등과 제1호의 주식 등을 합한 것이 그 내국법인의 의결권 있는 발행주식총수 또는 출자총액(자기주식과 자기출자지분은 제외한다. 이하 이 조에서 "발행주식총수 등"이라 한다)의 제2호에 따른 비율을 초과하는 경우에는 그 초과하는 가액을 상속세 과세가액에 산입한다. [개정 2017.12.19] [[시행일 2018.1.1.]]

1. 주식등 : 다음 각 목의 주식등
   가. 출연자가 출연할 당시 해당 공익법인 등이 보유하고 있는 동일한 내국법인의 주식등
   나. 출연자 및 그의 특수관계인이 해당 공익법인등 외의 다른 공익법인 등에 출연한 동일한 내국법인의 주식등
   다. 상속인 및 그의 특수관계인이 재산을 출연한 다른 공익법인 등이 보유하고 있는 동일한 내국법인의 주식등
2. 비율 : 100분의 5. 다만, 제50조 제3항에 따른 외부감사, 제50조의2에 따른 전용계좌의 개설 및 사용, 제50조의3에 따른 결산서류 등의 공시, 제51조에 따른 장부의 작성·비치, 그 밖에 대통령령으로 정하는 요건을 모두 갖춘 공익법인등(이하 "성실공익법인 등"이라 한다)으로서 「독점규제 및 공정거래에 관한 법률」 제14조에 따른 상호출자제한기업집단(이하 "상호출자제한기업집단"이라 한다)과 특수관계에 있지 아니한 성실공익법인 등에 출연하는 경우에는 다음 각 목의 구분에 따른 비율
   가. 다음의 요건을 모두 갖춘 성실공익법인 등에 출연하는 경우 : 100분의 20
      1) 출연받은 주식 등의 의결권을 행사하지 아니할 것
      2) 자선·장학 또는 사회복지를 목적으로 할 것
   나. 가목 외의 경우 : 100분의 10

제17조(공익신탁재산에 대한 상속세 과세가액 불산입)

① 상속재산 중 피상속인이나 상속인이 「공익신탁법」에 따른 공익신탁으로서 종교·자선·학술 또는 그 밖의 공익을 목적으로 하는 신탁(이하 이 조에서 "공익신탁"이라 한다)을 통하여 공익법인 등에 출연하는 재산의 가액은 상

속세 과세가액에 산입하지 아니한다.

② 제1항을 적용할 때 공익신탁의 범위, 운영 및 출연시기, 그 밖에 필요한 사항은 대통령령으로 정한다.

제67조(상속세 과세표준신고)

① 제3조의2에 따라 상속세 납부의무가 있는 상속인 또는 수유자는 상속개시일이 속하는 달의 말일부터 6개월 이내에 제13조와 제25조 제1항에 따른 상속세의 과세가액 및 과세표준을 대통령령으로 정하는 바에 따라 납세지 관할세무서장에게 신고하여야 한다.

🗣 상속세 및 증여세법 시행령

제13조(공익법인등 출연재산에 대한 출연방법등)

① 법 제16조 제1항에서 "법령상 또는 행정상의 사유로 공익법인 등의 설립이 지연되는 등 대통령령으로 정하는 부득이한 사유"란 다음 각 호의 어느 하나에 해당하는 경우를 말한다.

1. 재산의 출연에 있어서 법령상 또는 행정상의 사유로 출연재산의 소유권의 이전이 지연되는 경우
2. 상속받은 재산을 출연하여 공익법인 등을 설립하는 경우로서 법령상 또는 행정상의 사유로 공익법인 등의 설립허가 등이 지연되는 경우

Ⅰ 대상판결의 개요

1. 사실관계의 요지

망 甲은 2003년, 2008년경 자신이 소유한 A 회사 주식에 대하여 '이 사건 주식 및 이와 관련된 모든 재산상 권리를 A 회사가 주식시장에 상장 후 B종

교재단에 기부하여 주시기 바란다'는 취지의 주식기부증서를 작성하여 A 회사에 제출함.

이후 甲은 2009. 4.경 사망하였는데 상속인인 원고 乙은 2009. 10.경 이 사건 주식의 가액을 상속세 과세가액에 산입하지 아니한 채 상속세를 신고하였고, 추후 이 사건 주식은 2010. 1.경에 코스닥 시장에 상장되어 같은 해 2.경 A 회사가 甲의 증권거래카드를 이용하여 이 사건 주식을 B종교단체의 계좌에 입고하는 방식으로 기부가 이루어짐.

관할 세무서장은 원고 乙에 대한 상속세 조사를 실시하여 이 사건 주식이 상속재산에 해당됨에도 원고들이 이에 대한 상속세 신고를 누락한 것으로 보아 원고들에게 신고가액과 평가액과의 차이에 대한 상속세를 추가로 부과하였음.

2. 원고의 주장 요지

甲이 증여계약을 체결하고 위 주식의 소유권을 이전하기 전에 사망하였으므로 계약 이행 중인 사인증여에 해당하고, 원고가 실질적으로 상속받지 않은 재산에 대하여 상속세를 부과하는 것은 실질과세 원칙에 반함.

원고가 주식을 상속받았다고 보더라도, 甲이 위 주식기부증서를 A 회사에 보관하게 한 것은 상증세법 제16조의 공익법인에 대한 출연에 해당하거나 같은 법 제17조가 규정한 공익신탁에 해당하고 상증세법 시행령 제13조 제1항의 취지에 비추어 보면 이 사건 주식의 존재 여부에 대해서 알지 못한 경우와 같은 부득이한 사유가 있는 때에는 상속세 신고기한 내에 신고를 하지 않았다 하더라도 출연한 재산의 가액은 상속세 과세가액에 산입하지 않아야 함.

3. 판결 요지

가. 제1심 및 항소심 법원(피고 승소)

(1) 위 주식의 상속재산 해당 여부에 관하여

甲이 작성한 위 주식기부증서에는 'A 회사가 주식시장에 상장 후' 이 사건 주식을 B종교재단에 기부해줄 것이 기재되어 있는바, 이는 장래에 발생할 불확실한 사실을 부관으로 하고 있으므로 위 주식기부증서는 甲의 정지조건부 증여 의사표시를 그 내용으로 하고 있고 따라서 甲의 사망 당시 이 사건 주식은 여전히 피상속인의 재산이므로 원고들은 정지조건부 의무를 부담하는 이 사건 주식을 상속하였음.

사인증여는 증여자의 사망으로 인하여 효력이 생기는 증여라 할 것인데, 甲이 사망하여 상속이 개시된 날에는 정지조건이 성취되지 않았으므로 이를 두고 甲의 사망 당시 이 사건 주식에 대한 증여가 이행 중이라거나 甲의 의사표시를 사인증여로 해석할 수 없음.

(2) 공익목적 출연 재산 해당 여부에 관하여

조세에 관한 법률의 해석에 관하여 그 부과요건이나 감면요건을 막론하고 특별한 사정이 없는 한 법문대로 해석할 것이고 합리적 이유 없이 확장해석하거나 유추해석하는 것은 허용되지 않음(대법원 2007. 10. 26. 선고 2007두9884 등).

위 주식이 상증세법 제16조의 적용 대상이 되기 위해서는 같은 법 제67조 규정에 의한 상속세 신고기한 내에 출연되어야 할 것이고 원고들의 상속세 신고기한은 상속개시일 2009. 4. 22.이 속하는 달의 말일부터 6월이 지난 2009. 10. 31.이라 할 것인데, 이 사건 주식은 위 상속세 신고기한을 지난 2010. 2월경에야 B종교재단에 이전되었고 원고들이 이 사건 주식의 존재를 몰랐다는 사정은 상증세법 시행령 제13조 제1항에서 규정한 부득이한 사유에 해당하지 않으므로 이 사건 주식에 대해서는 상증세법 제16조 제1항이 적용될 수 없음.

또한 피상속인으로부터 이 사건 주식을 수탁 받은 A 회사가 공익신탁의 법정요건을 규정한 신탁법 제65조, 제66조에 따라 주무관청의 허가를 얻어 공익신탁을 인수하였다고 볼만한 자료가 없어, 이 사건 주식이 상증세법 제17조 제1항의 적용 대상이라고 할 수도 없음.

나. 대법원(원고 승소)

(1) 이 사건 주식이 '공익목적 출연재산'에 해당하는지 여부에 관하여

상속인이 상속재산의 존재 자체를 알 수 없어 출연기한 내에 출연하지 못하였다는 사정은 상증세법 제16조 제1항에서 정한 '부득이한 사유'가 될 수 없고, 상증세법 제17조 제1항에서 정한 공익신탁은 위탁자, 수탁자 및 수익자가 존재하는 신탁법상 법률관계를 전제하고 있으므로, 단지 재산을 증여하면서 그 절차의 이행만을 타인에게 위임하는 법률관계는 이에 해당하지 않음.

(2) B종교재단도 원고들과 함께 상속세 납세의무자에 해당하는지 여부에 관하여

이 사건 주식기부증서의 문언, A 회사가 기부를 위임받으면서 주식이전에 필요한 증권거래카드와 도장까지 수령한 점, 증여계약의 체결과 이행 경위 등에 비추어 살펴보면, 피상속인은 A 회사의 상장이 확정되는 경우는 물론 상장되지 않는 것으로 확정되더라도 이 사건 주식을 B종교재단에 기부할 의사를 가지고 있던 것으로 볼 수 있으므로 A 회사의 상장은 정지조건이 아니라 증여채무의 이행을 유예하는 불확정기한에 해당한다고 할 것임.

따라서 이 사건 증여계약은 피상속인의 사망 당시 이미 성립되어 효력이 발생함으로써 증여채무가 생겼고 그 상대방인 B종교재단은 그에 상응하는 권리를 취득하였으므로, 피상속인의 사망 당시 A 회사의 상장이라는 불확정기한이 도래하지 않았다고 하더라도 이 사건 주식은 구 상증세법 제1조 제1항에서 정한 '증여채무의 이행 중에 증여자가 사망한 경우의 당해 증여재산'에 해당하고, 따라서 B종교재단도 원고와 함께 이 사건 주식이 포함된 전체 상속재산에 관하여 산출된 상속세를 각자 일정한 범위에서 납부할 의무가 있음.

Ⅱ 해설

1. 공익목적 출연재산 과세가액 불산입

가. 의 의

공익법인은 비영리 법인으로서 교육, 의료, 문화, 환경 등 각 분야에서 공익사업을 수행하면서 공공의 이익에 기여하는 바가 크므로 국가적 차원에서 조세감면 등의 혜택을 지원하고 있다. 이와 관련된 과세체계를 살펴보면, 우선 법에서 열거하고 있는 공익법인을 대상으로 재산을 출연하는 경우 해당 재산에 대하여 상속세·증여세를 감면하지만 해당 재산이 공익 목적 이외의 사적인 용도(이를테면 편법 상속이나 증여)로 사용되었음이 밝혀지는 경우 출연 당시 면제한 세금을 추징하는 사후관리 방식을 취하고 있다.

상증세법에는 제16조에서 상속세, 제48조에서 증여세 과세가액 불산입 제도를 두고 있다. 상속세 및 증여세 감면혜택을 받을 수 있는 공익법인의 범위는 상증세법 시행령 제12조에서 한정적으로 열거하고 있으므로 일차적으로 출연 상대방이 공익법인에 해당하는지가 문제될 수 있다. 공익법인에 해당하는 경우에도 후술하는 바와 같이 법에서 규정하고 있는 면제요건을 충족시키는 경우에만 과세가액 불산입 혜택을 받을 수 있다.

피상속인이 생전에 재산을 상속인 등에게 분할하여 증여함으로써 상속세의 누진세부담을 회피하는 것을 방지하기 위하여 피상속인이 사망하기 전 일정기간 내에 증여한 재산은 상속세 과세가액에 가산하여 상속세를 과세하게 되는데, 이때 공익법인 등에 출연한 재산 및 공익신탁한 재산은 비과세되는 증여재산이므로 합산과세의 대상도 되지 않는다.

나. 공익법인 등의 범위

법인세법에서 비영리법인을 민법 제32조에 따라 설립된 법인, 사립학교법이나 그 밖의 특별법에 따라 설립된 법인으로서 민법 제32조에 규정된 목적과 유사한 목적을 가진 법인, 국세기본법 제13조 제4항에 따른 법인으로 보는 단체로 규정하고 있는 것과 달리 상증세법상 공익법인은 단순히 영리를 목적으로 하지 않는 비영리법인을 의미하는 것이 아니라 상증세법 시행령 제12조 및 시행규칙 제3조 각호에 열거된 종교, 유치원, 사회복지, 의료, 환경보호, 공원 등 공익사업을 영위하는 경우에 한정된다.[25]

다. 과세가액 불산입 요건

(1) 출연 시한

증여세 과세가액 불산입과 달리 상속세 과세가액 불산입의 경우에는 재산의 출연이 상속의 실질을 갖추는 것이 중요하므로 상증세법 제67조 상속세 과세표준신고기한과 동일하게 상속개시일이 속하는 달의 말일부터 6개월 이내에 재산을 출연한 경우에만 상속세 과세가액 불산입 혜택을 부여하고 있다.

다만, 상증세법 시행령 제13조의 규정에 따라 법령 또는 행정상의 사유로 소유권이전이 지연되는 경우와 상속재산을 출연하여 공익법인을 설립하는 경우로서 부득이한 사유로 설립허가 등이 지연되는 경우에는 그 사유가 종료

---

25) 상증세법 제12조(공익법인 등의 범위)

  1. 종교의 보급 기타 교화에 현저히 기여하는 사업.

  2. 「초·중등교육법」 및 「고등교육법」에 의한 학교, 「유아교육법」에 따른 유치원을 설립·경영하는 사업

  3. 「사회복지사업법」의 규정에 의한 사회복지법인이 운영하는 사업

  4. 「의료법」에 따른 의료법인이 운영하는 사업

  5~7. 삭제

  8. 「법인세법」 제24조 제3항에 해당하는 기부금을 받는 자가 해당 기부금으로 운영하는 사업

  9. 「법인세법 시행령」 제39조 제1항 제1호 각 목에 의한 지정기부금단체등 및 「소득세법 시행령」 제80조 제1항 제5호에 따른 기부금대상민간단체가 운영하는 고유목적사업. 다만, 회원의 친목 또는 이익을 증진시키거나 영리를 목적으로 대가를 수수하는 등 공익성이 있다고 보기 어려운 고유목적사업을 제외한다.

  10. 「법인세법 시행령」 제39조 제1항 제2호 다목에 해당하는 기부금을 받는 자가 해당 기부금으로 운영하는 사업. 다만, 회원의 친목 또는 이익을 증진시키거나 영리를 목적으로 대가를 수수하는 등 공익성이 있다고 보기 어려운 고유목적사업은 제외한다.

  11. 삭제

된 날로부터 6월 이내에 출연하도록 하고 있으며, 부득이한 사유란 '자신의 책임으로 되돌릴 수 없는 법령상 또는 행정상의 장애사유 등이 있어 출연이 지연되는 사유를 의미하고, 상속인이 상속재산의 존재 자체를 알 수 없어 출연기한 내에 출연하지 못하였다는 사정만으로는 이에 해당한다고 볼 수 없다'는 것이 본 사안에서 인용된 판례의 태도이다(대법원 2014. 10. 15. 선고 2012두22706 판결 참조).

(2) 이사 요건

공익법인 출연재산 과세가액 불산입 제도는 공익 목적 사업 출연에 대하여 국가가 세제감면 등의 혜택을 지원하는 것에 그 취지가 있으므로 반드시 상속재산을 출연함에 있어 피상속인의 유언 등의 의사표시가 필요한 것은 아니다. 다만 상속인들이 세제감면 제도를 탈법의 수단으로 악용하는 것을 방지하기 위하여 상속인이 재산을 출연하는 경우에는 이사와 관련된 추가적인 요건을 충족시켜야 하는데 이러한 요건은 상증세법이 아니라 상증세법 시행령 제13조 제2항에 규정이 되어있으므로 주의할 필요가 있다.

상증세법 시행령 제13조 제2항에 따르면, 상속인들이 피상속인의 유언 등이 없는 상태에서 공익법인에 재산을 출연하는 경우에는 ① 상속인의 의사에 따라 상속받은 재산을 제1항에 따른 기한까지 출연하고 ② 상속인이 ①에 따라 출연된 공익법인 등의 이사의 선임 등 공익법인 등의 사업운영에 관한 중요사항을 결정할 권한을 가지지 아니하고, 이사 현원(5명에 미달하는 경우에는 5명으로 본다)의 5분의 1을 초과하여 이사가 되지 아니하여야 한다.

피상속인이 상속재산을 공익법인에 출연하는 경우에는 별도의 규정을 두고 있지 않으므로 이러한 이사 요건의 제한을 받지 않는다.

라. 과세가액 불산입의 예외 – 일정 비율을 초과하는 주식 출연의 경우

상증세법 제16조 제2항에서는 제1항 과세가액 불산입의 예외로 공익법인이 내국법인의 의결권 있는 주식을 출연받는 경우로서 출연받는 주식과 보유하고 있는 주식 등의 합계가 해당 내국법인의 의결권 있는 발행주식 총수(자기주식과 자기출자지분은 제외)의 일정 주식수를 초과하는 경우에는 그 초과분에 대하여 출연시점에서 상속세 또는 증여세를 과세한다. 주식을 출연하여 상속세 또는 증여세를 면제받은 후에도 해당 공익법인을 통하여 의결권을 행사함으로써 계열회사를 지배하는 등 공익법인을 지주회사화하는 것을 방지하기 위함이다.

원칙적으로 5% 비율을 초과하는 경우 그 초과하는 주식가액은 상속세 과세가액에 산입하게 되고, 예외적으로 성실공익법인의 요건[26]을 갖추면 과세가액 불산입 주식보유비율이 10~20%까지 늘어나며, 국가 등이 출연하여 설립한 공익법인이 추가적인 요건을 갖춘 경우에는 주식보유비율에 제한 없이 과세가액 불산입을 인정하고 있다.

마. 공익신탁재산에 대한 상속세 과세가액 불산입

상속재산 중 피상속인이나 상속인이 공익신탁법에 따른 공익신탁으로서 종교·자선·학술 또는 그 밖의 공익을 목적으로 하는 신탁을 통하여 공익법인 등에 출연하는 재산의 가액은 상속세 과세가액에 산입하지 아니한다. 공익신탁은 위탁자, 수탁자 및 수익자가 존재하는 법률관계를 전제하고 있으므로 단지 재산을 증여하면서 그 절차의 이행만을 타인에게 위임하는 법률관계는 이에 해당하지 않는다(대법원 2014. 10. 15. 선고 2012두22706 판결).

공익신탁도 공익목적출연재산과 마찬가지로 상증세법 시행령 제14조에 추가적인 요건을 두고 있으므로 주의하여야 한다. 과세가액 불산입 혜택을 받

---

26) 상증세법 시행령 제13조 제3항에서 규정하고 있는 성실공익법인의 요건은 다음과 같다.
 1. 운용소득의 100분의 80 이상을 직접 공익목적사업에 사용할 것.
 2. 출연자 또는 그의 특수관계인이 공익법인 등의 이사 현원의 5분의 1을 초과하지 아니할 것
 3. 상증세법 제48조 제3항에 따른 자기내부거래를 하지 아니할 것
 4. 상증세법 제48조 제10항 전단에 따른 광고·홍보를 하지 아니할 것

는 공익신탁에 해당하려면 ① 공익신탁의 수익자가 동법 시행령 제12조에 규정된 공익법인 등이거나 ᄀ 공익법인 등의 수혜자이고 ② 공익신탁의 만기일까지 신탁계약이 중도해지되거나 취소되지 아니하여야 하며 ③ 공익신탁의 중도해지 또는 종료시 잔여신탁재산이 국가·지방자치단체 및 다른 공익신탁에 귀속되어야 한다.

　　또한 공익신탁도 공익법인과 마찬가지로 상속세 과세표준 신고기한까지 신탁을 이행하여야 과세가액 불산입 혜택을 받을 수 있으므로(상증세법 시행령 제14조 제2항) 이를 유념하여야 한다.

2. 이 사건의 분석

가. 피상속인의 의사표시(주식기부증서) 해석의 문제

　　모든 법률행위는 단일 또는 다수의 의사표시로 구성되어 있는데, 같은 의사표시를 두고 이견이 있는 경우 어떻게 의사표시를 해석할 것인가에 대한 문제는 해당 법률행위의 법적 효과를 결정하는 것이므로 매우 중요하게 다루어진다. 이와 관련하여 '당사자의 의사해석이 문제되는 경우에는 문언의 내용, 그와 같은 약정이 이루어진 동기와 경위, 약정에 의하여 달성하려는 목적, 당사자의 진정한 의사 등을 종합적으로 고찰하여 논리와 경험칙에 따라 합리적으로 해석하여야 한다'는 것이 확고한 판례의 입장이다(대법원 1990. 11. 13. 선고 88다카15949 판결 참조).

　　이 사안에서는 피상속인이 작성한 주식기부증서에 기재된 내용의 의사표시 해석을 두고 1심 및 원심과 대법원의 판단이 달랐으며, 그 결과 피고의 상속세 부과처분이 위법한 것으로 판단되어 원심 판결이 파기·환송되었다.

　　원심은 '주식시장에 상장 후'라는 문구를 장래에 발생할 불확실한 사실을 부관으로 하는 정지조건부 증여의사표시로 보았다. 정지조건부 증여의사표시는 조건이 성취된 시점에 법률행위의 효력이 발생하므로 주식시장 상장 시점이전에는 증여가 이루어지지 않게 된다.

반면 대법원은 주식기증의사가 존재함을 전제로 해당 문구는 불확정기한으로 정한 것으로 보았는데, 불확정기한으로 보는 경우에는 법률행위 시점에 바로 법률행위의 효력은 발생하고 다만 그 시기는 조건에 따라 결정되게 되므로 주식기부증서 작성 시점에 증여가 이루어지게 된다.

결과적으로 대법원은 위 주식은 '증여채무의 이행 중에 증여자가 사망한 경우의 당해 증여재산'에 해당하게 되어 수증자인 B종교단체가 납세의무자인 것으로 판단하였는데, 이처럼 같은 내용의 의사표시를 두고도 이를 어떻게 해석할 것이냐에 따라 법적 효과가 달라지게 되므로 세법 영역에서도 당사자 의사 해석의 문제가 중요하게 다루어지게 된다.

나. 공익목적 출연재산 상속세 과세가액 불산입요건으로서의 출연 시한

사안에서 쟁점이 되었던 상증세법 제16조 제1항의 과세가액 불산입요건으로서의 출연 시한과 관련한 '부득이한 사유'의 범위에 관한 해석에 있어서는 원심과 대법원의 의견이 일치하였다. '상속인이 상속재산의 존재 자체를 알 수 없어 출연 기한 내에 출연하지 못하였다는 사정'은 부득이한 사유로 볼 수 없다는 것인데, 이는 제16조 제1항에서 출연 시한에 대한 예외사유를 명시적으로 대통령령에 위임하여 그 사유를 한정하고 있기 때문이다.

공익목적 출연재산 상속세 과세가액 불산입제도는 과세감면의 혜택을 제공하는 제도이고 출연 시한에 대한 예외사유는 혜택의 범위를 확장시키는 규정이라고 볼 수 있다. 이 판결에서는 과세혜택을 부여하는 규정에 대하여 그 범위를 엄격히 해석함으로써 위와 같은 규정에도 조세법률주의와 과세 형평의 원칙이 적용되고 있음을 명확히 확인하였다는 점에서 의미가 있다.

다. 판결의 의의

이 사건 판결은 ① 당사자의 의사표시가 불확실한 경우의 해석 방법으로 당사자의 진정한 의사를 고려한 점, ② 공익목적 출연재산 불산입요건인 출연 시한의 예외사유로 인정되는 '부득이한 사유'의 범위에 대하여 중요한 판시를 하였다는 점에서 그 의의가 있다.

3. 관련 사례 등

구 상속증여세법 제16조 제4항 중 "상속재산의 출연방법" 부분은 조세법률주의 및 포괄위임입법금지원칙에 위배되지 않음(헌재 2015. 4. 30. 2012헌바284)

심판대상조항과 관련 조항들을 전체적·체계적으로 해석하면, 대통령령에 규정될 내용 및 범위의 기본사항, 즉 공익법인 출연재산에 대한 상속세과세가액 불산입 요건의 기본사항을 국민이 예측할 수 있을 정도로 구체적이고 명확하게 규정하고 있으며, 대통령령에 위임하고 있는 사항은 기술적인 사항이나 기타 세부적인 사항의 규율에 국한되어 있으므로 조세법률주의 및 포괄위임입법금지원칙에 위배되지 않음.

피상속인이 교회에 출연한 약속어음을 상속인이 결제한 경우 공익법인 등에 출연한 금액으로 보아 상속세과세가액에서 제외함(국심 2003구3182, 2004. 3. 18.)

상속받은 재산 중 일부금액만을 공익법인 등에 출연하는 경우에는 상속재산의 환가 등이 필수적으로 수반되어 그 형태의 변경이 불가피한 것이 일반적이고, 부동산을 상속받아 그 보증금으로 받은 현금을 출연하는 경우 출연금의 원천이 상속재산임이 객관적으로 확인되므로 청구인이 쟁점부동산을 출연받아 그 보증금으로 받은 현금의 일부를 출연함으로써 상속받은 재산과 출연재산의 형태가 달라졌다고 하더라도 상속재산가액 한도 내의 출연금은 상속재산을 출연한 것으로 인정함이 타당함.

9

상속채무의 차감

- 대법원 2018. 1. 11. 선고 2017두62365 판결 -

» 상속세 과세가액이란 총 상속재산가액에서 비과세 상속재산, 공익법인 등에 출연
하여 과세가액 불산입하는 상속재산 및 공과금 · 채무 · 장례비용을 차감하고 사
망 전 증여재산(상속개시일 전 상속인에게 10년 이내에 증여한 재산과 상속인 외
의 자에게 5년 이내에 증여한 재산)을 더한 금액을 말함. 이 사안은 상속인인 원고
가, 피상속인이 자신에 대해 채무를 부담하고 있었기 때문에 이를 상속재산에서
차감해야 한다고 주장하여 피상속인의 채무 존재 여부에 대해 누가 입증책임을
부담하는지가 문제된 것으로서, 차감되는 상속채무를 유형별로 검토하고 증명책
임이 누구에게 귀속되는지 살펴보고자 함.

● 상속세 및 증여세법

제14조(상속재산의 가액에서 빼는 공과금 등)
① 거주자의 사망으로 인하여 상속이 개시되는 경우에는 상속개시일 현재 피
상속인이나 상속재산에 관련된 다음 각 호의 가액 또는 비용은 상속재산
의 가액에서 뺀다.
1. 공과금
2. 장례비용
3. 채무(상속개시일 전 10년 이내에 피상속인이 상속인에게 진 증여채무와 상속
개시일 전 5년 이내에 피상속인이 상속인이 아닌 자에게 진 증여채무는 제외
한다. 이하 이 조에서 같다)

② 비거주자의 사망으로 인하여 상속이 개시되는 경우에는 다음 각 호의 가액 또는 비용은 상속재산의 가액에서 **뺀다**. [개정 2010.6.10 제10366호(동산·채권 등의 담보에 관한 법률)] [시행일 2012.6.11]

1. 해당 상속재산에 관한 공과금
2. 해당 상속재산을 목적으로 하는 유치권(留置權), 질권, 전세권, 임차권(사실상 임대차계약이 체결된 경우를 포함한다), 양도담보권·저당권 또는 「동산·채권 등의 담보에 관한 법률」에 따른 담보권으로 담보된 채무
3. 피상속인의 사망 당시 국내에 사업장이 있는 경우로서 그 사업장에 갖춰 두고 기록한 장부에 의하여 확인되는 사업상의 공과금 및 채무

③ 제1항과 제2항에 따라 상속재산의 가액에서 **빼는** 공과금 및 장례비용의 범위는 대통령령으로 정한다.

④ 제1항과 제2항에 따라 상속재산의 가액에서 **빼는** 채무의 금액은 대통령령으로 정하는 방법에 따라 증명된 것이어야 한다.

I 대상판결의 개요

1. 사실관계의 요지

원고 甲의 모친 乙은 2003. 12.경 원고 甲과 함께 A 주식회사로부터 매매를 원인으로 상가 두 채를 분양받아 각 지분 1/2씩 취득하였고, 2004. 3.경 소유권이전등기를 마쳤음.

乙은 2004. 4.경 사망하였고, 甲은 乙 소유 위 상가들의 각 1/2 지분에 대하여 협의분할에 의한 상속을 원인으로 이를 전부 취득하였으며, 2004. 9.경 그 지분이전등기를 마치고 상속세를 신고하였음.

관할 세무서장은 실제 가격보다 낮추어 허위로 기재한 상가 분양계약서

에 기초하여 증여세 및 상속세를 신고하였다며 실제 분양금액을 기초로 증여세액 및 상속세액을 경정하여 부과처분을 하였음.

2. 원고의 주장 요지

甲은 乙이 甲의 소유였던 서울시 소재 다른 토지를 매각하여 그 처분대가로 3억 원을 매수인으로부터 지급받았음에도, 이를 甲에게 지급하지 아니하여 乙은 甲에게 3억 원의 채무를 부담하고 있었으므로 이는 상속재산에서 차감되어야 함.

3. 판결 요지

가. 제1심 및 항소심 법원(피고 승소)

(1) 상속재산가액에서 공제될 피상속인의 채무는 상속세 과세가액을 결정하는 데 예외적으로 영향을 미치는 특별한 사유이므로, 그와 같은 사유의 존재에 대한 주장·증명책임은 상속세 과세가액을 다투는 납세의무자 측에 있음(대법원 2004. 9. 24. 선고 2003두9886 판결, 대법원 1983. 12. 13. 선고 83누410 판결 등 참조).

(2) ① 甲이 1차 상속세 조사 당시 세무공무원에게 위 서울시 소재 다른 토지의 취득대가 중 자신에게 지급되어야 할 금액을 모두 지급받았다고 소명한 바 있고, ② 甲이 위 상가들의 분양대금이 지급된 경위를 설득력 있게 밝히지 못하고 있는 점, ③ 甲이 상속세 조사 당시 제출한 증여세 과세표준신고 및 자진납부계산서에는 甲이 乙로부터 위 상가들에 관한 각 1/2 지분을 증여받은 것으로 기재되어 있는 점 등의 사정을 종합하면, 乙이 甲에 대하여 서울시 소재 다른 토지 처분대가인 3억 원의 채무를 부담하고 있었다는 사실을 인정하기 부족함.

나. 상고심 법원(피고 승소)

원심 판결을 인용하여 상고를 기각함.

Ⅱ | 해설

1. 상속채무의 차감

가. 의 의

'상속세 과세가액'이란 상속재산의 가액에서 공과금, 장례비용 및 채무를 차감한 후 사전증여재산[27]과 상속추정재산[28] 가액을 가산한 금액(상속재산에서 공과금, 장례비용 및 채무를 차감한 금액이 상속재산의 가액을 초과하는 경우에는 상속재산의 가액으로 봄)으로 한다(상증세법 제13조). 이때 차감되는 공과금, 장례비용 및 채무의 구체적인 내용 및 범위가 문제된다.

나. 공과금

(1) 거주자의 경우

거주자의 사망으로 인하여 상속이 개시된 경우에는 상속개시일 현재 피상속인이 납부할 의무가 있는 것으로서 피상속인이나 상속재산에 관련된 것으로서 상속인에게 승계된 조세·공공요금 및 이와 유사한 것으로 국세기본법 제2조 제8호에 따른 공과금(공공요금에 해당하는 경우를 제외한다)을 차감한다(상증세법 제14조 제1항, 시행령 제9조 제1항, 시행규칙 제2조의2). 이때 국세기본법에서 규정한 '공과금'이란 국세징수법에서 규정하는 체납처분의 예에 의하여 징수할 수 있는 채권 중 국세·관세·임시수입부가세 및 지방세와 이에 관계되는 가산금 및 체납처분비 외의 것을 말한다(국세기본법 제2조 제8호).

상속개시일 현재 피상속인에게 납부의무가 성립된 것으로서 상속인에게 승계된 공과금은 상속개시 후 고지서 등에 의하여 발부된 경우에도 상속재산

---

27) 1. 상속개시일 전 10년 이내에 피상속인이 상속인에게 증여한 재산가액 및 2. 상속개시일전 5년 이내에 피상속인이 상속인이 아닌 자에게 증여한 재산(상증세법 제13조 제1항 제1호), 이에 관한 자세한 내용은 [5] 상속개시 전 증여재산의 합산과세 사례 참조.

28) 이에 대한 자세한 내용은 [6] 상속개시일 전 처분재산 등의 상속추정 사례 참조.

에서 빼는 것이나, 상속개시일 이후 상속인이 책임져야할 사유로 납부 또는
납부할 가산세, 가산금, 체납처분비, 벌금, 과료, 과태료 등은 상속재산에서 차
감하지 아니한다(상증세법 기본통칙 14-9…1).

　　이와 관련하여 한정승인한 상속인들이 상속받은 부동산이 임의경매절차
에 따라 경매되어 경락대금이 상속채권자들에게 배당되어 상속인들에게 전혀
배당되지 아니하였다고 할지라도 상속채무의 소멸이라는 경제적 효과를 얻었
으므로 임의경매에 의한 부동산 매각에 대하여 상속인들에게 양도소득세를
부과한 것은 적법하고, 양도소득세는 상속에 관한 비용으로서 차감되어야 한
다는 판례가 있다(대법원 2012. 9. 13. 선고 2010두13630 판결 참조).

(2) 비거주자의 경우

　　피상속인이 거주자인 경우 국내, 국외에 있는 모든 재산에 대하여 상속세
가 부과 되는 반면, 비거주자인 경우 상속개시일 현재 국내에 있는 재산에 대
하여만 상속세가 부과된다(상증세법 제3조). 따라서 비거주자의 사망으로 인하
여 상속이 개시된 경우에는 상속세가 부과되는 국내에 소재하는 상속재산에
관한 공과금만을 차감한다(상증세법 제14조 제2항 제1호).[29]

다. 장례비용

(1) 의 의

　　장례비용은 상속개시 당시 피상속인이 지출하거나 변제할 의무가 있는
비용은 아니지만 상속개시에 따라 필연적으로 발생하기 때문에 당연히 지출
이 예상되는 비용으로 볼 수 있고, 따라서 상속재산에서 지급되는 비용의 성
질을 가지며 사회통념상 경비로 인정받고 있으므로 과세가액을 계산할 때 상
속재산의 가액에서 차감한다. 장례비용은 거주자가 사망한 경우에 적용하고
비거주자가 사망한 경우에는 차감하지 아니한다.[30]

---

29) 거주자, 비거주자와 관련한 상세한 내용은 [19] 상증세법상 거주자와 이중거주자 문제 사례 참조.
30) 최성일, 앞의 책, p.190 참조.

(2) 장례비용의 범위 및 공제금액

상증세법상 공제되는 장례비용은 피상속인의 사망일로부터 상례일까지 장례에 직접 소요된 금액으로 일반 장례비용(상증세법 시행령 제9조 제2항 제1호) 및 봉안시설 또는 자연장지의 사용에 소요된 금액(위 제2항 제2호)을 말한다.

일반 장례비용은 장례식장 비용 등 장례에 직접 소용된 비용으로서 증빙에 의하여 확인된 금액이고, 소요된 비용이 500만 원 미만인 경우에는 500만 원으로 하고, 그 금액이 1천만 원을 초과하는 경우에는 1천만 원으로 한다(위 제2항 제1호).

"봉안시설"이란 장사 등에 관한 법률에 의하면 봉안묘, 봉안당, 봉안탑 등 유골을 안치(매장은 제외함)할 수 시설을 말하고, "자연장지"라고 함은 화장한 유골의 골분을 수목·화초·잔디 등의 밑에 두어 장사를 지내는 자연장으로 장사할 수 있는 구역을 말하며(장사 등에 관한 법률 제2조 제3호, 제9호, 제10호 참조), 증빙에 의하여 확인된 금액을 빼되, 그 금액이 500만 원을 초과하는 경우에는 500만 원으로 한다.

따라서 장례비용으로 인정되는 범위는 최대 1,500만 원까지라고 할 것이다.

그런데 봉안시설이나 자연장지 비용에는 매장과 관련된 비용은 포함되지 아니하나, 시신의 발굴 및 안치에 직접 소용되는 비용과 묘지 구입비(공원묘지 사용료를 포함함), 비석, 상석의 설치비용도 장례에 직접 소요된 비용이라고 할 것이므로 이는 일반 장례비용에 포함된다고 할 것이다(대법원 1997. 11. 14. 선고 97누669 판결, 상증세법 기본통칙 14 – 9…2 참조).

(3) 49제 비용 등 장례일 이후 제사비용

장례비용은 사망일로부터 장례일 까지 장례에 직접 소용된 일반 장례비용과 봉안시설 또는 자연장지 사용비용에 한하므로 장례 이후의 제사비용이나 49제 영가천도비용 등은 장례비용에 해당되지 아니한다고 볼 것이다.

라. 채 무

(1) 개 요

상속재산의 가액에서 차감되는 채무란 상속개시당시 피상속인이 부담하여야 할 확정된 채무로서 공과금 외의 모든 부채를 말한다(상증세법 기본통칙 14-0…3).

민법 제1005조에 의하면 상속인은 상속이 개시되면 피상속인의 재산에 관한 포괄적 권리의무를 승계하므로 상속을 포기하지 아니하는 한 채무 기타 재산적 의무도 상속된다. 따라서 상속세가 과세되는 재산을 계산함에 있어서 상속이나 유증에 의하여 취득한 재산의 가액에서 승계할 채무를 공제하는 것은 당연하며, 이를 채무의 차감이라고 한다.

상증세법에서는 차감하는 채무의 범위, 입증방법 등에 대하여 규정하고 있다.

(2) 차감되는 채무의 유형별 검토

(가) 소비대차 계약에 의한 채무

소비대차란 당사자의 일방이 금전 기타 대체물의 소유권을 상대방(채무자)에게 이전할 것을 약정하고 상대방은 동종·동질·동량의 물건을 반환할 것을 약정함으로써 효력이 발생하는 계약이다(민법 제598조).

피상속인이 다른 자로부터 금전 등을 대출을 받고 변제하지 않고 사망한 경우 상속개시일 현재 지급하여야 할 채무 원금뿐만 아니라 상속개시일 현재 지급하지 않은 미지급 이자도 채무로서 빼는 것이나, 상속개시일 이후 기간에 대하여 발생하는 지급이자는 빼지 아니한다(재삼 46014-139, 1994. 1. 14.). 그러나 법인세법 제52조 규정에 의한 부당행위계산의 부인으로 계상한 인정이자 과세대상(법인세 과세표준과 세액의 신고시 계상한 것을 포함한다)은 채무에 포함하지 아니한다(상증세법 기본통칙 14-0…3 ②).

피상속인이 상속인과 공동사업을 영위하였거나 공유건물을 신축하기 위하여 자금을 차용한 경우에는 그 지분 비율에 따라 채무부담 비율을 정하여야 하고, 실질적으로 피상속인 또는 상속인이 단독으로 사업을 경영하거나 선물을 소유한 것이라고 할 경우에는 그 단독채무로 보아야 함(대법원 1991. 4. 9. 선고 90누10391 판결, 대법원 2010. 12. 9. 선고 2010두18602 판결 참조)

(나) 보증채무

민법상 보증채무란 채권자와 보증인과의 사이에서 맺어지는 보증계약에 의하여 성립되며, 주채무자가 그의 채무를 이행하지 아니하는 경우에는 보증인이 이를 이행하여야 할 채무를 말한다(민법 제428조).

상증세법에서는 구상권을 행사할 수 있는 보증채무는 채무로 보지 아니한다(연대보증채무를 포함한다). 다만, 피상속인이 부담하고 있는 보증채무중 주채무자가 변제불능상태이고 상속인이 주채무자에게 구상권을 행사할 수 없다고 인정되는 금액은 채무로서 차감한다(상증세법 기본통칙 14－0…3 ③, 대법원 2004. 9. 24. 선고 2003두9886 판결, 대법원 1996. 4. 12. 선고 95누10976 판결 참조).

여기서 주채무자는 반드시 상속인 이외의 자임을 요하지 아니하므로, 주채무자가 상속인인 경우에도 동일한 과세취급이 이루어져야 한다. 다만 주채무자인 상속인이 법정상속 받을 재산가액으로 본인의 채무를 변제할 수 있기 때문에 그 부분까지는 변제 능력이 있다고 보아 법정상속분을 초과하는 채무액에 대하여만 상속재산에서 뺄 수 있게 하고 있다(재삼 01254－490, 1992. 2. 17.).

(다) 연대채무

연대채무란 여러 명의 채무자가 동일한 내용의 채무에 관하여 각각 전부의 급부를 하여야 할 채무를 부담하고 그 가운데의 한 사람이 채무를 변제하면 모든 채무자의 채무가 소멸하는 채무이다. 이 경우 연대채무자 중 특정인이 변제 등으로 총채무자를 공동면책하게 한 때에는 다른 연대채무자의 부담부분에 대하여 구상권을 행사할 수 있다(민법 제425조).

이러한 연대채무를 피상속인이 부담하고 있는 경우에 상속재산에서 차감할 채무액은 피상속인의 부담분에 한정된다. 다만 다른 연대채무자가 변제불능의 상태가 되어 피상속인이 변제불능자의 부담분까지 부담하게 된 경우로서, 당해 부담분에 대하여 상속인이 구상권행사에 의해 변제받을 수 없다고 인정되는 경우에는 채무로서 차감할 수 있다(상증세법 기본통칙 14-0…3 ④).

피상속인이 연대채무를 부담하고 있었으나 상속개시당시에는 변제기가 도래하지 아니하고 주채무자가 무자력상태에 있지도 아니하여 상속채무로 공제하지 아니하였으나, 이후 제3자가 민사소송을 제기하여 판결에 의하여 피상속인이 부담하여야 할 연대채무로 확정된 경우에는 후발적 사유에 의한 경정청구로 상속채무의 공제가 가능하다고 할 것이다(대법원 2010. 12. 9. 선고 2008두10133 판결 참조).

(라) 임대보증금

사실상 임대차계약이 체결된 토지·건물에 있어서 부채로 공제되는 임대보증금은 토지와 건물에 귀속되는 임대보증금을 다음의 구분에 따라 안분하여 공제한다(상증세법 기본통칙 14-0…3 ⑤).

① 토지와 건물의 소유자가 같은 경우에는 토지·건물 각각에 대한 임대보증금은 전체 임대보증금을 토지·건물의 평가액(상증세법 제61조 제5항에 따른 평가액을 말한다)으로 안분 계산한다.

② 토지와 건물의 소유자가 다른 경우에는 실지 임대차계약 내용에 따라 임대보증금의 귀속을 판정하며 건물의 소유자만이 임대차계약을 체결한 경우에 있어서 당해 임대보증금은 건물의 소유자에게 귀속되는 것으로 한다.

그러나 법원은 건물을 임대한 것이 소유자인 피상속인이었다면 대지소유자가 따로 있는 경우에도 다른 특별한 사정이 없는 한 임차보증금 반환채무는 피상속인이 전부 부담하여야 할 것이고, 대지소유자가 따로 있다는 이유만으로 그 채무액을 토지가액분과 안분할 것은 아니라고 판시하고 있어(대법원 1993. 1. 15. 선고 92누7429 판결 참조), 이에 대한 보완조치가 있어야 할 것이다.

(마) 정지조건부 채무

정지조건부 채무란 장래 채무의 발생 여부가 조건의 성취여부에 달려있는 것을 말한다(민법 제147조 제1항). 즉 조건이 성취되면 채무가 발생하고, 조건이 성취되지 않을 경우 채무도 발생하지 않는 것이다. 따라서 조건의 성취 전에는 채무가 될 가능성만 있는 상태일 뿐 채무로서 확실하게 존재한다고 보기 어려우므로 상속재산가액에서 공제될 수 없다고 할 것이다.

그러나 상속개시시점에서 조건성취의 개연성이 극히 높은 상황에 있다가 상속세 신고기한 내에 정지조건이 성취되었다면 공제된다고 할 것이고, 이후 에는 후발적 경정청구로도 가능할 것이다.

(바) 사용인의 퇴직금 채무

피상속인의 사업과 관련하여 고용한 사용인에 대한 상속개시일까지의 퇴직금 상당액(근로자퇴직급여보장법 제8조의 규정에 의하여 지급할 금액을 말한다)은 상속개시 당시의 피상속인의 채무에 포함된다(상증세법 기본통칙 14−0…4).

(사) 소멸시효가 완성된 채무

소멸시효가 완성된 채무는 변제할 의무가 없기 때문에 상속재산가액에서 뺄 수없다고 할 것이다. 그러나 피상속인이 소멸시효가 완성된 후 시효의 이익을 포기하는 의사표시를 한 경우에는 차감할 수 있다고 할 것이다.

(아) 소송 중인 채무

상증세법 시행령 제60조 제3호에 의하면 소송중인 권리의 가액은 평가기준일 현재의 분쟁관계에 따라 적정가액을 평가할 수 있는 점 등에 비추어 채무의 존재여부 또는 금액에 대한 쟁송이 진행 중인 채무는 상속개시일 현재 분쟁관계의 현황에 따라 뺄지 여부 및 뺄 채무액을 정할 수 있다고 할 것이다.

(3) 차감할 수 없는 증여채무

상증세법에서는 일반 채무와 구분하여 상속개시일 전 10년 이내에 피상속인이 상속인에게 진 증여채무와 상속개시일 전 5년 이내에 피상속인이 상속인 외의 자에게 진 증여채무는 공제하는 채무의 범위에서 제외하고 있다(상증세법 제14조 제1항 제3호).

상속세의 절세·탈세 등을 위하여 가공·허위의 채무를 악용할 우려가 있기 때문이다. 그러나 피상속인이 상속인 외의 자에게 진실된 증여채무를 부담함으로써 상속인들이 상속개시 후에 이를 이행한 경우에, 상속인들은 실제 상속으로 얻은 재산이 없는데도 불구하고 증여채무를 공제받지 못하고, 수증자가 증여재산 취득시에 납부할 증여세액도 공제받지 못함으로써 상속세만 부담하는 결과를 초래하는 문제가 있었다.

이러한 문제점을 해소하기 위하여 2003. 1. 1. 이후 상속개시분부터 증여채무 이행 중에 상속이 개시된 경우 해당 증여재산에 대한 상속세 납세의무자를 해당 증여재산을 상속개시 후에 취득하는 자(수유자에 포함시킴)에게 부담시키고 실제 증여재산의 소유권이 수유자에게 이전된 시점에서는 증여세를 과세하지 않도록 개정하였다.

(4) 상속개시일 전 일정기간을 경과한 증여채무의 차감 여부

그렇다면 상증세법 제14조 제1항 제3호의 반대해석으로 "피상속인이 상속개시일 전 10년을 경과하여 상속인에게 진 증여채무와 상속개시일 전 5년을 경과하여 상속인 외의 자에게 진 증여채무"의 경우, 상속채무로서 차감될 수 있을 것이 문제된다.

민법(제555조)에서는 서면에 의하지 않은 증여는 당사자가 해제할 수 있다고 할 것이고, 이미 이행한 부분은 영향을 미치지 아니하므로(제558조), 서면에 의하지 아니한 증여계약 중 이행이 되지 아니한 부분은 언제든지 해제할 수 있으므로 상증세법상 확실한 채무로 볼 수 없어 차감될 수 없다고 할 것이다. 또한 해당 증여채무가 사인증여에 해당할 경우에는 차감할 수 없다(재산세과-307, 2012. 8. 30.).

(5) 채무의 입증책임

(가) 상증세법상 채무의 입증방법

상증세법상 상속재산의 가액에서 빼는 채무의 금액은 다음에 의하여 입증되는 것을 말한다(상증세법 제14조 제4항, 시행령 제10조)

① 국가·지방자치단체 및 금융회사 등에 대한 채무는 당해 기관에 대한 채무임을 확인할 수 있는 서류

② ① 이외의 자에 대한 채무는 채무부담계약서, 채권자확인서, 담보설정 및 이자지급에 관한 증빙 등에 의하여 그 사실을 확인할 수 있는 서류

여기서 금융회사라고 함은 「금융실명거래 및 비밀보장에 관한 법률」 제2조 제1호에 의한 금융회사이다.

(나) 소송 등에 있어서 채무의 입증책임

소송상 어떠한 사실의 존부가 확정되지 아니할 때에 그 사실이 존재하지 않는 것으로 취급되어 법률판단을 받게 되는 어느 일방 당사자의 위험 또는 불이익을 객관적 증명책임 혹은 증명책임이라고 한다. 상속재산가액에서 차감되어야 할 채무의 존재는 납세의무자 입장에서 유리한 사실이므로, 납세의무자가 증명책임을 진다.

판례 또한 "상속개시 당시 피상속인이 제3자를 위하여 연대보증채무를 부담하고 있거나 물상보증인으로서의 책임을 지고 있는 경우에, 주채무자가 변제불능의 무자력상태에 있기 때문에 피상속인이 그 채무를 이행하지 않으면 안 될 뿐만 아니라 주채무자에게 구상권을 행사하더라도 변제를 받을 가능성이 없다고 인정되는 때에는, 그 채무금액을 상속재산가액에서 공제할 수 있고, 이러한 경우에 상속개시 당시에 주된 채무자가 변제불능의 상태에 있는가 아닌가의 입증책임은 상속세 과세가액을 다투는 납세의무자 측에 있다(대법원 2003. 9. 2. 선고 2003두4027 판결)"고 함으로써 같은 입장이다.

(6) 비거주자의 경우 채무 인정 범위

비거주자가 사망한 경우 비거주자 소유 재산 중 국내에 소재하는 상속재산만이 상속세 과세대상이 된다.

그러므로 채무의 경우에도 국내 상속재산을 목적으로 하는 유치권, 질권, 전세권, 임차권, 양도담보물권 또는 저당권으로 담보된 채무 및 피상속인의 사망 당시 국내에 사업장이 있는 경우로서 그 사업장에 갖춰두고 기록한 장부에 의하여 확인되는 사업상의 채무가 차감대상이 된다(상증세법 제14조 제2항 제2호). 이 경우 채무의 입증방법 및 증여채무의 불공제 내용은 거주자가 사망한 경우와 동일하다.

2. 이 사건의 분석

위에서 살펴본 바와 같이, 상속세 과세가액을 산정함에 있어, 상속채무가 존재하므로 상속재산가액에서 이를 차감해야 한다는 사정은 납세의무자에게 유리한 사실이기 때문에 납세의무자 본인이 이러한 사실을 증명할 책임이 있다.

판례 또한 상속채무의 증명책임 문제에 대해서 일관되게 "상속재산가액에서 공제될 피상속인의 채무는 상속세 과세가액을 결정하는 데 예외적으로 영향을 미치는 특별한 사유이므로, 그와 같은 사유의 존재에 대한 주장·증명책임은 상속세 과세가액을 다투는 납세의무자 측에 있다(대법원 2004. 9. 24. 선고 2003두9886 판결, 대법원 1983. 12. 13. 선고 83누410 판결 등 참조)"고 판시하고 있다.

이 사안에서 甲은 자신이 일부 지분을 소유하고 있던 다른 토지를, 자신의 모친이자 피상속인인 乙이 전부 처분하였기 때문에 甲의 지분에 상응하는 부분만큼 乙이 위 토지의 처분대가를 지급할 의무가 있다고 주장하였다. 즉 乙이 甲에게 채무를 부담하고 있으므로 그만큼 상속재산가액에서 공제되어야 함을 주장한 것이다.

그러나 원고 측에서 상증세법 제14조 제4항, 시행령 제10조에서 규정하고 있는 채무부담계약서, 채권자확인서, 담보설정 및 이자지급에 관한 증빙 등에 의하여 그 사실을 확인할 수 있는 서류자료 등을 관할 세무서 등에 제출하지 아니하였고, 재판부에도 이를 입증할 만한 자료를 제출하지 아니하였다.

재판부는 상속재산가액에서 공제되어야 할 피상속인의 채무가 존재한다는 사실은 특별한 사정으로서 상속인에게 유리한 사실이기 때문에, 원고 측이 증명책임을 진다는 점을 확인한 후, 원고는 이에 대해 설득력 있는 근거를 제시하지 못하였고 오히려 피상속인으로부터 이 사건에서 문제된 상가를 증여받았다는 사정만 더욱 명확히 드러났다는 이유로 원고의 청구를 기각한 사안으로서, 상속재산에서 차감할 채무의 존재는 납세자에게 유리한 것이기 때문에 납세자 측이 그 입증책임을 지어야 한다는 것을 다시 한번 명백히 한 판결이라고 할 것이다.

3. 관련 사례 등

가. 판 례

피상속인이 생전에 보증채무를 부담하고 있던 당시에는 자력이 충분하였으나 사후에 자금사정 악화로 인해 연대보증채무가 확정된 경우, 후발적 경정청구 사유에 해당함(대법원 2010. 12. 9. 선고 2008두10133 판결)
피상속인이 제3자를 위하여 연대보증채무를 부담하고 있었지만 상속개시 당시에는 아직 변제기가 도래하지 아니하고 주채무자가 변제불능의 무자력 상태에 있지도 아니하였다가, 그 후 채권자가 상속인들을 상대로 피상속인의 연대보증채무의 이행을 구하는 민사소송을 제기하여 승소판결을 받아 그 판결이 확정되었다면, 이러한 판결에 따른 피상속인의 연대보증채무의 확정은 구 국세기본법 제45조의2 제2항 제1호 소정의 후발적 경정청구사유에 해당한다고 봄이 상당함.

피상속인이 조합을 탈퇴하기 이전에 생긴 조합의 채무는 상속재산가액에서 차감하며, 금융재산상속공제시 금융채무에 해당하지 아니함(대법원 2016. 5. 12. 선고 2015두60167 판결)

- 상속개시 당시 상속인이 환급을 청구할 수 있는 조합의 잔여재산이 있는 경우 피상속인이 사망으로 인하여 조합을 탈퇴하기 이전에 생긴 조합의 채무는 탈퇴로 인한 계산에 따라 상속재산가액에서 제외되며
- 상속인은 탈퇴로 인한 계산에도 불구하고 여전히 조합과 함께 조합의 채권자에게 위 채무 중 피상속인의 지분에 해당하는 부분을 직접 부담하기는 하지만, 이는 특별한 사정이 없는 한 상속개시 당시 피상속인이 종국적으로 부담하여 이행하여야 할 것이 확실하다고 인정되는 채무가 아니므로 금융재산 상속공제에서 순금융재산의 가액(상속재산가액 중 금융재산의 가액에서 금융채무를 뺀 가액)을 산정할 때 차감되어야 할 금융채무로 볼 수 없음

나. 관련 예규 등

상속개시전 증여한 재산에 대한 임대보증금 공제 여부(재삼 46014-569, 1998. 4. 2.)

당해 증여재산에 담보된 채무로서 증여자의 채무를 수증자가 인수한 사실이 입증된 때에는 증여재산의 가액에서 그 채무액을 공제한 가액을 증여세 과세가액으로 하는 것이며, 증여자가 증여일로부터 5년 이내에 사망하여 상속이 개시된 경우 같은 법 제13조의 규정에 의하여 당해 증여세 과세가액을 상속세 과세가액에 가산함(임대보증금 추가공제 안 됨).

10

가업상속공제

– 대법원 2018. 7. 13. 선고 2018두39713 판결 –

» 상증세법 제18조 제2항 제1호는 중소기업 기타 일정 요건을 충족하는 가업의 상속에 관하여 일정한 액수를 한도로 가업상속 재산가액에 상당하는 금액을 상속세 과세가액에서 공제하도록 규정하고 있는데, 이는 중소기업의 영속성을 유지하고 경제 활력을 도모할 수 있도록 일정한 가업의 상속과 증여에 대하여 세제지원을 하고자 함에 그 목적이 있음. 이 사건은 가업상속 재산가액에서 제외되는 사업무관자산에 해당하는지 여부가 문제된 사례로서, 가업상속공제의 요건, 가업상속 재산가액의 범위 등에 관하여 검토하고자 함.

🗨 상속세 및 증여세법

제18조(기초공제)

② 거주자의 사망으로 상속이 개시되는 경우로서 다음 각 호의 어느 하나에 해당하는 경우에는 다음 각 호의 구분에 따른 금액을 상속세 과세가액에서 공제한다. 다만, 동일한 상속재산에 대해서는 제1호와 제2호에 따른 공제를 동시에 적용하지 아니한다.

1. 가업[대통령령으로 정하는 중소기업 또는 대통령령으로 정하는 중견기업(상속이 개시되는 소득세 과세기간 또는 법인세 사업연도의 직전 3개 소득세 과세기간 또는 법인세 사업연도의 매출액의 평균금액이 3천억원 이상인 기업은 제외한다. 이하 이 조에서 같다)으로서 피상속인이 10년 이상 계속하여 경영한 기업을 말한다. 이하 같다]의 상속(이하 "가업상속"이라 한다) : 다음 각 목의 구분에 따른 금액을 한도로 하는 가업상속 재산가액에 상당하는 금액
   가. 피상속인이 10년 이상 20년 미만 계속하여 경영한 경우 : 200억원

> 나. 피상속인이 20년 이상 30년 미만 계속하여 경영한 경우 : 300억원
>
> 다. 피상속인이 30년 이상 계속하여 경영한 경우 : 500억원
>
> ⑤ 제2항 및 제3항을 적용할 때 피상속인 및 상속인의 요건, 주식 등을 상속하는 경우의 적용방법 등 가업상속 및 영농상속의 범위, 가업상속재산 및 가업상속재산 외의 상속재산의 범위 및 가업을 상속받거나 받을 상속인이 상속세로 납부할 금액의 계산방법과 그 밖에 필요한 사항은 대통령령으로 정한다.

Ⅰ 대상판결의 개요

1. 사실관계의 요지

피상속인 丁은 생활용품 제조·판매업 등을 목적으로 하는 A 회사를 설립하여 대표이사로 취임한 후 약 20년 동안 A 회사를 가업으로 경영하다가 2014. 7.경 사망하였음.

丁이 사망함에 따라 그의 배우자인 원고 甲, 그의 자녀인 원고 乙, 丙은 피상속인 소유의 A 회사 주식 약 62,000주 등을 상속받았고, 2014. 12. 8. 전체 상속재산가액을 약 500억 원으로, 그 중 위 주식의 가액을 약 450억 원으로 각 평가하고, 위 주식에 관하여 구 상증세법(2015. 12. 15. 법률 제13557호로 개정되기 전의 것) 제18조 제2항 제1호의 가업상속공제를 적용하여 산정한 상속세를 신고·납부하였음.

관할 세무서장은 A 회사가 보유하고 있는 외국 법인인 B 회사의 지분(이하 '쟁점지분')이 구 상증세법 시행령(2015. 2. 3. 대통령령 제26069호로 개정되기 전의 것) 제15조 제5항 제2호 마목의 '법인의 영업활동과 직접 관련이 없이 보

유하고 있는 주식'에 해당한다는 이유로 쟁점지분의 가액을 A 회사의 총자산가액에서 세외한 후 가업상속공제액을 다시 산정하여 원고들에게 상속세를 부과하였음.

한편 관할 세무서장은 위 상속세 부과처분 이후 ① B 회사는 외국법인으로서 구 조세특례제한법(2014. 12. 23. 법률 제12853호로 개정되기 전의 것) 제5조 제1항, 구 조세특례제한법 시행령(2015. 2. 3. 대통령령 제26070호로 개정되기 전의 것) 제2조에 규정된 중소기업에 해당하지 아니하므로, 쟁점지분가액을 가업상속공제액에서 제외하여야 하고, ② 乙이 상속개시일 2년 전부터 계속하여 A 회사에 종사하지 아니하였으므로 구 상증세법 시행령 제15조 제4항 제2호 나목의 요건이 충족되지 아니하였다는 처분사유를 추가하였음.

2. 원고의 주장 요지

B 회사는 A 회사의 생산조직 일부로서 A 회사와 하나의 조직이라고 보아야 하므로, A 회사가 쟁점지분을 영업활동과 직접 관련이 없이 보유하고 있다고 볼 수 없고, 따라서 쟁점지분은 구 상증세법 시행령 제15조 제5항 제2호 마목의 '법인의 영업활동과 직접 관련이 없이 보유하고 있는 주식'에 해당하지 아니하므로, 가업상속공제액을 산정함에 있어 쟁점지분가액을 A 회사의 총자산가액에서 제외하는 것은 위법함.

구 상증세법 제18조와 구 상증세법 시행령 제15조는 법인이 보유하고 있는 주식이 영업활동과 관련이 있는지 여부만을 따질 뿐 당해 주식이 구 조세특례제한법 제5조 제1항, 구 조세특례제한법 시행령 제2조에서 규정한 중소기업의 주식일 것을 요구하고 있지 아니하므로 당해 주식이 위 각 규정에서 정한 중소기업의 주식에 해당하지 아니한다는 이유만으로 가업상속공제액에서 제외하는 것은 위법함.

乙은 2012. 4.경부터 2013. 6.경까지는 A 회사 본사에서 근무하였고, 2013. 6.경부터는 A 회사 소속 직원으로서 B 회사에 파견되어 근무하였으므로 乙이 상속개시일 2년 전부터 상속개시일까지 계속하여 A 회사에 종사하였다고 보아야 함.

3. 판결 요지

가. 제1심 법원(원고 승소)

(1) 쟁점지분이 영업활동과 직접 관련 없이 보유하고 있는 주식인지 여부

(가) 영업활동과 직접 관련 없이 보유하고 있는 주식의 의미

구 상증세법 시행령 제15조 제5항 제2호 마목은 중소기업이 가업상속의 외관을 꾸며 가업과 무관한 재산에 관해서도 상속공제혜택을 받는 것을 방지하기 위하여 가업상속공제액을 산정함에 있어 '영업활동과 직접 관련이 없이 보유하고 있는 주식'은 그 법인의 총자산가액에서 제외하도록 규정하고 있음.

그런데 가업상속공제제도는 상속인이 과도한 상속세 부담으로 인하여 피상속인이 생전에 영위하던 가업의 상속을 포기하는 것을 방지함으로써 경제의 근간이 되는 중소기업의 원활한 승계를 지원하고 이를 통하여 경제발전과 고용유지의 효과를 도모하기 위하여 도입된 제도인바, 구 상증세법 시행령 제15조 제5항 제2호 마목의 영업활동의 의미를 지나치게 축소해석할 경우 가업상속공제제도 본래의 취지와 다르게 종속기업과 관계기업 및 공동지배기업을 통하여 영업활동을 하는 중소기업은 종속기업과 관계기업 및 공동지배기업을 통하여 영업활동을 하였다는 이유만으로 가업상속공제를 받을 수 없는 부당한 결과가 초래될 수 있음.

또한 자유시장경제질서 하에서 기업들이 해외 진출과 사업다각화 등으로 성장을 도모하기 위하여 자회사 설립, 물적분할, 타기업 인수합병을 하는 것은 보편적인 현상인바, 구 상증세법 시행령 제15조 제5항 제2호 마목의 영업활동의 의미를 지나치게 축소해석할 경우 중소기업들의 해외 진출과 사업다각화를 통한 성장을 방해하는 결과가 초래될 수도 있음.

결국 구 상증세법 시행령 제15조 제5항 제2호 마목의 영업활동과

직접 관련이 없이 보유하고 있는 주식은 그 문언 그대로 영업활동과 직접 관련이 있는지 여부만으로 판단하여야 하고, 영업활동의 의미를 지나치게 축소해석하거나 자의적으로 다른 요건을 부가하여 해석하여서는 아니됨.

(나) 쟁점지분이 A 회사의 영업활동과 직접 관련이 있는지 여부
아래와 같은 사정들을 종합하여 보면, 쟁점지분은 A 회사의 영업활동과 직접 관련이 있다고 봄이 타당함.

1) B 회사가 영위하고 있는 사업은 생활용품 제조업으로, A 회사의 사업목적인 생활용품 제조업과 일치함.

2) A 회사의 사업목적인 생활용품 제조업을 영위하기 위해서는 생활용품을 생산할 수 있는 생산공장이 반드시 필요한데, A 회사는 B 회사를 통하여 간접적으로 소유하고 있는 외국공장 이외에는 다른 생산공장을 소유하고 있지 아니하므로, 외국공장이 존재하지 않는 이상 A 회사는 사업목적인 생활용품 제조업을 영위할 수 없음.

3) 중소기업이 해외에 공장을 신축하려는 경우 해당국가의 법령상 제약 등으로 인하여 현지법인을 신설하는 방법 이외에는 공장을 신축하는 것이 사실상 불가능한 경우가 많은바, 이와 같은 상황에서 해외에 공장을 신축하기 위해 설립한 현지법인의 출자지분을 영업활동과 직접 관련이 없이 보유하는 주식으로 볼 경우, 해외에 진출하여 성장을 도모하려는 중소기업을 차별하는 불합리한 결과가 초래될 수 있음.

4) A 회사의 매출은 전부 B 회사와 관련된 사업에서 발생하고 있고, A 회사는 매년 영업손실을 보고 있기 때문에 B 회사로부터 지급받는 배당금수익이 없다면 매년 당기순손실을 볼 수밖에 없으며, B 회사의 자산 중 쟁점지분이 차지하는 비중은 약 80%에 달하는바, A 회사는 B 회사 없이는 영업활동을 지속할 수 없음.

5) 피고는 모회사와 완전자회사는 별개의 법인이므로, 모회사가 완전자회사의 주식을 보유하고 있는 경우에는 모회사와 완전자회사가 같은 업종을 영위하는지 여부와 상관없이 그 주식은 무조

건 영업활동과 직접 관련이 없는 것으로 보아야 한다고 주장하지만, 구 상증세법 시행령 제15조 제5항 제2호 마목의 영업활동과 직접 관련이 없이 보유하고 있는 주식은 그 문언 그대로 영업활동과 직접 관련이 있는지 여부만으로 판단하여야 하고, 자의적으로 다른 요건을 부가하여 해석하여서는 아니되는바, 모회사가 보유한 완전자회사의 주식은 무조건 영업활동과 관련이 없이 보유하는 주식으로 보아야 한다는 위 주장은 조세법률주의에 정면으로 반하는 위법한 해석으로서 받아들일 수 없음.

(다) 그러므로 쟁점지분은 구 상증세법 시행령 제15조 제5항 제2호 마목의 영업활동과 직접 관련이 없이 보유하고 있는 주식에 해당하지 아니함.

(2) 중소기업이 보유하고 있는 주식이 구 조세특례제한법 제5조 제1항에 규정된 중소기업의 주식에 해당하지 않을 경우 가업상속공제액에서 제외하여야 하는지 여부

구 상증세법 제18조 제2항 제1호는 가업의 범위를 '대통령령으로 정하는 중소기업' 등으로 한정하고 있고, 구 상증세법 시행령 제15조 제1항 본문은 '법 제18조 제2항 제1호에서 대통령령으로 정하는 중소기업이란 상속개시일이 속하는 과세연도의 직전 과세연도말 현재 조세특례제한법 제5조 제1항에 따른 중소기업을 말한다'고 규정하고 있음.

위와 같은 가업범위의 제한은 가업상속공제 대상인 가업 자체에 관한 제한이지 그 가업인 중소기업이 보유하고 있는 주식에 관하여 적용되는 제한이 아니고, 관계 법령 어디에도 가업인 중소기업이 보유하고 있는 주식이 구 조세특례제한법 제5조 제1항에 규정된 중소기업의 주식에 해당하지 않을 경우 가업상속공제액에서 제외하여야 한다는 규정을 두고 있지 아니하므로, 가업인 중소기업이 보유하고 있는 주식이 구 조세특례제한법 제5조 제1항에 규정된 중소기업의 주식에 해당하지 않을 경우 가업상속공제액에서 제외하여야 한다고 해석하는 것은 조세법률주의에 정면으로 반하는 해석으로서 허용될 수 없음.

(3) 乙이 상속개시일 2년 전부터 상속개시일까지 계속하여 A 회사에 종사하였는지 여부

아래와 같은 사정들을 종합하면, 乙은 상속개시일 2년 전부터 상속개시일까지 계속하여 A 회사에 종사하였다고 봄이 타당함.

(가) 乙이 피상속인의 사망 2년 전부터 A 회사의 거래업체 담당자에게 발송한 이메일에는 거래업체들을 대상으로 실시한 제품가격인하 등 A 회사의 영업에 대한 충분한 이해가 전제되어야지만 표현할 수 있는 내용들이 기재되어 있고, A 회사 소속 직원인 戊와 己는 乙이 늦어도 2012. 7.경에는 A 회사에서 근무하였다고 일치하여 진술함.

(나) 구 상증세법 시행령 제15조 제4항 제2호 나목은 '제6항 제2호 다목에 따른 사유로 가업에 종사하지 못한 기간이 있는 경우에는 그 기간은 가업에 종사한 기간으로 본다'고 규정하고, 제6항 제2호 다목은 "상속인이 법률에 따른 병역의무의 이행, 질병의 요양 등 기획재정부령으로 정하는 부득이한 사유에 해당하는 경우"라고 규정하며, 구 상속세 및 증여세법 시행규칙 제6조 본문은 '기획재정부령으로 정하는 부득이한 사유란 상속인이 법률의 규정에 의한 병역의무의 이행, 질병의 요양, 취학상 형편 등으로 가업에 직접 종사할 수 없는 사유가 있는 경우를 말한다'고 규정하고 있는바, 근로기준법 제74조 제1항, 제60조 제6항 제2호 및 남녀고용평 등과 일·가정 양립 지원에 관한 법률 제19조 제3항 등 관련규정을 종합하면, 출산휴가와 그에 이은 육아휴직은 구 상증세법 시행령 제15조 제6항 제2호 다목에 규정된 '부득이한 사유'에 해당한다고 보아야 하므로, 乙이 출산을 위하여 외국에 거주한 기간은 가업종사기간에 산입되어야 함.

(다) A 회사는 당초 乙이 2012. 9.경부터 A 회사에서 근무하였다는 내용으로 근로소득세 원천징수를 신고하였다가 피상속인 사망 이후에는 乙이 2012. 7.경부터 A 회사에서 근무하였다는 내용으로 수정신고를 하기는 하였으나, 이는 피상속인이 수습기간이라는 명목으로 乙에게 급여를 지급하지 않았기 때문에 乙의 실근무일이 아닌 급여를 지급받기 시작한 날을 기준으로 근로소득세 원천징수 신고를 한 것으로 보이는 점 등에 비추어 보면, 위와 같이 수정신고가 이루어졌다는 사정만으로 곧바로 乙의 실근무일이 당초 신고와 같은 2012. 9.경이라고 단정할 수는 없음.

(4) 결 론

결국 쟁점지분은 구 상증세법 시행령 제15조 제5항 제2호 마목의 영업활동과 직접 관련이 없이 보유하고 있는 주식에 해당하지 아니하고, 乙이 상속개시일 2년 전부터 상속개시일까지 계속하여 A 회사에 종사하였으므로, 쟁점지분을 포함한 A 회사 주식 약 62,000주 가액 전부에 관하여 구 상증세법 제18조 제2항 제1호의 가업상속공제가 이루어져야 하는바, 이와 다른 전제에서 이와 다른 전제에서 이루어진 상속세 부과처분은 위법하므로 취소되어야 함.

나. 항소심 및 상고심 법원(원고 승소)

아래와 같이 乙이 상속시일 전 2년 이상 직접 가업에 종사하였는지 여부와 관련하여 일부 논거를 수정한 것을 제외하고는 제1심 판결의 내용을 수용함.

구 상증세법 제18조 제4항, 같은 법 시행령 제15조 제4항 제2호 나목은 가업상속공제의 요건으로서 상속인이 상속개시일 전에 '2년 이상 직접 가업에 종사'할 것을 규정하고 있는바, 위 조항의 '직접 가업에 종사'와 같은 불확정적인 개념에 해당하는 사실의 존부는 그 문언적 의미의 범위 내에서 입법취지 등을 고려하여 구체적인 사안에 따라 개별적, 합리적으로 판단하여야 하고(대법원 2014. 1. 16. 선고 2011두24651 판결 등 참조), 과세대상인 재산으로부터의 공제요건에 관한 증명책임은 원칙적으로 이를 주장하는 납세의무자가 부담함(대법원 2014. 12. 11. 선고 2012두20618 판결 등 참조).

① 가업에의 종사를 반드시 급여의 지급과 연계할 것은 아니고, 후계자로서의 경영수업 등이 이루어졌다고 하여 이를 가업 종사 기간에서 배제할 것도 아니라는 점, ② 乙은 국내 대학에서 경영학 등을 전공하였고 미국 유학에서도 마케팅 등을 전공하였는데, 이는 모두 가업인 A 회사의 경영에 직접 관련 되는 분야라는 점, ③ 乙이 2013. 6.경 외국에 이주하여 수행한 업무는 B 회사를 위한 것일 뿐만 아니라 B 회사가 A 회사의 실질적인 생산공장 역할을 하는 점에 비추어 A 회사를 위한 것이기도 하다는 점 등에 비추어 보면, 乙은 상속개시일 2년 전부터 상속개시일까지 계속하여 가업인 A 회사의 업무에 직접 종사하였다고 봄이 상당함.

Ⅱ 해설

1. 상속공제 제도 개관

상속공제는 피상속인의 사망으로 인하여 상속인들이 겪을 수 있는 경제적 어려움을 고려하여 상속재산의 가액에서 일정금액을 차감해 주는 제도이다.

상속공제는 거주자뿐만 아니라 비거주자의 경우에도 무조건적으로 2억 원을 공제해주는 기초공제(상증세법 제18조 제1항) 외에도 가업상속공제(제18조 제2항 제1호), 영농상속공제(제18조 제2항 제2호), 배우자상속공제(제19조), 그 밖의 인적공제(제20조), 일괄공제(제21조), 금융재산 상속공제(제22조), 재해손실 공제(제23조), 동거주택 상속공제(제23조의2)가 있는데, 그 중 최근 실무에서 자주 문제되는 가업상속공제, 배우자상속공제, 동거주택상속공제의 대표적 사례를 다루기로 한다. 이번 사례에서는 가업상속공제에 관하여 검토하고, 다음 사례에서 배우자상속공제, 동거주택상속공제에 관하여 차례로 살펴보기로 한다.

2. 가업상속공제 제도

가. 의 의

가업상속공제 제도란 상속개시일을 기준으로 피상속인이 10년 이상 영위한 일정 요건을 갖춘 가업의 상속에 관하여 일정한 액수를 한도로 가업상속재산가액을 상속세 과세가액에서 공제하는 것을 말한다(상증세법 제18조 제2항 제1호).

가업상속공제 제도는 상속인이 과도한 상속세 부담으로 인하여 피상속인이 생전에 영위하던 가업의 상속을 포기하는 것을 방지함으로써 경제의 근간이 되는 중소기업의 원활한 승계를 지원하고 이를 통하여 경제발전과 고용유지를 도모하기 위하여 도입된 제도이다.

나. 가업상속공제의 요건

(1) 피상속인 관련 요건

피상속인이 상속개시일로부터 소급하여 10년 이상 계속하여 가업을 경영하여야 하는데, 구체적으로 피상속인이 ① 거주자이어야 하고(제18조 제2항 본문), ② 가업인 중소기업 또는 중견기업의 최대주주등인 경우로서 피상속인과 그의 특수관계인의 주식 등을 합하여 해당 기업의 발행주식총수 등의 100분의 50 이상을 10년 이상 계속해서 보유해야 하며, ③ 가업의 영위기간 중 다음의 어느 하나에 해당하는 기간을 대표이사로 재직하여야 한다(상증세법 시행령 제15조 제3항 제1호).

ㄱ 100분의 50 이상의 기간

ㄴ 10년 이상의 기간(상속인이 피상속인의 대표이사 직을 승계하여 승계한 날부터 상속개시일까지 계속 재직한 경우로 한정한다)

ㄷ 상속개시일부터 소급하여 10년 중 5년 이상의 기간

(2) 상속인 관련 요건

상속인은 아래의 ①, ②, ③의 요건을 모두 갖추어야 한다. 이 경우 상속인의 배우자가 아래의 요건을 모두 갖춘 경우에는 상속인이 그 요건을 갖춘 것으로 본다(상증세법 시행령 제15조 제3항 제2호).

① 상속개시일 현재 18세 이상일 것

② 상속개시일 전에 2년 이상 직접 가업에 종사(상속개시일 2년 전부터 가업에 종사한 경우로서 상속개시일부터 소급하여 2년에 해당하는 날부터 상속개시일까지 기간 중 상속인이 법률의 규정에 의한 병역의무의 이행, 질병의 요양, 취학상 형편 등의 사유로 가업에 종사하지 못한 기간은 가업에 종사한 것으로 본다)하였을 것. 다만, 피상속인이 65세 이전에 사망하거나 천재지변 및 인재 등 부득이한 사유로 사망한 경우에는 그러하지 아니하다.

③ 상속세과세표준 신고기한까지 임원으로 취임하고, 상속세 신고기한부터 2년 이내에 대표이사 등으로 취임할 것

(3) 가업 관련 요건

(가) 가업의 의미

가업은 상속개시일이 속한 과세연도의 직전 과세연도말 현재 중소기업 또는 중견기업을 말하며, 영농상속공제의 적용 대상인 사업은 제외한다(상증세법 제18조 제2항 단서). 또한 상속이 개시되는 소득세 과세기간 또는 법인세 사업연도의 직전 3개 소득세 과세기간 또는 법인세 사업연도의 매출액의 평균금액이 3천억 원 이상인 기업은 제외한다(상증세법 제18조 제2항 제1호).

중소기업 또는 중견기업은 피상속인이 그 최대주주인 경우로서 피상속인과 그의 특수관계인의 주식 등을 합하여 해당 기업의 발행주식총수의 100분의 50(한국거래소에 상장되어 있는 법인은 100분의 30) 이상을 10년 이상 보유하고 있어야 한다.

(나) 최대주주 등의 의미

위에서 말하는 '최대주주 등'이란 상증세법 시행령 제19조 제2항에 따른 최대주주 또는 최대출자자를 말하는데(상증세법 시행령 제15조 제3항), 최대주주 또는 최대출자자란 주주 등 1인과 그의 특수관계인의 보유주식 등을 합하여 그 보유주식 등의 합계가 가장 많은 경우의 해당 주주등 1인과 그의 특수관계인 모두를 말한다(상증세법 시행령 제19조 제2항).

(4) 상속인의 상속세 납부능력 고려

가업이 중견기업에 해당하는 경우로서 가업을 상속받거나 받을 상속인의 가업상속재산 외에 받거나 받을 상속재산의 가액이 해당 상속인이 상속세로 납부할 금액에 100분의 200을 곱한 금액을 초과하면 해당 상속인이 받거나 받을 가업상속재산에 대해서는 가업상속공제를 적용하지 아니한다(상증세법 제18조 제3항).

다. 효과 – 가업상속공제 금액

(1) 공제되는 금액

가업상속공제 요건을 모두 충족하는 경우, 상속세 과세가액에서 아래의 금액을 한도로 하여 가업상속 재산가액을 공제한다(상증세법 제18조 제2항 제1호). 이때 피상속인이 둘 이상의 독립된 가업을 영위한 경우에는 해당 기업 중 계속하여 경영한 기간이 긴 기업의 계속 경영기간에 대한 공제한도를 적용하며, 상속세 과세가액에서 피상속인이 계속하여 경영한 기간이 긴 기업의 가업상속 재산가액부터 순차적으로 공제한다(상증세법 시행령 제15조 제4항, 상증세법 시행규칙 제5조).

① 피상속인이 10년 이상 20년 미만 계속하여 경영한 경우 : 200억 원

② 피상속인이 20년 이상 30년 미만 계속하여 경영한 경우 : 300억 원

③ 피상속인이 30년 이상 계속하여 경영한 경우 : 500억 원

(2) '가업상속 재산가액'의 의미

공제되는 금액인 가업상속재산가액이란, 개인사업체와 주식 등을 구분하여 상속개시일 현재 다음과 같은 평가액을 말한다(상증세법 시행령 제15조 제5항).

① 「소득세법」을 적용받는 가업 : 가업에 직접 사용되는 토지, 건축물, 기계장치 등 사업용 자산의 가액에서 해당 자산에 담보된 채무액을 뺀 가액

② 「법인세법」을 적용받는 가업 : 아래와 같이 계산한 가업에 해당하는 법인의 주식 등의 가액

$$\text{가업에 해당하는 법인의 주식 등 평가액} \times \frac{\text{상속개시일 현재 법인의 총자산가액} - \text{사업무관자산가액}}{\text{상속개시일 현재 법인의 총자산가액}}$$

[31]

---

31) 위 산식은 최성일, 앞의 책, p.281 참조.

이 경우, 사업무관자산은 다음의 어느 하나에 해당하는 자산을 말한다.

㉠ 법인세법 제55조의2에 해당하는 비사업용 토지 등

㉡ 법인세법 시행령 제49조에 해당하는 업무무관자산, 임대하고 있는 부동산

㉢ 법인세법 시행령 제61조 제1항 제2호에 해당하는 대여금

㉣ 과다보유현금[상속개시일 직전 5개 사업연도 말 평균 현금(요구불예금 및 취득일부터 만기가 3개월 이내인 금융상품을 포함한다)보유액의 100분의 150을 초과하는 것을 말한다]

㉤ 법인의 영업활동과 직접 관련이 없이 보유하고 있는 주식등, 채권 및 금융상품

라. 공제받은 금액 중 일정 비율의 추징 – 사후관리

(1) 추징하는 경우

가업상속공제를 받은 상속인이 상속개시일부터 10년 이내에 정당한 사유 없이 다음의 어느 하나에 해당하게 되면 공제받은 금액에 해당 가업용 자산의 처분 비율 또는 해당일까지의 기간을 고려하여 정한 율을 곱하여 계산한 금액을 상속개시 당시의 상속세 과세가액에 산입하여 상속세를 부과한다(상증세법 제18조 제6항).

① 해당 가업용 자산의 100분의 20(상속개시일부터 5년 이내에는 100분의 10) 이상을 처분한 경우

② 해당 상속인이 가업에 종사하지 아니하게 된 경우

③ 주식 등을 상속받은 상속인의 지분이 감소한 경우. 다만, 상속인이 상속받은 주식 등을 물납(物納)하여 지분이 감소한 경우는 제외하되, 이 경우에도 상속인은 제22조 제2항에 따른 최대주주나 최대출자자에 해당하여야 한다.

④ 기타 정규직 근로자의 고용유지 또는 고용확대의 요건요건을 충족하지 못한 경우

(2) 추징하지 않는 경우

상속인이 위와 같은 추징사유에 해당하더라도, 다음과 같은 정당한 사유가 있는 경우에는 상속세를 부과하지 않는다(상증세법 시행령 제15조 제8항).

(가) 상속인이 가업용 자산을 처분한 경우에 인정되는 정당한 사유 - 제1호

상속인이 가업용 자산의 100분의 20 이상을 처분한 경우라고 하더라도, ① 그 가업용 자산이 「공익사업을 위한 토지 등의 취득 및 보상에 관한 법률」, 그 밖의 법률에 따라 수용 또는 협의 매수되거나 국가 또는 지방자치단체에 양도되거나 시설의 개체(改替), 사업장 이전 등으로 처분되거나, ② 그 가업용 자산을 국가 또는 지방자치단체에 증여하거나, ③ 가업상속받은 상속인이 사망하거나, ④ 합병·분할, 통합, 개인사업의 법인전환 등 조직변경으로 인하여 자산의 소유권이 이전되거나, ⑤ 내용연수가 지난 가업용 자산을 처분하는 경우에는 정당한 사유로 인정된다.

(나) 상속인이 가업에 종사하지 아니하게 된 경우에 인정되는 정당한 사유 – 제2호

상속인이 가업에 종사하지 않게 된 경우라도, ① 그 상속인이 사망한 경우이거나, ② 가업상속재산을 국가 또는 지방자치단체에 증여한 경우이거나, ③ 법률에 따른 병역의무의 이행, 질병의 요양, 취학상 형편 등으로 가업에 직접 종사할 수 없게 된 사유가 있는 경우에는 정당한 사유로 인정된다.

(다) 주식 등을 상속받은 상속인의 지분이 감소한 경우에 인정되는 정당한 사유 – 제3호

상속인의 지분이 감소된 경우라도, ① 합병·분할 등 조직변경에 따라 주식 등을 처분하는 경우(다만, 처분 후에도 상속인이 합병법인 또는 분할신설법인 등 조직변경에 따른 법인의 최대주주 등에 해당하는 경우에 한한다)이거나, ② 해당 법인의 사업확장 등에 따라 유상증자할 때 상속인의 특수관계인 외의 자에게 주식 등을 배정함에 따라 상속인의 지분율이 낮아지는 경우(다만, 상속인이 최대주주 등에 해당하는 경우에 한한다)이거나, ③ 상속인이 사망한 경우(다만, 사망한 자의 상속인이 원래 상속인의 지위를 승계하여 가업에 종사하는 경우에 한한다)이거나, ④ 상속인이 주식 등을 국가 또는 지방자치단체에 증여하는 경우이거나, ⑤ 「자본시장과 금융투자업에 관한 법률」 제390조 제1항에 따른 상장규정의 상장요건을 갖추기 위하여 지분을 감소시킨 경우(다만, 상속인이 최대주주 등에 해당하는 경우에 한정한다)이거나, ⑥ 주주 또는 출자자의 주식 및 출자지분의 비율에 따라서 무상으로 균등하게 감자하는 경우이거나, ⑦ 「채무자 회생 및 파산에 관한 법률」에 따른 법원의 결정에 따라 무상으로 감자하거나 채무를 출자전환하는 경우에는 정당한 사유로 인정된다.

3. 이 사건의 분석

가. 쟁점지분이 A 회사의 영업활동과 직접 관련이 있는지 여부

가업상속 대상기업인 A 회사는 외국 소재 B 회사의 지분 전부를 보유하고 있었는데, 이 사건 쟁점지분인 위 지분이 A 회사의 영업활동과 직접 관련이 없이 보유하고 있는 주식에 해당하는지 여부가 문제되었다.

상증세법 시행령 제15조 제5항 제2호 마목의 영업활동과 직접 관련이 없이 보유하고 있는 주식은, 상증세법 제15조 제5항 제2호 마목의 영업활동의 의미를 지나치게 축소해석할 경우 가업상속공제제도 본래의 취지와 다르게 종속기업과 관계기업 및 공동지배기업을 통하여 영업활동을 하는 중소기업은 종속기업과 관계기업 및 공동지배기업을 통하여 영업활동을 하였다는 이유만으로 가업상속공제를 받을 수 없는 부당한 결과가 초래될 수 있다는 점에 비추어 그 문언 그대로 영업활동과 직접 관련이 있는지 여부만으로 판단하여야 하고, 영업활동의 의미를 지나치게 축소해석하거나 자의적으로 다른 요건을 부가하여 해석하여서는 안 된다고 할 것이다.

이 사건에 있어서 ① B 회사가 영위하고 있는 사업은 생활용품 제조업으로, A 회사의 사업목적인 생활용품 제조업과 일치한다는 점, ② A 회사의 사업목적인 생활용품 제조업을 영위하기 위해서는 그 생산공장이 반드시 필요한데 A 회사는 B 회사 이외에는 다른 생산공장을 소유하고 있지 아니하므로, B 회사 공장이 존재하지 않는 이상 A 회사는 사업목적인 생활용품 제조업을 영위할 수 없다는 점 등을 고려하면, 쟁점지분은 A 회사의 영업활동과 직접 관련이 있다고 봄이 타당하다.

이와 관련하여 모회사와 완전자회사는 별개의 법인이므로, 모회사가 완전자회사의 주식을 보유하고 있는 경우에는 모회사와 완전자회사가 같은 업종을 영위하는지 여부와 상관없이 그 주식은 무조건 영업활동과 직접 관련이 없는 것으로 보아야 하고, 쟁점지분과 같은 투자자산은 기업이 투자수익 등의 목적으로 보유하는 자산이지 영업활동을 위해 보유하는 자산이 아니므로 영업활동과 직접 관련이 없는 것으로 볼 여지도 있다.

그러나 법원은 가업상속공제제도의 입법취지 및 조세법규의 엄격해석의 원칙을 두루 고려하면 상증세법 시행령 제15조 제5항 제2호 마목의 영업활동과 직접 관련이 없이 보유하고 있는 주식은 그 문언 그대로 영업활동과 직접 관련이 있는지 여부만으로 판단하여야 하고, 자의적으로 다른 요건을 부가하여 해석하여서는 아니 되므로 모회사가 완전자회사의 주식을 영업활동과 관련하여 보유하고 있는지 여부를 살펴보지도 아니한 채 무조건 영업활동과 관련이 없이 보유하는 주식으로 보아서는 아니 된다고 판단하였다.

또한 A 회사와 B 회사가 모자회사관계로서 별개의 독립된 법인이라는 이유만으로 모회사인 A 회사가 보유하는 B 회사 주식이 A 회사의 영업과 무관하다고 보는 것은 설득력이 떨어진다고 할 것이다. 모회사의 영업목적에는 자회사에 대한 투자도 포함될 수 있기 때문이다. 법원도 이와같은 견지에서 ① A 회사의 매출은 전부 B 회사와 관련된 사업에서 발생하고 있었다는 점, ② A 회사는 매년 영업손실을 보고 있기 때문에 B 회사로부터 지급받는 배당금수익이 없다면 매년 당기순손실을 볼 수밖에 없었다는 점, ③ B 회사의 자산 중 쟁점지분이 차지하는 비중은 약 80%에 달하였고, A 회사는 B 회사 없이는 영업활동을 지속할 수 없었다는 점 등에 근거하여 쟁점지분이 A 회사의 영업활동과 무관하다고 볼 수 없다고 판단하였다.

나. 중소기업이 보유하고 있는 주식이 구 조세특례제한법 제5조 제1 항에 규정된 중소기업의 주식에 해당하지 않을 경우 가업상속공제 액에서 제외하여야 하는지 여부

상증세법 제18조 제2항 제1호는 가업상속공제의 대상이 되는 가업의 범위를 '대통령령으로 정하는 중소기업' 등으로 한정하고 있고, 동법 시행령 제15조 제1항은 법 제18조 제2항 제1호의 "대통령령으로 정하는 중소기업"이란 상속개시일이 속하는 소득세 과세기간 또는 법인세 사업연도의 직전 소득세 과세기간 또는 법인세 사업연도 말 현재 「조세특례제한법 시행령」 제2조 제1항 제1호 및 제3호의 요건 등을 모두 갖춘 기업(이하 이 조에서 "중소기업"이라 한다)을 말한다고 규정하고 있다.[32]

위 규정에서 가업상속공제의 대상이 되는 가업의 범위를 조세특례제한법 시행령 상의 요건을 갖춘 중소기업으로 제한하고 있다는 점에 비추어 가업승계 대상인 중소기업이 보유하고 있는 주식 또한 구 조세특례제한법 제5조 제1항에 규정된 중소기업의 주식에 해당하여야 하는 것은 아닌지 문제될 수 있다.

이에 대하여 법원은, 상증세법 제18조 제2항 제1호에서 규정한 가업범위의 제한은 가업상속공제 대상인 가업 자체에 관한 제한이지 그 가업인 중소기업이 보유하고 있는 주식에 관하여 적용되는 제한이 아니고, 조세법규의 엄격해석의 원칙에 의하면 조세감면요건 또한 문리대로 엄격하게 해석하여야 하므로 가업상속공제 대상 가업 자체에 관하여 위와 같은 요건이 있다는 점만을 근거로 가업인 중소기업이 보유하고 있는 주식 또한 일정한 요건을 갖춘 주식으로 제한된다고 해석하는 조세법률주의에 반하는 것이라고 판단하였다.

---

32) 이 사건에서 실제로 적용된 법령인 구 상증세법 시행령 제15조 제1항 본문은 '법 제18조 제2항 제1호에서 대통령령으로 정하는 중소기업이란 상속개시일이 속하는 과세연도의 직전과세연도말 현재 조세특례제한법 제5조 제1항에 따른 중소기업을 말한다'고 규정하고 있었다.

다. 원고 乙이 상속개시일 2년 전부터 상속개시일까지 계속하여 A 회사에 종사하였는지 여부

① 乙은 A 회사의 제품 개발, 홍보 및 재무업무, 외국 구매자와의 상담 등 업무 전반에 관여하였는데, 이는 A 회사의 제품과 업무의 파악 등에 관한 이해가 전제되어야 하는 일인 점, ② 乙이 2013. 6.경 외국으로 이주하여 수행한 업무는 B 회사를 위한 것일 뿐만 아니라 B 회사가 A 회사의 실질적인 생산공장 역할을 하는 점 등에 비추어 A 회사를 위한 것이기도 하다는 점 등에 비추어 보면 乙은 상속개시일 2년 전부터 상속개시일까지 계속하여 가업인 A 회사의 업무에 직접 종사하였다고 봄이 상당하다.

라. 판결의 의의

가업상속공제의 대상이 되는 가업상속 재산가액과 관련하여 사안은 특히 상증세법 시행령 제15조 제5항 제2호 마목의 '법인의 영업활동과 직접 관련이 없이 보유하고 있는 주식'에 해당하는지 여부에 관한 판단이 문제되었다.

이 판결은 모회사가 보유한 자회사 주식의 경우, 단순히 모회사와 자회사는 별개의 법인이므로 해당 주식은 모회사의 영업활동과 관련이 없다고 볼 것이 아니라 두 회사가 같은 업종을 영위하는지 여부, 모회사의 수익 창출이나 사업의 유지·존속이 자회사에 의존하는지 여부 등과 같은 실질적 기준에 의하여 사업관련성을 판단하여야 함을 밝혔다는 점에서 의미가 있다. 또한 이 판결은 가업상속공제 대상인 가업 자체에 제한이 있다는 이유만으로 그 가업인 중소기업이 보유하고 있는 주식 또한 일정한 요건을 갖춘 주식으로 제한되는 것은 아니라는 점을 밝혔다는 점에서도 그 의미가 있다.

4. 관련 사례 등

가. 판 례

가업상속 사실을 입증할 수 있는 서류의 제출은 가업상속공제의 요건에 해당하지 않음(서울고등법원 2018. 4. 4. 선고 2017누75745 판결)
상증세법 시행령 제15조 제18항에 따른 서류의 제출이 납세의무자에게 상속세 과세표준 및 세액의 결정에 필요한 서류를 제출하도록 협력의무를 부과한 것을 넘어 가업상속 공제를 받기 위한 필요적 절차요건을 규정한 것이라고 보기는 어려우므로 위 규정에 따른 서류의 제출은 가업상속공제의 요건에 해당하지 아니함.

나. 관련 예규 등

최대주주 지분율 산정 시 자기주식 제외 여부(상속증여세과-154, 2014. 5. 23.)
가업상속공제를 적용함에 있어 최대주주 지분율 50%(상장법인은 30%) 판정 시 자기주식은 발행주식총수에서 제외함.

개인 공동사업자에 대한 가업상속공제 적용방법(서면법규과-556, 2014. 5. 30.)
특수관계가 아닌 개인 甲, 乙이 50%의 지분으로 개인 공동사업을 경영하던 중 공동 사업자 甲의 사망으로 상속시 개시되어 甲의 상속인 1인이 가업을 상속받아 가업상속공제를 적용받은 이후 다른 공동사업자 乙이 사망한 경우 乙의 상속인에 대해서는 상증세법 시행령 제15조 제3항에 따라 가업상속공제를 적용할 수 없음.

가업에 해당하지 않는 자회사를 흡수합병한 경우 가업상속공제방법(재재산-222, 2016. 3. 18.)
가업에 해당하는 기업이 가업에 해당하지 않는 자회사를 흡수합병한 경우 가업상속 재산가액은 가업에 해당하는 법인의 주식가액에 총 자산가액 중 사업무관자산을 제외한 자산가액이 총 자산가액에서 차지하는 비율을 곱하여 계산함.

사업장의 임차보증금은 가업상속재산으로 보는 것임(조심 2012서626, 2012. 6. 19.)

가업상속공제 대상이 되는 사업용 자산의 범위를 토지와 건물 등 유형고정자산으로 한정한
바 없고 가업상속공제제도의 취지 등에 비추어 가업에 직접 사용되는 토지, 건물의 임차보증
금은 가업상속재산에 해당함.

**가업상속공제 후 자산의 포괄적 양도의 경우 상속세를 추징하지 않는 정당한 사유에 해당
하는지 여부**(재산세과-186, 2012. 5. 16.)

가업상속공제를 받은 상속인이 상속개시일부터 10년 이내에 조세특례제한법 제37조(자산의
포괄적 양도에 따른 과세특례)에 따라 자산을 포괄적으로 양도한 경우, 포괄적 양도 이후에
도 최대주주 등에 해당한다면 상속세를 추징하지 않는 정당한 사유에 해당함.

11

배우자상속공제

– 서울행정법원 2017. 8. 18. 선고 2016구합84641 판결 –

» 상증세법 제19조는 거주자의 사망으로 상속이 개시되어 배우자가 실제 상속받은
금액의 경우 일정한 금액을 한도로 상속세 과세가액에서 공제한다고 하여 배우자
상속공제에 관하여 규정하고 있음. 이는, 기본적으로 상속세는 세대간에 재산이
무상으로 이전될 때 부과되는 조세인데 부부간의 재산 이전은 동일 세대에서의
재산 이전이라는 점, 부부가 혼인 중에 취득한 부부공동재산에는 대부분 부부 쌍
방의 기여도가 반영되어 있다는 점 등을 고려하여 마련된 제도임. 이 사건은 피상
속인의 배우자가 배우자 기본공제액인 5억 원 이상의 재산을 실제로 상속받은 것
인지 여부가 문제된 사례로서, 배우자가 실제로 상속받은 재산가액에 따른 배우
자 상속공제 액수, 배우자상속재산분할기한 등에 대하여 검토하고자 함.

🗨 상속세 및 증여세법

제19조(배우자 상속공제)

① 거주자의 사망으로 상속이 개시되어 배우자가 실제 상속받은 금액의 경우
다음 각 호의 금액 중 작은 금액을 한도로 상속세 과세가액에서 공제한다.

1. 다음 계산식에 따라 계산한 한도금액

> 한도금액 = (A − B + C) × D − E
> A : 대통령령으로 정하는 상속재산의 가액
> B : 상속재산 중 상속인이 아닌 수유자가 유증 등을 받은 재산의 가액
> C : 제13조 제1항 제1호에 따른 재산가액
> D : 「민법」 제1009조에 따른 배우자의 법정상속분(공동상속인 중 상속을 포기

> 한 사람이 있는 경우에는 그 사람이 포기하지 아니한 경우의 배우자 법정
> 상속분을 말한다)
>
> E : 제13조에 따라 상속재산에 가산한 증여재산 중 배우자가 사전증여받은 재
> 산에 대한 제55조 제1항에 따른 증여세 과세표준

   2. 30억 원

② 제1항에 따른 배우자 상속공제는 제67조에 따른 상속세과세표준신고기한의 다음날부터 6개월이 되는 날(이하 이 조에서 "배우자상속재산분할기한"이라 한다)까지 배우자의 상속재산을 분할(등기·등록·명의개서 등이 필요한 경우에는 그 등기·등록·명의개서 등이 된 것에 한정한다. 이하 이 조에서 같다)한 경우에 적용한다. 이 경우 상속인은 상속재산의 분할사실을 배우자상속재산분할기한까지 납세지 관할세무서장에게 신고하여야 한다.

③ 제2항에도 불구하고 대통령령으로 정하는 부득이한 사유로 배우자상속재산분할기한까지 배우자의 상속재산을 분할할 수 없는 경우로서 배우자상속재산분할기한[부득이한 사유가 소(訴)의 제기나 심판청구로 인한 경우에는 소송 또는 심판청구가 종료된 날]의 다음날부터 6개월이 되는 날(배우자상속재산분할기한의 다음날부터 6개월을 경과하여 제76조에 따른 과세표준과 세액의 결정이 있는 경우에는 그 결정일을 말한다)까지 상속재산을 분할하여 신고하는 경우에는 배우자상속재산분할기한 이내에 분할한 것으로 본다. 다만, 상속인이 그 부득이한 사유를 배우자상속재산분할기한까지 납세지 관할세무서장에게 신고하는 경우에 한정한다.

④ 제1항의 경우에 배우자가 실제 상속받은 금액이 없거나 상속받은 금액이 5억 원 미만이면 제2항에도 불구하고 5억 원을 공제한다.

I 대상판결의 개요

1. 사실관계의 요지

원고들은 2014. 9.경 사망한 丙의 상속인들로서, 원고 甲은 망인의 배우자, 원고 乙, 丁, 戊, 己는 망인의 아들들임.

원고들은 "丙 명의의 A토지에 관한 수용보상금채권 약 26억 원이 상속재산에 해당하는 것인데 그 중 21억 원을 甲이, 나머지는 망인의 장남인 乙이 각 상속받았다."는 취지로 배우자 상속공제액 약 20억 원을 공제하여 산출한 상속세 약 14억 원을 신고·납부하였음.

관할 세무서장은 ① A토지에 관한 수용보상금채권이 아니라 A토지 자체가 상속재산에 해당하는 것인데, 乙이 A토지를 단독으로 상속하였고, 甲이 상속받은 재산은 없으므로, 배우자 상속공제액은 최소공제액인 5억 원으로 보아야 하고 그 초과분인 약 15억 원(= 위의 20억 원 − 5억 원)에 대한 배우자 상속공제는 부인되어야 하고, ② A토지에 관한 추가보상금 약 9,500만 원 및 사전증여재산 1억 원도 상속세 과세가액에 포함되어야 한다고 보아, 상속세를 추가로 부과하였음.

2. 원고의 주장 요지

(1) 상속재산의 특정

상속개시 당시 A토지는 실질적으로 공익사업의 시행자에게 처분된 상태였으므로, 그 당시 A토지가 피상속인의 명의로 되어 있었다고 하더라도 A토지 자체가 아닌 그 수용대가인 수용보상금채권이 상속재산에 해당함.

(2) 이 사건 수용보상금 상당액의 귀속

원고들 사이에서 甲이 A토지에 관한 수용보상금채권 중 21억 원을 상속받기로 상속재산분할협의를 하였으므로 상속세 부과처분 중 약 15억 원(관할 세무서장이 부인한 배우자 상속공제액)의 배우자 상속공제를 적용하여 산출한 정당세액을 초과하는 부분은 위법함.

3. 판결 요지(피고 승소)

가. 상속재산의 특정(A토지에 관한 수용보상금채권이 상속재산인지 여부)

(1) 상속세 부과대상이 되는 상속재산은 상속개시일 현재를 기준으로 판단하여야 하는바[구 상증세법(2015. 12. 15. 법률 제13557호로 개정되기 전의 것) 제1조 제1항], 사업시행자가 토지 등에 관한 보상에 관하여 토지소유자 등과 협의를 시작하였다고 하더라도 그러한 사정만으로는 해당 토지가 협의취득이 될지 토지수용절차에 따라 수용이 될지조차 확정할 수 없어 해당 토지의 소유자가 사업시행자에 대하여 해당 토지에 관한 매매대금 채권(협의취득) 또는 수용보상금채권(토지수용절차에 따른 수용)을 보유하게 되었다고 볼 수 없으므로, 해당 부동산에 관하여 협의절차가 진행되고 있었다고 하더라도 상속개시일 당시 피상속인이 소유하고 있던 해당 부동산이 상속재산이 되는 것이지 수용보상금 등 채권이 상속재산이 된다고 볼 수는 없음.

(2) 제반 증거의 각 기재와 변론 전체의 취지를 종합하면, 아래와 같은 사실이 인정됨

① A토지에 관하여 2013. 12.경 토지보상법에 따른 사업인정고시가 있는 것으로 의제되었고, ② 상속개시 당시 망인의 명의로 소유권이전등기가 마쳐져 있던 A토지에 관하여 2015. 1.경 乙 명의로 협의분할에 의한 상속을 등기원인으로 하는 소유권이전등기가 마쳐졌으며, ③ A토지에 관하여 수용개시일을 2015. 2.경으로 정한 수용재결이 2014. 12.경 이루어졌고, 2015. 2.경 위 토지에 관하여 수용을 등기원인으로 하는 소유권이전등기를 마쳤음.

(3) 위 인정 사실에 의하면, 상속개시 당시 A토지에 관하여는 사업인정고시만 있었으므로 그 당시 망인이 소유하고 있던 A토지 자체가 상속재산에 해당하는 것이지 당시 성립하여 있지도 않던 수용보상금채권이 상속재산에 해당한다고 볼 수는 없음.

나. 이 사건 수용보상금이 배우자 상속재산공제의 대상이 되는지 여부

(1) 상증세법 제19조 제1항에 의하여 배우자가 실제 상속받은 금액을 상속세 과세가액에서 공제하는 것은 배우자간의 상속은 세대 간 이전이 아니고 수평적 이전이라는 점을 감안하여 상속재산 중 배우자의 법정상속분까지 부분에 대하여는 과세를 유보한 후 잔존 배우자의 사망 시 과세하도록 하는 데 그 취지가 있는 점, 상증세법 제19조 제1항에서 배우자 상속공제액을 '실제 상속받은 금액'이라고 하여 '실제'를 명시한 것은 현실적으로 상속받았음이 확인되지 않은 것은 상속공제액으로 인정할 수 없다는 입법 취지를 반영한 것으로 보이는 점(대법원 2005. 11. 10. 선고 2005두3592 판결) 등에 비추어 보면, 배우자가 현실적으로 상속받지 않은 상속재산은 상증세법 제19조 제1항에 따른 상속재산공제의 대상으로 인정할 수 없음.

(2) 아래의 사정에 의하면, 甲에게 이 사건 수용보상금 등의 상속재산이 실제 귀속되었다고 볼 수 없고, 따라서 이와 같은 전제에서 5억 원의 일괄공제를 적용하여 이루어진 이 사건 과세처분은 적법함

① 원고들은 상속재산분할협의를 하면서, ⓐ A토지는 乙의 단독소유로 한다는 등 내용의 제1협의서와 ⓑ A토지는 甲, 乙의 공동소유로 하되, 그 금액 비율을 甲 21억 원으로 하고 그 외 나머지 금액은 乙의 몫으로 하며, 업무상 등기는 乙의 단독소유로 하고 금액 정산은 보상금 수령 후 하기로 한다는 등 내용의 제2협의서를 각 작성하였음.

② 제1협의서에 따라 乙이 단독으로 A토지에 관한 소유권이전등기를 마쳤으므로 제1협의서가 원고들의 진정한 의사로 작성된 것으로 보이는데, 제1협의서에 의하면 甲에게 분할된 상속재산은 존재하지 아니함.

③ 甲이 乙로부터 수용보상금 중 18억 5,000만 원을 甲명의의 B계좌로 송금받았으나, 그 중 약 14억 원은 나머지 원고들 모두의 상속세로 지출되었고 나머지 약 4억 5,000만 원도 B계좌를 실질적으로 관리하여 오던 乙이 출금하여 임의로 사용하였으며, 甲 명의의 C계좌로 약 9,600만 원이 입금되었으나, C계좌 역시 乙이 관리하고 있던 은행계좌로서 입금액 대부분이 甲의 이익과는 무관하게 사용되었음.

Ⅱ | 해설

1. 배우자상속공제 제도

가. 의 의

거주자의 사망으로 상속이 개시되어 배우자가 실제 상속받은 금액의 경우 일정한 금액을 한도로 상속세 과세가액에서 공제한다(상증세법 제19조).

상속세는 기본적으로 세대간에 재산이 무상으로 이전될 때 부과되는 조세인데 부부 간의 재산이전은 동일한 세대에서의 재산이전이라는 점과 부부가 혼인 중 취득한 공동재산에는 부부 쌍방의 기여도가 반영되어 있다는 점 등을 고려하여 배우자가 상속인이 된 경우에는 일정액을 상속세 과세가액에서 공제해 주는 것이다.

나. 상속공제 대상인 배우자의 의미

배우자 상속공제에서 말하는 배우자란, 민법상 혼인관계에 있는 자로서 가족관계등록부에 배우자로 등재된 자를 말한다. 따라서 사실혼관계 있는 자는 배우자 상속공제를 받을 수 없다.

다. 배우자상속재산 분할기한

상증세법 제19조 제1항에 따라 배우자가 실제 상속받은 금액을 상속세 과세가액에서 상속세 과세가액에서 공제받기 위해서는 일정한 기간 내에 배우자의 상속재산을 분할해야 하는데, 그 기간을 배우자상속재산 분할기한 이라고 한다. 상증세법 제19조 제2항에서는 배우자상속재산 분할기한에 대하여 '상증세법 제67조에 따른 상속세 과세표준 신고기한의 다음날부터 6개월이 되는 날까지'로 규정하고 있다.

라. 배우자의 상속재산을 기한 내에 분할한 경우

배우자상속재산 분할기한 내에 배우자의 상속재산을 분할한 경우에는 일정한 금액을 한도로, 즉 ① 배우자가 실제로 상속받은 재산가액, ② 상속재산가액에 배우자의 법정상속분을 곱하여 계산한 금액에서 상속재산에 가산한 증여재산 중 배우자에게 증여한 재산에 대한 과세표준을 뺀 금액, ③ 30억 원 중 가장 적은 금액을 공제하되, 그 금액이 5억 원 미만인 경우에는 5억 원을 공제한다(상증세법 제19조 제1항, 제4항).

마. 배우자의 상속재산을 기한 내에 분할하지 못한 경우

(1) 부득이한 사유로 인하여 분할하지 못한 경우

부득이한 사유로 배우자상속재산 분할기한까지 배우자의 상속재산을 분할하지 못한 경우로서 배우자상속재산 분할기한의 다음날부터 6개월이 되는 날까지 상속재산을 분할하여 신고하는 경우에는 배우자상속재산 분할기한 이내에 분할한 것으로 보아 배우자가 실제 상속받은 금액을 일정액 한도로 하여 공제받을 수 있다. 이는 상속인이 그 부득이한 사유를 배우자상속재산 분할기한까지 납세지 관할세무서장에게 신고한 경우에 한한다(상증세법 제19조 제3항).

위에서 말하는 부득이한 사유란 ① 상속인 등이 상속재산에 대하여 상속회복청구의 소를 제기하거나 상속재산 분할의 심판을 청구한 경우와 ② 상속인이 확정되지 아니하는 부득이한 사유 등으로 배우자상속분을 분할하지 못하는 사실을 관할세무서장이 인정하는 경우를 말한다(상증세법 시행령 제17조 제2항). 따라서 단순히 공동상속인 간에 상속재산분할 협의 과정에서 이견이 있어 분할이 지연된 경우는 부득이한 사유로 인정될 수 없다.

(2) 부득이한 사유 없이 분할하지 못한 경우

부득이한 사유 없이 배우자상속재산 분할기한 내에 배우자의 상속재산을 분할하지 못한 경우에는 배우자 최소공제액인 5억 원만을 공제받게 된다.

2. 이 사건의 분석

가. 이 사건 상속재산이 A토지 자체인지 아니면 그에 관한 수용보상금 채권인지 여부

상속세는 상속개시일 현재의 상속재산에 대하여 부과되는 것이므로(상증세법 제3조), 상속세 부과대상이 되는 상속재산은 상속개시일 현재를 기준으로 판단하여야 한다. 이와 같은 견지에서 상속재산에 대한 가액 산정의 기준 또한 상속개시일 현재의 시가에 따른다는 것이 대법원 판례의 태도이다.[33]

원고들은 丙의 사망으로 인한 상속재산은 A토지 자체가 아니라 그에 관한 수용보상금채권이라고 주장하였다. 그 이유는, 위 토지에 관하여 상속재산분할을 원인으로 한 등기가 乙 단독 명의로 되어 있던 상황에서 만약 상속재산을 토지로 본다면, 피상속인의 배우자인 甲은 상속받은 재산이 없게 되므로 원고들은 그들이 주장하는 약 20억 원을 배우자 상속공제액으로 공제받을 수 없고, 대신 최소공제액인 5억 원만을 배우자 상속공제액으로 공제받을 수 있기 때문이었다.

피상속인 丙의 사망시점인 2014. 9.경을 전후로 한 위 토지의 현황을 살펴보면, 2013. 12.경 사업인정고시가 있는 것으로 의제되었고, 사업시행자가 수용을 등기원인으로 하여 소유권이전등기를 마친 시점은 2015. 2.경이었다.

법원은 상속개시 당시인 2014. 9.경에는 위 토지에 대하여 사업인정고시만 있었으므로 그 당시 망인이 소유하고 있던 위 토지 자체가 상속재산에 해당한다고 판단하였다. 상속개시 당시 위 토지에 관한 수용보상금채권은 존재하지도 않았는데, 이를 상속재산으로 보기는 곤란하다고 할 것이다.

---

33) 대법원 2016. 9. 23. 선고 2015두49986 판결 등.

나. A토지의 가액 중 21억 원을 甲이 상속한 것으로 보아 이에 대하여 배우자상속공제를 적용할 수 있는지 여부

원고들은 추가적으로, 원고들 간에는 A토지를 乙의 단독소유로 한다는 내용의 상속재산분할협의서(=제1협의서) 외에도 'A토지는 甲, 乙의 공동소유로 하되, 그 금액 비율을 甲이 21억 원으로 하고 나머지 금액은 乙의 몫으로 한다. 업무상 등기는 乙의 단독소유로 하고 금액 정산은 보상금 수령 후 하기로 한다.'는 내용의 상속재산분할협의서(=제2협의서)도 작성되었다고 주장하였다.

즉, 위 제2협의는 제1협의의 연장선상에 있는 것으로서 제1협의와 일체의 협의로 볼 수 있으므로 제2협의에 기초하여 甲에게 귀속된 정산금 21억 원에 대하여 배우자상속공제를 적용해야 한다는 주장이다.

이에 대하여 법원은, 甲이 정산금 명목으로 그 명의 계좌로 받은 돈이 실질적으로는 乙의 이익을 위하여 사용되었다는 점 등을 근거로 제2차 협의의 유효성을 부정하고, 甲이 정산금 21억 원을 상속받은 것으로 볼 수 없다는 전제에서 그에 대하여 배우자상속공제를 인정하지 않았다.

우선 제2협의서는 (적어도 원고들의 주장에 의하면) 제1협의서와 같은 날인 2015. 1.경 작성된 것으로서 '상속세 과세표준 신고기한의 다음 날부터 6개월이 되는 날까지 배우자의 상속재산을 분할'하여야 한다는 배우자상속재산분할기한에 관한 상증세법 제19조 제2항에 관한 요건은 충족한다. 다만, 문제는 제2협의서 자체의 유효성이다. 2015. 1.경 위 토지를 乙의 단독소유로 한다는 내용의 유효한 제1협의가 있었는데, 같은 날 갑자기 같은 토지를 甲과 乙의 공동소유로 하고 그 금액 비율을 甲 21억 원으로 한다는, 제1협의와 전혀 다른 내용의 합의를 한다는 것은 선뜻 납득이 가지 않는다. 특히나 위 협의 당시 이미 치매 등으로 인지상태가 저하된 甲에게 위 정산금 21억 원에 대한 유효적절한 관리처분권이 귀속되었다고 볼 수 있는지 의문이다. 오히려 원고들이 기본 배우자상속공제액 5억 원에 더하여 추가적으로 위 정산금 21억 원에 대한 배우자상속공제를 적용받기 위하여 제2협의의 외관을 작출해 낸 것이라고 볼 여지가 다분하다. 따라서 甲에게 위 정산금 등의 상속재산이 실제 귀속되었다고 볼 수 없으므로 5억 원의 일괄공제를 적용하여 이루어진 상속세 과세처분은 적법하다고 보는 것이 타당하다고 할 것이다.

다. 판결의 의의

배우자 상속공제와 관련하여, 이 사안은 결국 피상속인의 배우자인 甲이 배우자 기본공제액 5억 원 이상으로 실제 상속받은 재산이 있는지 여부가 문제되었다. 법원은 제반사정에 비추어 甲이 실제로 상속받은 재산이 5억 원을 초과하지 않으므로 배우자상속공제는 상증세법 제19조 제4항에 따라 5억 원의 기본공제만을 적용하는 것이 타당하다고 판시하였다.

이 판결은, 상증세법 제19조 제1항에서 배우자 상속공제액을 '실제 상속받은 금액'이라고 명시하고 있는 점 등을 근거로 배우자상속공제의 대상이 되는 상속재산은 배우자가 실제로 상속받았음이 확인되는 상속재산에 한정된다는 점을 밝혔다는 점에서 그 의미가 있다.

3. 관련 사례 등

가. 판 례

추정상속재산에 대한 배우자상속공제(대법원 2005. 11. 10. 선고 2005두3592 판결)
상속개시일 전 처분재산 등의 상속추정에 관한 상증세법 제15조 제1항에 의하여 '상속받은 재산으로 추정'되는 재산이 곧바로 상증세법 제19조 제1항에서 규정한 '배우자가 실제 상속받은 금액'에 포함된다고 볼 수 없고, 그러한 추정상속재산 중 배우자의 법정상속지분에 상당하는 금액이 현실적으로 배우자에게 상속되었음을 인정할 구체적인 증거자료가 있어야 배우자 상속공제 대상이 될 수 있음.

> **'배우자가 실제로 상속받은 재산가액'의 의미**(대법원 2000. 3. 10. 선고 99두3027 판결)
>
> 배우자 상속공제 적용 시 배우자가 실제로 상속받은 재산가액은 적극재산에서 채무 등 소극재산을 차감한 금액임.

나. 관련 예규 등

> **외국국적자가 배우자상속공제를 받을 수 있는지 여부**(재삼 46014-1059, 1998. 6. 12.)
>
> 배우자 상속공제는 거주의 사망으로 인하여 상속이 개시되는 경우에 적용되는데, 이때 "거주자"는 상속개시일 현재 대한민국 내에 주소를 두거나 1년 이상 거소를 둔 자를 말하며, 외국국적자도 거주자에 해당하면 배우자 상속공제를 받을 수 있음.

> **부부가 이혼한 경우와 배우자상속공제**(법규재산 2013-228, 2013. 9. 11.)
>
> 가정법원의 이혼 조정이 성립된 후 같은 날 피상속인이 사망하여 상속개시된 경우, 상속개시 당시 배우자의 지위를 상실한 상태이므로 배우자상속공제가 불가능함.

> **배우자가 상속결격자인 경우의 배우자상속공제**(재산세과-1084, 2009. 12. 21.)
>
> 피상속인의 배우자가 민법 제1004조에 따른 상속결격자에 해당하더라도 배우자 상속공제(5억 원)가 적용됨.

> **부부가 같은 날 사망한 경우 배우자상속공제**(재삼 46014-1069, 1999. 6. 4., 서면4팀-3255. 2006. 9. 25.)
>
> 부부가 동시에 사망한 것으로 추정되는 경우 서로에게 상속권이 발생하지 않으므로 각자의 상속재산가액에서 배우자상속공제를 적용하지 아니함.
>
> 부부가 같은 날에 시차를 두고 사망(즉, 동시사망으로 추정되지 않는 경우)하여 부득이하게 배우자가 상속받은 재산을 확정하여 등기·등록을 하지 못했다고 하더라도 나중에 사망한 배우자는 그 법정상속지분에 대하여 배우자상속공제를 받을 수 있음.

12

동거주택 상속공제

– 대법원 2018. 7. 12. 선고 2018두40805 판결 –

» 상증세법 제23조의2는 피상속인과 상속인이 상속개시일부터 소급하여 10년 이상 계속하여 하나의 주택에서 동거하고 1세대 1주택에 해당하는 등의 일정한 요건을 갖춘 경우 상속주택가액의 100분의 80에 상당하는 금액을 상속세 과세가액에서 공제한다고 규정하고 있음. 이는 1세대 1주택 실수요자의 상속세 부담을 완화하고 상속인의 주거안정을 도모함과 동시에 직계비속인 상속인이 피상속인인 노부모와 동거하며 봉양하는 것을 유도하기 위하여 마련된 규정임. 실제 소송에서는 1세대 1주택에 해당하는지 여부가 많이 다투어지는데, 이 사건 역시 1세대 1주택인지 여부가 문제된 사례로서, 1세대 1주택의 범위, 동거기간 및 보유기간 요건 등에 관하여 검토하고자 함.

💬 상속세 및 증여세법

제23조의2(동거주택 상속공제)

① 거주자의 사망으로 인하여 상속이 개시되는 경우로서 다음 각 호의 요건을 모두 갖춘 경우에는 상속주택가액(「소득세법」 제89조 제1항 제3호에 따른 주택부수토지의 가액을 포함하되, 상속개시일 현재 해당 주택 및 주택부수토지에 담보된 피상속인의 채무액을 뺀 가액을 말한다)의 100분의 80에 상당하는 금액을 상속세 과세가액에서 공제한다. 다만, 그 공제할 금액은 5억 원을 한도로 한다.

1. 피상속인과 상속인(직계비속인 경우로 한정하며, 이하 이 조에서 "상속인"이라 한다)이 상속개시일부터 소급하여 10년 이상(상속인이 미성년자인 기간은 제외한다) 계속하여 하나의 주택에서 동거할 것

2. 피상속인과 상속인이 상속개시일로부터 소급하여 10년 이상 계속하여 1세대를 구성하면서 대통령령으로 정하는 1세대 1주택(이하 이 조에서 "1세대 1주택"이라 한다)에 해당할 것. 이 경우 무주택인 기간이 있는 경우에는 해당 기간은 전단에 따른 1세대 1주택에 해당하는 기간에 포함된다.

3. 상속개시일 현재 무주택자로서 피상속인과 동거한 상속인이 상속받은 주택일 것

② 제1항을 적용할 때 피상속인과 상속인이 대통령령으로 정하는 사유에 해당하여 동거하지 못한 경우에는 계속하여 동거한 것으로 보되, 그 동거하지 못한 기간은 같은 항에 따른 동거 기간에 산입하지 아니한다.

③ 일시적으로 1세대가 2주택을 소유한 경우 동거주택의 판정방법 및 그 밖에 필요한 사항은 대통령령으로 정한다.

I 대상판결의 개요

1. 사실관계의 요지

원고는 2014. 6.경 사망한 남편인 甲 소유의 서울시 소재 A아파트, 보험금 등 상속재산가액 합계 약 48억 원에 대하여 상속세를 신고·납부하였음.

관할 세무서장은 甲이 A아파트 외에 경기도 소재 B주택을 소유하여 원고는 1세대 1주택에 적용되는 동거주택상속공제를 받을 수 없다고 보아, 그 적용을 배제하여 원고에게 추가로 상속세를 부과하였음.

2. 원고의 주장 요지

B주택은 미등기건물로서 당초 甲의 부친인 乙의 소유였는데, 乙이 40여 년 전 사망하고 甲의 모친 丙도 20여 년 전 사망한 후 장기간 폐가 상태로 방치되었고, 甲이 요양 목적으로 약 2년간 사용하다가 甲이 사망한 후인 2014. 11.경 乙의 공동상속인 사이의 협의분할에 의해 甲의 동생인 丁이 상속받았음.

따라서 상속재산분할의 소급효에 의해 甲은 애초에 B주택을 소유하지 않았던 것으로 보아야 하므로, 1세대 1주택인 A아파트에 대하여 동거주택상속공제를 하지 아니한 상속세 부과처분은 위법함.

3. 판결 요지

가. 제1심 법원(피고 승소)

(1) 상속재산의 분할협의[34]는 상속이 개시되어 공동상속인 사이에 잠정적 공유가 된 상속재산에 대하여 그 전부 또는 일부를 각 상속인의 단독소유로 하거나 새로운 공유관계로 이행시킴으로써 상속재산의 귀속을 확정시키는 것으로 그 성질상 재산권을 목적으로 하는 법률행위이고(대법원 2001. 2. 9. 선고 2000다51797 판결 참조), 협의의 방식에는 특별한 제한이 없으므로 서면 또는 구술에 의한 협의, 명시적 또는 묵시적 협의가 모두 가능하지만, 통상 상속등기 등의 필요성 때문에 명시적으로 상속재산분할 협의서가 작성되는 것이 일반적임.

다음과 같은 사정, 즉 ① B주택은 오래 전에 건축된 미등기건물로서 B주택의 공동상속인들은 미등기건물인 B주택에 관하여는 굳이 명시적으로 상속재산분할협의서를 작성할 필요가 없었을 것으로 보이는 점, ② B주택에는 乙이 사망한 후 丙이 거주하였고, 丙의 사망 후에는 甲이 약 2년간 거주하며 현상유지 정도라고 볼 수 없는 규모의 수리를 한 점 등에 비추어 보면, B주택의 공동상속인들은 부수토지에 관하여 상속재산

---

34) 상속재산분할과 상속세 및 증여세의 과세에 관하여는 [15] 협의분할 및 재분할에 대한 과세여부 사례 참조.

의 분할협의를 할 때 묵시적으로 B주택까지 포함하여 분할협의를 하였던 것으로 볼 수 있으므로, B주택은 부수토지와 함께 乙의 사망 후 丙에게, 丙의 사망 후 甲에게 상속된 것으로 판단됨.

(2) 구 상증세법(2015. 12. 15. 법률 제13557호로 개정되기 전의 것) 제31조 제3항 본문은 '상속개시 후 상속재산에 대하여 등기·등록·명의개서 등 (이하 "등기 등")에 의하여 각 상속인의 상속분이 확정되어 등기 등이 된 후, 그 상속재산에 대하여 공동상속인이 협의하여 분할한 결과 특정 상속인이 당초 상속분을 초과하여 취득하게 되는 재산가액은 그 분할에 의하여 상속분이 감소한 상속인으로부터 증여받은 재산에 포함한다.'고 규정하면서 그 단서에서 '제67조에 따른 상속세 과세표준 신고기한 이내 에 재분할에 의하여 당초 상속분을 초과하여 취득한 경우와 당초 상속 재산의 재분할에 대하여 무효 또는 취소 등 대통령령으로 정하는 정당한 사유가 있는 경우에는 그러하지 아니하다.'고 규정하고 있는바, 위 규정의 입법취지는, 일반적인 관행상 상속재산의 분할에는 상당한 시간이 걸리는 경우가 많아서 세무당국이 지속적으로 이를 관리하기가 쉽지 아니한 관계로 상속등기 후 장시간이 경과한 다음 증여의사로 자신의 지분을 다른 공동상속인에게 이전하는 경우에도 과세할 수 없는 문제점을 시정하기 위하여 실질과세의 원칙에 따라 규정된 것임.

따라서 어떠한 상속재산의 분할협의가 상속개시 후 최초로 이루어진 것 이라면 상속개시일로 소급하여 그 협의된 내용대로 상속되었다고 볼 수 있겠지만, 이와 달리 상속재산의 분할협의가 이미 상속재산의 분할이 종료된 후에 별도의 의사에 기하여 이루어진 재분할이라면 당초 상속분과 새로 분할협의에 따라 취득하는 재산가액의 차액은 공동상속인들 사이에 서로 증여한 것으로 보아야 함.

앞서 본 바와 같이 B주택은 부수토지와 함께 乙의 사망 후 丙에게, 丙의 사망 후 甲에게 상속되었는데, 이와 달리 원고, 원고와 甲사이의 자녀인 戊와 己, 그리고 甲의 형제·자매들은 2014. 11.경 B주택을 甲의 동생인 丁의 단독소유로 하는 내용의 협의분할을 하였음. 위 법리에 따르면 이러한 협의분할은 이미 상속재산의 분할이 종료된 후에 별도의 의사에 기하여 이루어진 재분할로 볼 수밖에 없고, 그 효과는 丁이 甲의 상속인들로부터 B주택을 증여받았다는 것에 그칠 뿐, 丁이 乙 또는 丙의 사망 당시로 소급하여 B주택을 단독 상속한 것으로 되지는 않음.

(3) 상증세법 제23조의2 제1항에 의하면 제1호 내지 제3호의 요건을 모두 갖춘 경우에는 상속주택가액의 40%[35])에 상당하는 금액(최대 5억 원)을 상속세 과세가액에서 공제하도록 규정하고 있는데(이를 '동거주택 상속공제'라 함), 그 중 제2호 요건은 '피상속인과 상속인이 상속개시일로부터 소급하여 10년 이상 계속하여 1세대를 구성하면서 1세대 1주택에 해당할 것'을 규정하고 있음.

그런데 이상에서 살펴본 바와 같이 甲은 사망 당시 A아파트와 B주택을 함께 소유하고 있었으므로, 원고는 위 제2호 요건을 충족할 수 없어 상증세법 제23조의2 제1항 소정의 동거주택 상속공제를 받을 수 없음.

나. 항소심 및 상고심 법원(피고 승소)

제1심 판결의 논지를 수용하였음.

Ⅱ 해설

1. 동거주택 상속공제 제도

가. 의 의

동거주택 상속공제란, 피상속인과 상속인이 상속개시일부터 소급하여 10년 이상 계속하여 하나의 주택에서 동거하고 1세대 1주택에 해당하는 등의 일정한 요건을 갖춘 경우 상속주택가액의 100분의 80에 상당하는 금액을 상속세 과세가액에서 공제하는 것을 말한다(상증세법 제23조의2).

---

35) 이 사건 당시 시행되던 구 상증세법(2015. 12. 15. 법률 제13557호로 개정되기 전의 것) 제23조의2 제1항에서는 공제되는 액수에 관하여 '상속주택가액의 100분의 40'이라고 규정하고 있었으나, 현행법 하에서는 '상속주택가액의 100분의 80'으로 공제액이 증가하였음(다만, 한도액은 개정 전후 동일하게 5억 원임).

동거주택 상속공제는 1세대 1주택 실수요자의 상속세 부담을 완화하고 상속인의 주거안정을 도모함과 동시에 직계비속인 상속인이 피상속인인 노부모와 동거하며 봉양하는 것을 유도하게 위하여 도입된 제도이다.

나. 동거주택 상속공제의 요건

(1) 개 관

동거주택 상속공제를 받기 위해서는 거주자의 사망으로 상속이 개시되는 경우로서 ① 피상속인과 직계비속인 상속인이 상속개시일로부터 소급하여 10년 이상(상속인이 미성년자인 기간은 제외한다) 계속하여 하나의 주택에서 동거해야 하고(제1호), ② 피상속인과 상속인이 상속개시일로부터 소급하여 10년 이상 계속하여 1세대를 구성하면서 1세대 1주택에 해당하여야 하며(제2호), ③ 상속개시일 현재 무주택자로서 피상속인과 동거한 상속인이 상속받은 주택이어야 한다(제3호).

(2) '1세대 1주택'의 의미

제2호의 '1세대 1주택' 요건과 관련하여, 상증세법 시행령 제20조의2 제1항 전단은 1세대 1주택이란 소득세법 제88조 제6호에 따른 1세대가 1주택을 소유한 경우를 말한다고 규정하고 있고, 소득세법 제88조 제6호는 "1세대"란 거주자 및 그 배우자(법률상 이혼을 하였으나 생계를 같이 하는 등 사실상 이혼한 것으로 보기 어려운 관계에 있는 사람을 포함한다)가 그들과 같은 주소 또는 거소에서 생계를 같이 하는 자[거주자 및 그 배우자의 직계존비속(그 배우자를 포함한다) 및 형제자매를 말하며, 취학, 질병의 요양, 근무상 또는 사업상의 형편으로 본래의 주소 또는 거소에서 일시 퇴거한 사람을 포함한다]와 함께 구성하는 가족단위를 말한다고 규정하고 있다.

위 규정의 '1세대'는 생계를 같이 하는 동거가족으로 볼 수 있는데, 생계를 같이하는 동거가족이란 현실적으로 생계를 같이하는 동거가족을 의미하며,

반드시 주민등록상 세대를 같이함을 요하지는 않으나 일상생활에서 볼 때 유무상통하여 동일한 생활자금으로 생활하는 단위를 의미한다.[36]

(3) 1세대가 2주택 이상을 소유한 경우에도 1주택을 소유한 것으로 보는 경우

1세대가 다음의 어느 하나에 해당하여 2주택 이상을 소유한 경우에도 1세대가 1주택을 소유한 것으로 본다(상증세법 시행령 제20조의2 제1항 후단).

① 피상속인이 다른 주택을 취득(자기가 건설하여 취득한 경우를 포함한다)하여 일시적으로 2주택을 소유한 경우(다만, 다른 주택을 취득한 날부터 2년 이내에 종전의 주택을 양도하고 이사하는 경우만 해당한다)

② 상속인이 상속개시일 이전에 1주택을 소유한 자와 혼인한 경우(다만, 혼인한 날부터 5년 이내에 상속인의 배우자가 소유한 주택을 양도한 경우만 해당한다)

③ 피상속인이 「문화재보호법」 제53조 제1항에 따른 등록문화재에 해당하는 주택을 소유한 경우

④ 피상속인이 「소득세법 시행령」 제155조 제7항 제2호에 따른 이농주택을 소유한 경우

⑤ 1주택을 보유하고 1세대를 구성하는 자가 상속개시일 이전에 60세 이상의 직계존속을 동거봉양하기 위하여 세대를 합쳐 일시적으로 1세대가 2주택을 보유한 경우(다만, 세대를 합친 날부터 5년 이내에 피상속인 외의 자가 보유한 주택을 양도한 경우만 해당한다)

⑥ 피상속인이 상속개시일 이전에 1주택을 소유한 자와 혼인함으로써 일시적으로 1세대가 2주택을 보유한 경우(다만, 혼인한 날부터 5년 이내에 피상속인의 배우자가 소유한 주택을 양도한 경우만 해당한다)

---

[36] 대법원 1989. 5. 23. 선고 88누3826 판결.

(4) 동거기간 및 소유기간의 문제

(가) 동거기간

앞서 언급한 바와 같이 동거주택 상속공제를 받기 위해서는 피상속인과 상속인이 상속개시일부터 소급하여 10년 이상 계속하여 하나의 주택에서 동거하여야 한다. 이때 동거기간은 일반적으로 주민등록에 의하여 확인되는 기간을 기준으로 하는 것이나, 주민등록을 함께 하지 않은 경우라도 실제 피상속인과 상속인이 동거한 사실이 확인되는 경우에는 동거기간에 포함된다.[37]

또한 피상속인과 상속인이 아래의 사유로 인하여 동거하지 못한 경우에는 '계속하여' 동거한 것으로는 보되, 그 동거하지 못한 기간은 위의 10년의 동거기간에는 산입하지 아니한다(상증세법 제23조의2 제2항, 상증세법 시행령 제20조의2 제2항).

① 징집
② 「초·중등교육법」에 따른 학교(유치원·초등학교 및 중학교는 제외한다) 및 「고등교육법」에 따른 학교에의 취학
③ 직장의 변경이나 전근 등 근무상의 형편
④ 1년 이상의 치료나 요양이 필요한 질병의 치료 또는 요양

(나) 소유기간의 문제 – 10년 이상 소유요건의 필요여부

상증세법 제23조의2 제1항 제2호는 피상속인과 상속인이 상속개시일부터 소급하여 10년 이상 계속하여 1세대를 구성하면서 대통령령으로 정하는 1세대 1주택에 해당할 것이라고 규정하고 있고, 그에 관한 상증세법 시행령 제20조의2 제1항은 1세대가 1주택을 '소유'한 경우를 말한다고 규정하고 있다. 여기서 10년 이상의 동거요건 외에 10년 이상의 소유요건이 필요한지가 문제된다.

상증세법 제23조의2 제1항 제2호 후단이 무주택인 기간이 있는 경우 해당 기간은 1세대 1주택에 해당하는 '기간'에 포함한다고 규정하고 있는 점과

위 규정의 입법취지 등을 두루 고려하면, 10년 이상 계속 보유할 것을 요건으로 한다고 보는 것이 타당하다. 따라서 10년 이상의 동거요건을 구비하였더라도 다른 주택을 보유하면서 동거하던 주택을 보유하지 않았던 기간이 있었고 그 기간을 빼면 10년 미만인 경우에는 동거주택 상속공제를 받을 수 없다.[38]

2. 이 사건의 분석

가. 피상속인 甲과 상속인 원고가 상속개시일로부터 소급하여 10년 이상 계속하여 1세대를 구성하면서 1세대 1주택에 해당하는지 여부 – 제2호 요건 관련

원고는 피상속인 甲과 상속개시일인 2014. 6.경으로부터 소급하여 10년 이상 계속하여 A아파트에 거주하였으므로, 원고가 10년 상속개시일로부터 소급하여 10년 이상 계속하여 1세대를 구성한 사실은 인정된다. 다만 위 요건과 더불어, 상속개시일로부터 소급하여 10년 이상 1세대 1주택에 해당, 즉 1세대가 1주택을 소유한 경우에 해당하여야 하는데, 이와 관련하여 피상속인 甲이 상속개시일로부터 소급하여 10년 이내에 A아파트 외에 B주택을 소유하였는지 여부가 문제되었다.

원고는 B주택은 미등기건물로서 당초 甲의 부친인 乙의 소유였는데, 乙의 사망 후 甲이 요양 목적으로 약 2년간 사용하다가 甲이 사망한 후에 乙의 공동상속인 사이의 협의분할[39]에 의하여 甲의 동생인 丁이 상속받았다고 주장하였다. 상속재산분할의 소급효에 의해 甲은 애초에 B주택을 소유하지 않았던 것으로 보아야 하므로, 원고와 甲은 1세대 1주택에 해당하여 제2호의 요건을 갖추었다는 것이다.

---

38) 강석규, 앞의 책, p.1224 참조.

39) 丁을 B주택의 단독소유자로 한다는 내용의 위 두 번째 협의는 甲의 사망 이후에 이루어졌는바, 甲의 상속인인 원고와 戊, 己는 甲이 가지고 있었던 상속재산분할협의권(甲의 부모인 乙, 丙 사망시 甲에게는 상속인으로서 상속재산분할협의를 할 수 있는 권리가 발생한다)을 상속받아 甲의 형제자매들과 위 2차 분할협의에 참여한 것으로 보인다.

이에 대하여 법원은 ① B주택은 미등기건물로서 부수토지에 비하여 경제적 가치가 크지 않아서 B주택에 관하여 굳이 명시적으로 상속재산분할협의서를 작성할 필요가 없었던 것으로 보이는 점, ② 甲은 2004년 이후 B주택에 관하여 재산세를 납부하였고, 거주 당시 B주택에 대하여 현상유지수준 이상의 대규모 수리를 하였던 점 등에 비추어 보면 B주택의 부수토지에 대한 상속재산분할협의 당시에 B주택에 상속재산분할협의도 묵시적으로 이루어졌고, 따라서 B주택은 묵시적 상속재산분할협의에 의하여 1차적으로 甲의 소유로 된 것으로 보는 것이 타당하다고 판단하였다. 그리고 원고가 주장하는 2차 상속재산분할은 유효한 1차 상속재산분할이 종료된 후 별도의 의사에 기한 재분할이라고 판시하였다.

결국 위와 같은 법원의 논지에 의하면, 丁이 당초부터 B주택을 계속 소유하여왔던 것으로 볼 수 없고, B주택은 우선 甲에게 상속되었다가, 위 2차 협의에 의하여 甲의 상속인으로부터 丁에게 증여된 것으로 봄이 타당하다. 따라서 원고와 그 피상속인인 甲은 甲의 사망일로부터 소급하여 10년 동안 1세대 1주택에 해당하여야 한다는 제2호의 요건을 갖추지 못하였다.

나. 원고가 직계비속인 상속인으로서 상속개시일로부터 소급하여 10년 이상 계속하여 하나의 주택에서 동거했는지 여부 – 제1호 요건 관련

과거에는 동거주택의 상속공제를 받을 수 있는 상속인의 범위에 제한이 없었으나 상증세법(법률 제12168호, 2014. 1. 1. 시행)의 개정으로 2014. 1. 1. 이후[40] 상속개시분부터는 동거주택의 상속공제를 받을 수 있는 상속인이 직계비속으로 한정되었다. 직계비속이 노부모와 동거하며 봉양하는 것을 유도하는 입법취지에 맞게 동거주택 상속공제를 받을 수 있는 자에서 배우자를 제외하고, 직계비속에 한정한 것이다.

---

40) 위 상증세법(법률 제12168호, 2014. 1. 1. 시행) 부칙<법률 제12168호, 2014. 1. 1.> 제2조에서는 '이 법은 이 법 시행 후 상속이 개시되거나 증여받는 분부터 적용한다.'고 규정하고 있고, 동 부칙 제1조세서는 '이 법은 2014년 1월 1일부터 시행한다.'고 규정하고 있다.

　　원고는 피상속인인 甲과 甲의 사망일인 2014. 6.경으로부터 소급하여 10 년 이상 계속하여 A아파트에서 동거하였으나, 동거주택 상속공제를 받기 위해서는 직계비속인 상속인이어야 하는데, 원고는 피상속인 甲의 배우자였으므로 개정 상증세법에 의하면 제1호의 요건을 갖추지 못하였다.[41)]

다. 판결의 의의

　　사안은 동거주택 상속공제의 요건과 관련하여 주로 상증세법 제23조의2 제1항 제2호의 '상속개시일로부터 소급하여 10년 이상 계속하여 1세대를 구성하면서 1세대 1주택에 해당'하여야 한다는 요건이 문제되었다.

　　이 판결은 위 제2호의 요건을 충족하기 위해서는 상속개시일로부터 소급하여 10년 이상 1세대 1주택에 해당, 즉 1세대가 1주택을 소유한 경우에 해당하여야 함을 명백히 하였다. 또한 1주택의 소유 여부와 관련하여 상속재산분할협의의 효력이 문제되었는데, 이 판결은 1차 상속재산분할이 종료된 후에 별도의 의사에 기하여 이루어진 새로운 분할협의에 의해 취득한 재산은 그 재산을 1차 협의에 의하여 취득하였던 상속인으로부터 증여받은 것일 뿐, 상속개시 당시로 소급하여 그 재산을 취득한 것으로 볼 수 없음을 확인하였다는 점에서 그 의미가 있다.

---

41) 다만, 이 사건 제1심 및 항소심에서 제1호의 요건은 다투어지지 않았는바, 원고는 甲의 상속인들(배우자인 원고, 자녀인 戊와 己)을 대표하여 직계비속인 자녀 戊와 己가 상속한 A아파트에 관한 상속지분이 공제대상인 동거주택에 해당한다고 보아 상속재산가액에서 동거주택 상속공제액을 차감하고 상속세를 신고 · 납부한 것으로 보인다. 즉 원고가 이 사건 상속세 중 직계비속인 자녀의 상속지분에 관한 부분이 동거주택 상속공제의 적용대상이 된다고 주장하며 상속세를 신고하고, 이 사건 소를 제기한 것으로 본다면 위 제1호의 요건은 일응 충족한 것으로 볼 여지도 있다.

3. 관련 사례 등

가. 판 례

별개의 주택에서 생활한 이상 동거주택 상속공제 적용받을 수 없음(서울고등법원 2014. 6. 20. 선고 2013누53129 판결)
피상속인과 별개의 주택에서 생활한 이상 바로 인근에 거주하며 자녀로서의 부양의무를 이행하였다고 하더라도 동거주택 상속공제의 요건에 해당한다고 할 수 없음.

나. 관련 예규 등

부동산 매매계약 이행 중인 주택에 대한 동거주택 상속공제 여부(법령해석재산-243, 2015. 5. 27.)
상속개시일 전에 피상속인이 전세보증금을 받고 임대한 주택에 대하여 매매계약을 체결하여 계약금을 수령하고 사망한 경우 동거주택 상속공제를 적용받을 수 있으며, 상속주택가액은 총 매매가액에서 피상속인이 수령한 계약금 등을 차감한 가액으로 함.

동거주택 상속공제 대상인 '주택'에 해당하는지 여부에 대한 판단(법규재산 2013-411, 2013. 10. 31.)
공부상 오피스텔이라고 하더라도 10년 이상 사실상 주거용으로 사용하던 주택임이 확인되는 경우에는 동거주택 상속공제를 받을 수 있음.

상속인이 주택부수토지를 상속받는 경우 동거주택 상속공제 적용 여부(재산세과-335, 2011. 7. 14., 재산세과-580, 2010. 8. 11.)
주택은 상속인이 소유하고, 주택부수토지는 피상속인이 소유하고 있던 중 상속이 개시되어 피상속인과 10년 이상 동거한 상속인이 위 주택부수토지를 상속받는 경우에는 동거주택 상속공제를 적용하지 아니함.

상속인 등이 공동상속주택의 지분을 보유하고 있는 경우 동거주택 상속공제 적용 여부(재산세과-695, 2010. 9. 15., 재산세과-683, 2010. 9. 10.)
상속인이 공동상속주택의 지분을 보유하고 있는 경우 동거주택 상속공제를 적용하지 아니함.
상속인의 배우자가 공동상속주택의 지분을 보유하고 있는 경우 동거주택 상속공제를 적용하지 아니함.

13

상속재산에 가산한 증여재산에 대한 증여세액 공제

– 대법원 2018. 12. 13. 선고 2016두54275 판결 –

» 상증세법 제28조 제1항은 같은 법 제13조에 따라 상속재산에 가산한 증여재산에 대한 증여세액은 상속세 산출세액에서 공제하고, 다만, 상속세 과세가액에 가산하는 증여재산에 대하여 국세기본법에 규정된 부과제척기간의 만료로 인하여 증여세가 부과되지 아니하는 경우와 상속세 과세가액이 5억 원 이하인 경우에는 그러하지 아니하다고 규정하고 있음. 상증세법 제13조는 상속세 과세가액에 상속개시일 전 10년 이내에 피상속인이 상속인에게 증여한 재산가액과 상속개시일 전 5년 이내에 피상속인이 상속인이 아닌 자에게 증여한 재산가액을 가산하도록 규정하고 있는데, 이에 의하면 동일한 재산에 대하여 증여세를 과세하고 또다시 상속세를 과세하는 결과가 되는바, 이러한 이중과세의 문제를 해결하기 위한 제도가 상증세법 제28조 제1항의 증여세액 공제임. 이 사건은 공제되는 증여세액에 세대생략가산액도 포함되는지 여부가 문제된 사례로서, 대습상속과 사전증여재산의 가산, 증여세액의 공제방법 등에 관하여 검토하고자 함.

🗨 상속세 및 증여세법

제28조(증여세액 공제)

① 제13조에 따라 상속재산에 가산한 증여재산에 대한 증여세액(증여 당시의 그 증여재산에 대한 증여세산출세액을 말한다)은 상속세산출세액에서 공제한다. 다만, 상속세 과세가액에 가산하는 증여재산에 대하여 「국세기본법」 제26조의2 제1항 제4호 또는 같은 조 제4항에 규정된 기간의 만료로 인하여 증여세가 부과되지 아니하는 경우와 상속세 과세가액이 5억 원 이하인 경우에는 그러하지 아니하다.

② 제1항에 따라 공제할 증여세액은 상속세산출세액에 상속재산(제13조에 따라 상속재산에 가산하는 증여재산을 포함한다. 이하 이 항에서 같다)의 과세표준에 대하여 가산한 증여재산의 과세표준이 차지하는 비율을 곱하여 계산한 금액을 한도로 한다. 이 경우 그 증여재산의 수증자가 상속인이거나 수유자이면 그 상속인이나 수유자 각자가 납부할 상속세액에 그 상속인 또는 수유자가 받았거나 받을 상속재산에 대하여 대통령령으로 정하는 바에 따라 계산한 과세표준에 대하여 가산한 증여재산의 과세표준이 차지하는 비율을 곱하여 계산한 금액을 한도로 각자가 납부할 상속세액에서 공제한다.

Ⅰ 대상판결의 개요

1. 사실관계의 요지

甲은 그 자녀로 乙과 원고 己, 庚, 辛, 壬, 癸를 두었고, 2007. 8.경 乙의 처이자 甲의 며느리인 원고 丙에게 5억 원을, 乙과 丙 사이의 자녀들로서 손자들인 원고 丁에게 5억 원을, 원고 戊에게 3억 원을, 2007. 8.경부터 2009. 2.경까지 사이에 己에게 약 2억 2,200만 원, 庚, 辛, 壬에게 각 2억 2,700만 원을, 癸에게 3,000만 원을 각 증여하였고, 이와 별도로 丁에게 부동산 등 가액 합계 약 2억 7,700만 원을 증여하였으며, 원고들은 그에 관한 증여세를 모두 납부하였음.

丁과 戊는 증여자인 甲의 자녀가 아닌 직계비속인 경우에 해당하여 구 상증세법(2013. 3. 23. 법률 제11690호로 개정되기 전의 것) 제57조 본문에 따라 증여세액에 100분의 30이 가산되었음.

한편, 甲은 위 각 증여 이후인 2013. 2.경 사망하였고, 그보다 앞서 乙은 2008. 11.경 사망하였기 때문에 乙의 상속인들인 丙, 丁, 戊는 대습상속인으로서 나머지 원고들과 함께 甲을 공동상속하였으며, 원고들은 甲이 상속 개시 당시 남긴 재산이 없다는 이유로 상속세의 과세가액 등을 신고하지 아니하였음.

관할 세무서장은 원고들의 상속세의 과세가액 현황을 조사한 결과, 원고들이 甲으로부터 각 증여받은 위 재산은 상속개시일 전 10년 이내에 피상속인이 상속인에게 증여한 재산가액으로서 상속세 과세가액에 포함된다고 판단하여 위 증여재산가액 합계 약 25억 원을 상속세 과세가액으로 보았고, 원고들이 이미 납부한 증여세액을 공제하여 상속세액을 산출한 다음, 여기에 가산세 등을 더하여 원고들에게 상속세를 부과하였음.

2. 원고의 주장 요지

甲이 2007. 8.경 丙, 丁, 戊에게 재산을 증여할 당시 乙이 생존하여 있었으므로 甲의 상속인은 乙이 되고, 乙의 배우자 또는 자녀들인 丙, 丁, 戊는 甲의 상속인이 아니므로, 甲이 丙, 丁, 戊에게 재산을 증여하였다고 하더라도, '피상속인이 상속인에게 증여한 재산'에 해당한다고 할 수 없으므로, 그 증여재산을 상속재산가액에 합산하는 것은 위법함.

丁, 戊는 乙의 사망 이전에 甲으로부터 재산을 증여받을 당시 증여세 과세표준에 세율을 적용한 산출세액 뿐만 아니라 구 상증세법 제57조에 따른 할증과세, 즉 세대생략가산액도 납부하였는데, 상속재산에 가산한 사전증여재산에 대한 증여세액을 상속세산출세액에서 공제함에 있어 위 세대생략가산액도 포함하여 공제하여야 함.[42]

원고들은 甲의 사망 당시 그의 생전 증여재산이 구 상증세법에 따라 상속재산에 가산되는 것을 알지 못하여 상속세의 신고 및 그 납부를 제때에 하지 못한 것으로서 그에 관하여는 정당한 사유가 있으므로 가산세 부과부분은 위법함.

---

[42] 원고들은 항소심에 이르러 이와 같은 주장을 하였음.

3. 판결 요지

가. 제1심 법원(피고 승소)

(1) 상속재산 합산의 대상이 되지 아니한다는 주장에 관한 판단

구 상증세법 제13조 제1항 제1호는 상속개시일 전 10년 이내에 피상속인이 상속인에게 증여한 재산가액은 상속세의 과세가액에 포함시키도록 규정하고 있고, 상속은 피상속인의 사망으로 인하여 개시되며, 상속인은 피상속인의 사망과 동시에 그 권리의무를 포괄적으로 승계하므로(민법 제997조, 제1005조 참조), 상속재산의 범위와 평가의 기준시점은 상속이 개시되는 때임(구 상속세 및 증여세법 제60조 제1항 참조).

丙, 丁, 戊가 甲으로부터 재산을 증여받을 당시에는 乙이 생존하여 있어 丙, 丁, 戊가 甲의 상속인이 될 자격을 갖추고 있지 아니하였지만, 甲이 사망하여 상속이 개시되었을 당시에는 乙이 먼저 사망하여 丙, 丁, 戊가 甲을 대습상속하였는바, 甲의 사망으로 인하여 발생하게 되는 상속세의 발생여부나 그 범위는 상속이 개시된 당시를 기준으로 판단하여야 할 것이므로, 甲의 상속인인 위 원고들이 그 상속 개시일 10년 이전에 피상속인 甲으로부터 증여받은 재산은 모두 상속재산가액에 합산되어야 함.

(2) 가산세 부분이 위법하다는 주장에 관한 판단

세법상 가산세는 과세권의 행사 및 조세채권의 실현을 용이하게 하기 위하여 납세자가 정당한 사유 없이 법에 규정된 신고·납세의무 등을 위반한 경우에 법이 정하는 바에 의하여 부과하는 행정상의 제재로서, 납세자의 고의·과실은 고려되지 아니하고, 법령의 부지 또는 오인은 그 정당한 사유에 해당한다고 볼 수 없는바(대법원 2013. 5. 23. 선고 2013두1829 판결 등), 원고들의 주장에 의하더라도 원고들은 위 각 생전 증여재산이 구 상속세 및 증여세법에 따라 상속재산에 합산되는 것을 알지 못하였다는 것으로 이는 법령의 부지 또는 오인에 불과하다고 할 것이므로, 그러한 사정만으로는 원고들이 위 상속세의 신고 및 납부의무를 다하지 아니한 데에 정당한 사유가 있다고 할 수 없음.

나. 항소심 법원(피고 승소)

아래와 같은 사항을 추가적으로 판단하는 것을 제외하고는 제1심 판결의 논지를 원용하여 원고의 항소를 기각함.

(1) 원고들은 丁과 戊는 乙의 사망 이전에 甲으로부터 재산을 증여받을 당시 증여세 과세표준에 세율을 적용한 산출세액 뿐만 아니라 구 상속세 및 증여세법 제57조에 따른 세대생략가산액도 납부하였는데, 상속재산에 가산한 사전 증여재산에 대한 증여세액을 상속세산출세액에서 공제함에 있어 위 세대생략가산액도 포함하여 공제하여야 한다고 주장함.

(2) 구 상증세법 제28조 제1항 본문은 "제13조에 따라 상속재산에 가산한 증여재산에 대한 증여세액(증여 당시의 그 증여재산에 대한 증여세산출세액을 말한다)은 상속세산출세액에서 공제한다."라고 규정하여 상속세산출세액에서 공제될 증여세액은 가산한 증여재산에 대한 '증여세산출세액'임을 분명히 하고 있고, 구 상증세법 제56조는 증여세산출세액을 "제55조에 따른 과세표준에 제26조에 규정된 세율을 적용하여 계산한 금액"으로 정의하고 있으며, 제57조는 "수증자가 증여자의 자녀가 아닌 직계비속인 경우에는 증여세산출세액에 100분의 30에 상당하는 금액을 가산한다."라고 규정하여 '증여세산출세액'과 '세대생략가산액'을 개념적으로 구분하고 있는바, 상속세산출세액에서 공제될 증여세액에 세대생략가산액은 포함되지 않는다고 해석하는 것이 위 규정들의 문언에 부합함.

다. 상고심 법원(원심 파기, 원고 일부 승소)

(1) 수증자가 대습상속인이 된 경우 증여받은 재산의 사전증여재산 가산 여부

상속세는 상속으로 인한 상속개시일 현재의 상속재산에 대하여 부과하는 것으로 상속세를 납부할 의무 역시 상속이 개시되는 때 성립하고, 상속인은 각자가 받았거나 받을 재산을 기준으로 상속세를 납부할 의무가 있음. 여기서 상속인에는 민법 제1001조 및 제1003조에 따른 대습상속인도 포함됨(구 상증세법 제1조 제1항, 제3조 제1항 등). 따라서 피상속인이 사망하여 상속이 개시된 때에 대습상속의 요건을 갖추어 구 상속세 및 증여세법상 상속인이 되었다면, 그 상속인이 상속개시일 전 10년 이내에 피상속인으로부터 증여받은 재산의 가액은 구 상증세법 제13조 제1항 제1호에 따

라 상속인에 대한 증여로 보아 상속세 과세가액에 포함되어야 함.

같은 취지에서 원심이 피상속인 甲의 상속인이 그 상속개시일 10년 이전에 甲으로부터 증여받은 재산은 모두 상속재산가액에 합산되어야 한다는 이유로 이에 반하는 원고들의 주장을 배척한 것은 정당함.

(2) 증여세액 공제 시 세대생략가산액 포함 여부

증여자의 자녀가 아닌 직계비속에 대한 증여에 해당하여 구 상증세법 제57조에 의한 할증과세가 이루어진 이후에 증여자의 사망으로 인한 상속이 개시되어 수증자가 민법 제1001조의 대습상속 요건을 갖추어 상속인이 되었다면, 구 상증세법 제28조 제1항 본문에 따라 상속세산출세액에서 공제하는 증여세액에는 할증과세로 인한 세대생략가산액을 포함한다고 보아야 하는바, 그 이유는 다음과 같음.

(가) 상속세는 재산상속을 통한 부의 세습과 집중의 완화 등을 위하여 마련된 것으로, 구 상증세법 제27조는 세대생략으로 인한 과세상 불균형 등을 방지하기 위하여 상속으로 인한 부의 이전이 세대를 건너뛰어 이루어진 경우 할증과세를 하되, 세대생략에 정당한 사유가 있는 대습상속의 경우를 할증의 대상에서 제외하고 있음. 이러한 상속세의 과세 목적과 더불어 상속개시 시점을 기준으로 상속세 과세대상이 원칙적으로 정하여진다는 점 등을 고려하면 미리 증여의 형식으로 부를 세습함으로써 상속세의 부담을 부당하게 감소시키는 행위를 방지할 필요가 있음. 이에 따라 구 상속세 및 증여세법은 제57조에서 세대생략 상속과 마찬가지로 세대생략 증여세 대하여도 할증과세를 하고 있으며, 제13조 제1항 제1호에서 상속인에 대한 일정한 범위의 사전증여재산을 상속세 과세가액에 가산하도록 하고 있음.

(나) 한편 상속인은 상속재산 중 각자가 받았거나 받을 재산의 비율에 따라 상속세를 납부할 의무가 있는데, 이는 피상속인의 사망을 계기로 무상으로 이전되는 재산을 취득한 자에게 실질적 담세력을 고려하여 그 취득분에 따른 과세를 하기 위한 것이므로, 상속세의 납부세액을 결정할 때 이를 반영하여야 함. 구 상증세법 제28조가 사전증여재산에 대한 증여세액을 상속세산출세액에서 공제하도록 규

정함으로써 사전증여재산을 상속세 과세가액에 가산하여 누진세율에 의한 과세의 효과를 유지하면서도 이중과세를 배제하고자 하는 것도 역시 같은 취지임.

(다) 따라서 세대를 건너뛴 증여로 구 상증세법 제57조에 따른 할증과세가 되었더라도, 그 후 증여자의 사망으로 상속이 개시된 시점에 수증자가 대습상속의 요건을 갖춤으로써 세대를 건너뛴 상속에 대하여 할증과세를 할 수 없게 되어 세대생략을 통한 상속세 회피의 문제가 생길 여지가 없다면, 세대생략 증여에 대한 할증과세의 효과만을 그대로 유지하여 수증자 겸 상속인에게 별도의 불이익을 줄 필요가 없음.

이러한 법리에 비추어 보면 丁, 戊가 甲으로부터 증여받은 현금에 대하여 구 상증세법 제57조에 따라 세대생략가산액을 납부하였고, 증여자인 甲의 사망으로 상속이 개시된 때 위 원고들이 증여자이자 피상속인 甲의 대습상속인이 된 이상, 상속재산에 가산된 丁, 戊가 받은 증여재산에 대한 증여세산출세액과 아울러 세대생략가산액까지 포함하여 상속세산출세액에서 공제함이 타당하고, 따라서 이와 다른 전제에서 이루어진 상속세 부과처분은 위법함.

Ⅱ 해설

1. 증여세액 공제

가. 의 의

상증세법 제13조 제1항 제1호에 의하면 상속개시일 전 10년 이내에 피상속인이 상속인에게 증여한 재산가액은 상속재산가액에 합산되는데,[43] 그 합

---

43) 이에 관한 자세한 내용은 [5] 상속개시 전 증여재산의 합산과세 사례 참조.

산된 증여재산에 대한 증여세액을 상속세 산출세액에서 공제하는 것이 증여세액 공제 제도이다(상증세법 제28조).

피상속인이 생전에 상속인에게 특정 재산을 증여하였다면 그 당시에 증여세가 부과되었을 것인데, 그 증여한 재산가액을 상속재산가액에 합산하여 상속세를 부과한다면 동일한 재산에 대하여 증여세와 상속세를 모두 부과하는 결과가 되므로, 이러한 이중과세를 방지하기 위하여 마련된 제도가 증여세액 공제이다.

나. 증여세액 공제방법

상속세산출세액에서 공제하는 사전증여재산에 대한 증여세액은 실제 납부한 증여세액을 의미하는 것이 아니라 증여 당시의 증여세산출세액을 말한다. 즉, 증여 당시의 그 증여재산에 대한 증여세 산출세액에서 신고세액 공제액[44]은 차감하지 않고, 각종 가산세를 가산하지 아니한 금액이 공제되는 증여세액이다.

다만, 피상속인의 생전 증여에 대하여 부과제척기간의 만료로 증여세가 부과되지 아니한 경우에는 이중과세의 문제가 없다는 점에서, 그리고 상속세과세가액이 5억 원 이하인 경우에는 상증세법 제21조에 의한 일괄공제(5억 원)를 받을 수 있다는 점에서 각 증여세액을 공제하지 아니한다.

또한 여기서 말하는 증여재산이란 상속개시 이전에 증여계약의 이행이 완료된 재산을 말하고, 증여계약만 체결된 상태에서 상속이 개시된 경우에는 그 재산은 상속재산에 해당하고 피상속인의 수증자에 대한 증여채무의 상속세과세가액 공제 여부만이 문제된다(제14조 제1항 제3호 참조).

---

[44] 상증세법 제69조의 신고세액 공제와 관련하여, 과거에는 100분의 7에 상당하는 금액이 공제되었으나, 상증세법의 개정(2017. 12. 19. 법률 제15224호로 일부개정된 것)에 따라 2018. 1. 1.부터는 100분의 3에 상당하는 금액이 공제된다.

다. 공제한도액 계산방법

(1) 수증자가 상속인 또는 수유자일 경우의 공제한도액

사전증여재산의 수증자가 상속인 또는 수유자일 경우, 당해 상속인 또는 수유자 각자가 납부할 상속세액에 그 상속인 또는 수유자가 받았거나 받을 상속재산에 대한 상속세 과세표준 상당액에 대하여 가산한 증여재산의 과세표준이 차지하는 비율을 곱하여 계산한 금액을 한도로 각자가 납부할 상속세액에서 공제한다(상증세법 제28조 제2항 후단).

(2) 수증자가 상속인 또는 수유자가 아닌 경우의 공제한도액

사전증여재산의 수증자가 상속인 또는 수유자가 아닌 경우, 상속세 산출세액에 상속세 과세표준 중 상속인 등이 아닌자가 증여받은 재산에 대한 증여세 과세표준이 차지하는 비율을 곱하여 계산한 금액을 공제한도액으로 한다(상증세법 제28조 제2항 전단).

라. 대습상속과 증여세액 공제

(1) 대습상속과 사전증여재산의 가산

대습상속이란 상속인 될 직계비속 또는 형제자매가 상속개시 전에 사망하거나 결격자가 된 경우 그의(＝사망하거나 결격자가 된 자의) 직계비속이나 배우자가 사망자, 결격자의 순위에 갈음하여 상속인이 되는 것을 의미한다(민법 제1001조, 제1003조 제2항). 이를 사전증여재산의 가산과 연관지어 생각해보면, 가령 조부가 손자에게 재산을 증여할 당시에는 부(父)가 살아 있어서 증여 당시에는 손자는 (대습)상속인이 아니었는데, 그 증여 이후, 그리고 조부의 사망 이전에 부(父)가 사망하여 손자가 대습상속인이 된 경우에 손자가 증여받은 재산이 사전증여재산 가산의 대상이 되는지 여부가 문제된다.

① 상속세의 발생 여부나 그 범위는 상속이 개시되는 때를 기준으로 판단하는 것이고, 실제 상속이 이루어진 때에야 그 상속인의 범위가 확정되며

상속개시 이전에는 '피상속인'이나 '상속인'이라는 개념을 상정할 수 없다는 점, ② 민법 제1001조, 제1003조 제2항에 의하면 대습상속인도 엄연히 상속인의 범주에 포함된다는 점 등에 비추어 보면, 조부가 손자에게 증여한 재산도 '피상속인이 상속인에게 증여한 재산'으로서 그 증여재산은 사전증여재산 가산의 대상이 된다고 할 것이다.

(2) 대습상속의 경우 증여세액 공제시 세대생략가산액 포함 여부

만약 수증자가 증여자의 자녀가 아닌 직계비속에 해당하여 증여세 외에 상증세법 제57조에 따른 세대생략가산액도 납부하고, 이후 증여자가 사망하여 수증자가 증여자의 상속인이 된 경우 즉, 대습상속이 발생한 경우에 수증자가 납부한 증여세 본세 이외에 세대생략가산액도 상증세법 제28조의 증여세액 공제의 대상이 되는지 여부가 문제된다.

이와 관련하여, 상증세법 제28조 제1항 본문은 "제13조에 따라 상속재산에 가산한 증여재산에 대한 증여세액(증여 당시의 그 증여재산에 대한 증여세산출세액을 말한다)은 상속세산출세액에서 공제한다."라고 규정하여 상속세산출세액에서 공제될 증여세액은 가산한 증여재산에 대한 '증여세산출세액'임을 분명히 하고 있고, 상증세법 제57조는 "수증자가 증여자의 자녀가 아닌 직계비속인 경우에는 증여세산출세액에 100분의 30에 상당하는 금액을 가산한다." 라고 규정하여 '증여세산출세액'과 '세대생략가산액'을 개념적으로 구별하고 있는 점, 조세법률주의 원칙상 조세법규의 해석은 특별한 사정이 없는 한 법문대로 해석하여야 하는데 세대생략가산액을 상속세산출세액에서 공제한다는 명시적 규정이 없는 점 등을 근거로 사전증여재산에 대한 증여세액을 상속세산출세액에서 공제함에 있어 세대생략가액은 포함되지 않는다는 견해가 있다.[45] 이 사건 항소심도 이와 같은 입장이다.

---

45) 최권일, 정유진, "대법원 2018. 12. 13. 선고 2016두54275 판결 평석", 법률신문, 2019. 3. 29.

반면, 조세법률주의의 원칙상 조세법규의 해석은 특별한 사정이 없는 한 법문대로 해석하여야 하고 합리적 이유 없이 확장해석하거나 유추해석하는 것은 허용되지 않지만, 법규 상호 간의 해석을 통하여 그 의미를 명백히 할 필요가 있는 경우에는 조세법률주의가 지향하는 법적 안정성 및 예측가능성을 해치지 않는 범위 내에서 입법 취지 및 목적 등을 고려한 합목적적 해석을 하는 것은 불가피하다는 점(대법원 2008. 4. 24. 선고 2006두187 판결, 대법원 2017. 10. 12. 선고 2016다212722 판결), 대습상속인이 된 자에 대한 상속세를 산정하면서 세대생략가산액을 포함한 증여세액을 상속세 과세가액에 포함시켰다면, 증여세액 공제 시 세대생략가산액도 포함된다는 내용의 명문규정이 없다고 하더라도 이를 공제해 주는 것이 이중과세 방지라는 증여세액 공제제도의 입법취지 등을 고려한 합목적적 해석이라고 볼 수 있는 점 등에 비추어 상속세산출세액에서 공제하는 증여세액에는 할증과세로 인한 세대생략가산액도 포함된다는 견해도 있다.[46] 대법원도 이와 같은 입장이다.

2. 이 사건의 분석

가. 丙, 丁, 戊가 甲으로부터 증여받은 재산이 사전증여재산으로서 그 가액이 상속세 과세가액에 포함되어야 하는지 여부

이 사건에서 상속개시 시점인 甲의 사망 당시 원고 丙, 丁, 戊는 피상속인 甲의 대습상속인이었다. 민법 제1001조, 제1003조 제2항에 의하면 대습상속인도 엄연히 상속인의 범주에 포함되는 것이므로 甲이 丙, 丁, 戊에게 증여한 재산이 '피상속인이 상속인에게 증여한 재산'에 해당한다고 봄이 타당하다. 따라서 그 증여재산은 상속재산가액에 합산되어야 한다.

---

46) 유철형, 대습상속인이 피상속인으로부터 사전 증여받은 재산 관련 상속세 산정방법, 2018. 12. 24. 참조.

나. 사전증여재산에 대한 증여세액 공제 시 丁과 戊가 납부한 세대생략가산액도 포함하여 공제하여야 하는지 여부

앞서 살펴본 바와 같이, 상속세산출세액에서 공제하는 증여세액에는 할증과세로 인한 세대생략가산액도 포함된다는 것이 대법원의 입장인데, 이에 의하면 丁, 戊가 甲으로부터 재산을 증여받을 당시 납부한 증여세 본세뿐만 아니라 상증세법 제57조에 따라 납부한 세대생략가산액도 상속세산출세액에서 공제하여야 한다.

다. 이 사건 처분 중 가산세 부과처분의 적법 여부

세법상 가산세는 과세권의 행사 및 조세채권의 실현을 용이하게 하기 위하여 납세자가 정당한 사유 없이 법에 규정된 신고·납세의무 등을 위반한 경우에 법이 정하는 바에 의하여 부과하는 행정상의 제재로서, 납세자의 고의·과실은 고려되지 아니하고, 법령의 부지 또는 오인은 그 정당한 사유에 해당한다고 볼 수 없다.

법원은 원고들이 생전 증여재산이 상증세법에 따라 상속재산에 합산되는 것을 알지 못하였다는 사정은 단순히 법령의 부지 또는 오인에 불과한 것이고, 그러한 사정만으로는 원고들이 상속세의 신고 및 납부의무를 다하지 아니한 데에 정당한 사유가 있다고 할 수 없으므로 이 사건 가산세 부과처분은 적법하다고 판시하였다.

라. 판결의 의의

사안은 조부(祖父)가 손자에게 재산을 증여하고, 이후 손자가 조부의 대습상속인이 된 사안으로서 상증세법 제13조의 사전증여재산 가산과 동법 제28조의 증여세액 공제가 동시에 문제되었다.

이 판결은 우선 대습상속인도 엄연히 상속인의 범주에 포함된다는 점 등에 근거하여 조부가 손자에게 증여한 재산도 '피상속인이 상속인에게 증여한 재산'

으로서 상증세법 제13조에 따라 사전증여재산 가산의 대상임을 명확히 하였다.

또한 손자가 수증 당시에 납부한 세대생략가산액이 상증세법 제28조의 증여세액 공제 대상인지 여부에 관하여는 기존에 논란이 많았고, 특히 다수의 관련 예규나 심판결정례는 세대생략가산액은 기납부세액으로 공제되지 않는다는 입장이었는바(재삼 46014-99, 1999. 1. 18. 조심 2013중294, 2013. 3. 21. 등), 이 판결은 세대생략가산액도 상증세법 제28조의 증여세액 공제의 대상이 된다고 판시하여 위 논의를 정리하였다는 점에서 큰 의미를 가진다.

3. 관련 사례 등

가. 판 례

증여받을 당시에는 부부관계였는데, 이후 이혼하여 혼인관계가 해소되고 증여자가 사망한 경우 증여세액 공제(대법원 2012. 5. 9. 선고 2012두720 판결, 대법원 2017. 5. 26. 선고 2017두35738)
증여 당시 수증자가 배우자인 관계로 배우자증여공제를 받았다가 상속개시 당시에는 이혼으로 상속인이 아니어서 배우자상속공제를 받을 수 없게 된 경우, 구 상증세법 제28조 제1항에 따라 상속세 산출세액에서 공제할 증여세액은 실제로 납부된 증여세액이 아니라 증여한 재산가액에 대하여 배우자증여공제를 하지 아니하였을 때의 증여세 산출세액임. 반면 증여 당시에 부부관계였고, 상속개시 당시에도 부부관계인 경우라면 배우자증여공제를 적용한 증여세액을 기납부세액으로 공제하여야 함.

나. 관련 예규 등

父와 母로부터 증여받아 증여세를 합산과세한 후 父의 사망 시 증여세액 공제방법(재산상속 46014-1826, 1999. 10. 13.)
父와 母로부터 각각 증여받은 재산을 상증세법 제47조 제2항[47])에 따라 증여세 합산과세한 경우로서 父의 사망으로 인하여 父로부터 증여받은 재산을 상속세 과세가액에 합산하는 경우, 기납부세액으로 공제할 父의 증여재산에 대한 증여세액은 父와 母의 증여재산을 합산하여 계산한 증여세 산출세액 중에서 부의 증여재산에 상당하는 세액을 말함.

상속인 외의 자에 대한 증여재산 합산과세 시 상속인별 납부세액계산(재재산 46014-247, 2000. 8. 26.)
상속인 등의 각자가 납부할 상속세 산출세액은 상속세 산출세액에서 상속인 이외의 자에 대한 증여재산에 대한 증여세 산출세액을 차감한 잔액을 상속인 등 각자가 받았거나 받을 재산에 대한 상속세 과세표준의 비율로 안분계산하는 것임.

증여재산의 수증자가 상속인 또는 수유자인 경우 증여세액 공제(재삼 46014-495, 1994. 2. 24.)
상속재산에 가산한 증여재산에 대한 증여세액은 당해 증여재산의 수증자가 상속인 또는 수유자인 경우에는 각자가 납부할 상속세액에서 이를 공제하는 것이며, 그 공제할 증여세액이 수증자인 상속인 또는 수유자 각자가 납부할 상속세산출세액을 초과하는 경우에는, 그 초과된 금액은 없는 것으로 보는 것임.

---

47) 제47조(증여세 과세가액) ② 해당 증여일 전 10년 이내에 동일인(증여자가 직계존속인 경우에는 그 직계존속의 배우자를 포함한다)으로부터 받은 증여재산가액을 합친 금액이 1천만원 이상인 경우에는 그 가액을 증여세 과세가액에 가산한다. 다만, 합산배제증여재산의 경우에는 그러하지 아니하다.

14

상속인별 납부할 상속세액 및 연대납세의무

– 대법원 2018. 11. 29. 선고 2016두1110 판결 –

» 납세의무는 담세력에 따라 부과되는 것이 원칙이나, 국세기본법을 비롯하여 개별 세법에서는 담세력의 공동귀속 등을 근거로 하여 특정 재산에 관련된 다수의 납세자들에게 연대납세의무를 부과하는 규정을 두고 있음. 상증세법상 공동상속인의 연대납세의무는 상속재산을 전체로 보았을 때 부과되는 상속세 전부에 대하여 개별 상속인들에게 연대납세의무를 부과하면서 다만 그 한도를 개별 상속인의 상속재산가액으로 제한하고 있음. 사안에서는 연대납부의무의 한도를 명시하지 않은 총세액 징수고지에 대하여 원고가 총세액의 가액이 상속재산가액을 초과함을 이유로 초과부분의 취소를 구하였으므로, 공동상속인의 연대납세의무의 한도 등에 대하여 검토해 보고자 함.

🗨 상속세 및 증여세법

제3조의2(상속세 납부의무)

① 상속인(특별연고자 중 영리법인은 제외한다) 또는 수유자(영리법인은 제외한다)는 상속재산(제13조에 따라 상속재산에 가산하는 증여재산 중 상속인이나 수유자가 받은 증여재산을 포함한다) 중 각자가 받았거나 받을 재산을 기준으로 대통령령으로 정하는 비율에 따라 계산한 금액을 상속세로 납부할 의무가 있다.

② 특별연고자 또는 수유자가 영리법인인 경우로서 그 영리법인의 주주 또는 출자자(이하 "주주 등"이라 한다) 중 상속인과 그 직계비속이 있는 경우에는 대통령령으로 정하는 바에 따라 계산한 지분상당액을 그 상속인 및 직계비속이 납부할 의무가 있다.

③ 제1항에 따른 상속세는 상속인 또는 수유자 각자가 받았거나 받을 재산을 한도로 연대하여 납부할 의무를 진다.

제13조(상속세 과세가액)

① 상속세 과세가액은 상속재산의 가액에서 제14조에 따른 것을 뺀 후 다음 각 호의 재산가액을 가산한 금액으로 한다. 이 경우 제14조에 따른 금액이 상속재산의 가액을 초과하는 경우 그 초과액은 없는 것으로 본다.

　1. 상속개시일 전 10년 이내에 피상속인이 상속인에게 증여한 재산가액

　2. 상속개시일 전 5년 이내에 피상속인이 상속인이 아닌 자에게 증여한 재산가액

② 제1항 제1호 및 제2호를 적용할 때 비거주자의 사망으로 인하여 상속이 개시되는 경우에는 국내에 있는 재산을 증여한 경우에만 제1항 각 호의 재산가액을 가산한다.

③ 제46조, 제48조 제1항, 제52조 및 제52조의2 제1항에 따른 재산의 가액과 제47조 제1항에 따른 합산배제증여재산의 가액은 제1항에 따라 상속세 과세가액에 가산하는 증여재산가액에 포함하지 아니한다.

Ⅰ 대상판결의 개요

1. 사실관계의 요지

　　원고 甲은 2009. 4.경 사망한 乙의 상속인들 중 하나로 원고를 포함한 공동상속인 6인은 상속세 과세가액 및 과세표준을 신고하지 않았고 2011. 7.경 관할 세무서장은 원고에게 '납세고지서'와 '상속인별 납부할 상속세액 및 연대납세의무자 명단'을 송달하였음.

　　납세고지서에는 "귀하는 연대납세자 6인 중 1인입니다. 전체 연대납세자

중 한분만 납부하시면 됩니다"라는 문구가, 상속세액 및 연대납세의무자 명단에는 "납부할 총세액 10억 원, 원고의 상속지분 30%, 원고가 납부할 세액 3억 원"이라는 내용이 기재되어 있었음.

당시 원고가 상속으로 얻은 자산총액은 9억 원인데, 그 중 상속채무가 4천만원, 사전에 증여받은 재산의 가액이 7억 원, 사전증여재산에 대한 증여세가 2억 원이었음.

2. 원고의 주장 요지

상증세법 제3조의2에서 상속인의 연대납세의무의 한도는 '각자가 받았거나 받을 재산'이라고 규정하고 있고, 이를 계산함에 있어서 증여재산은 증여세를 납부하는 부담부 증여와 유사하게 해석하여 증여세를 공제한 나머지 증여재산을 순수상속재산과 합한 금액에서 상속인이 부담하는 부채 총액 및 개별 상속세를 뺀 나머지 금액을 연대납세의무의 한도액으로 하여야 함.

따라서 원고의 연대납부의무는 순수 상속재산 7억 원(원고의 상속자산총액 9억 원에서 증여재산 7억 원을 공제한 2억 원과, 증여재산 7억 원에서 증여세 2억 원을 공제한 5억 원의 합)에서 상속채무 4천만 원, 원고 개별 상속세 3억 원을 제외한 3억 6천만 원을 한도로 하므로 이를 초과하는 부분은 위법하여 취소되어야 함.

3. 판결 요지

가. 제1심과 항소심 법원(피고 승소)

(1) 상증세법 제3조의2에서는 상속인은 상속세에 대하여 상속재산 중 각자가 받았거나 받을 재산을 기준으로 대통령령이 정하는 바에 의하여 계산한 비율에 따라 상속세를 납부할 의무가 있다고 규정하고 있고, 같은 조 제3항에서는 위 상속세는 상속인 또는 수유자 '각자가 받았거나 받을 재산'을 한도로 연대하여 납부할 의무를 진다고 규정하고 있음.

(2) 원고가 상속으로 인하여 얻은 자산 총액은 상속재산가액과 증여재산가액을 합한 9억 원, 부채총액은 4천만 원임을 인정할 수 있고, 원고에게 부과되거나 원고가 납부할 상속세는 3억 원이므로 원고의 연대납세의무의 범위는 5억 6천만 원임.

(3) 원고는 상속세 연대납세의무의 범위를 계산함에 있어 원고가 기납부한 증여세가 공제되어야 한다고 주장하고 있으나, 상증세법 시행령 제3조 제3항에서는 '각자가 받았거나 받을 재산'에 관하여 '상속으로 인하여 얻은 자산총액에서 부채총액과 그 상속으로 인하여 부과되거나 납부할 상속세를 공제한 가액을 말한다.'고 규정하고 있을 뿐 기납부한 증여세를 공제하도록 규정하고 있지 않으므로 원고의 주장은 이유 없음.

나. 대법원(원고 승소)

(1) 상증세법은 상속세와 증여세의 형평을 유지하고 누진세율에 의한 상속세의 부담을 부당하게 감소시키는 행위를 방지하기 위하여 사전증여재산을 가산하고 있으면서도, 그에 대한 조정을 위하여 사전증여재산에 관한 일정한 증여세액을 상속세 산출세액에서 공제하도록 하는 제28조의 규정을 두어 불합리한 점을 제거하고 있음.

(2) 피상속인이 상속인에게 미리 증여한 사전증여재산의 경우 그 시기의 차이만 있을 뿐 당사자들 사이에 재산이 무상으로 이전된다는 실질이 동일하다는 점과 더불어 상속세 특유의 과세 목적을 달성하기 위하여 이를 일반적인 상속재산과 동등하게 취급하고 있는 것인 만큼, 미리 재산을 증여받은 상속인의 연대납부의무 한도를 정하는 '각자가 받았거나 받을 재산'에 사전증여재산을 가산하였다면 그에 상응하여 부과되거나 납부할 증여세액을 공제하여야 한다고 보는 것이 타당함.

(3) 결론적으로 연대납부의무 한도액을 계산하면서 원고가 사전에 증여받은 재산의 가액 7억 원은 가산하였으나 그에 따라 원고가 납부할 증여세 결정세액 2억 원을 공제하지 않은 것은 위법함.

Ⅱ 해설

1. 상속인별 납부할 상속세액 및 연대납세의무

가. 상속세 과세가액의 계산구조

상속세 과세가액이란 상속세 과세표준 산정의 기초가 될 금액으로서 상속세 과세표준 산정의 직전 단계에서 계산되는 금액이다.

상속세 과세가액의 계산방법은, 상속이 개시된 경우 피상속인이 소유하고 있는 상속재산가액에 상속개시일 전 1년(또는 2년) 이내에 처분한 재산 중 사용처 불분명 금액과 상속개시일 전 1년(또는 2년) 이내에 부담한 채무의 합계액 중 사용처 불분명금액을 가산한 후 비과세와 과세가액불산입 금액 및 공과금·장례비용·채무액을 차감하고 상속개시일 전 10년 이내에 피상속인이 상속인에게 증여한 재산과 상속개시일 전 5년 이내에 피상속인이 상속인 이외의 자에게 증여한 재산의 가액을 가산하여 상속세 과세가액을 계산한다.[48]

나. 연대납세의무의 의의

본래의 납세의무는 담세력에 따라 부과되는 것이 원칙이나 상증세법 등 개별 세법에서는 조세채권의 확보를 위해 납세의무를 확장하는 규정들을 두고 있으며 연대납세의무에 관해서는 민법상 연대채무에 관한 규정들이 준용된다.

상증세법 제3조의2 제3항에서는 상속자 또는 수유자는 상속재산(제13조에 따라 상속재산에 가산하는 증여재산 중 상속인이나 수유자가 받은 증여재산을 포함) 중 각자가 받았거나 받을 재산을 기준으로 대통령령으로 정하는 비율에 따라 계산한 금액을 상속세로 납부할 의무가 있다고 규정하고 있다.

---

48) 국세청, 앞의 책, p.42.

즉 상속인들은 각자 상속세 과세표준이 점유하는 비율에 따라 안분하여 상속세액을 납부하게 되는데 만약 다른 상속인 등이 납부하지 않은 상속세가 있는 경우에는 그 상속인이 상속받은 상속재산가액 범위 내에서 연대납부의무를 지게 된다.

다. 연대납부의무의 근거

현재 상속세 과세체계는 유산세방식을 따르고 있는데, 이는 유산총액을 과세표준으로 삼아 상속세를 과세하는 방식으로 유산총액을 기준으로 하여 누진세율로 과세하게 된다. 이와 비교되는 유산취득세 과세방식은 유산을 취득한 자를 기준으로 유산 취득자 각자가 취득한 유산가액을 과세하는 것으로 각자의 상속재산에 따라 각각 누진세율이 적용되게 된다.

이처럼 유산세 과세방식을 따르는 경우 담세력은 무상취득자가 아니라 무상이전자를 기준으로 측정하기 때문에 상속재산의 분산 여부에 따라 과세총액이 달라지지 않게 되고, 상속세 납부의무는 각 공동상속인의 공유채무적 성격을 가지고 있는 것으로 보게 되므로 공동상속인들은 상속재산 전체에 대하여 연대하여 상속세 납세의무를 지게 된다.

구분	유산세 과세형	유산취득세 과세형
과세방법	• 피상속인이 물려준 유산총액을 대상으로 누진세율을 적용하여 세액을 계산 • 담세력을 무상이전자 기준으로 측정	• 상속재산을 각 상속인의 지분대로 분할한 후 그 분할된 각 지분금액에 누진세율을 적용하여 세액을 계산 • 담세력을 무상취득자 기준으로 계산
장단점	• 상속재산 전체에 누진세율을 적용하므로 분산 여부에 따라 조세총액이 달라지지 않으므로, 세수가 상대적으로 크고 조세행정이 용이함 • 각 상속인이 취득하게 되는 재산과 관계없이 누진세율이 적용되므로 상대적으로 적은 재산을 받은 상속인의 세부담이 가중	• 상속재산이 다수인에게 분산 이전 될수록 상속세 부담액이 감소하므로, 세수가 상대적으로 감소하며 조세행정이 복잡함 • 각 상속인이 취득하게 되는 재산에 따라 누진세율이 적용되므로 조세형평성의 측면에서 바람직하나 조세회피를 위하여 위장 재산분할 등 변칙 상속의 우려가 있음

라. 상속인별 연대납부의무의 특징

　상속인들은 각 상속인이 받았거나 받을 재산을 한도로 연대납부의무를 지게 되는데, 여기서 받았거나 받을 재산이라 함은 상속으로 얻은 자산총액에서 부채와 추후 부과 혹은 납부 예정인 상속세액을 제외한 재산을 의미한다. 앞서 살펴본 바와 같이 공동상속인의 연대납부의무는 상속인은 상속재산을 공유한다는 인식에 근거하고 있기 때문에 공동상속인의 연대납세의무는 보충성을 그 요건으로 하지 않게 된다.[49] 따라서 공동상속인의 연대납세의무는 상속인 각자의 고유의 납세의무가 성립·확정되면 곧바로 성립하고, 다른 상속인이 각자 납부할 상속세를 납부하지 아니할 것을 요건으로 하여 성립하는 것은 아니다.

　또한 국세기본법 제25조의 일반적인 연대납세의무 관계에서는 다른 연대납세의무자에 대한 과세처분에 대하여 연대납세의무자의 원고적격을 인정하지 않는 반면, 공동상속인들의 경우에는 다른 공동상속인들에 대한 과세처분의 취소를 구할 원고적격이 있다고 인정하고 있다.

마. 상속인별 납부할 상속세액 및 연대납부의무의 범위

(1) 상속인·수유자별 납부할 상속세액

　상속인·수유자는 상속재산(상속재산에 가산하는 증여재산 중 상속인·수유자가 받은 증여재산을 포함한다) 중 각자가 받았거나 받을 재산을 기준으로 대통령령으로 정하는 비율에 따라 계산할 금액을 상속세로 납부할 의무가 있다.

　상속인·수유자별 납부할 상속세액은 배분할 상속세액(상속세 산출세액 − 상속인·수유자 아닌 자의 증여세액 공제액)에 상증세법 시행령 제3조 제1항에서 정하는 상속세 납부의무 비율을 곱하여 계산하게 된다.

---

49) 다만 현행법의 해석상 고유의 상속세 납부의무 고지를 한 다음 비로소 연대납부의무 고지를 할 수 있다는 점에서 사실상의 보충성을 인정할 수 있다는 견해도 있다. 신호영, "상속세 연대납부의무에 대한 연구", 「세무와 회계 연구」 제7권 제2호, 2018, p.373 참조.

(2) 상속인·수유자별 연대납부의무의 범위

상속인과 수유자는 나음의 금액 범위에서 다른 상속인 등이 납부하지 아니한 상속세에 대하여 연대하여 납부할 의무가 있다. 이 경우 자산총액에는 상속으로 얻은 재산뿐만 아니라 상속재산에 가산한 증여재산과 처분재산 등의 사용처가 불분명하여 상속재산에 가산하는 추정상속재산을 포함한다.

연대납부의무의 한도 : 상속으로 얻은 자산총액 – 부채총액 – 상속세액

이때, 상속으로 얻은 자산총액에서 상속세액 뿐만 아니라 기납부증여세액도 차감하여야 하는지와 관련하여, '각자가 받았거나 받을 재산'에 사전증여재산을 가산하였다면 그에 상응하여 부과되거나 납부할 증여세액을 공제하여야 한다고 보는 것이 판례의 태도이다(대법원 2018. 11. 29. 선고 2016두1110 판결).

(3) 영리법인이 면제받은 상속세액에 대한 상속인 등의 납부 의무

영리법인이 2014. 1. 1. 이후 유증 등을 통하여 상속재산을 취득하였을 때 면제받은 상속세액은 해당 영리법인의 주식 등을 보유하고 있는 상속인과 그 직계비속에게 다음과 같은 방식에 따라 계산한 금액을 상속인과 직계비속이 납부할 상속세액에 포함시켜 납부할 의무를 부여하고 있다.

▌참조   영리법인이 취득한 상속재산에 대한 연대납부의무[50]

[(영리법인이 받았거나 받을 상속재산에 대한 상속세 상당액) – (영리법인이 받았거나 받을 상속재산 가액의 10%)] X (상속인과 그 직계비속의 지분율)

---

50) 최성일, 앞의 책, p.109.

2. 이 사건의 분석

가. 연대납부의무의 한도를 명시하지 않은 징수고지의 효력

사안은 대법원 2016. 1. 28. 선고 2014두3471 판결의 파기환송심에 대하여 원고가 다시 상고하여 승소한 사건이다. 2014두3471 판결에서는 연대납부의무의 한도를 명시하지 않은 징수고지의 효력과 이를 다투는 방법이 주로 쟁점으로 다루어졌다.

대법원은 연대납부의무의 한도를 명시하지 않았다면 연대납부의무의 한도가 없는 징수고지를 한 것이고, 이처럼 연대납부의무의 한도는 다른 공동상속인에 대한 부과처분을 다투는 방법으로는 불복할 수 없는 공동상속인 자신에 한정된 징수절차상 고유의 하자에 해당하므로 연대납부의무의 한도를 다투려는 공동상속인은 자신의 연대납부의무에 직접 영향을 미치는 과세관청의 처분인 징수고지를 대상으로 항고소송을 제기할 수 있다고 판단하였다.

나. 상속인 · 수유자별 연대납부의무의 범위

위 2014두3471의 파기환송심인 이 사안에서는 구체적으로 연대납부의무의 한도를 계산하는 방식이 쟁점으로 다루어졌는데, 사전증여재산에 대한 증여세를 공제하지 않았다는 원고의 주장이 받아들여져 최종적으로 연대납부의무의 한도가 감액되었다.

대법원은 피상속인이 상속인에게 미리 증여한 사전증여재산의 경우 상속재산과 그 실질이 같다는 이유로 만약 사전증여재산을 상속재산에 가산하였다면 증여세액으로 지출한 부분도 마찬가지로 공제를 하여야 한다고 보았다.

연대납부의무제도는 기본적으로 납세자의 담세력을 초과한 부분에 대해서도 납부의무를 부과하는 제도이기 때문에 확실한 정당화 근거가 필요할 것이며, 본 판결은 연대납부의무의 한도를 정함에 있어 대통령령에 규정되어 있지 않은 사전증여재산에 대한 증여세액도 차감하게 함으로써 과세 부과의 타당성을 고려하였다는 점에서 의미가 있다.

3. 관련 사례 등

상속재산을 초과하여 상속세를 납부한 경우 환급 여부(조심 2013서1648, 2013. 6. 28.)

상속을 받았거나 받을 상속재산을 초과하여 납부한 상속세가 있다면 동 초과납부액을 다른 상속인에 대한 증여로 볼 수 있는 명백한 경우가 아닌 이상 국세기본법상 과오납금이므로 이를 환급하는 것이 타당함.

사용처가 불분명한 재산이 존재하는 경우(재삼 46014-1069, 2000. 2. 24.)

사용처불분명으로 상속재산에 가산한 금액은 공동상속인들이 법정상속분에 따라 상속받은 것으로 보아 각자의 납부세액과 연대납세의무를 정함.

유사한 경우로, 상속재산 분할이 확인 안 되는 경우에도 법정 상속분에 근거하여 각자가 받았거나 받을 재산의 점유비율에 따라 상속세를 연대하여 납부할 의무가 있음.

15

협의분할 및 재분할에 대한 과세 여부

– 대법원 2017. 11. 9. 선고 2017두59055 판결 –

» 상속재산의 협의분할의 효력 발생 시기에 관하여 민법 제1015조는 상속개시된 때에 소급하여 효력이 있다고 규정하고 있는데 새로운 협의분할을 하더라도 변동 되는 공동상속인들의 몫은 공동상속인간의 증여가 아닌 피상속인으로부터 상속 받은 것에 해당함을 이용해 상속세 또는 증여세의 회피가 가능함. 이에 상증세법 은 상속분이 확정되어 등기 된 후 협의분할을 이유로 상속분의 증감이 있는 경우 감소된 상속인이 증가된 상속인에게 증여한 것으로 보아 증여세를 과세하는 규정 을 두고 있는바 이러한 재분할 여부가 문제되어 검토하고자 함.

💬 상속세 및 증여세법

제4조(증여세 과세대상)
① 다음 각 호의 어느 하나에 해당하는 증여재산에 대해서는 이 법에 따라 증여세를 부과한다.
  1. 무상으로 이전받은 재산 또는 이익
③ 상속개시 후 상속재산에 대하여 등기·등록·명의개서 등(이하 "등기 등"이 라 한다)으로 각 상속인의 상속분이 확정된 후, 그 상속재산에 대하여 공 동상속인이 협의하여 분할한 결과 특정 상속인이 당초 상속분을 초과하여 취득하게 되는 재산은 그 분할에 의하여 상속분이 감소한 상속인으로부터 증여받은 것으로 보아 증여세를 부과한다. 다만, 제67조에 따른 상속세 과 세표준 신고기한 이내에 분할에 의하여 당초 상속분을 초과하여 취득한 경우와 당초 상속재산의 분할에 대하여 무효 또는 취소 등 대통령령으로 정하는 정당한 사유가 있는 경우에는 증여세를 부과하지 아니한다.

I 대상판결의 개요

1. 사실관계의 요지

원고 甲, 乙은 丙과 배우자 丁의 자녀들로 丙이 1986.경 사망하자, 丁 및 甲, 乙은 丙이 소유하고 있던 건물을 상속 받았으나 상속등기를 경료하지 아니하였음.

2013. 5.경 위 건물에 관하여 상속재산분할협의에 따라 丁 단독소유로 소유권이전등기가 경료되었는데 며칠 후 매도되어 그 매도대금 4억 원 중 3억 원은 상속지분에 따라 甲, 乙에게 분배되었고 나머지 1억 원은 丁에게 귀속되었으며 그 후 丁은 2013. 7.경에 사망하였음.

관할 세무서장은 2015. 7. 甲, 乙이 분배받은 위 건물의 매도대금은 丁으로부터 증여받은 것으로 보아 상증세법 제4조 제3항에 근거하여 甲, 乙에게 증여세를 부과하였음.

2. 원고의 주장 요지

甲, 乙은 탈세 · 탈법행위 목적이 아닌 향후 매도에 있어서의 등기절차의 편의를 위하여 법무사의 권유에 따라 명의만을 丁 단독명의로 소유권이전등기를 마쳤던 것일 뿐이고 진정하고 유효한 협의분할로써 丁 단독소유로 귀속시킨 것은 아님.

따라서 위 건물이 丁 단독명의로 있다가 매도되어 그 매도대금이 甲, 乙에게 분배된 것은 실질에 있어서는 최초의 협의분할에 따라 甲, 乙에게 분배된 것에 해당하고 매도대금을 별도로 증여한 것이 아니므로 상증세법 제4조 제3항에 따라 증여세를 부과할 수 없어서 증여세부과처분은 위법함.

3. 판결 요지

가. 제1심 법원(원고 승소)

丁은 2011.경부터 요양원에서 치료를 받으며 생활하였고, 2013.경부터 치매 증상으로 중환자실에 입원하기도 하였으므로 甲, 乙은 丁의 치료비 및 간병비를 마련할 필요가 있었고, 乙이 위 건물에 거주하지 아니하였으며 丁의 건강상태에 비추어 위 건물을 보유할 필요성도 크지 아니하였는바 丁 앞으로 소유권이전등기를 한 것은 적법 유효한 상속재산분할협의를 통하여 丁에게 실질적으로 이 사건 부동산을 귀속시키로 한 의사에 따른 것으로 보기는 어렵고 甲, 乙을 포함한 상속인들 모두의 명의로 등기하는 것보다는 丁 명의로 하는 것이 이 사건 부동산을 매도하는데 용이함에 따라(당시 丁 명의로의 소유권이전등기 업무를 대리하였던 법무사로부터 그와 같은 조언을 받았음) 丁 단독소유로 등기한 것으로 보이므로 甲, 乙이 위 건물의 매도대금을 분배받은 것을 최초의 협의분할이라고 볼 수 있음.

나. 항소심 법원 및 대법원(원고 승소)

丙의 공동상속인들 사이의 상속재산분할협의서가 작성된 2013. 5.경 丁은 고령에 건강 상태도 상당히 악화되어 있었으며 이미 상당기간을 장기요양기관에서 요양하며 치료 중이었는데 이러한 상황에서 당시 丁 외의 공동상속인들인 甲, 乙이 위 부동산을 丁이 단독으로 상속하도록 하고 자신들은 상속을 아예 포기할 만한 사정은 드러나지 아니하는 점, 위 건물이 丁 단독 명의로 소유권이전등기가 마쳐진 지 불과 수일 만에 곧바로 매도되었으며 丁은 그로부터 약 2개월 후에 사망하였으므로 丁에게 실질적으로 귀속시킬 의사가 없었던 것으로 보이는 점, 위 건물의 상속등기와 매매 등에 관여한 법무사와 공인중개사가 편의상 위 건물을 丁 단독 명의로 한 후 매매한 것이라는 취지로 사실확인을 한 점 등을 볼 때 위 건물에 관하여 2013. 5.경 丁 단독소유로 소유권이전등기된 것이 최초의 협의분할에 따른 것임을 전제로 한 증여세부과처분은 위법함.

II | 해설

1. 상속재산의 협의분할과 증여세

가. 의 의

피상속인이 유언을 하지 않고 사망을 하면 민법에 따라 법정상속지분대로 상속이 되고 상속인들 간의 상속재산을 공유하게 된다. 그런데 이렇게 다수인이 공유하게 되는 경우 관리나 처분에 있어 불편이 따르게 되므로 일반적으로 공동상속재산을 공동상속인들 간 협의를 통하여 분할하게 되는데 이를 협의분할이라고 한다.

협의분할에 의하면 지분에 변동이 생겨 각 공동상속인의 법정상속지분을 초과하는 공동상속재산이 공동상속인 간에서 이전되지만 민법 제1013조, 제1015조에 따르면 상속재산의 협의분할은 소급효를 가지게 되므로 이는 피상속인으로부터 직접 상속받은 것에 해당하고 공동상속인 간의 증여한 것은 아니게 된다. 따라서 협의분할시 증여세 문제가 발생하지 않는다.

나. 재분할에 대한 증여세 과세 여부

그런데 위와 같은 상속재산 협의분할의 소급효를 이용하여 기존의 협의분할과 다른 협의분할을 함으로써 상속세 또는 증여세는 회피하는 문제가 있었다. 즉 기존의 협의분할과 다른 내용의 협의분할을 하여 공동상속인 간의 상속재산의 이전의 효과를 발생시키면서도 협의분할의 소급효에 따라 공동상속인간의 증여가 아닌 피상속인으로부터 직접 상속받은 것으로 구성함으로써 피상속인으로부터의 상속에 관한 상속세만을 납부하고 공동상속인 간의 증여세는 회피하는 것이다.

이러한 문제를 해결하기 위하여 상증세법은 1997. 1. 1. '공동상속인의 각상속분이 확정되어 등기 등이 된 후 협의분할을 이유로 원래 상속분의 증감이 있는 경우에는 상속인이 증가된 상속인에게 증여한 것으로 보아 증여세를 과세'하는 규정을 두고 있다(현행 상증세법 제4조 제3항).[51] 다만, 원래의 분할에 무효 또는 취소의 사유가 있어 원래의 분할이 무효 또는 취소가 되는 등 정당한 이유에 따라 재분할을 하게 된 경우에는 예외로 하였다(상증세법 시행령 제3조의2).

다. 재분할에 대한 증여세 부과요건

(1) 원 칙

상증세법 제4조 제3항의 증여세는 '공동상속인의 각 상속분이 확정되어 등기 등이 된 후 협의분할을 됨에 따라 상속분이 변동된 경우'에 한하여 부과될 수 있다. 대법원은 공동상속인 상호간에 상속재산에 관하여 협의분할이 이루어짐으로써 공동상속인 중 일부가 고유의 상속분을 초과하는 재산을 취득하게 되었다고 하여도 이는 상속개시 당시에 소급하여 피상속인으로부터 직접 상속을 원인으로 이전받은 것으로 보아야 하고 다른 공동상속인으로부터 증여받은 것으로 볼 수 없다고 판시하고 있어 원래 상속분을 초과하였더라도 증여세를 부과하지 아니한다(대법원 1996. 2. 9. 선고 95누15087 판결 참조).

또한 법원은 위 상증세법 제4조 제3항에 따른 증여세 역시 각 상속인의 상속분이 확정되어 등기 등이 된 후 상속인들 사이의 별도 협의에 의하여 상속재산을 재분할하는 경우에 한하여 적용된다고 봄이 상당하다고 판시하고 있다(대법원 2002. 7. 12. 선고 2001두441 판결). 여기서의 '각 상속인의 상속분이 확정되어 등기 등이 된 경우'는 실질적인 협의분할이 이루어져 그에 따른 등기 등이 이루어진 것을 의미한다고 하였다.

(2) 예 외

상증세법 제4조 제3항 단서는 위와 같이 '상속분이 확정되어 등기 등이

---

51) 최성일, 앞의 책, p.512 참조 .

된 경우에 그 분할에 무효 또는 취소 사유가 있는 경우에 재분할이 이루어져 기존의 상속지분의 변동이 있다고 하더라도 증여세를 부과할 수 없다'고 규정하여 예외를 두고 있다. 이는 위 상증세법 제4조 제3항 본문에서 증여세를 부과하는 취지가 상속 재산의 분할이 유효하게 이루어진 것을 전제로 하기 때문이다. 유효한 상속 재산의 분할에 따른 등기 이후에 다시 협의분할하는 경우 증여로 간주함에 취지가 있으므로 증여세 부과를 위해서는 기존의 상속재산의 분할이 적법·유효할 것이 요구된다.

따라서 기존의 재산 분할이 무효이거나 취소 사유 등의 하자가 있어 효력이 없는 경우에는 다시 분할하더라도 이는 최초의 상속재산 분할에 해당하여 증여세가 과세될 수 없는 것이다. 이러한 경우의 예로는 기존 상속재산 분할합의에 원인무효 사유가 있거나 상속회복청구의 소에 따라 상속인 및 상속재산이 변동되어 기존의 상속재산 분할이 유효하지 아니하게 된 경우 등이 있다.[52]

법원 역시 공동상속인 사이에 합의가 이루어지지 아니한 상태에서 공동상속인 1인이 임의로 일단 법정 상속지분에 따라 상속을 등기한 후 다시 최종적으로 상속재산 분할을 합의한 경우 그에 따라 최초 상속 등기 당시의 법정 상속지분과 달리 분할되었다고 하더라도 최초의 상속등기가 적법·유효한 등기가 아니므로 최종적인 상속재산 분할 합의에 따른 상속 지분 변동을 증여라고 볼 수 없다고 판시하였다(대법원 2006. 8. 31. 선고 2006두10535 판결).

라. 재분할인지 여부의 개별 사례

(1) 재협의분할로 볼 수 있는 경우

피상속인이 보험에 가입하였었는데 그 생명보험의 수익자가 공동상속인 중 1인으로 되어 있던 경우 그 보험금을 포함하여 공동상속인간의 협의분할이 이루어졌을 때에도 최초의 협의분할로 보아 상증세법 제4조 제3항의 적용이 가능한지 문제될 수 있다. 이 경우 피상속인이 가입한 보험의 보험금청구

---

52) 최성일, 앞의 책, p.517 참조.

권이 상속재산에 포함될 것이 전제된다. 최초의 협의분할의 대상은 상속재산에 한정되어야 이를 공동상속인간의 증여가 아닌 피상속인으로부터 상속으로 취득한 것으로 인정되어 증여세 부과대상에서 제외될 수 있기 때문이다.

대법원은 생명보험의 보험계약자가 스스로를 피보험자로 하면서, 수익자는 만기까지 자신이 생존할 경우에는 자기 자신을, 자신이 사망한 경우에는 '상속인'이라고만 지정하고 그 피보험자가 사망하여 보험사고가 발생한 경우, 보험금청구권은 상속인들의 고유재산으로 보아야 할 것이고, 이를 상속재산이라 할 수 없다고 판시하고 있다(대법원 2001. 12. 28. 선고 2000다31502 판결).

따라서 보험금 청구권은 공동상속인들 중 그 보험의 수익자인 상속인의 고유재산으로서 협의분할의 대상이 될 수 없고 이를 협의분할의 대상에 포함하더라도 이는 공동상속인들 간의 증여에 해당하고 피상속인으로부터 상속을 원인으로 취득한 것이라고 할 수 없다. 그러므로 협의분할에 따른 보험금의 이전은 증여세 부과대상이 된다고 할 것이다.

(2) 재분할로 볼 수 없는 경우

(가) 수증자가 유증받을 수 있는 권리를 포기한 경우

사망한 피상속인이 유언으로 공동상속인 중 1인에게 법정상속분을 초과하여 취득하게 할 수 있다. 그런데 이 경우 수증자인 공동상속인이 유증받을 권리를 포기하여 유증의 효력이 발생하지 아니하게 되는 경우가 발생할 수 있다. 유증의 효력이 발생하지 아니하게 된 유증 대상 재산을 협의분할하여 다른 1인이 유증 대상 재산을 취득하는 경우 상증세법 제4조 제3항에 따라 증여로 보아 증여세를 부과할 수 있는지 문제될 수 있다. 그런데 수증자가 유증받을 권리를 포기함에 따라 유증의 효력이 발생하지 아니하게 되면 그 유증의 대상인 재산은 공동상속인들 전체의 상속대상 재산이 된다. 따라서 이에 관한 공동상속인들간 협의분할을 하고 협의분할에 따라 공동상속인들 중 기존 수증자가 아닌 다른 1인에게 유증의 대상이었던 재산이 이전된다고 하더라도 이는 기존의 수증자로부터 증여받은 것이 아니라 피상속인으로부터 상속받은

것이다. 그러므로 이 규정에 의한 증여세를 부과할 수는 없다고 할 것이다.[53]

(나) 상속재산 분할협의 전 상속인 일부가 사망한 경우

조부가 사망한 상태에서 그 자녀들에 의한 상속재산의 분할협의가 이루어지기 전 그 공동상속인들 중 일부가 사망하는 경우가 발생할 수 있다. 이러한 경우 그 손자녀를 포함한 공동상속인들이 상속재산분할협의를 하여 법정상속분보다 초과하여 취득하게 되면 상증세법 제4조 제3항에 따라 법정상속분보다 초과하여 취득한 것을 증여로 보아 증여세를 부과할 수 있는지 문제될 수 있다.

이에 대하여 사망한 공동상속인에게 해당 상속인의 법정상속분만큼 귀속된 것으로 보아 공동상속인이 사망한 이후 그 손자녀를 포함하여 상속재산분할협의를 하는 것은 최초의 협의분할이 아니므로 증여에 해당한다고 볼 수도 있을 것이다. 하지만 이 경우 손자녀는 상속 재산이 아닌 상속받을 수 있는 권리를 상속받아 협의분할에 참여한 것에 해당한다. 따라서 상증세법 제4조 제3항에서와 같이 유효하게 확정되어 등기된 상속재산을 재협의분할하는 것은 아니라고 할 것이다. 그러므로 사망한 공동상속인의 손자녀를 포함한 협의분할은 최초의 협의분할이고 그에 따라 법정상속분을 초과하는 상속재산을 취득하더라도 그 초과분만큼 증여받았다고 보아 증여세를 부과할 수는 없을 것이다.[54]

2. 이 사건의 분석

가. 이 사건 협의분할이 재분할에 해당하는지 여부

상속재산의 협의분할이 증여세 과세대상인 재분할로 인정되기 위해서는 ① 최초의 협의분할이 적법·유효한 협의분할이고 ② 그에 따라 등기가 이루

---

53) 최성일, 앞의 책, p.514 참조.
54) 최성일, 앞의 책, p.514 참조.

어진 이후 ③ 재분할이 이루어질 것이 필요하다.

이 사건에서는 피상속인인 丙의 사망에 따라 발생한 상속재산에 대하여 상속재산분할협의서에 따라 그 처인 丁의 단독소유로 등기하였다가 이를 매각하여 甲, 乙의 공동상속인들 사이에서 각자의 지분별로 분배받은 것이다. 매도대금을 지분별로 분배받은 것이 재분할에 해당하여 증여세 과세대상인지 여부가 쟁점이고 ③의 요건, 즉 쟁점이 된 협의분할이 재분할인지 아니면 최초의 협의분할인지의 판단이 문제된다.

상증세법 제4조 제3항의 '공동상속인의 각 상속분이 확정되어 등기 등이된 경우'란 적법 유효한 실질적인 협의분할에 의하여 상속분이 확정되고 그에따라 등기된 경우에 한정하여야 할 것이다. 丁은 상속재산분할협의서에 따라 등기되기 전인 2013년 초부터 치매증상이 있어 정상적인 사리판단이 불가능한 것으로 보이고 더욱이 요양원 및 중환자실에서 치료를 받으며 생활하고 있었다.

법원은 이러한 사정을 볼 때 공동상속인인 甲, 乙이 이 사건 부동산을 丁의 처분에 맡기거나 이 사건 부동산에 丁을 거주케 할 필요성이 없었다고 본 것이다. 따라서 법원은 甲, 乙이 상속재산분할협의를 통하여 자신들의 상속분을 포기하고 이 사건 부동산을 실질적으로 丁의 단독 소유로 귀속시키고자 할 의사가 있었다고 하기 어렵다고 판단하였다.

뿐만 아니라 법원은 이 사건 부동산은 丁 단독 소유로 등기된 후 수일 만에 매각되어 그 매각대금을 甲, 乙이 분배받았고 丁 명의 등기 시점과 매도시점 사이 시간적 간격이 매우 짧은 것을 보아 甲, 乙이 형식상이 아닌 실질적으로 이 사건 부동산에 대한 자신들의 상속분을 포기하고 乙의 단독소유로 할 의사가 있었다고 인정하기 어렵다고 보았다.

위의 사정들을 살펴보았을 때 법원은 상속재산분할협의서에 따라 이 사건 부동산을 丁명의로 등기한 것은 丁과 원고를 비롯한 甲의 공동상속인들 간의 향후 매도의 용이성 등을 고려하여 형식적으로 명의만을 丁의 단독으로 한 것에 불과하다고 보았다. 이 사건 부동산을 실질적으로 丁의 소유로 두고자

하는 취지의 실질적이고 유효한 협의분할이 있었다고 할 수 없다고 본 것이다. 그러므로 이 사건 부동산에 대한 최초의 상속재산 분할협의는 甲, 乙이 이 사건 부동산을 매각하여 그 대금을 분배받았을 때 존재하였던 것이고 그에 따라서 외관상 丁에서 甲, 乙에게로 이 사건 부동산의 매각 대금 등의 경제적 이전이 있었다고 하여 이를 증여로 보아 증여세를 부과할 수는 없다고 법원은 판단하였다.

나. 판결의 의의

이 사건에서 법원은 비록 형식적·표면적으로는 최초의 협의분할에 따른 등기 이후 재분할이 이루어진 것으로 보이더라도 제반사정을 바탕으로 추정되는 협의분할 당사자들의 실제 의사를 기준으로 최초의 협의분할인지 재분할인지 여부를 판단하여야 한다는 기존법리를 재확인한 판결로서 실질과세원칙에 부합하는 의미 있는 사례라고 할 것이다.

3. 관련 사례 등

> **상속개시 후 법정상속지분대로의 상속등기가 이루어진 상태를 방치하여 두었다가 10년이 지난 후 등기내용과 다른 협의분할에 의한 등기를 하였더라도 증여세 부과대상이 되지 않는다고 한 사례(대법원 1994. 3. 22. 선고 93누19535 판결)**
>
> 상속개시 후 타인의 대위에 의한 법정상속지분대로의 상속등기가 이루어진 상태를 오랜 기간 방치하여 두었다가 10년이 지난 후에야 공동상속인 간에 위 등기내용과 다른 협의분할이 실현되었고 원고가 위에서 본 바와 같이 대위등기에 기하여 다른 공동상속인들의 지분에 대하여 가등기를 경료하였다 하여도 그것이 오히려 위에서 본 바와 같이 다른 공동상속인들에 대한 협의분할을 원인으로 한 원고 앞으로의 등기청구권을 보전하기 위한 것임이 인정되는 이상 그 사유만으로는 위와 달리 판단할 만한 특별한 사유가 되지 못하고 원고가 법정상속분을 초과하는 상속재산을 다른 공동상속인들로부터 증여받았음을 전제로 하는 과세처분은 위법함.

제**3**편

증여세편

16

증여의 의의

– 서울고등법원 2018. 7. 5. 선고 2018누42193 판결 –

» 사람의 사망을 원인으로 하여 그 소유 재산이 무상으로 이전되는 경우에는 상속세가 부과되고, 사람의 사망이 아닌, 증여 등의 다른 원인으로 인하여 재산이 무상으로 이전되는 경우에는 증여세가 부과됨. 만약 재산의 무상 이전에 대하여 사람의 사망을 원인으로 한 상속세만을 부과한다면 생전에 모든 재산을 무상으로 이전하여 상속세를 회피할 우려가 있으므로, 이를 방지하기 위하여 부과되는 것이 증여세임. 종래 상증세법은 증여세의 과세대상에 관하여 제한적 열거주의를 채택한 관계로, 법에 규정된 과세대상 외의 새로운 거래형태를 통하여 재산을 무상으로 이전하는 경우 증여세를 부과하는데 한계가 있었음. 이러한 변칙적인 형태의 증여에 신속하게 대응하기 위하여 2004. 1. 1.부터 완전포괄주의 증여세 과세제도가 도입·시행되어 거래의 명칭·형식 등과 관계없이 재산 또는 이익을 이전하는 경우에는 원칙적으로 증여세 과세대상이 됨. 다만 완전포괄주의의 도입 이후에도 특정거래가 증여세 과세대상에 해당하는지 여부에 관하여는 여전히 다투어지고 있는바, 이 사건 또한 증여세의 과세대상인 '증여'에 해당하는지 여부가 문제된 건으로, 상증세법상 증여의 의미, 증여의제·증여추정, 증여사실에 대한 입증책임 등에 관하여 검토하고자 함.

💬 상속세 및 증여세법

제2조(정의)

이 법에서 사용하는 용어의 뜻은 다음과 같다.

  6. "증여"란 그 행위 또는 거래의 명칭·형식·목적 등과 관계없이 직접 또는 간접적인 방법으로 타인에게 무상으로 유형·무형의 재산 또는 이

익을 이전(移轉)(현저히 낮은 대가를 받고 이전하는 경우를 포함한다)하거나 타인의 재산가치를 증가시키는 것을 말한다. 다만, 유증과 사인증여는 제외한다.

7. "증여재산"이란 증여로 인하여 수증자에게 귀속되는 모든 재산 또는 이익을 말하며, 다음 각 목의 물건, 권리 및 이익을 포함한다.

가. 금전으로 환산할 수 있는 경제적 가치가 있는 모든 물건

나. 재산적 가치가 있는 법률상 또는 사실상의 모든 권리

다. 금전으로 환산할 수 있는 모든 경제적 이익

9. "수증자"(受贈者)란 증여재산을 받은 거주자(본점이나 주된 사무소의 소재지가 국내에 있는 비영리법인을 포함한다) 또는 비거주자(본점이나 주된 사무소의 소재지가 외국에 있는 비영리법인을 포함한다)를 말한다.

I 대상판결의 개요

1. 사실관계의 요지

원고는 2011. 3.경 서울시 소재 A건물의 지분 2분의 1을 18억 원에 매수하였는데, 그 매매대금 중 4억 7,000만 원을 모친 甲으로부터, 1억 원을 부친 乙로부터 각 원고의 은행계좌로 입금 받아 지급하였음.

관할 세무서장은 위와 같은 사실을 확인하고 원고가 甲과 乙로부터 위 각 금원을 증여받은 것으로 보아, 원고에게 甲으로부터 받은 금원에 대한 증여세 약 2억 700만 원(가산세 포함), 乙로부터 받은 금원에 대한 증여세 약 5,200만 원(가산세 포함)을 각 부과하였음.

2. 원고의 주장 요지

甲은 원고에게 4억 7,000만 원을 대여한 것이지 증여한 것이 아니므로, 이와 다른 전제에 선 위 금원에 대한 증여세 부과처분은 위법하고, 그에 따라 乙로부터 받은 1억 원에 대한 증여세 부과처분도 세율 조정을 위하여 취소되어야 함.

3. 판결 요지

가. 제1심 법원(피고 승소)

증여세부과처분취소소송에서, 과세관청에 의하여 증여자로 인정된 자 명의의 예금이 인출되어 납세자 명의의 예금계좌 등으로 예치된 사실이 밝혀진 이상, 그 예금은 납세자에게 증여된 것으로 추정되므로, 그와 같은 예금의 인출과 납세자 명의로의 예금 등이 증여가 아닌 다른 목적으로 행하여진 것이라는 등 특별한 사정이 있다면 이에 대한 입증의 필요는 납세자에게 있음 (대법원 2001. 11. 13. 선고 99두4082 판결).

따라서 甲으로부터 원고의 계좌로 예치되어 A건물 지분 매수 자금으로 사용된 4억 7,000만 원은 甲으로부터 원고에게 증여된 것으로 추정되고, 해당 금원이 증여가 아닌 대여 목적으로 원고에게 예치되었음은 원고가 증명하여야 함.

이에 관하여 원고는 자신이 甲으로부터 위 4억 7,000만 원을 차용하였다가, 이후 甲에게, 乙로부터 상속받은 현금 약 3억 7,700만 원 및 A건물 지분을 매각하고 받은 대금 1억 5,000만 원을 각 지급함으로써 위 금원에 대한 원리금 합계 약 5억 2,700만 원을 모두 변제하였다고 주장함.

그러나 ① 위 금원은 甲이 C은행으로부터 대출받아 원고에게 지급한 것인데 그 대출이자를 甲이 모두 지급해왔고, 원고와 甲 사이에 달리 위 금원에 대한 이자나 변제기를 따로 정한 바가 없다는 점, ② 원고가 乙로부터 상속받아 甲에 대한 변제금으로 사용했다고 주장하는 약 3억 7,700만 원은, 원고가 아닌 甲이 乙의 상속인 자격으로 전액 인출하여 그의 계좌로 입금한 사실이 밝혀진 점, ③ 원고는 A건물 지분을 처분한 후 약 6개월이 지나서야 甲의 계좌로 1억 5,000만 원을 이체하였고, 그로부터 3일 후 위 甲의 계좌에서 원고를 포함한 상속인들의 상속세가 납부된 점 등에 비추어 보면 甲이 위 금원을 원고에게 대여한 것이라고 인정하기는 어렵고, 달리 이를 인정할 만한 증거가 없음.

그러므로 위 금원 등이 원고에게 증여되었음을 이유로 한 이 사건 상속세 부과처분은 적법하고, 이와 다른 전제에 선 원고의 주장은 모두 이유 없음.

나. 항소심 법원(피고 승소)

1심 판결의 내용을 수용하여 원고의 항소를 기각하였음.

II | 해설

1. 증여의 의의

가. 민법상 증여

민법상 증여란 당사자 일방이 무상으로 재산을 상대방에 수여하는 의사를 표시하고 상대방이 이를 승낙함으로써 그 효력이 생기는 무상·낙성·편무·불요식 계약을 말한다(민법 제554조).

나. 상증세법상 증여

상증세법상의 증여란 그 행위 또는 거래의 명칭·형식·목적 등과 관계없이 직접 또는 간접적인 방법으로 타인에게 무상으로 유형·무형의 재산 또는 이익을 이전(현저히 낮은 대가를 받고 이전하는 경우를 포함한다)하거나 타인의 재산가치를 증가시키는 것을 말한다(상증세법 제2조 제6호).

상증세법은 과거에는 증여의 의미에 관한 규정을 두고 있지 않다가 2004. 1. 1. 처음으로 증여의 의미에 관한 규정을 두었다. 증여와 관련하여 상속세나 증여세를 과세함에 있어서 2003. 12. 31. 이전에는 민법상의 증여의 정의가 사용되었고, 이에 따라 민법상 증여에 해당하지 않는 경우에는 증여로 의제하는 별도의 세법규정이 있어야만 증여세를 부과할 수 있었다. 2004. 1. 1. 이후부터는 상증세법상 독자적인 증여의 정의규정이 신설됨에 따라 유·무형의 재산 또는 이익의 이전 등이 있는 경우 거래의 명칭이나 형식 등을 따지지 않고 증여세를 부과할 수 있게 되었다.

다. 증여의제 및 증여추정

상증세법 제44조 내지 제45조의5에서는 증여의제 및 증여추정에 관하여 규정하고 있다. 이들 규정은 증여의 전제가 되는 사실이 증명된 경우 증여사실 자체가 증명되지 않더라도 증여가 있는 것으로 의제 또는 추정하겠다는 것으로서 증여사실에 대한 과세관청의 입증의 부담을 덜어주기 위한 규정이다.

증여의제는 과세관청에 의하여 증여의 전제사실이 증명되면 곧바로 법률상 증여가 있는 것으로 간주되기 때문에 납세자로서는 증여의 전제사실에 관한 과세관청의 증명을 탄핵하지 않는 한 증여한 사실이 없었다고 다툴 수 없게 된다. 증여의제에 관한 규정으로는 상증세법 제45조의2의 명의신탁재산의 증여의제, 제45조의3의 특수관계법인과의 거래를 통한 이익의 증여의제, 제45조의4의 특수관계법인으로부터 제공받은 사업기회로 발생한 이익의 증여의제, 제45조의5의 결손법인 등 특정법인과의 거래를 통한 이익의 증여의제가 있다.

증여추정은 과세관청에 의하여 증여의 전제사실이 증명되는 경우 반증이 없는 한 일응 증여가 있는 것으로 추정되는 것인데, 증여의제와는 달리 납세자는 반대사실을 입증하여 증여세 과세대상에서 벗어날 수 있다. 증여추정에 관한 규정으로는 상증세법 제44조의 배우자 등에게 양도한 재산의 증여추정, 제45조의 재산 취득자금 등의 증여추정이 있다.

2. 이 사건의 분석

과세관청에 의하여 증여자로 인정된 자 명의의 예금이 인출되어 납세자 명의의 예금계좌 등으로 예치된 사실이 밝혀진 이상, 그 예금은 납세자에게 증여된 것으로 추정되므로, 그와 같은 예금의 인출과 납세자 명의로의 예금 등이 증여가 아닌 다른 목적으로 행하여진 것이라는 등 특별한 사정이 있다면 이에 대한 입증의 필요는 납세자에게 있다(대법원 2001. 11. 13. 선고 99두4082 판결).

따라서 甲으로부터 원고의 계좌로 예치된 4억 7,000만 원은 甲으로부터 원고에게 증여된 것으로 추정되고, 위 금원이 증여가 아닌 대여 목적으로 원고 계좌에 예치되었음은 원고가 증명하여야 한다.

① 위 금원은 甲이 C은행으로부터 대출받아 원고에게 지급한 것인데 그 대출이자를 甲이 모두 지급해왔고, 원고와 甲 사이에 달리 위 금원에 대한 이자나 변제기를 따로 정한 바가 없다는 점, ② 원고가 乙로부터 상속받아 甲에 대한 변제금으로 사용했다고 주장하는 약 3억 7,700만 원은, 원고가 아닌 甲이 乙의 상속인 자격으로 전액 인출하여 그 계좌로 입금하였고, 그 금원 중 일부는 원고의 상속세 납부에 사용된 점 등에 비추어 보면, 원고가 주장·증명한 사실만으로는 甲이 원고에게 위 금원을 대여하였다는 사실을 인정하기에 부족하다.

따라서 이 사건 금원이 원고에게 증여되었음을 전제로 한 이 사건 각 처분은 적법하다.

기본적으로 과세요건사실에 대한 입증책임은 과세관청에게 있으므로 증여세 부과처분 취소소송에서 증여사실에 대한 입증책임은 과세관청에게 있는 것이 원칙이다. 다만 상증세법상의 증여추정규정[1]과 같이 일정한 경우에는 이에 대한 예외를 인정할 필요가 있는바, 이 판결은 증여자 명의의 예금이 인출되어 납세자 명의의 예금계좌로 예치된 경우 그 예금은 납세자에게 증여된

---

1) 상증세법 제44조의 배우자 등에게 양도한 재산의 증여추정, 제45조의 재산 취득자금 등의 증여추정.

것으로 추정되고, 따라서 그것이 증여가 아님을 입증할 책임은 납세자에게 있음을 확인하였다는 점에서 의미가 있다.

3. 관련 사례 등

이혼에 따른 재산분할이 증여세 과세대상에 해당하는지 여부[2](대법원 2017. 9. 12. 선고 2016두58901 판결)
이혼에 따른 재산분할은 부부가 혼인 중에 취득한 실질적인 공동재산을 청산·분배하는 것을 주된 목적으로 하는 제도로서 재산의 무상이전으로 볼 수 없으므로 이혼이 가장이혼으로서 무효가 아닌 이상 원칙적으로 증여세 과세대상이 되지 않지만, 이혼에 따른 재산분할이 민법 제839조의2 제2항의 규정 취지에 반하여 상당하다고 할 수 없을 정도로 과대하고 상속세나 증여세 등 조세를 회피하기 위한 수단에 불과하여 그 실질이 증여라고 평가할 만한 특별한 사정이 있는 경우에는 상당한 부분을 초과하는 부분에 한하여 증여세 과세대상이 될 수 있음.

증여세 과세대상으로서의 주식증여가 있었는지 여부의 판단(대법원 2006. 6. 29. 선고 2004도817 판결)
세법상 증여세 과세대상으로서의 주식증여가 있었는지 여부는 주식증여에 대한 의사의 합치와 주식을 취득하여 사실상 주주로서의 권리를 행사할 수 있는 지위를 취득하였는지에 의하여 판단하여야 하고, 이 사건 주식의 증여에 대한 증여자 및 수증자 사이에 의사합치가 존재하고, 수증자 명의로 주주명부상의 명의개서뿐 아니라 이익배당까지 이루어졌다면, 위 주식에 대하여 증여세 과세대상으로서의 증여가 있었다고 볼 수 있고, 단지 주권이 교부되지 않았다는 이유만으로 달리 볼 것은 아님.

---

2) 자세한 논의는 [30] 이혼과 증여세 : 재산분할 및 위자료 사례 참조.

17

증여세의 완전포괄주의와 개별가액산정규정의 관계

– 서울행정법원 2018. 8. 17. 선고 2017구합4703 판결 –

» 상증세법은 증여세 과세 대상을 규정함에 있어 기존 개별가액산정규정으로도 변칙적 증여에 대응할 수 없게 되자 상증세법 제2조 제3항(현 상증세법 제2호 제6호)의 증여의 개념 정의 규정을 통하여 완전포괄주의를 도입하였음. 다만 상증세법은 이러한 완전포괄주의 규정의 도입에도 불구하고 기존의 개별가액산정 규정, 즉 상증세법 제33조 내지 제42조의3의 규정들을 그대로 두었는데, 이러한 개별가액산정 규정의 요건에 포함되지 아니하는 거래행위에 관하여 완전포괄주의 규정을 독자적 과세근거규정으로 하여 증여세를 부과할 수 있는지 문제되고 이에 대하여 검토해보고자 함.

🗨 상속세 및 증여세법

제2조(정의)

6. "증여"란 그 행위 또는 거래의 명칭·형식·목적 등과 관계없이 직접 또는 간접적인 방법으로 타인에게 무상으로 유형·무형의 재산 또는 이익을 이전(移轉)(현저히 낮은 대가를 받고 이전하는 경우를 포함한다)하거나 타인의 재산가치를 증가시키는 것을 말한다. 다만, 유증과 사인증여는 제외한다.

제40조(전환사채 등의 주식전환 등에 따른 이익의 증여)

① 전환사채, 신주인수권부사채(신주인수권증권이 분리된 경우에는 신주인수권증권을 말한다) 또는 그 밖의 주식으로 전환·교환하거나 주식을 인수할 수 있는 권리가 부여된 사채(이하 이 조 및 제41조의3에서 "전환사채 등"이라 한

다)를 인수·취득·양도하거나, 전환사채 등에 의하여 주식으로 전환·교환 또는 주식의 인수(이하 이 조에서 "주식전환 등"이라 한다)를 함으로써 다음 각 호의 어느 하나에 해당하는 이익을 얻은 경우에는 그 이익에 상당하는 금액을 그 이익을 얻은 자의 증여재산가액으로 한다. 다만, 그 이익에 상당하는 금액이 대통령령으로 정하는 기준금액 미만인 경우는 제외한다.

1. 전환사채 등을 인수·취득함으로써 인수·취득을 한 날에 얻은, 다음 각 목의 어느 하나에 해당하는 이익(이하 생략)

② 제1항에 따른 최대주주, 교부받았거나 교부받을 주식의 가액, 이익의 계산 방법, 증여일의 판단 및, 그 밖에 필요한 사항은 대통령령으로 정한다.

I 대상판결의 개요

1. 사실관계의 요지

원고 甲은 주식회사 A의 주주인데, A 회사는 주식회사 B의 신주인수권부 사채를 인수한 乙로부터 주식 1백만 주를 인수할 수 있는 신주인수권부 사채를 합계 약 10억 원에 매수하였고, A 회사는 인수한 신주인수권을 행사하여 B 회사의 주식 100만 주를 취득하였음.

관할 세무서장은 위와 같은 신주인수권 행사로 A 회사가 보유한 B 회사의 주식의 가치가 증가하였고 그에 따라 종국적으로는 A 회사의 주주인 甲의 주식가치가 상승하여 甲이 상승한 주식 가치 상당의 이익을 얻은 것으로 보아 甲에게 증여세를 부과하였음.

2. 원고의 주장 요지

상증세법 제40조 제1항 제1호는 '신주인수권부 사채 등에 의하여 주식의 전환 등을 함으로써 다음 각호의 이익이 발생한 경우'를 과세 요건으로 하고 있어 납세의무자는 신주인수권부 사채를 인수·취득·양도한 자에 국한되어야 함에도 불구하고 신주인수권부 사채를 인수·취득·양도한 A 회사가 아닌 그 주주인 甲에게 증여세를 부과한 것은 위법함.

개별가액 산정규정이 존재하는 경우, 동 규정에 해당하지 않는 행위에 대해서는 과세를 하지 않는다고 해석하여야 할 것이어서 상증세법 제2조 제3항(현행 상증세법 제2조 제6호)만을 근거로 증여세부과처분을 하는 것은 위법함.

3. 1심 판결 요지(원고 승소)

신주인수권부 사채에 의한 주식의 전환 등 법인의 자본을 증가시키거나 감소시키는 거래로 인하여 얻은 이익을 증여세 과세대상으로 정하고 있는 것은 신주인수권을 주식으로 전환하면서 전환가액을 실제 주식의 가치와 달리하면 주주 사이에 부의 이전이 생기는 것을 전제로 함.

한편 부를 이전받은 신주주가 법인인 경우에 실질과세의 원칙을 들어 그 법인이 아닌 주주가 부의 이전을 받은 것으로 보려면, 법인과 주주가 별개의 인격임에도 불구하고 주주가 아닌 법인에게 이익이 귀속되는 것이 현저히 정의에 반하여 그 법인의 법인격을 부인하여야 할 만한 특별한 사정이 있어야 함.

B 회사가 사업자금 확보를 위해 신주인수권부 사채를 발행하였고, 이를 특수관계인이 아닌 제3자인 乙이 인수한 점, 신주인수권부 사채를 발행한 시점과 A 회사가 신주인수권을 행사한 시점 사이에 1년 이상의 시간적 간격이 있고, A 회사가 B 회사로부터 신주인수권을 취득한 것이 아니라 신주인수권부 사채의 인수자인 乙로부터 신주인수권을 취득한 점 등을 고려하면, 위와 같은 사실만으로 A 회사가 신주인수권을 행사한 가격이 시가보다 현저히 낮아 B 회사 기존 주주들의 부가 A 회사에게로 이전되고, 나아가 A 회사의 법인격을 부인하여 그 주주인 원고들이 이익을 얻은 것과 같이 보기에 부족함.

따라서 구 상증세법 제40조는 물론, 실질과세의 원칙을 규정한 같은 법 제2조 제3항을 함께 고려하여도, 원고들에 대한 증여세 부과처분의 근거가 될 수 없으므로 이 사건 처분은 위법함.

Ⅱ 해설

1. 상증세법상 완전포괄주의

가. 의 의

1996. 12. 30. 상속세법이 상증세법으로 전부 개정되었을 때 증여세의 과세대상에 대한 규정에서 '증여'의 개념에 관한 별도의 규정은 두고 있지 않아 민법의 규정을 차용하였다.

그러나 민법상의 전형적인 증여 개념만으로는 증여 유형을 변형하여 그 개념 범주에서 벗어나는 유형의 거래 행위에 대해서는 과세할 수 없는 문제점이 발생하였다. 이에 따라 입법자는 몇 차례의 개정을 통하여 합병시의 증여의제, 감자에 따른 증여의제, 주식의 상장 등에 따른 이익 증여 의제 등 상증세법 제33조 내지 제42조의3을 규정하여 유형적 포괄주의로서 이를 보완하고자 하였다. 하지만 그러한 유형적 포괄주의 개별 규정을 도입함에도 불구하고 그에 부합하지 아니하는 변칙적인 유형의 증여가 계속해서 이루어져 증여세 부과징수에 어려움을 겪었다.[3)]

이에 입법자는 2003. 12. 30. 상증세법을 개정하면서 상증세법 제2조 제3항에서는 "증여라 함은 그 행위 또는 거래의 명칭·형식·목적 등과 관계없이 직접 또는 간접적인 방법으로 타인에게 무상으로 유형·무형의 재산 또는 이

---

3) 강석규, 앞의 책, pp.1229~1231 참조.

익을 이전(移轉)(현저히 낮은 대가를 받고 이전하는 경우를 포함한다)하거나 타인의 재산가치를 증가시키는 것을 말한다"라고 규정함으로써 증여의 개념을 추상적이고 광범위하게 정의하여 완전포괄주의를 도입하였다(현행 상증세법 제2조 제6호).[4]

나. 상증세법상 완전포괄주의와 종전의 개별가액산정 규정의 유형에 해당하지 아니하는 경우

(1) 문제의 소재

완전포괄주의를 도입한 이후, 기존의 유형적 포괄주의 규정들인 상증세법 제33조 내지 제42조의3 등에서 규정한 과세 대상인 증여행위도 전부 상증세법 제2조 제6호의 증여 개념에 포섭되게 되었다. 그런데 완전포괄주의의 도입 이전에 기존의 유형적 포괄주의 규정들에서 정한 유형의 행위에 해당하지 아니하여 과세할 수 없었던 증여거래 또는 행위가 존재하고 있었다.

이처럼 유형적 포괄주의 규정상의 과세대상을 벗어난 거래행위에 관하여 완전포괄주의가 도입됨에 따라 증여의 개념을 포괄적으로 정의한 상증세법 제2조 제6호를 독자적인 과세근거규정으로 보아 과세처분을 할 수 있는지 문제되는 것이다.

(2) 학설의 대립

이에 대하여는 다음과 같이 부정설과 긍정설이 대립하고 있다.

부정하는 입장에서는 상증세법 제2조 제6호가 일반적이고 추상적인 선언적 규정에 불과한 점, 그리고 그러한 추상적 선언적 규정만으로는 증여세 과세 대상과 증여세 과세표준인 증여재산가액을 어떻게 산정할지 전혀 예상할 수 없어 조세법률주의에 따른 법적 안정성과 예측가능성이 없다는 점 등을 근거로 하고 있다. 즉 추상적이고 일반적인 상증세법 제2조 제6호의 규정만을

---

4) 최성일, 앞의 책, p.445 참조.

과세근거로 삼는 것은 과세표준이나 과세대상에 대한 납세의무자의 예측가능
성을 침해한다는 것을 근거로 상증세법 제2조 제6호를 독자적 과세근거규정
으로 한 과세처분은 불가능하다고 주장하고 있다.5)6)

긍정하는 입장에서는 상증세법 제2조 제6호의 입법 취지는 우리 상증세
법에서의 증여세 과세대상 체계를 완전포괄주의로 전환하는 것에 있으므로
이를 부정설의 근거처럼 추상적 선언적 규정으로 보기는 어려운 점, 상증세법
제2조 제6호의 문언에만 근거하더라도 증여세 과세대상을 '경제적 가치 있는
유·무형 재산의 무상이전과 타인의 기여로 증가된 경제적 가치'라고 볼 수 있
는 점 등에서 상증세법 제2조 제6호를 독자적인 하나의 개별적인 과세근거규
정으로 보아 과세처분을 하는 것도 조세법률주의에 반하지는 않는다고 주장
하고 있다.7)8)

(3) 법원의 판단(2013두13266 판결)

이에 대하여 대법원은, "납세자의 예측가능성 등을 보장하기 위하여 개별
가액산정규정이 특정한 유형의 거래행위를 규율하면서 그중 일정한 거래·행
위만을 증여세 과세대상으로 한정하고 그 과세범위도 제한적으로 규정함으로
써 증여세 과세의 범위와 한계를 설정한 것으로 볼 수 있는 경우에는, 개별가
액산정 규정에서 규율하고 있는 거래행위 중 증여세 과세대상이나 과세범위
에서 제외된 거래행위가 상증세법 제2조 제3항(현행 상증세법 제2조 제6호)의
증여의 개념에 들어맞더라도 그에 대하여 증여세를 과세할 수 없다고 할 것이
다"라고 판단하였다(대법원 2015. 10. 15. 선고 2013두13266 판결).

이에 따르면 개별가액산정 규정상의 거래 유형에 해당하지 아니함에도 상
증세법 제2조 제6호(완전포괄주의 규정)를 근거로 과세처분이 가능한지 여부는

---

5) 이전오, "증여세 완전포괄주의 규정의 문제점", 2004, 「조세연구」 제4집, pp. 458~462 참조.
6) 강석규, 앞의 책, p.1235 참조.
7) 하태흥, "대법원 2011. 4. 28. 선고 2008두17882 판결 평석", 2011, 「대법원판례해설」 제87호
   (2011년 상), pp.833~835.
8) 강석규, 앞의 책, p.1236 참조.

문제된 개별가액산정 규정이 그 취지상 일정한 거래행위만을 증여세 과세대상
으로 한정하고 과세범위도 세한적으로 규정하는지 어부에 따라 달라진다.

2. 실질과세원칙과 법인격 부인의 법리

가. 완전포괄주의와 실질과세원칙의 의의

상증세법에서의 완전포괄주의 도입 당시인 2003. 12. 30. 그 일환으로서
상증세법 제2조 제4항이 신설된 바 있다. 제2조 제4항은 '제3자를 통한 간접
적인 방법이나 2 이상의 행위 또는 거래를 거치는 방법에 의하여 상속세 또는
증여세를 부당하게 감소시킨 것으로 인정되는 경우에는 그 경제적인 실질에
따라 당사자가 직접 거래한 것으로 보거나 연속된 하나의 행위 또는 거래로
보아 제3항의 규정을 적용한다'고 규정하고 있었다. 위 조항은 2013. 1. 1.
상증세법 개정 당시 폐지되었으나 규정 취지는 현행 국세 기본법 제14조 제
3항에 그대로 승계·반영되어 있다(대법원 2019. 1. 31. 선고 2014두41411 판결
참조).

위와 같은 실질과세원칙을 근거로 이 사건 소송에서처럼 신주인수권의
행사를 통하여 이익을 얻은 자가 신주인수권부 사채를 인수·취득·양도한 자
가 아닌 그 주주일 경우 그 주주들이 법인이라는 제3자를 신주인수권부 사채
를 인수·취득·양도한 자로 내세우는 간접적인 거래로 부당하게 증여세를 회
피한 것으로 보아 법인격을 부인하고 그 주주에게 증여세를 부과할 수 있는지
문제될 수 있다. 이는 법인격 부인의 법리로 연결된다.

나. 법인격 부인의 법리

(1) 의 의

법인격 부인의 법리란, 어떤 회사가 외형상으로는 법인의 형식을 갖추고
있으나 실제로는 법인의 형태를 빌리고 있는 것에 지나지 아니하고 그 실질에

있어서는 완전히 그 법인격의 배후에 있는 다른 회사의 도구에 불과하거나, 배후에 있는 회사에 대한 법률 적용을 회피하기 위한 수단으로 함부로 쓰이는 경우에는 신의성실의 원칙에 위반되는 법인격의 남용으로서 심히 정의와 형평에 반하여 허용될 수 없어 그 배후에 있는 자에게 해당 회사의 행위에 관한 책임을 물을 수 있다고 보아야 한다는 것이다(대법원 2013. 2. 15. 선고 2011다103984 판결 참조).

(2) 요 건

이와 같이 회사가 그 법인격의 배후에 있는 회사를 위한 도구에 불과하다고 보려면, 원칙적으로 문제가 되고 있는 법률행위나 사실행위를 한 시점을 기준으로 하여 두 회사 사이에 재산과 업무가 구분이 어려울 정도로 혼용되었는지 여부, 주주총회나 이사회를 개최하지 않는 등 법률이나 정관에 규정된 의사결정절차를 밟지 않았는지 여부, 해당 회사 자본의 부실정도, 영업의 규모 및 직원의 수 등에 비추어 볼 때 그 해당 회사는 이름뿐이고 실질적으로는 배후에 있는 회사를 위한 영업체에 지나지 않을 정도로 형해화되어야 한다.

또한 위와 같이 법인격이 형해화 될 정도에 이르지 않더라도 그 배후에 있는 회사가 해당 회사의 법인격을 남용한 경우 그 해당 회사는 물론 배후에 있는 회사에 대하여도 해당 회사의 행위에 대한 책임을 물을 수 있으나, 이 경우 채무면탈 등의 남용행위를 한 시점을 기준으로 하여, 배후에 있는 회사가 해당 회사를 자기 마음대로 이용할 수 있는 지배적 지위에 있고, 그와 같은 지위를 이용하여 법인제도를 남용하는 행위를 할 것이 요구된다(대법원 2008. 9. 11. 선고 2007다90982 판결 참조).

3. 이 사건의 분석

가. 실질과세 원칙과 법인격 부인의 법리 쟁점

실질과세 원칙 및 법인격 부인의 법리에 따라 신주인수권부 사채를 인수·취득·양도한 A 회사를 부인하고 그 주주인 원고에게 바로 이익이 증여된 것으로 보아 증여세를 부과할 수 있는지 문제된다.

그러나 이 사건에서 법원은 B 회사가 사업자금확보를 위해 신주인수권부 사채를 발행시 이를 특수관계인이 아닌 제3자가 인수하여 통상적 신주인수권 부사채의 발행과 달리 평가할 여지가 없고 그 신주인수권부사채 상의 신주인 수권을 A 회사가 발행자인 B 회사로부터 직접 취득한 것이 아니라 위의 제3 자로부터 취득하였을 뿐만 아니라 B 회사의 신주인수권부사채 발행과 A 회사 의 신주인수권 행사 사이에 시간적 간격이 1년 이상 있었으므로 기존 주주들 의 부가 A 회사의 법인격을 부인하고 그 주주인 원고에게 이전되었다고 볼만 한 여지도 없다고 보았다. 따라서 실질과세 원칙에 근거하더라도 신주인수권 부 사채를 인수·취득·양도한 자가 아닌 원고에게 위 신주인수권을 행사하여 얻은 이익에 관하여 증여세를 부과할 수 없다.

나. 완전포괄주의와 개별가액산정규정인 상증세법 제40조와의 관계

개별가액산정규정인 상증세법 제40조 유형에 정확히 부합하지 않음에도 신주인수권부 사채를 인수·취득·양도한 자의 주주에게로의 부의 이전에 관 하여 상증세법 제2조 제6호를 근거로 하여 증여세를 부과할 수 있는지 역시 문제된다.

법원은 상증세법 제40조의 취지를 신주인수권을 주식으로 전환하면서 전 환가액을 실제 주식의 가치와 달리하면 주주 사이에 부의 이전이 발생하는데 위 규정은 이를 전제로, 즉 전환가액을 주식의 가치보다 낮추면 전환으로 인 하여 기존 주주의 주식가치는 낮아지고, 신주주의 주식가치는 높아지게 되므 로 기존 주주에서 신주주로의 부의 이전이 생기게 되는 것을 이익의 증여로 보아 과세함에 있다고 보았다.

앞서 언급한 바와 같이 상증세법 제40조가 신주인수권부 사채에 의한 주 식의 전환 등 법인의 자본을 증가시키거나 감소시키는 거래로 인하여 얻은 이 익을 증여세 과세대상으로 정하고 있는 것은 신주인수권을 주식으로 전환하면서 전환가액을 실제 주식의 가치와 달리하면 주주 사이에 부의 이전이 생기는 것을 전제로 함에 있다. 결국 상증세법 제40조는 그 취지상 법령상의 요건 등을 모두 갖춘 경우에 한하여 그 증가한 재산가치에 대해 증여세를 과세하도록 규정하고 있는 것으로, 특정한 유형의 거래·행위만을 증여세 과세대상으로 제한적으로 규정함으로써 증여세 과세의 범위와 한계를 설정한 것으로 볼 수 있고 따라서 위 개별 규정의 과세대상에서 제외된 이 사건 이익에 대하여는 완전포괄주의에 근거하여 증여세를 과세할 수도 없다고 할 것이다.9)

다. 판결의 의의

이 사건 판결은 개별가액산정규정과 완전포괄주의에 관하여 개별가액산정 규정상의 요건에 부합하지 아니하는 행위에 대하여는 완전포괄주의에 의하여서도 과세할 수 없다는 대법원의 입장을 재확인함과 동시에 실질과세원칙을 근거로 법인격부인에 따라 배후자에게 증여세를 부과할 수 있는지 여부에 관한 요건과 판단기준을 제시한 사례라는 점에서 의의가 있다.

4. 관련 사례 등

전환사채권자가 아닌 자에 대하여 전환이익에 관한 증여세를 부과한 것은 위법하다고 본 사례(서울행정법원 2015. 12. 18. 선고 2014구합73999 판결)
전환사채의 권리자는 甲 법인이었는데 그 법인이 전환권을 행사하여 얻은 전환이익에 관하여 그 법인의 주주들인 乙과 丙에게 증여세를 부과한 것은 전환권의 행사로 인하여 간접적으로 전환권의 권리자인 법인의 주주들이 보유한 주식가치가 상승하는 이익이 발생하였다고 하더라도, 구 상증세법 제2조 제3항, 제42조 제1항 제3호 등을 적용하여 증여세를 부과한 것은 증여세 과세의 한계를 벗어남.

---

9) 피고가 이 사건 부과처분의 근거를 상증세법 제2조 제3항(현행 상증세법 제2조 제6호)를 근거로 하였고 소송진행 과정에서 완전포괄주의에 근거한 과세가부에 대하여 원고와 피고가 다투었으나 법원은 완전포괄주의에 근거한 과세 가부에 대한 명시적 판단은 설시하지 않았으나 불가함을 전제로 법인격부인론에 근거하여 원고와 신주인수권의 권리자인 회사를 동일시할 수 있는지 여부를 검토하였다.

18

합병에 따른 상장 등 이익에 대한 증여세 부과 및 소득세, 법인세와의 관계

– 대법원 2017. 9. 26. 선고 2015두3096 판결 –

» 상증세법 제4조의2 제2항은 '증여재산에 대하여 수증자에게 소득세법에 따른 소득세 또는 법인세법에 따른 법인세가 부과되는 경우에는 증여세를 부과하지 아니하고, 소득세 또는 법인세가 소득세법, 법인세법 또는 다른 법률에 따라 비과세되거나 감면되는 경우에도 같다'라고 규정하고 있음. 이 사안에서는 합병상장에 따른 증여세 부과 및 소득세·법인세 사이의 관계에 대해 살펴보고자 함.

💬 상속세 및 증여세법

제4조의2(증여세 납부의무)

③ 제1항의 증여재산에 대하여 수증자에게 「소득세법」에 따른 소득세 또는 「법인세법」에 따른 법인세가 부과되는 경우에는 증여세를 부과하지 아니한다. 소득세 또는 법인세가 「소득세법」, 「법인세법」 또는 다른 법률에 따라 비과세되거나 감면되는 경우에도 또한 같다.

제41조의5(합병에 따른 상장 등 이익의 증여)

① 최대주주 등의 특수관계인이 다음 각 호의 어느 하나에 해당하는 경우로서 그 주식 등을 증여받거나 취득한 날부터 5년 이내에 그 주식 등을 발행한 법인이 대통령령으로 정하는 특수관계에 있는 주권상장법인과 합병되어 그 주식 등의 가액이 증가함으로써 그 주식 등을 증여받거나 취득한 자가 당초 증여세 과세가액(증여받은 재산으로 주식 등을 취득한 경우는 제외

한다) 또는 취득가액을 초과하여 이익을 얻은 경우에는 그 이익에 상당하는 금액을 그 이익을 얻은 자의 증여재산가액으로 한다. 다만, 그 이익에 상당하는 금액이 대통령령으로 정하는 기준금액 미만인 경우는 제외한다.

제47조(증여세 과세가액)

① 증여세 과세가액은 증여일 현재 이 법에 따른 증여재산가액을 합친 금액[제31조 제1항 제3호, 제40조 제1항 제2호·제3호, 제41조의3, 제41조의5, 제42조의3 및 제45조의2부터 제45조의4까지의 규정에 따른 증여재산(이하 "합산배제증여재산"이라 한다)의 가액은 제외한다]에서 그 증여재산에 담보된 채무(그 증여재산에 관련된 채무 등 대통령령으로 정하는 채무를 포함한다)로서 수증자가 인수한 금액을 뺀 금액으로 한다.

② 해당 증여일 전 10년 이내에 동일인(증여자가 직계존속인 경우에는 그 직계존속의 배우자를 포함한다)으로부터 받은 증여재산가액을 합친 금액이 1천만 원 이상인 경우에는 그 가액을 증여세 과세가액에 가산한다. 다만, 합산배제증여재산의 경우에는 그러하지 아니하다.

③ 제1항을 적용할 때 배우자 간 또는 직계존비속 간의 부담부증여(負擔附贈與, 제44조에 따라 증여로 추정되는 경우를 포함한다)에 대해서는 수증자가 증여자의 채무를 인수한 경우에도 그 채무액은 수증자에게 인수되지 아니한 것으로 추정한다. 다만, 그 채무액이 국가 및 지방자치단체에 대한 채무 등 대통령령으로 정하는 바에 따라 객관적으로 인정되는 것인 경우에는 그러하지 아니하다.

🗨 소득세법

제17조(배당소득)

① 배당소득은 해당 과세기간에 발생한 다음 각 호의 소득으로 한다.

　3. 의제배당(擬制配當)

② 제1항 제3호에 따른 의제배당이란 다음 각 호의 금액을 말하며, 이를 해당 주주, 사원, 그 밖의 출자자에게 배당한 것으로 본다.

> 4. 합병으로 소멸한 법인의 주주·사원 또는 출자자가 합병 후 존속하는 법인 또는 합병으로 설립된 법인으로부터 그 합병으로 취득하는 주식 또는 출자의 가액과 금전의 합계액이 그 합병으로 소멸한 법인의 주식 또는 출자를 취득하기 위하여 사용한 금액을 초과하는 금액

I 대상판결의 개요

1. 사실관계의 요지

원고들은 甲의 자녀이고, 甲은 본인 명의 및 임직원 10명 명의로 2000. 6.경 코스닥에 상장된 주식회사 A의 주식 90%를 소유하는 등 A 회사는 사실상 甲의 1인 회사임.

원고들은 2003. 6.경부터 같은 해 12.경까지 비상장법인 주식회사 B의 주식을 취득하였는데 2006. 7.경 B 회사가 A 회사에 흡수합병됨에 따라 흡수합병의 대가로 A 회사의 주식을 취득하였음.

관할 세무서장은 B 회사가 코스닥 상장법인 A 회사에 합병됨에 따라 상장 등 이익이 발생하였고 그러한 시세차익을 원고들이 증여 받은 것으로 보아 증여세를 과세하였음.

한편 원고들은 2003. 6.부터 2005. 2.경까지 A 회사 주식을 별도로 취득하였는데 이에 대하여도 甲으로부터 차명주식 그 자체 또는 그 취득자금을 증여받아 취득한 것으로 보아 증여세를 부과하게 되었고 위 B 회사의 A 회사에의 합병에 따른 상장 등 이익의 증여와 합산하여 과세하였음.

2. 원고의 주장 요지

구 상증세법 제2조 제2항(현행 상증세법 제4조의2 제2항)의 입법취지에 비추어 B 회사가 A 회사에 합병되면서 A 회사의 주식을 취득하게 된 것에 관하여 그 합병시세차익 중 의제배당액 부분은 취득가액이 합병신주의 가액을 초과하여 의제배당소득이 없어 소득세 등이 비과세·감면된 것에 해당하고 따라서 증여세 과세대상이 될 수 없으므로 증여세 부과처분은 위법함.

3. 판결 요지

가. 제1심 및 항소심 법원(원고 일부 승소)

(1) 합병시세차익을 당초의 증여재산가액에 합산하여 과세한 것이 부당한지 여부

아래의 사정을 고려하면 합병시세차익에 대한 증여세 납세의무의 성립시기는 '비상장법인의 주식을 증여받거나 유상으로 취득한 때'가 아니라 '정산기준일, 즉 합병등기일로부터 3월이 되는 날'이라고 봄이 상당함.

① 상증세법 제41조의5에 따르면, 비상장법인 주식의 증여 또는 취득 및 그 비상장법인과 상장법인의 합병이라는 두 가지 요건이 충족되어야 납세의무가 성립함.

② 위 규정은 비상장법인의 주식을 증여받는 경우 뿐만 아니라 이를 유상으로 취득한 때에도 이후 그 비상장법인이 상장법인과 합병함에 따라 그 주식의 가액이 일정 기준 이상으로 증가하면 그 이익에 대하여 증여세를 과세하도록 규정하고 있는데, 최초 주식을 증여받거나 취득한 시점에 합병시세차익에 대한 증여세 납세의무가 성립한다고 본다면 당초 주식을 증여받지 않고 유상으로 취득한 자의 경우에는 주식을 유상으로 취득한 때 합병시세차익에 대한 증여세 납세의무가 성립하는 것이 되어 불합리함.

③ 증여세 납세의무는 증여에 의하여 재산을 취득하는 때에 성립하고, 합병시세차익은 합병등기일로부터 3월이 되는 날을 기준으로 함.

④ 합병시세차익에 대한 증여세 납세의무가 비상장법인의 주식을 증여받거나 유상으로 취득한 때에 성립한다면, 개정 후 상증세법 시행일인 2004. 1. 1. 이전에 주식을 증여받거나 취득한 경우에는 개정 전 상증세법 제41조의5[10])가, 2004. 1. 1. 이후에 주식을 증여받거나 취득한 경우에는 개정 후 상증세법 제41조의5가 각 적용된다고 할 것이므로, 개정 후 상증세법이 부칙 제6조에서 '개정후 상증세법 제41조의5는 2004. 1. 1. 이후 주식 등을 증여받거나 유상으로 취득하는 분부터 적용한다'는 경과규정을 둘 필요가 없었음.

⑤ 따라서 원고들의 합병시세차익은 합병시세차익에 대한 증여세 납세의무의 성립시기, 즉 합병등기일로부터 3월이 되는 날인 2006. 10. 3. 시행되던 개정 후 상증세법 제47조 제2항, 제1항에 따라 합산배제증여재산에 해당한다고 할 것이므로, 피고들이 원고들의 합병시세차익에 대하여 당초 증여재산의 가액에 합산하여 증여세를 결정·고지한 것은 위법함.

(2) 과세이연을 소득세 비과세 또는 감면된 경우로 볼 수 있는지 여부

상증세법 제2조 제2항에서 정한 '소득세·법인세 및 농업소득세가 소득세법·법인세법·지방세법 또는 다른 법률의 규정에 의하여 비과세 또는 감면되는 경우'란 소득세법·법인세법·지방세법 또는 다른 법률에서 명확히 비과세 또는 감면 대상으로 규정한 경우만을 의미함.

사안에 따라 과세되지 않을 수도 있고 과세될 수도 있는 경우는 이에 해당하지 않는다고 봄이 상당하므로 과세이연된 것에 불과한 원고들의 경우에는 이에 해당하지 않으며, 설령 원고들이 추후 주식을 양도할 경우 양도소득세의 과세대상에 해당한다고 하더라도 합병시세차익에 대한 증여세와 주식 양도에 따른 양도소득세는 과세대상 등 납세의무의 성립요건이 서로 다르므로 '증여재산에 대하여 소득세법에 의한 소득세가 수증자에게 부과되는 때'에 해당한다고 볼 수 없음.

---

10) 상속세 및 증여세법(2003. 12. 30. 법률 제7010호로 개정되기 전의 것)
　　제41조의5(증여세과세가액)
　　① 증여세과세가액은 증여일 현재 제31조 내지 제45조의 규정에 의한 증여재산가액의 합계액에

(3) 취소의 범위

개정 후 상증세법 제41조의5 제3항, 제41조의3 제3항은 '합병시세차익을 당초의 증여세 과세가액(증여받은 재산으로 주식 등을 취득한 경우에는 그 증여받은 재산에 대한 증여세 과세가액을 말함)에 가산하여 증여세 과세표준과 세액을 결정한다.'고 정하고 있으므로, 당초 증여재산과 그에 관한 합병시세차익은 서로 합산되어 세액을 산출함.

그러나 개정 후 상증세법 제47조 제2항에서 당해 증여일 전 10년 이내에 동일인(증여자가 직계존속인 경우에는 그 직계존속의 배우자를 포함함)으로부터 받은 증여재산가액의 합계액이 1,000만 원 이상인 경우에는 그 가액을 증여세과세가액에 가산함. 다만, 합산배제증여재산의 경우에는 그러하지 아니하다고 규정하고 있으므로, 합병시세차익은 합산배제증여재산에 해당하고 당초 증여재산을 제외한 기존 증여재산가액의 합계액에 합산되지 않아야 함(합병시세차익과 관련된 당초 증여재산 자체는 다른 기존 증여재산가액과 합산함).

합산시세차익은 각각의 증여가액에 따라 개별로 세액을 산출함.

나. 상고심 법원(원고 일부승소)

위 제1심 및 항소심 판결의 요지를 인용하여 상고기각하였음.

II 해설

1. 합병에 따른 상장 등 이익의 증여와 증여세 부과

가. 취 지

상장추진 중인 비상장 법인의 주식을 취득한 후 그 비상장 법인이 상장

서 당해 증여재산에 담보된 채무(당해 증여재산에 관련된 채무 등 대통령령이 정하는 채무를 포함한다)로서 수증자가 인수한 금액을 차감한 금액으로 한다.

하는 경우의 이익은 상증세법 제41조의3에 의하여 증여세 과세대상이 되는데 이를 회피하기 위하여 비상상법인의 주식을 취득한 후 그 법인을 상장법인에 합병시키고 그 대가로 상장법인의 신주를 취득하는 방법, 즉 우회상장의 편법이 발생하였고, 이를 규제하기 위하여 2003. 1. 1. 합병에 따른 상장 등 이익의 증여에 관하여 증여세를 부과하는 규정이 도입되었다(상증세법 제41조의5).

이에 대하여 헌법재판소는 기업의 주요정보를 알 수 있는 최대주주 등의 특수관계인에 대한 우회적인 상장이익 증여행위에 대하여 적정한 과세를 함으로써 조세정의의 확보라는 공익을 실현하는 중요한 역할을 수행하는 데 비하여 납세의무자가 입게 되는 불이익은 크지 않으므로 재산권의 본질을 침해하는 규정이 아니므로 합헌이라는 결정을 하였다(헌재 2016. 3. 31. 2013헌바372).

나. 요 건

(1) 최대주주 등의 특수관계인이 상증세법 제41조의5 제1항 각 호에 해당할 것

최대주주 등의 특수관계인이 ① 최대주주 등으로부터 해당 법인의 주식 등을 취득하거나 유상취득한 경우, ② 증여받은 재산으로 최대주주 등이 아닌 자로부터 해당 법인의 주식 등을 취득한 경우, ③ 증여받은 재산으로 최대주주 등이 주식 등을 보유하고 있는 다른 법인의 주식 등을 최대주주 등이 아닌 자로부터 취득함으로써 최대주주 등과 그의 특수관계인이 보유한 주식 등을 합하여 그 다른 법인의 최대주주 등에 해당하게 되는 경우에 해당하여야 한다.

(2) 소정 기간 내의 주권상장법인과의 합병

위에서의 특수관계인이 그 주식 등을 증여받거나 취득한 날부터 5년 이내에 그 주식 등을 발행한 법인이 주권상장법인과 합병되어 그 주식 등의 가액이 증가하여야 한다.

여기서 주권상장법인은 대통령령으로 정하는 특수관계에 있는 주권상장법인에 한정되는데, 상증세법 시행령은 특수관계에 있는 주권상장법인을 합병 등기일이 속하는 사업연도의 직전 사업연도 개시일부터 합병등기일까지의 기간 중 해당 법인 또는 다른 법인의 주식 등을 취득한 자와 그의 특수관계인이 유가증권시장에 주권이 상장된 법인 또는 코스닥시장상장법인의 최대주주 등에 해당하는 경우의 해당 법인 또는 제28조 제1항 제2호 및 제3호[11])의 규정에 의한 법인으로 규정하고 있다(상증세법 시행령 제31조의2 제3항).

(3) 이익의 발생

그 주식 등을 증여받거나 취득한 자가 ① 유·무상으로 취득한 주식 등의 수를 곱한 금액의 100분의 30에 해당하는 금액이나 ② 3억 원을 초과하여 이익을 얻은 경우 이에 대하여 증여세를 과세한다(상증세법 제41조의5 제1항 및 상증세법 시행령 제31조의5 제1항, 제31조의3).

다. 증여의 시기

이에 대하여는 명백한 규정이 없다. 다만 합병에 따른 상장 등 이익의 증여 계산시 정산기준일에 대하여 주식의 상장에 따른 이익의 증여규정인 상증세법 제41조의3 제3항을 준용하도록 하고 있고(상증세법 제41조의5 제2항), 이에 의하면 주식 가액의 차액 계산은 합병등기일로부터 3개월이 되는 이른바 정산기준일을 기준으로 계산한다.

---

11) 상증세법 시행령 제28조(합병에 따른 이익의 계산방법 등)
　① 법 제38조 제1항 본문에서 "대통령령으로 정하는 특수관계에 있는 법인 간의 합병"이란 합병.등기일이 속하는 사업연도의 직전 사업연도 개시일(그 개시일이 서로 다른 법인이 합병한 경우에는 먼저 개시한 날을 말한다)부터 합병등기일까지의 기간 중 다음 각 호의 어느 하나에 해당하는 법인간의 합병을 말한다. 다만, 다음 각 호의 어느 하나에 해당하는 법인 간의 합병 중 「자본시장과 금융투자업에 관한 법률」에 따른 주권상장법인이 다른 법인과 같은 법 제165조의4 및 같은 법 시행령 제176조의5에 따라 하는 합병은 특수관계에 있는 법인 간의 합병으로 보지 아니한다.
　　1. 「법인세법 시행령」 제2조 제5항에 따른 특수관계에 있는 법인
　　2. 제2조의2 제1항 제3호 나목에 따른 법인

한편 증여세의 신고기한 또는 부과제척 기간의 기산일의 기준일 등을 정하는 데 있어 기준이 되는 증여의 시기, 즉 증여이익의 발생시점을 언제로 보아야 할 것인가가 문제되는데, 일반적인 경우와 마찬가지로 주식을 증여받거나, 유상으로 취득한 날 또는 다른 법인의 주식을 취득한 날로 할 것인가[12] 아니면 정산기준일로 할 것인가가 문제되는데, 이 사건에 있어서 이 문제에 대하여 명확히 판시하고 있다(이에 대하여는 후술함).

라. 증여재산 가액의 산정방법

(1) 원 칙

합병 등에 따른 상장 등 이익의 증여 계산에 관하여는 상증세법 시행령 제31조의3이 규정하고 있다. 동조 제1항은 합병 등에 따른 상장 등 이익의 계산은 제1호의 가액에서 제2호 및 제3호의 가액을 차감한 가액에 증여받거나 유상으로 취득한 주식 등의 수를 곱한 금액으로 한다.

제1호의 가액은 주식의 정산기준일 현재 1주당 평가가액을 말하고 제2호의 가액은 주식 등을 증여받은 날 현재의 1주당 증여세 과세가액을, 제3호의 가액은 1주당 기업가치의 실질적인 증가로 인한 이익을 말한다.

▌합병 등에 따른 상장 등 이익 계산 산식[13]

$$\left\{ \begin{array}{c} \text{정산기준일} \\ \text{1주당 평가액} \end{array} - \left(\begin{array}{c} \text{증여일 등 1주당} \\ \text{증여세과세가액} \end{array} + \begin{array}{c} \text{1주당 기업가치} \\ \text{실질증가액} \end{array} \right) \right\} \times \begin{array}{c} \text{증여·} \\ \text{유상취득주식수} \end{array}$$

① 정산기준일 현재 주식은 상장이 되었으므로 정산기준일 전·후 2개월간의 최종시세가액의 평균액으로 평가하며, 최대주주일 경우 할증하여 평가한다. ② 주식 등의 증여일·취득일 현재 1주당 가액은 증여일 현재 시가 또는 보충적 평가액으로 평가하고 유상취득한 것은 취득가액으로 평가한다. ③ 1주당 기업가치 실질적 증가로 인한 이익은 아래의 산식에 따라 계산한다.

---

12) 최성일, 앞의 책, p.609 참조.
13) 국세청, 앞의 책, p.305 참조.

▌1주당 기업가치 실질적 증가로 인한 이익 산식[14]

$$
\begin{array}{c}
\text{1주당 기업가치의 실질적} \\
\text{증가로 인한 이익}
\end{array} = \text{1개월당 순손익액} \times
\begin{array}{c}
\text{증여·취득일로부터} \\
\text{정산기준일까지 월수}
\end{array}
$$

$$
\text{1개월당 순손익액} = \frac{\text{증여·취득일이 속하는 사업연도개시일부터 상장일 전일까지}}{\text{해당기간의 월수}} \text{사업연도별 1주당 순손익액의 합계액}
$$

(2) 예 외

다만, 그 이익에 상당하는 금액이 대통령령으로 정하는 기준금액 미만인 경우는 제외하는데 대통령령으로 정하는 기준금액에 관하여는 상증세법 시행령 제31조의3 제3항에서 정하고 있는데 ① 주식 등을 증여받은 날 현재의 1주당 증여세 과세가액과 1주당 기업가치의 실질적인 증가로 인한 이익의 합계액에 증여받거나 유상으로 취득한 주식 등의 수를 곱한 금액의 100분의 30에 상당하는 가액과 ② 3억 원 중 적은 쪽으로 한다.

※ 상증세법 제2조 제6호와의 관계

상증세법 제41조의5를 적용할 수 없더라도, 완전포괄주의의 도입에 따라 제2조 제6호에 의하여 증여세 과세가 가능할 수 있는지도 문제된다.

법원은 "납세자의 예측가능성 등을 보장하기 위하여 개별 가액산정규정이 특정한 유형의 거래·행위를 규율하면서 그중 일정한 거래·행위만을 증여세 과세대상으로 한정하고 과세범위도 제한적으로 규정함으로써 증여세 과세의 범위와 한계를 설정한 것으로 볼 수 있는 경우에는, 개별 가액산정규정에서 규율하고 있는 거래·행위 중 증여세 과세대상이나 과세범위에서 제외된 거래·행위가 상증세법 제2조 제3항의 증여의 개념에 들어맞더라도 그에 대한 증여세를 과세할 수 없다(대법원 2015. 10. 15. 선고 2013두13266 판결 참조)."고 판시한 바 있다.

---

14) 국세청, 앞의 책, p.305 참조.

즉, 상증세법 제41조의5 제1항이 특정한 유형의 거래, 행위를 규율하면서 그중 일정한 거래, 행위만을 증여세 과세대상으로 한정하고 그 과세범위도 제한적으로 규정함으로써 증여세 과세의 범위와 한계를 설정한 것으로 볼 수 있는 경우에 해당하는지 여부가 문제된다.

법원은 "상증세법 제41조의5는 상증세법 제41조의5는 최대주주 등과 특수관계에 있는 자가 최대주주 등으로부터 합병에 따른 상장 등 이익을 증여받는 유형의 거래·행위를 규율하면서 신주의 취득 중 최대주주 등으로부터 이익을 증여받은 것으로 평가할 수 있는 앞서 본 경우들에 해당하는 신주의 취득만을 그 적용대상으로 한정함으로써, 그 경우들 중 어느 것에도 해당하지 않는 이 사건 주식과 같은 신주의 취득에 대하여는 과세하지 않도록 하는 한계를 설정한 것으로 볼 수 있다. 따라서 이 사건 주식에 기한 합병에 따른 상장 이익에 대하여는 특별한 사정이 없는 한 상증세법 제2조 제3항에 근거하여서도 과세할 수 없다."고 판단하였다(대법원 2017. 3. 30. 선고 2016두55926 판결).

2. 증여세와 소득세 · 법인세의 관계

가. 상증세법 제4조의2 제3항 규정

상증세법 제4조의2는 제3항에서 증여세와 소득세 및 법인세의 관계를 규정하고 있다. 구체적인 문언을 살펴보자면 "제1항의 증여재산에 대하여 수증자에게 「소득세법」에 따른 소득세 또는 「법인세법」에 따른 법인세가 부과되는 경우에는 증여세를 부과하지 아니한다. 소득세 또는 법인세가 「소득세법」, 「법인세법」 또는 다른 법률에 따라 비과세되거나 감면되는 경우에도 또한 같다."고 하고 있다.

위 전단의 규정에 따르면 증여재산에 대하여 소득세와 법인세가 부과되는 경우에는 증여세를 부과할 수 없다. 또한 상증세법 제4조의2 제3항 후단에서는 증여재산에 대하여 소득세와 법인세의 과세대상이 되었으나 소득세법 및 법인세법, 기타 법령 등에 의하여 비과세 또는 감면의 대상이 되어 실제로 소득세 및 법인세 등이 부과되지 아니하더라도 그러한 경우에도 역시 증여세를 부과할 수 없다.[15)]

법원은 현재의 상증세법 제4조의2 제3항과 같은 내용을 두고 있는 구 상증세법(1993. 12. 31. 법률 제4662호로 일부개정되기 전의 것) 제29조의3 제3항(본 규정에서는 "소득세법에 의하여 소득세가 부과되는 때에는 증여세를 부과하지 아니한다"고 규정하여 소득세와 증여세의 관계중 소득세가 비과세·감면되는 경우에 관하여는 규정하지 아니하였다)에 관하여 "법인세법에 의하여 상여로 처분된 금액은 소득세법상 소득세의 과세대상으로 되고(소득세법 제21조 제1항 제1호 다목), 한편 타인의 증여에 의하여 재산을 취득함으로써 증여세가 부과될 수 있는 경우라 하더라도 그 재산취득으로 인한 소득에 소득세법에 의한 소득세가 부과되는 때에는 증여세를 부과하지 아니하도록 되어 있으므로(상속세법 제29조의3 제3항), 법인의 임원인 원고에게 사외유출되어 상여처분되는 소득에 대하여는 소득세를 부과하는 외에 증여세를 부과할 수 없다고 아니할 수 없고, 이는 당해 소득에 대하여 실제로 소득세를 부과하였는지 여부와는 상관이 없다고 보아야 할 것"이라고 하여 당해 소득에 대하여 실제로 소득세를 부과하였는지 여부와 관계없이 소득세의 과세대상이 되어 있는 한 증여세의 부과대상이 될 수 없는 것으로 보았다(대법원 1992. 11. 10. 선고 92누3441 판결 참조).

나. 상증세법 제4조의2가 소득세와 증여세 규정의 중복적용을 배제하는 특별 규정에 해당하는지 여부

증여세와 양도소득세는 납세의무의 성립 요건과 시기 및 납세의무자를 서로 달리하므로, 과세관청이 증여세와 양도소득세의 각 부과처분을 할 경우에는 각각의 과세요건에 따라 실질에 맞추어 독립적으로 판단하여야 할 것으로서 각각의 과세요건에 모두 해당할 경우 양자의 중복적용을 배제하는 특별

---

15) 강석규, 앞의 책, p.1194 참조.

한 규정이 없는 한 어느 한 쪽의 과세만 가능한 것은 아니라 할 것이다.

법원도 "상증세법 제2조 제2항(현행 상증세법 제4조의2)이 '제1항에 규정된 증여재산에 대하여 소득세법에 의한 소득세가 수증자에게 부과되는 때에는 증여세를 부과하지 아니한다.'고 규정하고 있으나, 이는 그 문언 내용이나 증여세가 소득세의 보완세로서의 성격도 가지는 점 등에 비추어 수증자에 대하여 증여세를 부과하는 경우 그에 대하여 소득세가 부과되는 때에는 증여세를 부과하지 아니한다는 뜻으로서 양도소득세 규정과 증여세 규정의 중복적용을 배제하는 특별한 규정에 해당하지는 않는다"라고 판시하고 있어 이중과세 내지 중복적용을 배제하는 일반 규정으로 보고 있다(대법원 1999. 9. 21. 선고 98두 11830 판결, 대법원 2003. 5. 13. 선고 2002두12458 판결 참조).

다. 상증세법 제4조의2 제3항에 따른 증여세 부과가 불가능한 경우

상증세법 제4조의2 제3항에서 규정한 증여세의 부과가 불가능한 경우로는 ① 증여재산에 대하여 수증자에게 「소득세법」에 따른 소득세 또는 「법인세법」에 따른 법인세가 부과되는 경우 또는 ② (소득세법 또는 법인세법에 따른 소득세, 법인세의 과세대상이 되었으나) '소득세 또는 법인세가 「소득세법」, 「법인세법」 또는 다른 법률에 따라 비과세되거나 감면되는 경우'가 있다.

3. 이 사건의 분석

가. 증여이익의 발생 여부 및 증여세 성립시기

비상장법인의 주식을 갖는 자가 상장법인으로의 합병으로 말미암아 수익을 얻는 경우 이 부분에 대하여 과세하는 것은 합병 당시 불명확한 미실현수익에 대해서까지 과세를 한다는 점에서 그 특색을 갖는다.

이 사안에서도 법원은 상증세법 제41조의5 제1항에 규정된 요건에 해당하는 한 그 수익 자체에 대한 증여세 과세에 대해서는 이견없이 처분의 적법성을 인정하였다.

다만 그로 인한 증여의 시기, 즉 증여이익의 발생 시기에 대하여는 전술한 바와 같이 증여세의 신고기한 또는 부과제척 기간의 기산일 등의 기준일 등을 정하는 데 있어 그 기준이 되는데, 주식을 증여받거나, 유상으로 취득한 날 또는 다른 법인의 주식을 취득한 날로 할 것인가 아니면 정산기준일로 할 것인가가 문제되었다.

이 사건에 있어서 법원은 상증세법 제41조의5에 따르면 비상장법인 주식의 증여 또는 취득 및 그 비상장법인과 상장법인의 합병이라는 두 가지 요건이 충족되어야 납세의무가 성립하는데, 그 합병시세차익의 발생시기는 정산기준일인 합병등기일로부터 3월이 되는 날이고 이때 증여세 납부의무가 발생한다고 명백히 하였다.

나. 합병시세차익을 당초의 증여재산가액에 합산하여 과세한 것이 부당한지 여부

상증세법은 증여세 과세가액을 계산함에 있어서, 해당 증여일 전 10년 이내에 동일인(증여자가 직계존속인 경우에는 그 직계존속의 배우자를 포함한다)으로부터 받은 증여재산가액을 합친 금액이 1천만 원 이상인 경우에는 그 가액을 증여세 과세가액에 가산한다(상증세법 제47조 제2항).

다만, 합산배제증여재산의 경우에는 그러하지 아니하는데, "합산배제증여재산"이란 제31조 제1항 제3호, 제40조 제1항 제2호·제3호, 제41조의3, 제41조의5, 제42조의3 및 제45조의2부터 제45조의4까지의 규정에 따른 증여재산이고(상증세법 제47조 제1항), 따라서 합병에 따른 상장 등 이익에 의한 증여분은 다른 증여재산가액에 합산되지 않는다(다만 이 합산배제규정은 2004. 1. 1. 이후부터 시행되었음).

그런데, 이 사안에서는 주식의 취득시기는 2003. 6.경부터 같은 해 12.경까지이고, 합병시기는 2006. 7.경이므로 정산기준일은 2007. 10.경이라 할 것이데, 증여이익 발생시기를 언제로 볼 것인가에 따라 합병시세차익의 다른 증여재산가액에 합산 여부가 문제가 되었고, 전술한 바와 같이 법원은 정산기준일로 보아 합산을 배제하였다. 이 부분에 관련한 오랜 논란에 대한 입장을 정리한 것이다.

다. 과세이연의 경우 소득세가 비과세·감면되는 때에 해당하여 증여세를 부과할 수 없는지 여부

전술한 바와 같이 소득세가 비과세·감면되는 경우에는 증여세를 부과할 수 없는데, 취득가액이 신주 등의 가액을 초과하여 배당으로 의제되지 아니하는 경우 역시 소득세가 비과세·감면되는 때에 해당하여 증여세를 부과할 수 없는지 여부에 관하여 문제될 수 있다.

소득세법 제17조 제1항, 제2항 제4호에 따른 의제배당소득 과세는 피합병법인의 주주가 합병으로 인하여 피합병법인의 주식에 갈음하여 취득하는 합병신주 등의 가액이 피합병법인 주식의 취득가액을 초과하는 부분을 배당으로 의제하여 과세하는 것이다. 그러나 소득세법 시행령 제27조 제1항 제1호 (나)목, 제2호에 따라 합병신주의 가액을 액면가액으로 하여 의제배당소득을 계산함에 따라 합병신주 등의 가액이 피합병법인의 주식의 취득가액을 초과하지 않는 경우에는 의제배당소득이 없어 과세되지 않는다.

나아가 소득세법 시행령 제163조 제10항은 수증자가 이 사건 조항 등에 의하여 증여세를 과세받은 경우에는 그 증여재산가액을 취득가액에 가산하여 양도차익을 산정하도록 하여, 향후 수증자가 합병신주를 매각하더라도 증여재산에 해당하는 부분에 대하여는 양도소득세 또한 부과되지 않도록 규정하고 있다.

법원은 이러한 점 등을 종합하여, 의제배당소득이 없는 것으로 계산되어 과세되지 않은 경우에는 위 조항의 증여재산인 합병상장이익에 관하여 '소득세법에 의한 소득세가 수증자에게 부과되거나 비과세 또는 감면되는 때'에 해당한다고 볼 수 없고, 위 조항에 따라 증여세를 과세하더라도 상증세법 제4조의2나 그 단서에 위반되지 않는다. 법원 역시 이와 같은 근거로 이 사건에서도 증여세를 부과할 수 없는 경우에 해당하지 아니한다고 보았다.

뿐만 아니라 상증세법 제2조 제2항의 '소득세·법인세 및 농업소득세가 소득세법·법인세법·지방세법 또는 다른 법률의 규정에 의하여 비과세 또는 감면되는 경우'란 소득세법·법인세법·지방세법 또는 다른 법률에서 명확히 비과세 또는 감면 대상으로 규정한 경우만을 의미하고, 사안에 따라 과세되지 않을 수도 있고 과세될 수도 있는 경우는 이에 해당하지 않는다고 판단하기도 하였다.

라. 판결의 의의

이 사건 판결은 3가지 쟁점, ① 합병에 따른 상장 등 이익의 증여에 있어 증여세의 성립시기, ② 합병시세차익을 당초 증여재산 가액에 합산하여 과세하는 것이 가능한지 여부, ③ 소득세의 과세이연을 비과세의 경우와 동일하게 보아 증여세가 비과세된다고 할 것인지 여부 등에 대하여 명백히 한 것으로, 특히 위 증여세의 성립시기 및 소득세의 과세이연의 경우 증여세의 비과세 여부 등에 대하여 명확한 입장을 정립한 중요한 사례에 해당한다고 할 것이다.

4. 관련 사례 등

가. 법률 규정

상증세법 제4조의2 제3항과 유사한 규정
상증세법 제4조의2 제4항의 경우 '영리법인이 증여받은 재산 또는 이익에 대하여 「법인세법」에 따른 법인세가 부과되는 경우(법인세가 「법인세법」 또는 다른 법률에 따라 비과세되거나 감면되는 경우를 포함한다) 해당 법인의 주주 등에 대해서는 제45조의3부터 제45조의5까지의 규정에 따른 경우를 제외하고는 증여세를 부과하지 아니한다.'고 하여 영리법인이 증여받은 재산에 대하여 이미 법인세를 부과받은 이상 해당 법인의 주주가 상증세법 제45조의3의 특수관계법인과의 거래를 통한 이익의 증여 의제가 되는 경우, 제45조의4의 특수관계법

인으로부터 제공받은 사업기회로 발생한 이익의 증여 의제가 되는 경우 또는 제45조의5의 특정법인과의 거래를 통한 이익의 증여 의제가 되는 경우를 제외히고는 역시 법인의 주주에 게도 증여세를 부과하지 않는다고 규정하고 있고 이는 상증세법 제4조의2 제3항과 유사한 취지로서 규정된 것이라고 보이며 다만 본 규정에서는 상증세법 제4조의2 제3항과 달리 비과세 되거나 감면된 경우에 관하여는 증여세를 부과하지 못한다는 규정은 존재하지 않는다는 점에서 차이가 있음.

나. 관련 판례

상증세법 제41조의3에 따라 증여세를 부과하기 위해서는 상증세법 제41조의5의 요건도 충족시켜야 한다는 사례(대법원 2017. 3. 30. 선고 2016두55926 판결)

상증세법 제41조의3 제6항에서 정한 '신주'에는 최대주주 등으로부터 증여받거나 유상으로 취득한 주식에 기초하지 아니하고 또한 증여받은 재산과도 관계없이 인수하거나 배정받은 신주가 포함되지 아니하며, 이러한 신주에 의하여 합병에 따른 상장이익을 얻었다 하더라도 위 조항이 준용되는 제41조의5 제1항에서 정한 증여재산가액에 해당한다고 해석할 수 없다.

19

상증세법상 거주자와 이중거주자 문제

− 대법원 2018. 6. 28. 선고 2018두35025 판결 −

» 개인이 국내 뿐만 아니라 국외에서도 자산을 소유하고 국외 자산을 증여하는 일
이 증가하자 상증세법상 거주자와 비거주자의 판단 및 거주자성에 따른 증여세
납세범위가 문제되고 있으며, 거주자가 국내 거주자일 뿐만 아니라 외국세법상
외국에서의 거주자에도 해당하는 이중거주자인 경우 그 거주지국의 판정도 증여
세 부과 여부에 대한 중요 쟁점으로 대두되고 있을 뿐만 아니라 비거주자에 대한
증여시 적용되는 국제조세조정법상의 증여 개념 역시 조세법상 주요 쟁점으로 논
의되고 있어 이에 대하여 검토해보고자 함.

🗨 상속세 및 증여세법

제4조의2(증여세 납부의무)

① 수증자는 다음 각 호의 구분에 따른 증여재산에 대하여 증여세를 납부할
의무가 있다.

1. 수증자가 거주자(본점이나 주된 사무소의 소재지가 국내에 있는 비영리법인
을 포함한다. 이하 이 항에서 같다)인 경우 : 제4조에 따라 증여세 과세대
상이 되는 모든 증여재산

2. 수증자가 비거주자(본점이나 주된 사무소의 소재지가 외국에 있는 비영리
법인을 포함한다. 이하 제6항과 제6조 제2항 및 제3항에서 같다)인 경우 :
제4조에 따라 증여세 과세대상이 되는 국내에 있는 모든 증여재산

제2조(정의)

8. "거주자"란 국내에 주소를 두거나 183일 이상 거소(居所)를 둔 사람을

말하며, "비거주자"란 거주자가 아닌 사람을 말한다. 이 경우 주소와 거소의 정의 및 거주자와 비거주자의 판정 등에 필요한 사항은 대통령령으로 정한다.

9. "수증자"(受贈者)란 증여재산을 받은 거주자(본점이나 주된 사무소의 소재지가 국내에 있는 비영리법인을 포함한다) 또는 비거주자(본점이나 주된 사무소의 소재지가 외국에 있는 비영리법인을 포함한다)를 말한다.

💬 국제조세조정법

제21조(국외 증여에 대한 증여세 과세특례)

① 거주자가 비거주자에게 국외에 있는 재산을 증여(증여자의 사망으로 인하여 효력이 발생하는 증여는 제외한다)하는 경우 그 증여자는 이 법에 따라 증여세를 납부할 의무가 있다. 다만, 수증자가 증여자의 「국세기본법」 제2조 제20호에 따른 특수관계인이 아닌 경우로서 해당 재산에 대하여 외국의 법령에 따라 증여세(실질적으로 이와 같은 성질을 가지는 조세를 포함한다)가 부과되는 경우(세액을 면제받는 경우를 포함한다)에는 증여세 납부의무를 면제한다.

③ 제1항 본문과 제2항을 적용할 때 외국의 법령에 따라 증여세를 납부한 경우에는 대통령령으로 정하는 바에 따라 그 납부한 증여세에 상당하는 금액을 증여세 산출세액에서 공제한다.

⑤ 제1항의 거주자에는 본점이나 주된 사무소의 소재지가 국내에 있는 비영리법인을 포함하며, 비거주자에는 본점이나 주된 사무소의 소재지가 국내에 없는 비영리법인을 포함한다.

Ⅰ   대상판결의 개요

1. 사실관계의 요지

원고 甲은 乙, 丙의 부친으로 주식회사 A에 입사하여 근무하다가 1980년 위 회사의 미국지사로 발령을 받았는데 이때 배우자와 乙과 함께 미국으로 이주하였고 차남 丙은 1981년 미국에서 출생하였음.

甲은 1990.경 A 회사를 퇴사하고 그해 서울에 본점을 둔 수출품 제조업체 주식회사 B를 설립하여 2005.경까지 B 회사의 대표이사로 등재되어 있었고 이후부터는 타인을 명의상 대표이사로 두면서 자신이 발행주식 중 95% 이상의 지분을 보유하는 방법으로 B 회사를 실질적으로 지배하였으며 2005.경부터 2010.경까지 B 회사로부터 상당한 급여를 수령하였음.

한편 乙과 丙은 홍콩 소재 법인인 주식회사 C의 설립 당시 주식 일부를 보유하고 있었는데, 2002.경 및 2006.경에 C 회사가 주식 10만 주를 증자하자 이를 B 회사의 직원이 인수하여 乙과 丙이 그로부터 양수받는 방법으로 증자주식을 취득하였다가 2009.경 양도하였음.

이에 관하여 관할 세무서장은 거주자인 甲이 비거주자인 乙, 丙에게 주식 등을 증여하였음을 이유로 국제조세조정법에 근거하여 증여자인 甲에게 증여세를 부과하였음.

2. 원고의 주장 요지

甲은 소득세법상 국내 거주자에 해당하지 않고, 가사 국내 거주자로 본다고 하더라도 甲은 미국의 영주권자로서 미국세법(Internal Revenue Code) 제7701조(b)4)16)에 따라 미국 거주자에 해당하고, 대한민국과 미합중국간의 소

---

16) (b) Definition of resident alien and nonresident alien
  (A) Resident alien

득에 관한 조세의 이중과세 회피와 탈세방지 및 국제무역과 투자의 증진을 위한 협약('한·미 조세조약') 제3조 제2항 소정의 이중거주자에 대한 거주지국 판정기준에 따르면 甲이 그 가족과 함께 거주하는 항구적 주거(Permanent home)는 미국인바 甲은 미국 거주자로만 간주되므로 甲이 국내 거주자임을 전제로 한 과세처분은 위법함.

甲이 비거주자인 乙, 丙에게 C 회사 주식의 취득자금을 증여한 것은 미국에서도 증여세의 부과대상이 되므로 국제조세조정법 제21조 단서에 따라 국내에서는 증여세를 부과할 수 없음.

가사 甲이 주식 취득자금이 아닌 C 회사의 주식 그 자체를 B 회사 직원의 명의를 빌려 명의신탁하는 방법으로 乙, 丙에게 취득케 하였다고 보더라도 이러한 명의신탁행위를 증여로 의제하는 것은 상증세법에 국한되고 국제조세조정법에서도 상증세법에서와 같이 증여로 의제할 수 없음.

3. 판결 요지

가. 1심 및 항소심 법원(원고 승소)

(1) 거주자 쟁점

甲은 국내와 미국에 각각 장기 거주를 목적으로 주택을 보유하고 있었고, 국내에서는 모친과, 미국에서는 배우자 및 자녀들과 함께 거주하고 있었으며, 2006.경 고령의 나이로 국내에 홀로 거주하고 있던 甲의 모친은 경제적 자력 유무와는 상관없이 실질적으로 甲의 봉양을 필요로 하는 가족에 해당한다고 볼 수 있으므로 甲이 한국과 미국 양국에 항구적 거주지를 보유하고 있었다고 볼 수 있고 甲이 양국에서 가족들과 함께

An alien individual shall be treated as a resident of the United States with respect to any calendar year if (and only if) such individual meets the requirements of clause (i), (ii) or (iii):

(i) Lawfully admitted for permanent residence. Such individual is a lawful permanent resident of the United States at any time during such calendar year.

거주한 일수가 각각 연평균 80일이 채 되지 않는다는 측면을 고려하면 양국 모두에 항구적 거주지를 보유하고 있지 않았다고 볼 여지도 있을 것이므로 한·미 조세조약 제3조 제2항 소정의 다음 판단기준인 '중대한 이해관계의 중심지'가 어디인지 살피건대 甲은 자녀들과 달리 미국 시민권을 취득하지 않았고, 국내에서 B 회사를 운영하고 미국에서보다 더 많은 재산을 관리하고 있었으며, 甲의 중대한 이해관계의 중심지를 국내로 봄이 타당하므로 甲은 한·미 조세조약상 국내 거주자에 해당함.

(2) 주식 취득 자금의 증여 쟁점

미국에서는 원칙적으로 증여자에게 증여세 납부의무가 부과되고 증여자가 미국시민 또는 영주권자인 경우 전 세계에 있는 모든 자산이 증여세의 부과대상이 되는바, 이 사건의 경우 피고가 주장하는 바와 같이 원고가 주식의 취득자금을 증여했다고 가정하더라도 이는 미국에서 증여세 부과대상이 되므로, 국제조세조정법 제21조 단서에 따라 피고는 원고에게 위 취득자금에 대해 증여세를 부과할 수 없음.

(3) 명의신탁에 의한 주식 자체의 증여 쟁점

(가) 피고의 주장 변경

위와 같은 이유로 1심 법원에서 원고가 주식의 취득자금을 증여했더라도 국제조세조정법 제21조 단서에 의해 증여세를 부과할 수 없다고 하자 피고는 원고가 B 회사 직원의 명의를 빌려 명의신탁의 방법으로 乙, 丙에게 C 회사 주식을 취득케 함으로써 주식 자체를 증여하였다고 주장을 변경하였음.

(나) 항소심 법원

① 상증세법 제2조 제3항에 따른 증여의 개념에 명의신탁이 당연히 포함된다고 볼 수 없는 점, ② 국제조세조정법 제21조 제3항에서 상증세법의 여러 규정을 열거하며 준용하고 있는 반면, 명의신탁재산의 증여의제 규정은 준용하지 아니하고 있는 점 등을 고려하면 국제조세조정법 제21조 제1항 본문의 증여는 상증세법 제2조 제3항에 따른 증여를 의미할 뿐이므로 乙과 丙이 가사 명의신탁의 방법으로 C 회사의 주식을 취득하였다고 하더라도 이는 국제조세

조정법상의 증여에 해당하지 아니하여 甲에 대한 증여세 부과처분은 위법함.

다. 상고심 법원(원고 승소)

대법원은 원심 판결의 취지에 따라 피고의 상고를 기각하였음.

Ⅱ 해설

1. 상증세법상 거주자

가. 상증세 과세상의 거주자의 의의

(1) 상속세와 거주자

상속세에 있어 사망 또는 실종선고로 상속이 개시된 피상속인이 거주자라면 상속개시일 현재 국내, 국외 모든 재산에 대하여 상속인에게 납세의무가 발생한다. 반면에 비거주자의 경우에는 상속개시일 현재 국내에 있는 재산에 한하여 상속세 납세의무가 발생한다(상증세법 제3조).

여기서 거주자란 상속개시일 현재 국내에 주소를 두거나 183일 이상 거소를 둔 자를 말하고, 비거주자란 거주자가 아닌 자를 말한다(상증세법 제2조 제8호).

비거주자는 거주자와 달리 장례비용의 공제, 배우자 공제 그 밖의 인적공제와 금융재산상속공제 등이 허용되지 아니하여 상속세에 있어 거주자인지 여부는 납세의무 외에 공제 등 상속세의 구체적인 산정과정에 있어서도 중요한 의의를 가진다.

(2) 증여세와 거주자

증여세에 있어 증여자 및 수증자의 거주자성은 기본적인 과세요건인 납세의무의 범위부터 구체적인 증여세 세액 산정 단계에서의 공제 적용 여부 및 실제 산정된 증여세 납부 과정에서의 연대 납세의무의 존재 등에서 중요한 의미를 가진다(상증세법 제4조의2 및 제2조 제8호, 제9호).

우선, 수증자가 거주자인 경우 수증자는 증여자산이 국외 자산인지 국내 자산인지 여부 및 증여자가 거주자인지 비거주자인지 여부를 불문하고 납세의무를 진다.

반면에 수증자가 비거주자인 경우에는 다음과 같이 증여자가 거주자인지, 비거주자인지 여부에 따라 납세의무의 범위가 달라진다. 첫째로 증여자가 거주자인 경우에는 국내 소재 증여자산과 국외 예·적금 등이나 외국법인의 주식 또는 지분 등 일부 외국 자산에 한하여 납세의무를 부담한다. 둘째, 증여자가 비거주자인 경우에는 증여자산이 국내 소재 자산인 경우에 한하여 납세의무를 진다. 이를 정리하여 요약하면 아래의 표와 같다.

▎표 거주자·비거주자의 증여세 납세의무 및 그 범위

	증여자가 거주자인 경우	증여자가 비거주자인 경우
수증자가 거주자인 경우	증여받은 모든 자산	증여받은 모든 자산
수증자가 비거주자인 경우	국내 자산 및 국외 예·적금 등	국내 자산

납세의무 외에도 증여세 납부의무에 있어 증여세는 원칙적으로 수증자가 납세의무를 지게 되나 비거주자가 국내 자산을 증여받아 수증자가 되는 경우에는 증여자가 연대 납세의무를 지게 된다. 또한 증여세의 면제 한도에 있어서도 수증자가 비거주자인 경우에는 증여재산의 공제가 적용되지 않는다는 점에서 차이가 있다.

나. 상증세법상 거주자의 판단

먼저 관련 법령상의 국내 거주자 판단 기준을 살펴보면 다음과 같다. 상증세법은 거주자 등의 판단 기준은 소득세법 시행령 제2조 등에 의하도록 하고 있다(상증세법 시행령 제2조 제1항).

따라서 증여세 과세상의 거주자 판단도 소득세법 시행령상의 기준에 따라야 한다. 소득세법 시행령 제2조는 주소는 국내에서 생계를 같이하는 가족 및 국내에 소재하는 자산의 유무 등 생활관계의 객관적 사실에 따라 판정하여야 한다고 규정하고 있다.

여기서의 '생계를 같이하는 가족'의 범위를 어디까지로 인정할 것인가 문제될 수 있는데, 판례는 일상생활에서 동일한 생활자금으로 생활하는 단위를 생계를 같이하는 가족으로 보고 있다(대법원 1989. 5. 23. 선고 88누3829 판결). 그리고 소득세법 시행령 제4조는 거주기간에 있어 국내에 거소를 둔 기간은 입국하는 날의 다음날부터 출국하는 날까지로 하되, 국내에 거소를 두고 있던 개인이 출국 후 다시 입국한 경우에 생계를 같이하는 가족의 거주지나 자산소재지 등에 비추어 그 출국목적이 명백하게 일시적인 것으로 인정되는 때에는 그 출국한 기간도 국내에 거소를 둔 기간으로 본다.

한편, 소득세법 시행령 제2조 제3항은 국내 거주자 간주 규정 또한 두고 있는데, ① 계속하여 183일 이상 국내에 거주할 것을 통상 필요로 하는 직업을 가진 때 또는 ② 국내에 생계를 같이하는 가족이 있고, 그 직업 및 자산상태에 비추어 계속하여 183일 이상 국내에 거주할 것으로 인정되는 때 거주자로 본다고 하여 간주규정을 두고 있다. 이러한 간주 규정을 반대로 해석하면 ① 계속하여 183일 이상 국외에 거주할 것을 통상 필요로 하는 직업을 가진 때 또는 ② 국내에 생계를 같이하는 가족이 없고, 그 직업 및 자산상태에 비추어 계속하여 183일 이상을 국외에 거주할 것으로 인정되는 때에 해당할 경우 국내 비거주자로 간주된다. 따라서 국내 거주자임을 전제로 한 과세처분에 대하여 취소를 구하는 납세자의 입장에서는 자신이 위의 경우에 해당함을 들어 국내 비거주자임을 입증하는 용도로도 사용하고 있다.[17]

---

17) 강석규, 앞의 책, p.791 참조.

다. 입증책임의 문제

위와 같은 증여자 및 수증자가 국내 거주자라는 사실을 누가 증명하여야 하는지 입증책임의 분배가 문제될 수 있다.

판례는 과세처분의 위법을 이유로 그 취소를 구하는 행정소송에 있어 과세요건이 되는 사실의 존재에 대하여는 원칙적으로 과세관청이 입증책임이 있다고 하고(대법원 2012. 8. 17. 선고 2010두23378 판결), 수증자 또는 증여자가 국내 거주자라는 사실은 증여세 과세를 위한 과세요건에 해당하므로 증여세 과세처분 취소 소송에서 수증자 또는 증여자가 대한민국의 거주자임은 과세관청이 입증하여야 한다.

2. 이중거주자의 경우 거주지의 결정

가. 이중거주자의 거주지국의 의의

위와 같은 판단기준에 의하여 거주자의 여부를 결정하게 될 경우 국내 거주자이면서도 외국 세법상 거주자로서 인정되는 경우가 발생할 수 있다. 국내 거주자성을 판단함에 있어서 타국 거주자이지 아니할 것을 요건으로 요구하지 않기 때문이다. 이와 같은 이중거주자에 관하여 각 국가가 모두 조세주권을 행사할 경우 조세주권의 충돌 및 이중거주자의 이중납세의 부담이 있어 각 국가들은 조세조약을 체결하여 이중거주자의 거주지국을 결정하는 기준을 두고 있다. 이러한 조세조약상 이중거주자 거주지국 결정 기준은 대개 OECD 모델조세협약을 따르고 있으므로 OECD 모델조세협약상 기준을 살펴보고자 한다.

나. OECD 모델조세협약상의 거주지국 결정 기준

OECD 모델조세협약은 이중거주자의 판단 기준으로서 ① 항구적 주거의 존재, ② 중대한 이해관계의 중심지, ③ 일상적 거소, ④ 국적 및 상호합의를 제시하고 이를 순서대로 적용하여 이중거주자를 판단하고 있다.

첫 번째로 항구석 주거란 서주자의 거주장소 소유 여부를 불문하고 지속적으로 이용가능한 살 곳을 의미한다. 따라서 관광, 사업 및 교육목적 단기여행, 단기 교육과정을 위한 이수 등의 단기체류는 항구적 주거로 인정될 수 없다.

두 번째로 중대한 이해관계의 중심지란 인적 관계 및 경제적 관계가 더 밀접한 곳을 의미하는데 여기서 인적관계란 가족, 사회 기타 정치 문화적 관계를 모두 포괄하는 개인의 모든 생활관계를, 경제적 관계란 문제된 소득 또는 증여재산과 관련된 모든 경제활동으로 볼 수 있다. 이러한 중대한 이해관계의 중심지는 한국과 외국에서의 관련성 정도를 비교하여 판단한다.[18]

세 번째 기준으로서 일상적 거소는 주소지외의 장소 중 상당기간에 걸쳐 거주하는 장소로서 주소와 같이 밀접한 일반적 생활관계가 형성되지 아니하는 장소를 말한다.

일상적 거소에 따라서도 판단하기 어려운 경우에는 마지막 기준으로서 국가간 합의에 의하여 결정한다.

3. 국제조세조정법상의 증여의 개념

가. 국제조세조정법의 의의

국제조세조정법이란 국제거래에 관한 조세의 조정 및 국가 간의 조세행정 협조에 관한 사항을 규정함으로써 국가 간의 이중과세 및 조세 회피를 방지하고 원활한 조세협력을 도모함을 목적으로 제정된 법률로서 이 사건과 같은 국내 거주자의 비거주자에 대한 증여 등에 있어 이 법은 국세와 지방세에 관하여 규정하는 다른 법률보다 우선하여 적용된다.

---

18) OECD 조세조약 모델 주석 제2장 거주자 참조.

나. 국제조세조정법상 거주자의 증여세

거주자가 비거주자에게 국외에 있는 재산을 증여하는 경우 그 증여자는 이 법에 따라 증여세를 납부할 의무가 있다. 여기서의 증여에는 증여자의 사망으로 인하여 효력이 발생하는 증여는 제외한다. 다만, 수증자가 증여자의 특수관계인이 아닌 경우로서 해당 재산에 대하여 외국의 법령에 따라 증여세가 부과되는 경우에는 증여세 납부의무를 면제하게 된다(국제조세조정법 제21조 제1항).

한편 위의 증여 재산가액의 산정시 증여재산이 있는 국가의 증여 당시의 현황을 반영한 시가에 따른다. 다만 구체적인 시가의 산정은 대통령령에 위임하고 있다.

외국의 법령에 따라 증여세를 납부한 경우에는 그 납부한 증여세에 상당하는 금액을 증여세 산출세액에서 공제한다.

4. 이 사건의 분석

가. 이중거주자 쟁점

甲이 상증세법상 국내 거주자이면서 동시에 미국 세법상 거주자에 해당하는 이중거주자임을 전제로 이중거주자의 거주지국 판단이 쟁점이 되었다. 법원은 앞서 살펴본 바와 같이 ① 甲이 국내와 미국에 각각 장기 거주를 목적으로 주택을 보유하고 있었고, ② 국내에서는 모친과, 미국에서는 배우자 및 자녀들과 함께 거주하고 있었으며, 고령의 나이로 국내에 홀로 거주하고 있던 甲의 모친은 경제적 자력 유무와는 상관없이 실질적으로 甲의 봉양을 필요로 하는 가족에 해당한다고 볼 수 있음을 근거로 항구적 주거가 한국과 미국 양쪽에 모두 있었다고 보았다. 이는 ① 미국과 한국에 지속적으로 이용가능한 살 공간이 있었고 ② 미국과 한국 모두에 甲이 동거하면서 부양해야 할 가족이 있어 장기적인 체류 목적이 있었음을 근거로 한 것이다.

법원은 항구적 주거 다음의 기준인 중대한 이해관계의 중심지를 기준으로 뿌이 국내 서주자라고 판단하였다. 그리한 근거로 법원은 ① 甲은 자녀들과 달리 미국 시민권을 취득하지 않았고 ② 국내에서 B 회사를 운영하고 미국에서보다 더 많은 재산을 관리하고 있었음을 제시하였는데 법원은 ①의 시민권의 취득 여부를 사회관계의 지표로, ②의 甲의 국내 자산과 甲의 국내 주식회사 운영 사실을 경제관계의 지표로 판단하였다. 이를 기준으로 법원은 국내와 국외에서의 이해관계의 정도를 비교하여 전자가 더 크다고 판단하였다.

나. 국제조세조정법률상 증여의 개념 쟁점

조세법률주의의 원칙상 과세요건 사실이거나 비과세요건 사실이거나를 막론하고 조세법규의 해석은 엄격하여야 하고 확장해석이나 유추해석은 허용되지 않는다(대법원 1984. 6. 26. 선고 83누680 판결). 상증세법에서 명의신탁행위를 증여로 의제하도록 한 것은 기존의 상증세법상 증여의 정의에 해당 행위가 포섭될 수 없기 때문이다. 따라서 증여의 문언적 해석상 상증세법에 의하여 증여로 의제되는 명의신탁 행위까지 당연히 포함되는 것으로 볼 수 없다. 또한 그와 같이 명의신탁을 증여로 의제하는 특별규정을 준용하는 규정도 없다는 점에서 국제조세조정법상 증여에 명의신탁증여의제도 포함된다고는 볼 수 없다.

법원은 ① 상증세법상 증여의 정의 규정상의 '그 행위 또는 거래의 명칭·형식·목적 등에 불구하고 경제적 가치를 계산할 수 있는 유형·무형의 재산을 타인에게 직접 또는 간접적인 방법에 의하여 무상으로 이전(현저히 저렴한 대가로 이전하는 경우를 포함함)하는 것 또는 기여에 의하여 타인의 재산가치를 증가시키는 것'이라는 증여의 개념에 명의신탁이 당연히 포함된다고 볼 수는 없고, ② 국제조세조정법 제21조 제3항에서 증여세의 과세대상, 증여세과세가액, 증여재산공제, 증여세 세율, 기납부 세액공제, 과세표준신고, 납부, 가산세 등 증여세의 부과에 관한 상증세법의 여러 규정을 열거하며 준용하고 있는데,

명의신탁재산의 증여의제 규정은 준용하지 아니하고 있으므로 상증세법상 명의신탁증여의제 규정을 준용할 법적 근거도 없어 국제조세조정법상의 증여에 명의신탁증여의제도 포함된다고 볼 수 없다고 하였다.

다. 판결의 의의

이 사건은 해외에서 체류하는 자의 증여세가 문제된 것으로 ① 거주자의 해당 여부에 대한 판단, ② 이중거주자의 중대한 이해관계 중심지의 판단, ③ 국제조세조정법상 이중 증여세 부과 문제, ④ 상증세법상 명의신탁의 증여의제의 국제조세조정법상 준용 여부에 대한 판단 등 각각의 쟁점에서 기존의 법리를 재확인하는 의의를 지닌 중요한 사례이다.

5. 관련 사례 등

국내에 재산 및 소득이 국외보다 많다는 이유로 원고를 국내 거주자라고 본 사례(서울행정법원 2010. 5. 27. 선고 2010구합8737 판결)
원고가 1997.부터 2007.까지 국내에 본점을 둔 주식회사의 대주주이자 이사로 역임하여 매년 수천만원의 근로수입을 얻었고, 원고가 2000.경부터 현재까지 금융기관의 임원으로 역임하고 있는데 반해 국외에서는 별다른 직업없이 부동산임대업만을 영위하고 있고 그에 따른 소득세, 재산세 등을 납부한 금액을 국내의 소득과 비교해볼 때 미미하므로 원고의 주된 경제활동영역이나 규모 등에 비추어 볼 때 대한민국이 중대한 이해관계의 중심지라고 봄이 상당하고 따라서 원고는 대한민국 거주자임.

20

실질과세원칙과 가장행위

– 대법원 2017. 2. 15. 선고 2015두46963 판결 –

» 증여세는 누진세의 구조를 띄고 있으므로 같은 자산을 증여 받더라도 1인에게서 모두 증여 받는 것보다 이를 쪼개어 2인에게서 자산을 증여 받는 것이 증여세 부담을 줄일 수 있어 증여세 회피수단으로서 교차증여 등 가장행위가 이용되고 있음. 이러한 경우에 과세관청이 가장행위에 대하여 그 형식적인 거래 태양을 부인하고 이를 재구성하여 증여자를 1인으로 보아 과세할 수 있는지 여부가 문제되어 이를 검토해보고자 함.

🗨 상속세 및 증여세법

제2조(정의)
6. "증여"란 그 행위 또는 거래의 명칭·형식·목적 등과 관계없이 직접 또는 간접적인 방법으로 타인에게 무상으로 유형·무형의 재산 또는 이익을 이전(移轉)(현저히 낮은 대가를 받고 이전하는 경우를 포함한다)하거나 타인의 재산가치를 증가시키는 것을 말한다. 다만, 유증과 사인증여는 제외한다.

🗨 국세기본법

제14조(실질과세)
① 과세의 대상이 되는 소득, 수익, 재산, 행위 또는 거래의 귀속이 명의(名義)일 뿐이고 사실상 귀속되는 자가 따로 있을 때에는 사실상 귀속되는 자를 납세의무자로 하여 세법을 적용한다.
② 세법 중 과세표준의 계산에 관한 규정은 소득, 수익, 재산, 행위 또는 거래

의 명칭이나 형식에 관계없이 그 실질 내용에 따라 적용한다.

③ 제3자를 통한 간접적인 방법이나 둘 이상의 행위 또는 거래를 거치는 방법으로 이 법 또는 세법의 혜택을 부당하게 받기 위한 것으로 인정되는 경우에는 그 경제적 실질 내용에 따라 당사자가 직접 거래를 한 것으로 보거나 연속된 하나의 행위 또는 거래를 한 것으로 보아 이 법 또는 세법을 적용한다.

I 대상판결의 개요

1. 사실관계의 요지

원고 甲은 乙의 자녀이고 원고 丙은 乙의 동생인 丁의 자녀로, 乙은 소유하고 있던 주식회사 A의 주식 2만 주를 자신의 자녀인 甲에게 증여하고 싶었고 丁 역시 자기 소유 A 회사의 2만 주를 丙에게 증여하고 싶었는데 재산의 가치가 클수록 세율이 높아지는 상증세의 특성상 서로의 일가 후손에게 교차하여 증여하는 경우 조세부담이 경감된다는 세무사의 조언에 따라서 증여세를 줄이기 위한 목적으로 상호 교차증여를 하기로 약정하였음.

위 약정에 따라서, 乙은 甲에게 1만 주를, 丙에게 1만 주를 증여하였고, 丁는 丙에게 1만 주를, 甲에게 1만 주를 증여하였는데 관할 세무서장은 위와 같이 교차증여를 한 것이 그 경제적 실질은 乙이 甲에게 직접 합계 2만 주를 증여하고, 丁가 丙에게 2만 주를 직접 증여한 것으로 보아 구 상증세법 제2조 제3항, 제4항(현행 국세기본법 제14조 제3항, 상증세법 제2조 제6호)을 적용하여 증여세를 부과하였음.

2. 원고의 주장 요지

위 증여는 상증세법이 허용하는 범위 내에 있는 적법한 교차증여이며, 피고들이 주장하는 바와 같이 구 상증세법 제2조 제3항에 따라 직계존속으로부터 직접 또는 간접적으로 증여받은 경우에 해당하거나, 같은 법 제2조 제4항에 따라서 증여세를 부당하게 감소시킨 경우에 해당하지 아니므로 증여세 부과처분은 위법함.

3. 판결 요지

가. 제1심 법원(피고 일부승소)

실질과세의 원칙 및 이를 구현한 국세기본법 제14조 제1항, 제2항, 상증세법 제2조 제3항, 제4항에 따르면 납세자가 경제활동을 할 때에는 동일한 경제적 목적을 달성하기 위하여 여러 가지의 법률관계 중 하나를 선택할 수 있으며, 사적자치의 원칙과 법적 안정성 및 예측가능성 측면에서 납세자가 선택한 법률관계는 원칙적으로 존중되어야 할 것이나, (i) 납세자가 선택한 법률관계가 세금의 부담을 회피하기 위한 가장행위에 불과하거나, (ii) ① 그 법률관계가 조세를 회피하기 위한 목적 하에 이루어진 것이고, ② 제3자를 통한 간접적인 방법이나 둘 이상의 행위 또는 거래를 거치는 방법 등으로 조세를 회피하기 위한 행위를 하였으며, ③ 그러한 법률관계에 대해서 세법상 유리하게 취급하는 것이 부당한 경우에는 예외적으로 납세자가 선택한 법률관계가 부인되고 세법적 측면에서 경제적 실질에 부합하게 재구성될 수 있음.

위 교차증여가 위 증여로 인하여 甲, 丙에게 부과되는 증여세를 줄이기 위한 목적 하에 이루어졌고 위 증여의 대상은 불특정물인 주식이어서 각자의 자녀에게 교차증여한 것을 상호 구분할 수 없고, 위 증여는 모두 같은 날에 이루어졌으며, 그 교차증여 액수도 동일하고, 각자의 상대방의 자녀에 대한 증여는 상호 대가적 관계에 있어 위 교차증여는 가장행위에 불과하며 위 증여의 실질적인 법률관계는 乙과 丁가 각자의 자녀에게 직접 증여한 것으로 재구성하는 것이 타당함.

나. 항소심 법원(피고 승소)

상증세법은 증여에 관하여 합산과세원칙을 통해 동일인으로부터 받은 복수의 증여에 대하여는 이를 합산 과세함으로써 누진세율을 피해 재산을 한번에 증여하지 않고 나누어 증여하는 행위를 방지하기 위한 것이므로 따라서 위에서와 같이 증여자를 복수인으로 나누어 증여한 교차증여 역시 거래행위를 재구성하여 증여세를 부과함은 타당함.

다. 상고심 법원(피고 승소)

국세기본법 제14조 제3항, 상증세법 제2조 제6호에 의하여, 당사자가 거친 여러 단계의 거래 등 법적 형식이나 법률관계를 재구성하여 직접적인 하나의 거래에 의한 증여로 보고 증여세 과세대상에 해당한다고 하려면, 납세의무자가 선택한 거래의 법적 형식이나 과정이 처음부터 조세회피의 목적을 이루기 위한 수단에 불과하여 그 재산이전의 실질이 직접적인 증여를 한 것과 동일하게 평가될 수 있어야 하고, 이는 당사자가 그와 같은 거래형식을 취한 목적, 제3자를 개입시키거나 단계별 거래 과정을 거친 경위, 그와 같은 거래방식을 취한 데에 조세부담의 경감 외에 사업상의 필요 등 다른 합리적 이유가 있는지 여부, 각각의 거래 또는 행위 사이의 시간적 간격, 그러한 거래형식을 취한 데 따른 손실 및 위험부담의 가능성 등 관련 사정을 종합하여 판단하여야 함.

위 교차 증여는 상대방의 직계후손에게 동일한 수의 동일 회사 주식을 교차증여하기로 한 약정에 따른 것으로서 이로써 증여자들은 자신의 직계후손에게 A 회사의 주식을 직접 증여하는 것과 동일한 효과를 얻으면서도 합산과세로 인한 증여세 누진세율 등의 적용을 회피하고자 하였고, 이러한 목적이 아니라면 군이 교차증여 약정을 체결하고 직계후손이 아닌 조카 등에게 주식을 증여할 이유가 없으므로 위 교차증여는 국세기본법 제14조 제3항, 상증세법 제2조 제6호에 따라 그 실질에 맞게 재구성하여 증여세를 과세할 수 있음.

Ⅱ 해설

1. 증여세 합산과세제도

증여세는 원칙적으로 건 별로 과세하는데 증여세율이 누진세원칙을 취하고 있기 때문에 동일한 금액을 1번에 증여하는 것과 여러 번으로 나누어서 증여하는 경우 증여세액이 달라질 수 있다. 그래서 상증세법 제47조 제2항은 이러한 문제점을 수정하고 조세의 형평을 위하여 동일한 증여자·수증자간에 이루어진 증여행위는 일정기간 내의 증여가액을 합산하도록 하고 있다.

즉 ① 동일한 증여자로부터 동일한 수증자에게로 증여가 있었고, ② 당해 증여가 있는 날로부터 소급하여 10년 이내에 이루어진 증여일 것, 그리고 ③ 합산과세가액이 1,000만 원 이상이어야 하고 마지막으로 ④ 합산배제증여재산이 아니어야 한다.[19]

여기서 동일인이란 증여자가 직계존속일 경우에는 그 직계존속의 배우자를 포함하므로 부부가 자녀에게 증여를 나누어 한다고 하더라도 이를 합산해서 증여가액을 산정하여야 한다. 그런데 이 사안에서는 동일인이 아닌 형제가 서로 상대방의 자녀들에게 교차증여한 것으로 위 규정에 부합하지는 아니하는바, 합산과세를 하기 위하여 동일인이 증여한 것으로 재구성할 수 있는지 실질과세원칙과 관련되어 문제되는 것이다(상증세법 제47조 제2항 및 국세기본법 제14조 제3항).

2. 국세기본법 제14조 제3항 실질과세원칙

가. 실질과세원칙의 도입

2003. 12. 30. 실질과세원칙 및 완전포괄주의의 일환으로 상증세법 제2조 제4항이 신설되었다.

---

19) 국세청, 앞의 책, p.184 참조.

상증세법 제2조 제4항은 '제3자를 통한 간접적인 방법이나 2 이상의 행위 또는 거래를 거치는 방법에 의하여 상속세 또는 증여세를 부당하게 감소시킨 것으로 인정되는 경우에는 그 경제적인 실질에 따라 당사자가 직접 거래한 것으로 보거나 연속된 하나의 행위 또는 거래로 보아 제3항의 규정을 적용한다.'고 규정하고 있었다. 위 조항은 2013. 1. 1. 상증세법 개정 당시 폐지되었으나, 규정 취지는 현행 국세기본법 제14조 제3항에 그대로 승계·반영되어 있다(대법원 2019. 1. 31. 선고 2014두41411 판결).

나. 가장행위와 실질과세원칙에 따른 거래의 재구성 가부

(1) 쟁점의 제시

실질과세의 원칙은 조세법의 기본 법리로서 당연히 준수되어야 할 것이나 이를 과도하게 인정하는 경우, 즉, 거래의 당사자가 취한 거래형식이 설령 가장행위로 보이더라도 거래당사자들에게 거래행위의 방식을 선택할 권리가 있는 점, 가장행위의 성립을 과도하게 인정하면 자칫 조세법률주의를 침해하여 경제활동을 위축시키고 공평과세에 반하는 결과를 초래할 수 있는 점 등을 고려하면 그 성립 여부를 신중하게 판단할 필요가 있다.

(2) 법적 실질설

법적 실질설은 '실질'이란 "과세의 대상이 되는 행위가 법적으로 누구에게 귀속되는지 여부 및 위 행위에 대한 사실관계가 어느 법형식에 부합되는지 여부를 의미한다는 입장"이다. 법적 실질설을 따르는 경우 설령 사인이 조세회피의 목적으로 어떤 법률행위를 하였다고 하더라도 이를 부인하기 위해서는 법률상 구체적인 근거가 필요하다.

(3) 경제적 실질설

경제적 실질설에서 '실질'이란 "납세자가 일반적으로 경제적 이익을 얻기 위하여 수행하는 통상의 방식을 선택하거나 또는 경제적 이익을 얻기 위한 합리적 의도에 따라 통상의 방식과 다른 방식을 선택하여 수행하는 실질적 활동"을 의미한다.[20]

(4) 법원의 입장

소위 로담코 판결 이전, 법원은 "甲와 乙이 서로의 토지를 교환하고 각자 교환취득한 토지를 다시 丙은행에게 양도한 것이 과중한 양도소득세의 부담을 회피하기 위한 행위라 해도 이를 부인하기 위하여는 법률상 구체적인 근거가 필요하다(대법원 1991. 5. 14. 선고 90누3027 판결)."고 보아 양도소득세를 회피할 목적으로 부동산을 상호 교환한 행위가 존재하더라도 실정법상 가장행위에 해당하지 않는 이상 유효하다고 보았는데 이는 법적 실질설의 입장을 취한 것으로 보인다.

그러나 위와 같은 법원의 입장은 이른바 로담코 판결(대법원 2012. 1. 19. 선고 2008두8499 전원합의체 판결)을 기점으로 경제적 실질설로 변경된 것으로 평가된다. 이 사건에서 대법원 다수의견은 "부당한 조세회피행위를 규제하고 과세의 형평을 제고하는 것이 실질과세의 원칙의 주된 목적임을 고려하면 예측가능성과 법적 안정성이 훼손되지 않는 범위 내에서 위 원칙이 적용될 수 있으므로, 소득이나 수익, 재산, 거래 등의 과세대상에 관하여 그 귀속 명의와 달리 실질적으로 귀속되는 자가 따로 있는 경우에는 구체적인 근거규정이 없더라도 형식이나 외관을 이유로 그 귀속 명의자를 납세의무자로 삼을 것이 아니라 실질적으로 귀속되는 자를 납세의무자로 삼아야 한다."고 판단하였다. 특히 대법관 박병대의 다수의견에 대한 보충의견은 "실질과세원칙의 적용과 그 원인된 행위의 민사법적 구성을 반드시 연계하여 인식할 필요는 없다."고 함으로써 다수의견이 경제적 실질설의 입장을 취하고 있음을 분명히 하였는데, 이는 조세회피를 위하여 선택한 법 형식을 재구성하는데 있어서 민사상

---

20) 이준봉, 『조세법총론』, 삼일인포마인, 2019. p146 참조

효력이 부인되는 가장행위일 것까지는 필요하지 않고, 실질과세원칙의 적용에 의해서도 거래의 재구성이 가능하다는 취지를 분명히 한 것으로 이해된다.[21)]

위 다수의견은 전체 법률행위 중 일부만이 조세회피목적으로 이루어진 경우에도 적용되는데, 예컨대 법원은 납세의무자가 자신의 지배·관리 아래에 있는 양도인과 양수인을 거래당사자로 내세워 양도거래를 하였는데, 양수인을 내세운 것에는 조세회피의 목적이 없는 경우, 납세의무자와 양수인 간에 직접 양도거래가 이루어진 것으로 보아 과세할 수 있다고 판단하였다(대법원 2015. 7. 23. 선고 2013두21373 판결 참조).

이 사안 판결은 "납세의무자가 선택한 거래의 법적 형식이나 과정이 처음부터 조세회피의 목적을 이루기 위한 수단에 불과하여 그 재산이전의 실질이 직접적인 증여를 한 것과 동일하게 평가될 수 있어야 하고, 이는 당사자가 그와 같은 거래형식을 취한 목적, 제3자를 개입시키거나 단계별 거래 과정을 거친 경위, 그와 같은 거래방식을 취한 데에 조세 부담의 경감 외에 사업상의 필요 등 다른 합리적 이유가 있는지 여부, 각각의 거래 또는 행위 사이의 시간적 간격, 그러한 거래형식을 취한 데 따른 손실 및 위험부담의 가능성 등 관련 사정을 종합하여 판단하여야 한다."고 함으로써 위 다수의견을 구체화하였다.

(5) 결론 : 경제적 실질설의 예외적 적용가능성

조세법률주의는 실질과세원칙의 상호보완적 관점에서 과세권 행사의 남용을 방지하고 실질적 정의를 보호한다. 그러나 조세법률주의의 과도한 적용은 실질과세원칙이 작동되어야 할 전형적인 순간에서조차 이를 막음으로써 도리어 조세정의의 구현을 막고 조세회피를 조장하는 결과를 초래할 수 있다.

이를 감안하면 납세자의 보호를 위하여 과세권의 행사는 법리에 기초하여 이루어지는 것을 원칙으로 하되, 실질과세원칙의 적용범위를 납세의무자가

---

21) 조윤희, "[판례평석] 실질과세원칙에 의한 교차 증여의 재구성(대법원 2017. 2. 15. 선고 2015두 46963 판결)", NTN, 2017. 3. 16.

조세를 회피할 목적으로 실질과 괴리되는 비합리적인 거래의 형식이나 외관을 취하였다는 등의 예외적 사정이 증명되는 경우로 제한한다면 납세의무자의 예측가능성 및 법적 안정성을 보호하면서도 조세정의의 실현에 이바지할 수 있을 것이다.

3. 이 사건의 분석

가. 이 사안의 쟁점

이 사건에서 국세기본법 제14조 제3항에 근거하여 乙과 丁의 교차증여행위를 원고들에 대한 직접증여행위로 재구성할 수 있는지 여부가 문제되었는데, 이를 위하여는 ① 직접증여, 교차증여 행위 간에 경제적 실질의 동일성과 ② 조세회피목적이 요구된다고 할 것이다. 바로 이러한 점을 인정할 것인지 여부가 쟁점이 된 사안이다.

나. 교차증여와 직접증여 간 경제적 실질의 동일성

이 사안에서 원고들의 부모들인 乙과 丁은 동일한 액수의 주식을 동일한 시기에 서로의 자녀들에게 증여하였다. 그런데 완전포괄주의의 기본 규정인 구 상증세법 제2조 제3항은 증여 행위에 대한 과세처분을 예정하고 있을 뿐, 특정 법률행위의 효력을 부인하고 사실관계를 재구성하는 것까지 규율하고 있지는 않았다. 상증세가 누진세임을 감안하면 결국 乙, 丁은 각 두 개 증여행위에 대하여 증여세를 납부하여야 할 상황이지만 증여세액의 총합은 각 자녀들에게 직접 증여하는 것보다 적은 상황이었다.

그런데 위 증여행위들은 동일한 기업의 주식을 각자의 자녀들에게 증여한 것으로서 사실관계를 고려하면 만약 교차증여를 하지 않고 본인의 자녀에게 직접 증여하였더라도 그 주식의 가치가 다르지 않은 상황이었고, 더군다나 乙과 丁은 세무사의 조언을 받아 단순히 증여세를 감액하기 위하여 위 교차증여행위를 한 것으로서, 결국 법적으로는 별개의 증여행위일지언정, 경제적 실질을 고려하면 교차증여 및 직접 증여는 동일한 행위이고 단지 증여세액만 차이가 날 뿐이었다.

법원은 위의 사정들을 고려하여 원고의 주식 양수행위가 비록 교차증여를 통하여 이루어졌으나 사실상 각 부모로부터 직접 증여받은 것으로 볼 수 있다고 판단하였다.

다. 조세회피목적의 존재 여부

납세자들이 경제적 합리성에 따라 행동함을 고려할 때 부당하게 조세부담을 감소시키는 행위로 판단하기 위해서는 최종적인 경제적 효과나 결과만을 가지고 결정해서는 안 되고, 재산 이전의 실질이 직접적인 증여를 한 것과 동일하게 평가할 수 있어야 한다.

법원은 위 교차증여는 乙, 丁이 자신의 자녀들에게 직접 증여를 하기 위한 목적으로 이루어진 것으로서 교차증여 행위를 정당화할 다른 어떠한 사업상 목적도 찾아볼 수 없던 점, 각각의 증여행위 간 시간적 간격이 거의 없었던 점 등을 고려하였을 때 처음부터 조세회피의 목적을 이루기 위한 수단에 불과한 점을 고려하여 원고들에게 조세회피의 목적이 존재함을 인정하였다.

라. 판결의 의의

위 판결은 대법원 2008두8499 전원합의체 판결상의 실질과세원칙을 재확인하며 그에 따라 거래를 재구성할 수 있는 구체적인 요건을 제시하였고 위 요건이 충족될 경우에는 실질과세원칙에 따라 재구성한 실질적인 거래행위를 과세대상으로 삼을 수 있다는 법리를 재확인하였으며 그러한 법리를 합산과세원칙과 교차증여의 경우에 적용한 판결이라는 점에 의의가 있다.

4. 관련 사례 등

여러 단계의 거래 등 법적 형식이나 법률관계를 재구성하여 직접적인 하나의 거래에 의한 증여로 보고 증여세 과세대상에 해당한다고 본 사례(대법원 2019. 1. 31. 선고 2014두 41411 판결)

원고들의 아버지인 甲이 운영하였던 주식회사 A는 2006.경 자신의 영업부서 및 설계부서를 甲과 원고들이 건설업 등을 목적으로 설립하였으나 영업손실 등으로 사업이 중단되었던 주식회사 B에 무상으로 이전하였음. 이후 B 회사는 A 회사의 영업 및 설계 등을 대행하면서 별다른 위험부담 없이 거래금액 5% 상당의 이익을 얻었고, A 회사는 2008. 9. 경 B 회사를 흡수합병하면서 원고들에게 A 회사 주식을 합병신주로 교부하였고, 그 결과 원고들의 A 회사 지분율이 증가하였음. 이에 대하여 관할 세무서장은 B 회사 설립 이후 이 사건 영업양도 및 합병 등 일련의 행위들이 원고들이 실질적으로 A 회사의 기존 주주인 甲 등으로부터 증가분 신주를 무상으로 교부받은 것으로 보아 구 상증세법 제2조 제3항 및 제4항 등을 근거로 증여세 부과처분을 하였음.

원고들은 위 처분이 위법하다는 이유로 그 취소를 소구하였으나 법원은 원고들이 이 사건 영업양도 이후 합병까지의 일련의 행위들이 甲이 원고들에게 위 신주를 증여하기 위한 행위로서 구 상증세법 제2조 제3항, 제4항에 따른 적법한 처분이라고 판결하였음.

21

증여재산의 취득시기

– 서울고등법원 2018. 4. 4. 선고 2017누60521 판결 –

» 상증세법상 증여재산의 취득시기는 납세의무의 성립시기, 증여세 신고기한, 상속세 및 증여세 부과 시 합산과세 여부, 부과제척기간, 증여재산공제 범위 등 조세채권확보와 관련하여 상당한 의미가 있음. 상증세법 제32조, 동법 시행령 제24조는 '재산을 인도한 날 또는 사실상 사용한 날 등'을 증여시기로 본다고 규정하고 있는데, 증여계약성립일을 기준으로 하는 민법과 차이를 보임. 사안은 증여자가 타인으로부터 부동산을 매수하여 자기 앞으로 소유권이전등기를 경료하지 아니한 채 수증자에게 부동산을 증여하고 바로 수증자 앞으로 소유권이전등기를 경료한 경우 증여세 과세 여부가 문제된 건으로, 증여재산의 대상 및 취득시기에 관하여 검토함.

🗨 국세기본법

제21조(납세의무의 성립시기)

① 국세를 납부할 의무는 이 법 및 세법이 정하는 과세요건이 충족되면 성립한다.

② 제1항에 따른 국세를 납부할 의무의 성립시기는 다음 각 호의 구분에 따른다.

  3. 증여세: 증여에 의하여 재산을 취득하는 때

●💬 상속세 및 증여세법

제32조(증여재산의 취득시기)

증여재산의 취득시기는 제33조부터 제39조까지, 제39조의2, 제39조의3, 제40조, 제41조의2부터 제41조의5까지, 제42조, 제42조의2, 제42조의3, 제44조, 제45조 및 제45조의2부터 제45조의5까지가 적용되는 경우를 제외하고는 재산을 인도한 날 또는 사실상 사용한 날 등 대통령령으로 정하는 날로 한다.

I 대상판결의 개요

1. 사실관계의 요지

甲은 2003. 4.경 A조합의 대표자 乙과 사이에, 경기도 소재 토지를 매매대금 약 2억 5천만 원에 매수하는 계약을 체결하였고, 丙으로부터 받은 약 2억 6천만 원에서 위 매매대금 만큼을 A조합에게 지급하였음. 이때 丙은 乙에게 추후 매수인을 자신의 아들인 원고로 해줄 것을 요청하였음. 원고는 2008. 5.경 乙로부터 '건축주에게 위 토지를 대지로 사용함을 허가한다'는 내용의 대지사용승낙서를 받았고, 관할시장으로부터 위 토지 지상 단독주택의 건축허가를 받은 후 공사를 착공하였으며, 2010. 12.경 사용승인을 받았음. 원고와 乙사이에 2013. 9.경 위 토지에 관하여 매매대금을 약 1억 원으로 하는 부동산매매계약을 체결하였고, 위 토지에 관한 소유권이전등기 및 위 주택에 관한 소유권보존등기를 마쳤음.

관할 세무서장은 '위 토지에 대한 실제 매수인은 丙이므로, 원고 명의의 소유권이전등기가 마쳐진 2013. 9.경 원고에게 위 토지를 증여하였다'고 보고, 등기가 경료된 무렵의 개별공시지가를 기준으로 원고에 대한 증여세 부과처분을 하였음.

2. 원고의 주장 요지

원고는 甲을 통해 乙과 매매계약을 체결한 위 토지의 실제 매수인인데, 원고는 위 토지의 매매대금 1억 원 중 2,000만 원은 자신의 예금계좌에서 인출하여 보관하고 있던 돈으로 지급하고, 나머지는 丙으로부터 차용한 돈으로 충당하였으며, 이후 위 차용금의 원리금을 변제하였으므로 원고는 丙으로부터 증여받은 재산이 없음.

설령 원고가 위 토지에 관한 권리를 丙으로부터 증여받았다고 하더라도, 원고는 위 토지 자체가 아니라 위 토지에 대한 소유권이전등기청구권을 증여받은 것이고, 그 증여시점은 원고가 乙로부터 대지사용승낙서를 받은 2008. 5.경이라고 보아야 할 것이어서 소유권이전등기일에 위 토지를 증여받았음을 전제로 한 과세처분은 위법함.

3. 판결 요지

가. 제1심 법원(피고 승소)

(1) 원고가 위 토지의 실제 매수인이라는 주장에 관한 판단

증여자가 타인으로부터 부동산을 매수하여 소유권이전등기를 경료하지 아니한 채 수증자에게 위 부동산을 증여하고, 바로 수증자 앞으로 소유권이전등기를 경료하였다면, 그 소유권이전등기 시에 수증자가 부동산 자체를 증여받은 것으로 보아야 할 것이지, 소유권이전등기청구권을 증여받았을 뿐이라고 볼 수 없음(대법원 1999. 8. 20. 선고 99다6135 판결 등).

사안의 경우 丙이 위 토지를 실질적으로 매수한 뒤, 乙에게 요청하여 매수인을 아들인 원고로 하는 매매계약서를 작성하는 방법으로 원고에게 증여하였음을 인정할 수 있고, 따라서 원고가 乙로부터 토지를 직접 매수하였음을 전제로 하는 원고의 주장은 이유 없음.

(2) 원고가 2013. 9. 이전에 증여받았다는 주장에 관한 판단

구 상증세법 제31조 제2항(현행 제32조)은 '증여재산의 취득시기는 제44조 등이 적용되는 경우를 제외하고는 대통령령으로 정하는 바에 따른다'고 규정하고, 동법 시행령 제23조 제1항 제1호는 '증여재산의 취득시기는 법 제44조 등이 적용되는 경우를 제외하고는 권리의 이전이나 그 행사에 등기·등록을 요하는 재산에 대하여는 등기·등록일로 한다'고 규정하고 있음. 또한 구 상증세법 제44조 제1항은 '배우자 또는 직계존비속(이하 "배우자 등")에게 양도한 재산은 양도자가 그 재산을 양도한 때에 그 재산의 가액을 배우자 등이 증여 받은 것으로 추정하여 이를 배우자 등의 증여재산 가액으로 한다'라고 규정하고 있음.

사안의 경우, 구 상증세법 제144조 제1항에 의하면 증여재산인 토지의 취득시기는 '丙이 직계비속인 원고에게 위 토지를 양도한 때'라 할 것이고, 여기에서 '양도한 때'란 '소유권이전등기일'을 말함. 따라서 위 토지에 관한 원고 명의의 소유권이전등기일(2013. 9.경)을 증여재산의 취득시기로 보아 2013년도 개별공시지가를 기준으로 가액을 평가하여 증여세를 산정·부과한 것은 관계 법령에 따르면 적법함.

나. 항소심 법원(피고 승소)

원심 법원은 제1심의 판단을 인용하여 항소기각하였음.

Ⅱ 해설

1. 증여재산의 취득시기

가. 의 의

증여세의 납세의무는 증여에 의하여 재산을 취득하는 때에 성립한다(국세기본법 제21조 제1항 제3호). 상속세의 납세의무 성립 시기[22]는 상속이 개시된 때이고 피상속인의 사망 시점으로서 객관적으로 명확하여 별다른 문제가 없는 반면, 증여세의 경우에는 증여의 형식이나 증여재산의 유형에 따라 그 시기가 달라질 수 있다.

증여재산의 취득시기는 증여재산이 수증자에게 현실적으로 이전되는 시점을 기준으로 하는데, 납세의무의 성립시기, 신고기한, 상속세 및 증여세 부과 시 합산과세 여부, 국세부과의 제척기간, 증여재산공제 범위 등과 관련하여 중요한 의미를 지닌다.

나. 민법상의 증여시기와 상증세법상 증여시기

민법은 일방의 증여의사표시와 타방의 승낙으로 증여의 효력이 생긴다고 규정함으로써 기본적으로 증여계약의 성립일을 증여시기로 본다(민법 제554조).

한편 상증세법은 증여계약의 구체적인 이행이 있는 경우 그 시점을 증여시기로 보아 과세하는데, 일반적인 경우 '인도한 날 또는 사실상 사용한 날 등'을 증여재산의 취득시기로 본다(상증세법 제32조). 즉 증여계약을 전제로 하면서도 그 구체적인 실행일인 등기·등록·소유권 취득·인도일·사실상의 사용일 등을 취득시기로 보는 것이다. 이는 사인 간의 증여계약을 규율하는 민법과 달리 이에 대한 세금을 부과하는 상증세법의 본질상 구체적인 재산의 이동이 있어야 과세할 수 있다는 원칙에서 비롯된 것이다.

---

22) 자세한 논의는 [1] 상속세를 과세하는 재산 사례 참조.

다. 증여재산의 취득시기 – 일반적인 경우

상증세법 제32조는 증여재산의 취득시기를 규정하고 있는데, 문언에서 '제33조부터 제39조까지, 제39조의2, 제39조의3, 제40조, 제41조의2부터 제41조의5까지, 제42조, 제42조의2, 제42조의3, 제44조, 제45조 및 제45조의2부터 제45조의5까지 적용되는 경우를 제외하고는'이라는 단서를 두어 별도 규정을 두고 있는 경우를 제외한 일반적인 사항을 다루고 있음을 명시하고 있다.

(1) 상증세법 시행령 제24조는 일반적인 경우 적용되는 증여재산의 취득시기를 증여재산의 유형에 따라 구분하여 규율하고 있다. 먼저, 권리의 이전이나 그 행사에 등기·등록을 요하는 재산의 경우에는 그 등기·등록일을 취득시기로 보되, 다만 민법 제187조에 따라 등기를 요하지 아니하는 부동산의 취득에 대하여는 실제로 부동산의 소유권을 취득한 날을 취득시기로 본다고 규정한다(제1항 제1호).

(2) 건물 신축 후 증여할 목적으로 수증자 명의로 건축허가를 받거나 신고를 하여 해당 건물을 완성한 경우, 건물을 증여할 목적으로 수증자 명의로 해당 건물을 취득할 수 있는 권리를 건설사업자로부터 취득하거나 분양권을 타인으로부터 전득한 경우에는 그 건물의 사용승인서의 교부일이 취득시기가 된다(제1항 제2호). 건물의 사용에 관한 권리를 증여하는 것으로 보는 경우에 적용되는 것으로 만약 사용승인 전에 사실상 사용하거나 임시사용승인을 얻은 경우에는 그 사실상의 사용일 또는 임시사용승인일로, 건축허가를 받지 아니하거나 신고하지 않고 건축하는 경우에는 그 사실상의 사용일로 한다고 규정한다.

(3) 타인의 기여에 의하여 재산가치가 증가한 경우에는 그 사유에 따라 증여재산의 취득시기를 구분하여 규정하고 있다. ① 개발사업의 시행인 경우 개발구역으로 지정되어 고시된 날, ② 형질변경의 경우 형질변경허가일, ③ 공유물 분할의 경우 공유물분할등기일, ④ 사업의 인가·허가, 지하수개발·이용허가 등의 경우 해당 인가·허가일, ⑤ 주

식 등의 상장 및 비상장주식의 등록, 법인의 합병의 경우 상장일·등록일·합병등기일, ⑥ 보험금 지급의 경우 보험사고가 발생한 날, ⑦ 그 외의 경우는 재산가치증가사유가 발생한 날이 각 취득시기가 된다(제1항 제3호). 본 시행령 규정은 증여세 완전포괄주의에 따라 타인의 기여에 의한 증여이익 시점을 명확히 하기 위하여 2013년 개정되면서 도입되었는데, 처음에는 '재산가치증가사유가 발생한 날'로 규정하고 있었으나, 2015년 개정으로 유형에 따라 구체화하여 정리되었다.

(4) 증여받은 재산이 주식 등인 경우에는 그 인도일을 확인하기 어려운 경우가 많으므로, 수증자가 배당금의 지급이나 주주권의 행사 등에 의하여 해당 주식 등을 인도받은 사실이 객관적으로 확인되는 날을 취득시기로 하도록 규정하였고, 다만 인도일이 불분명하거나 인도 전에 주주명부나 사원명부에 기재한 경우에는 그 명의개서일 또는 기재일을 취득시기로 하였다(제2항).[23] 무기명채권인 경우에는 취득시기를 확인하기 어려운 점이 있어 이자지급사실 등에 의하여 취득사실이 객관적으로 확인되는 날을 취득시기로 하되, 다만 이러한 기준으로도 불분명한 경우에는 해당 채권의 취득자가 이자지급을 청구한 날 또는 상환을 청구한 날을 기준으로 하였다(제3항).

라. 증여재산의 취득시기 – 별도로 규정된 경우

한편 상증세법 제32조가 적용되지 않는, '제33조부터 제39조까지, 제39조의2, 제39조의3, 제40조, 제41조의2부터 제41조의5까지, 제42조, 제42조의2, 제42조의3, 제44조, 제45조 및 제45조의2부터 제45조의5'[24]는 각 조항에서 정

---

23) 주주명부가 없는 경우의 증여재산 취득시기에 관한 자세한 논의는 [35] 명의신탁 증여의제와 주주명부의 존부 사례 참조.
24) 이하 열거한 규정들은 개별가액산정규정으로 각 조항에서 양도시기와 증여재산가액을 별도로 정하고 있음.

한 시점을 증여재산의 취득시기로 본다. 이는 특수한 유형의 증여에 대하여 규율하기 위하여 입법된 개별 조항에서 각 증여시기를 정하는 것이 조문 형식, 문언해석 및 입법취지 등을 고려할 때 적합하기 때문이라 판단된다. 그러나 위 조항들이 적용되는 유형의 증여라도 동 조항에서 완전히 다르게 규정하지 않는 한 증여 시기는 결국 제32조로 돌아가 판단한다.

가령 배우자 등에게 양도한 재산의 증여추정 규정(제44조 제1항)은 양도자가 배우자 등에게 그 재산을 양도한 때 증여받은 것으로 추정한다. 그러나 '재산을 양도한 때'에 관하여 특별한 설시를 하고 있지 않으므로 결국 그 시기는 제32조에 따라 판단한다. 등기·등록을 요하는 부동산을 이전한 경우라면 그 등기·등록 시가 증여 시기가 된다.

마. 소유권이전등기청구권을 이전받은 경우

만약 증여자가 타인으로부터 부동산을 매수하여 자기 앞으로 소유권이전등기를 경료하지 아니한 채 수증자에게 위 부동산을 증여하고 바로 수증자 앞으로 소유권이전등기를 경료한 경우, 증여재산의 대상 및 취득시기가 문제될 수 있다.

만약 수증자가 받은 것이 토지와 분리되는 일종의 권리로서 소유권이전등기청구권 그 자체라고 본다면, 토지의 무상 이전에 따른 증여세를 납부하지 않아도 될 것이다. 이러한 주장이 받아들여진다면, 부동산에 관한 당해세로서 근저당권의 피담보채권과의 우선순위를 다투는 경우 그 실익이 있을 수 있다.

그러나 법원은 이러한 경우에 대하여, 소유권이전등기 시에 수증자가 부동산 자체를 증여받은 것으로 보아야 할 것이지, 이와 달리 단지 부동산에 관한 소유권이전등기청구권을 증여받았을 뿐이라고 볼 수는 없다고 일관되게 판시하고 있다(대법원 1999. 8. 20. 선고 99다6135 판결 등). 소유권이전등기의 이전은 그 자체로 의미가 없으므로 이와 관련된 시기는 중요하지 않고, 그 이후 '소유권이전등기 시'에 그 '부동산'을 증여재산으로 취득하였다고 보는 것이다.

2. 이 사건의 분석

가. 사안의 쟁점

증여재산의 취득시기는 납세의무의 성립시기, 증여세 신고기한, 합산과세 여부, 부과제척기간, 증여재산공제 범위 등 조세채권 확보에 중요한 영향을 미치므로 증여세와 관련된 쟁송에서는 자주 다루어지고 있는 쟁점이다. 이 사안 역시 이와 같은 쟁점이 문제된 사안으로, 원고가 이 사건 토지를 증여받은 것으로 볼 수 있는지, 그렇다면 그 증여시기는 언제로 볼 것인지가 함께 다투어졌다.

나. 증여대상 및 증여시기 등에 대한 판단

상중세법 관련 규정에 따르면, 권리의 이전이나 그 행사에 등기·등록을 요하는 재산의 경우에는 그 등기·등록일을 취득시기로 보되, 다만 민법 제187조에 따라 등기를 요하지 아니하는 부동산의 취득에 대하여는 실제로 부동산의 소유권을 취득한 날을 취득시기로 본다고 규정하고 있다. 이에 따라 토지의 경우 소유권보존등기 또는 소유권이전등기일이 취득시기가 된다고 볼 수 있다.

원고는 위 토지의 실제 매수인이 자신이며, 차용금을 변제하였으므로 증여받은 재산이 없으며, 설령 증여 사실이 인정되더라도 증여대상은 소유권이전등기청구권이고 증여 시점은 대지사용승낙서인 2008. 5.경으로 보아야 한다고 주장하였다. 그러나 법원은 앞선 대법원 판례를 인용하며 丙이 이 사건 토지에 관한 매매대금을 부담하여 매수인의 지위를 이전받았음에도 소유권이전등기를 경료하지 않고 있다가 매도인에게 요청하여 자신의 아들인 원고를 매수인으로 하는 매매계약서를 2013. 9. 5.에 작성한 점 등에 비추어 丙이 이 사건 토지를 원고에게 증여하였다고 인정한 다음, 丙이 직계비속인 원고에게 토지를 양도한 것이므로 구 상증세법 제44조 제1항의 적용을 받을 것인데 '양도한 때'란 '소유권이전등기일'을 말하므로, 증여재산의 취득시기는 이전의 사용 승낙일이나 세무상담일, 매매계약서 작성일이 아닌 원고 명의의 소유권이전등 기일(2013. 9. 6.)이 될 것이라고 보았다.

따라서 소유권이전등기일을 증여재산의 취득시기로 보아 이 사건 토지의 2013년도 개별공시지가를 기준으로 토지의 가액을 평가하여 원고에 대한 증 여세를 산정·부과한 것은 적법하다고 판시하였다. 소유권이전등기청구권 자 체의 이전을 증여로 인정하지 않고, 소유권이전등기 시 토지의 증여를 인정하 는 기존의 대법원 판결과 부합하는 판시이다.

이는 증여재산의 대상을 소유권이전등기청구권이 아닌 토지로 보고, 다 만 상증세법상 시기에 관여하는 증여시점을 소유권이전등기 시로 파악하는 기존의 대법원 판결을 재확인한 것이다.

3. 관련 사례 등

가. 판 례

조정에 의해 증여로 취득하였어도 소유권이전등기일이 증여재산 취득일임(서울행정법원 2012. 5. 18. 선고 2012구합2320 판결)
증여재산을 취득하게 된 원인이 된 조정은 형성판결에 해당하지 아니하여 원고 명의의 소유 권이전등기가 경료된 날이 증여재산 취득일이 되는 것이며 근저당권이 설정된 재산인지 여부 는 증여일을 기준을 판단하여야 함.

비상장주식의 증여시기는 명의개서일임(대법원 2017. 8. 18. 선고 2017두47557 판결)
납세자가 납세자의 부친으로부터 스톡옵션으로 받은 비상장주식에 대한 권리를 납세자에게 넘겨 납세자 명의로 명의개서를 한 날이 증여재산에 대한 취득시기에 해당함.

나. 관련 예규 등

건물을 증여할 목적으로 수증자 명의로 분양권을 건설사업자로부터 취득하거나 타인으로부터 전득한 경우 증여재산의 취득시기는 그 건물의 사용승인서 교부일임(상속증여세과-1584, 2015. 9. 8.)

신축건물의 증여시기는 그 건물의 사용승인서 교부일(사용승인 전에 사실상 사용하거나 임시사용승인을 얻은 경우에는 그 사실상의 사용일 또는 임시사용승인일)이 되는 것으로, 건물을 증여할 목적으로 수증자 명의로 취득한 분양권을 사용승인서 교부일 전에 증여자 명의로 변경하는 경우에는 납세의무가 성립되지 않음.

22

저가양수에 따른 이익의 증여

– 대법원 2018. 6. 28. 선고 2018두37793 판결 –

» 저가양수 또는 고가양도에 따른 이익의 증여세 과세 여부는 그 기준이 되는 주식
의 평가와 함께 증여세 부분에서 가장 많이 다퉈지는 쟁점 중 하나임. 기존에는 특
수관계인 간의 거래에만 적용되던 것이 2003년 완전포괄주의 과세의 입법으로
특수관계인이 아니더라도 일정 기준 이상의 저가양수 또는 고가양도로 판단되면
증여세를 과세할 수 있게 되었음. 사안은 특수관계인 간의 지분의 저가 양수에 따
른 이익의 증여세 과세가 문제된 건으로, 상증세법 제35조 제1항과 제2항의 관
계, 특수관계의 존부, 시가의 판단 등 많은 쟁점에 대하여 다퉈졌는바 각 과세요건
의 충족여부에 대하여 상세히 검토하고자 함.

상속세 및 증여세법

제35조(저가 양수 또는 고가 양도에 따른 이익의 증여)

① 특수관계인 간에 재산(전환사채 등 대통령령으로 정하는 재산은 제외한다. 이하
이 조에서 같다)을 시가보다 낮은 가액으로 양수하거나 시가보다 높은 가액
으로 양도한 경우로서 그 대가와 시가의 차액이 대통령령으로 정하는 기
준금액(이하 이 항에서 "기준금액"이라 한다) 이상인 경우에는 해당 재산의
양수일 또는 양도일을 증여일로 하여 그 대가와 시가의 차액에서 기준금
액을 뺀 금액을 그 이익을 얻은 자의 증여재산가액으로 한다.

② 특수관계인이 아닌 자 간에 거래의 관행상 정당한 사유 없이 재산을 시가
보다 현저히 낮은 가액으로 양수하거나 시가보다 현저히 높은 가액으로
양도한 경우로서 그 대가와 시가의 차액이 대통령령으로 정하는 기준금액
이상인 경우에는 해당 재산의 양수일 또는 양도일을 증여일로 하여 그 대

가와 시가의 차액에서 대통령령으로 정하는 금액을 뺀 금액을 그 이익을 얻은 자의 증여재산가액으로 한다.

③ 개인과 법인 간에 재산을 양수하거나 양도하는 경우로서 그 대가가 「법인세법」제52조 제2항에 따른 시가에 해당하여 그 법인의 거래에 대하여 같은 법 제52조 제1항이 적용되지 아니하는 경우에는 제1항 및 제2항을 적용하지 아니한다. 다만, 거짓이나 그 밖의 부정한 방법으로 상속세 또는 증여세를 감소시킨 것으로 인정되는 경우에는 그러하지 아니하다.

④ 제1항 및 제2항을 적용할 때 양수일 또는 양도일의 판단 및 그 밖에 필요한 사항은 대통령령으로 정한다.

상속세 및 증여세법 시행령

제26조(저가 양수 또는 고가 양도에 따른 이익의 계산방법 등)

① 법 제35조 제1항에서 "전환사채 등 대통령령으로 정하는 재산"이란 다음 각 호의 어느 하나에 해당하는 것을 말한다.

1. 법 제40조 제1항에 따른 전환사채 등

2. 「자본시장과 금융투자업에 관한 법률」에 따라 거래소에 상장되어 있는 법인의 주식 및 출자지분으로서 증권시장에서 거래된 것(제33조 제2항에 따른 시간외시장에서 매매된 것을 제외한다)

② 법 제35조 제1항에서 "대통령령으로 정하는 기준금액"이란 다음 각 호의 금액 중 적은 금액을 말한다.

1. 시가(법 제60조부터 제66조까지의 규정에 따라 평가한 가액을 말한다. 이하 이 조에서 "시가"라 한다)의 100분의 30에 상당하는 가액

2. 3억원

③ 법 제35조 제2항에서 "대통령령으로 정하는 기준금액"이란 양도 또는 양수한 재산의 시가의 100분의 30에 상당하는 가액을 말한다.

④ 법 제35조 제2항에서 "대통령령으로 정하는 금액"이란 3억원을 말한다.

⑤ 법 제35조 제1항 및 제2항에 따른 양수일 또는 양도일은 각각 해당 재산의 대금을 청산한 날(「소득세법 시행령」제162조 제1항 제1호부터 제3호

까지의 규정에 해당하는 경우에는 각각 해당 호에 따른 날을 말하며, 이하 이 항에서 "대금청산일"이라 한다)을 기준으로 한다. 다만, 매매계약 후 환율의 급격한 변동 등 기획재정부령으로 정하는 사유가 있는 경우에는 매매계약일을 기준으로 한다.

I 대상판결의 개요

1. 사실관계의 요지

원고는 상장법인인 주식회사 A의 사장이고, 甲은 A 회사의 부사장 및 임원이자 원고의 처남임. 원고와 甲은 2014. 3.경 A 회사 발행주식총수의 50%를 보유하던 최대주주 B 회사와 사이에, 甲이 지정하는 양수인들 앞으로 B 회사의 보유주식 전부를 대금 약 260억 원(1주당 약 1만 6천 원)에 양수하기로 하는 계약을 체결하였음. 이에 따라 원고는 2014. 4.경 B 회사에 매매대금 약 43억 원을 지급하고, 시간외 장외거래 방법으로 A 회사 주식 27만 5천주를 취득하였음. 같은 날 甲도 대금을 지급하고 A 회사 주식을 취득하였음.

원고는 위 주식을 양수한 것이 '저가양수에 따른 이익의 증여'에 해당할 수 있다고 보고, 위 매매계약일을 시가 산정기준일로 하여 종가 기준 평균가액을 기준으로 주식의 시가를 1주당 약 2만 8천 원으로 산정한 다음, 2014. 6.경 위 시가를 기준으로 산출한 증여세를 신고·납부하였음.

관할 세무서장은 2015. 5.경 원고와 B 회사는 특수관계에 있고 시가의 산정기준일은 대금청산일인 2014. 4.경이며, 최대주주 등이 A 회사 주식의 50%를 초과하여 보유하고 있으므로 시가 산정 시 30%를 가산하여야 한다는 이유로, 위 주식의 시가를 1주당 약 3만 2천 원으로 산정한 다음, 이를 기준으로 계산한 증여세를 결정하고, 기납부세액을 공제한 나머지를 납부하라고 고지하였음.

원고는 2015. 4.경 관할 세무서장에게, B 회사는 원고의 특수관계인이 아니어서 상증세법 제35조 제1항이 적용되지 않는다는 이유 등으로 원고가 신고·납부한 증여세의 감액을 구하는 경정청구를 하였으나, 관할 세무서장은 이를 거부하였음.

2. 원고의 주장 요지

상증세법 제35조는 증여이익을 받는 자(고가양도인 또는 저가양수인)를 기준으로 그와 특수관계에 있는 자로부터 증여이익을 받은 경우 제1항을, 그 밖의 경우로서 거래의 관행상 정당한 사유가 없는 경우 제2항을 적용하도록 규정하고 있는데, 원고를 기준으로 B 회사는 원고의 특수관계인이 아니어서 상증세법 제35조 제1항은 적용되지 아니함. 또한 원고와 B 회사가 장기간의 매매가격 협상을 거쳤는데, 이는 거래관행상 정당한 사유가 없는 경우가 아니므로 상증세법 제35조 제2항도 적용되지 않음.

3. 판결 요지

가. 제1심 법원(피고 승소)

상증세법 제35조 제1항에서는 개정 전 상증세법 제35조 제1항과 달리 '특수관계에 있는 자로부터' 또는 '특수관계 있는 자에게' 대신 '타인으로부터' 또는 '타인에게'라고 규정하여 '특수관계'의 범위를 적극적으로 규정하고 있지 않다. 따라서 상증세법 제35조 제1항의 규정만으로는 특수관계의 범위를 정할 수 없고, 상증세법 제35조 제2항에 따른 '특수관계인이 아닌 자 간의 거래'가 아니라면 상증세법 제35조 제1항이 적용된다고 보아야 함.

그런데 상증세법 제35조 제2항의 문언으로는 '저가양수자 또는 고가양도자'

를 기준으로 특수관계를 판단하여야 하는지 분명하지 않고, 오히려 '특수관계인이 아닌 자 간에'라는 문언은 거래당사자 상호간에 특수관계가 없어야 한다는 의미로 볼 수 있다. 앞서 본 바와 같이 상증세법 제35조 제2항은 '특수관계가 없는 자 사이의 거래에서는 서로 이해관계가 일치하지 않는 것이 일반적'이라는 관점에 기초한 것이므로, '저가양수자 또는 고가양도자' 일방을 기준으로 특수관계를 판단하여야 할 이유도 없음.

이 사건에서 B 회사는 자신이 출자에 의하여 지배하는 A 회사의 사장이자 임원인 원고와 특수관계에 있으므로, 위 매매계약은 상증세법 제35조 제2항 소정의 '특수관계인이 아닌 자 사이'의 거래로 볼 수 없고 저가양수에 따른 상증세법 제35조 제1항에 따라 과세되어야 하는바, 원고의 주장은 이유 없음.

상증세법 시행령 제26조 제9항은 '법 제35조의 규정을 적용함에 있어서 개인과 법인 간에 재산을 양수 또는 양도하는 경우로서 그 대가가 법인세법 시행령 제89조의 규정에 의한 가액에 해당되어 당해 법인의 거래에 대하여 법인세법 제52조의 규정이 적용되지 아니하는 경우에는 제1항 내지 제8항의 규정을 적용하지 아니한다'고 규정하고, 구 법인세법 시행령 제89조 제1항은 '부당행위계산부인 규정을 적용할 때 시가는 해당 거래와 유사한 상황에서 해당 법인이 특수관계인 외의 불특정다수인과 계속적으로 거래한 가격 또는 특수관계인이 아닌 제3자 간에 일반적으로 거래된 가격이 있는 경우에는 그 가격에 따른다'고 규정하며, 법인세법 시행령 제89조 제2항은 '시가가 불분명한 경우에는 감정가액(단, 주식은 제외), 상증세법에 따른 평가액을 차례로 작용하여 계산한 금액'을 시가로 하도록 규정하고 있음. 위 상증세법 시행령 제26조 제9항의 취지는 법인세법상의 시가와 상증세법상의 시가의 차이로 인하여 개인과 법인과의 거래에서 법인세법상의 시가에 해당하는 가액으로 재산을 양수하는 경우 개인에게 증여세가 과세되는 문제를 방지하기 위한 것임.

원고의 주장은 이 사건 주식의 매매가격이 법인세법 시행령 제89조 제1항에 해당한다는 취지인데, 이 사건 주식의 매매가격은 B가 원고와 甲 등에게 최대주주 지분을 양도하면서 합의에 따라 결정한 것으로서, B가 특수관계인 외의 불특정다수인과 계속적으로 거래한 가격이라고 보기 어렵고, 또 이 사건 주식의 매매가격이 특수관계인이 아닌 제3자간에 일반적으로 거래된 가격(이 사건 매매계약일 당시 제3자간에 일반적으로 거래된 가격으로 볼 수 있는 한국거래소 최종 시세 가액은 1주당 19,150원이었음)이라고 보기도 어려우므로, 원고 주장은 이유 없음.

나. 항소심 및 상고심 법원(피고 승소)

항소심 및 상고심 법원은 제1심의 판단을 인용하여 항소·상고기각하였음.

Ⅱ 해설

1. 저가양수에 따른 이익의 증여

가. 의 의

세법에서는 정상적인 시가를 초과하거나 미달한 가액으로 거래하여 부당하게 조세를 회피하는 경우 세법에서 정한 가액을 기준으로 세금을 계산하여 부과할 수 있는 제도를 두고 있다. 법인세법상 부당행위계산부인 규정, 상증세법상 저가양수 또는 고가양도에 따른 증여세 과세규정이 대표적인 예라고 할 수 있다.

상증세법은 '현저히 낮은 대가를 주고 재산 또는 이익을 이전받음으로써 발생하는 이익이나 현저히 높은 대가를 받고 재산 또는 이익을 이전함으로써 발생하는 이익'을 증여세 과세대상으로 보는데(상증세법 제4조 제1항 제2호), 다만 특수관계인이 아닌 자 간의 거래의 경우에는 거래의 관행상 정당한 사유가 없는 경우로 한정하고 있다. 구체적인 증여재산가액에 대하여는 특수관계인 간의 거래와 특수관계인이 아닌 자 간의 거래를 나누어 산정하고 있다(제35조). 2003. 12. 31. 이전에는 특수관계인 간의 재산 거래에만 적용되어 저가양수 또는 고가양도에 해당하는 경우 차액 상당액을 곧바로 증여받은 것으로 의제하여 증여세가 과세되었으나, 개정을 통해 특수관계 성립 여부에 관계없이 모든 거래에 대하여 시가와 대가의 차이가 시가의 30% 이상 차이가 발생하는 경우 등으로 과세대상을 확대하였다.

나. 과세요건

저가양수 또는 고가양도에 따른 이익에 대한 증여세 과세를 위해서는 ① 재산의 양도·양수 행위일 것, ② 시가보다 현저히 낮은 가액 또는 높은 가액으로 거래될 것의 요건을 충족하여야 한다. 다만 ②의 경우 앞서 살펴본 바와 같이 양도인·양수인 간 특수관계가 인정되지 않는다면 거래의 정당한 사유가 있는지 검토해야 한다.

(1) 상증세법에서 양도에 대한 별도의 정의를 하고 있지 아니하므로, 재산의 양도·양수 해당 여부는 소득세법상 양도의 정의에 해당되는지로 판단할 수 있다. 이에 따르면 매매, 부담부증여, 교환, 공매·경매, 현물출자, 대물변제, 수용·협의매수 등이 해당한다.

(2) 시가와 대가의 차이가 일정비율 또는 일정금액 이상으로서 과세요건을 충족하는 경우에 증여세를 과세한다. ① 특수관계가 있는 경우에는 시가와 대가의 차액이 시가의 30% 이상 또는 그 차액이 3억 원 이상인 경우에 과세대상에 해당한다. ② 특수관계인이 아닌 자 사이에 재산을 양도하는 경우에는 거래의 관행상 정당한 사유[25] 없이 시가보다 30% 이상 낮은 가액 또는 높은 가액으로 재산을 매매하는 경우 과세대상이 된다.

다. 증여세 과세대상의 제외

전환사채 등 시행령으로 정하는 재산은 저가양수에 해당하더라도 과세대상에서 제외하는데, 시행령 제26조는 전환사채 외에도 거래소에 상장되어

---

25) 자세한 논의는 [23] 고가양도에 따른 이익의 증여 사례 참조.

있는 주식 및 출자지분으로서 증권시장에서 거래된 것(시간외시장에서 매매된 것은 제외)을 들고 있다(상증세법 제35조 제1항 및 시행령 제26조 제1항 각호).

라. 증여재산가액

상증세법은 특수관계인 간에 재산을 시가보다 낮은 가격으로 양수하거나 시가보다 높은 가액으로 양도한 경우에 대하여 그 대가와 시가의 차액이 시가의 30% 상당액과 3억 원 중 적은 금액 이상인 경우 해당 재산의 양수일 또는 양도일을 증여일로 하여 그 대가와 시가의 차액에서 위 금액을 뺀 금액을 그 이익을 얻은 자의 증여재산가액으로 한다고 규정하고 있다(상증세법 제35조 제1항).

특수관계인이 아닌 자 간에 거래의 관행상 정당한 사유 없이 재산을 시가보다 현저히 낮은 가액으로 양수하거나 시가보다 현저히 높은 가액으로 양도한 경우에 대하여 그 대가와 시가의 차액이 시가의 30% 상당액 이상인 경우에는 해당 재산의 양수일 또는 양도일을 증여일로 하여 그 대가와 시가의 차액에서 3억 원을 뺀 금액을 그 이익을 얻은 자의 증여재산가액으로 한다고 규정하고 있다(제2항).

마. 시가에 대한 판단

저가양수 또는 고가양도에 따른 이익의 증여규정은 결국 그 기준이 되는 시가를 어떻게 산정하느냐에 따라 적용여부가 달라진다. 시가란 양수 또는 양도한 재산을 양수일 또는 양도일 현재 상증세법 제60조부터 제66조까지를 적용하여 평가한 가액을 말한다(상증세법 제31조). 즉 유사재산에 대한 매매사례가액, 상장주식의 평가기준일 전후 각 2개월 간의 최종 시세가액 평균액, 최대주주 등의 주식에 대한 할증평가규정 및 저당권 등이 설정된 재산에 대한 평가특례규정을 적용한다는 의미이다(제1항). 이러한 시가는 불특정 다수인 사이에 자유롭게 거래가 이루어지는 경우에 통상적으로 성립된다고 인정되는 가액이고 수용·공매가격 및 감정가격 등 시가로 인정되는 것을 포함한다(제2항). 시가를 산정하기 어려운 경우에는 재산의 종류, 규모, 거래 상황 등을 고려하여 상증세법 제61조부터 제65조까지에 규정된 방법으로 평가한 가액을 시가로 본다(제3항).[26]

바. 특수관계의 존부

2003. 12. 31. 이전에는 특수관계인 간에 재산을 거래하는 경우로서 저가양수나 고가양수에 따른 이익에는 시가와 대가의 차액 상당액을 곧바로 증여받은 것으로 의제하였다. 그러다 2003. 12. 31. 개정된 구 상증세법은 완전포괄주의 과세방식을 채택함과 더불어 특수관계 성립 여부에 관계없이 시가와 대가의 차이가 시가의 30% 이상 차이가 발생하는 경우 증여세를 부과함으로써 과세대상이 확대되었다.

다만, 특수관계가 없는 자에 대하여는 그 차이가 있다는 사정만으로 곧바로 증여했다고 보기는 어려우므로 '거래의 관행상 정당한 사유가 없을 것'이라는 과세요건을 두어 이를 입증할 경우 증여세를 과세하지 않는 방식을 취하고 있다(대법원 2013. 8. 23. 선고 2013두5081 판결 등). 따라서 저가양수 또는 고가양도에 따른 증여이익에 대한 증여세를 검토하기 위하여는 재산의 저가양수 또는 고가양도가 성립한다는 전제 하에 특수관계의 존부가 판단되어야 한다. 즉 특수관계 간의 거래임이 인정되면 제35조 제1항이, 그 경우가 아니면 제35조 제2항이 적용되어야 한다.

사. 특수관계인의 범위

(1) 2012. 2. 1. 이전의 특수관계인의 범위

구 상증세법에서는 현행법 제2조와 같은 특수관계인에 대한 별도의 정의

---

26) 자세한 내용은 제4편 재산의 평가편 참조.

규정이 존재하지 않았고, 금융재산 상속공제(구 상증세법 제22조 제2항)를 적용하지 않는 최대주주 등의 범위를 상증세법 시행령 제19조 제2항에서 규정하면서 특수관계인의 범위를 설명하였다.

구 상증세법 시행령 제19조 제2항에 따라 상증세법 제22조 제2항의 "대통령령으로 정하는 최대주주 또는 최대출자자"란 주주 또는 출자자(이하 "주주 등"이라 한다) 1인과 다음의 어느 하나에 해당하는 관계가 있는 자의 보유주식 등을 합하여 그 보유주식 등의 합계가 가장 많은 경우의 해당 주주 등을 말한다.

1. 친족 및 직계비속의 배우자의 2촌 이내의 부계혈족과 그 배우자

2. 사용인과 사용인외의 자로서 당해주주 등의 재산으로 생계를 유지하는 자

3. 기획재정부령이 정하는 기업집단의 소속기업(당해기업의 임원을 포함한다)과 다음 각목의 1의 관계에 있는 자 또는 당해기업의 임원에 대한 임면권의 행사·사업방침의 결정 등을 통하여 그 경영에 대하여 사실상의 영향력을 행사하고 있다고 인정되는 자

   가. 기업집단소속의 다른 기업

   나. 기업집단을 사실상 지배하는 자

   다. 나목의 자와 제1호의 관계에 있는 자

4. 주주 등 1인과 제1호 내지 제3호의 자가 이사의 과반수를 차지하거나 재산을 출연하여 설립한 비영리법인

5. 제3호 본문 또는 동호 가목의 규정에 의한 기업의 임원이 이사장인 비영리법인

6. 주주 등 1인과 제1호 내지 제5호의 자가 발행주식총수 등의 100분의 30이상을 출자하고 있는 법인

7. 주주 등 1인과 제1호 내지 제6호의 자가 발행주식총수 등의 100분의 50이상을 출자하고 있는 법인

8. 주주 등 1인과 제1호 내지 제7호의 자가 이사의 과반수를 차지하거나

재산을 출연하여 설립한 비영리법인

(2) 2012. 2. 2. 이후의 특수관계인의 범위

2012년 국세기본법이 개정되면서 특수관계인의 범위를 정비함과 함께 개정된 상증세법도 특수관계인의 정의 규정을 두는 등 관련 규정을 정비하였다. 상증세법은 '특수관계인'에 대하여 본인과 친족관계, 경제적 연관관계 또는 경영지배관계 등 대통령령으로 정하는 관계에 있는 자를 말한다고 규정한다(상증세법 제2조 제10호). 이 경우 본인도 특수관계인의 특수관계인으로 본다. 특수관계인에 관한 조문의 내용은 다음과 같다.

🗨 상속세 및 증여세법

제2조(정의) 이 법에서 사용하는 용어의 뜻은 다음과 같다.

   10. "특수관계인"이란 본인과 친족관계, 경제적 연관관계 또는 경영지배관계 등 대통령령으로 정하는 관계에 있는 자를 말한다. 이 경우 본인도 특수관계인의 특수관계인으로 본다.

🗨 상속세 및 증여세법 시행령

제2조의2(특수관계인의 범위)

① 법 제2조 제10호에서 "본인과 친족관계, 경제적 연관관계 또는 경영지배관계 등 대통령령으로 정하는 관계에 있는 자"란 본인과 다음 각 호의 어느 하나에 해당하는 관계에 있는 자를 말한다.

  1. 「국세기본법 시행령」 제1조의2 제1항 제1호부터 제4호까지의 어느 하나에 해당하는 자(이하 "친족"이라 한다) 및 직계비속의 배우자의 2촌 이내의 혈족과 그 배우자

  2. 사용인(출자에 의하여 지배하고 있는 법인의 사용인을 포함한다. 이하 같다)이나 사용인 외의 자로서 본인의 재산으로 생계를 유지하는 자

  3. 다음 각 목의 어느 하나에 해당하는 자

    가. 본인이 개인인 경우 : 본인이 직접 또는 본인과 제1호에 해당하는 관계에 있는 자가 임원에 대한 임면권의 행사 및 사업방침의 결정 등

을 통하여 그 경영에 관하여 사실상의 영향력을 행사하고 있는 기획재정부령으로 정하는 기업집단의 소속 기업[해당 기업의 임원(「법인세법 시행령」 제40조 제1항에 따른 임원을 말한다. 이하 같다)과 퇴직 후 3년(해당 기업이 「독점규제 및 공정거래에 관한 법률」 제14조에 따른 공시대상기업집단에 소속된 경우는 5년)이 지나지 않은 사람(이하 "퇴직임원"이라 한다)을 포함한다]

나. 본인이 법인인 경우 : 본인이 속한 기획재정부령으로 정하는 기업집단의 소속 기업(해당 기업의 임원과 퇴직임원을 포함한다)과 해당 기업의 임원에 대한 임면권의 행사 및 사업방침의 결정 등을 통하여 그 경영에 관하여 사실상의 영향력을 행사하고 있는 자 및 그와 제1호에 해당하는 관계에 있는 자

4. 본인, 제1호부터 제3호까지의 자 또는 본인과 제1호부터 제3호까지의 자가 공동으로 재산을 출연하여 설립하거나 이사의 과반수를 차지하는 비영리법인

5. 제3호에 해당하는 기업의 임원 또는 퇴직임원이 이사장인 비영리법인

6. 본인, 제1호부터 제5호까지의 자 또는 본인과 제1호부터 제5호까지의 자가 공동으로 발행주식총수 또는 출자총액(이하 "발행주식총수 등"이라 한다)의 100분의 30 이상을 출자하고 있는 법인

7. 본인, 제1호부터 제6호까지의 자 또는 본인과 제1호부터 제6호까지의 자가 공동으로 발행주식총수 등의 100분의 50 이상을 출자하고 있는 법인

8. 본인, 제1호부터 제7호까지의 자 또는 본인과 제1호부터 제7호까지의 자가 공동으로 재산을 출연하여 설립하거나 이사의 과반수를 차지하는 비영리법인

② 제1항 제2호에서 "사용인"이란 임원, 상업사용인, 그 밖에 고용계약관계에 있는 자를 말한다.

③ 제1항 제2호 및 제39조 제1항 제5호에서 "출자에 의하여 지배하고 있는 법인"이란 다음 각 호의 어느 하나에 해당하는 법인을 말한다.

1. 제1항 제6호에 해당하는 법인

2. 제1항 제7호에 해당하는 법인

3. 제1항 제1호부터 제7호까지에 해당하는 자가 발행주식총수 등의 100분의 50 이상을 출자하고 있는 법인

🌑 국세기본법 시행령

제1조의2(특수관계인의 범위)

① 법 제2조 제20호 가목에서 "혈족·인척 등 대통령령으로 정하는 친족관계"
   란 다음 각 호의 어느 하나에 해당하는 관계(이하 "친족관계"라 한다)를
   말한다.
   1. 6촌 이내의 혈족
   2. 4촌 이내의 인척
   3. 배우자(사실상의 혼인관계에 있는 자를 포함한다)
   4. 친생자로서 다른 사람에게 친양자 입양된 자 및 그 배우자·직계비속

상증세법 시행령 제2조의2 제1항 제2호는 특수관계인의 하나로 '사용인
(출자에 의하여 지배하고 있는 법인의 사용인을 포함한다)'을 규정하고 있다. 즉 양
도인 또는 양수인의 직접적인 사용인뿐만 아니라 양도인 또는 양수인이 출자
에 의하여 지배하고 있는 법인의 사용인도 포함한다는 의미이다.

한편 동조 제3항은 '출자에 의하여 지배하고 있는 법인'에 대하여 '본인,
제1항 제1호부터 제5호까지의 자 또는 본인과 제1호부터 제5호까지의 자가
공동으로 발행주식총수 등의 100분의 30 이상을 출자하고 있는 법인'(제1호,
동조 제1항 제6호), '본인, 제1항 제1호부터 제6호까지의 자 또는 본인과 제1호
부터 제6호까지의 자가 공동으로 발행주식총수 등의 100분의 50 이상을 출자
하고 있는 법인'(제2호, 동조 제1항 제7호)이거나, '제1항 제1호부터 제7호까지
에 해당하는 자가 발행주식총수 등의 100분의 50 이상을 출자하고 있는 법
인'(제3호)으로 규정한다.

특수관계인의 판단시 기준시기는 저가양수 또는 고가양도의 약정 당시를
기준으로 판단하여야 한다는 것이 법원의 입장이다. 약정 당시에 특수관계가
인정되면 족하고, 이행 당시에 특수관계가 소멸하였다고 달리 볼 수 없으며,
반대로 약정 당시에 특수관계가 인정되지 않다가 이행 당시에 특수관계가 인
정되더라도 증여세를 과세할 수 없다(대법원 1988. 1. 19. 선고 87누698 판결 등).

한편, 상증세법 시행령 제26조 제4항에서 "양도자 또는 양수자가 다음 각 호의 어느 하나에 해당하는 관계에 있는 자"를 특수관계인으로 규정함에 따라 특수관계인은 쌍방 관계에 의하여 판단한다. 상증세법 시행령 제2조 제10호에서도 본인도 특수관계인의 특수관계인으로 본다고 규정함으로써 쌍방관계를 기준으로 함이 문언에 명시되었다.[27]

2. 이 사건의 분석

가. 사안의 쟁점

위에서 살펴본 바와 같이 상증세법은 '현저히 낮은 대가를 주고 재산 또는 이익을 이전받음으로써 발생하는 이익이나 현저히 높은 대가를 받고 재산 또는 이익을 이전함으로써 발생하는 이익'을 증여세 과세대상으로 보는데, 특수관계인이 아닌 자 간의 거래의 경우에는 거래의 관행상 정당한 사유가 없는 경우로 한정하고 있고, 구체적인 증여재산가액에 대하여도 특수관계인 간의 거래와 특수관계인이 아닌 자 간의 거래를 나누어 산정하고 있다.

저가양수 또는 고가양도에 따른 이익에 대한 증여세 과세를 위해서는 ① 재산의 양도·양수 행위일 것, ② 시가보다 현저히 낮은 가액 또는 높은 가액으로 거래될 것의 요건을 충족하여야 한다. 다만 ②의 경우 특수관계가 인정되지 않는다면 거래의 정당한 사유가 없어야 한다는 요건도 추가된다. 결국 이 사안은 특수관계인의 존부와 시가보다 현저히 낮은 가액으로 거래된 것인지 여부가 쟁점이 되었는데, 거래가액과 관련하여 기준이 되는 시가와 그 산정기준일, 그리고 추가적으로 지분율에 따른 할증률 적용 여부가 문제된 사안이었다.

---

27) 강석규, 앞의 책, pp.1252~1254 참조.

나. 특수관계인의 존부 여부

법원은 상증세법의 규정 내용, 개정 연혁 등에 비추어 제35조 제1항은 특수관계자 간의 거래를, 제2항은 특수관계가 없는 자 간의 거래를 규율하는 것을 전제로, 사안의 경우 B 회사는 자신이 출자에 의하여 지배하는 A 회사의 사장이자 임원인 원고와 특수관계가 있음이 인정되므로 제1항을 적용하여야 한다고 보았다. 구체적으로 살펴보면, 원고의 경우 A 회사의 사장이므로 특수관계인의 범위를 규정하는 상증세법 제2조 제10호 및 동법 시행령 제2조의2에 의하여 A 회사의 특수관계인이 된다. 또한 B 회사 역시 A 회사 발행 주식 총수의 50%를 보유하고 있으므로 A 회사의 특수관계인이 된다. 나아가 본인도 특수관계인의 특수관계인으로 본다는 이른바 쌍방관계설 규정에 의해, '저가양수자'의 기준이 아니라 그 상대방도 기준이 되고, B 회사는 자신이 출자에 의하여 지배하는 A 회사의 사장이자 임원인 원고와 특수관계가 인정된다. 이러한 전제를 바탕으로 상증세법 제35조 제1항이 적용되고, 시가에 비해 저가에 해당함을 이유로 저가양수에 따른 증여세 과세처분이 적법하다고 판시하였다. 이에 따라 법원 거래의 관행 등 제반사정을 고려한 정당한 사유에 대한 검토 없이 저가양수에 따른 증여세 부과의 적법 여부에 관하여만 판단한 것이다.

다. 저가 양수 해당 여부

한편, 이 사안이 시가보다 현저히 낮은 가액에 거래된 것인지 여부에 관하여, 법원은 세법 체계상 법인세법 제52조의 부당행위계산의 부인 규정에 따른 시가의 거래는 증여세의 과세대상이 되지 아니하며, 시가는 '해당 거래와 유사한 상황에서 해당 법인이 특수관계인 외의 불특정다수인과 계속적으로 거래한 가격 또는 특수관계인이 아닌 제3자 간에 일반적으로 거래된 가격이 있는 경우에는 그 가격에 따르고, 시가가 불분명한 경우에는 감정가액(단, 주식은 제외), 상증세법에 따른 평가액을 차례로 작용하여 계산한 금액'이라고 전제한 다음, 이 사건 주식의 매매가격은 B가 원고와 甲 등에게 최대주주 지분을 양도하면서 합의에 따라 결정한 것으로서, B가 특수관계인 외의 불특정 다수인과 계속적으로 거래한 가격이라고 보기 어렵고, 또 이 사건 주식의 매매가격이 특수관계인이 아닌 제3자간에 일반적으로 거래된 가격(이 사건 매매계약일 당시 제3자간에 일반적으로 거래된 가격으로 볼 수 있는 한국거래소 최종 시세 가액은 1주당 19,150원이었음)이라고 보기도 어렵다고 판단하여 결국 원고의 주장을 배척하였다.

라. 판결의 의의 등

저가양수 또는 고가양도에 따른 이익의 증여세 과세 여부는 특히 그 기준이 되는 주식의 평가와 함께 가장 많이 다퉈지는 쟁점 중 하나로서, 특수관계인의 범위와 관련한 상증세법 제35조 제1항과 제2항의 관계, 정당한 사유의 의미, 시가의 판단 및 주식의 평가, 시가 산정기준일, 지분율에 따른 할증률 등과 관련하여 치열한 다툼이 일어나므로 지속적인 검토가 필요한 부분이라고 할 것인데, 이 판결은 특수관계인의 범위 및 시가의 산정과 관련하여 법인세법상의 부당행위계산의 부인 규정에 따른 시가의 의미 등에 대하여 명백히 한 사례라고 할 것이다.

3. 관련 사례 등

가. 판 례

저가양수에서 양수자가 그 거래상대방의 사용인 등에 해당하더라도 거래상대방을 '특수관계인에 있는 자'에 해당한다고 볼 수 없음(대법원 2017. 2. 23. 선고 2016두60119 판결)
고가양도에서의 양도자 또는 저가양수에서의 양수자가 그 거래상대방의 사용인 등에 해당한다고 하여 그 거래상대방을 위 규정상의 '특수관계에 있는 자'에 해당한다고 볼 수는 없음.

고저가 양도 여부 판단 시 거래상대방 입장에서 특수관계자를 의미하는 것이 아님(대법원 2013. 10. 11. 선고 2012두21604 판결)

특수관계에 있는 자인 사용인은 증여세 납세의무자인 고가양도에서의 양도자 또는 저가양수에서의 양수자를 기준으로 하여 그의 사용인을 의미한다고 봄이 타당하며 거래상대방 입장에서 특수관계자를 의미하는 것은 아님.

나. 관련 예규 등

특수관계인 거래도 정당한 사유가 있으면 과세할 수 없음(조심 2016중3788, 2017. 6. 5.)

상증세법상 특수관계인 간 거래이나 당사자 간 대등한 관계에서 산정되었으며, 추정이익에 의해 산정된 가액이 거래가액과 거의 유사하고, 쟁점 법인은 합병이라는 불합리한 사유가 발생하여 당기순이익이 급증하였으므로 보충적 평가방식을 그대로 적용하기에는 불합리해 보이므로 거래가액은 시가에 해당함.

23

고가양도에 따른 이익의 증여

– 대법원 2016. 12. 29. 선고 2016두51504 판결 –

» 고가양도에 따른 이익의 증여세 과세 여부는 저가양수와 사실상 같은 쟁점의 사안으로 적용되는 법리 또한 유사함. 다만 고가양도의 경우 양도가액 중 시가와의 차액 부분은 증여세가 과세될 수 있는 반면, 양도가액에서 취득가액을 차감한 양도차익에 대하여 양도소득세가 과세될 수 있어 이중과세 문제를 살펴볼 필요가 있음. 사안은 특수관계인이 아닌 자 간의 주식의 고가양도에 따른 이익의 증여세 과세가 문제된 건으로, 거래의 관행상 정당한 사유의 의미, 시가의 판단, 보충적 평가방법에 따른 시가의 의미, 법인세 및 소득세와의 관계 등이 다퉈졌는바 각 과세요건의 충족여부에 대하여 검토하고자 함.

◖◗상속세 및 증여세법

제35조(저가 양수 또는 고가 양도에 따른 이익의 증여)

① 특수관계인 간에 재산(전환사채 등 대통령령으로 정하는 재산은 제외한다. 이하 이 조에서 같다)을 시가보다 낮은 가액으로 양수하거나 시가보다 높은 가액으로 양도한 경우로서 그 대가와 시가의 차액이 대통령령으로 정하는 기준금액(이하 이 항에서 "기준금액"이라 한다) 이상인 경우에는 해당 재산의 양수일 또는 양도일을 증여일로 하여 그 대가와 시가의 차액에서 기준금액을 뺀 금액을 그 이익을 얻은 자의 증여재산가액으로 한다.

② 특수관계인이 아닌 자 간에 거래의 관행상 정당한 사유 없이 재산을 시가보다 현저히 낮은 가액으로 양수하거나 시가보다 현저히 높은 가액으로 양도한 경우로서 그 대가와 시가의 차액이 대통령령으로 정하는 기준금액

> 이상인 경우에는 해당 재산의 양수일 또는 양도일을 증여일로 하여 그 대가와 시가의 차액에서 대통령령으로 정하는 금액을 뺀 금액을 그 이익을 얻은 자의 증여재산가액으로 한다.

I 대상판결의 개요

1. 사실관계의 요지

주식회사 IT 관련 회사로서 甲과 乙이 실질적인 경영권을 보유하고 있음. 원고는 2007. 11.경 A 회사의 발행주식 200주를 취득하였다가 2009. 9.경 A 회사의 다른 주주인 B 회사(甲의 자녀들이 95%의 지분을 소유함)에 원고의 보유주식 중 75주를 약 10억 원에, 또 다른 주주인 C 회사(乙의 자녀들이 95%의 지분을 소유함)에 나머지 보유주식 중 65주를 약 9억 원에 양도하였음(1주당 약 1,430만 원).

관할 세무서장은 위 주식양도와 관련하여 주식의 통상적 시가를 산정하기 어렵다고 보아 해당 주식의 1주당 가액을 약 730만 원으로 평가한 다음, 원고가 위 주식양도의 대가로 지급받은 금액이 위 평가금액에 따른 주식가액보다 현저히 높아 주식의 고가양도로 이익을 증여받은 경우에 해당한다는 이유로 2011. 7.경 원고에게 각 증여분에 대한 증여세를 부과하였음.

2. 원고의 주장 요지

위 주식양도 당시 A 회사는 발행주식 가치가 지속적으로 상승하고 있었고 향후에도 이러한 추세가 계속될 것으로 예상되었으며, 주식 양도로 인하여 경영권에 미치는 영향까지 종합적으로 고려하여 통상적인 시가에 따라 주식의 가격을 결정한 것이므로, 거래의 관행상 정당한 사유가 있음.

한편, 관할 세무서장은 위 주식양도에 관하여 양도소득세도 과세하였는데, 양도소득세를 과세하면서 동시에 증여세를 과세한 것은 이중과세에 해당함.

3. 판결 요지

가. 제1심 법원(피고 승소)

(1) 고가양도에 해당하는지 여부

구 상증세법 제60조 제3항에 따라 제61조 내지 제65조에 규정된 방법으로 평가한 가액은 증여세가 부과되는 재산의 가액을 산정하는 기준이 되는 시가에 해당함은 물론이고, 구 상증세법 제35조 제2항에 의하여 증여세 부과대상이 되는지 여부를 판단하는 기준이 되는 시가에도 해당한다고 봄이 타당함(대법원 2012. 6. 14. 선고 2012두3200 판결 등).

다음의 사정 즉, ① A 회사의 주주는 원고와 B 회사, C 회사 3인 뿐이었고 A 회사의 발행주식은 비상장주식이었으므로, 위 주식양도가 불특정다수인 사이에서 자유로이 거래가 이루어진 경우에 해당한다고 볼 수 없는 점, ② 위 양도 대상 주식의 통상적인 시가를 산정하기 어려우므로, 상증세법상 보충적 평가방법에 따라 평가한 가액을 고가양도 여부의 기준이 되는 시가로 볼 수 있는 점, ③ 위 보충적 평가방법에 따라 산출된 위 주식양도로 원고가 취득한 1주당 양도가액(약 1,430만 원)은 시가(약 730만 원)의 약 1.95배에 이르는 점 등을 종합하면, 위 주식양도로 인하여 원고가 취득한 양도가액은 상증세법 제35조 제2항의 '시가보다 현저히 높은 가액'에 해당한다고 봄이 상당함.

또한, 다음의 사정 즉 ① B 회사와 C 회사는 甲과 乙 일가가 지배하는 회사인 점에 비추어 양도 대상 주식이 경영권의 귀속을 결정하는 지분이라고 보기 어려운 점, ② A 회사는 연간 수입총액이 1억 원도 안 되는 회사이므로, 당사자들이 영업실적 등을 보고 시가보다 고가로 주식을 평가하였다고 보기도 어려운 점 등에 비추어 보면, 원고가 1주당 시가의

1.95배에 이르는 가격으로 양도한 데에는 거래의 관행상 정당한 사유가 없음.

(2) 양도소득세와 증여세의 이중과세가 있었다는 주장에 관한 판단

원고가 이중과세를 하였다고 주장하는 양도대금 중 약 6억 원은 피고가 고가양도에 따른 이익을 계산하면서 공제한 금액(3억 원 × 2건의 양도)으로서 증여세가 과세되지 아니한 금액이므로(위 주식양도에 대한 증여세 과세가액은 양도대금과 양도 대상 주식의 시가와의 차액에서 6억 원을 공제한 금액임), 위 금액에 대하여 양도소득세와 증여세의 이중과세가 있다고 할 수 없고, 따라서 원고의 주장은 이유 없음.

나. 항소심 및 상고심 법원(피고승소)

항소심 및 상고심 법원은 제1심의 판단을 인용하여 항소·상고기각하였음.

Ⅱ 해설

1. 고가양도에 따른 이익의 증여

가. 의 의

상증세법은 특수관계인 간에 재산을 시가보다 낮은 가격으로 양수하거나 시가보다 높은 가액으로 양도한 경우에 대하여 그 대가와 시가의 차액이 시가의 30% 상당액과 3억 원 중 적은 금액 이상인 경우 해당 재산의 양수일 또는 양도일을 증여일로 하여 그 대가와 시가의 차액에서 위 금액을 뺀 금액을 그 이익을 얻은 자의 증여재산가액으로(상증세법 제35조 제1항, 시행령 제26조 제2항), 특수관계인이 아닌 자 간에 거래의 관행상 정당한 사유 없이 재산을 시가보다 현저히 낮은 가액으로 양수하거나 시가보다 현저히 높은 가액으로 양도한 경우에 대하여 그 대가와 시가의 차액이 시가의 30% 상당액 이상인 경우

에는 그 대가와 시가의 차액에서 3억 원을 뺀 금액을 그 이익을 얻은 자의 증여재산가액으로 한다고 규정하고 있다(제2항).

저가양수 또는 고가양도에 따른 이익에 대한 증여세 과세를 위해서는 ① 재산의 양도·양수 행위일 것, ② 시가보다 현저히 낮은 가액 또는 높은 가액으로 거래될 것의 요건을 충족하여야 한다. 다만 ②의 경우 앞서 살펴본 바와 같이 특수관계가 인정되지 않는다면 거래의 정당한 사유가 있는지 검토해야 한다.

나. 시가에 대한 판단

시가란 양도한 재산을 양도일에 상증세법 제60조부터 제66조까지를 적용하여 평가한 가액이다. 즉 유사재산에 대한 매매사례가액, 상장주식의 평가기준일 전후 각 2개월간의 최종 시세가액 평균액, 최대주주 등의 주식에 대한 할증평가규정 등을 적용한다. 시가는 불특정 다수인 사이에 자유롭게 거래가 이루어지는 경우에 통상적으로 성립된다고 인정되는 가액이고 수용·공매가격 및 감정가격 등 시가로 인정되는 것을 포함한다. 산정이 어려운 경우에는 해당 재산의 종류, 규모, 거래 상황 등을 고려하여 제61조부터 제65조까지에 규정된 방법으로 평가한 가액을 시가로 본다(상증세법 제31조).

종전에는 보충적 평가방법에 의하여 평가한 가액을 시가로 본다는 명시적인 규정이 없어 저가양수 또는 고가양도의 판단기준으로 볼 수 있는지 문제되었다. 법원은 상증세법 제60조 제3항에 따라 제61조 내지 제65조에 규정된 방법으로 평가한 가액은 증여세가 부과되는 재산의 가액을 산정하는 기준이 되는 시가에 해당함은 물론이고, 상증세법 제35조 제2항에 의하여 증여세 부과대상이 되는지 여부를 판단하는 기준이 되는 시가에도 해당한다고 판시하였다(대법원 2012. 6. 14. 선고 2012두3200 판결 등).

다. 정당한 사유의 의미[28]

종전에는 특수관계[29]가 있음을 전제로 저가양수 또는 고가양도에 대한 증여세 과세가 이뤄졌으나, 상증세법에 2003년 완전포괄주의 과세방식이 도입되면서 특수관계가 인정되지 않더라도 시가와 양도대가의 차이가 시가의 30% 이상 차이가 발생하면 증여세 과세대상이 되었다. 다만, 특수관계가 없는 자에 대하여는 그 차이가 있다는 사정만으로 곧바로 증여했다고 보기는 어려워 '거래의 관행상 정당한 사유가 없을 것'이라는 과세요건을 두어 과세관청에게 이에 대한 입증책임도 지우고 있다(대법원 2013. 8. 23. 선고 2013두5081 판결 등).

정당한 사유에 관하여는 거래행위가 경제적 합리성이 있어서 실질적으로 증여가 있다고 보기에 부당한 경우에 정당한 사유가 있다고 봄이 상당하다는 것이 일반적인 견해이다. 고려하여야 할 사항으로는 거래의 경위, 당사자 간의 관계, 거래가액의 결정과정 등이 해당될 것이다. 정당한 사유가 없다는 점의 입증책임은 과세관청에 있다(대법원 2011. 12. 22. 선고 2011두22075 판결 등). 정당한 사유가 인정된 사례로는, 양도한 주식에 경영권과 상장이익이 내재되어 있어 현재의 시가에 비해 상당히 높은 가격으로 거래하더라도 거래 관행상 타당하다고 인정된 경우가 있다.

라. 법인세 및 소득세와의 관계

상증세법은 증여재산에 대하여 수증자에게 소득세법에 따른 소득세 또는 법인세법에 따른 법인세가 부과되는 경우 증여세를 부과하지 않는다고 하면서, 각 법 또는 다른 법률에 따라 비과세되거나 감면되는 경우에도 마찬가지라고 규정한다(제4조의2 제3항). 즉 소득세 또는 법인세를 이미 부과하였다면 그에 대하여 상증세를 부과하는 것은 이중과세에 해당한다는 취지에서 비롯된 것으로 보인다.

---

28) 자세한 논의는 [18] 합병에 따른 상장 등 이익에 대한 증여세 부과 및 소득세·법인세와의 관계 사례 참조.
29) 자세한 논의는 [22] 저가양수에 따른 이익의 증여 사례 참조.

다만 양도인이 재산을 시가보다 높은 실지거래가액을 양도가액으로 하는, 이른바 고가양도 하면서 그에 따른 소득세나 법인세를 납부한 경우, 위 법리에 따라 증여세를 과세할 수 없는지 문제될 수 있다. 소득세법과 법인세법은 실지거래가액을 양도가액으로 상정하고 있으므로 위 소득세와 법인세 납부에는 문제가 없으나, 시가와의 차액이 일정 기준 이상이라면 상증세를 내야함에도 위 법 제4조의2 제3항을 통해 과세할 수 없다는 주장을 할 수 있기 때문이다. 상증세의 세율이 소득세나 법인세의 세율보다 통상 높다는 점을 고려해보면 이러한 경우 상증세 회피가 가능하다.[30]

최근 법원은 이에 관하여 증여세와 양도소득세는 납세의무의 성립요건과 시기 및 납세의무자를 서로 달리하는 것이어서 각각의 과세요건에 모두 해당할 경우 양자의 중복적용을 배제하는 특별한 규정이 없는 한 어느 한 쪽의 과세만 가능한 것은 아니라 할 것이고, 상증세법 제4조의2 제2항에 규정된 증여재산에 대하여 수증자에게 소득세법에 따른 소득세가 부과되는 때에는 증여세를 부과하지 아니한다고 규정하고 있더라도 이는 그 문언 내용이나 증여세가 소득세의 보완세로서의 성격도 가지는 점에 비추어 보면, 수증자에 대하여 증여세를 부과하는 경우 그에 대하여 소득세가 부과되는 때에는 증여세를 부과하지 아니한다는 뜻으로서 양도소득세 규정과 증여세 규정의 중복적용을 배제하는 특별한 규정에 해당하지 않는다고 판시한 바 있다(대법원 2015. 10. 29. 선고 2013두15224 판결 등).[31]

2. 이 사건의 분석

가. 사안의 쟁점

앞 [22]사례는 저가양수로 인한 증여세부과처분에 대한 사례임에 반하여 이 사례는 고가양도에 대한 분쟁이 발생한 사례이다. 앞에서 살펴본 바와 같

---

30) 강석규, 앞의 책, pp.1249~1251 참조.
31) 자세한 논의는 [18] 합병에 따른 상장 등 이익에 대한 증여세 부과 및 소득세·법인세와의 관계 사례 참조.

이 상증세법은 '현저히 낮은 대가를 주고 재산 또는 이익을 이전받음으로써 발생하는 이익이나 현서히 높은 대가를 받고 재산 또는 이익을 이전함으로써 발생하는 이익'을 증여세 과세대상으로 보는데, 앞에서 살펴본 바와 같이 고가양도에 따른 이익에 대한 증여세 과세를 위해서는 ① 재산의 양도·양수 행위일 것, ② 시가보다 현저히 낮은 가액 또는 높은 가액(차액이 시가의 30% 이상, 3억원 이상)으로 거래될 것의 요건을 충족하여야 한다. 한편, 전술한 바와 같이 특수관계가 인정되지 않는다면 거래의 정당한 사유가 없어야 한다는 요건도 추가된다. 이 사안은 주로 시가를 어떻게 결정할 것인지 여부가 쟁점이 된 사안이고, 또한 특수관계가 존재하지 아니할 때 정당한 사유 여부에 대한 판단, 양도소득세와의 이중과세 여부 등이 문제된 사안이다.

나. 시가에 대한 판단

법원은 상증세법 관련규정의 내용, 입법취지 등에 비추어 상증세법상 보충적 평가방법에 따른 가액은 시가에 해당하고, 증여세 과세대상 여부를 판단하는 기준이 될 수 있다는 전제 하에 고가양도 여부를 판단하였다.

시가 산정에 있어 법원은 주식양도 당시 주주가 원고와 양수인 B 회사, C 회사뿐이었고 비상장주식이었으므로 불특정다수인 사이에서 자유로이 거래가 이뤄진 경우에 해당하지 않아 보충적 평가방법에 따른 시가를 기준으로 할 수 있다고 보았다. 이렇게 산정된 1주당 시가는 730만 원으로, 양도가액은 시가의 1.95배에 이르는 1,430만 원에 달하므로 대가와 시가의 차액이 시가의 30% 상당액 이상인 경우에 해당하여, 이를 고가양도로 본 증여세 과세처분은 적법하다고 판시하였다. 이처럼 시가의 구체적인 산정기준이 부재할 경우 보충적 평가방법에 따라 시가를 산정하여 이를 기준으로 할 때 상당한 차이가 있을 경우 고가양도로 인정될 수 있음을 재확인한 판결로 볼 수 있다.[32]

---

32) 시가에 대한 자세한 내용은 제4편 재산의 평가편 참조.

다. 정당한 사유에 해당하는지 여부

한편, 이 사안은 특수관계 없는 당사자 사이의 거래이므로, 증여세를 부과하기 위하여는 정당한 사유가 없을 것이 요구된다. 정당한 사유에 관하여는 거래행위가 경제적 합리성이 있어서 실질적으로 증여가 있다고 보기에 부당한 경우에 정당한 사유가 있다고 봄이 상당하다고 할 것인데, 거래의 경위, 당사자 간의 관계, 거래가액의 결정과정 등을 종합적으로 판단하여야 하고, 그 입증책임은 과세관청에 있다고 할 것이다.

이 사안에 있어서 법원은 피고 측의 적극적인 주장을 받아들여, B 회사와 C 회사는 甲과 乙 일가가 지배하는 회사인 점에 비추어 양도 대상 주식이 경영권의 귀속을 결정하는 지분이라고 보기 어렵고, A 회사는 연간 수입총액이 1억 원도 안 되는 회사이므로 당사자들이 영업실적 등을 보고 시가보다 고가로 주식을 평가하였다고 보기도 어려운 점 등에 비추어 보면, 원고가 1주당 시가의 1.95배에 이르는 가격으로 양도한 데에는 거래의 관행상 정당한 사유가 없다고 판단하였다.

라. 양도소득세와의 관계

상증세법은 증여재산에 대하여 수증자에게 소득세법에 따른 소득세 또는 법인세법에 따른 법인세가 부과되는 경우 증여세를 부과하지 않는다고 하면서, 각 법 또는 다른 법률에 따라 비과세되거나 감면되는 경우에도 마찬가지라고 규정한다(제4조의2 제3항). 즉 소득세 또는 법인세를 이미 부과하였다면 그에 대하여 상증세를 부과하는 것은 이중과세에 해당한다는 취지에서 비롯된 것으로 보인다.

이 사안에 있어서도 원고는 양도소득세가 같이 부과되었으므로 이중과세라고 주장하였다. 이에 대하여 법원은 양도대금 중 6억 원은 고가양도에 따른 증여이익의 산정에 있어서 공제(3억 원 한도이고, B 회사, C 회사에 대한 각 양도가 이뤄졌으므로, 3억 원 × 2 = 6억 원)되었음을 이유로 배척하였다. 증여세가 소득세의 보완세로서의 성격도 가지는 점 등을 고려하여 양도소득세와 고가 양도로 인한 증여세의 관계를 설정한 주요한 사례라고 할 것이다.

마. 판결의 의의

이 사안은 시가의 산정, 특수관계가 없는 경우 정당한 사유 등에 대하여 기존의 정립된 이론을 다시 확인시키고, 양도소득세와 증여세의 조정과 관련 하여 공제할 금액 등에 대하여 중요한 선례를 판결이라고 할 것이다.

3. 관련 사례 등

가. 판 례

고가양도에 대한 정당한 사유가 인정된 사례(대법원 2012. 5. 24. 선고 2012두4708 판결)
주식의 양도 당시 그 거래소 시가에 이미 상장이익이 내재되어 있다고 단정하기는 어렵고, 원고들이 보유한 경영권과 상장이익까지 감안한 것으로 보이는 양도가액이 당해 주식의 당시 거래소 시가를 상당히 초과한다고 해서 거래 관행상 정당한 사유가 없는 것은 아님.

나. 관련 예규 등

특수관계 없는 법인과의 주식 거래가액이 보충적 평가방법으로 평가한 가액보다 높다고 하여 모두 과세대상으로 할 수 없음(조심 2010서3710, 2011. 6. 29.)
발행주식의 매수를 원하는 코스닥 상장회사들과 순차적인 협상과정을 통해 주식을 시가에 의해 거래하였다고 보는 것이 합리적인 점, 매수자가 일부러 고가에 매입하였다고 볼 만한 사정이 보이지 아니하고, 주식 양수도계약서에 경영권 프리미엄을 반영한 가격임을 명시하고 있는 점 등을 판단할 때 거래가액이 부당하다고 보이지 않음.

24

증자에 따른 이익 증여

– 대법원 2016. 6. 28. 선고 2014두2560 판결 –

» 증자 전의 1주당 평가액보다 낮은 가액으로 발행된 신주를 증자 전의 주주가 자기
지분율에 해당하는 신주수에 미달하게 인수하게 되면 그 기존주주는 증자과정에
서 손해를 입게 될 것이고, 자기 몫의 신주수를 초과하여 인수한 기존주주 또는 신
입주주는 이익을 얻게 될 것임. 이처럼 법인의 유상증자과정에서 주주들 사이에
무상으로 이전되는 이익에 대하여 증여세를 과세하고자 상증세법은 증자에 따른
이익의 증여규정을 두고 있음. 이 사안은 증자전 주식의 가치평가 방법이 문제된
사례로서, 이하에서는 증자에 따른 이익증여 문제 일반에 대해 검토해보고자 함.

🗨 상속세 및 증여세법

제39조(증자에 따른 이익의 증여)
① 법인이 자본(출자액을 포함한다. 이하 이 조 및 제39조의2에서 같다)을 증가시
키기 위하여 새로운 주식 또는 지분[이하 이 조에서 "신주"(新株)라 한다]을
발행함에 따라 다음 각 호의 어느 하나에 해당하는 이익을 얻은 경우에는
그 이익에 상당하는 금액을 그 이익을 얻은 자의 증여재산가액으로 한다.
1. (생략)
2. 신주를 시가보다 높은 가액으로 발행하는 경우에는 다음 각 목의 어느
하나에 해당하는 이익
   가. 해당 법인의 주주가 신주를 배정받을 수 있는 권리의 전부 또는 일
   부를 포기한 경우로서 실권주를 배정하는 경우에는 그 실권주를 배
   정받은 자가 그 실권주를 인수함으로써 그의 특수관계인에 해당하는
   신주 인수 포기자가 얻은 이익

② 제1항 제1호를 적용할 때 신주를 배정받을 수 있는 권리를 포기하거나 그 소유주식 수에 비례하여 균등한 조건으로 배정받을 수 있는 수에 미달(신주를 배정받지 아니한 경우를 포함한다)되게 신주를 배정받은 소액주주가 2명 이상인 경우에는 소액주주 1명이 그 권리를 포기하거나 신주를 미달되게 배정받은 것으로 보고 이익을 계산한다.

③ 제1항과 제2항을 적용할 때 소액주주의 범위, 이익의 계산방법, 그 밖에 필요한 사항은 대통령령으로 정한다.

I. 대상판결의 개요

1. 사실관계의 요지

상장법인인 주식회사 A는 다음 표와 같이 2차례에 걸쳐 제3자 배정방식의 유상증자를 결의하고, 이를 공시함.

┃표

구분	1차 유상증자		2차 유상증자	
	당초 이사회 결의·공시	정정 이사회 결의·공시	당초 이사회 결의·공시	정정 이사회 결의·공시
공시일	2009. 7. 7.	2009. 7. 8.	2009. 7. 7.	2009. 7. 8.
증자방법	제3자 배정방식	제3자 배정방식	제3자 배정방식	제3자 배정방식
1주당발행가액	약 16,000원	약 16,000원	약 16,000원	약 16,000원
발행주식수	약 61,000주	약 59,000주	약 600,000주	약 610,000주
주금납입일	2009. 7. 9.	2009. 7. 9.	2009. 7. 21.	2009. 7. 21.

위 2차 유상증자결의에 따라, 제3자인 원고 甲과 원고 乙은 2009. 7. 21. 주금을 납입하고 보통주를 배정받아 취득하였음.

관할 세무서장은 A 회사에 대한 주식변동조사를 실시한 결과, 원고들이 A 회사의 주식을 배정받은 것은 증자에 따른 이익의 증여에 해당한다고 보았으며, 2차 유상증자 전 1주당 평가가액을 '1차 증자시 증여시기인 주금납입일의 다음 날부터 2차 유상증자시 증여시기인 주금납입일의 전날까지의 기간 (2009. 7. 10. ~ 2009. 7. 20.)에 대한 종가평균액'으로 산정하여 증여세를 부과함.

2. 원고의 주장

위 주식의 시가에 1차 증자가 미친 영향이 없으므로, '2차 증자에 따른 평가기준일(주금납입일) 전 2개월간의 종가평균액'을 2차 유상증자 전 1주당 평가가액으로 산정하여야 함.

3. 판결 요지

가. 제1심의 판단(피고 일부승소)

상증세법에서 평가 기준일 이전에 증자·합병 등의 사유가 발생한 경우 그 사유가 발생한 날의 다음날부터 상장주식의 평가가액을 산정하는 것은, 증자·합병 등의 사유로 선주가 발행되는 경우 권리락이 발생하게 되며 이에 따라 권리락 이전과 이후의 주가는 달라지기 마련이므로 향후 주가의 형성에 상당한 영향을 미치기 때문임.

원고들은 위 주식의 시가에 1차 증자가 미친 영향이 없어 2차 증자전 1주당 평가가액 산정시 1차 증자를 고려하면 안 된다고 주장하나, 1차 증자와 2차 증자는 별도의 이사회 결의를 통해 이루어졌고, 참여자, 발행가액 등 조건이 달라 1차 증자는 2차 증자에 영향을 미친 별도의 증자라고 할 수밖에 없음

제3자 배정방식의 유상증자는 이를 이사회에서 결의하고 공시하는 시점에서 주식가격에 큰 영향을 미치므로 이사회 결의일 및 공시일을 '증자의 사유가

발생한 날'로 보아 그 다음 날부터 유상증자시 증여시기인 주금납입일의 전날까지의 기간(2009. 7. 8.~2009. 7. 20.)에 대한 종가평균액으로 2차 유상증자 전 1주당 평가가액을 산정하여야 함.

나. 항소심 법원(피고 일부승소)

항소심 법원은 제1심 법원의 판단을 인용하여 항소기각하였음.

다. 상고심 법원(원고 승소)

'증자 전 1주당 평가가액'은 유상증자에 따른 주가의 희석이 발생하기 전의 주식가치를 뜻하며, '주금납입일'을 기준으로 하여 신주의 저가인수에 따른 이익을 계산하도록 정하고 있으므로 '증자 전 1주당 평가가액'을 산정함에 있어서 주금납입일 이후의 기간은 평가기간에서 제외하여야 함.

신주의 저가인수에 따른 이익은 당해 유상증자 전후로 그 주식의 가치 변화를 고려하여 산정하는 것이므로 주금납입일 전의 평가기간 중에 다른 유상증자가 없는 이상 당해 유상증자가 있다는 사유는 평가기간의 제외사유로 정한 '증자·합병 등의 사유'에 해당한다고 할 수 없으므로, '증자 전 1주당 평가가액'은 그 평가기준일인 주금납입일 전날을 기준으로 하여 특별한 사정이 없는 한 그 이전 2월의 기간 동안 형성된 주가의 평균액으로 산정하여야 함.

제3자 배정방식의 유상증자의 경우 그에 대한 이사회 결의 및 공시가 이루어지는 시점에 주식가격에 큰 영향을 미치므로, 제3자 배정방식의 2차 유상증자에 따른 주금납입일 전날부터 이전 2월의 기간 내에 제3자 배정방식의 1차 유상증자가 있는 경우에는 1차 유상증자에 관한 이사회 결의일 및 공시일을 '증자의 사유가 발생한 날의 다음날'로 보아 1차 유상증자에 관한 이사회결의 및 공시일부터 2차 유상증자시 주금납입일 전날까지의 종가평균액으로 계산하여야 할 것임.

그러나 1차 유상증자와 2차 유상증자에 관한 발행조건과 절차 등이 각각 별도라도 1차와 2차 유상증자에 관한 이사회결의 및 공시가 같은 날 함께 이루어진 경우에는 그로 인하여 새롭게 형성되는 각각의 주가를 구별할 수 없으므로 특별한 사정이 없는 한 '2차 유상증자 전의 1주당 평가가액'은 2차 유상증자에 관한 주금납입일의 전날을 기준으로 하여 그 이전의 기간(2009. 5. 21.~2009. 7. 20.)을 대상으로 한 종가평균액으로 계산함이 타당함.

Ⅱ 해설

1. 증자에 따른 이익의 증여

가. 개 요

회사가 필요한 자금을 조달하는 방법은 크게 자기자본에 의하는 경우와 타인자본에 의하는 경우로 나눌 수 있다. 자기자본에 의한 자금조달의 경우 신주를 발행하고 그에 따른 주식대금의 납입을 받는 증자에 의할 것이고 타인자본은 금융기관 등에서의 차입 또는 회사채 발행 등을 통해 이루어진다.

법인이 신주를 발행하는 경우에는 상법상 주주평 등의 원칙에 따라 증자 전 지분율대로 구주주들에게 신주인수권이 부여되는 것이 보통이지만, 주주들의 자유의사의 합치에 따라 증자 전 지분율에 의하지 않고 신주를 배정하거나 인수시키는 것도 자유이다. 이러한 유상증자를 통하여 법인의 자본을 증가시키는 과정에서 증자 전후 주주들의 지분율이 달라질 수 있고 주식가액에도 변동이 생길 수 있다.

예를 들어 증자 전의 1주당 평가액보다 낮은 가액으로 발행된 신주를 증자 전의 주주가 자기지분율에 해당하는 신주수에 미달하게 인수하게 되면 그 기존주주는 증자과정에서 손해를 입게 될 것이고 자기 몫의 신주수를 초과하여 인수한 기존주주 또는 신입주주는 이익을 얻게 될 것이다.

이처럼 법인의 유상증자과정에서 주주들 사이에 무상으로 이전되는 이익에 대하여 증여세를 과세하고자 증자에 따른 이익의 증여규정(상증세법 제39조)을 두게 된 것이며, 증자 전후 주주들의 지분율에 변동이 생겼다는 요건과 증자후 1주당 평가액과 1주당 신주인수가액에 차이가 있다는 요건이 모두 충족되었을 경우에 과세대상에 해당될 수 있다.

따라서 증자후 1주당 평가액과 신주인수가액에 차이가 있더라도 증자전 주주의 지분율대로 신주를 인수하는 경우 또는 증자전 주주의 지분율과는 다르게 신주를 인수했더라도 증자후 1주당 평가액과 신주인수가액이 동일한 경우에는 증자에 따른 이익의 증여세 과세대상에는 해당하지 아니한다.

※ 이해의 편의를 위하여 신주의 고가 발행은 논의에서 제외하였음.

나. 과세요건

신주의 인수를 포기한 주주와 신주를 인수하는 주주 사이에 특수관계가 성립하는 경우 과세하는 증자유형과 특수관계가 성립하지 않는 경우에도 과세하는 증자유형이 있으며, 증자 전후 주식평가액의 차이비율이 30% 이상 또는 차액이 3억원 이상인 경우에만 과세하는 증자유형과 차액이 조금이라도 발생하면 과세하는 증자유형으로 구분하여 과세요건을 규정하고 있다.

(1) 특수관계인

특수관계인이란 신주 또는 실권주를 인수하거나 인수하지 아니한 자와 상증세법 시행령 제2조의2 제1항 각 호의 어느 하나에 해당하는 관계에 있는 자를 말하며,[33] 특수관계 성립 여부에 따른 과세요건은 증자유형별로 다음과 같이 구분해 볼 수 있다.[34]

특수관계 없는 경우 과세 유형	특수관계 성립하는 경우 과세 유형
① 저가실권주 재배정 ③ 저가신주 제3자 직접배정	② 저가실권주 실권처리

(2) 증자 전 주식의 평가방법

(가) 상장법인의 경우

상장법인의 경우 해당 증자에 따른 권리락[35]이 있는 날 전 2월이 되는

---

33) 자세한 논의는 [22] 저가양수에 따른 이익의 증여 사례 참조.

34) 최성일, 앞의 책, p.625 참조.

35) 주식에 있어서 구주에게 부여되는 신주인수권 또는 신주의 무상교부권이 없어진 상태를 말한다. 기업이 자본금을 늘리는 증자(增資) 또는 배당을 할 때, 일정 기일을 정하여 그 기준일까지 주식을 소유한 주주에게만 신주를 인수하거나 배당할 권리를 주는데, 기준일 이후에 주식을 매입한 사람에게는 배당받을 권리가 없어진다. 이때 기준일을 넘은 주식을 권리락이라고 한다. 그러나

날부터 권리락이 있는 날의 전일까지 공표된 한국거래소 최종시세가액 평균액에 의한다. 다만 권리락이 발생하지 않는 제3자 직접배정 증자의 경우에는 주식대금 납입일 전 2월간의 종가평균액에 의한다(대법원 2009. 8. 20. 선고 2007두7949 판결 참조).

다만, 평가대상 주식의 가치와 본질적인 차이가 있는 기간은 그 평가기간에서 제외되는바(상증세법 제63조), 주식대금 납입일 전 2월간 증자·합병 등 주가에 강한 영향을 미치는 사유가 발생한 경우 그로 인하여 영향을 받기 전의 기간 또는 받은 후의 기간을 제외하고 상장주식을 평가해야 한다.

제3자 배정방식의 유상증자의 경우 그에 대한 이사회결의 및 공시가 이루어지는 때에 주가에 상당한 영향을 미치므로, 제3자 배정방식의 2차 유상증자에 따른 주금납입일 전날부터 이전 2월의 기간 내에 제3자 배정방식의 1차 유상증자가 있는 경우에는 1차 유상증자에 관한 이사회결의 또는 공시일을 '증자사유가 발생한 날의 다음날'로 본다(대법원 2016. 6. 28. 선고 2014두2560 판결 등). 따라서 위와 같은 경우 '2차 유상증자 전의 1주당 평가가액'은 1차 유상증자에 관한 이사회결의 및 공시일부터 2차 유상증자에 관한 주금납입일 전날까지의 종가평균액으로 계산하여야 한다.

(나) 비상장법인의 경우

해당 증자 전에 불특정다수인 사이에 거래가 이루어져 형성된 거래가액이 시가에 해당하는 경우 그 시가에 의하고, 시가가 없는 경우에는 증자 전의 순자산가치와 순손익가치에 의하여 평가한 가액에 의한다.

(3) 증자 전후 가액의 차이

증자후 1주당 평가가액과 1주당 신주인수가액의 차액이 증자후 1주당 평가가액의 30% 이상 차이가 있거나 1인별 증여재산가액이 3억원 이상인 경우에

일반적으로 권리락은 신주의 배정권리가 없어지는 것을 의미하며, 배당권리가 없어진 것은 '배당락'이라 한다.

증여세 과세요건(소위 '30% Rule')이 성립된다. 30% Rule 성립 여부에 따른 과세요건은 증자유형별로 다음과 같이 구분해 볼 수 있다.[36]

30% Rule이 성립되지 않는 경우 과세 유형	30% Rule이 성립하는 경우 과세 유형
① 저가실권주 재배정 ③ 저가신주 제3자 직접배정	② 저가실권주 실권처리

(4) 증자의 유형

실권주 재배정이란 기존주주가 지분비율에 따라 신주를 배정받을 수 있는 권리의 전부 또는 일부를 포기한 경우로서 그 포기한 신주(실권주)를 이사회 결의를 통해 기존의 다른 주주 또는 제3자에게 배정하는 것을 말하며, 실권주 실권처리란 실권주를 재배정하지 않고 실권처리하는 것, 즉 원래 100,000주를 유상증자하기로 했으나 일부 주주가 인수를 포기한 실권주 10,000주를 재배정하지 아니함으로써 결과적으로 90,000주만 증자한 경우를 말하고, 직접배정이란 주주평 등의 원칙에 대한 예외로서 기존주주의 지분비율에 관계없이 기존주주 또는 제3자에게 신주를 인수시키는 것을 말한다. 직접배정은 정관에서 그 내용을 정해야 하므로 증자전 정관에 그러한 내용이 없을 때에는 임시주주총회 특별결의를 통해 직접배정의 근거를 규정해야만 가능하다고 할 것이다.

다. 각 증자 유형별 증여재산가액의 구체적인 계산방법[37]

(1) 실권주 재배정

증여재산가액 = (증자 후의 1주당 평가가액 − 1주당 신주인수가액) × 신주를 초과배정받은 자의 초과배정받은 신주수

---

36) 최성일, 앞의 책, p.632 참조.
37) 상증세법 시행령 제29조 제1항, 제2항을 정리하였음.

$$\begin{aligned} \text{증자 후의 1주당} \atop \text{평가가액} = &\left\{ \left({\text{증자 전의} \atop \text{1주당 평가가액}} \times {\text{증자 전의} \atop \text{발행주식총수}} \right) + \left({\text{신주 1주당} \atop \text{인수가액}} \times {\text{증자에 의하여} \atop \text{증가한 주식수}} \right) \right\} \\ &/ {\text{증자전의} \atop \text{발행주식총수}} + {\text{증자에 의하여} \atop \text{증가한 주식수}} \end{aligned}$$

(2) 실권주 실권처리

$$\begin{aligned} \text{증여재산가액} = &\left({\text{균등증자시의 증자후} \atop \text{1주당 평가가액}} - {\text{1주당} \atop \text{신주인수가액}} \right) \\ &\times \text{실권주 총수} \times {\text{증자 후 신주인수자의} \atop \text{지분비율}} \times {\text{신주인수자의} \atop \text{특수관계인의 실권주수}} / \text{실권주 총수} \end{aligned}$$

$$\begin{aligned} &\text{증자 후의 1주당 평가가액} \\ = &\left\{ \left({\text{증자 전의 1주당} \atop \text{평가가액}} \times {\text{증자 전의} \atop \text{발행주식총수}} \right) + \left({\text{신주 1주당} \atop \text{인수가액}} \times {\text{증자전 지분율대로 균등하게} \atop \text{증자하는 경우의 증가주식수}} \right) \right\} \\ &/ {\text{증자전의} \atop \text{발행주식총수}} + {\text{증자전 지분율대로 균등하게} \atop \text{증자하는 경우의 증가주식수}} \end{aligned}$$

(3) 신주 직접배정

$$\text{증여재산가액} = \left({\text{증자 후의 1주당} \atop \text{평가가액}} - {\text{1주당} \atop \text{신주인수가액}} \right) \times {\text{신주를 초과배정받은 자의} \atop \text{초과배정받은 신주수}}$$

$$\begin{aligned} &\text{증자 후의 1주당 평가가액} \\ = &\left\{ \left({\text{증자 전의 1주당} \atop \text{평가가액}} \times {\text{증자 전의} \atop \text{발행주식총수}} \right) + \left({\text{신주 1주당} \atop \text{인수가액}} \times {\text{증자에 의하여} \atop \text{증가한 주식수}} \right) \right\} \\ &/ {\text{증자 전의} \atop \text{발행주식총수}} + {\text{증자에 의하여} \atop \text{증가한 주식수}} \end{aligned}$$

라. 증여시기

증여시기는 상장·코스닥상장법인의 경우 권리락이 있는 날이며, 비상장법인의 경우에는 주금납입일이다. 전환주식을 다른 종류의 주식으로 전환한 날을 말한다. 상장·코스닥상장법인이 제3자 직접배정방식으로 유상증자를 하는 경우에는 권리락 조치가 없으므로 증여시기는 수금납입일이 된다. 증여시기는 주식의 평가기준일 및 특수관계인 해당여부 판단기준일이 된다.

마. 과세제외 사유

증자에 따른 이익이 계산되는 경우에도 불특정다수인이 참여할 수 있는 유상증자로서 변칙적인 증여행위로 보기 어렵거나 비과세 증여재산으로 규정한 경우 및 신주 인수 또는 포기로 인하여 실지적으로 얻은 이익이 없는 경우 등은 증여세를 부과하지 않도록 하고 있다. 상장·코스닥상장법인이 자본시장법 제9조 제7항에 따른 유가증권 모집방법으로 신주 또는 실권주를 배정하는 경우는 증자 전후 지분율 변동과 주식평가액에 변동이 생겼는지에 관계없이 증여세를 부과하지 아니한다.

2003. 1. 1. 이후 증자분부터 증자 전후의 주식 1주당 가액이 모두 0 이하인 경우에는 이익이 없는 것으로 보도록 규정하고 있다. 내국법인의 종업원으로서 우리사주조합에 가입한 자가 해당 법인의 주식을 우리사주조합을 통하여 취득한 경우로서 그 조합원이 소액주주의 기준에 해당하는 경우 그 주식의 취득가액과 시가의 차액으로 인하여 받은 이익에 상당하는 가액에 대하여 증여세를 부과하지 아니한다(상증세법 제46조 제2호).

2. 이 사건의 분석

가. 과세요건 충족 여부

법인의 유상증자과정에서 주주들 사이에 무상으로 이전되는 이익에 대하여 증여세를 과세하고자 상증세법은 증자에 따른 이익의 증여규정을 두고 있다. 증자에 따른 이익의 증여는 증자 전후 주주들의 지분율에 변동이 생겼다는 요건과 증자 후 1주당 평가액과 1주당 신주인수가액에 차이가 있다는 요건이 모두 충족되었을 경우에 과세대상에 해당된다.

이 사안의 경우 의사회 결의를 통하여 증자 전 주주의 지분율과는 다르게 신주를 제3자 배정방식의 유상증자를 하였고 증자 전후 주주들의 지분율에 변동이 생겼으므로 첫 번째의 요건은 충족되었다. 또한 증자 후 1주당 평가액과 1주당 신주인수가액에 차이가 있다는 점에 대하여는 당사자 사이에 다툼이 없으므로 이 요건도 충족되었다고 할 것이다.

한편 위에서 살펴본 바와 같이 저가신주 제3자 직접배정 방식에 의한 증자이므로 특수관계 성립여부는 과세요건에 해당하지 않는다. 그리고 저가신주 직접배당 방식이므로 증자 후 1주당 평가가액과 1주당 신주인수가액의 차액이 증자 후 1주당 평가액의 30% 이상 차이가 있거나 1인별 증여재산가액이 3억 원 이상(소위 '30% Rule')이어야 할 필요도 없다.

나. 사안의 쟁점

따라서 이 사안은 증여재산가액의 구체적인 계산방법이 문제된 것인데, 증여재산가액은 위에서 살펴본 '신주 직접배정 방식에 의한 산식'에 따라 계산하면 된다. 즉 '증자 후 1주당 평가가액'에서 '1주당 신주인수가액'을 뺀 후 '배정받은 신주수'를 곱하면 증여재산가액이 될 것이다. 그런데 '증자 후 1주당 평가가액'을 계산하기 위하여는 반드시 '증자 전 1주당 평가가액'이 필요하다.

위에서 살펴본 바와 같이 상장법인의 경우 증자 전 1주당 평가가액은 해당 증자에 따른 권리락이 있는 날 전 2월이 되는 날부터 권리락이 있는 날의 전일까지 공표된 한국거래소 최종시세가액 평균액에 의하고, 권리락이 발생하지 않는 제3자 직접배정 증자의 경우에는 주식대금 납입일 전 2월간의 종가 평균액에 의한다.

그런데, 일반적으로 유상증자는 일회적으로 그치는 것이 아니라, 단시일 내에 수차에 걸쳐서 발생하기도 하는데, 평가기간 2개월 내에 다른 유상증자나 합병 등의 사유가 발생하여 평가대상 주식의 본질적인 가치에 변동이 있는 경우 이를 적정하게 반영하여야 할 필요가 있으나, 상증세법은 이러한 경우까지 상정하여 상세하게 규정하고 있지 아니하므로 적정한 해석이 필요한 부분이다. 이 사안은 바로 이러한 점이 쟁점이 된 것이다. 특히 이 사안은 1차 유상증자와 2차 유상증자가 같은 날 이루어져 증자 전 주식의 가치평가에 대한 종합적이고 의미있는 검토가 가능한 사안이라 할 것이다.

다. '증자의 사유가 발생한 날의 다음날'에 대한 판단

관할 세무서장은 A 회사에 대한 주식변동조사를 실시한 결과, 원고들이 A 회사의 주식을 배정받은 것은 증자에 따른 이익의 증여에 해당한다고 보았으며, 2차 유상증자 전 1주당 평가가액을 '1차 증자시 증여시기인 주금납입일의 다음 날부터 2차 유상증자시 증여시기인 주금납입일의 전날까지의 기간(2009. 7. 10.~2009. 7. 20.)에 대한 종가평균액'으로 산정하여 증여세를 부과하였다. 그러나 1·2심은 원칙적으로 신주의 저가인수에 따른 이익은 당해 유상증자 전후로 그 주식의 가치 변화를 고려하여 산정되는 것이므로 주금납입일 전의 평가기간 중에 다른 유상증자가 있다는 사유는 평가기간의 제외사유이며, 제3자 배정방식의 유상증자의 경우 그에 대한 이사회 결의 및 공시가 이루어지는 시점에 주식가격에 큰 영향을 미치므로, 1차 유상증자에 관한 이사회 결의일 및 공시일을 '증자의 사유가 발생한 날의 다음날'로 보고 이 날을 기산점으로 주식가치를 평가하는 것이 타당하다고 판시함으로써 관할 세무서장의 처분을 취소하였다.

라. 1 · 2차 유상증자에 관한 이사회결의 및 공시가 같은 날 함께 이루어진 경우

더 나아가 대법원은, 이 사안의 경우 1차 유상증자와 2차 유상증자에 관한 발행조건과 절차 등이 각각 별도라도 1차와 2차 유상증자에 관한 이사회 결의 및 공시가 같은 날 함께 이루어진 특별한 경우로서 그로 인하여 새롭게 형성되는 각각의 주가를 구별할 수 없으므로, 특별한 사정이 없는 한 '2차 유상증자 전의 1주당 평가가액'은 2차 유상증자에 관한 주금납입일의 전날을 기준으로 하여 그 이전의 2월의 기간을 대상으로 한 종가평균액으로 계산하여야 한다고 판시하였다.

마. 판결의 의의

대법원은 제3자 직접배정 증자의 경우에는 주식대금 납입일 전 2월간의 종가평균액에 의한다고 할 것이라는 원칙을 다시 한 번 확인하였다. 즉 "신주의 저가인수에 따른 이익은 당해 유상증자 전후로 그 주식의 가치 변화를 고려하여 산정하는 것이므로 주금납입일 전의 평가기간 중에 다른 유상증자가 없는 이상 당해 유상증자가 있다는 사유는 평가기간의 제외사유로 정한 '증자·합병 등의 사유'에 해당한다고 할 수 없으므로, '증자 전 1주당 평가가액'은 그 평가기준일인 주금납입일 전날을 기준으로 하여 특별한 사정이 없는 한 그 이전 2월의 기안 동안 형성된 주가의 평균액으로 산정하여야 한다"라고 판시하였던 것이다.

그런데, 평가기간 2개월 내에 다른 유상증자나 합병 등의 사유가 발생하여 평가대상 주식의 본질적인 가치에 변동이 있는 경우에 대하여, "제3자 배정방식의 유상증자의 경우 그에 대한 이사회 결의 및 공시가 이루어지는 시점에 주식가격에 큰 영향을 미치므로, 제3자 배정방식의 2차 유상증자에 따른 주금납입일 전날부터 이전 2월의 기간 내에 제3자 배정방식의 1차 유상증자가 있는 경우에는 1차 유상증자에 관한 이사회 결의일 및 공시일을 '증자의 사유가 발생한 날의 다음날'로 보아 1차 유상증자에 관한 이사회결의 및 공시일부터 2차 유상증자시 주금납입일 전날까지의 종가평균액으로 계산하여야 할 것이다"라고 판시하여, 이 부분에 대한 입장을 분명히 하였다.

또한 1, 2차 유상증자가 같은 날 이루어진 경우에, "1차 유상증자와 2차 유상증자에 관한 발행조건과 절차 등이 각각 별도라도 1차와 2차 유상증자에 관한 이사회결의 및 공시가 같은 날 함께 이루어진 경우에는 그로 인하여 새롭게 형성되는 각각의 주가를 구별할 수 없으므로 특별한 사정이 없는 한 '2 차 유상증자 전의 1수당 평가가액'은 2차 유상증자에 관한 주금납입일의 전날을 기준으로 하여 그 이전의 기간(2009. 5. 21.~2009. 7. 20.)을 대상으로 한 종가평균액으로 계산함이 타당하다"라고 판시하여, 사실상 1차 유상증자가 2차 유상증자의 '증자 전 1주당 평가가액'을 산정함에 있어서 큰 영향을 미쳤다고 보기 어려운 경우에는 다시 원칙으로 돌아가 제3자 직접배정 증자의 경우에는 주식대금 납입일 전 2월간의 종가평균액에 의한다는 점을 분명히 하였다.

결국 이 사안은 증여재산가액의 구체적인 계산방법과 관련하여 증자에 따른 이익에 증여세를 부과하는 근본적인 취지까지 생각하게 하는 모범적인 사례라고 할 것이다.

3. 관련 사례 등

가. 판 례

자기주식을 보유한 경우 증자전 주식평가방법은 이를 제외하고 계산하여야 함(대법원 2009. 11. 26. 선고 2007두5363 판결)
신주를 저가로 인수한 주주와 실권주주 사이의 분여이익 계산시 상법상 자기주식의 취득이 제한되어 신주를 배정받지 못한 자기주식이 있는 경우에는 이를 제외하고 '증자 전의 1주당 평가가액'이나 '증자 전의 발행주식총수'를 계산하여야 할 것임.

보호예수기간이 지난 후 주가가 하락한 경우에도 증자시점에서 얻을 이익에 대한 증여세 과세처분은 정당함(대법원 2014. 3. 13. 선고 2013두21670 판결)
주식의 보호예수기간이 지난 후 주가가 예측과 달리 하락한 경우에도, 증자시점에서 얻을 이익을 근거로 한 증여세 과세처분은 정당함.

나. 관련 예규 등

특별한 사정이 없는 한 증자 후 거래가액은 증자전 평가액으로 볼 수 없음(재산세과-145, 2011. 3. 18.)

증자후 3월 중 이루어진 매매거래가액을 증여세가 부과되는 재산의 시가로 볼 수 있다고 하더라도, 이를 '증자전의 1주당 평가가액'으로 볼 수 있는 것은 아님.

임원 입사조건으로 신주를 발행하여 직접 배정받은 경우, 증여세 과세가 가능함(재산세과-10040, 2013. 1. 14.)

임원으로 입사하는 조건으로 저가로 발행된 신주를 직접 배정받은 경우에도 증여세가 과세될 수 있음.

증자시 증여가액을 계산할 때는 최대주주에 대하여 할증평가하지 아니함(재산세과-62, 2011. 2. 1.)

증자에 따른 이익의 증여 계산시 증여가액을 판단할 때 최대주주에 대한 할증평가제도는 별도로 존재하지 않음.

25

전환사채 등의 행사로 인한 이익의 취득

– 대법원 2019. 4. 11. 선고 2017두55268 판결 –

» 전환사채 등의 행사로 인한 이익의 취득과 이에 대한 증여세의 과세는 그 특성상 상법 및 자본시장법과도 연결되는 사례로서 그 특성상 변칙증여의 가능성이 높은 까닭에 잇따라 문제되고 있음. 이 사안은 전환사채 등의 주식전환 등에 따른 이익의 증여와 관련하여 구 상증세법 제40조 제1항의 '인수'의 의미에 대한 대법원의 판시가 설시되는 등 상증세법의 해석론적 의미가 있으므로 이에 대하여 검토해보고자 함.

상속세 및 증여세법

제40조(전환사채 등의 주식전환 등에 따른 이익의 증여)

① 전환사채, 신주인수권부사채(신주인수권증권이 분리된 경우에는 신주인수권증권을 말한다) 또는 그 밖의 주식으로 전환·교환하거나 주식을 인수할 수 있는 권리가 부여된 사채(이하 이 조 및 제41조의3에서 "전환사채 등"이라 한다)를 인수·취득·양도하거나, 전환사채 등에 의하여 주식으로 전환·교환 또는 주식의 인수(이하 이 조에서 "주식전환 등"이라 한다)를 함으로써 다음 각 호의 어느 하나에 해당하는 이익을 얻은 경우에는 그 이익에 상당하는 금액을 그 이익을 얻은 자의 증여재산가액으로 한다. 다만, 그 이익에 상당하는 금액이 대통령령으로 정하는 기준금액 미만인 경우는 제외한다.

1. 전환사채 등을 인수·취득함으로써 인수·취득을 한 날에 얻은 다음 각 목의 어느 하나에 해당하는 이익

   가. 특수관계인으로부터 전환사채 등을 시가보다 낮은 가액으로 취득함으로써 얻은 이익

나. 전환사채 등을 발행한 법인[「자본시장과 금융투자업에 관한 법률」에 따른 주권상장법인으로서 같은 법 제9조 제7항에 따른 유가증권의 모집방법(대통령령으로 정하는 경우를 제외한다)으로 전환사채 등을 발행한 법인은 제외한다. 이하 이 항에서 같다]의 최대주주나 그의 특수관계인인 주주가 그 법인으로부터 전환사채 등을 시가보다 낮은 가액으로 그 소유 주식 수에 비례하여 균등한 조건으로 배정받을 수 있는 수를 초과하여 인수·취득(「자본시장과 금융투자업에 관한 법률」 제9조 제12항에 따른 인수인으로부터 인수·취득하는 경우와 그 밖에 대통령령으로 정하는 방법으로 인수·취득한 경우를 포함한다. 이하 이 항에서 "인수 등"이라 한다)함으로써 얻은 이익

다. 전환사채 등을 발행한 법인의 최대주주의 특수관계인(그 법인의 주주는 제외한다)이 그 법인으로부터 전환사채 등을 시가보다 낮은 가액으로 인수 등을 함으로써 얻은 이익

2. 전환사채 등에 의하여 주식전환 등을 함으로써 주식전환 등을 한 날에 얻은 다음 각 목의 어느 하나에 해당하는 이익

가. 전환사채 등을 특수관계인으로부터 취득한 자가 전환사채 등에 의하여 교부받았거나 교부받을 주식의 가액이 전환·교환 또는 인수 가액(이하 이 항에서 "전환가액 등"이라 한다)을 초과함으로써 얻은 이익

나. 전환사채 등을 발행한 법인의 최대주주나 그의 특수관계인인 주주가 그 법인으로부터 전환사채 등을 그 소유주식 수에 비례하여 균등한 조건으로 배정받을 수 있는 수를 초과하여 인수 등을 한 경우로서 전환사채 등에 의하여 교부받았거나 교부받을 주식의 가액이 전환가액 등을 초과함으로써 얻은 이익

다. 전환사채 등을 발행한 법인의 최대주주의 특수관계인(그 법인의 주주는 제외한다)이 그 법인으로부터 전환사채 등의 인수 등을 한 경우로서 전환사채 등에 의하여 교부받았거나 교부받을 주식의 가액이 전환가액 등을 초과함으로써 얻은 이익

라. 전환사채 등에 의하여 교부받은 주식의 가액이 전환가액 등보다 낮게 됨으로써 그 주식을 교부받은 자의 특수관계인이 얻은 이익

마. 삭제 <2015. 12. 15.>

3. 전환사채 등을 특수관계인에게 양도한 경우로서 전환사채 등의 양도일에 양도가액이 시가를 초과함으로써 양도인이 얻은 이익

② 제1항에 따른 최대주주, 교부받았거나 교부받을 주식의 가액, 이익의 계산 방법, 증여일의 판단 및 그 밖에 필요한 사항은 대통령령으로 정한다.

제42조의2(법인의 조직 변경 등에 따른 이익의 증여)

① 주식의 포괄적 교환 및 이전, 사업의 양수·양도, 사업 교환 및 법인의 조직 변경 등에 의하여 소유지분이나 그 가액이 변동됨에 따라 이익을 얻은 경우에는 그 이익에 상당하는 금액(소유지분이나 그 가액의 변동 전·후 재산의 평가차액을 말한다)을 그 이익을 얻은 자의 증여재산가액으로 한다. 다만, 그 이익에 상당하는 금액이 대통령령으로 정하는 기준금액 미만인 경우는 제외한다.

② 특수관계인이 아닌 자 간의 거래인 경우에는 거래의 관행상 정당한 사유가 없는 경우에 한정하여 제1항을 적용한다.

③ 제1항을 적용할 때 소유지분 또는 그 가액의 변동 전·후 재산의 평가차액 산정방법 등에 관하여 필요한 사항은 대통령령으로 정한다.

I 대상판결의 개요

1. 사실관계의 요지

주식회사 A는 2010. 7.경 신주인수권부사채를 발행하였고, 주식회사 B가 같은 날 이를 인수하였음.

원고는 위 신주인수권부사채 발행 당시 A 회사의 최대주주(지분율 약 14%)인 甲의 배우자이자 2대 주주(지분율 약 12%)였는데, 2010. 7.경 B 회사로부터 위 신주인수권부사채에서 분리된 신주인수권 중 500만 주를 약 1억

3,000만 원에 취득한 후 2012. 2.경 위 신주인수권을 행사하여 A 회사의 발행 주식 500만 주를 취득하였음.

원고는 위 신주인수권을 행사하여 얻은 주식전환이익이 구 상증세법 (2015. 12. 15. 법률 제13557호로 개정되기 전의 것) 제40조 제1항 제2호 나목에 해당한다고 보아, 관할 세무서장에게 증여세를 신고·납부하였음.

원고는 이후 위 증여세의 환급을 구하는 취지의 경정청구를 하였으나, 관할 세무서장은 이를 거부하였음.

2. 원고의 주장 요지

① 구 자본시장과 금융투자업에 관한 법률(2013. 4. 5. 법률 제11758호로 개정되기 전의 것)상 '인수인'은 금융위원회로부터 인가를 받거나 금융위원회에 등록하여야 하고(구 자본시장법 제6조, 제8조 제1항), 제3자에게 증권을 취득시킬 목적으로 그 증권을 취득하여야 함(구 자본시장법 제9조 제11항, 제12항).

그런데 B 회사는 금융위원회로부터 인가를 받거나 금융위원회에 등록한 사실이 없고, 투자목적으로 위 신주인수권부사채를 인수하였으므로 구 상증세법 제40조 제1항 제2호 나목이 규정하는 구 자본시장법상 '인수인'에 해당하지 아니하며, 따라서 B 회사가 인수인에 해당함을 전제로 구 상증세법 제40조 제1항 제2호 나목을 적용한 위 처분은 위법함

② 원고는 B 회사를 이용하여 위 신주인수권을 A 회사로부터 직접 취득한 것과 다름없는 우회거래를 하였다고 볼 정황 역시 존재하지 않으므로, 제2조 제4항 및 제40조 제1항 제2호 나목에 의하더라도 증여세를 부과할 수는 없음.

③ 제반사정을 종합하면 원고에게는 구 상증세법 제42조에 규정된 정당한 사유가 존재하므로 위 조항을 근거로 하더라도 증여세를 부과할 수 없음.

3. 판결 요지

가. 제1심 법원(피고 승소)

(1) 자본시장법상의 인수인으로부터 인수·취득한 경우에 해당하는지 여부

구 상증세법 제40조 제1항 제2호 나목에 따른 과세요건으로서의 인수·취득은 구 자본시장법상에 따른 인가나 등록을 받은 인수인을 그 요건으로 하고 있지 않은 점, 구 자본시장법에 따른 인가를 받지 아니하였다고 하더라도 증권 인수행위 등의 효력이 부인되는 것이 아닌 점, 구 상증세법 제40조의 규정취지가 변칙적인 증여를 막기 위한 것인 반면, 구 자본시장법의 입법취지는 투자자 보호 및 금융투자업의 건전한 육성으로 서로 다름을 고려하면 구 상증세법 제40조 제1항 제2호 나목에서의 구 자본시장법 제9조 제1항 제12항에 따른 인수인이 반드시 금융위원회로부터 인가를 받은 인수인만을 의미한다고 보기는 어려움.

A 회사는 신주인수권부증권의 매각 상대방을 원고와 甲으로 하고 B 회사에 위 신주인수권부사채를 발행하였고, B 회사는 발행 직후 원고와 甲에게 위 신주인수권을 매도하였으므로 B 회사는 제3자인 원고와 甲에게 위 신주인수권을 취득시킬 목적으로 위 신주인수권부증권을 취득하였다고 볼 수 있음.

금융감독위원회의 인가를 받지 않은 채 이루어졌다 하더라도 B 회사의 위 신주인수권부사채 취득이나 위 신주인수권 매각의 사법상 효력이 부인되는 것은 아니므로 이에 대한 금융감독위원회의 제재가 없었더라도 B 회사는 구 자본시장법 제9조 제1항의 인수인에 해당함.

(2) 위 회사로부터 신주인수권을 직접 취득하였다고 볼 수 있는지 여부

구 상증세법 제2조 제4항은 제3자를 통한 간접적인 방법이나 둘 이상의 행위 또는 거래를 거치는 방법으로 증여세를 부당하게 감소시킨 것으로 인정되는 경우에는 그 경제적인 실질에 따라 당사자가 직접 거래한 것으로 보거나 연속된 하나의 행위 또는 거래로 보아 증여에 해당한다고 규정하고 있음. 이때 '증여세를 부당하게 감소시킨 것'이라 함은 사회통념이나 거래관행에 비추어 합리적인 경제인이 취할 정상적인 거래로 볼 수 없어 조세의 부담을 부당하게 감소시킨 것으로 인정되면 충분함.

위 신주인수권부사채의 발행 당시 이미 신주인수권의 매각 상대방이 원

고와 원고의 배우자로 정하여져 있었고 실제 매각이 이루어진 점, 원고
는 A 회사의 2대 주주이자 최대주주 甲의 배우자로서 회사의 내부정보
를 알 수 있는 입장이었고, 위 신주인수권증권 발행 당시 공고된 신주인
수권의 1주당 가격이 약 105원이었음에도 이를 약 30원에 취득한 다음,
이를 매각하여 약 100억 원의 차익을 남긴 점, 구 상증세법 제2조 제4항
및 제40조 제1항 제3호는 법인이 자금조달을 위하여 신주인수권부사채
를 발행하는 경우에도 적용되는 조문인 점을 고려하면 제2조 제4항을 적
용을 부인할 만한 거래의 관행상 정당한 이유가 있다고 볼 수 없음.

나. 항소심 법원(원고 승소)

(1) 자본시장법상의 인수인으로부터 인수 · 취득한 경우에 해당하는지 여부

구 상증세법 제40조 제1항 제1호 나목은 '인수 · 취득'의 범위에 대하여
자본시장법 제9조 제12항에 따른 인수인으로부터 인수 · 취득하는 경우로
제한하고 있었으나, 2016. 12. 20. 법률 제14388호로 개정된 상증세법 제
40조 제1항 제1호 나목은 '그 밖에 대통령령으로 정하는 방법으로 인수 ·
취득한 경우'를 포함하는 것으로 개정되었음.

위 법 개정의 영향을 받아 2017. 2. 7. 신설된 상증세법 시행령(이하 '개정
상증세법 시행령'이라 한다) 제29조 제4항은 '대통령령으로 정하는 방법으
로 인수 · 취득하는 경우'란 '각각 제3자에게 증권을 취득시킬 목적으로
그 증권의 전부 또는 일부를 취득한 자로부터 인수 · 취득한 경우'를 말한
다고 규정하고 있음.

위와 같이 상증세법 및 동법 시행령이 상증세법 제40조의 '인수 · 취득'의
범위를 확장하여 규정한 취지는 금융위원회로부터 인수를 받은 인수인은
아니지만, 실질적으로 인수행위를 하려는 자로부터 전환사채 등을 인수 ·
취득하는 경우도 증여세 과세대상에 포함하기 위한 것임.

기획재정부는 2016. 7. 28. 금융투자업 인가를 받은 증권회사는 아니지
만, 실질적으로 인수행위를 하는 자로부터 인수 · 취득한 경우도 경제적
실질이 동일한 점을 감안하여 증여세 과세대상에 포함시키는 내용으로
구 상증세법 제40조, 구 상증세법 시행령 제30조를 개정하는 내용의
「2016년 세법개정안」을 발행하면서 위 개정 조항의 적용시기를 2017.
1. 1. 이후 인수 · 취득하는 분부터 적용한다고 명시하였음.

이러한 상증세법의 개정 경위 및 취지, 구 자본시장법의 문언 및 조세법률주의(과세요건 법정주의, 과세요건 명확주의, 조세법령 불소급의 원칙, 엄격해석의 원칙) 등을 종합적으로 고려하면, 구 상증세법 제40조 제1항 제2호 나목의 구 자본시장법상 인수인은 '금융위원회로부터 인가를 받거나 금융위원회에 등록한 증권회사'로 해석하여야 하고, 금융위원회로부터 인가를 받지 아니한 채 실질적으로 인수행위를 하는 자까지 포함된다고 해석할 수 없음.

B 회사는 금융위원회의 인가를 받거나 금융위원회에 등록된 증권회사가 아니므로 구 자본시장법상 인수인에 해당하지 아니하고, 따라서 원고가 B 회사로부터 취득한 위 신주인수권을 행사하여 얻은 주식전환이익에 대하여 구 상증세법 제40조 제1항 제2호 나목을 직접 적용하여 증여세를 과세할 수는 없음.

설령, 피고의 주장과 같이 '구 자본시장법상 인수인'에 금융투자업 인가를 받지 아니한 인수인도 포함된다고 해석하더라도, ① B 회사가 위 신주인수권부사채 인수대가로 인한 수수료를 지급받지 않은 점, ② A 회사는 유동성 위기 상황에 있었으므로 B 회사로서는 주가하락으로 인한 이익을 감수하는 것보다 연 4%의 수익을 확보하고 조기에 자금을 회수하려고 하였던 것으로 보이는 점, ③ B 회사는 위 신주인수권부사채에 대한 투자에 따르는 위험을 최소화하기 위하여 위 신주인수권증권 중 50%를 발행 당일 최대주주 및 2대 주주에게 매도하는 것을 투자 조건으로 삼았고, 원고가 이를 받아들인 점 등을 고려하면 B 회사가 원고에게 위 신주인수권증권을 취득시킬 목적으로 위 신주인수권부 사채를 인수하였다고 보기 어려우므로, 이와 다른 전제에서 내려진 위 증여세 과세처분은 위법함.

(2) 구 상증세법 제2조 제4항, 제40조 제1항 제2호 나목의 적용 여부

구 상증세법 제2조 제4항, 제3항에 의하여, 당사자가 거친 여러 단계의 거래 등 법적 형식이나 법률관계를 재구성하여 직접적인 하나의 거래에 의한 증여로 보고 증여세 과세대상에 해당한다고 하려면, 납세의무자가 선택한 거래의 법적 형식이나 과정이 처음부터 조세회피의 목적을 이루기 위한 수단에 불과하여 그 재산이전의 실질이 직접적인 증여를 한 것

과 동일하게 평가될 수 있어야 함(대법원 2017. 2. 15. 선고 2015두46963 ㄴ 판결 참조).

A 회사가 단기차입금을 장기차입금으로 전환하기 위하여 필요로 하던 금액만큼 위 신주인수권부사채를 발행한 점, 위 사채의 이자가 단기차입금 이자보다 1.5% 낮은 점을 고려하면 위 신주인수권부사채의 발행은 그 자체로 사업상 목적이 존재하였음.

원고와 甲이 위 신주인수권을 일부 매수한 것은 B 회사의 요청에 따른 것이고, 당시 A 회사의 사정이 어려웠음을 감안하면 B 회사의 요청은 제3자가 매수할 것을 예상하기 어려운 시점의 경영상 판단으로 적절하며, 원고로서도 신주인수권부사채 발행에 따른 경영상의 제한을 최소화할 수 있다는 이익이 존재하였으므로 위 매수에 조세회피의 목적 이외에 다른 목적이 없었다고 볼 수 없음.

비록 위 신주인수권증권의 매입가액이 공고가격보다 낮은 점은 인정되지만 위 공고가격을 도출하는데 사용된 블랙-숄즈 옵션가격 결정모형은 신주발행 또는 배당으로 인한 주가 하락, 발행법인의 신용위험이나 중개수수료 등의 거래비용을 반영하지 못하기 때문에 이에 따라 산정된 이론가격보다 실제 신주인수권의 거래가격이 낮은 것이 일반적인 점, 원고가 신주인수권증권을 취득할 당시 신주인수권의 행사기간이 1년 정도 남아 있었던 점, 위 신주인수권의 행사기간이 도래할 때까지 이 사건 회사의 주가의 등락이 있었던 점, 매수가격은 원고 및 甲과 특수관계인이 아닌 B 회사 사이에 객관적으로 정하여진 것으로 보이는 점 등을 종합하면 원고가 사업상 목적 없이 증여세를 회피할 목적으로 위 신주인수권부사채를 발행하고 신주인수권을 매수하였다고 볼 수 없음.

(3) 구 상증세법 제42조 제1항 제3호의 적용 여부

구 상증세법 제42조 제1항 제3호는 전환사채 등에 의한 주식의 전환·인수·교환 등 법인의 자본을 증가시키거나 감소시키는 거래로 인하여 대통령령으로 정하는 이상의 이익을 얻은 경우에는 증여세를 부과한다고 규정하고 있고, 동조 제3항은 비특수관계인 간 정당한 사유가 존재하는 경우 동조의 적용을 부정함.

법령에서 정한 특수관계가 없는 자 사이의 거래라고 하더라도 거래조건

을 결정함에 있어서 불특정 다수인 사이에 형성될 수 있는 객관적 교환가치를 적절히 반영하지 아니할 만한 이유가 없고 거래조건을 유리하게 하기 위한 교섭이나 새로운 거래상대방의 물색이 가능함에도 신주인수권의 양도인이 자신의 이익을 극대화하려는 노력도 전혀 하지 아니한 채 자신이 쉽게 이익을 얻을 수 있는 기회를 포기하고 특정한 거래상대방으로 하여금 신주인수권의 취득과 행사로 인한 이익을 얻게 하는 등 합리적인 경제인이라면 거래 당시의 상황에서 그와 같은 거래조건으로는 거래하지 아니하였을 것이라는 객관적인 사유가 있는 경우에는, 특별한 사정이 없는 한 상증세법 제42조 제3항에서 정한 '거래의 관행상 정당한 사유'가 있다고 보기 어려움.

위 회사는 자금 조달의 필요에 따라 위 신주인수권부 사채를 발행한 점, 원고가 얻은 사채발행과 신주인수권 행사로 인한 차익은 원고가 A 회사의 주가 하락 가능성을 상당기간 감수한 대가인 점, 원고가 신주인수권을 행사할 무렵 사모 방식을 통하여 신주인수권증권을 취득한 대다수의 금융기관들이 발행 당일 최대주주 등 특수관계인에게 신주인수권을 매도한 경우가 최대 92%에 달하는 점을 감안하면 원고의 신주인수권증권 취득에 거래의 관행상 정당한 이유가 없다고 보기 어려움.

다. 상고심 법원(원고 승소)

상고심 재판부는 항소심 판결을 인용하면서 피고의 상고를 기각하였음.

Ⅱ 해설

1. 전환사채 등의 주식전환 등에 따른 이익의 증여

가. 개 요

신주인수권부사채, 전환사채 또는 그 밖의 주식으로 전환·교환하거나,

주식을 인수할 수 있는 권리가 부여된 사채를 인수·취득·양도하거나, 위 사채 등에 의하여 주식으로의 전환·교환 또는 주식의 인수를 함으로써 대통령령이 정하는 이익을 얻은 경우에는 그 이익에 상당하는 금액을 그 이익을 얻은 자의 증여재산가액으로 한다(상증세법 제40조).

∎ 전환증권의 종류

① 전환사채(CB : Convertible bonds)
전환사채는 일반사채에 전환권이 부여된 사채이다. 전환권이란 계약내용에 따라 사채권자가 일정기간(행사기간) 동안 사채권을 일정수(전환비율)의 주식으로 전환할 수 있는 권리를 말한다.

② 신주인수권부사채(BW : Bond with warrants)
신주인수권부사채는 일반사채에 신주인수권이 부여된 사채이다. 신주인수권은 사채권자가 그 계약내용에 따라 일정기간(행사기간) 동안 사채발행회사의 실주를 특정가격(행사가격)에 매입할 수 있는 권리를 말한다.

③ 교환사채(EB : Exchangeable bond)
교환사채는 채권자가 상장법인이 보유하고 있는 타사 상장유가증권으로 교환을 청구할 수 있는 권리가 부여된 증권이다.

위 규정은 전환사채 발행 시 전환조건을 정함에 있어서 일반적으로 전환사채의 액면가액과 전환에 의하여 부여할 주식의 액면가액이 같도록 주식 전환가액을 정하고 있으므로 기업의 내부정보를 알고 있는 자가 사모(私募)[38] 전환사채를 염가(廉價)에 취득하여 주가가 액면을 상회할 때 주식으로 전환함으로써 변칙적으로 주식 평가액과 전환사채 취득가액과의 차액에 상당하는 이익을 얻는 것을 규제하기 위하여 도입되었다.[39]

---

[38] 구 자본시장과 금융투자업에 관한 법률(2011. 8. 4. 법률 제11040호로 일부개정되기 전의 것) 제9조(그 밖의 용어의 정의).
⑦ 이 법에서 "모집"이란 대통령령으로 정하는 방법에 따라 산출한 50인 이상의 투자자에게 새로 발행되는 증권의 취득의 청약을 권유하는 것을 말한다.
⑧ 이 법에서 "사모"란 새로 발행되는 증권의 취득의 청약을 권유하는 것으로서 모집에 해당하지 아니하는 것을 말한다.

구체적으로 전환사채 등을 저가로 인수·취득하면서 얻은 이익(동조 제1항 제1호), ② 전환사채 능의 수식전환 등에 따른 이익(동항 제2호), 전환사채 등을 특수관계인에게 양도하여 얻은 이익(동항 제3호)으로 그 유형을 구분하여 증여세를 부과하고 있다.

▌표 거래유형별 과세요건

	거래유형
1	특수관계인으로부터 저가로 취득한 경우 (상증세법 제40조 제1항 제1호 가목)
2	최대주주나 그의 특수관계인으로서 주주인 자가 저가로 인수·취득한 경우 (상증세법 제40조 제1항 제1호 나목)
3	주주가 아닌 자로서 최대주주의 특수관계인이 저가로 인수·취득한 경우 (상증세법 제40조 제1항 제1호 다목)
4	위 1의 자가 주식으로 전환·교환·인수하여 이익을 얻은 경우 (상증세법 제40조 제1항 제2호 가목)
5	위 2의 자가 주식으로 전환·교환·인수하여 이익을 얻은 경우 (상증세법 제40조 제1항 제2호 나목)
6	위 3의 자가 주식으로 전환·교환·인수하여 이익을 얻은 경우 (상증세법 제40조 제1항 제2호 다목)
7	전환사채 등을 행사하여 교부받은 주식의 가액이 전환가액보다 낮아서 그 주식을 교부받은 자의 특수관계인이 얻은 이익[40] (상증세법 제40조 제1항 제2호 라목)
8	전환사채 등을 특수관계인에게 시가보다 고가로 양도한 경우 (상증세법 제40조 제1항 제2호 마목)
9	위와 유사한 사례로 전환사채 등 인수 등의 거래 또는 주식 전환 등을 하여 특수관계인으로부터 직·간접적으로 이익을 얻은 경우 (상증세법 제40조 제1항 제3호)

아래에서는 위 유형들 중 주로 문제되는 1, 2, 5 유형을 설명한 다음, 이를 기준으로 하여 이 사건을 분석해보고자 한다.

---

39) 임승순, 앞의 책, p.925.

40) 최성일, 앞의 책, p.706에는 이를 두고 "전환가액 등이 주식평가액보다 높아 전환사채 등으로 주식을 교부받지 않은 자가 얻은 이익"이라고 보았는데, 이는 주식을 교부받지 않은 자가 교부받은 자 간 특수관계가 존재하는 경우를 전제한 것으로 보임.

나. 특수관계인으로부터 저가로 취득한 경우

(1) 개 요

특수관계인[41])으로부터 전환사채 등을 시가보다 낮은 가액으로 취득함으로써 얻은 이익을 그 증여재산가액으로 하여 증여세를 과세한다. 요컨대, 전환사채 등의 양도자와 양수자가 특수관계인 관계에 있으면서, 전환사채 등을 취득한 자가 얻은 총이익이 1억 원 이상이거나, (전환사채 등의 시가 – 전환사채 등의 취득가액)/전환사채 등의 시가 ≥ 30% 이상이어야 한다(이른바 '30% Rule')(상증세법 시행령 제30조 제2항).

(2) 증여재산가액의 계산

상증세법 제40조가 적용되는 경우 이익을 받은 자가 받는 이익은 아래에 따라 계산한 금액으로 한다(상증세법 시행령 제30조 제1항 제1호).

전환사채 등의 시가에서 위 전환사채의 인수·취득가액을 차감한 가액[42])

다. 주주가 발행회사로부터 저가로 인수·취득한 경우

(1) 개 요

상증세법 제40조 제1항 제1호 나목 및 제2호 나목은 신주인수권증권을 발행한 법인의 최대주주 등 특수관계인이 발행법인으로부터 직접 또는 구 자본시장법상 인수인으로부터 저가로 취득(제1호 나목)하고, 그 후 행사 또는 양도함(제2호 나목)에 따라 발생한 이익을 증여세 과세대상으로 삼도록 규정하고 있으므로, 납세의무자들에게 상증세법 제40조 제1항 제1호 나목 및 제2호 나목을 적용하기 위해서는 그들이 ① 신주인수권증권을 발행인으로부터 직접 취득하였거나, ② 자본시장법 제9조 제12항에 따른 '인수인'으로부터 취득한 경우이어야 한다. 사안에서는 그중에서도 특히 금융기관이 개입된 경우, 자본시장법상

---

41) 상증세법 시행령 제2조의2. 이에 대한 자세한 설명은 [22] 저가양수에 따른 이익의 증여 사례 참조.
42) 이에 대한 상세한 설명은 [26] 전환사채 등의 주식전환 등에 따른 이익의 계산방법 사례 참조.

인수인에 해당하는지 여부 및 구 상증세법 제2조 제4항[43])에 의하여 원고가 직접 이익을 받았는지 여부가 문제되었는데, 이와 관련한 최근 대법원 판결[44])들을 중심으로 그 요건들을 검토하면 구체적인 검토 요소들은 아래와 같다.

▎표 사업상 목적의 존부 및 조세회피목적 유무의 판단 근거 및 인정 여부

	㉮ 회사운영 자금조달 목적	㉯ 금융기관 요구에 따른 인수	㉰ 행사가격 객관적 결정	㉱ 주가 상승 예측가부	㉲ 계약상 투자목적 존부	㉳ 자본시장법상 매출 해당 여부	비고
① 2016두 59546	○	○	○	×	–	–	
② 2017두 52030	○	○	○	×	–	–	
③ 2017두 55268	–	○	–	–	○	–	제2조 제4항 적용관련 ㉮~㉱검토
④ 2017두 57899	–	○	–	–	○	–	제2조 제4항 적용관련 ㉮~㉱검토
⑤ 2017두 47847	–	–	–	–	–	×	제42조 제3항 적용관련 ㉮, ㉯검토
⑥ 2017두 49560	○	○	–	–	○	–	

* ㉲ 관련, 증권사가 신주인수권부사채 등의 모집·사모·매출을 위탁하는 내용 등이 존재하는지 여부, 증권사의 위험부담 여부 및 그에 대한 수수료 약정 존재 여부 등을 고려하였음

* ㉳는 본래 상증세법 제40조 전단에 규정된 요건이고, 인수인에 해당하는지 여부는 후단에 규정된 요건임

---

43) 현행 국세기본법 제14조 제3항.

44) 대법원 2019. 4. 11. 선고 2016두59546 판결, 대법원 2019. 4. 11. 선고 2017두52030 판결, 대법원 2019. 4. 11. 선고 2017두55268 판결, 대법원 2019. 4. 11. 선고 2017두57899 판결, 대법원 2019. 4. 25. 선고 2017두47847 판결, 대법원 2019. 5. 30. 선고 2017두49560 판결.

위 판결들의 내용을 종합하면 법원은 회사운영 자금을 조달할 목적으로 신주인수권부 사채를 발행한지 여부, 금융기관의 요구에 따른 인수를 하였는지 여부를 가장 중요하게 판단하고 있고, 구 상증세법 제2조 제4항 및 제42조 제3항의 적용 여부와 관련하여 상증세법 제41조 제1항 제1호 가, 나목과 같은 요소를 검토하고 있다.[45] 이는 위 조문들의 해석에 있어 실질과세의 원칙이 중요하게 고려됨을 의미한다.

(2) 과세요건

(가) 개 요

구체적으로 ① 최대주주 등 특수관계인이 발행법인으로부터 직접 또는 구 자본시장법상 인수인으로부터 그 증권의 전부 또는 일부를 취득하였는지 여부, ② 자본시장법상 예정하고 있는 인수·취득을 하였는지 여부, ③ 상증세법 시행령에서 예정하는 소위 30% rule의 충족 여부가 문제된다.

또한 ④ 자본시장법은 2017. 1. 1. 법률 제14458호로 개정되면서 제9조 제12항을 예시적 규정으로 명시하였으므로, 그 이전에 이루어진 인수의 경우 금융위원회의 승인을 받은 증권사만을 인수인으로 인정할 수 있는지 여부가 문제된다.

(나) 상증세법 제40조 제1항 제1호 나목에 규정된 '인수인'의 의미(요건 ①)

구 자본시장법상 인수인이란 '제3자에게 그 증권을 취득시킬 목적으로 그 증권의 전부 또는 일부를 취득하거나, 그 증권의 전부 또는 일부에 대해 이를 취득하는 자가 없는 때에 그 나머지를 취득하는 것을 내용으로 하는 계약을 체결하는 행위를 하는 자'이다.

---

45) 예컨대 대법원 2019. 4. 11. 선고 2016두59546 판결은 구 상증세법 제2조 제4항, 제42조 제3항과 더불어 제40조 제1항 제2호 및 제3호의 적용 여부를 한 번에 검토하였다. 또한 당해 사건에서도 법원은 제2조 제4항의 실질과세원칙 위반 여부와 더불어 제42조 제3항에 따른 거래의 관행상 정당한 사유 인정 여부를 동일한 기준으로 판단하였다.

이와 관련하여 '인수'의 의미가 문제되는데, 우선 상법상 인수 및 자본시장법상 인수의 개념이 다름에 특히 유념하어야 한다. 상법이나 담보부사채신탁법 등에서 규정하고 있는 인수는 인수업무가 증권업으로 전문화되기 이전부터 사용되어 온 개념으로서 증권의 발행시 그것을 발행인으로부터 원시적으로 취득하는 계약을 의미하며, 이 계약으로 증권을 배정받은 자가 배정분에 대한 인수인이 된다. 따라서 단순한 투자 목적으로 신규발행증권을 취득하거나 기발행 증권을 매수하면, 그것은 자본시장법상 인수가 아닌 상법상 인수에 해당한다.[46)]

인수인에 해당하는지 여부와 관련하여 법원은 회사운영자금을 조달할 사업상 목적이 존재하는지 여부, 금융기관의 요구에 의하여 인수한 것인지 여부, 행사가격이 당사자 간 주관적 의사와 무관하게 객관적으로 결정되었는지 여부, 신주발행 당시 주가 상승이 예측되었는지 여부, 계약상 투자목적이 존재하는지 여부, 자본시장법상 모집[47)]·사모·매출 등에 해당하는지 여부를 검토하여 판결을 선고하고 있다(자본시장법 제9조 제11항 참조).

(다) 자본시장법 제9조 및 동법 시행령 제11조의 해석(요건 ②)

설령 위 요건을 충족하였다고 하더라도 자본시장법 제9조에서 정한 인수·취득을 하였는지가 문제된다. 구체적으로는 자본시장법상 발행 외의 방법으로 증권의 청약을 권유하는 경우(모집·사모·매출)를 의미한다. 다만, 모집의 경우는 원칙적으로 위 법에서 정한 인수·취득에 해당하지 않으며(상증세법 제40조 제1항 제1호 나목 및 상증세법 시행령 제29조 제4항, 제11조 제3항 참조),[48)] 다

---

46) 임재연, 『자본시장법』, 2019, 박영사, pp.410~411 참조.

47) 자세한 논의는 [18] 합병에 따른 상장 등 이익에 대한 증여세 부과 및 소득세·법인세와의 관계 사례 참조.

48) 자본시장과 금융투자업에 관한 법률(2018. 12. 31. 법률 제16191호로 일부개정된 것)
　　제9조(그 밖의 용어의 정의)
　　⑦ 이 법에서 "모집"이란 대통령령으로 정하는 방법에 따라 산출한 50인 이상의 투자자에게 새로 발행되는 증권의 취득의 청약을 권유하는 것을 말한다.

만 자본시장법 시행령 제11조 제3항에 해당하는 경우 예외적으로 상증세법상 인수인으로 볼 수 있다.[49]

(라) 적용 제외사유로서 대통령령으로 정하는 기준금액(요건 ③)

상술한 대통령령으로 정하는 액수는 구체적으로 아래 금액 중 적은 금액을 의미한다(상증세법 시행령 제30조 제2항). 즉, 아래 금액을 초과하는 부분에 한하여 증여세를 과세할 수 있다.

(1) 변동 전 해당 재산가액의 100분의 30에 상당하는 가액

(2) 3억 원

(마) 금융위원회로부터 금융투자업 인가를 받지 않은 자가 전환사채 등을 인수 등하는 경우도 포함하는지 여부(요건 ④)

한편, 상증세법 제40조 제1항 제2호 나목은 구 자본시장법 제9조 제12항에 따른 인수인으로부터 인수·취득한 경우를 과세대상에 포함하고 있는데, 위 규정을 해석할 때 '인수인'의 개념을 규정하고 있는 구 증권거래법(2007. 8. 3. 법률 제8635호로 폐지된 것) 또는 자본시장법의 해석에 구속되어야 하는지가 문제되었다.

구체적으로 위 '인수인'을 예시적 규정으로 보아 금융위원회로부터 금융투자업 인가를 받지 않은 자가 전환사채 등을 사모인수하는 경우에도 구 상증

---

⑧ 이 법에서 "사모"란 새로 발행되는 증권의 취득의 청약을 권유하는 것으로서 모집에 해당하지 아니하는 것을 말한다.

⑨ 이 법에서 "매출"이란 대통령령으로 정하는 방법에 따라 산출한 50인 이상의 투자자에게 이미 발행된 증권의 매도의 청약을 하거나 매수의 청약을 권유하는 것을 말한다.

49) 자본시장과 금융투자업에 관한 법률 시행령(2019. 4. 23. 대통령령 제29711호로 일부 개정된 것) 제11조(증권의 모집·매출)

③ 제1항 및 제2항에 따라 산출한 결과 청약의 권유를 받는 자의 수가 50인 미만으로서 증권의 모집에 해당되지 아니할 경우에도 해당 증권이 발행일부터 1년 이내에 50인 이상의 자에게 양도될 수 있는 경우로서 증권의 종류 및 취득자의 성격 등을 고려하여 금융위원회가 정하여 고시하는 전매기준에 해당하는 경우에는 모집으로 본다. 다만, 해당 증권이 법 제165조의10 제2항에 따라 사모의 방법으로 발행할 수 없는 사채인 경우에는 그러하지 아니하다.

세법 제40조 제1항 제1호 나목을 적용할 수 있는지가 문제되었다.[50]

하급심 판결들은 각기 나뉘었는데, 상당수 하급심 판결들은 위 인수인 규정을 열거규정으로 보아 금융투자업 인가를 받지 않은 경우 '인수인'에 해당하지 않는다고 보았으나, 일부 판결은 금융투자업 인가를 받지 않은 경우에도 위 조문을 적용할 수 있다고 판단하였다.[51]

그런데 이 쟁점에 대한 상고심 판결들에서는 이 부분에 대한 명시적 판시를 하지 않았으나, 이 사안에서 재판부는 "원심판결의 이유 설시에 일부 적절하지 아니한 부분"이 존재하다고 판시하였으며, 대법원 1996. 5. 10. 선고 93누4885 판결 등에서 과세관청 등의 법률해석 변경에 제한되지 않고 판결을 선고한 전례가 있음을 감안하면 법원은 이 부분에 대하여 비록 기획재정부의 판단 변경이 있었다고 하더라도 이에 구속될 필요는 없다고 판단한 것으로 보인다.

(3) 증여시기

전환사채 등을 인수·취득 또는 양도하여 얻은 이익에 대해서는 전환사채 등의 대금청산일, 전환사채를 주식으로 전환하여 얻은 이익에 대해서는 주식 전환일을 기준으로 증여시기를 판단한다.

(4) 증여재산가액의 계산

상증세법 제40조가 적용되는 경우 이익을 받은 자가 받는 이익은 아래에 따라 계산한 금액으로 한다(상증세법 시행령 제30조 제1항 제1호).

전환사채 등의 시가에서 위 전환사채의 인수·취득가액을 차감한 가액[52]

---

50) 현행법은 인수인의 개념을 두고 있으나 이를 예시적으로 보고 있으므로, 결국 현 상증세법상 '인수인' 규정이 확인적 규정인지, 창설적 규정인 것인지 여부로도 연결할 수 있다.

51) 황남석, "상속세 및 증여세법 제40조 제1항의 해석론에 관한 몇 가지 쟁점", 2018, 「법학연구」제28권 제3호(2018년 9월), pp.311~319, 연세대학교 법학연구원.

52) 이에 대한 상세한 설명은 [26] 전환사채 등의 주식전환 등에 따른 이익의 계산방법 사례 참조.

라. 주주가 아닌 자로서 최대주주의 특수관계인이 저가로 인수·취득한 경우

(1) 개 요

전환사채 등을 발행한 법인의 최대주주의 특수관계인(그 법인의 주주는 제외한다)이 그 법인으로부터 전환사채 등을 시가보다 낮은 가액으로 인수 등을 함으로써 얻은 이익에 대하여 증여세를 부과한다.

위 조항에 근거하여 증여세 부과처분을 하기 위해서는 전환사채 등을 발행하는 법인의 최대주주의 특수관계인이 인수 등을 한 경우로서 위 행위로 얻은 이익이 30% Rule을 충족하여야 한다.

(2) 증여재산가액의 계산

상증세법 제40조가 적용되는 경우 이익을 받은 자가 받는 이익은 아래에 따라 계산한 금액으로 한다(상증세법 시행령 제30조 제1항 제1호).

전환사채 등의 시가에서 위 전환사채의 인수·취득가액을 차감한 가액

2. 국세기본법 제14조 제3항[53]의 적용이 가능한지 여부

위와 관련하여 전환사채 등의 발행인이 인수인을 거쳐 특수관계인에게 전환사채 등을 이전하는 경우 실질과세원칙을 근거로 발행인이 직접 특수관계인 등에게 전환사채 등을 증여한 것으로 법률행위를 재구성할 수 있는지가 문제된다.

이 경우 인수행위를 악용하여 특수관계인이 조세를 회피할 수도 있으나, 반면 인수인 등에게 위험방지 등 사업상 목적이 존재할 수 있기 때문이다. 결국 납세의무자가 선택한 거래의 법적 형식이나 과정이 처음부터 조세회피의 목적을 이루기 위한 수단에 불과하여 그 재산이전의 실질이 직접적인 증여를

---

53) 구 상증세법 제2조 제4항.

한 것과 동일하게 평가될 수 있는지 여부가 문제될 것이다(대법원 2017. 2. 15. 선고 2015두46963 판결 참조).[54]

이와 관련하여 법원은 당해 사건 회사가 처한 경영난을 타개하기 위하여 전환사채 등을 발행한 점, 당해 사건 원고가 금융기관의 사업상 목적을 고려한 요청을 받아들여 전환사채 등을 인수한 점, 인수로 인하여 금융기관도 주가변동의 위험을 피할 수 있는 점, 전환사채 등의 행사가격이 발행인과 특수관계가 없는 자들 간 또는 '증권의 발행 및 공시 등에 관한 규정'에 의하여 객관적으로 정해진 점, 발행일로부터 장기간이 경과하여 주가가 상승하였고 신주인수권 취득 당시 주가 상승을 예상할 수 없었던 점, 회사의 입장에서도 사채와 신주인수권이 분리되어 경영상 제한을 피할 수 있는 점을 종합적으로 고려하여 판결을 선고하고 있다.[55]

※ 실질과세원칙과 관련하여 자세한 사항은 [20] 실질과세원칙과 가장행위 사례 참조

---

54) 이와 관련하여 대법원 2017. 1. 25. 선고 2015두3270 판결에서는 "구 상증세법 제2조 제4항에서 2 이상의 행위 또는 거래를 거치는 방법에 의하여 증여세를 부당하게 감소시킨 것으로 인정되는 경우에 그 경제적인 실질에 따라 연속된 하나의 행위 또는 거래로 보아 과세하도록 규정한 것은, 증여세의 과세대상이 되는 행위 또는 거래를 우회하거나 변형하여 여러 단계의 거래를 거침으로써 증여의 효과를 달성하면서도 부당하게 증여세를 감소시키는 조세회피행위에 대처하기 위하여 그와 같은 여러 단계의 거래 형식을 부인하고 실질에 따라 증여세의 과세대상인 하나의 행위 또는 거래로 보아 과세할 수 있도록 한 것으로서, 실질과세 원칙의 적용 태양 중 하나를 증여세 차원에서 규정하여 조세공평을 도모하고자 한 것이다. 그렇지만 한편 납세의무자는 경제활동을 할 때 동일한 경제적 목적을 달성하기 위하여 여러 가지의 법률관계 중의 하나를 선택할 수 있고 과세관청으로서는 특별한 사정이 없는 한 당사자들이 선택한 법률관계를 존중하여야 하며(대법원 2001. 8. 21. 선고 2000두963 판결 등 참조), 또한 여러 단계의 거래를 거친 후의 결과에는 손실 등의 위험 부담에 대한 보상뿐 아니라 외부적인 요인이나 행위 등이 개입되어 있을 수 있으므로, 그 여러 단계의 거래를 거친 후의 결과만을 가지고 그 실질이 증여 행위라고 쉽게 단정하여 증여세의 과세대상으로 삼아서는 아니 된다."고 하면서 기본적으로 납세자의 법률행위에 있어 자율성을 보호하되, 조세회피 의도가 인식될 정도로서 일반인이라면 통상 선택할 합리적 거래형식을 취하지 않은 경우 위 조문에 근거한 처분의 적법성을 인정하고 있다.

55) 대법원 2019. 4. 11. 선고 2016두59546 판결, 대법원 2019. 4. 11. 선고 2017두55268 판결, 대법원 2019. 4. 11. 선고 2017두57899 판결 참조.

3. 상증세법 제42조의2[56] 적용 가부

가. 개 요

상증세법 제42조의2 제1항은 별도 규정을 두고 있는 출자·감자·합병·분할, 전환사채 등에 의한 주식의 전환·인수·교환 등 자본거래를 통한 특수관계인 사이의 이익의 증여 이외에 특수관계를 불문하고 위와 같은 자본거래나 사업양수·양도, 사업교환 및 법인의 조직변경 등에 의한 소유지분이나 가액의 변동에 따른 이익에 대하여 과세하기 위한 규정인데, 이는 예시적 규정이므로 경제적 실질이 동일하다면 구체적으로 열거되지 않은 형태의 자본거래라도 적용대상에 포함된다.[57][58]

이는 거래당사자가 비정상적인 방법으로 거래상대방에게 신주인수권의 취득과 행사로 인한 이익을 사실상 무상으로 이전하는 경우에 그 거래상대방이 얻은 이익에 대하여 증여세를 과세하도록 함으로써 변칙적인 증여행위에 대처하고 과세의 공평을 도모하는데 그 취지가 있다(서울고등법원 2017. 7. 12. 선고 2016누76154 판결 참조).

나. 상증세법 제42조의2의 적용 요건 검토

위 조항을 근거로 적법하게 과세를 하기 위해서는 ① 주식의 전환으로서 법인의 자본을 증가시킬 수 있는 이익이 대통령령으로 정하는 액수를 넘어서 존재하여야 하고, ② 그 이익을 받은 자에 대하여 과세가 이루어져야 한다. 한편, 특수관계인이 아닌 자 간의 거래인 경우에는 거래의 관행상 정당한 사유가 존재하지 않는 경우에 한하여 위 조문을 적용한다(상증세법 제42조의2 제2항).

---

56) 구 상증세법 제42조 제3항.
57) 예를 들어 판례는 불공정한 비율로 주식의 포괄적 교환이 이루어진 경우 재산의 고가양도에 관한 상증세법 제35조 제1항 제2호, 제2항이나 신주의 저가발행에 관한 상증세법 제39조 제1항 제1호 다목이 아닌 위 제3호 전단이 적용되는 것으로 보았다(대법원 2014. 4. 24. 선고 2011두23047 판결).
58) 임승순, 앞의 책, 2019, p.925.

상술한 대통령령으로 정하는 액수는 구체적으로 아래 금액 중 적은 금액을 의미한다(상증세법 시행령 제32조의2 제2항).

(1) 변동 전 해당 재산가액의 100분의 30에 상당하는 가액

(2) 3억 원

다. 거래의 관행상 정당한 사유59)

상증세법 제42조의2 제2항은 특수관계인이 아닌 자 간의 거래인 경우에는 거래의 관행상 정당한 사유가 존재하지 않는 경우에 한정하여 제1항을 적용한다고 규정하고 있다. 특수관계가 없는 자 사이의 거래는 이해관계가 서로 일치하지 않는 것이 일반적이고 자신이 쉽게 이익을 얻을 수 있는 기회를 포기하면서 거래상대방으로 하여금 증여이익을 얻도록 하는 것이 이례적이기 때문이다(대법원 2019. 4. 11. 선고 2017두55268 판결 참조).

그러나 법령에서 정한 특수관계가 없는 자 사이의 거래라고 하더라도 거래조건을 유리하게 하기 위한 교섭이나 새로운 거래상대방의 물색이 가능함에도 합리적인 경제인이라면 거래 당시의 상황에서 그와 같은 거래조건으로는 거래하지 아니하였을 것이라는 객관적인 사유가 있는 경우에는, 특별한 사정이 없는 한 상증세법 제42조 제3항(현행 상증세법 제42조의2 제2항)에서 정한 '거래의 관행상 정당한 사유'가 있다고 보기 어렵다(서울고등법원 2017. 7. 12. 선고 2016누76154 판결 참조).

한편, 본 사안에서 법원은 위 정당한 사유에 대한 구체적인 의미와 관련한 구체적인 언급없이, 구 상증세법 제2조 제4항을 적용하여 거래를 재구성할 수 없다는 판시를 원용하면서 거래의 관행상 정당한 사유가 인정되므로 구 상증세법 제42조 제3항을 적용할 수 없다고 판시하였는바, 이는 실질과세의 원칙 적용에 따른 거래의 재구성 여부와 거래의 관행상 정당한 사유 인정 여부를 동일한 기준으로 판단한 것이다.60)

---

59) 개별사례로서 고가양도로 인한 이익의 증여에 관하여 특수관계인이 아닌 자 간의 거래 관행상 정당한 사유에 대한 논의는 [23] 고가양도에 따른 이익의 증여 사례 참조

라. 증여재산가액의 계산

상중세법 제42조의2가 적용되는 경우 이익을 받은 자가 받는 이익은 아래에 따라 계산한 금액으로 한다(상증세법 시행령 제32조의2 제1항).

(1) 소유지분이 변동된 경우 : (변동 후 지분 − 변동 전 지분) × 지분 변동 후 1주당 가액(제28조, 제29조, 제29조의2 및 제29조의3을 준용하여 계산한 가액을 말한다)

(2) 평가액이 변동된 경우 : 변동 후 가액 − 변동 전 가액

4. 이 사건의 분석

가. 사안의 쟁점

상중세법은 '최대주주 등이 전환사채 등을 주가보다 싸게 인수·취득한 다음, 주가가 액면을 상회할 때 주식으로 전환함으로써 변칙적으로 주식평가액과 전환사채 취득가액과의 차액에 상당하는 이익을 취득'하는 행위를 과세대상으로 보고 있다. 전환사채 등의 행사로 인한 이익에 대한 증여세 과세를 위해서는 ① 최대주주 등 특수관계인이 발행법인으로 직접 또는 구 자본시장법상 인수인으로부터 그 증권의 전부 또는 일부를 취득하였어야 하고, ② 자본시장법상 예정하는 인수·취득에 해당하여야 하며 ③ 소위 30% Rule에 따른 증여이익이 존재하여야 한다.

이 사안에서는 구 상증세법 제40조 제1항 제1호 나목의 적용과 관련하여 B 회사 등에게 자본시장법상 인수인의 지위가 인정되는지 여부가 특히 문제되었고, 위 조문들의 적용이 부정되는 경우, 구 상증세법 제42조(현행 상증세법 제42조의2), 상증세법 제2조 제4항(현행 국세기본법 제14조 제3항)에 의한 과세처분이 가능한지 여부도 문제되었는데, 이와 관련하여 제42조의 경우 정당한

---

60) 전영준, "최대주주가 신주인수권을 취득·행사하여 이익을 얻었더라도 함부로 증여세 과세 못해", NTN, 2019. 5. 10.

이유가 존재하는지 여부, 제2조 제4항의 경우 실질과세원칙의 적용 가능성이 문제되었다.

나. B 회사에게 자본시장법상 인수인의 지위가 인정되는지 여부

구 상증세법 제40조 제1항 제1호 나목은 원고가 직접 신주인수권을 취득하거나 자본시장법 제9조에 규정된 인수인을 통하여 신주인수권을 취득한 다음, 이를 행사하여 발행가액 등과 주식 간 차액을 얻는 것을 과세대상으로 삼고 있다. 이때 자본시장법 제9조에서 예정한 인수인은, 투자의 목적으로 신주를 인수하는 것이 아닌, 단순히 신주를 제3자에게 전달할 목적으로 인수하는 자를 의미한다. 법원은 B 회사가 자본시장법상 예정하는 인수인인지 여부를 판단하기 위해서는 A · B 회사 간 계약의 목적, 내용 등을 종합적으로 검토하였다.

구체적으로 법원은 원고가 B 회사로부터 신주인수권증권을 인수한 계기를 주로 검토하였는데, 신주인수권 발행 당시 A 회사가 유동성 위기로서 경영상 위기를 겪고 있던 점, B 회사의 입장에서는 신주인수권부 사채를 그대로 보유하는 경우 A 회사의 주가가 발행 당시보다 하락하는 경우 손해를 입을 가능성이 있고 상술한 것과 같이 A 회사가 경영위기를 겪고 있어 그 가능성이 높으므로 원고에게 A 회사의 신주인수권을 매도하는 것이 유리하였던 점, 원고 및 A 회사의 입장에서는 B 회사 외 다른 금융기관에서 자금을 대출받는 경우, 위 신주인수권부 사채를 발행하는 것보다 고율의 이자발생이 예상되었던 점 등을 고려하였을 때 사업상 목적이 존재하고, 달리 원고에게 조세회피목적이 있다고 볼 수 없다고 판단하여 단순히 발행한 때로부터 주가가 상승한 사실 등을 근거로 내려진 피고의 증여세 과세처분이 위법하다고 판결하였다.

다. B 회사 등에게 구 상증세법 제42조 및 제2조 제4항에 따른 증여 세 과세가 가능한지 여부

(1) 구 상증세법 제42조에 의한 증여세 과세요건

구 상증세법 제42조 제1항은 거래당사자가 비정상적인 방법으로 거래상대 방에게 신주인수권의 취득과 행사로 인한 이익을 사실상 무상으로 이전하는 경 우에 그 거래상대방이 얻은 이익에 대하여 증여세를 과세하도록 하고 있는데, 그 입법 취지는 변칙적인 증여행위에 대처하고 과세의 공평을 도모하는 것이다.

그런데 특수관계가 없는 자 사이의 거래에서는 이해관계가 서로 일치하지 않는 것이 일반적이고 자신이 쉽게 이익을 얻을 수 있는 기회를 포기하면서 거래상대방으로 하여금 증여이익을 얻도록 하는 것은 이례적이므로, 구 상증세 법 제42조 제3항은 '거래의 관행상 정당한 사유'가 있다고 인정되는 경우에는 구 상증세법 제42조 제1항을 적용하지 않도록 과세요건을 추가하고 있다.

결국 특수관계 없는 자 간의 거래를 통하여 거래 상대방이 신주인수권의 취득과 행사로 인한 이익을 얻더라도, 거래당사자가 객관적 교환가치를 적절히 반영하여 거래를 한다고 믿을만한 합리적인 사유가 있거나 그러한 거래조건으 로 거래를 하는 것이 합리적인 경제인의 관점에서 정상적으로 볼 수 있는 사유 가 있었던 경우에는 구 상증세법 제42조 제3항에서 말하는 '거래의 관행상 정당 한 사유'가 있다고 인정된다.

(2) 구 상증세법 제2조 제4항에 의한 증여세 과세요건

구 상증세법 제2조 제4항은 세법상 이른바 가장행위를 통하여 조세를 회피 하는 경우, 그 행위의 실재를 부정하고 거래를 재구성한 다음 상증세를 부과함 으로서 실질과세원칙을 구체화하는 규정이다. 이는 납세의무자가 조세회피의 목적을 갖고 증여세의 과세대상이 되는 실질적 행위를 하였음에도 행위 유형상 개별가액 산정 규정이나 구 상증세법 제2조 제3항이 적용되기 어려운 경우를 예정하고 있다.

(3) 증여세 과세처분 가능성

이 사안에서 법원은 위 두 조문에 근거한 과세처분이 적법한지와 관련 거래 관행상 합리적인 경제인의 관점에서 증여세를 과세하지 않을 정당한 사유가 없다고 보아 이와 다른 전제에서 내려진 증여세 과세처분이 위법하다고 판결하였다.

구체적으로 법원은 이 사건 신주인수권부 사채를 발행하기 전까지 원고가 대규모 유동성 위기에 놓여 있던 점, 원고가 신주인수권을 매수한 것은 B 회사의 요청에 의한 것으로서 위 유동성 위기를 타개하기 위했던 점, 위 신주인수권의 인수가격은 1개월 또는 1주일 등 일정 기간 동안의 가중산술평균주가를 기준으로 산출되도록 B 회사와 A 회사가 사전에 합의하였던 점, 원고가 위 신주인수권증권을 취득함으로써 이익을 얻은 것은 A 회사가 영업부진으로 인한 주가 하락 가능성을 감수한 결과인 점 등을 고려하면 구 상증세법 제42조의3, 구 상증세법 제2조 제4항에 따른 과세처분은 위법하다고 판단하였다.

결국 법원은 원고가 처음부터 위 신주인수권부사채의 발행과 위 신주인수권의 취득 및 행사라는 일련의 행위를 통하여 차익을 얻을 것을 예정하였다고 보기 어렵고, 이러한 일련의 행위가 처음부터 이 사건 회사의 주가 상승을 예정하고 원고에게 주가 상승으로 인한 이익을 과다하게 분여하기 위한 목적의 수단으로 이용된 행위라고도 단정하기 어려웠음을 고려하여 피고 패소 판결을 선고하였다.

라. 판결의 의의

전환사채 등을 활용한 변칙증여는 오래전부터 문제되어온 쟁점으로서 인수인에 해당하는지 여부, 상증세법 및 자본시장법에서 예정한 인수 등에 해당하는지 여부, 거래 당사자들에게 사업상 목적 또는 조세회피목적이 존재하는지 여부 등과 관련하여 치열한 법리다툼 및 사실인정 문제가 발생하고 있다. 이 판결은 위 쟁점들에 대한 법리적 정리를 도모하는 한편, 최소한도로 검토하여야 할 사실인정의 기준을 제시하였다는 점 등에서 그 의의가 있다.

5. 관련 사례 등

가. 판 례

특수관계가 없는 자 사이의 거래이지만 일방 당사자가 쉽게 이익을 얻을 수 있는 기회를 포기한 사례(대법원 2015. 2. 12. 선고 2013두24495 판결)
신주인수권증권의 양도 당시 이미 신주인수권의 행사기간이 도래하여 있었을 뿐만 아니라 원고가 A 회사 신주인수권증권을 매수한 다음날부터 6일 이내에 신주인수권을 행사하였으므로, 양도인들이 위 신주인수권을 직접 행사하여 이익을 얻거나 그 예상이익을 적절히 감안하여 거래가격을 별다른 장애가 없었을 것으로 보이는 점, 발행 법인이 코스닥상장법인이어서 적절한 가격에 매수할 자를 찾는 것이 어렵지 않았을 것인 점, 비록 신주인수권증권 발행 이후 주가가 일시적으로 하락하였던 점은 인정되지만 줄곧 상승세에 있었으므로 흐름상 곧 반등하였을 것으로 보이는 점 등을 고려하면 위 신주인수권을 행사할 기회를 포기함으로써 양수인인 원고로 하여금 10억 원 이상의 막대한 이익을 얻을 수 있게 한 것은 구 상증세법 제42조 제3항에 규정된 정당한 사정이 존재한다고 볼 수 없음.

신주인수권부사채의 발행부터 신주인수권증권 취득 및 행사까지의 일련의 행위들에 대하여 차익실현을 위한 것으로 볼 수 없어 구 상증세법 제2조 제4항의 적용을 부정한 사례 (대법원 2017. 1. 25. 선고 2015두3270 판결)
신주인수권증권의 취득부터 행사까지 약 2년의 시간적 간격이 있던 점, 그 사이에 회사의 주가가 하락과 상승을 반복하였던 점, 주가의 상승은 자금조달 및 경영개선 노력 끝에 이루어진 점 등을 종합하면 단지 가치의 상승사실이 인정된다는 이유만으로 신주인수권부사채의 발행부터 신주인수권증권 행사까지 일련의 행위가 차익실현을 위한 것으로 보아 상증세법 제2조 제4항을 적용할 수는 없음.

구 증권거래법상(현 자본시장법) **'매출' 요건을 충족하지 못한 사례**(대법원 2019. 4. 25. 선고 2017두47847 판결)
구 증권거래법(2009. 2. 4. 시행된 자본시장과 금융투자업에 관한 법률에 의하여 폐지되기 전의 것)상 매출에 해당하기 위해서는 이미 발행된 유가증권의 매도의 청약을 받거나 매수의 청약을 권유받는 자의 수가 50인 이상이어야 하는데, 사안의 경우 증권사는 신주인수권증권을 원고에게 곧바로 매도하였을 뿐, 그 당시 50인 이상의 투자자를 상대로 매도의 청약을 하거나 매수의 청약을 권유하려는 행위를 한 사실이 없으므로 위 요건을 충족하지 못하였음.

나. 예규 등

> **법인의 신주인수권 행사로 인한 전환이익에 따른 주주의 주식가치 증가분에 대해 증여세를 과세한 처분의 당부**(상증, 조심-2015-서-4483, 2017. 4. 19.)
>
> 청구인들은 신주인수권을 적정가액보다 매우 낮은 가액으로 매입한 다음 당일 바로 행사함으로써 막대한 금전적 이익을 취득한 반면, 이에 대한 정당한 사유를 입증하지 못하고 있는바, 이는 구 상증세법 제42조 제3항에 규정된 정당한 사유가 존재하는 경우로 볼 수 없음.

26

전환사채 등의 주식전환 등에 따른 이익의 계산방법

– 서울행정법원 2019. 2. 21. 선고 2017구합75569 판결 –

» 전환사채 등의 주식전환 등에 따른 이익의 계산은 조문 설시가 복잡하고 그 법리가 어려운 부분임. 그러나 이 부분은 실제 증여세액의 확정에 있어 그 중요성이 매우 크다고 할 수 있음. 이 사안에서는 계산방법이 문제되었으므로 이 부분에 대하여 검토해보고자 함.

상속세 및 증여세법

제40조(전환사채 등의 주식전환 등에 따른 이익의 증여)

① 전환사채, 신주인수권부사채(신주인수권증권이 분리된 경우에는 신주인수권증권을 말한다) 또는 그 밖의 주식으로 전환·교환하거나 주식을 인수할 수 있는 권리가 부여된 사채(이하 이 조 및 제41조의3에서 "전환사채 등"이라 한다)를 인수·취득·양도하거나, 전환사채 등에 의하여 주식으로 전환·교환 또는 주식의 인수(이하 이 조에서 "주식전환 등"이라 한다)를 함으로써 다음 각 호의 어느 하나에 해당하는 이익을 얻은 경우에는 그 이익에 상당하는 금액을 그 이익을 얻은 자의 증여재산가액으로 한다. 다만, 그 이익에 상당하는 금액이 대통령령으로 정하는 기준금액 미만인 경우는 제외한다.

1. 전환사채 등을 인수·취득함으로써 인수·취득을 한 날에 얻은 다음 각 목의 어느 하나에 해당하는 이익

   가. 특수관계인으로부터 전환사채 등을 시가보다 낮은 가액으로 취득함으로써 얻은 이익

    나. 전환사채 등을 발행한 법인(「자본시장과 금융투자업에 관한 법률」에 따른 주권상장법인으로서 같은 법 제9조 제7항에 따른 유가증권의 모십방법(대통령령으로 정하는 경우를 제외한다)으로 전환사채 등을 발행한 법인은 제외한다. 이하 이 항에서 같다)의 최대주주나 그의 특수관계인인 주주가 그 법인으로부터 전환사채 등을 시가보다 낮은 가액으로 그 소유주식 수에 비례하여 균등한 조건으로 배정받을 수 있는 수를 초과하여 인수·취득(「자본시장과 금융투자업에 관한 법률」제9조 제12항에 따른 인수인으로부터 인수·취득하는 경우와 그 밖에 대통령령으로 정하는 방법으로 인수·취득한 경우를 포함한다. 이하 이 항에서 "인수 등"이라 한다)함으로써 얻은 이익

    다. 전환사채 등을 발행한 법인의 최대주주의 특수관계인(그 법인의 주주는 제외한다)이 그 법인으로부터 전환사채 등을 시가보다 낮은 가액으로 인수 등을 함으로써 얻은 이익

2. 전환사채 등에 의하여 주식전환 등을 함으로써 주식전환 등을 한 날에 얻은 다음 각 목의 어느 하나에 해당하는 이익

    가. 전환사채 등을 특수관계인으로부터 취득한 자가 전환사채 등에 의하여 교부받았거나 교부받을 주식의 가액이 전환·교환 또는 인수 가액(이하 이 항에서 "전환가액 등"이라 한다)을 초과함으로써 얻은 이익

    나. 전환사채 등을 발행한 법인의 최대주주나 그의 특수관계인인 주주가 그 법인으로부터 전환사채 등을 그 소유주식 수에 비례하여 균등한 조건으로 배정받을 수 있는 수를 초과하여 인수 등을 한 경우로서 전환사채 등에 의하여 교부받았거나 교부받을 주식의 가액이 전환가액 등을 초과함으로써 얻은 이익

    다. 전환사채 등을 발행한 법인의 최대주주의 특수관계인(그 법인의 주주는 제외한다)이 그 법인으로부터 전환사채 등의 인수 등을 한 경우로서 전환사채 등에 의하여 교부받았거나 교부받을 주식의 가액이 전환가액 등을 초과함으로써 얻은 이익

    라. 전환사채 등에 의하여 교부받은 주식의 가액이 전환가액 등보다 낮게 됨으로써 그 주식을 교부받은 자의 특수관계인이 얻은 이익

3. 전환사채 등을 특수관계인에게 양도한 경우로서 전환사채 등의 양도일에 양도가액이 시가를 초과함으로써 양도인이 얻은 이익

② 제1항에 따른 최대주주, 교부받았거나 교부받을 주식의 가액, 이익의 계산 방법, 증여일의 판단 및, 그 밖에 필요한 사항은 대통령령으로 정한다.

I 대상판결의 개요

1. 사실관계의 요지

코스닥상장법인인 A 주식회사는 분리형 신주인수권부사채 100억 원을 사모(私募)의 방법으로 발행하였고, 이를 B, C, D 주식회사 3사가 인수하였음. 원고 甲은 A 회사의 발행주식 약 70만 주 중 약 28%를 보유하고 있는 최대주주로서 위 신주인수권부사채 중 65억 원의 사채에 부여된 신주인수권 증권 약 170만 개를 3억 2,500만 원(190.1원/개)에 취득하였음.

원고 甲은 약 3년 후 위 신주인수권증권 중 약 100만 개를 E 주식회사 등에 약 120억 원(12,263 원/개)에 양도하고, 다음 날 나머지 신주인수권을 주당 약 3,800원에 행사하여 주식으로 전환하였음.

원고 甲은 이후 자신의 지분비율을 초과하여 양도한 부분에 대한 행사이익으로 합계 약 116억 원을 증여재산가액으로 하여 증여세를 납부하였음.

이후 원고 甲은 위 30억 원을 감액경정하여 달라고 증여세 경정청구를 하였으나 관할 세무서장은 이를 거부하였음.

2. 원고의 주장

구 상증세법(2015. 12. 15. 법률 제13557호로 개정되기 전의 것) 제40조 제1항 제2호 나목은 전환사채 등에 의하여 '주식으로의 전환·교환 또는 주식의 인수'를 함으로써 이익을 얻은 경우에 한하여 적용되는 것인데, 원고는 신주인수권을 행사하지 않은 채 신주인수권증권만을 '양도'하였을 뿐이므로, 같은 호 마목이 적용될 수 있음은 별론으로 하고, 위 나목에 근거하여 증여세를 부과할 수는 없음.

구 상증세법 시행령 제30조 제5항 제2호는 구 상증세법 제40조 제1항 제2호 나목에서 규정하고 있는 이익을 산정할 때 "이자손실분"을 차감하도록 규정하고 있고, 분리형 신주인수권부사채를 예외로 규정하고 있지 아니하며, 실제로도 신주인수권부사채와 일반 사채의 발행이율에는 차이가 있는바, 그 차이는 신주인수권증권의 평가에 반영되어야 할 것이므로, 신주인수권증권을 양도함으로써 얻은 이익에서도 이자손실분을 공제하여야 함.

3. 판결 요지(피고 일부 승소)

가. 구 상증세법 제40조 제1항 제2호 나목의 과세요건을 갖추었는지 여부

구 상증세법 제40조는 전환사채 등이 잠재적으로 주식의 성격을 지니고 있기 때문에 기업의 내부정보에 접근하기 쉬운 지위에 있는 자가 이를 취득하여 이후 주가 상승시 주식으로 전환하여 시세차익을 얻을 때 발생하는 경제적 이익에 대하여 단계별로 과세하기 위한 규정으로서, 제1항 제1호는 시가보다 낮은 가액으로 '인수·취득'하는 경우를 과세대상으로, 제1항 제2호 가목 내지 라목은 전환사채 등에 의하여 교부받았거나 교부받을 주식의 가액이 전환가액 등을 초과하거나 그보다 낮게 됨으로써 전환사채 등을 발행한 법인의 최대주주나 그의 특수관계인, 전환사채 등에 의하여 주식을 교부받은 자의 특수관계인 등이 얻은 이익을 과세대상으로, 같은 호 마목은 전환사채 등을 특수관계인에게 양도한 경우로서 양도가액이 시가를 초과함으로써 얻은 이익을 과세대상으로 삼고 있음.

원고는 A 법인의 최대주주로서 그 소유주식 수에 비례하여 균등한 조건으로 배정받을 수 있는 수를 초과하여 취득한 신주인수권증권을 양도함으로써 향후 그 신주인수권에 의하여 교부받을 수 있는 주식의 가액이 전환가액 등을 초과하는 금액만큼의 이익을 얻게 되었는바, 이는 구 상증세법 제40조 제1

항 제2호 나목에서 과세대상으로 규정하고 있는 이익에 해당함.

나. 이자손실분 및 신주인수권증권 취득가액의 공제 여부

(1) 이자손실분의 공제 여부

구 상증세법 시행령 제30조 제5항 제2호는 '법 제40조 제1항 제2호 가목 내지 다목에서 규정하고 있는 이익'에 관하여 '가목의 규정에 의한 가액 (양도한 경우 교부받을 주식가액)에서 나목의 규정에 의한 가액(주식 1주당 전환가액)을 차감한 가액에 다목의 규정에 의한 주식수(교부받을 주식수) 를 곱하여 계산한 가액에서 기획재정부령이 정하는 바에 따라 계산한 이 자손실분 및 제1호의 규정에 의한 이익(해당되는 이익이 있는 경우에 한한 다)을 차감하여 계산한 금액(당해 금액이 1억원 이상인 경우에 한한다). 다 만, 전환사채 등을 양도한 경우에는 전환사채 등의 양도가액에서 취득가 액을 차감한 금액을 초과하지 못한다.'고 규정하고 있음.

그 위임을 받은 구 상증세법 시행규칙 제10조의3은 '영 제30조 제5항 제 2호 각목외의 부분 본문의 규정에 의한 이자손실분은 제1호의 가액(전환 사채 등의 만기상환금액을 사채발행이율에 의하여 취득당시의 현재가치로 할 인한 금액)에서 제2호의 가액(전환사채 등의 만기상환금액을 영 제58조의2 제2항 제1호 가목의 규정에 의한 이자율에 의하여 취득당시의 현재가치로 할인 한 금액)을 차감한 가액을 말한다. 다만, 신주인수권증권에 의하여 전환 등을 한 경우에는 영 제58조의2 제2항 제1호 가목의 규정에 의하여 평가 한 신주인수권증권의 가액을 말한다.'고 규정하고 있음.

그리고 구 상증세법 시행령 제58조의2 제2항 제1호 가목은 신주인수권 증권의 가액의 평가방법에 관하여 '신주인수권부사채의 만기상환금액(만 기 전에 발생하는 이자상당액을 포함한다. 이하 이 호에서 같다)을 사채발행 이율에 따라 발행 당시의 현재가치로 할인한 가액에서 그 만기상환금액 을 금융회사 등이 보증한 3년 만기 회사채의 유통수익률을 고려하여 기 획재정부장관이 정하여 고시하는 이자율(적정할인율)따라 발행 당시의 현 재가치로 할인한 가액을 뺀 가액. 이 경우 그 가액이 음수인 경우에는 영 으로 한다.'고 평가하도록 규정하고 있음.

위 관계 법령은 구 상증세법 제40조 제1항 제2호 가목 내지 다목에서 규정하고 있는 이익에 관하여 이자손실분을 공제하여야 한다고 규정하면서, 신주인수권증권에 의하여 전환 등을 한 경우에는 구 상증세법 시행령 제58조의2 제2항 제1호 가목의 규정에 의하여 평가한 신주인수권증권의 가액을 이자손실분으로 한다고 규정하는 등으로, 신주인수권부사채에 대한 이자손실분의 차감 여부를 신주인수권의 분리 여부에 따라 달리 규정하고 있지 않을뿐더러, 신주인수권만이 분리된 경우에도 적정할인율보다 낮은 이율로 발행된 신주인수권부사채의 이자손실분이 신주인수권의 가액에 반영된 것으로 보아 해당 이자손실분을 차감할 필요가 있음. 따라서 분리형 신주인수권부사채에서 분리된 신주인수권증권에 의한 전환 등을 할 때에도 이자손실분을 공제하여야 한다는 원고의 주장은 이유 있음.

(2) 취득가액의 공제 여부

원고는 이 사건 차익에 관하여 증여세를 신고납부하면서 신주인수권증권의 취득가액을 구 상증세법 시행령 제30조 제5항 제2호 나목에 따라 전환사채 등에 의한 이익을 산정할 때 교부받을 주식의 가액에서 공제되어야 할 '주식 1주당 전환가액 등'에 포함시켜 공제하였음.

그러나 구 상증세법 제40조 제1항 제2호 가목은 '전환·교환 또는 인수가액'을 '전환가액 등'이라고 규정하고 있어서 위 문언이 신주인수권증권의 취득가액을 포함하는 것이라고 보기 어렵고, 이는 피고의 주장과 같이 '전환·교환 또는 인수를 위하여 지출한 가액'을 의미하는 것이라고 봄이 타당함. 그리고 앞서 살핀 것과 같이 신주인수권부사채에서 분리된 신주인수권증권의 양도에 따른 이익을 산정할 때에도 이자손실분을 공제하는 것으로 보아야 하는데, 여기서 이자손실분은 신주인수권증권의 가치에 상응하는 것이기 때문에 위 이익을 산정할 때 이자손실분을 공제하면서 동시에 신주인수권증권의 취득가액을 재차 공제하는 것은 중복공제에 해당하여 부당함. 원고가 제출하고 있는 국세청의 유권해석은 신주인수권증권 전환 등의 경우 이자손실분을 공제할 수 없다는 전제에서 취득가액 상당이 공제되어야 한다는 취지로 보임. 따라서 신주인수권증권의 양도에 따른 이익을 산정할 때에도 이자손실분을 공제하여야 한다고 보는 이상, 원고가 신주인수권증권의 취득가액을 공제하여 증여세액을 산정한 것은 잘못임.

Ⅱ 해설

1. 전환사채 등의 평가

가. 의 의

전환사채 등이란 '전환사채, 신주인수권부사채(신주인수권증권이 분리된 경우에는 신주인수권증권을 말한다) 또는 그 밖의 주식으로 전환·교환하거나 주식을 인수할 수 있는 권리가 부여된 사채'를 의미한다(상증세법 제40조 제1항).

신주인수권부사채는 '미리 확정된 가액으로 일정한 수의 신주 인수를 청구할 수 있는 신주인수권이 부여된 사채[61]'를 말한다. 신주인수권부사채는 전환사채처럼 보통사채보다 이율이 낮으나, 일정기간 이후 미리 정해진 가격대로 회사의 신주를 인수할 수 있고, 주식시장에서 판매할 수도 있다. 또한 전환사채가 주식으로 교환됨에 따라 사채권이 소멸되는데 비하여 신주인수권부사채는 신주인수권이 행사되더라도 사채권은 소멸되지 않고, 신주인수권부사채에 있어서는 신주인수권의 행사에 따라 추가자금이 납입되어 그만큼 회사의 총자산이 증가하게 된다.[62][63]

신주인수권증권은 신주인수권부사채에서 신주인수권만 분리한 것으로 특정시기에 발행인에 대하여 미리 정한 가격으로 신주를 발행할 것을 요구할 수 있는 권리를 나타내는 증권이다.

---

[61] 대법원 2015. 12. 10. 선고 2015다202919 판결.

[62] 송옥렬, 상법강의, 2019. p.1184 참조.

[63] 상속세 및 증여세법 제40조는 "전환사채, 신주인수권부사채(신주인수권증권이 분리된 경우에는 신주인수권증권을 말한다) 또는 그 밖의 주식으로 전환·교환하거나 주식을 인수할 수 있는 권리가 부여된 사채(이하 이 조 및 제41조의3에서 "전환사채 등"이라 한다)"라고 서술하고 있는바, 신주인수권부사채라고 표현하더라도 그 특성상 신주인수권부사채에 한정되는 내용을 제외하면 전환사채 등에도 해당된다.

나. 신주인수권부사채의 평가

(1) 거래소에서 거래되는 경우

신주인수권부사채 중 상장되어 거래소에서 거래되는 경우는 국채 등의 평가방법을 준용하여 평가한 가액으로 그 가치를 평가하는데(상증세법 시행령 제58조의2 및 제58조 제1항 제1호 참조), 구체적인 내용은 아래와 같고, 다만 평가기준일 이전 2개월의 기간 중 거래실적이 없는 경우에는 아래 (2)항에 따른다(상증세법 시행령 제58조 제1항 제1호 참조).

신주인수권부사채의 평가액 = Max(①, ②)

① : 평가기준일 이전 2개월 간 거래소 최종 시세가액의 평균액
② : 평가기준일 이전 최근일의 최종 시세가액

---

(2) 거래소에서 거래되지 않는 경우

(가) 주식으로의 전환 등이 불가능한 기간 중인 경우

이 경우 만기상환금액을 사채발행이율과 적정할인율 중 낮은 이율에 의하여 발행 당시의 현재가치로 할인한 가액에서 발행 후 평가기준일까지 발생한 이자상당액을 가산한 가액으로 평가한다(상증세법 시행령 제58조의2 제2항 제1호 나목).

신주인수권부사채의 평가액 (1)

$$= [\text{만기상환금액} / (1+R \text{ 또는 } r)^n] + \text{발행 후 평가기준일까지 이자상당액}$$

Min(R 또는 r) 만기상환금액(이자상당액 포함)
R : 사채발행이율
r : 적정할인율[64]

---

[64] 2010. 11. 4. 이전에는 국세청장이 고시한 적정할인율 6.5%를 적용하였으나, 2010. 11. 5. 이후에는 기획재정부 장관이 고시한 적정할인율 8.0%를 적용한다.

(나) 주식으로의 전환 등이 가능한 기간 중인 경우

위 (가)의 방법에 의하여 평가한 가액과 동 가액에서 동호 가목의 규정을 준용하여 평가한 신주인수권가액을 차감하고 다목의 규정을 준용하여 평가한 신주인수권가액을 가산한 가액 중 큰 가액을 구하여 신주인수권부사채의 평가액을 도출한다(상증세법 시행령 제58조의2 제2항 제2호 나목).

신주인수권부사채의 평가액 (2) = Max(①, ②)

① : 위 평가액(1)에서 도출된 값
② : ① − Ⓐ + Ⓑ
Ⓐ : 전환금지기간 중 신주인수권 증권 평가액
Ⓑ : 전환가능기간 중 신주인수권 증권 평가액

(다) 외국 법인이 발행한 신주인수권부 사채 등의 평가

상증세법 시행령 제58조의3은 '외국에 있는 상속 또는 증여재산으로서 법 제60조 내지 법 제65조의 규정을 적용하는 것이 부적당한 경우에는 당해 재산이 소재하는 국가에서 양도소득세·상속세 또는 증여세 등의 부과목적으로 평가한 가액을 평가액으로 한다.'라고 규정하고 있고, 제2항에서 '제1항의 규정에 의한 평가액이 없는 경우에는 세무서장 등이 2 이상의 국내 또는 외국의 감정기관에 의뢰하여 감정한 가액을 참작하여 평가한 가액에 의한다.'라고 규정하고 있다.

그리고 평가대상 주식 또는 출자지분이 외국에 있는 비상장법인의 주식 또는 출자지분인 경우 구 상증세법 시행령 제54조 등이 정한 보충적 평가방법을 그대로 적용하는 것이 '부적당하지 않은 때'에 한하여 위 보충적 평가방법을 적용할 수 있는데, 위 보충적 평가방법을 적용하는 것이 '부적당하지 않다'는 점에 관한 증명책임은 과세관청에게 있다(대법원 2010. 1. 14. 선고 2007두5646 판결 등 참조).

법원은 외국 소재 비상장법인이 발행한 전환사채의 가치평가에 있어, 그 외국법인의 경영상황이 어려운 경우, 구 상증세법 시행령 제58조의2 제2항이 적용가능한지가 문제된 사안에서 ① 구 상증세법 제60조 제1항, 제2항에 따른 시가로 인정할 만한 거래사례나 수용가격, 공매가격, 감정가격 등이 존재한다고 인정할 만한 증거가 존재하지 않는 점, ② '적정할인율'은 원칙적으로 우리나라의 이자율 적용을 예정하고 있는 점을 고려하면 주식으로의 전환이 불가능한 기간에 해당함을 이유로 한 구 상증세법 시행령 제58조의2 제2항 제1호 나목을 적용하는 것도 어려운 점, ③ 설령 구 상증세법 시행령 제58조의2 제2항에 따른 보충적 평가방법을 적용할 수 있다고 보더라도, 전환사채의 경우에는 비상장주식과 달리 취득가액에 의한 가치평가를 예정하고 있지 않은 점, 채권이 회수 불가능한 것으로 판단되는 경우 이는 전환사채의 평가에도 반영되어야 할 것이어서 다른 합리적 방법을 통하여 평가하여야 할 것인바(대법원 2014. 8. 28. 선고 2013두26989 판결), 평가기준일 기준 그 전환사채의 가치가 취득가액보다 낮아질 수도 있는 점을 감안하면 구 상증세법 제54조 제3항에 근거하여 원고의 취득가액으로 평가한 것은 부당하다(대법원 2019. 2. 18. 선고 2018두64252 판결 참조)고 판결하였다.

다. 신주인수권증권의 평가

(1) 거래소에서 거래되는 경우

신주인수권증권 중 거래소에서 거래되는 경우에는 평가기준일 이전 2개월간에 공표된 매일의 유가증권시장 최종 시세가액의 평균액과 평가기준일 이전 최근일의 최종 시세가액 중 큰 가액에 의한다(상증세법 시행령 제58조의2 제1항 및 제58조 제1항 제1호 참조).

신주인수권증권의 평가액 = Max(①, ②)

① 평가기준일 이전 2개월간의 공표된 최종 시세가액의 평균액
② 평가기준일 이전 최근일의 최종 시세가액

---

(2) 거래소에서 거래되지 않는 경우

(가) 주식으로의 전환 등이 불가능한 기간 중인 경우(상증세법 시행령 제58조의 2 제2항 제1호 가목)

신주인수권증권의 평가액 (1)

= [{만기상환금액 / $(1+R)^n$} - {만기상환금액 / $(1+r)^n$}]
R : 사채발행이율
r : 적정할인율

(나) 주식으로의 전환 등이 가능한 기간 중인 경우

위 (1)의 평가액과 해당 신주인수권증권으로 인수할 수 있는 주식가액에서 배당차액과 신주인수가액을 차감한 가액 중 큰 가액으로 평가한다(상증세법 시행령 제58조의2 제2항 제2호 다목).

신주인수권증권의 평가액 (2) = Max(①, ②)

① {(만기상환금액 / $(1+R)^n$} - (만기상환금액/$(1+r)^n$)
R : 사채발행이율, r : 적정할인율

② 신주인수권증권으로 인수할 수 있는 주식가액 - (배당차액[*] + 신주인수가액)
* [주식 또는 출자지분 1주당 액면가액 x 직전기 배당률 x 신주배당일이 속하는 사업연도 개시일부터 배당기산일 전일까지의 일수]/365

---

2. 신주인수권부사채의 주식전환 등에 따른 이익의 계산방법(상증세법 제40조)

가. 개 요

신주인수권부사채를 인수·취득·양도하거나, 주식으로 전환·교환 또는 주식의 인수(주식전환 등)를 함으로써 아래에 정한 이익을 얻은 경우에는 그 이익에 상당하는 금액을 그 이익을 얻은 자의 증여재산가액으로 한다. 다만,

그 이익에 상당하는 금액이 대통령령으로 정하는 기준금액 미만인 경우는 제외한다.

나. 거래단계별 증여요건 및 증여재산가액 계산방법[65]

거래 단계	요건	증여재산가액
인수 취득	① 특수관계인으로부터 전환사채 등을 저가로 취득한 경우	(ⓐ 시가 - ⓑ 인수·취득가액) 30%, 1억원 요건 적용됨
	② 발행회사로부터 최대주주 및 그와 특수관계에 있는 주주가 배정비율을 초과하여 저가로 인수·취득	(ⓐ 시가 - ⓑ 인수·취득가액) 30%, 1억원 요건 적용됨
	③ 발행회사로부터 주주 외의 자로서 최대주주와 특수관계인이 저가로 인수·취득	(ⓐ 시가 - ⓑ 인수·취득가액) 30%, 1억원 요건 적용됨
주식 전환	④ ①의 자가 주식으로 전환하여 얻은 이익	[(ⓒ-ⓔ)×교부받은 주식수]-ⓕ 이자손실분 - 기과세된 가액(①의 증여가액) ※ 1억원 요건은 2004. 1. 1. 이후 적용
	⑤ ②의 자가 주식으로 전환하여 얻은 이익	[(ⓒ-ⓔ)×자기 지분 초과하여 교부받은 주식수]-ⓕ-기과세된 가액 (②의 증여가액) ※ 1억원 요건은 2004. 1. 1. 이후 적용
	⑥ ③의 자가 주식으로 전환하여 얻은 이익	[(ⓒ-ⓔ)×교부받은 주식수]-ⓕ-기과세된 가액(③의 증여가액) ※ 1억원 요건은 2004. 1. 1. 이후 적용
	⑦ 전환가액 등이 주식평가액보다 높아 전환사채 등으로 주식을 교부받은 자의 특수관계인이 얻은 이익	(ⓔ-ⓒ)×(전환 등에 의하여 증가한 주식수)×(주식을 교부받은 자와 특수관계에 있는 자의 전환전 지분비율)
양도	⑧ 특수관계인에게 시가보다 높은 가액으로 양도한 자가 얻은 이익	(양도가액-전환사채 등의 시가) 30%, 1억원 요건 적용됨

---

65) 국세청, 앞의 책, pp.292~293 참조.

※ 30% Rule은 다음 요건에 해당하는 경우에만 과세한다는 의미이다.

$$\frac{ⓐ시가 - ⓑ인수 \cdot 취득가액}{ⓐ시가} \geq 30\% \ 이상이거나$$

(ⓐ시가-ⓑ인수ㆍ취득가액)이 1억 원 이상인 경우

다만, 2000. 12. 31. 이전은 30% Rule 해당 여부와 관계없이 과세대상임

※ 기타 용어 정리

ⓒ 교부받은 주식가액 : 다음 산식에 의한 가액으로 하되, 상장ㆍ코스닥상장주식은 전환
  등 후의 1주당 평가가액(2월 간 종가평균액)이 낮은 경우에는 해당 가액(고가로 전환
  시는 높은 가액)을 말한다.

$$\frac{[(전환\ 등\ 전의\ 1주당\ 평가가액 \times 전환\ 등\ 전의\ 발행주식총수) + (주식\ 1주당\ 전환가액\ 등 \times 전환\ 등에\ 의하여\ 증가한\ 주식수)]}{전환\ 등\ 전의\ 발행주식총수 + 전환\ 등에\ 의하여\ 증가한\ 주식수}$$

ⓓ 교부받을 주식가액 : 다음 산식에 의한 가액으로 하되, 상장ㆍ코스닥상장법인은 양도
  일 현재 1주당 평가가액이 적은 경우에는 해당 가액에 의한다.

$$\frac{[(양도\ 전의\ 1주당\ 평가가액 \times 양도\ 전의\ 발행주식총수) + (주식\ 1주당\ 전환가액\ 등 \times 전환\ 등을\ 할\ 경우\ 증가하는\ 주식수)]}{양도\ 전의\ 발행주식총수 + 전환\ 등을\ 할\ 경우\ 증가하는\ 주식\ 수}$$

ⓔ 주식 1주당 전환가액 등 : 신주를 인수할 때에 지급할 금액

ⓕ 이자손실분 : 전환사채 등의 만기상환금액을 사채발행이율에 의한 현재가치로 할인한
  금액 - 전환사채 등의 만기상환금액을 시장이자율로 할인할 금액

$$전환사채\ 등의\ 이자손실액 = \frac{만기상환금액}{(1+R)^n} - \frac{만기상환금액}{(1+r)^n}$$

• R : 사채발행이율(표면이자율)

• r : 적정이자율(기획재정부 고시율 : 8.0%)

• n : 취득일부터 만기까지 남은 기간

다. 신주인수권부사채를 특수관계인으로부터 저가 양수하는 경우(①)

이 경우 상증세법 제35조에서 규정하고 있는 저가·고가 양도에 따른 이익의 증여 등과 동일한 원리로 과세가 이루어지지만 본조가 상대적으로 더 강화된 요건을 요구하고, 그 대상도 신주인수권부사채 등으로 제한된 특별규정에 해당하므로 본조가 우선 적용된다.[66]

라. 최대주주나 그 특수관계인인 주주가 신주인수권부사채를 발행법인으로부터 시가보다 낮은 금액으로 취득하는 경우 및 주주 아닌 자로서 그 법인의 최대주주의 특수관계인이 발행법인으로부터 전환사채 등을 저가로 인수 등을 하는 경우(②~③)

이때 최대주주란 주주등 1인과 그의 특수관계인의 보유주식 등을 합하여 그 보유주식 등의 합계가 가장 많은 경우의 보유주식 등의 수가 가장 많은 1인을 말하고(시행령 제19조 제2항, 제30조 제3항), 여기서 특수관계인의 범위는 시행령의 제2조의2를 따르며, 이러한 최대주주 및 특수관계인의 개념은 상증세법 제40조 제1항 제2호 나목·다목의 경우에도 같다.[67]

마. 권리행사단계에서 저가로 주식전환 등 권리행사를 함으로써 얻은 이익(④~⑥)

여기서 '전환·교환 또는 인수가액'이란 '전환·교환 또는 인수를 위하여 지출한 가액'을 의미한다(서울행정법원 2019. 2. 21. 선고 2017구합75569 판결 참조).

신주인수권부사채를 이용한 증여는 주식전환 등 당시의 주가와 전환가액 등과의 차이를 통하여 이루어지므로 권리행사단계에서 이 부분에 대하여 과세를 한다. 다만, 신주인수권부사채의 양도가액에서 취득가액을 차감한 금액을 초과하지 못한다(상증세법 시행령 제30조 제1항 제2호 단서).

---

66) 박훈, 채현석, 허원, 상속·증여세 실무 해설, 2019, 삼일인포마인, p.975.
67) 로앤비 온주, 상속세 및 증여세법, 2017. 9. 27. 참조(2019. 4. 29. 2:10 확인).

　　주식전환 등의 권리행사를 함으로써 얻은 이익을 구하기 위해서는, 교부받은 주식가액(전환사채 등을 양도한 경우, 교부받을 주식가액을 의미한다)에서 전환·교환 또는 인수가액을 차감하여 계산한 금액에 교부받은 주식수를 곱하여 계산한 금액에서 이자손실분(8%) 및 위 ①의 이익을 차감하여 이익액을 계산한다.

　　여기서 '이자손실분'이란 "전환사채 등의 만기상환금액을 사채발행이율에 의하여 취득당시의 현재가치로 할인한 금액"에서 "전환사채 등의 만기상환금액을 영 제58조의2 제2항 제1호 가목의 규정에 의한 이자율에 의하여 취득당시의 현재가치로 할인한 금액"을 차감한 가액을 말하고, 다만, 신주인수권증권에 의하여 전환 등을 한 경우에는 상증세법 시행령 제58조의2 제2항 제1호 가목에 따라 평가한 신주인수권증권의 가액을 의미한다[상속세 및 증여세법 시행규칙(2019. 3. 20. 기획재정부령 제719호로 개정된 것, 이하 같다) 제10조의2 참조].[68] 여기서 이자손실분은 신주인수권증권의 가치에 상응하는 것이기 때문에 위 이익을 산정할 때 이자손실분을 공제하면서 동시에 신주인수권 증권의 취득가액을 재차 공제하는 것은 중복공제에 해당하여 부당하다(서울행정법원 2019. 2. 21. 선고 2017구합75569 판결 참조).

　　증여 시기는 전환사채 등에 의하여 주식전환 등을 한 날을 기준으로 판단한다. 즉, 전환사채나 교환사채의 경우는 전환의 청구나 교환의 청구가 있는 때, 신주인수권부사채의 경우에는 주금납입일이 증여시기가 된다. 다만, 전환사채 등을 양도한 경우에는 양도한 때가 증여시기가 되고 여기에서 양도일은 대금을 청산한 날(대금청산일 전에 전환사채 등을 교부한 경우에는 그 교부일)을 말한다(상증세법 기본통칙 40 – 30…1).

---

68) 상증세법 시행령 제58조의2(전환사채 등의 평가).
　　② 가. 신주인수권증권 : 신주인수권부사채의 만기상환금액(만기 전에 발생하는 이자상당액을 포함한다. 이하 이 호에서 같다)을 사채발행이율에 따라 발행 당시의 현재가치로 할인한 가액에서 그 만기상환금액을 3년 만기 회사채의 유통수익률을 고려하여 기획재정부령으로 정하는 이자율(이하 이 호에서 "적정할인율"이라 한다)에 따라 발행 당시의 현재가치로 할인한 가액을 뺀 가액. 이 경우 그 가액이 음수인 경우에는 영으로 한다.

바. 권리행사단계에서 고가로 주식전환 등 권리행사를 함으로써 특수 관계인이 얻은 이익(⑦)

이 경우 신주인수권부사채에 대하여 주식전환 등을 한 날, 즉, 주금납입일을 기준으로 증여시기를 판단한다. 한편, 전환사채나 교환사채의 경우는 전환의 청구나 교환의 청구가 있는 때를 기준으로 한다.

사. 양도단계에서 특수관계인에게 고가 양도함으로써 양도인이 얻은 이익(⑧)

이 경우 전환사채 등의 양도일을 증여시기로 보는데, 여기서 전환사채 등의 양도일은 해당 전환사채 등의 대금을 청산한 날(대금청산일 전에 전환사채 등을 교부한 경우에는 그 교부일)을 말한다(통칙 40-30…1). 또한 양도인이 얻은 이익에 상당하는 금액이 신주인수권부사채의 시가의 30%와 1억 원 중 적은 금액 미만인 경우에는 적용하지 아니한다.

3. 이 사건의 분석

가. 사안의 쟁점

위에서 살펴본 것과 같이 구 상증세법 제40조 제1항 제2호 나목은 '최대주주 등이 전환사채 등을 주가보다 싸게 인수·취득한 다음, 주가가 액면을 상회할 때 주식으로 전환함으로써 변칙적으로 주식평가액과 전환사채 취득가액과의 차액에 상당하는 이익을 취득'하는 행위를 과세대상으로 보고 있다. 한편, 상증세법상 규정한 과세요건을 충족한 경우에도 그 행위에 대한 증여세를 부과하기 위해서는 구체적인 이익액을 산정하여야 하는데, 이와 관련하여 이자손실분의 산정 및 취득가액의 차감 문제가 제기되었다.

나. 이자손실분의 차감 여부

구 상증세법 시행령 제30조 제5항 제2호는 '구 상증세법 제40조 제1항 제2호 가목 내지 다목에서 규정하고 있는 이익'에 관하여 '가목의 규정에 의한 가액(양도한 경우 교부받을 주식가액)에서 주식 1주당 전환가액을 차감한 가액에 교부받을 주식수를 곱하여 계산한 가액에서 기획재정부령이 정하는 바에 따라 계산한 이자손실분 및 제1호의 규정에 의한 이익을 차감하여 계산한 금액'이라고 규정하고 있다. 또한 그 위임을 받은 구 상증세법 시행규칙 제10조의3은 신주인수권증권에 의하여 전환 등을 한 경우 구 상증세법 시행령 제58조의2 제2항 제1호 가목의 규정에 의하여 평가한 신주인수권증권의 가액을 그 이자손실분으로 한다고 규정하고 있다.

여기서 신주인수권증권이 전환 등을 한 경우에는 구 상증세법 시행령에 의하여 평가한 신주인수권의 가액을 이자손실분으로 한다는 규정과 관련하여 신주인수권부사채의 분리 여부와 무관하게 이를 이자손실분으로 본다고 해석할 여지가 있어 문제가 되었다.

피고 측은 신주인수권증권과 사채가 분리되는 신주인수권부사채의 특성상 별도의 이자 산정이 예정되어 있지 아니한 신주인수권증권에 대하여 이자손실분을 차감한 것은 위법하다고 주장하였으나, 법원은 구 상증세법 제40조 제1항 제2호 및 구 상증세법 시행령 제58조의2는 이자손실분의 차감 여부를 신주인수권의 분리 여부와 달리 규정하고 있지 않은 점, 신주인수권이 분리된 경우에도 애초에 적정할인율보다 낮은 이율로 발행된 신주인수권부 사채의 이자손실분이 신주인수권의 가액에 반영된 것으로 보아 해당 이자손실률을 차감할 필요가 있다고 보아 이 부분에 대하여 원고 승소 판결을 선고하였다.

다. 취득가액의 차감 여부

한편, 위에서 본 것과 같이 신주인수권의 전환 등이 있는 경우 구 상증세법 시행령 제58조의2 제2항 제1호 가목의 규정에 의하여 평가한 신주인수권증권의 가액을 그 이자손실분으로 한다. 그런데 원고는 증여세를 신고납부하면서 신주인수권증권의 취득가액을 구 상증세법 시행령 제30조 제5항 제2호 나목에 따라 전환사채 등에 의한 이익을 산정할 때 교부받을 주식의 가액에서 공제되어야 할 '주식 1주당 전환가액 등'에 포함시켜 공제하였다.

이에 대하여 피고는 구 상증세법 제40조 제1항 제2호 가목이 '전환·교환 또는 인수 가액'을 '전환가액 등'이라고 규정하고 있음을 고려하면 위 문언이 신주인수권 증권의 '취득가액'을 포함한다고 보기 어려운 점, 신주인수권증권의 양도에 따른 이익을 산정할 당시 이미 이자손실분을 공제하는 것으로 보아야 하는데 원고의 주장은 이와 반하는 점 등을 근거로 원고 청구 기각을 주장하였고, 법원은 이를 인용하여 원고의 주장을 기각하였다.

라. 판결의 의의 등

이 사건에서는 법령의 문리해석과 더불어 전환사채 등의 성질 자체도 문제되었다.

제1심 법원은 신주인수권증권은 그 특성상 이자가 발생하지 않는다는 피고의 주장에도 불구하고 상증세법 시행령 제58조의2의 문리해석상 신주인수권부사채가 신주인수권증권 및 사채로 분리되었는지 여부를 불문하고 이자손실분을 차감할 필요가 있다고 판단하였다.

그러나 취득가액의 차감여부와 관련하여 제1심 법원은 그 성질상 당연히 신주인수권증권의 양도에 따른 이익을 산정할 당시 이미 고려되었을 것이라고 판단하는 한편, 문리해석 상으로도 취득가액을 공제하는 대상으로서 전환·교환 또는 인수의 경우 주식 1주당 전환가액 등으로 볼 수 없다고 판단하였다.

현재 위 판결에 대하여 원·피고 측 항소를 제기하여 항소심이 진행중인 사건으로서, 향후 전환이익을 산정하는 데 있어서 중요한 사례이고, 납세자의 편의 및 과세관청의 올바른 과세행정을 위하여도 상급심 법원의 판결이 주목된다.

4. 관련 사례 등

신주인수권증권 매입ㆍ소각시 초과인수한 신주인수권증권 계산방법(법령해석재산 - 284, 2016. 4. 11.)

신주인수권증권을 발행한 법인이 신주인수권증권을 매입ㆍ소각한 경우 주식전환에 따른 증여이익 계산시 초과인수한 최대주주의 자기 몫에 해당하는 신주인수권증권 수는 소각후 신주인수권증권 수를 기준으로 계산함.

시가로 인수한 후 전환시 이익이 발생한 경우(재산세과 - 4298, 2008. 12. 17.)

전환사채 등을 발행법인으로부터 시가대로 인수한 경우로서, 그 전환사채 등에 의하여 주식으로 전환ㆍ인수ㆍ교환 등을 함으로써 이익을 얻은 경우에는 상증세법 제42조 제1항 제3호의 규정에 의하여 증여세가 과세되는 것임. 다만 특수관계에 있는 자 외의 자가 전환사채 등을 인수한 것이 거래의 관행상 정당한 사유가 있다고 인정되는 경우에는 같은 법 제42조 제3항의 규정에 의하여 증여세 과세대상에서 제외함.

최대주주가 전환사채 인수하여 주식전환한 경우 증여가액(재산세과 - 195, 2012. 5. 21.)

전환사채 등의 주식전환 등에 따른 이익의 증여규정을 적용할 때 증여이익은 최대주주 등이 그 소유지분을 초과한 전환사채 등 그 초과하여 인수한 전환사채 등에 의하여 주식으로 전환 등을 한 주식수를 기준으로 계산함.

구 상증세법 제42조 제3항[69]에 따른 정당한 이유가 존재하지 않는 경우 증여이익의 계산 (재산-401, 2011. 8. 26.)

전환사채 등의 주식전환 등에 따른 이익의 증여규정을 적용할 때 증여이익 계산은 그 소유주식수에 비례하여 균등한 조건에 의하여 배정받을 수 있는 수를 초과하여 인수한 전환사채 등 및 그 초과하여 인수한 전환사채 등에 의하여 주식으로 전환 등을 한 주식수를 기준으로 계산함.

---

69) 현행 상증세법 제42조의2.

27

주식 상장에 따른 이익의 증여

- 서울행정법원 2016구합66513 사건 -

» 상증세법 제41조의3에서 규정하고 있는 주식 등의 상장 등에 따른 이익의 증여는 상증세법에서 주시하고 있는 변칙적인 증여 수단의 하나로서 주요하게 논의되고 있는 분야임. 이 사안은 상장에 따라 원고에게 이익이 발생한 상황에서 그 이익 창출에 조세회피목적이 있었는지 여부가 문제되었으므로 그 요건 충족에 대하여 검토해보고자 함.

🗨 상속세 및 증여세법

제41조의3(주식 등의 상장 등에 따른 이익의 증여)

① 기업의 경영 등에 관하여 공개되지 아니한 정보를 이용할 수 있는 지위에 있다고 인정되는 다음 각 호의 어느 하나에 해당하는 자(이하 이 조 및 제41조의5에서 "최대주주 등"이라 한다)의 특수관계인이 제2항에 따라 해당 법인의 주식 등을 증여받거나 취득한 경우 그 주식 등을 증여받거나 취득한 날부터 5년 이내에 그 주식 등이 「자본시장과 금융투자업에 관한 법률」 제8조의2 제4항 제1호에 따른 증권시장으로서 대통령령으로 정하는 증권시장(이하 이 조에서 "증권시장"이라 한다)에 상장됨에 따라 그 가액이 증가한 경우로서 그 주식 등을 증여받거나 취득한 자가 당초 증여세 과세가액(제2항 제2호에 따라 증여받은 재산으로 주식 등을 취득한 경우는 제외한다) 또는 취득가액을 초과하여 이익을 얻은 경우에는 그 이익에 상당하는 금액을 그 이익을 얻은 자의 증여재산가액으로 한다. 다만, 그 이익에 상당하는 금액이 대통령령으로 정하는 기준금액 미만인 경우는 제외한다.

    1. 제22조 제2항에 따른 최대주주 또는 최대출자자

    2. 내국법인의 발행주식총수 또는 출자총액의 100분의 25 이상을 소유한
       자로서 대통령령으로 정하는 자

② 제1항에 따른 주식 등을 증여받거나 취득한 경우는 다음 각 호의 어느 하
  나에 해당하는 경우로 한다.

    1. 최대주주 등으로부터 해당 법인의 주식 등을 증여받거나 유상으로 취
       득한 경우

    2. 증여받은 재산(주식 등을 유상으로 취득한 날부터 소급하여 3년 이내에 최대
       주주 등으로부터 증여받은 재산을 말한다. 이하 이 조 및 제41조의5에서 같다)
       으로 최대주주 등이 아닌 자로부터 해당 법인의 주식 등을 취득한 경우

⑦ 제2항을 적용할 때 주식 등을 증여받거나 취득한 후 그 법인이 자본금을
  증가시키기 위하여 신주를 발행함에 따라 신주를 인수하거나 배정받은 경
  우를 포함한다.

Ⅰ 대상사건의 개요

1. 사실관계의 요지

    원고는 주식회사 A의 주주이자 대표이사이고, A 회사는 주식회사 B가 신
제품 개발 및 판매 등을 목적으로 설립한 회사인데, B 회사는 2008. 11.경 원
고와 2008. 12.경 A 회사가 신주 300만 주를 주당 500원에 발행하고 이를 원
고 또는 원고가 지정하는 자가 인수하며, 원고가 그동안 A 회사의 발전에 기
여한 공로에 대한 대가로 B 회사가 그 소유의 A 회사 주식 3만 주를 원고에
게 증여한다는 내용이 포함된 계약을 체결하였음.

    A 회사는 이후 위 계약에 따라 신주 300만 주를 발행하는 유상증자를 시

행하였는데 원고는 기존에 보유한 주식(약 8만 1천 주)들에 대하여 신주 약 8만 주를 배정받았고, A 회사의 최대주주였던 B 회사도 신주 약 200만 주를 배정받았으나 위 계약에 따라 배정받은 신주의 인수를 포기하여 원고가 위 실권주 중 약 70만 주를 추가로 재배정 받아 이를 취득하였음.

원고는 2009. 11.경 위 계약에 따라 B 회사로부터 A 회사 주식 3만 주를 증여받았고 이후 A 회사 주식이 2012. 1.경 코스닥 시장에 상장되었으며, 이에 원고는 2012. 7.경 상증세법(2010. 1. 1. 법률 제9916호로 개정되기 전의 것) 제41조의3 제1항에 따른 상장이익이 발생하였음을 이유로 위 70만 주에 대한 상장이익과 위 3만 주의 상장이익을 합산한 110 여억 원을 증여세 과세가액으로 하여 증여세를 신고·납부하였음.

원고는 이후 관할 세무서장에게 위 70만 주의 상장이익이 상증세법 제41조의3 제1항의 과세요건을 충족하지 않음을 이유로 납부한 증여세의 환급을 구하는 경정청구를 하였으나, 관할 세무서장은 원고의 위 경정청구를 거부하였음.

2. 원고의 주장 요지

원고는 위 유상증자 과정에서 B 회사 등의 실권주를 원고의 자금으로 취득한 것일 뿐 상증세법 제41조의3 제1항 등에 규정된 과세요건인 "최대주주 등으로부터 주식을 증여받거나 이를 유상으로 취득하였거나 최대주주 등으로부터 증여받은 재산으로 취득한 경우"에 해당하지 아니하므로, 위 처분은 위법함.

3. 조정 요지

법원은 다음과 같은 이유로 조정 권고함.

조세법률주의상 조세법규의 해석은 특별한 사정이 없는 한 법문대로 하여야 하고 합리적 이유 없이 확장해석 또는 유추해석하는 것은 허용되지 않는데, 구 상증세법 제41조의3 제1항의 '주식 등의 취득'에는 실권주의 취득이 포함되지 않으므로 위 증여세 부과처분은 위법함. 증여세 부과처분을 취소할 것.

피고측에서 위 조정권고를 수용하여 증여세부과처분을 취소하였음.

Ⅱ 해설

1. 주식의 상장 등에 따른 이익의 증여

가. 개 요

기업의 경영 등에 관하여 공개되지 아니한 정보를 이용할 수 있는 지위에 있다고 인정되는 최대주주 등의 특수관계인이 해당 기업의 주식 등을 증여받거나 취득한 경우 그 주식 등을 증여받거나 취득한 날부터 5년 이내에 그 주식 등이 일정한 증권시장에 상장됨에 따라 그 가액이 증가한 경우로서 그 주식 등을 증여받거나 취득한 자가 당초 증여세 과세가액 또는 취득가액을 초과하여 이익을 얻은 경우에는 위 이익을 특수관계인의 증여재산가액으로 보아 증여세를 부과한다(상증세법 제41조의3 제1항). 이는 기업의 내부정보를 이용한 상장을 통하여 거액의 시세차액을 최대주주 등의 자녀에게 증여하는 것을 막기 위한 취지의 조문으로서, 상증세법은 조문을 통하여 상장이익에 대한 과세를 합리적으로 제한하는 것이다(대법원 2012. 5. 10. 선고 2010두11559 판결 참조).

이에 대하여 특수관계인의 재산권 및 평등권을 침해한다는 이유로 헌법소원이 세기되었으나, 헌법재판소는 ① 일정 수준 이상의 순수한 상장이익에 대해서만 증여세를 부과하는 점, ② 순수한 상장이익만을 놓고 보았을 때 특수관계인이 최대주주 등으로부터 주식을 증여받은 경우와 동일하다는 점, ③ 상장 이후 3개월이라는 상장시점에 대해서도 정확한 이익을 산정하기 위하여 상장 이후 3개월 뒤에 평가하는 합리적인 이유가 있는 점 등을 고려하여 위 청구를 기각하였다(헌재 2015. 9. 24. 2012헌가5, 2012헌바114·183(병합) 참조).

나. 요 건

상증세법 제41조의3에 따라 상장차익에 대하여 증여세를 부과하기 위해서는 ① 기업의 경영 등에 관하여 공개되지 아니한 정보를 이용할 수 있는 지위에 있다고 인정되는 최대주주 등("지위 요건")과 ② 특수관계에 있는 자("특수관계자 요건")가, ③ 최대주주 등으로부터 해당 법인의 주식을 증여받거나 유상으로 취득한 경우 또는 최대주주 등으로부터 증여받은 재산으로 최대주주 등이 아닌 자로부터 해당 법인의 주식을 취득한 경우일 것("주식취득요건"), ④ 그 주식 등을 증여받거나 취득한 날로부터 5년 이내에 그 주식이 상장됨에 따라 당초 증여세 과세가액 또는 취득가액을 초과하여 대통령령으로 정하는 기준 이상의 이익을 얻었을 것("이익요건")이라는 요건을 모두 충족하여야 한다.

(1) 지위요건

상증세법 제41조의3은 특수관계자에 해당하더라도 기업의 경영 등에 관하여 공개되지 아니한 정보를 이용할 수 있는 지위에 있는 경우에 한하여 위 조문에 따른 증여세 과세대상으로 보고 있는데, 위 지위요건 규정이 주의적 규정인지, 독자적 의미를 갖는 규정인지 여부에 대하여 견해의 대립이 존재한다.

이에 대하여 조세심판원은 이를 독자적인 의미를 갖는 요건으로 인정하고 있지는 않고, 증여자와 수증자 사이에 상증세법 시행령(2008. 2. 22. 대통령령 제20621호로 개정되기 전의 것) 제19조 제2항 각 호[70]의 관계가 인정되면 지위요건의 충족을 인정하였다.[71]

그러나 법원은 증여자인 최대주주 등이 "실제로 그러한 정보를 지득하였을 것까지는 요하지 않는다."고 하면서도 나아가 "당시 대표이사가 원고에게 이 사건 주식을 양도할 당시 소외 회사의 최대주주이자 대표이사로서 회사의 경영에 직접 관여하여 그 누구보다도 소외 회사 내부의 정보를 쉽게 지득하여 이용할 수 있었던 지위에 있었다."고 판시하여 지위요건을 단순한 최대주주 등을 설명하는 주의적 규정이 아니라 별개의 독자적 의미를 갖는 요건으로 파악하였다(서울고등법원 2009. 7. 3. 선고 2008누31583 판결).[72]

---

70) 상속세 및 증여세법 시행령(2008. 2. 22. 대통령령 제20621호로 개정되기 전의 것) 제19조(금융재산 상속공제)

② 법 제22조 제2항에서 "대통령령이 정하는 최대주주 또는 최대출자자"라 함은 주주 또는 출자자(이하 "주주 등"이라 한다) 1인과 다음 각 호의 1에 해당하는 관계가 있는 자의 보유주식 등을 합하여 그 보유주식 등의 합계가 가장 많은 경우의 당해 주주 등을 말한다.

1. 친족
2. 사용인과 사용인외의 자로서 당해 주주 등의 재산으로 생계를 유지하는 자
3. 재정경제부령이 정하는 기업집단의 소속기업(당해 기업의 임원을 포함한다)과 다음 각목의 1의 관계에 있는 자 또는 당해 기업의 임원에 대한 임면권의 행사·사업방침의 결정 등을 통하여 그 경영에 대하여 사실상의 영향력을 행사하고 있다고 인정되는 자
   가. 기업집단소속의 다른 기업
   나. 기업집단을 사실상 지배하는 자
   다. 나목의 자의 친족
4. 주주 등 1인과 제1호 내지 제3호의 자가 이사의 과반수를 차지하거나 재산을 출연하여 설립한 비영리법인
5. 제3호 본문 또는 동호 가목의 규정에 의한 기업의 임원이 이사장인 비영리법인
6. 주주 등 1인과 제1호 내지 제5호의 자가 발행주식총수 등의 100분의 30 이상을 출자하고 있는 법인
7. 주주 등 1인과 제1호 내지 제6호의 자가 발행주식총수 등의 100분의 50 이상을 출자하고 있는 법인
8. 주주 등 1인과 제1호 내지 제7호의 자가 이사의 과반수를 차지하거나 재산을 출연하여 설립한 비영리법인

71) 서면4팀 - 352, 2008. 2. 12. 참조.
72) 율촌 조세판례연구회, 조세판례연구[Ⅲ], 2013, pp.288~292 참조.

(2) 특수관계자 요건

상증세법 제41조의3에 따른 특수관세자는 ① 주주 등 1인과 그의 특수관계인의 보유주식 등을 합하여 그 보유주식 등의 합계가 가장 많은 경우의 해당 주주 등 1인과 그의 특수관계인 또는 ② 특수관계인의 소유주식 등을 합하여 내국법인의 발행주식총수 또는 출자총액의 100분의 25 이상을 소유한 자를 의미한다(상증세법 제41조의3 제1호, 제2호 및 동법 시행령 제31조의3 제4항 참조). 여기서 특수관계인이란 최대주주 등과 상증세법 시행령 제2조의2 제1항 각 호의 어느 하나에 해당하는 관계에 있는 자를 의미한다.[73]

최대주주 여부의 판단에 있어서 양도인의 특수관계자의 친족 또는 사용인으로서 양도인의 특수관계자와 특수관계에 있을 뿐, 그 양도인의 친족 또는 사용인이 아닌 경우에는 위 요건을 충족하였다고 볼 수 없다(대법원 2012. 5. 10. 선고 2010두11559 판결 참조). 또한, 보유주식을 합산하여 가장 많은 주식을 보유한 자들 중 1인에 해당하는 이상, 그 1인이 그중 가장 많은 주식을 보유한 주주가 아니더라도 '해당주주 1인'으로서 최대주주가 될 수 있다(서울행정법원 2019. 4. 25. 선고 2018구합73539 판결 참조).

(3) 주식취득요건

상증세법 제41조의3에 따른 "주식의 취득"이란 ① 최대주주 등으로부터 해당 법인의 주식 등을 증여받거나 유상으로 취득한 경우, ② 증여받은 재산 (주식 및 출자지분을 유상으로 취득한 날부터 소급하여 3년 이내에 최대주주 등으로부터 증여받은 재산을 말한다)으로 최대주주 등이 아닌 자로부터 해당 법인의 주식 등을 취득한 경우 및 전환사채 등[74]을 증여받거나 유상으로 취득[75]한

---

73) 자세한 논의는 [22] 저가양수에 따른 이익의 증여 사례 참조

74) 여기서 전환사채 등이란 "전환사채, 신주인수권부사채(신주인수권증권이 분리된 경우에는 신주인수권증권을 말한다) 또는 그 밖의 주식으로 전환·교환하거나 주식을 인수할 수 있는 권리가 부여된 사채"를 의미한다.(상증세법 제40조 제1항)

75) 발행 법인으로부터 직접 인수·취득하는 경우를 포함한다.

경우를 의미한다. 위 취득에는 최대주주 등으로부터 대물변제의 결과 주식을 취득한 경우도 포함한다(위 2018구합73539 판결 참조) ③ 다만, 거짓이나 그 밖의 부정한 방법으로 증여세를 감소시킨 경우에는 특수관계인이 아닌 자 간의 증여, 5년 이내에 합병되지 아니한 경우에도 증여세를 과세한다.

한편, 위 ②의 경우 증여받은 재산과 다른 재산이 섞여 있어 증여받은 재산으로 주식 등을 취득한 것이 불분명한 경우에는 그 증여받은 재산으로 주식 등을 취득한 것으로 추정하고, 증여받은 자산을 담보로 한 차입금으로 주식 등을 취득한 경우에는 증여받은 재산으로 취득한 것으로 본다(상증세법 제41조의3 제6항).

다만, 상장일 전에 양도한 주식은 상장에 따른 증여에 해당하지 않는다(법규재산 2014-152, 2014. 7. 2.).

(4) 이익요건

이익 산정의 기준이 되는 "상장일"은 증권시장에서 최초로 주식 등의 매매거래를 시작한 날로 한다(상증세법 제41조의3 제5항).[76] 다만, 전환사채 등이 5년 이내에 주식 등으로 전환된 경우에는 그 전환사채 등을 증여받거나 취득한 때에 그 전환된 주식 등을 증여받거나 취득한 것으로 보아 증여세를 부과하고, 정산기준일까지 주식 등으로 전환되지 아니한 경우에는 정산기준일에 주식 등으로 전환된 것으로 보아 증여세를 부과하되, 그 전환사채 등의 만기일까지 주식 등으로 환원되지 아니한 경우에는 정산기준일을 기준으로 과세한 증여세액을 환급한다(상증세법 제41조의3 제8항). 이 경우 비상장주식의 상장 등에 따른 증여세 과세표준 정산신고기한은 정산기준일이 속하는 달의 말일부터 3개월이 되는 날로 한다(상증세법 제68조 제1항).

---

76) 위 규정의 반대해석으로서, 법원은 상증세법 제41조의3은 법인의 주식 취득 등에 대해서만 적용되고, 그 밖에 법인 설립 전 발기인의 주식 인수 등 다른 유형의 주식 취득에 대해서는 이후 상장으로 이익을 얻더라도 증여세를 부과하지 않도록 한계를 정하였다고 봄이 타당하고, 법인 설립 전 발기인이 자금을 증여받아 신설 법인의 주식을 인수한 경우에 대해서까지 규율한 것이라고 볼 수는 없다고 판시하였다(대법원 2018. 12. 13. 선고 2015두40941 판결 참조).

해당 비상장주식을 증여받거나 유상으로 취득한 날로부터 5년 이내에 자본시장법에 따른 거래소에 상장이 이루어져야 하는데, 코넥스 시장에 상장되는 경우 증여세 과세대상에서 제외한다(재재산-44, 2017. 1. 17.).

다. 증여시기

경제적 이익이 발생하는 상장시기를 증여시기로 할 경우 증여의제규정이 지나치게 확대되는 것으로 보이는 점, 상증세법 제41조의3은 기업의 내부정보를 이용하여 한국증권거래소 상장에 따른 거액의 시세차익을 얻게 할 목적으로 최대주주 등이 자녀 등 특수관계에 있는 자에게 비상장주식을 증여하거나 유상으로 양도함으로써 변칙적인 부의 세습을 가능하게 하거나 수증자 내지 취득자가 이를 양도하지 아니하고 계속 보유하면서 사실상 세금부담 없이 계열사를 지배하는 문제를 규율하기 위하여 제정된 점 등을 고려하면 상증세법 제41조의3에 따른 상장차익의 증여시기는 주식을 취득한 때로 보아야 한다.[77]

예컨대 법원은 주식의 대물변제를 통하여 채무변제를 하였다면, 대물변제는 대물변제의 의사표시를 하는 것으로는 채무소멸의 효과가 생기지 아니하고 본래의 채무에 갈음하여 다른 급부를 현실적으로 이행하는 때에 성립하는 요물계약이므로 납세의무자가 주권 교부 또는 주주명부 명의개서 등 주식을 현실적으로 교부받은 것으로 볼 수 있는 날에 비로소 주식을 취득한 것으로 보았다(서울행정법원 2019. 4. 25. 선고 2018구합73539 판결 참조).

2. 이 사건의 분석

가. 주식 상장에 따른 이익의 증여가 있었는지 여부

(1) 사안의 쟁점

위에서 살펴본 바와 같이 상증세법 제41조의3은 최대주주 등의 특수관계

---

77) 자세한 논의는 [21] 증여재산의 취득시기 사례 참조.

인이 주식 등을 증여받거나 취득한 경우, 그 주식 등을 증여받거나 취득한 날로부터 5년 이내에 증권시장에 상장된 경우 상장차익에 대하여 증여세를 과세한다. 이는 기업의 내부정보를 이용하여 상장시 막대한 시세차익을 얻는 것을 막기 위하여 도입된 것이다. 다만, 위 과세처분을 위해서는 (1) 지위 요건과 (2) 특수관계자 요건, (3) 주식취득요건 및 (4) 이익요건을 모두 충족하여야 하는데, 이 사건에서는 위 요건들 중 '(3) 주식취득요건'의 충족 여부가 특히 문제되었다.

(2) 주식취득요건의 충족 여부

조세법률주의 원칙상 과세요건이거나 비과세요건 또는 조세감면요건을 막론하고 조세법규의 해석은 특별한 사정이 없는 한 법문대로 해석할 것이고 합리적 이유 없이 확장해석하거나 유추해석하는 것은 허용되지 않는다(대법원 1994. 2. 22. 선고 92누18603 판결 및 대법원 2004. 5. 27. 선고 2002두6781 판결 참조).

그런데 상증세법 제41조의3은 최대주주 등으로부터 해당 법인의 주식 등을 증여받거나 유상으로 취득한 경우 및 증여받은 재산으로 최대주주 등이 아닌 자로부터 해당 법인의 주식 등을 취득한 경우를 과세처분의 대상으로 삼고 있다. 위 조문 해석상 최대주주 등이 권리를 포기하였을 때 비로소 발생하는 실권주를 원고가 취득한 것은 상증세법 제41조의3에서 예정하고 있는 주식취득 행위에 해당한다고 볼 수 없다.

사안에서 피고는 상증세법 제41조의3 제1항의 '주식 등의 취득'에는 법인의 자본을 증가시키기 위하여 신주를 발행함에 따라 주식발행법인으로부터 인수하거나 배정받은 신주가 포함되는 것으로 해석하여야 한다고 주장하였으나, 법원은 이는 조세법률주의 원칙에 반한다고 판단하였다. 즉, 원고가 최대주주 등으로부터 위 70만 주를 증여받았다거나 이를 유상으로 취득한 것이 아니고, 최대주주 등으로부터 증여받은 재산으로 취득한 것도 아니기 때문에 상증세법 제41조의3 제1항, 제6항에 의하여 증여세를 부과할 수 없으므로, 법원은 설령 최대주주가 권리를 포기한 경우라고 하더라도 실권주를 취득한 것은 상증세법 제41조의3에서 예정한 최대주주로부터 주식을 증여받은 경우로 볼 수 없다고 판단하여 이에 대한 증여세 처분을 모두 취소하였다.

나아가 원고가 주식을 증여받거나 취득한 후 그 법인이 증자를 위하여 신주를 발행하여 배정받은 경우가 아니므로 상증세법 제41조의3 제7항에 의한 과세를 할 수 없다고 할 것이고, 전환사채 등을 증여받거나 유상으로 취득하고 그 전환사채 등이 5년 이내에 주식으로 전환된 경우도 아니므로 같은 조 제8항에 의해서도 과세를 할 수 없는 사안이었다.

(3) 이 사건 조정의 의의

위 조정권고 직전에 선고된 대법원 판결들은 상증세법 제41조의3 해석을 엄격하게 하는 입장에서 자신의 자금으로 제3자 배정 방식의 유상증자에 참여하여 주식을 취득한 경우에는 위 주식취득요건을 충족하지 못하였다고 판결하거나(대법원 2017. 5. 26. 선고 2017두37871 판결), 상증세법 제41조의3 제6항[78])에서 정한 '신주'에는 최대주주 등으로부터 증여받거나 유상으로 취득한 주식에 기초하지 아니하고 증여받은 재산과도 관계없이 인수하거나 배정받은 신주는 포함되지 않는다고 판결(대법원 2017. 3. 30. 선고 2016두55926 판결)하는 등 조세법률주의의 원칙을 강조하는 경향을 보이고 있었다. 이 사안 조정도 위와 같은 대법원 판결들과 같은 경향에서 내려진 것으로서 주식 상장에 따른 이익의 증여에 대한 법원의 태도를 확인하는데 그 의의가 있다.

나. 증자에 따른 이익의 증여가 있었는지 여부

상증세법 제39조는 법인의 유상증자과정에서 주주들 사이에 무상으로

---

78) 상속세 및 증여세법(2010. 12. 27. 법률 제10411호로 개정되기 전의 것)
제41조의3(주식 또는 출자지분의 상장 등에 따른 이익의 증여)
⑥ 제1항의 규정을 적용함에 있어서 주식 등의 취득에는 법인이 자본(출자액을 포함한다)을 증가시키기 위하여 신주를 발행함에 따라 인수하거나 배정받은 신주를 포함한다.

이전되는 이익에 대하여 증여세를 과세하고자 도입되었다. 증자 전후 주주들의 지분율에 변동이 발생할 것, 1주당 평가액과 1주당 신주인수가액에 30% Rule에 따른 차이가 존재할 것 두 가지 요건이 충족되는 경우에 그 차익에 대하여 증여세를 부과하는 것으로서 법인의 유상증자 과정에서 주주들 사이에 무상으로 이전되는 이익에 대하여 증여세를 과세하기 위하여 도입되었다. 이 사안에서 A 회사가 약 200만 주의 신주 인수를 포기하였고, 원고가 그 중 약 70만 주를 인수하였으므로 이것이 증자에 따른 이익의 증여에 해당하는지 여부가 문제될 수 있다. 당시 발행액은 주당 500원이었고, 평가액은 약 21,000원이었다.

신주를 발행할 당시 주식의 평가액보다 낮은 가액에 발행하였고, A 회사가 위 신주의 인수를 거부한 까닭에 실권주가 배정되었으므로 상증세법 제39조 제1항 제1호 가목 및 상증세법 시행령 제29조 제2항이 적용될 여지가 있다.[79] 다만, 이에 대하여는 계산상 30% Rule 등 계산상 정확한 검토를 하여야 할 사안이다.

3. 관련 사례 등

자신의 자금으로 제3자 배정 방식의 유상증자에 참여하여 주식을 취득한 경우(대법원 2017. 5. 26. 선고 2017두37871 판결)
'신주의 취득'은 최대주주로부터 주식을 직접 증여받거나, 유상으로 취득한 경우 내지는 최대주주로부터 증여받은 자금으로 취득한 경우와 그 실질이 동일한 경우만을 의미한다고 판시하면서 자신의 자금으로 제3자 배정 방식의 유상증자에 참여하여 주식을 취득한 경우에는 위 요건을 충족하지 못하였음.

---

79) 이에 대한 상세한 설명은 [24] 증자에 따른 이익의 증여 사례 참조

최대주주 등과 무관하게 취득한 신주의 경우(대법원 2017. 3. 30. 선고 2016두55926 판결)

주식 등의 증여 또는 취득 후 신주의 발행에 따른 신주 인수가 있는 경우에도 상증세법 제41조의3 제6항의 해석과 관련하여 제1항의 주식취득요건이 그대로 적용된다는 취지에서 상증세법 제41조의3 제6항에서 정한 '신주'에는 최대주주 등으로부터 증여받거나 유상으로 취득한 주식에 기초하지 아니하고 또한 증여받은 재산과도 관계없이 인수하거나 배정받은 신주는 포함되지 아니하므로, 이러한 신주에 의하여 상장이익을 얻었다고 하더라도 상증세법 제41조의3에서 예정한 주식 등의 상장 등에 따른 이익의 증여가 있었다고 볼 수 없음.

28

법인의 조직변경 등에 따른 이익의 증여

– 대법원 2019. 1. 17. 선고 2018두58042 판결 –

» 상증세법 제42조의2는 법인 간 주식의 포괄적 교환이나 이전, 사업의 양수도, 사업 교환 및 법인의 조직변경 등을 통하여 이익을 증여하는 경우 증여세를 부과하고 있음. 그 취지는 경영자가 특수관계인에 대한 실질적인 재산의 무상 이전을 목적으로 법인의 조직변경 등을 활용하여 증여세를 회피하는 것을 방지하기 위함임. 다만 이에 해당하거나 준하는 행위로서 동 조항의 적용을 받을 수 있는지에 대하여는 사실관계를 검토할 필요가 있음. 사안은 자회사 100% 주식을 이전한 경우 사업의 양수도로 보아 동 조항에 따른 과세가 가능한지 문제된 건으로, 법인의 조직변경 등의 의미, 증여재산가액의 산정 등에 관하여 검토하고자 함.

💬 상속세 및 증여세법

제2조(정의) 이 법에서 사용하는 용어의 뜻은 다음과 같다.

6. "증여"란 그 행위 또는 거래의 명칭·형식·목적 등과 관계없이 직접 또는 간접적인 방법으로 타인에게 무상으로 유형·무형의 재산 또는 이익을 이전(移轉)(현저히 낮은 대가를 받고 이전하는 경우를 포함한다)하거나 타인의 재산가치를 증가시키는 것을 말한다. 다만, 유증과 사인증여는 제외한다.

제42조의2(법인의 조직변경 등에 따른 이익의 증여)

① 주식의 포괄적 교환 및 이전, 사업의 양수·양도, 사업 교환 및 법인의 조직 변경 등에 의하여 소유지분이나 그 가액이 변동됨에 따라 이익을 얻은 경우에는 그 이익에 상당하는 금액(소유지분이나 그 가액의 변동 전·후 재산의 평가차액을 말한다)을 그 이익을 얻은 자의 증여재산가액으로 한다. 다

만, 그 이익에 상당하는 금액이 대통령령으로 정하는 기준금액 미만인 경
우는 제외한다.

② 특수관계인이 아닌 자 간의 거래인 경우에는 거래의 관행상 정당한 사유
가 없는 경우에 한정하여 제1항을 적용한다.

③ 제1항을 적용할 때 소유지분 또는 그 가액의 변동 전·후 재산의 평가차
액 산정방법 등에 관하여 필요한 사항은 대통령령으로 정한다.

Ⅰ │ 대상판결의 개요

1. 사실관계의 요지

주식회사 A는 2009. 9.경 주식회사 B에 A 회사가 보유한 C 회사(A가
100% 출자한 중국 자회사)의 주식 100%를 증여하였음. B 회사는 2009 사업연
도 법인세 신고 시 A 회사로부터 받은 위 주식의 평가액 약 45억 원을 자산수
증이익으로 익금산입하였음.

관할 관청은 B 회사의 주주인 원고들에 대한 세무조사를 실시하였는데,
A 회사의 B 회사에 대한 위 주식의 증여가 '사업양수도 등'에 해당하는 것으
로 보아 1주당 평가액 증가분에 원고들의 소유주식 수를 곱하여 원고들이 증
여이익을 얻은 것으로 보고, 관할 세무서장에게 통보하였음. 이에 관할 세무
서장은 원고들에게 위 증여이익을 얻었음을 이유로 증액된 증여세 부과처분
을 하였음.

2. 원고의 주장 요지

C 회사의 인적·물적 조직이 B 회사에 이전된 바 없고, 위 주식 증여 이

후 B 회사의 매출액이 증가한 것은 기존 거래처 등에 대한 매출 증가로 인한 것일 뿐 사업내용의 변화로 인한 것이 아니며, B 회사는 위 주식 수증 이후 새로운 사업영역에 진출하지도 않았음.

　따라서 A 회사가 B 회사에게 위 주식을 증여한 행위는 단순한 자산수증 이익을 발생시키는 손익거래에 해당할 뿐 '사업양수도 등'에 해당하지 않으므로, 이와 다른 전제의 관할 세무서장의 증여세 부과처분은 위법함.

3. 판결 요지

가. 제1심 법원(원고 승소)

(1) 법인의 조직 변경 등에 해당하는지 여부

구 상증세법 제42조 제1항 제3호(현행 상증세법 제42조의2 제1항)에서는 '사업양수도·사업교환 및 법인의 조직변경 등'에 의하여 소유지분 또는 그 가액이 변동되어야 한다고 규정하는데, 이는 사업양수도, 사업교환, 법인의 조직변경 및 그에 준하는 정도로 법인의 사업이나 조직에 중대한 변화가 있고 이로 인하여 그 지분 또는 가액의 변동이 초래되는 경우를 의미함.

그런데 사안의 경우 A 회사가 보유하고 있던 C 회사 주식을 B 회사에 증여하는 것에 불과할 뿐, C 회사의 조직화된 사업 일체, 즉 인적·물적 조직이 그 동일성을 유지하면서 일체로서 B 회사에 이전하는 것이 아니어서 '사업양수도'와 동일시 할 수는 없고, 위 주식 증여로 인하여 B 회사의 물적 자산가치가 증가되는 것 이외에, B 회사 자체 내에서 사업양수도나 사업의 교환에 준하는 정도의 어떠한 사업내용의 변경이 있었다거나 B 회사의 법적 형태가 변경되는 등의 변화가 초래되지도 않았으며, 위 주식의 증여가 그와 같은 거래유형들과 경제적 실질 면에서 서로 유사하다고 볼 만한 사정도 찾아보기 어려움.

또한 위 주식 증여로 B 회사가 C 회사에 대한 지배권을 행사할 수 있게 되었다거나 B 회사의 매출 등 사업규모가 크게 확장되었다고 하더라도, 모든 인적·물적 조직 일체를 통제 하에 두는 등 B 회사와 C 회사를 사실상 동일체로 취급할 만한 객관적이고 명확한 증거가 존재하지 않음. 그리고 B 회사가 주식 100%를 취득하여 자회사로 편입한 C 회사의 경영권을 행사할 수 있게 된 것이나 모회사로서 자회사인 C 회사에 관리 직원을 파견한 것이 자회사로서의 편입을 넘어 그 사업까지 양수받았다고 볼 수 있는 유력 징표가 될 수는 없음. 오히려 C 회사는 독립 법인으로서 중국 현지에서 자동차부품 제조업을 영위하고 있고 그 조직이나 기계부품 등이 B 회사에 이전된 바가 없음. C 회사의 사업규모가 확장되고 수익이 증가함에 따라 B 회사의 지분 법이익이 증가한 것은 이 사건 주식 증여 이후의 사정이라 할 수 있음. 만약 자회사의 이익 여부를 가지고 사업양수도 여부를 판단하게 된다면 자회사에 손실이 발생한 경우에는 사업양수도가 아니라고 하여야 할 것이고, 이는 사업양수도의 존재 여부를 자회사의 이익 또는 손실 발생이라는 우연한 결과에 맡기는 불합리를 초래하게 되므로, 이와 반대되는 전제에선 피고의 주장은 이유 없음. 위 주식의 증여가 '사업양수도 등'에 해당하지 않는바, 위 증여세 부과처분은 위법함.

(2) 위 증여에 대하여 증여세를 부과하지 않는 것이 실질과세원칙에 위배되는지 여부

상증세법이 변칙적인 상속·증여에 대처하기 위하여 제2조 제3항에서 포괄적인 증여 개념을 도입하였다고 하더라도, 상증세법 제42조 제1항 제3호와 같이 일정한 거래·행위만을 증여세 과세대상으로 한정하고 그 과세범위도 제한적으로 규정함으로써 증여세 과세의 범위와 한계를 설정한 것으로 볼 수 있는 경우에는 그 과세대상이나 과세범위에서 제외된 거래·행위가 상증세법 제2조 제3항의 증여의 개념에 들어맞더라도 그에 대한 증여세를 과세할 수 없음(대법원 2015. 10. 15. 선고 2013두14283 판결 등).

이 사건 주식의 증여는 A 회사의 대주주와 B 회사의 대주주를 당사자로 하지 않고 법인인 A 회사와 B 회사 사이에서 이뤄진 것으로, 이와 같은 경우 자산을 증여받은 법인은 그 자산수증이익으로 인한 법인세를 부담하고, 자산수증법인의 주주들은 추후 배당소득에 대한 종합소득세와 주식 양도로 인한 양도소득세 등을 부담하는 형태로 자산수증에 따른 조세를 부담하는 것이 원칙임. 다만 법인 사이의 증여라도 상증세법 제42조 제1항 제3호의 사업양수도와 같은 일정한 거래·행위에 해당하는 경우에는 당해 자산수증법인의 주주에게 증여세를 부과할 여지가 있지만, 앞서 본 바와 같이 이 사

건 주식 증여는 그러한 사업양수도 등에 해당하지 않음.

따라서 이 사건 주식의 증여가 궁극적으로 B 회사의 주주인 원고들에 대한 부의 세습으로서 상증세법 제2조 제3항의 포괄적인 증여 개념에 들어맞는 다고 볼 여지가 있다고 하더라도, 그러한 사정만으로 증여세를 부과할 수는 없고, 이와 같은 경우 증여세가 부과되지 않는다고 하여 실질과세원칙에 위 배된다고 할 수도 없으므로 피고의 이러한 취지의 주장은 이유 없음.

나. 항소심 및 상고심 법원(원고 승소)

항소심 및 상고심 법원은 제1심의 판단을 인용하여 항소·상고기각하였음.

Ⅱ 해설

1. 법인의 조직변경 등에 따른 이익의 증여

가. 의 의

상증세법은 주식의 포괄적 교환 및 이전, 사업의 양수·양도, 사업교환 및 법인의 조직변경 등에 의하여 소유지분이나 그 가액이 변동됨에 따라 이익 을 얻은 경우 그 이익에 상당하는 금액을 그 이익을 얻는 자의 증여재산가액 으로 한다(상증세법 제42조의2 제1항). 이는 대주주나 경영자가 법인의 조직 변 경을 이용하여 증여세를 회피하는 것을 방지하기 위하여 마련된 규정이다.

다만, '주식의 포괄적 교환 및 이전, 사업의 양수·양도, 사업교환 및 법인의 조직변경 등'에 의하여 소유지분 등이 변동되어야 한다고 명시하였 으므로 법인의 모든 거래행위가 아니라, 이러한 유형에 해당되거나 그에 준 하는 정도로 법인의 사업이나 조직에 중대한 변화가 있어야 증여세 부과가 가능하다.

나. 조직변경 등의 유형

(1) 주식의 포괄적 교환 및 이전은 완전자회사가 되는 회사의 주주가 가지는 회사의 주식은 주식교환 및 이전에 의하여 완전모회사가 되는 회사에 이전하고, 그 완전자회사가 되는 회사의 주주는 그 완전모회사가 되는 회사가 주식교환 및 이전을 위하여 주식의 배정을 받음으로써 완전모회사의 주주가 되는 것을 의미한다(상법 제360조의2, 제360조의15, 대법원 2018. 3. 29. 선고 2012두27787 판결).

(2) 사업양수도는 일정한 영업목적에 의하여 조직화된 사업 일체, 즉 인적·물적 조직을 그 동일성을 유지하면서 일체로서 이전하는 것을 의미한다(상법 제41조, 대법원 2009. 1. 15. 선고 2007다17123 판결 등).

(3) 법인의 조직변경은 주식회사를 유한회사 혹은 반대로 변경하는 것과 같이 회사가 그의 인격의 동일성을 보유하면서 법률상 조직을 변경하여 다른 종류의 회사로 전환되는 것을 의미한다(상법 제604조, 제607조, 대법원 1985. 11. 12. 선고 85누69 판결).

다. 증여이익의 산정

법인의 조직변경 등에 따른 증여가 이루어진 경우 상증세법 제42조의2 제1항은 소유지분이나 그 가액의 변동 전·후의 평가차액을 그 이익에 상당하는 금액으로 파악하고 있다. 다만, 단서에서 그 이익에 상당하는 금액이 대통령령으로 정하는 기준금액 미만인 경우는 제외한다고 규정한다. 동법 시행령 제32조의2 제1항은 그에 따른 이익의 계산방법에 관하여, 소유지분이 변동된 경우에는 '(변동 후 지분 − 변동 전 지분)×지분 변동 후 1주당 가액'으로, 평가액이 변동된 경우에는 '변동 후 가액 − 변동 전 가액'으로 산정하고, 그 기준금액은 변동 전 해당 재산가액의 100분의 30에 상당하는 가액과 3억 원 중 적은 금액으로 하도록 규정하고 있다.

라. 특수관계인이 아닌 자 사이에 거래 등을 하는 경우

특수관계인이 아닌 자 간의 거래로서 거래의 관행상 정당한 사유가 있는 경우에는 증여세를 부과할 수 없다(상증세법 제42조의2 제2항). 특수관계인은 상증세법 시행령 제2조의2 제1항 각호의 어느 하나에 해당하는 관계에 있는 자를 의미하며,[80] 거래의 정당한 사유는 당사자 간의 관계, 거래의 내역 등 제반사정을 종합하여 판단한다.

마. 주식의 이전을 법인의 조직변경 등으로 볼 수 있는지 여부

주식이 이전되는 경우 비교적 유사성이 인정되는 사업양수도에 해당할 수 있음을 이유로 동 규정의 적용이 주로 문제되고 있다. 하지만 구체적으로 살펴보면, 사업양수도는 출석한 주주의 의결권의 3분의 2 이상의 수와 발행주식 총수의 3분의 1 이상의 수로써 주주총회의 특별결의가 필요한데 반해(상법 제374조 제1항 제1호, 제434조), 주식의 이전은 위와 같은 요건이 필요하지 않다. 또한 사업양수도의 당사자는 회사이나 주식 이전의 당사자는 주주로서 차이가 있다. 이러한 점을 고려하면, 주식의 이전을 곧바로 법인의 조직변경 등으로 보기는 어렵다.

다만, 법인이 다른 특정법인에게 주식 100%를 무상으로 이전하면서 그와 관련된 물적·인적시설이나 권리의무도 함께 포괄적으로 양도한 것으로 인정된다면 사업의 양수도에 해당한다고 보아 증여세를 과세할 수 있다. 그렇지 않으면 주식 이전의 형식을 취하여 증여세를 우회적으로 회피하는 것을 허용하는 것이 될 것이기 때문이다.

바. 상증세법 제2조 제6호에 따른 과세 가부

설령 주식의 이전에 대하여 법인의 조직변경 등으로 볼 수 없음을 이유로 상증세법 제42조의2 제1항에 따른 증여세 과세가 불가능하더라도, 변칙적

---

80) 자세한 논의는 [22] 저가양수에 따른 이익의 증여 사례 참조.

인 상속·증여에 대처하기 위하여 상증세법 제2조 제6호(구 상증세법 제2조 제3항)에 도입된 완진포괄주의 규정에 따른 과세가 가능할 것이라는 반론이 제기될 수 있다. 동 규정에 따르면 '증여'란 그 행위 또는 거래의 명칭·형식·목적 등과 관계없이 직접 또는 간접적인 방법으로 타인에게 무상으로 유형·무형의 재산 또는 이익을 이전(현저히 낮은 대가를 받고 이전하는 경우를 포함)하거나 타인의 재산가치를 증가시키는 것을 말하는데, 주식의 이전도 이에 해당할 여지가 있기 때문이다.

이는 상증세법상 완전포괄주의 규정과 개별적 증여의제규정(동법 제33조 내지 제42조의3) 간의 관계에 관한 문제로, 이에 대하여 우리 법원은 상증세법이 포괄적인 증여 개념을 도입하였다고 하더라도, 개별 증여의제 규정에서 일정한 거래·행위만을 증여세 과세대상으로 한정하고 과세범위도 제한적으로 규정함으로써 증여세 과세의 범위와 한계를 설정한 것으로 볼 수 있는 경우에는 그 과세대상에서 제외된 거래·행위가 포괄적 증여의 개념에 들어맞더라도 그에 대한 증여세를 과세할 수 없다고 일관되게 판시하여 왔다(대법원 2015. 10. 15. 선고 2013두14283 판결 등). 다시 말해 상증세법상 개별 증여의제 규정에서 예시하는 거래에 해당하나 그 과세대상에서 제외된다면, 설령 완전포괄주의 규정에 따른 증여에 해당하더라도 증여세를 과세할 수 없다는 취지이다.

법인의 조직변경 등에 관하여 증여세를 부과하는 상증세법 제42조의2 역시 개별 증여의제 규정의 대표적인 예로, 주식의 이전은 문언에서 열거된 사업양수도와 유사한 측면이 있으나 이에 해당하지 않음이 명백한 이상 상증세법상 제2조 제6호에 따른 과세 역시 어렵다고 할 것이다.

2. 이 사건의 분석

가. 사안의 쟁점

사안과 같은 사업의 양수도 등 법인의 조직변경에 따른 증여세 과세 가부에 대한 다툼은 법인의 조직변경의 의미와 정도, 증여재산가액의 산정, 주식의 이전과 사업 양수도의 동일성, 완전포괄주의 규정과 개별 증여의제규정 간의 관계, 실질과세원칙 및 증여세 회피 여부 등을 종합하여 판단하여 하는 분야이다. 상증세법은 주식의 포괄적 교환 및 이전, 사업의 양수·양도, 사업 교환 및 법인의 조직변경 등에 의하여 소유지분이나 그 가액이 변동됨에 따라 이익을 얻은 경우 그 이익에 상당하는 금액을 증여재산가액으로 보아 증여세를 부과한다고 규정하고 있다. 다만, '주식의 포괄적 교환 및 이전, 사업의 양수·양도, 사업교환 및 법인의 조직변경 등'에 의하여 소유지분 등이 변동되어야 한다고 명시하였으므로 법인의 모든 거래행위가 아니라, 이러한 유형에 해당되거나 그에 준하는 정도로 법인의 사업이나 조직에 중대한 변화가 있어야 증여세 부과가 가능한데, 바로 이 사안이 외형상 타 회사로부터 주식을 증여받아 익금 처리한 것에 대하여 사업 양수도로 볼 수 있는 지 여부가 문제된 것이고, 이와 아울러 그 유형에 바로 해당되지 않는다고 하더라도 완전포괄주의에 의하여 과세할 수 있는지 여부가 쟁점이 된 사안이다.

나. 조직변경 등으로 볼 수 있는지 여부

원고는 인적·물적 조직이 이전된바 없고, 매출액이 증가한 것은 매출 증가로 인한 것일 뿐 사업내용의 변화로 인한 것이 아니므로 단순한 자산수증이익을 발생시키는 손익거래에 해당하므로 법인의 조직변경 등에 따른 이익의 증여에 관한 규정을 적용할 수 없다고 주장하였다.

이에 대하여 법원은 이 사건 주식의 증여에 대하여 A 회사가 보유하고 있던 C 회사의 이 사건 주식을 B 회사에 증여한 것에 불과할 뿐 조직화된 사업 일체, 즉 인적·물적 조직이 그 동일성을 유지하면서 B 회사에 이전하는 것이 아님을 이유로 사업양수도에 해당하지 않는다고 보았다. 또한 B 회사의 물적 자산가치가 증가하였을 뿐 사업양수도 등에 준하는 사업내용의 변경이나 법적 형태가 변경되지도 않았으며, B 회사의 관리직원을 파견하는 등 C 회사에 대한 지배권이 강화되었으나 이것만으로 B 회사와 C 회사를 동일체로 취급할 만한 증거가 없다고 보았다. 오히려 C 회사가 중국 현지에서 독립 법인으로서 독사적인 업종을 영위하고 있음에 주목하여 법인 조직의 변경으로 볼 수 없다고 판단하였다. 나아가 C 회사의 주식 이전 이후 C 회사의 수익 증가 등으로 인하여 B 회사의 지분법이익이 크게 증가한 것에 대하여는 이 사건 주식 증여 이후의 사정으로, 이러한 자회사의 이익 여부를 가지고 사업양수도 여부를 판단하는 것은 우연한 결과에 맡기는 불합리를 초래한다고 하며, 이익의 증가는 고려대상이 아니라고 보았다.

즉 주식의 이전과 사업양수도는 기본적으로 다른 성질의 거래이며, 양자를 규정한 상법에서도 조항이 분리되어 있고 별도의 요건을 요구한다는 점에서 동일하다고 볼 수는 없다는 것이다. 만약 주식 이전에 부수하여 인적·물적 시설이 이전되거나 권리의무가 포괄적으로 양도되었다는 사정이 있었다면 사업양수도로 규율할 수 있겠으나, C 회사가 독립된 법인으로 별도의 업종을 영위하고 있고 B 회사의 조직변경이 이뤄졌다고 보기는 어려운바 이에 따른 사업양수도로 볼 수 없다고 판단함으로써 기존 판례 법리를 재확인한 것으로 볼 수 있다.

다. 완전포괄주의로 과세할 수있는지 여부

한편, 완전포괄주의 조항으로 과세할 수 있는지 여부에 관하여는 법원은 앞서 살펴본 바와 같이 동 조항과 개별 증여의제 규정과의 관계와 증여세 가부의 법리를 들었다. 즉 개별 증여의제 규정인 상증세법 제42조 제1항 제3호에 따른 사업양수도에 해당하지 않는 이상 상증세법 제2조 제3항에 따른 증여에 해당한다고 할지라도 증여세를 부과할 수 없으므로, 이를 과세하지 않더라도 실질과세원칙에 위배되지 않는다는 것이다. 이러한 법리 자체가 타당한지 여부에 관하여는 이론의 여지가 있으나, 법원이 일관되게 설시해 온 기존의 판례와 같은 입장의 판시이다.

라. 판결의 의의

전술한 바와 같이 법인의 조직변경에 따른 증여세 과세 여부는 법인의 조직변경의 의미와 정도, 증여재산가액의 산정, 주식의 이전과 사업 양수도의 동일성 등에 대한 종합적인 검토가 필요한데, 이 사안 역시 기존의 판례 및 조세법률주의에 따라 과세요건을 엄격하게 해석하였으며, 완전포괄주의에 의한 과세 여부에 대하여도 역시 기존 판례의 법리를 재확인한 사례라고 할 것이다.

3. 관련 사례 등

가. 판 례

주식의 포괄적 교환으로 인한 증여 이익은 법인의 자본을 증가시키는 거래에 따른 이익임 (대법원 2014. 9. 26. 선고 2012두6797 판결)
주식의 포괄적 교환으로 인한 증여 이익은 재산의 고가양도 또는 신주의 저가발행에 따른 이익의 증여 규정에 따른 증여세를 과세할 수 없고, 법인의 자본을 증가시키는 거래에 따른 이익의 증여 규정에 따른 증여세를 과세하여야 함.

29

배우자 등에 대한 양도시의 증여 추정

– 대법원 2018. 4. 26. 선고 2018두31443 판결 –

» 상증세법 제44조, 제45조는 배우자 등에 대하여 계좌입금 등의 방법으로 재산을 양도하거나, 이를 통해 별도의 재산을 취득하는 경우 그 취득자금을 증여로 추정하고 있음. 이는 배우자 등에게 재산이 양도되거나 취득자금을 제공하는 경우 정상적인 대가가 지급되는 유상양도보다는 증여에 해당할 개연성이 높고 거래 내용을 은폐하여 양도사실을 파악하기 어려우므로, 객관적인 증거가 없는 한 증여로 추정하여 입증책임을 완화하고자 한 것임. 사안은 해당 금액이 공동생활의 편의, 자금의 위탁관리, 생활비 등으로 사용되거나 명의신탁에 불과한 경우에도 추정 규정을 적용할 수 있는지 문제된 건으로, 관련 법리와 구체적인 근거를 검토하고자 함.

🔵 상속세 및 증여세법

제44조(배우자 등에게 양도한 재산의 증여 추정)

① 배우자 또는 직계존비속(이하 이 조에서 "배우자 등"이라 한다)에게 양도한 재산은 양도자가 그 재산을 양도한 때에 그 재산의 가액을 배우자 등이 증여받은 것으로 추정하여 이를 배우자 등의 증여재산가액으로 한다.

② 특수관계인에게 양도한 재산을 그 특수관계인(이하 이 항 및 제4항에서 "양수자"라 한다)이 양수일부터 3년 이내에 당초 양도자의 배우자 등에게 다시 양도한 경우에는 양수자가 그 재산을 양도한 당시의 재산가액을 그 배우자 등이 증여받은 것으로 추정하여 이를 배우자 등의 증여재산가액으로 한다. 다만, 당초 양도자 및 양수자가 부담한 「소득세법」에 따른 결정세액

을 합친 금액이 양수자가 그 재산을 양도한 당시의 재산가액을 당초 그 배우자 등이 증여받은 것으로 추정할 경우의 증여세액보다 큰 경우에는 그러하지 아니하다.

③ 해당 재산이 다음 각 호의 어느 하나에 해당하는 경우에는 제1항과 제2항을 적용하지 아니한다.

1. 법원의 결정으로 경매절차에 따라 처분된 경우
2. 파산선고로 인하여 처분된 경우
3. 국세징수법」에 따라 공매(公賣)된 경우
4. 「자본시장과 금융투자업에 관한 법률」 제8조의2 제4항 제1호에 따른 증권시장을 통하여 유가증권이 처분된 경우. 다만, 불특정 다수인 간의 거래에 의하여 처분된 것으로 볼 수 없는 경우로서 대통령령으로 정하는 경우는 제외한다.
5. 배우자 등에게 대가를 받고 양도한 사실이 명백히 인정되는 경우로서 대통령령으로 정하는 경우

③ 제2항 본문에 따라 해당 배우자 등에게 증여세가 부과된 경우에는 「소득세법」의 규정에도 불구하고 당초 양도자 및 양수자에게 그 재산 양도에 따른 소득세를 부과하지 아니한다.

제45조(재산 취득자금 등의 증여 추정)

① 재산 취득자의 직업, 연령, 소득 및 재산 상태 등으로 볼 때 재산을 자력으로 취득 하였다고 인정하기 어려운 경우로서 대통령령으로 정하는 경우에는 그 재산을 취득한 때에 그 재산의 취득자금을 그 재산 취득자가 증여받은 것으로 추정하여 이를 그 재산 취득자의 증여재산가액으로 한다.

② 채무자의 직업, 연령, 소득, 재산 상태 등으로 볼 때 채무를 자력으로 상환(일부 상환을 포함한다. 이하 이 항에서 같다)하였다고 인정하기 어려운 경우로서 대통령령으로 정하는 경우에는 그 채무를 상환한 때에 그 상환자금을 그 채무자가 증여받은 것으로 추정하여 이를 그 채무자의 증여재산가액으로 한다.

③ 취득자금 또는 상환자금이 직업, 연령, 소득, 재산 상태 등을 고려하여 대통령령으로 정하는 금액 이하인 경우와 취득자금 또는 상환자금의 출처에

관한 충분한 소명(疏明)이 있는 경우에는 제1항과 제2항을 적용하지 아니한다.

④ 「금융실명거래 및 비밀보장에 관한 법률」 제3조에 따라 실명이 확인된 계좌 또는 외국의 관계 법령에 따라 이와 유사한 방법으로 실명이 확인된 계좌에 보유하고 있는 재산은 명의자가 그 재산을 취득한 것으로 추정하여 제1항을 적용한다.

Ⅰ 대상판결의 개요

1. 사실관계의 요지

원고의 배우자인 甲은 주식회사 A에게 자신이 소유하고 있던 서울 소재 토지 및 지상건물을 매매대금 약 110억 원에 매도하였음.

관할 관청은 원고에 대한 자금출처조사를 실시한 결과, 甲이 지급받은 위 부동산의 매매대금 일부인 10억 원이 2011. 10.경 원고가 계약자로 되어 있는 B 보험회사의 변액연금보험의 납입금으로 사용된 사실을 확인하고 이를 관할 세무서장에 통보하였음.

이에 관할 세무서장은 원고가 2011. 10.경 甲으로부터 위 10억 원을 증여받았다는 이유로, 원고에 대하여 증여세 부과처분을 하였음.

2. 원고의 주장 요지

원고는 50여년 전 甲과 혼인하였고, 가정주부로서 결혼자금, 甲의 급여 등을 관리하여 왔는데, 원고의 모친으로부터 지원받은 금원과 부부공동재산을 재원으로 하여 甲의 명의로 위 부동산을 매수한 것이므로, 위 10억 원은 부부 공동재산의 일부를 甲의 단독 명의로 하여 원고의 지분에 관한 명의신탁을 하였다가 매도 이후에 원래의 귀속자인 원고에게 이전된 것이고, 甲으로부터 증여받은 것이 아님.

　원고와 甲은 각자의 명의로 예금계좌를 개설하였을 뿐 필요할 때마다 자금의 이동을 빈번히 하면서 가족을 위한 생활자금을 관리한 점 등을 고려하면, 위 10억 원은 원고가 甲으로부터 위탁받아 관리하여 온 것일 뿐 증여받은 것이 아님.

3. 판결 요지

가. 제1심 법원(피고 승소)

다음과 같은 사정 즉 ① 甲은 원고가 계약자 및 수익자로 되어 있는 위 보험의 납입금을 납입함으로써 위 금원의 처분권은 원고에게 귀속된 점, ② 원고의 명의로 위 보험을 가입하는 방법으로 금원을 관리하여야 할 특별한 이유가 없는 점 등을 고려하면, 이러한 사정만으로 원고가 위 10억 원의 관리만을 단순히 위탁받은 것으로 보기 어렵고, 경험칙상 甲으로부터 위 금원을 증여받은 것으로 봄이 상당한바, 위 증여세 부과처분은 적법함.

나. 항소심 법원(원고 승소)

(1) 위 부동산이 甲에게 명의신탁된 것인지 여부

부부의 일방이 혼인 중 단독 명의로 취득한 부동산은 그 명의자의 특유재산으로 추정되므로, 다른 일방이 그 실질적인 소유자로서 편의상 명의신탁한 것이라고 인정받기 위하여는 자신이 실질적으로 당해 재산의 대가를 부담하여 취득하였음을 증명하여야 하고, 단지 그 부동산을 취득함에 있어서 자신의 협력이 있었다거나 혼인생활에 있어 내조의 공이 있었다는 것만으로는 위 추정이 번복되지 아니함(대법원 1998. 12. 22. 선고 98두15177 판결 등).

위 부동산은 甲이 원고와의 혼인기간 중 甲의 단독 명의로 취득한 것으로 甲의 특유재산으로 추정된다고 봄이 상당하고, 원고가 위 부동산 중 원고 지분을 편의상 甲에게 명의신탁한 것으로 보기에 부족한바, 원고의 위 주장은 이유 없음.

(2) 위 10억 원이 증여된 것으로 볼 수 있는지 여부

부부 사이에서 일방 배우자 명의의 예금이 인출되어 타방 배우자 명의의 예금계좌로 입금되는 경우에는 증여 외에도 단순한 공동생활의 편의, 일방 배우자 자금의 위탁 관리, 가족을 위한 생활비 지급 등 여러 원인이 있을 수 있으므로, 그와 같은 예금의 인출 및 입금 사실이 밝혀졌다는 사정만으로 경험칙에 비추어 해당 예금이 타방 배우자에게 증여되었다는 과세요건사실이 추정되었다고 할 수 없음(대법원 2015. 9. 10. 선고 2015두41937 판결).

다음과 같은 사정 즉 ① 원고와 甲은 1969년 혼인하였는데 원고는 혼인기간 동안 가정주부로 살아 왔고 특별히 다른 직업을 가지지는 아니한 것으로 보이는 점, ② 甲은 원고 명의의 계좌로 생활비 등 명목의 금액을 지속적으로 송금하여 왔던 점, ③ B 보험회사에 대한 납입금 및 그 해약금이 생활자금을 대체한 사정이 보이는 점 등을 고려하면, 쟁점 보험에서 수령하는 월 보험금이 원고에게 지급되던 생활자금을 대체한 사정이 보이는데다가 쟁점 보험이 해지된 후 환급보험금이 원고와 甲 명의의 다른 보험의 보험료로 납부되거나 일부 금원이 甲에게 이체되었는바, 사정이 이러하다면 甲이 10억 원을 원고에게 증여하였다고 보기는 어렵고, 원고에 위탁하여 온 것으로 보는 것이 경험칙에 부합함. 따라서 원고가 10억 원을 증여받았음을 전제로 한 피고의 처분은 위법함.

다. 상고심 법원(원고 승소)

대법원은 항소심의 판단을 인용하여 상고기각하였음.

Ⅱ 해설

1. 배우자 등에 대한 양도 시의 증여추정

가. 증여추정규정

상증세법은 과세관청의 입증책임의 완화 및 증여세 회피 방지 등을 위하여 추정규정 및 의제규정을 두고 있다. 증여추정규정은 배우자 등에게 양도한 재산의 증여추정규정(상증세법 제44조)과 재산 취득자금 등의 증여추정규정(상증세법 제45조)이 있다. 위 규정들이 상정하는 과세요건에 포섭되는 경우 증여로 추정되며, 추정으로부터 벗어나기 위해서는 납세자가 증여에 해당하지 않음을 입증하여야 한다.

상증세법 제44조는 배우자 등에게 재산이 양도되는 때에는 정상적인 대가가 지급되는 유상양도보다 증여하는 것일 가능성이 높고, 그 거래의 내용을 은폐하기 쉬워서 양도행위의 실질을 객관적으로 파악하기 어려운 점 등을 고려하여 상당한 대가를 지급하고 정상적으로 양도한 사실이 객관적인 증거에 의하여 명백히 인정되는 경우 외에는 증여로 추정하고 있다(대법원 1991. 5. 28. 선고 90누10230 판결).

사실혼관계에 있는 배우자도 위 규정이 정의하는 배우자로 볼 수 있는지 문제될 수 있는데, 증여추정은 납세자에게 불리한 내용이므로 엄격 해석해야 한다는 취지로 법률상 배우자에 국한된다고 보는 것이 타당하다는 판시가 있다(대법원 1991. 4. 26. 선고 90누6897 판결). 직계존비속이란 혈족으로 직계존속과 직계비속을 의미하며, 양자로 간 사람의 경우에는 양부모와 친생부모 모두의 직계비속에 해당한다.

나. 증여추정의 배제

배우자 등에 대한 재산 양도에 대하여 증여가 추정되는 경우에는 법원의 결정으로 인한 경매절차나 파산선고로 인하여 처분된 경우, 국세징수법에 따라 공매된 경우, 자본시장법에 따라 유가증권이 처분된 경우, 대가를 받고 양도한 사실이 명백히 인정되는 경우에 대하여는 그 추정이 배제될 수 있다(상증세법 제44조 제3항 각호).

다. 간접양도

특수관계인에게 양도한 재산을 그 특수관계인이 양수일로부터 3년 이내에 당초 양도자의 배우자 등에게 다시 양도한 경우에는 특수관계인이 그 재산을 양도한 당시의 재산가액을 당초 양도자가 그 배우자 등에게 증여한 것으로 추정한다. 다만, 당초 양도자 및 양수도가 부담한 소득세법에 따른 결정세액을 합친 금액이 양수자가 그 재산을 양도할 당시의 재산가액을 당초 그 배우자 등이 증여받은 것으로 추정할 경우의 증여세액보다 큰 경우에는 그러하지 아니하다(상증세법 제44조 제2항).

2. 재산취득자금 등의 증여추정

가. 증여추정규정

상증세법 제45조는 재산취득자의 직업, 연령, 소득 및 재산상태 등을 고려하여 재산을 자력으로 취득하기 어려운 경우에 양도 등에 의하여 받은 금액에 대하여 재산취득자금으로 증여받은 것으로 추정하는 규정이다. 제44조와는 달리 배우자나 직계존속뿐만 아니라 일반적으로도 적용될 수 있으나, 이러한 금전거래는 주로 특수관계인 간에 이뤄지는 경우가 많아 배우자 등 간의 양도 사안에도 근거규정으로 자주 적용된다.

금융실명거래 및 비밀보장에 관한 법률에 따라 실명이 확인된 계좌 또는 외국의 관계 법령에 따라 이와 유사한 방법으로 실명이 확인된 계좌에 보유하고 있는 재산은 명의자가 그 재산을 취득한 것으로 추정하여 재산취득자금에 대한 증여추정규정을 적용한다(제3항). 2013. 1. 1. 이후 신고하거나 결정·경정하는 분부터 적용하도록 하고 있으며, 수증자 명의로 되어 있는 증여자의 금융자산(50억 원 초과)을 수증자가 사용·수익한 경우 해당 재산의 증여를 안 날부터 1년 이내에 증여세를 부과할 수 있다(국세기본법 제26조의2 제4항). 관련 사례를 살펴보면, 원고가 이 사건 계좌의 명의자로 실명확인절차를 이행하였더라도, 이는 원칙적으로 금융기관을 상대로 한 예금채권자가 원고로 확정되었다는 의미일 뿐 당사자들 사이에서 재산의 실질적 권리자가 누구인지를 판단하는 것은 별개의 문제라는 취지에서, 실명확인을 거친 계좌라고 하여 명의자 소유가 아니라는 판시가 있다(대법원 2017. 6. 15. 선고 2014두42728 판결).

나. 증여추정의 배제

재산의 취득자금 등의 증여가 추정되는 경우에는, 재산취득일 전 또는 채무상환일 전 10년 이내에 해당 자산 취득자금 또는 해당 채무 상환 자금의 합계액이 5천만 원 이상으로서 연령·세대주·직업·재산상태·사회 경제적 지위 등을 고려하여 '국세청장이 정하는 금액'(아래 표 참조) 이하인 경우와 취득자금 또는 상환자금의 출처에 관한 충분한 소명이 있는 경우에는 그 추정이 배제될 수 있다(제45조 제3항, 동법 시행령 제34조 제2항). 국세청장이 정하는 금액은 「상속세 및 증여세 사무처리규정」(2017. 5. 1. 국세청 훈령 제2203호) 제31조 제1항에서 정하고 있는데, "재산취득일 전 또는 채무상환일 전 10년 이내에 주택과 기타 재산의 취득가액 및 채무상환금액의 아래 기준에 미달하고, 그 합계액이 총액한도 기준에 미달하는 경우에는 법 제45조 제1항과 제2항을 적용하지 않는다"고 규정한다.

구분	취득재산		채무상환	총액한도
	주택	기타재산		
1. 세대주인 경우				
가. 30세 이상인 자	1억 5천만 원	5천만 원	5천만 원	2억 원
나. 40세 이상인 자	3억 원	1억 원		4억 원
2. 세대주가 아닌 경우				
가. 30세 이상인 자	7천만 원	5천만 원	5천만 원	1억 2,000만 원
나. 40세 이상인 자	1억 5천만 원	1억 원		2억 5천만 원
3. 30세 미만인 자	5천만 원	5천만 원	5천만 원	1억 원

3. 명의신탁과의 관계

위 추정규정의 적용은 배우자 등에 대한 재산의 양도, 즉 소유권의 이전에 한정된다. 만약 명의만 이전된 경우라면 이는 명의신탁 증여의제에 관한 별도의 조항으로 규율된다(상증세법 제45조의2). 명의신탁에 불과하다고 주장한다면 추정규정을 적용받지는 않으나, 명의신탁 사실을 주장하는 납세자가 증명하여야 한다.

명의신탁을 전제로 재산의 취득자금이 증여되었다고 추정할 수 없다고 한 사례로 대법원 2014. 11. 13. 선고 2012두7141 판결이 있다. 원고의 남편이 미국에 있는 원고에게 15억 원을 송금해주어 원고의 모기지론 대출액을 합하여 주택을 구입한 사안에서, 법원은 원고의 공동소유 주택으로 볼 수 있는 사정이 인정되는 한, 원고 단독 명의로 주택의 소유권이전 등기를 한 것은 남편지분에 대한 명의신탁이 있었던 것으로 봄이 타당하므로, 위 구입자금을 원고에게 증여하였다고 보기는 어렵다고 판시하였다.

4. 배우자 등 계좌이체의 경우

배우자 등에 대한 재산 양도 및 배우자 간 재산취득자금 지원의 형태로 나타나는 가장 전형적인 형태는 계좌이체로, 이에 대하여 과세관청과 납세자 간의 빈번한 다툼이 발생한다. 과세관청은 그동안 위 2가지 추정규정으로 배우자 계좌이체의 경우에도 증여를 추정하여 왔는데, 2015년 이에 반대되는 법원의 판시가 있었다. 원고의 배우자가 2년 8개월 동안 총 35회에 걸쳐 자신의 급여 13억 원을 자기앞수표 입금이나 계좌이체의 방법으로 원고 명의의 은행계좌에 입금한 사안에서 대법원은, "부부 사이에서 일방 배우자 명의의 예금이 인출되어 타방 배우자 명의의 예금계좌로 입금되는 경우에는 증여 외에도 단순한 공동생활의 편의, 일방 배우자 자금의 위탁 관리, 가족을 위한 생활비 지급 등 여러 원인이 있을 수 있으므로, 해당 예금이 타방 배우자에게 증여되었다는 과세요건사실이 추정된다고 할 수 없다"고 판시하였다(대법원 2015. 9. 10. 선고 2015두41937 판결).

이는 부부 간의 통상적 예금 인출·입금이 외형적으로는 재산의 양도나 이전으로 보일 수 있으나, 공동생활체의 운영자금이나 자금관리, 자녀의 양육이나 생활비 등의 명목으로 사용되는 경우가 보다 일반적이라는 인식에서 비롯된 것이다. 이러한 법리가 유지됨에 따라 위 사정이 인정되는 경우 입증책임은 반대로 과세관청이 지게 되었다.

5. 이 사건의 분석

사안과 같은 배우자 등에 대한 재산 양도 또는 취득자금에 관한 증여추정 규정의 적용을 둘러싼 다툼은 입증책임과 증명의 정도, 경험칙에 따른 제반사정 등을 종합하여 판단되어야 하므로 자주 다루어지고 있다. 특히 배우자 등에 대한 재산 양도의 형태로 나타나는 가장 전형적인 형태는 계좌이체로, 이에 대하여 과세관청과 납세자 간의 빈번한 다툼이 발생한다.

법원은 혼인 중 단독 명의로 취득한 부동산은 그 명의자의 특유재산으로 추정되므로 명의신탁을 인정받기 위해서는 실질적인 대가 부담 등의 특별한 사정이 있어야 하고, 이러한 정황이 없는 한 명의신탁을 인정할 수 없다고 보았다. 재산의 명의이전이 있으면 소유권이 이전되었다고 추정된다고 할 것이 므로 상증세법 제44조 제1항에 의하여 새산가액 증어가 추징되는 반면, 명의 신탁에 불과하다고 주장한다면 이를 주장하는 납세자가 증명하여야 하는데 이에 대한 입증이 부족하였던 것이다.

또한 타방 배우자 명의의 예금계좌로 입금되는 경우 증여 외에도 공동생 활의 편의, 자금의 위탁 관리, 생활비 지급 등의 여러 원인이 있으므로 곧바로 증여세 과세요건이 추정될 수 없으며, 이 사건의 경우 보험 납입금이 생활자 금으로 대체된 사정 등에 주목하여 증여로 보기 어렵다고 판단하였다. 부부 간의 통상적 예금 인출·입금이 통상 공동생활체의 운영자금이나 자금관리, 자녀의 양육이나 생활비 등의 명목으로 사용되는 경우가 보다 일반적이라는 인식이 전제된 것이다.

이러한 판단은 위 대법원 판결(대법원 2015. 9. 10. 선고 2015두41937 판결) 의 입장에 따라, 해당 예금이 타방 배우자에게 증여되었다는 과세요건사실이 추정될 수 없으므로 과세관청이 이를 입증하여야 하나, 충분히 입증되지 않았 다는 전제 하에 이뤄진 것이다. 이는 조세 부과처분 취소소송의 구체적인 소 송과정에서 경험칙에 비추어 과세요건사실이 추정되는 사실이 밝혀진 경우에 는 과세처분의 위법성을 다투는 납세의무자가 문제 된 사실이 경험칙을 적용 하기에 적절하지 아니하다거나 해당 사건에서 그와 같은 경험칙의 적용을 배 제하여야 할 만한 특별한 사정이 있다는 점 등을 증명하여야 하지만, 그와 같 은 경험칙이 인정되지 아니하는 경우에는 원칙으로 돌아가 과세요건사실에 관하여 과세관청이 증명하여야 한다는 법리가 전제된 것이다.

법원은 혼인 중 단독 명의로 취득한 부동산은 그 명의자의 특유재산으로 추정되므로 명의신탁을 인정받기 위해서는 실질적인 대가 부담 등의 사정이 없는 한 명의신탁을 인정할 수 없다고 보았다. 또한 타방 배우자 명의의 예금 계좌로 입금되는 경우 증여 외에도 공동생활의 편의, 자금의 위탁 관리, 생활 비 지급 등의 여러 원인이 있으므로 곧바로 증여세 과세요건이 추정될 수 없으며, 이 사건의 경우 보험 납입금이 생활자금으로 대체된 사정 등에 주목하여 증여로 보기 어렵다고 판단하였다.

위 판시는 부부 간의 일상적인 자금의 이동에 관하여 증여추정규정이 아무런 제한 없이 적용될 경우 발생할 수 있는 문제점 등을 방지하기 위한 앞선 판례의 법리를 재확인하였다. 다만 위와 같은 생활비 명목으로 볼 수 없는 상당한 금원의 계좌이체가 이뤄졌다거나 취득 자금으로 쓰인 경우에는 다시 원칙으로 돌아가 동 증여추정규정을 적용받게 될 것이다. 제1심에서는 피고가 승소하였으나, 원심과 대법원 단계에서는 피고가 패소하였는바, 위 추정규정의 적용과 과세 가부는 구체적인 사실관계와 제반사정, 양 당사자의 증명의 정도에 따라 다른 결론이 도출될 수 있음을 보여준다.

6. 관련 사례 등

가. 판 례

재산취득자금을 자력으로 취득하였다고 보기 어렵고, 그 직계존속 등이 증여할 만한 재력이 있는 경우에는 취득자금 증여 추정됨(서울고등법원 2018. 7. 4. 선고 2017누86806 판결)
원고가 납득할 만한 채권 취득자금의 출처를 대지 못하고, 직계존속이 원고에게 재산을 증여할 만한 재력이 있었다고 볼 수 있으므로 상증세법 제45조 제1항의 증여추정 규정을 적용하여 증여세를 부과한 것은 적법함.

나. 관련 예규 등

직계존비속에게 대가를 지급받고 양도한 사실이 명백한 경우에는 증여가 아닌 양도한 것으로 볼 수 있음(재산세과-245, 2011. 9. 27.)
직계존비속에게 양도한 재산은 그 재산을 양도한 때에 증여한 것으로 추정하는 것이나, 직계존비속에게 대가를 지급받고 양도한 사실이 명백히 인정되는 경우에는 양도한 것으로 볼 수 있음.

30

이혼과 증여세 : 재산분할 및 위자료

– 대법원 2017. 9. 12. 선고 2016두58901 판결 –

» 부부가 이혼을 하면서 어느 일방이 상대방에게 재산분할이나 위자료 명목으로 재산을 이전하는 경우 증여세를 과세할 수 있는지 문제될 수 있는데, 재산의 무상이전이라는 형식은 동일하나 재산분할이나 위자료는 공동재산의 청산·분배 또는 정신적 손해배상의 의미가 있어 과세되는 경우는 많지 않음. 그렇다고 하여 전혀 증여세를 과세하지 않는다면, 재산분할이나 위자료 명목으로 과다한 재산을 상대방에게 이전하는 등 악용될 여지가 있음. 사안은 망인이 사망 전 이혼을 하며 재산분할로 배우자에게 거액의 재산을 이전한 것에 대한 증여세 과세가 문제된 건으로, 가장이혼 여부 및 재산분할에 대한 증여세 과세 가부, 정당한 범위 등에 관하여 검토하고자 함.

● 상속세 및 증여세법

제44조(배우자 등에게 양도한 재산의 증여 추정)

① 배우자 또는 직계존비속(이하 이 조에서 "배우자 등"이라 한다)에게 양도한 재산은 양도자가 그 재산을 양도한 때에 그 재산의 가액을 배우자 등이 증여받은 것으로 추정하여 이를 배우자 등의 증여재산가액으로 한다.

② 특수관계인에게 양도한 재산을 그 특수관계인(이하 이 항 및 제4항에서 "양수자"라 한다)이 양수일부터 3년 이내에 당초 양도자의 배우자 등에게 다시 양도한 경우에는 양수자가 그 재산을 양도한 당시의 재산가액을 그 배우자 등이 증여받은 것으로 추정하여 이를 배우자 등의 증여재산가액으로 한다. 다만, 당초 양도자 및 양수자가 부담한 「소득세법」에 따른 결정세액

을 합친 금액이 양수자가 그 재산을 양도한 당시의 재산가액을 당초 그 배우자 등이 증여받은 것으로 추정할 경우의 증여세액보다 큰 경우에는 그러하지 아니하다.

③ 해당 재산이 다음 각 호의 어느 하나에 해당하는 경우에는 제1항과 제2항을 적용하지 아니한다.

1. 법원의 결정으로 경매절차에 따라 처분된 경우
2. 파산선고로 인하여 처분된 경우
3. 「국세징수법」에 따라 공매(公賣)된 경우
4. 「자본시장과 금융투자업에 관한 법률」 제8조의2 제4항 제1호에 따른 증권시장을 통하여 유가증권이 처분된 경우. 다만, 불특정 다수인 간의 거래에 의하여 처분된 것으로 볼 수 없는 경우로서 대통령령으로 정하는 경우는 제외한다.
5. 배우자 등에게 대가를 받고 양도한 사실이 명백히 인정되는 경우로서 대통령령으로 정하는 경우

④ 제2항 본문에 따라 해당 배우자 등에게 증여세가 부과된 경우에는 「소득세법」의 규정에도 불구하고 당초 양도자 및 양수자에게 그 재산 양도에 따른 소득세를 부과하지 아니한다.

🗨 민법

제839조의2(재산분할청구권)

① 협의상 이혼한 자의 일방은 다른 일방에 대하여 재산분할을 청구할 수 있다.

② 제1항의 재산분할에 관하여 협의가 되지 아니하거나 협의할 수 없는 때에는 가정법원은 당사자의 청구에 의하여 당사자 쌍방의 협력으로 이룩한 재산의 액수 기타 사정을 참작하여 분할의 액수와 방법을 정한다.

Ⅰ 대상판결의 개요

1. 사실관계의 요지

원고는 배우자인 망인을 상대로 이혼 및 재산분할을 구하는 소를 제기하였고, 소송절차에서 2011. 4.경 원고와 망인은 이혼하되, 망인이 원고에게 재산분할로 현금 10억 원을 지급하고 액면금 40억 원으로 하는 약속어음금 청구채권을 양도하며, 쌍방 향후 별도의 위자료 청구는 하지 않기로 하는 내용의 조정이 성립되었음

망인은 조정내용에 따라 원고에게 10억 원을 지급하였고, 약속어음금 채권을 양도한다는 통지를 하였으며, 이후 2011. 12.경 망인이 사망하자 망인의 상속인들은 2012. 6.경 원고와 위 재산을 상속인 및 상속재산에서 제외하여 상속세 신고를 하였음.

관할 세무서장은 망인의 상속세에 대하여 세무조사를 실시하여, 원고가 망인의 사망 직전 가장이혼을 하고 재산분할 명목으로 재산을 사전증여 받은 것으로 보고 2014. 2.경 원고에 대하여 총합 50억 원을 증여재산가액으로 하여 증여세를 부과하였음.

2. 원고의 주장 요지

원고와 망인 사이에 진정한 이혼의사의 합치가 있어 가장이혼이라 할 수 없고, 재산분할액이 과대하거나 조세회피목적이 인정되지 않으므로 관할세무서장의 처분은 위법함.

3. 판결 요지

가. 제1심 법원(피고 승소)

다음과 같은 사정 즉 ① 원고는 망인과 이혼 후에도 망인과 동거하면서 이혼 전과 동일하게 혼인생활의 실체를 유지하였던 점, ② 이혼의 목적이 혼인생활의 청산이 아니라 재산분할에 있었던 점, ③ 상속재산분쟁을 회피할 목적으로 재산분할을 위한 이혼을 한 경우, 이혼으로 인한 재산분할의 효력을 부인할 수 없다면 이혼을 하지 아니하여 고율의 상속세 등을 부담하는 경우와 비교하여 세 부담에서 현저한 차이가 발생하는 것은 부당한 점 등을 고려하면, 원고와 망인 사이에는 진정한 이혼의사의 합치가 있었다고 볼 수 없고, 따라서 원고와 망인 사이의 이혼은 법률상 이혼이라는 외형만을 갖춘 가장이혼이라고 판단됨.

이와 같은 전제에서 이혼에 따른 재산분할의 효력을 부인하고 재산분할 대상 재산을 사전증여재산으로 본 위 처분에 잘못이 있다고 할 수 없으므로, 원고의 주장은 이유 없음.

나. 항소심 법원(피고 승소)

원심 법원은 제1심의 판단을 인용하여 항소기각하였음.

다. 상고심 법원(원고 승소)

법률상의 부부관계를 해소하려는 당사자 간의 합의에 따라 이혼이 성립한 경우 그 이혼에 다른 목적이 있다 하더라도 당사자 간에 이혼의 의사가 없다고 말할 수 없고, 이혼이 가장이혼으로서 무효가 되려면 누구나 납득할 만한 특별한 사정이 인정되어야 함. 위 이혼은 법률상의 부부관계를 해소하려는 원고와 망인 간의 합의에 따라 성립된 것으로, 설령 다른 목적이 있다 하더라도 이혼의 의사가 없다고 할 수 없으며, 장차 망인 사망 시 발생할 수 있는 상속재산분쟁을 회피하기 위하여 망인의 사망이 임박한 시점에 이혼을 한 것이나, 이혼 후에도 사실혼 관계를 유지한 사정만으로는 가장이혼으로 보기 어려움.

이혼에 따른 재산분할은 부부가 혼인 중에 취득한 실질적인 공동재산을 청산, 분배하는 것을 주된 목적으로 하는 제도로서 재산의 무상이전으로 볼 수 없으므로 그 이혼이 가장이혼으로서 무효가 아닌 이상 원칙적으로 증여세 과세 대상이 아님. 다만 민법 제839조의2 제2항의 규정 취지에 반하여 상당하다고 할 수 없을 정도로 과대하고 상속세나 증여세 등 조세를 회피하기 위한 수단에 불과하여 그 실질이 증여라고 평가할 만한 특별한 사정이 있는 경우에는 그 상당한 부분을 초과하는 부분에 한하여 증여세 과세 대상이 될 수 있음.

사안의 경우 ① 의사인 망인이 건강이 좋지 않자 원고가 부원장으로 재직하면서 병원 운영에 적극 관여하였고, 병원 부지 매수를 주도하여 병원 운영을 할 수 있는 기반을 마련하는 등 망인의 재산 증식에 상당한 기여를 한 점, ② 위 이혼 당시 위자료는 서로 청구하지 않기로 하였으므로 위 50억 원에는 위자료의 성격도 포함된 것으로 보이는 점, 원고와 망인 사이에 자녀가 없으므로 이혼 후의 부양적 요소가 더 강하게 요청될 수 있는 점 등을 고려하면 재산분할액이 과대하다고 단정하기는 어려운 점, ③ 이 사건 이혼을 가장이혼이라는 취지로 세무서에 진정을 제기한 소외인도 망인에게 원고에 대한 재산분할이 과다하지 않다는 내용의 편지를 보낸 적도 있는 점, ④ 원고는 지속적인 괴롭힘을 당하는 것에서 벗어나고 사후에 재산분쟁을 피하기 위하여 이 사건 이혼 및 재산분할을 한 것으로 보이는 점 등을 고려하면 위 재산분할이 상당하다고 할 수 없을 정도로 액수가 과대하다거나 조세를 회피하기 위한 수단에 불과하다고 보기는 어려움.

따라서 이와 같은 전제에서 이루어진 위 증여세 부과 처분은 위법한 바 취소되어야 함.

Ⅱ 해설

1. 재산분할 및 위자료와 증여세

가. 의 의

부부가 이혼을 하면서 어느 일방이 상대방에게 재산분할이나 위자료의 명목으로 재산을 이전하였을 때 그것을 증여로 볼 수 있는지 여부가 문제된다. 증여는 대가를 수령하지 않고 재산을 이전하는 것인데, 재산분할이나 위자료 역시 대가를 수령하지 않기 때문에 외형적으로 유사하다. 그러나 이러한 유사성에도 불구하고 법원이나 과세관청은 통상 이를 증여에 해당하지 않는다고 파악하는데, 재산분할이나 위자료는 기본적으로 공동으로 이룩한 재산에 대하여 실질적인 몫을 되돌려 주거나 정신적 손해에 대한 배상의 성격이므로 증여와 동일하다고 볼 수는 없다고 보기 때문이다.[81]

다만, 재산분할이든 위자료든 정당한 범위를 초과하여 이를 빌미로 과다한 재산이 이전되는 경우, 특히 가장이혼을 통하여 재산분할이나 위자료의 명목으로 거액의 증여가 이루어지는 경우 증여세를 부과할 필요가 있다.

나. 과세요건

상증세법은 배우자 또는 직계존비속에게 양도한 재산은 양도자가 그 재산을 양도한 때에 그 재산의 가액을 배우자 또는 직계존비속이 증여받은 것으로 추정하는 규정을 두고 있다(상증세법 제44조 제1항). 따라서 재산분할이나 위자료 명목으로 거액의 증여가 이뤄진다면 과세관청은 위 규정을 이용하여 용이하게 과세할 수 있다. 한편, 납세자는 진정한 이혼의사의 합치에 따른 이혼에 해당하며, 정당한 범위 내의 재산의 이전임을 논거로 증여 추정에서 벗어나기 위해 주장할 것이다.

---

81) 강석규, 앞의 책, pp.1302~1303 참조.

다. 가장이혼의 효력

배우자 간 이혼이 가장이혼에 해당한다면 무효가 될 것이므로, 원래의 법률관계로 돌아가 망인의 사망에 따른 상속세나 배우자 간 재산 양도에 따른 증여세를 부과할 수 있다. 가장이혼 해당 여부는 '배우자 간에 법률상 부부관계를 해소하려는 의사의 유무'에 따라 결정될 것인데, 이러한 의사는 주관적 사실이므로 직접적인 증거에 의해 입증하는 것은 불가능하고, 이혼을 하게 된 동기나 원인, 경과 등 제반사정을 종합적으로 고려하여 판단할 수밖에 없다.

다만 대법원은 "혼인 및 이혼의 효력발생여부에 관하여 형식주의를 취하는 법제 하에서는 이혼 신고의 법률상 중대성에 비추어 볼 때, 협의이혼의 이혼의사는 법률상 부부관계를 해소하려는 의사를 말하므로 일시적으로나마 당사자 간의 합의 하에 협의이혼신고가 된 이상 다른 목적이 있더라도 양자 간에 이혼의사가 없다고 말할 수 없고, 이와 같은 협의이혼은 무효로 되지 아니한다(대법원 1993. 6. 11. 선고 93므171 판결)"고 하여 형식적 요건을 중시하고 있다.

문제는 망인의 사망이 임박한 시점에 이혼을 하였다거나, 이혼 후에도 동거를 하면서 사실혼 관계를 유지한 경우에도 이혼의사가 인정될 수 있는지 여부인데, 대법원은 위와 같은 다른 목적이 인정되는 경우에도 가장이혼에 해당하지는 않는다고 보고 있다(대법원 2013. 2. 28. 선고 2012다82084 판결).

라. 액수의 과다 여부 판정 시 고려사항

과세관청 입장에서는 설령 가장이혼에 해당하지 않는다고 하더라도, 재산분할액이나 위자료 액수가 정당한 범위를 초과하여 과다하다고 인정될 경우에는 초과분에 한하여 증여세를 부과할 필요가 있다. 정당한 범위는 일의적으로 단정하기는 어려우며, 구체적 사실관계와 제반사정을 고려하여 법원의 합리적 판단에 의하여 개별적으로 해결될 수밖에 없다. 대법원은 "그 취지에 반하여 상당하다고 할 수 없을 정도로 과대하고 상속세나 증여세 등 조세를 회피하기 위한 수단에 불과하여 그 실질이 증여라고 평가할 만한 특별한 사정

이 있는 경우에는 상당한 부분을 초과하는 부분에 한하여 증여세 과세대상이
될 수 있다"고 판시하였다(대법원 2017. 9. 12. 선고 2016두58901 판결).

재산분할은 부부가 혼인 중에 취득한 실질적인 공동재산을 청산·분배하
는 것을 주된 목적으로 하는 것이므로, 액수의 합리성을 판단하기 위하여는
공동재산에 대한 타방 배우자의 기여도가 중요하다. 위자료는 정신적 손해에
대한 배상이므로 결혼생활 등 관련 제반사정이 고려된다.

마. 정당한 범위의 의미

정당한 범위에 해당하는지 여부는 구체적인 사실관계와 제반사정을 고려
하여 사안마다 개별적으로 판단되므로 명확하고 일관된 기준을 산정하기는
어렵다.

한편, 과거에는 재산분할로 인하여 상속세 배우자공제액을 초과하는 재
산을 취득하는 경우 그 초과분은 증여로 본다는 구 상속세법 규정이 있었다.
즉 초과분 전체를 증여로 의제함으로써 재산분할로 인한 증여세 회피를 원천
봉쇄한 것으로, 정당한 범위에 해당하는지 여부 및 조세회피 여부 등을 따질
필요가 없었다.

💬 구 상속세법(1994.12.22. 법률 제4805호로 개정되기 전의 것)

제29조의2(증여세 납세의무자)

① 다음 각 호의 1에 해당하는 자는 이 법에 의하여 증여세를 납부할 의무가
  있다.

  1. 타인의 증여(증여자의 사망으로 인하여 효력이 발생하는 증여를 제외하며, 이
     혼한 자의 일방이 민법 제839조의2 또는 동 법 제843조의 규정에 의하여 다른
     일방으로부터 재산분할을 청구하여 제11조 제1항 제1호의 규정에 의한 금액을
     초과하는 재산을 취득하는 경우로서 그 초과부분의 취득을 포함한다. 이하 같
     다)에 의하여 재산을 취득한 자(영리법인을 제외한다)로서 증여받을 당시
     국내에 주소를 둔 자

그러나 헌법재판소는 위 조항에 관하여 "이혼 시의 재산분할제도는 본질적으로 혼인 중 쌍방의 협력으로 형성된 공동재산의 정산이라는 싱격에, 부양적 성격이 보충적으로 가미된 제도어서 재산의 무상취득을 과세원인으로 하는 증여세를 부과할 여지가 없으며, 설령 증여세나 상속세를 면탈할 목적으로 위장이혼 하는 것과 같은 경우에 증여와 동일하게 취급할 조세정책적 필요성이 있다 할지라도, 그러한 경우와 진정한 재산분할을 가리려는 입법적 노력 없이 반증의 기회를 부여하지도 않은 채 상속세 인적공제액을 초과하는 재산을 취득하기만 하면 그 초과부분에 대하여 증여세를 부과한다는 것은 증여세제의 본질에 반하여 현저히 불합리하고 자의적이며 조세법률주의에 위배된다"고 판시하며 위헌결정을 내렸다(헌재 1997. 10. 30. 96헌바14 전원재판부).

이후 재산분할 등은 원칙적으로 증여세 과세 대상이 아니되 정당한 범위를 초과하는 경우 그 초과분에 대하여 예외적으로 증여세를 부과할 수 있으며, 그 판단은 사안마다 개별적으로 달리 판단하여야 한다는 법리가 자리 잡게 되었다. 결국 정당한 범위를 정하는 문제는 조세쟁송을 통하여 법원의 판단에 의하여 해결되는 수밖에 없다.[82]

2. 이 사건의 분석

사안과 같은 이혼에 따른 재산분할 및 위자료에 대한 증여세 과세 가부에 대한 다툼은 민법상 이혼의 의사 및 효력, 증여세 과세 원칙과 예외, 입증책임과 증명의 정도, 경험칙에 따른 제반사정, 액수의 과다 여부, 상속세 및 증여세액 계산에 따른 정당한 범위 초과 및 조세회피 여부 등을 종합하여 판단되어야 하고, 실무상 자주 문제가 되는 부분이다.

망인의 사망이 임박한 시점에 이혼을 하였다거나, 이혼 후에도 동거를 하면서 사실혼 관계를 유지한 경우에도 이혼의사가 인정될 수 있는지 여부가 문

---

82) 강석규, 앞의 책, p.1303 참조.

제된 사안에서, 대법원은 '다른 목적'이 인정되는 경우에도 가장이혼에 해당하지는 않는다고 보고 있다. 사안에서도 대법원은 가장이혼으로서 무효가 되려면 '누구나 납득할 만한 특별한 사정'이 있어야 한다고 하여 배우자 간 이혼의사가 인정되는 이상 다른 목적이 끼어있더라도 이혼의 효력을 부인하기 어려움을 내포했다.

이혼에 관하여는 민법상 당사자의 의사를 존중하여 법률상 이혼의 효력을 인정하고 따라서 그에 따른 재산분할은 원칙적으로 증여세 과세 대상이 아니라고 전제한 다음, 가장이혼으로서 무효가 되려면 '누구나 납득할 만한 특별한 사정'이 있어야 한다고 하여 배우자 간 이혼의사가 인정되는 이상 다른 목적이 끼어있더라도 이혼의 효력을 부인하기 어렵다고 본 것이다. 이혼의 효력에 관한 민법상의 법률관계를 존중한 것으로 기존의 법리를 재확인한 것이라고 볼 수 있다.

재산분할액의 과다 여부에 관하여 기존 대법원은 "그 취지에 반하여 상당하다고 할 수 없을 정도로 과대하고 상속세나 증여세 등 조세를 회피하기 위한 수단에 불과하여 그 실질이 증여라고 평가할 만한 특별한 사정이 있는 경우에는 상당한 부분을 초과하는 부분에 한하여 증여세 과세대상이 될 수 있다"고 판시한 바 있다. 이 사안에서도 법원은 재산분할액이 과대하거나 조세회피의도가 있는 경우 예외적으로 증여세를 과세할 수 있지만, 이 사건의 경우 정당한 범위 내의 재산 이전으로서 증여세를 부과한 것으로서 위법하다고 판시하면서 근거로 원고가 재산증식에 기여한 점, 위자료가 포함된 점 등을 들었다. 액수가 다소 과다하다고 볼 여지가 있으나 당사자의 이혼의사에 따른 재산분할의 효력을 조금 더 존중한 판결이다.

한편, 재산분할과 관련하여 양도소득세 과세 또한 문제될 수 있는데, 마찬가지의 법리로 이혼 시 재산분할은 재산의 유상양도가 아니므로 양도차익 산정 및 양도소득세 부과가 불가하다는 판시가 있다(대법원 2019. 2. 18. 선고 2018두62072 판결). 즉 이혼 시 재산분할의 방법으로 부부 일방의 소유명의로 되어있던 부동산을 상대방에게 이전한 것은 재산의 유상양도라고 할 수 없으므로, 재산분할로 인하여 이전받은 부동산을 그 후에 양도하는 경우 그 양도차익 산정의 기준이 되는 취득시기는 재산분할을 원인으로 한 소유권이전시가 아니라 최초의 취득시라는 의미이다.

이혼에 따른 재산분할과 위자료 등의 기본적 속성에 기인한 것으로 어느 정도 불가피한 측면이 있다. 결국 정당한 범위를 정하는 문제는 조세쟁송을 통하여 법원의 합리적·재량적 판단에 의하여 해결되는 수밖에 없는 것이다. 다만 예측가능성 및 납세자의 권리구제 등을 위하여 지속적인 사례 연구를 통해 정당한 범위에 관한 일응의 기준을 마련할 필요가 있다고 할 것이다.

3. 관련 사례 등

가. 판 례

중혼적 사실혼은 법률혼에 준하는 보호를 해야 할 특별한 사정이 있다고 볼 수 없음(대법원 2017. 12. 21. 선고 2017두60710 판결)
차입 후 변제한 금액은 증여로 볼 수 없으며, 사실혼관계 청산합의서는 복사본으로 실제로 작성한 여부를 확인할 수 없을 뿐만 아니라 중혼적 사실혼은 법률혼에 준하는 보호를 해야 할 특별한 사정이 있다고 볼 수 없어 위자료 및 양육비 명목으로 지급한 금액은 증여세 과세함.

나. 관련 예규 등

법원의 이혼조정 판결에 따라 배우자로부터 위자료 또는 재산분할에 따른 대가를 지급받는 경우로서 법률상 이혼하지 않은 경우 무상으로 지급받은 금전은 증여세 과세대상임(법령해석재산-93, 2015. 5. 22.)
거주자가 이혼 및 위자료 등의 사건 소송에 대한 법원의 조정조서에 따라 해당 소송을 취하하고 배우자로부터 일정액의 금전을 지급받기로 하면서 향후 이혼과 관련하여 위자료와 재산분할 명목의 금전적 청구를 하지 아니하기로 한 경우 해당 거주자가 배우자로부터 받은 해당 금전은 증여세가 과세됨.

31

증여계약의 취소와 후발적 경정청구

– 서울행정법원 2017. 11. 23. 선고 2017구합54036 판결 –

» 국세기본법 제45조의2 제2항은 '과세표준신고서를 법정신고기한까지 제출한 자 또는 국세의 과세표준 및 세액의 결정을 받은 자는 다음 각 호의 어느 하나에 해당하는 사유가 발생하였을 때에는 그 사유가 발생한 것을 안 날부터 3개월 이내에 결정 또는 경정을 청구할 수 있다'라고 '후발적 경정청구 제도'를 규정하면서, 제1호에서 '최초의 신고 · 결정 또는 경정에서 과세표준 및 세액의 계산 근거가 된 거래 또는 행위 등이 그에 관한 소송에 대한 판결에 의하여 다른 것으로 확정되었을 때'를 규정하고 있음. 이 사안은 공시송달에 의한 별건의 민사판결(기망에 의한 증여계약 취소판결)에서 과세표준 및 세액의 계산근거가 된 행위와 양립할 수 없는 반대사실이 확정된 사례로서, 증여계약의 취소와 후발적 경정청구 제도, 더 나아가 증여받은 재산의 반환 및 재증여 문제 일반에 대하여 검토해보고자 함.

🗨 상속세 및 증여세법

제44조(배우자 등에게 양도한 재산의 증여 추정)

① 배우자 또는 직계존비속(이하 이 조에서 "배우자 등"이라 한다)에게 양도한 재산은 양도자가 그 재산을 양도한 때에 그 재산의 가액을 배우자 등이 증여받은 것으로 추정하여 이를 배우자 등의 증여재산가액으로 한다.

② 대통령령으로 정하는 특수관계인에게 양도한 재산을 그 특수관계인(이하 이 항 및 제4항에서 "양수자"라 한다)이 양수일부터 3년 이내에 당초 양도자의 배우자 등에게 다시 양도한 경우에는 양수자가 그 재산을 양도한 당시의 재산가액을 그 배우자 등이 증여받은 것으로 추정하여 이를 배우자 등의 증여재산가액으로 한다. 다만, 당초 양도자 및 양수자가 부담한 「소

득세법」에 따른 결정세액을 합친 금액이 그 배우자 등이 증여받은 것으로 추정할 경우의 증여세액보다 큰 경우에는 그러하지 아니하다.

③ 해당 재산이 다음 각 호의 어느 하나에 해당하는 경우에는 제1항과 제2항을 적용하지 아니한다.

　　1. 법원의 결정으로 경매절차에 따라 처분된 경우

　　2. 파산선고로 인하여 처분된 경우

　　3. 「국세징수법」에 따라 공매된 경우

　　4. 「자본시장과 금융투자업에 관한 법률」 제9조 제13항에 따른 증권시장을 통하여 유가증권이 처분된 경우. 다만, 불특정 다수인 간의 거래에 의하여 처분된 것으로 볼 수 없는 경우로서 대통령령으로 정하는 경우는 제외한다.

　　5. 배우자 등에게 대가를 받고 양도한 사실이 명백히 인정되는 경우로서 대통령령으로 정하는 경우

④ 제2항 본문에 따라 해당 배우자 등에게 증여세가 부과된 경우에는 「소득세법」의 규정에도 불구하고 당초 양도자 및 양수자에게 그 재산 양도에 따른 소득세를 부과하지 아니한다.

🗨 국세기본법

제45조의2(경정 등의 청구)

② 과세표준신고서를 법정신고기한까지 제출한 자 또는 국세의 과세표준 및 세액의 결정을 받은 자는 다음 각 호의 어느 하나에 해당하는 사유가 발생하였을 때에는 제1항에서 규정하는 기간에도 불구하고 그 사유가 발생한 것을 안 날부터 3개월 이내에 결정 또는 경정을 청구할 수 있다.

　　1. 최초의 신고·결정 또는 경정에서 과세표준 및 세액의 계산 근거가 된 거래 또는 행위 등이 그에 관한 소송에 대한 판결(판결과 같은 효력을 가지는 화해나 그 밖의 행위를 포함한다)에 의하여 다른 것으로 확정되었을 때

I 대상판결의 개요

1. 사실관계의 요지

주식회사 A는 의류판매 등을 하는 법인이고, 원고 甲은 A 회사의 사내이사로서 대표자임.

관할 세무서장은 甲의 처 乙 소유의 A 회사 주식 중 약 9,000주가 甲에게 양도된 사실을 확인한 후, 甲이 위 주식을 증여받은 것으로 추정하여 甲에게 증여세를 부과하였으며, 甲은 이를 납부함.

그 후 甲 및 乙이 丙을 상대로 제기한 별건의 민사소송에서 '丙의 사기에 의하여 위 주식을 포함한 A 회사 주식 약 18,000주를 증여하였는데 위 증여를 취소하여 위 주식에 관한 소유권이 甲 및 乙의 소유로 회복되었으므로 甲은 A 회사 주식 약 42,000주의, 乙은 A 회사 주식 약 12,000주의 주주임을 확인한다'는 내용의 민사판결이 확정됨.

이에 따라 甲은 관할 세무서장에게 위 증여세에 대한 후발적 경정청구를 하였으나, 관할 세무서장은 이를 거부하였음.

2. 원고의 주장

甲은 별건의 민사판결에서 위 과세처분의 근거가 된 행위(乙이 甲에게 A 회사 주식을 증여하였다)와 양립할 수 없는 반대사실(乙은 甲을 거쳐 丙에게 A 회사 주식을 증여하였는데 이는 사기에 의한 것이어서 위 증여를 취소하므로, 乙은 A 회사 주식의 주주임을 확인한다)이 확정되었고, 국세기본법 제45조의2 제2항 제1호 소정의 판결에서 '공시송달'에 의한 판결을 배제하고 있지 아니한 이상, 甲의 후발적 경정청구를 거부한 위 처분은 위법함.

3. 판결 요지

가. 제1심의 판단(원고 승소)

① 당초 甲이 처 乙로부터 위 주식(약 9,000주)을 무상양도 받았음을 전제로 甲에게 증여세 부과처분이 이루어졌던 점, ② 위 무상양도는 甲 및 乙이 丙으로부터 기망당하여, 乙은 甲을 거쳐 甲과 乙의 각 약 9,000주 합계 약 18,000주가 丙에게 이전됨에 따라 이루어진 것인 점, ③ 위 분쟁에 관한 소송인 민사소송에서는 '丙이 乙로부터 위 주식을 증여 받았는데 위 증여는 丙의 사기에 의한 것이어서, 乙은 위 소송에서 위 증여를 취소하여 위 주식이 乙의 소유로 복귀되었으므로, 乙은 A 회사의 주식 약 12,000주(위 주식 포함)의 주주임을 확인한다'는 내용이 확정된 점, ④ 그런데 위와 같이 '위 주식이 최초 乙로부터 甲을 거쳐 丙에게 증여되었다가 위 증여가 취소되어 다시 乙 소유로 되었다'는 위 민사판결의 내용은 '위 주식이 乙로부터 甲에게 무상양도되었다'는 증여세 부과처분의 전제 사실과 모순되는 점 등 제반 사정에 비추어 보면, 위 민사판결이 확정됨으로써 증여세 부과처분은 그 과세표준 및 세액 산정의 기초가 된 乙로부터 甲에 대한 증여의 존부나 그 법률효과 등이 다른 내용의 것으로 확정되어 정당하게 유지될 수 없게 된 것이므로, 甲의 경정청구를 거부한 피고의 거부처분은 위법함.

Ⅱ 해설

1. 증여계약의 취소와 후발적 경정청구

가. 개 요

국세기본법 제45조의2 제2항은 '과세표준신고서를 법정신고기한까지 제출한 자 또는 국세의 과세표준 및 세액의 결정을 받은 자는 다음 각 호의 어느 하나에 해당하는 사유가 발생하였을 때에는 제1항에서 규정하는 기간[83]에

---

83) 법정신고기한이 지난 후 5년 이내.

도 불구하고 그 사유가 발생한 것을 안 날부터 3개월 이내에 결정 또는 경정을 청구할 수 있다'고 규정하면서 제1호에서 '최초의 신고·결정 또는 경정에서 과세표준 및 세액의 계산 근거가 된 거래 또는 행위 등이 그에 관한 소송에 대한 판결(판결과 같은 효력을 가지는 화해나 그 밖의 행위를 포함한다)에 의하여 다른 것으로 확정되었을 때'를 규정하고 있다.

이처럼 후발적 경정청구제도를 둔 취지는 납세의무 성립 후 일정한 후발적 사유의 발생으로 말미암아 과세표준 및 세액의 산정기초에 변동이 생긴 경우 납세자로 하여금 그 사실을 증명하여 감액을 청구할 수 있도록 함으로써 납세자의 권리구제를 확대하려는 데 있다.[84]

여기서 말하는 후발적 경정청구사유 중 국세기본법 제45조의2 제2항 제1호 소정의 '거래 또는 행위 등이 그에 관한 소송에 대한 판결에 의하여 다른 것으로 확정된 때'는 최초의 신고 등이 이루어진 후 과세표준 및 세액의 계산 근거가 된 거래 또는 행위 등에 관한 분쟁이 발생하여 그에 관한 소송에서 판결에 의하여 그 거래 또는 행위 등의 존부나 그 법률효과 등이 다른 내용의 것으로 확정됨으로써 최초의 신고 등이 정당하게 유지될 수 없게 된 경우를 의미한다.

나. 판결이 공시송달에 의한 경우

조세법률주의의 원칙상 과세요건이거나 비과세요건 또는 조세감면요건을 막론하고 조세법규의 해석은 특별한 사정이 없는 한 법문대로 해석할 것이고 합리적 이유 없이 확장해석하거나 유추해석하는 것은 허용되지 않는다. 국세기본법 제45조의2 제2항 제1호는 그 문언상 경정청구 사유가 되는 판결의 종류에 대하여 아무런 제한을 두고 있지 않으며, 당사자의 소재불명으로 공시송달로 소송서류가 송달되고 변론이 진행된 판결도 그 효력에 있어서는 당사자가 출석하여 실질적인 변론을 거쳐 이루어지는 판결과 아무런 차이가 없다.

---

84) 자세한 논의는 [2] 유류분과 상속세 및 증여세의 경정 사례 참조.

또한 국세기본법 제45조의2 제2항 제1호는 판결뿐 아니라 판결과 동일한 효력을 가지는 화해나 그 밖의 행위도 모두 경정청구 사유로 포함시키고 있는데, 화해 등에 있어서도 과세표준 및 세액의 계산근거가 된 거래나 행위가 재판과정에서 제대로 다투어지지 않거나 결론에 이른 경위가 제대로 확인되지 않을 수도 있으므로, 위 조항이 공시송달로 소송서류가 송달되고 변론이 진행된 판결만을 제외하고 있다고 해석할 수는 없다.

더하여 공시송달로 소송서류가 송달되고 변론이 진행된 판결은 피고의 소재지가 제대로 파악되지 않을 경우에 이루어지는 것인데, 납세자인 원고가 이러한 공시송달에 의한 판결로는 경정청구를 할 수 없다고 해석한다면, 원고가 피고의 소재지를 제대로 확인할 수 없는 상황에서 피고의 소재지가 파악되지 않는다는 사정만으로 원고의 권리구제를 막는 것이 되어 불합리하고, 이는 납세자의 권리구제를 확대하려는 후발적 경정청구제도의 취지에도 반하므로, 위 민사판결이 공시송달에 의한 판결이라고 하여 국세기본법 제45조의2 제2항 제1호에서 제외된다고 볼 수는 없다.[85]

2. 증여받은 재산의 반환 및 재증여(상증세법 제4조 제4항)

가. 개 요

수증자가 증여받은 재산을 증여자에게 다시 증여하는 경우 민법상 각 시점마다 새로운 증여의 효력이 발생할 것이고, 증여자와 수증자가 합의하여 증여계약을 해제하고 증여재산을 증여자에게 되돌려주는 경우 민법상 소급효가 있어 당초 증여의 효력은 없어질 것이다.

재산을 증여한 후 증여세를 감소시킬 목적 등으로 증여자가 반환을 받고 다시 증여를 하는 사례를 방지하기 위하여 상증세법에서는 증여자에게 다시 증여하는 경우와 합의해제 등을 통해 증여자가 반환받는 경우에 그 재증여 또

---

85) 강석규, 앞의 책, pp.320~322 참조.

는 반환시기에 따라 증여세를 부과하도록 규정하고 있다.

　　다만 금전의 경우에는 일반적인 재화의 교환수단으로써 그 대상목적물이 특정되지 아니하는 등 증여받은 금전의 반환 여부를 현실적으로 파악하기가 어려운 점을 감안하여 그 시기에 관계없이 원래 증여분 및 반환(재증여)분에 대하여 모두 증여세를 부과한다.[86]

나. 신고기한 이내에 반환 또는 재증여하는 경우

　　증여를 받은 후 그 증여받은 재산(금전을 제외함)을 당사자 사이의 합의에 따라 증여세 신고기한(증여일이 속하는 달의 말일부터 3개월) 이내에 반환하는 경우에는 처음부터 증여가 없었던 것으로 본다. 다만 반환하기 전에 납기전 징수사유 등으로 증여세 과세표준과 세액의 결정을 받은 경우에는 당초 증여분에 대하여 증여세를 부과한다.

다. 신고기한 경과 후 3월 이내에 반환하는 경우

　　수증자가 증여받은 재산(금전을 제외함)을 증여세 신고기한 경과 후 3월 이내에 증여자에게 반환하거나 증여자에게 다시 증여하는 경우에는 그 반환하거나 다시 증여하는 것에 대하여는 증여세를 부과하지 아니하지만, 당초 증여분에 대해서는 증여세를 부과한다.

라. 신고기한 경과 후 3월을 지나서 반환하는 경우

　　증여세 신고기한의 다음날부터 3월을 지나서 반환하거나 재증여하는 경우에는 당초 증여분 및 반환·재증여분 모두가 증여세 과세대상이다.

---

86) 재산세과-452, 2011. 9. 27. 예규 참조.

마. 반환 및 재증여의 법적 의미

증여받은 재산을 증여자에게 다시 증여하거나 반환한다는 것은 당초 증여재산을 대가를 받지 않고 그대로 돌려주는 것을 말한다.

다만 상술한바와 같이, 금전의 경우에는 증여세 신고기한 이내에 되돌려주더라도 반환하는 재산에서 제외하고 있어 반환시기에 관계없이 당초 증여분 및 반환분 모두가 증여세 과세대상에 해당될 수 있다.

또한 명의신탁한 재산을 명의신탁자가 환원을 받는 경우 반환시기별로 증여세 과세여부를 판단하는 것이나, 명의신탁재산을 명의수탁자 명의로 된 상태에서 처분하고 그 매각대금을 회수하는 경우에는 반환에 해당하지 아니하므로 증여세 과세대상에 해당한다.[87][88]

3. 이 사건의 분석

가. 이 사안의 쟁점 등

위에서 살펴본 바와 같이 국세기본법은 과세표준신고서를 법정신고기한까지 제출한 자 또는 국세의 과세표준 및 세액의 결정을 받은 자가 최초의 신고·결정 또는 경정에서 과세표준 및 세액의 계산 근거가 된 거래 또는 행위 등이 그에 관한 소송에 대한 판결(판결과 같은 효력을 가지는 화해나 그 밖의 행위 포함)에 의하여 다른 것으로 확정되었을 때에는 그 사유가 발생한 것을 안 날부터 3개월 이내에 결정 또는 경정을 청구할 수 있도록 규정하고 있다.

사안에서는 별건의 민사소송에서 위 증여세 부과처분의 과세표준 및 세액의 계산근거가 된 행위와 양립할 수 없는 반대사실이 판결로 확정되었으나, 재판과정에서 원고가 주장하고 있는 기망을 당하여 증여하게 된 경위 등이 자세히 심리되지 아니한 채 공시송달에 의하여 판결이 선고·확정되었는데, 이

---

87) 최성일, 앞의 책, pp.520~525 참조.
88) 자세한 논의는 [38] 증여재산의 반환과 명의신탁 증여의제 사례 참조.

것이 국세기본법 제45조의2 제2항 제1호 소정의 후발적 경정청구 사유에 해당하느냐가 문제된 것이다.

이는 증여가 민법 제110조의 사기에 의한 의사표시로서 취소된 경우, 당초의 증여행위와 관련하여 부과된 증여세에 어떠한 효력을 미치는 가에 관한 문제로서 위에서 살펴본 상증세법 제4조 제4항 소정의 증여재산의 반환 및 재증여와는 다른 차원의 문제이다. 이에 대하여 상증세법에는 별도의 규정이 없고, 국세기본법 및 민법 등에 의하여 해결하여야 할 것인데, 국세기본법은 과세표준신고서를 법정신고기한까지 제출한 자는 과세표준신고서에 기재된 과세표준과 세액이 세법에 따라 신고하여야 할 과세표준과 세액을 초과한 때에는 법정신고기한이 지난 후 5년 이내에 경정 등의 청구를 할 수 있는 것으로 규정하고 있고, 또한 위에서 살펴본 바와 같이 판결 등으로 확정된 경우에는 위 5년의 기간에도 불구하고 그 사유를 안 날로부터 3개월 이내에 경정 등을 청구할 수 있도록 규정하고 있으나, 민법상의 사기, 강박, 법률행위 내용의 중요부분에 대한 착오 등에 의한 의사표시로서 취소된 경우에 후발적 경정청구의 사유가 되는지 여부에 대하여는 별도의 규정이 없으므로, 법률해석 등에 의하여 해결할 문제라고 할 것이다.

원칙적으로 취소된 법률행위는 처음부터 무효이므로(민법 제141조), 과세표준 및 세액산정의 기초가 된 증여행위가 다른 것으로 확정된 때에는 경정청구를 할 수 있다고 할 것이다. 그런데 당사자 간의 합의 하에 사기, 강박, 착오에 의한 의사표시라고 주장하면서 5년 이내에 언제든지 취소하여 이미 부과된 증여세에 대한 경정청구를 할 수 있다면 이는 전체 조세법 및 증여재산의 반환 및 재증여에 관한 상증세법 제4조 제4항의 취지에도 부합하지 않는 것이다. 이와 관련하여서는 증여자가 소유권이전등기까지 마친 다음 증여세가 부과되자 그 증여가 과세대상이 됨을 알지 못하였다 하여 착오를 이유로 증여계약을 취소하고 증여세 부과처분의 적법성을 다툰 경우, 이는 착오의 내용이나 취소의 목적에 비추어 그 실질에 있어서는 과세처분 후 증여계약의 합의해제로 볼 것이고 증여세 과세처분의 효력에 대하여도 증여계약의 합의해제의 법리가 적용되고 상증세법 제31조 제4항(현행법 제4조 제4항)에 따라 그 부과처분은 적법성을 다툴 수 없다는 판례(대법원 2005. 7. 29. 선고 2003두13465 판결 참조)가 있고, 제3의 채권자로부터 제기된 사해행위취소 소송으로 인하여 증여재산의 소유권이 환원된 경우에도 증여세를 부과한다는 예규(재재산 – 699, 2017. 10. 12. 참조)가 있는 반면, 국가가 사해행위취소소송을 제기하여 증여재산이 환원된 경우 증여세 부과처분은 부당하는 판례(대법원 2015. 9. 24. 선고 2015두44943 판결 참조)도 있다.

이를 종합하여 보면, 구체적인 사안에 따라 처음부터 증여행위가 취소할 수 있는 의사표시에 의한 것인지 여부를 판단하여 후발적 경정청구의 대상이 되는 것인지 아니면 실질적으로 그 이후의 사정에 의한 증여계약의 합의해제로 보아 증여재산의 반환 및 재증여에 관한 상증세법 제4조 제4항을 적용할 것인지 여부를 결정하여야 할 것이다. 결국 후발적 경정청구사유가 되려면 판결 등에 준하는 엄격한 증빙자료를 요한다고 할 것이고, 그 내용은 개별적 사안에 따라 달리할 것이다.

나. 관할 세무서장과 법원의 판단

이 사건 관할 세무서장은 위 민사판결이 丙의 소재불명으로 인하여 공시송달로 소송서류가 송달되고 변론이 진행된 결과 증여세 부과처분의 과세표준 및 세액의 근거가 된 거래나 행위가 재판과정에서 제대로 다투어지지 않았고 위 거래나 행위에 대하여 결론에 이른 경위가 쉽게 확인되지 않으므로 위 판결의 확정만으로 국세기본법 제45조의2 제2항 제1호 소정의 후발적 경정사유가 발생하였다고 볼 수는 없다고 주장하였다.

그러나 법원은 조세법률주의상의 엄격해석의 원칙에 따라, 공시송달에 의해 과세표준 및 세액의 계산근거가 된 행위와 양립할 수 없는 반대사실이 확정된 경우에도 적법한 후발적 경정청구 사유에 해당하므로, 이를 거부한 관할 세무서장의 처분은 위법하다고 판시하였다.

다. 판결의 의의 등

과세관청은 조세 부과처분의 과세표준 및 세액의 근거가 된 거래나 행위가 재판과정에서 제대로 다투어지지 않거나, 거래나 행위에 대하여 결론에 이른 경위가 쉽게 확인되지 않는 경우 국세기본법 제45조의2 제2항 제1호 소정의 후발적 경정사유가 발생하였다고 볼 수는 없다는 입장을 견지하고 있다. 이에 법원은 조세법률주의상의 엄격해석의 원칙에 따라, 화해나 공시송달에 의한 판결의 경우에도 적법한 후발적 경정청구 사유에 해당한다고 다른 입장을 취하고 있어, 구체적 입법 등을 통한 이에 대한 일률적인 해결이 필요한 부분이라 할 것이다.

4. 관련 사례 등

가. 판 례

국세기본법 제45조의2 제2항 제1호의 '판결' 관련 후발적 경정청구의 기산점은 '해당 사유가 발생하였다는 사실을 안 날'임(대법원 2017. 8. 23. 선고 2017두38892 판결)
법령에 대한 해석이 최초의 신고, 결정 또는 경정 당시와 달라졌다는 사유로 인한 후발적 경정청구의 경우, 그 기간의 기산점은 특별한 사정이 없는 한 '해당 사유가 발생하였다는 사실을 안 날'로 보아야 하는 것이지, '해당 사유가 후발적 경정청구사유에 해당하는지에 관한 판례가 변경되었음을 안 날'로 볼 것은 아님.

나. 관련 예규 등

해제조건부 증여의 경우 조건성립으로 증여재산을 반환하는 경우에도 당초 부과된 증여세는 취소되지 않는 것임(재산세과-145, 2011. 3. 18.)
증여세 과세대상이 되는 재산이 취득원인무효의 판결에 의하여 그 재산상의 권리가 말소되는 경우(형식적인 재판절차만 경유한 사실이 확인되는 경우는 제외) 및 증여세 과세표준 신고기한 이내에 증여받은 재산을 반환하는 경우에만 당초부터 증여가 없는 것으로 보는 것임.

32

특정법인과의 거래를 통한 이익의 증여의제 : 결손법인

– 서울고등법원 2019. 1. 16. 선고 2018누64766 판결 –

» 상증세법 제45조의5, 동법 시행령 제34조의4에서 규정하고 있는 결손법인과의 거래를 통한 이익의 증여의제 규정은 법인세를 납부하지 아니하면서도 당해 법인의 주주에게 경제적 이익을 주는 변칙적인 증여방법으로 이용되는 것을 막기 위해 도입되었음. 다만 관련규정이 여러 차례 개정됨에 따라 시행령 규정이 모법의 위임범위를 벗어난 것인지 추가적으로 문제되었는데, 법원은 2017년 전원합의체 판결을 통해 동 시행령 규정이 무효라고 판단하여 쟁점을 정리하였고 이에 대한 후속판결이 이어지고 있는 실정임. 사안 역시 개정 상증세법 시행령 조항에 따른 과세가 가능한지 여부가 문제된 사례로서, 그 과세요건 충족 여부에 관하여 상세히 검토하고자 함.

🗨 상속세 및 증여세법

제45조의5(특정법인과의 거래를 통한 이익의 증여 의제)

① 다음 각 호의 어느 하나에 해당하는 법인(이하 이 조 및 제68조에서 "특정법인"이라 한다)의 대통령령으로 정하는 주주등(이하 이 조에서 "특정법인의 주주 등"이라 한다)과 대통령령으로 정하는 특수관계에 있는 자가 그 특정법인과 제2항에 따른 거래를 하는 경우에는 거래를 한 날을 증여일로 하여 그 특정법인의 주주 등의 주식보유비율을 곱하여 계산한 금액을 그 특정법인의 주주 등이 증여받은 것으로 본다.

1. 대통령령으로 정하는 결손금이 있는 법인
2. 증여일 현재 휴업 또는 폐업 상태인 법인

② 제1항에 따른 거래는 다음 각 호의 어느 하나에 해당하는 것으로 한다.

   1. 재산이나 용역을 무상으로 제공하는 것

   2. 재산이나 용역을 통상적인 거래 관행에 비추어 볼 때 현저히 낮은 대가로 양도·제공받는 것

   3. 재산이나 용역을 통상적인 거래 관행에 비추어 볼 때 현저히 높은 대가로 양도·제공받는 것

   4. 그 밖에 제1호부터 제3호까지와의 거래와 유사한 거래로서 대통령령으로 정하는 것

③ 제1항에 따른 증여일의 판단, 특정법인의 이익의 계산, 현저히 낮은 대가와 현저히 높은 대가의 범위 및 그 밖에 필요한 사항은 대통령령으로 정한다.

I 대상판결의 개요

1. 사실관계의 요지

주식회사 A와 주식회사 B는 부동산 관련 사업을 하는 법인으로, 형제관계인 원고 甲, 乙과 그 부모인 丙, 丁은 위 회사 발행주식 100%를 소유하고 있음. A 회사의 경우 甲이 45%, 乙이 45%, 丙이 5%, 丁이 5%의 주식을, B 회사의 경우 甲이 25%, 乙이 25%, 丙이 35%, 丁이 15%의 주식을 보유하고 있음.

관할 관청은 2016. 9.경 원고들에 대한 증여세 조사를 실시한 후 丙이 2014년과 2015년에 A 회사와 B 회사에 각각 약 190억 원, 약 130억 원의 금전을 무상으로 대여한 것을 확인하였음. 이에 관할 관청은 주주인 원고들이 특정법인과의 거래를 통한 이익을 증여받은 것으로 보아, 각 회사의 이익을 산정한 후 원고들에 대한 증여재산가액을 산정하여 관할 세무서장에게 과세

자료를 통보하였음.

관할 세무서장은 원고 甲, 乙에 대하여 2014. 1. 1. 및 2015. 1. 1.에 각 3억 원씩(총합 각 6억 원)을 증여받은 것으로 보고 무상대여로 인한 증여이익을 산정한 후 이에 대한 증여세를 부과하였음.

2. 원고의 주장 요지

A 회사는 회계 및 세무상 이월결손금이 존재하는 '결손금이 있는 법인'에 해당하고, 위 회사에 재산의 무상제공이 있었던 경우이므로 A 회사에 대한 증여이익을 산정할 수 없는 경우에 해당함.

2014년 개정 후 상증세법 시행령 제31조 제6항은 2014. 2. 21. 개정되어 시행되었는데, 부칙 제2조에 따르면 2014년 개정 후 상증세법 시행령은 그 시행 후 증여받는 분부터 적용한다고 규정하고 있으므로 위와 같은 규정에 근거한 2014. 1. 1. 증여분에 대한 증여세 부과는 소급과세원칙에 위배됨.

또한 2014년 및 2015년 증여세 부과처분의 경우 위 상증세법 시행령 조항은 상증세법 제41조가 주주 등이 보유한 특정법인 주식 등의 가액 증가분의 정당한 계산방법에 관한 사항만을 대통령령에 위임하였음에도 불구하고 특정법인에 재산의 무상제공 등이 있으면 그 자체로 주주 등이 이익을 얻은 것으로 간주함으로써 주주 등이 실제로 얻은 이익의 유무나 다과와 무관하게 증여세 납세의무를 부담하도록 정하고 있어 모법의 규정취지에 반할 뿐 아니라 그 위임범위를 벗어나 무효이므로, 관할 세무서장의 위 증여세 부과처분은 위법함.

3. 판결 요지

가. 제1심 법원(피고 일부 승소)

(1) 위 회사들이 결손법인에 해당하는지 여부

결손금은 해당 사업연도에 속하는 손금의 총액이 그 사업연도에 속하는 익금의 총액을 초과하는 경우의 초과 금액인데, 위 회사들의 장부 등을 확인하여 보면 A 회사는 2014. 1. 1.과 2015. 1. 1. 기준 상증세법 제41조 제1항에 규정된 결손금이 있는 법인에 해당하지만, B 회사의 경우 결손금이 있는 법인에 해당하지 아니함.

(2) 2014년 귀속 증여세 부과처분의 적법 여부

다음의 사정, 즉 ① 개정 전 상증세법 시행령 제31조 제6항에서 결손금이 있는 법인의 경우에는 결손금을 이익의 한도로 한 점, ② 지배주주와 그 친족이 지배하는 영리법인의 주주 등에게 2014. 1. 1.을 기준으로 한 증여세 부과처분은 상증세법 제41조에서 정한 특정법인과 관련한 과세를 위한 시행령이 마련되지 않은 상태에서 과세를 위한 요건을 시행령에 위임한 위 법 규정만을 근거로 이루어진 것으로 조세법률주의나 소급과세금지 원칙 등에 비추어 위법한 점 등을 종합하여 보면, A 회사에 대한 2014년 귀속 증여세 부과처분은 위법함.

한편, B 회사는 지배주주와 그 친족의 주식보유비율이 50/100 이상인 법인으로서 결손금이 존재하지 아니하고, 휴·폐업 법인에도 해당하지 않으므로 상증세법 제41조 및 2014년 개정 후 상증세법 시행령 제31조에 의해 확대된 특정법인('흑자법인')에 해당하고, 丙이 위 회사에 대하여 금원을 무상으로 대여한 것은 위 규정들이 상정하는 거래를 한 경우에 해당하지만, ① 동 시행령은 2014. 2. 21. 비로소 마련되어 시행된 점, ② 동 시행령 부칙 제2조는 시행 후 증여받은 분부터 적용하도록 규정하고 있는 점 등을 종합하면, B 회사에 대한 2014년 귀속 증여세 부과처분은 위법함.

(3) 2015년 귀속 증여세 부과처분의 적법 여부

상증세법 제41조는 주주 등이 보유한 특정법인 주식 등이 이익을 얻었음을 전제로 하여 그 이익, 즉 '주주 등이 보유한 특정법인 주식 등의 가액 증가분'의 정당한 계산방법에 관한 사항만으로 대통령령에 위임한 규정이라 할 것인데, 2014년 개정 후 상증세법 시행령 제31조 제6항은 특정법인에 재산의 무상제공 등이 있으면 그 자체로 주주 등이 이익을 얻은 것으로 간주함으로써, 주주 등이 실제로 얻은 이익의 유무나 다과와 무관하게 증여세 납부의무를 부담하도록 정하고 있으므로 모법인 상증세법 제41조의 규정 취지에 반할 뿐만 아니라 그 위임범위를 벗어난 것으로서 무효임(대법원 2009. 3. 19. 선고 2006두19693 판결).

그러나 비록 2014년 개정 후 상증세법 시행령 제31조 제6항이 무효라고 하더라도 상증세법 제41조 제1항이 특정법인과의 거래 등을 통해 특정법인의 주주 등이 이익을 얻었음을 전제로 하여 그 특정법인의 주주 또는 출자자의 증여재산가액으로 증여세를 과세하고 있는 점 등을 고려하면, 2014년 개정 후 상증세법 시행령 제31조 제6항이 무효라고 하여 위 처분이 곧바로 위법하다고 할 수는 없고, 무상대여로 인하여 원고들이 보유한 위 회사들의 주식가치 증가가 있는지 여부를 살펴서 그 적법 여부를 판단하여야 할 것임.

원고들이 보유한 위 회사들의 주식은 비상장주식으로 그에 관한 객관적 교환가치를 적정하게 반영할 매매실례가 있는 것으로 보이지 않고 다른 방법으로 시가를 산정하기도 어려우므로, 주식의 가액은 상증세법상 보충적 평가방법에 의하여 산정하여야 할 것인데, 이에 따라 원고들의 주식가치 증가이익을 산정하면 각 5억 원 상당이라고 할 것임. 따라서 2015년 귀속 증여세 부과처분 중 이를 초과하는 부분은 위법하므로 취소되어야 함.

나. 항소심 법원(피고 일부 승소)

항소심 법원은 제1심의 판단을 인용하여 항소기각하였고, 현재 상고심에 계류중임.

Ⅱ 해설

1. 결손법인과의 거래를 통한 이익의 증여의제

가. 의 의

상증세법은 특정법인과 특수관계인 사이의 거래를 통한 특정법인의 주주에게 무상으로 이전되는 이익에 대해 증여로 의제한다(상증세법 제45조의5). 이는 결손법인이나 휴업법인과 같이 주식가치가 (−)이거나 거의 없는 특정법인에게 특수관계인이 거액의 자산을 증여하거나 특정법인의 채무를 면제하는 등의 방법으로 그 법인의 주주인 자녀들에게 이익을 분여하고, 이를 통해 법인세나 증여세의 부담 없이 주주인 자녀들에게 무상으로 부를 이전하는 행위에 대한 적정과세를 위하여 마련되었다.

나. 과세요건

결손법인과의 거래를 통한 이익은 ① 증여일 기준 결손법인에 해당하는 경우로서 ② 해당 법인의 최대주주 또는 지배주주 등의 특수관계인이 ③ 거래를 통하여 해당 법인에 재산을 증여하는 것으로 인정할 수 있고 그로 인한 증여이익이 일정 금액 이상인 경우 증여로 의제되어 과세된다(상증세법 제45조의5 제1항 제1호, 제2호).

(1) 결손법인이란 증여일이 속하는 사업연도까지 법인세법 시행령 제18조 제1항 제1호의 규정에 의한 결손금이 있는 법인으로, 이 경우 결손금은 상증세법 재산의 증여 등에 의한 결손금 보전 전의 것으로 하되, 증여일이 속하는 사업연도의 결손금은 상증세법 제45조의5 제1항의 규정에 의한 재산의 증여 등의 금액을 법인세법의 규정에 의하여 익금에 산입하기 전의 것으로 한다.

(2) 특수관계인의 범위를 살펴보면, 해당 법인의 지배주주 등과 ① 배우

자 또는 직계존비속이거나, ② ①에 해당하는 자가 최대주주 등으로
있는 법인을 의미한다.[89)

(3) 증여세 과세를 위해서는 결손법인과의 거래가 재산을 증여하는 것으
로 인정될 수 있어야 하는데, ① 재산이나 용역을 무상으로 제공하는
거래, ② 재산이나 용역을 통상적인 거래관행에 비추어 볼 때 현저히
낮은 대가로 양도·제공하거나 현저히 높은 대가로 양도·제공 받는
거래, ③ 당해 법인의 채무를 면제·인수 또는 변제하는 것, ④ 시가
보다 낮은 가액으로 현물출자하는 것을 의미한다.

다. 증여재산가액의 산정

증여재산가액은 특정법인이 얻은 이익에서 해당 이익에 대한 법인세 상
당액을 뺀 금액에 특정법인의 지배주주 등의 주식보유비율을 곱하여 산정한
다. 다만 그 금액이 1억 원 이상인 경우에만 증여세를 부과할 수 있다. 특정법
인이 얻은 이익은 거래의 종류에 따라 다를 수 있는데, 대표적으로 증여 등을
받은 재산의 경우 그 평가액은 일반적 상속·증여재산의 평가방법인 시가에
의하되 시가를 산정하기 어려운 경우 개별공시지가, 기준시가 등 보충적 평가
가액에 의한다.

라. 관련 규정의 변천

특정법인과의 거래를 통한 이익의 증여의제 규정은 1996. 12. 30. 법률
제5193호로 전면 개정 시 구 상속세 및 증여세법 제41조에 도입된 이래 아래
와 같이 수차례 개정되어 왔다. 관련 법령의 변천 과정은 다음과 같다.

---

89) 자세한 논의는 [22] 저가양수에 따른 이익의 증여 사례 참조.

(1) 2010년 이전

💬 구 상속세 및 증여세법(2003. 12. 30. 법률 제7010호로 개정되어 2010. 1. 1. 법률 제9916호로 개정되기 전)

제41조(특정법인과의 거래를 통한 이익의 증여 의제)

① 결손금이 있거나 휴업 또는 폐업중인 법인(이하 이 조에서 "특정법인"이라 한다)의 주주 또는 출자자와 특수관계에 있는 자가 당해 특정법인과 다음 각 호의 1에 해당하는 거래를 통하여 당해 특정법인의 주주 또는 출자자가 이익을 얻은 경우에는 그 이익에 상당하는 금액을 당해 특정법인의 주주 또는 출자자의 증여재산가액으로 한다.

1. 재산 또는 용역을 무상제공하는 거래
2. 재산 또는 용역을 통상적인 거래관행에 비추어 볼 때 현저히 낮은 대가로 양도·제공하는 거래
3. 재산 또는 용역을 통상적인 거래관행에 비추어 볼 때 현저히 높은 대가로 양도·제공받는 거래
4. 기타 제1호 내지 제3호와 유사한 거래로서 대통령령이 정하는 거래

② 제1항에서 규정하는 특정법인, 특수관계에 있는 자, 특정법인의 주주 또는 출자자가 얻은 이익의 계산, 현저히 낮은 대가 및 현저히 높은 대가의 범위에 관하여는 대통령령이 정하는 바에 의한다.

여기서는 특정법인이 완전자본잠식상태의 법인으로서 위의 이익을 받은 후에도 완전자본잠식상태를 벗어나지 못한 경우에도 그 주주 등이 이익을 받은 것으로 볼 수 있는지 여부가 문제되었다. 이에 대하여 대법원은 위 '증가된 주식 등의 1주당 가액'은 증여 등의 거래를 전후한 주식 등의 가액을 비교하여 산정하는 것이 타당한데, 거래를 전후하여 1주당 가액이 음수로 산정되는데도 이를 1주당 가액이 증가된 것으로 보는 것은 관계규정의 해석상 허용될 수 없다고 판시하였다(대법원 2006. 9. 22. 선고 2004두4727 판결).

💬 구 상속세 및 증여세법 시행령(2003. 12. 30. 대통령령 제18177호로 개정되어
2014. 2. 21. 대통령령 제25195호로 개정되기 전의 것)

제31조(특정법인과의 거래를 통한 이익의 증여 의제)

⑥ 법 제41조 제1항의 규정에 의한 이익은 다음 각호의 1에 해당하는 이익
(제1항 제1호의 규정에 해당하는 법인의 경우에는 당해 결손금을 한도로 한다)
제5항에 규정된 자의 주식 또는 출자지분의 비율을 곱하여 계산한 금액
(당해 금액이 1억원 이상인 경우에 한한다)으로 한다.

　　1. 재산을 증여하거나 당해 법인의 채무를 면제·인수 또는 변제하는 경우
　　　에는 증여재산가액 또는 그 면제·인수로 인하여 얻는 이익에 상당하는
　　　금액

　　2. 제1호 외의 경우에는 제3항의 규정에 의한 시가와 대가와의 차액에 상
　　　당하는 금액

이러한 문제점을 해소하기 위하여 2003. 12. 30. 개정된 동법 시행령 제
31조 제6항에서 '증가된 주식 등의 1주당 가액'이라는 문언을 삭제하여, 음수
의 절대치가 감소하는 수준에 머물더라도 증여세를 과세할 수 있도록 하였다.
그러나 이 규정에 대하여 법원은 개정법 제41조는 특정법인과의 재산의 무상
제공 등 거래를 통하여 최대 주주 등이 '이익을 얻은 경우'에 이를 전제로 그
'이익의 계산'만을 시행령에 위임하고 있음에도, 그 시행령 제31조 제6항은 특
정법인이 얻은 이익이 바로 '주주 등이 얻은 이익'이 된다고 보아 증여재산가
액을 계산하도록 하고 있는데, 결국 개정 시행령 제31조 제6항의 규정은 모법
인 법 제41조 제1항, 제2항의 규정취지에 반할 뿐만 아니라 그 위임범위를 벗
어난 것으로 무효라고 판시하였다(대법원 2009. 3. 19. 선고 2006두19693 전원합
의체 판결).

(2) 2010년 이후 ~ 2014년 이전

💬 구 상속세 및 증여세법(2010. 1. 1. 법률 제9916호로 개정되어 2011. 12. 31. 법률 제11130호로 개정되기 전의 것)

제41조(특정법인과의 거래를 통한 이익의 증여 의제)

① 결손금이 있거나 휴업 또는 폐업중인 법인(이하 이 조에서 "특정법인"이라 한다)의 주주 또는 출자자와 특수관계에 있는 자가 그 특정법인과 다음 각호의 어느 하나에 해당하는 거래를 통하여 그 특정법인의 주주 또는 출자자가 대통령령으로 정하는 이익을 얻은 경우에는 그 이익에 상당하는 금액을 그 특정법인의 주주 또는 출자자의 증여재산가액으로 한다.

1. 재산 또는 용역을 무상제공하는 거래

2. 재산 또는 용역을 통상적인 거래관행에 비추어 볼 때 현저히 낮은 대가로 양도·제공하는 거래

3. 재산 또는 용역을 통상적인 거래관행에 비추어 볼 때 현저히 높은 대가로 양도·제공받는 거래

4. 기타 제1호 내지 제3호와 유사한 거래로서 대통령령이 정하는 거래

② 제1항에서 따른 특정법인, 특수관계에 있는 자, 특정법인의 주주 또는 출자자가 얻은 이익의 계산, 현저히 낮은 대가 및 현저히 높은 대가의 범위는 대통령령으로 정한다.

이에 입법자는 구 상속세 및 증여세법 제41조 제1항 본문 중 "특정법인의 주주 또는 출자자가 이익을 얻은 경우에는"의 표현을 "특정법인의 주주 또는 출자자가 대통령령으로 정하는 이익을 얻은 경우에는"으로 개정하여 위임근거를 신설하여 이를 해소하고자 하였다.

2010년 과세관청의 상증세법 제41조 제1항의 개정을 통한 위임근거 신설에도 불구하고 위 시행령 규정에 관하여 모법의 위임범위를 벗어난 것인지에 대하여 다투어졌는데 대법원은 구 상증세법 제41조 제1항은 개정 전 법률조항과 마찬가지로 재산의 무상제공 등 특정법인과의 거래를 통하여 특정법인의 주주 등이 이익을 얻었음을 전제로 하여 그 이익, 즉 '주주 등이 보유한 특

정법인 주식 등의 가액 증가분'의 정당한 계산방법에 관한 사항만을 대통령령에 위임한 규정이라고 할 것이므로, 결손법인에 대한 증여가 없더라도 주주의 주식가액이 증가하지 않은 경우에는 주주가 얻은 증여이익이 없으므로 증여세를 부과할 수 없음에도 그 시행령 조항은 결손법인에 증여가 있으면 그 자체로 주주가 이익을 얻은 것으로 간주함으로써 주주가 실제로 얻은 이익의 유무나 다과와 무관하게 증여세 납세의무를 부담하도록 정하고 있으므로, 이는 모법의 취지에 반할 뿐만 아니라 위임범위를 벗어난 것으로서 여전히 무효라고 판시하였다(대법원 2017. 4. 20. 선고 2015두45700 전원합의체 판결).

(3) 2014년 이후 ~ 2016년 이전

2014년에는 특정법인의 범위를 일부 영리흑자법인까지 포함하는 내용으로 동법 조항이 개정된 바 있으며, 증여재산가액 산정방식에 관한 동법 시행령 조항도 일부 개정되었다. 그럼에도 불구하고 상증세법 제41조와 동법 시행령 제31조 제6항에 관하여 개정 전과 마찬가지로 이익을 간주하고 있다는 이유로 위임범위를 벗어나고 있다는 판시를 하급심 단계에서 받아오고 있다.

예를 들어 일부 하급심은 위 대법원 판결을 인용하면서, "특정법인이 특수관계자로부터 무상으로 금전을 대여 받음으로써 원고들이 실제로 얼마만큼의 주식 가치 증가 이익을 얻었는지와 무관하게 위 법률조항과 시행령 조항에 따라 원고들이 곧바로 위 대여금의 적정이자 상당의 이익을 얻은 것으로 본 위 처분은 무효인 위 시행령 조항에 근거한 것이어서 위법하다"는 판단을 하고 있다(서울행정법원 2018. 5. 4. 선고 2017구합69441 판결 등). 이는 2014년 개정 상증세법 시행령 제31조 제6항은 특정법인의 주주가 실제로 이익을 얻는지 여부와 무관하게 증여세를 부담하도록 하는 문제점을 동일하게 내포하고 있으므로, 시행령 조항이 무효이고 이에 따른 과세는 위법하다는 것이다.

한편 다른 하급심은 그렇다고 하여 증여세 부과를 전혀 할 수 없다는 것은 아니고, 법인에 대한 재산의 이전에 따른 주식의 가치상승분에 대하여는 별도의 가치평가를 통해 일부에 한하여 과세를 할 수 있다는 태도를 보이고 있다(서울행정법원 2018. 8. 23. 선고 2017구합84334 판결 등). 이러한 상반된 하급심의 판시는 상급 법원에 계류 중에 있으며 이러한 쟁점 및 결론을 정리하는 대법원의 판결이 주목된다.

(4) 2016년 이후

2015. 12. 15. 상증세법 제41조가 삭제되고 현행 제45조의5가 신설되었는데, 특정법인과의 거래를 통한 증여재산가액 산정규정을 증여의제규정으로 전환함으로써 위임의 범위에 관한 문제가 해소되었다. 따라서 2016. 1. 1. 이후의 증여분에 대하여는 현행 상증세법 제45조의5, 동법 시행령 제34조의4에 의한 증여세 과세가 가능하다.

2. 이 사건의 분석

2015. 12. 15. 상증세법이 개정되면서 특정법인이 이익을 얻은 경우 그 이익에 특정법인의 주주 등의 주식보유 비율을 곱하여 계산한 금액을 그 특정법인의 주주 등이 증여를 받은 것으로 의제하도록 규정함으로써 위임의 범위에 관한 문제는 해소된 것으로 보인다. 그러나 이 사건은 앞서 살펴본 2014년 개정 상증세법 및 동법 시행령 조항의 적용이 문제된 사안으로, 2016. 1. 1. 이전의 증여이므로 위임범위가 해소되지 않음에 따라 무효인 시행령 조항에 따른 과세의 적법 여부 및 이와 별도로 주식의 가치 상승분에 대한 증여세 과세의 가부가 문제되었다.

법원은 결손법인인 A 회사에 대한 증여세 부과처분의 적법 여부에 관하여 무효인 시행령 조항에 의한 과세는 불가능하지만, 재산의 증여로 인하여 원고들이 보유한 A 회사 주식의 가치 상승에 따른 이익은 상증세법상 보충적 평가방법에 따른 시가를 기준으로 하여 증여세를 과세할 수 있다고 판단하였다. 한편 흑자법인인 B 회사에 대하여는 2014년 증여분의 경우 시행령 조항이 2014. 2. 21.이 되어서야 마련된 점을 들어 소급과세금지 원칙을 이유로 위법하다고 본 반면, 2015년 증여분의 경우에는 A 회사와 마찬가지의 법리로 정당한 세액을 초과하는 부분에 한하여 위법하다고 판시하였다. 위 법원의 판시는 앞서 살펴본 엇갈리는 하급심의 판단 중 무효인 시행령 조항에 따른 증여세 과세는 불가하나 주식의 가치 상승분에 대하여는 별도의 증여세 과세가 가능하다는 입장에 서 있는 것으로 볼 수 있다.

이 부분에 대하여 앞에서 살펴본 바와 같이 하급심의 상반된 결론들이 있는데, 이를 정리하는 상고심의 판결이 주목된다.

3. 관련 사례 등

가. 판 례

조세회피목적 없이 경영정상화를 위해 결손법인에 채무면제한 경우 증여세 부과는 위법함 (대법원 2017. 4. 26. 선고 2016두56660 판결)
법인에 대한 채무면제행위 이후 주주의 주식가액이 0원인 경우에도 장래 주식가치가 증가될 가능성이 높다는 이유만으로 채무면제 등의 거래행위 당시 주주가 이익을 얻은 것으로 볼 수 없으며, 법인과 주주의 법인격이 구별되는 법체계에서 법인의 이익이 바로 주주의 이익으로 간주될 수 없음.

나. 관련 예규 등

특정법인이 아닌 영리법인이 재산을 증여받아 주식가치가 증가한 경우(재재산-976, 2012. 11. 29.)
특정법인에 해당하지 아니하는 법인이 당해 법인의 주주와 특수관계에 있는 자로부터 재산을 증여받음으로써 주식가치가 증가한 경우 당해 법인의 주주에게 증여세가 부과될지의 여부는 (의제규정이 아닌) 상증세법상 별도 유형의 과세대상인지를 구체적으로 사실 판단하여 결정할 사안임.

33

특정법인과의 거래를 통한 이익의 증여의제 : 흑자법인

– 서울행정법원 2018. 8. 23. 선고 2017구합84334 판결 –

» 상증세법 제45조의5, 동법 시행령 제34조의4에서 규정하고 있는 흑자법인과의 거래를 통한 이익의 증여의제 규정은 결손법인과 휴면·폐업법인 뿐만 아니라 정 상적인 흑자법인이 재산을 증여받아 그 주주 등이 이익을 얻은 경우에도 정당한 과세를 할 필요성이 있다는 취지에서 마련되었음. 다만 결손법인 사례와 마찬가 지로 여러 번의 개정에도 불구하고 동법 시행령의 위임범위 및 무효 여부가 계속 적으로 문제되고 있음. 사안은 흑자법인을 통해 이익을 얻은 주주에 대한 증여세 과세 가부가 문제된 건으로, 동법 시행령 조항의 무효에도 불구하고 과세 가부에 관한 하급심의 여러 판시가 나오고 있는바 구체적인 사례를 통해 검토하고자 함.

💬 상속세 및 증여세법

제45조의5(특정법인과의 거래를 통한 이익의 증여 의제)

① 다음 각 호의 어느 하나에 해당하는 법인(이하 이 조 및 제68조에서 "특정법 인"이라 한다)의 대통령령으로 정하는 주주 등(이하 이 조에서 "특정법인의 주 주 등"이라 한다)과 대통령령으로 정하는 특수관계에 있는 자가 그 특정법 인과 제2항에 따른 거래를 하는 경우에는 거래를 한 날을 증여일로 하여 그 특정법인의 주주 등의 주식보유비율을 곱하여 계산한 금액을 그 특정 법인의 주주 등이 증여받은 것으로 본다.

3. 증여일 현재 제1호 및 제2호에 해당하지 아니하는 법인으로서 제45조 의3 제1항에 따른 지배주주와 그 친족의 주식보유비율이 100분의 50 이상인 법인

I 대상판결의 개요

1. 사실관계의 요지

주식회사 A는 식품업체로, 2001. 7.경부터 A 회사가 발행한 주식 중 90%는 대표이사인 원고가, 나머지 10%는 원고의 형인 甲이 보유하고 있었는데, 甲은 2017. 6.경 자신의 보유분 중 50%를 원고에게, 나머지 50%를 원고의 자녀인 乙에게 각 증여하였음. 원고의 매형인 丙은 2015. 1.경 경기도 소재의 부동산을 A 회사에 증여하였고, A 회사는 위 부동산과 관련한 자산수증이익 약 10억 원을 반영하여 2015 사업연도 법인세 신고를 하였음.

관할 세무서장은 丙이 A 회사에 위 부동산을 증여한 것이 상증세법(2015. 12. 15. 법률 제13557호로 개정되기 전의 것) 제41조의 특정법인과의 거래를 통한 이익의 증여에 해당하는 것으로 보아 상증세법 시행령(2016. 2. 5. 대통령령 제26960호로 개정되기 전의 것) 제31조 제6항에 따라 산정한 약 9억 7천만 원을 증여재산가액으로 하여 원고에 대한 증여세 부과처분을 하였음.

2. 원고의 주장 요지

상증세법 제41조 제1항은 주주의 특수관계인이 특정법인에 재산을 무상제공하여 그 주주가 '대통령령으로 정하는 이익'을 얻은 경우 그 이익에 상당하는 금액을 주주의 증여재산가액으로 한다고 규정하고 있는데, 위 조항은 위와 같은 재산의 무상제공으로 인하여 주주의 주식가치가 증가된 경우 '그 가치 증가분'을 계산하는 방법을 대통령령에 위임한 것임.

그럼에도 상증세법 시행령 제31조 제6항은 위 '대통령령으로 정하는 이익'을 규정하면서 위와 같은 재산의 무상제공이 있는 경우 주주의 주식가치가 증가하였는지 여부를 불문하고 주주가 무상제공된 재산의 지분비율만큼 이익을 얻은 것으로 보고 있음.

따라서 구 상증세법 시행령 제31조 제6항은 위임 법률인 구 상증세법 제 41조 제1항의 위임범위에서 벗어나 무효이므로, 이에 근거하여 이루어진 증여 세 부과처분은 위법함.

3. 판결 요지(원고 승소)

가. 상증세법 시행령 제31조 제6항이 무효인지 여부

2003년 개정 법률 조항은 특정법인과의 일정한 거래를 통하여 최대주주 등 이 '이익을 얻은 경우'에 이를 전제로 그 '이익의 계산'만을 시행령에 위임하 고 있음에도 2003년 개정 시행령 조항은 특정법인이 얻은 이익이 바로 '주 주 등이 얻은 이익'이 된다고 보아 증여재산가액을 계산하도록 하였음. 이 러한 2003년 개정 시행령 조항은 모법인 2003년 개정 법률 조항의 규정 취 지에 반할 뿐만 아니라 그 위임범위를 벗어난 것임(대법원 2009. 3. 19. 선고 2006두19693 전원합의체 판결 등).

한편 2010년 개정 법률조항은 종전에 특정법인의 주주 등이 '이익을 얻은 경우'라고만 하던 것을 '대통령령으로 정하는 이익을 얻은 경우'로 그 문언 을 일부 변경하여 그 이익의 정당한 계산방법에 관한 사항을 대통령령에 위임하였음. 그러나 주주 등이 실제로 얻은 이익의 유무나 다과와 무관하게 증여세 납세의무를 부담하도록 정하고 있던 2003년 개정 시행령 조항이 존 치되었는바, 이러한 시행령 조항은 모법인 2010년 개정 법률 조항의 취지 에 반할 뿐만 아니라 그 위임범위를 벗어난 것으로서 그 법률 개정에도 불 구하고 여전히 무효라고 봄이 타당함(대법원 2017. 4. 20. 선고 2015두45700 전원합의체 판결 등).

이에 2014년 개정된 상증세법 제41조는 지배주주와 그 친족이 지배하는 일 부 영리법인을 특정법인에 포함시킴으로써 위 규정이 적용되는 흑자법인의 범위를 확대하고 있고, 2014년 개정된 상증세법 시행령 제31조 제6항은 그 이익을 '증여재산가액 등에서 납부 법인세액에 대한 소득금액 중 증여재산 가액 비율 상당액을 공제한 금액에 그 최대주주 등의 주식 등의 비율을 곱 하여 계산한 금액'으로 규정함. 상증세법 제41조는 문언의 일부 개정에도 불구하고 2003년 및 2010년 개정 법률 조항과 마찬가지로 그 이익의 정당한 계산방법에 관한 사항만을 대통령령에 위임하고 있으며, 동법 시행령 제31조 제6항은 동법의 특정법인 정의 확대 규정에 따른 법인세 공제로 내용이 일부 변경되었으나 주주 등이 실제로 얻은 이익의 유무나 다과와 무관하게 증여세 납부의무를 부담하도록 하여 2003년 개정 시행령 조항과 동일한 형식을 취함. 따라서 상증세법 시행령 제31조 제6항 역시 모법인 상증세법 제41조의 규정 취지에 반할 뿐만 아니라 그 위임범위를 벗어난 것으로서 무효라고 봄이 타당함.

나. 증여세 부과 처분의 적법 여부

위 부동산 증여 당시 시행되던 상증세법 시행령 제31조 제6항은 무효이므로, 위 시행령 조항을 적용하여 산정한 증여이익에 기초하여 원고에게 증여세를 과세할 수 없다고 할 것이나, ① 상증세법 제41조는 특정법인에 대한 증여를 통해 그 주주 등이 조세의 부담을 줄여 이익을 얻는 것을 방지하는데 그 입법취지가 있는 점, ② 상증세법 제41조 제1항은 특정법인의 주주 또는 출자자의 특수관계인이 그 특정법인에게 재산 등을 무상으로 제공하는 거래 등을 통해 주주 등이 이익을 얻었음을 전제로 하여 이익을 얻는 경우 증여세를 과세하도록 규정하고 있는 점, ③ 재산의 무상제공 등의 상대방이 특정법인인 이상 그로 인하여 주주 등이 얻을 수 있는 이익은 그 주식 등의 가액 증가분 외에 다른 것을 상정하기 어려운 점 등을 고려할 때, 위와 같이 상증세법 시행령 제31조 제6항이 무효라고 하여 처분이 곧바로 위법하다고 볼 수는 없고, 부동산의 증여로 인하여 원고가 보유한 A 회사의 주식가치 증가가 있는지 여부를 살펴서 그 적법 여부를 판단하여야 할 것임.

그런데 원고가 보유한 A 회사 주식은 비상장주식으로 그에 관한 객관적인 교환가치를 적정하게 반영할 매매사례가 있는 것으로 보이지 않고, 다른 방법으로 시가를 산정하기도 어려우므로, 위 주식의 가액은 상증세법 시행령 제54조에 따른 보충적 평가방법에 의하여 산정하여야 할 것인데, 이에 따라 산정한 위 부동산 증여 직전 사업연도 말 기준 A 회사 주식의 1주당 가액 및 증여 이후 가액을 근거로 계산하면, 원고가 얻은 이익은 약 4억 원이 되는데, 위 부동산의 증여로 인하여 원고가 얻은 이익이 과세관청이 처분을 함에 있어 원고의 증여재산가액으로 산정한 약 9억 7천만 원에 미치지 못하므로, 원고가 위 이익을 증여재산가액으로 보아 산정한 정당한 증여세를 초과하는 부분은 위법하여 취소되어야 함.

Ⅱ 해설

1. 흑자법인과의 거래를 통한 이익의 증여의제

가. 의 의

흑자법인과의 거래를 통한 이익은 ① 증여일 기준 흑자법인에 해당하는 경우로서 ② 해당 법인의 최대주주 또는 지배주주 등의 특수관계인이 ③ 거래를 통하여 해당 법인에 재산을 증여하는 것으로 인정할 수 있고 그로 인한 증여이익이 일정 금액 이상인 경우 증여로 의제되어 과세된다(상증세법 제45조의5 제1항 제3호).

(1) 흑자법인이란 증여일 현재 결손법인 또는 휴면, 폐업상태가 아닌 법인으로서 특수관계에 있는 법인과의 거래를 통한 이익의 증여의제규정(상증세법 제45조의3)에 따른 수혜법인의 지배주주와 그 지배주주의 친족의 주식보유비율(직접보유비율과 간접보유비율을 합하여 계산한 비율)이 100분의 50 이상인 법인을 의미한다. 다만 동 조항은 2014. 1. 1. 이후에 적용되므로, 1997. 1. 1.부터 2013. 12. 31.까지의 기간 중 특정법인은 결손법인과 휴면, 폐업상태인 비상장법인을 의미한다.

(2) 흑자법인의 특수관계인의 범위를 살펴보면, 해당 법인의 지배주주 등과 ① 배우자 또는 직계존비속이거나, ② ①에 해당하는 자가 최대주주 등으로 있는 법인을 의미한다(동법 시행령 제34조의4 제2항 제2호). 각 요건을 만족하는 특수관계인이 흑자법인에 대하여 재산의 무상 이전이 있어야 증여세를 부과할 수 있다.

(3) 증여세 과세를 위해서는 특정법인과의 거래가 재산을 증여하는 것으로 인정될 수 있어야 하는데, 동 조항에 따르면 ① 재산이나 용역을 무상으로 제공하는 거래, ② 재산이나 용역을 통상적인 거래관행에 비추어 볼 때 현저히 낮은 대가로 양도·제공하거나 현저히 높은 대가로 양도·제공 받는 거래, ③ 당해 법인의 채무를 면제·인수 또는 변제하는 것, ④ 시가보다 낮은 가액으로 현물출자하는 것을 의미한다.

나. 증여재산가액의 산정

2014. 1. 1. 이후 증여분부터 특정법인이 얻은 이익에서 해당 이익에 대한 법인세 상당액을 뺀 금액에 특정법인의 지배주주 등의 주식보유비율을 곱하여 증여재산가액을 계산한다. 다만 그 금액이 1억 원 이상인 경우에만 증여세를 부과할 수 있다. 특정법인이 얻은 이익은 거래의 종류에 따라 다를 수 있는데, 대표적으로 증여 등을 받은 재산의 경우 그 평가액은 일반적 상속·증여재산의 평가방법인 시가에 의하되 시가를 산정하기 어려운 경우 개별공시지가, 기준시가 등 보충적 평가가액에 의한다.

다. 관련 규정의 변천[90]

(1) 본 규정은 특정법인과의 거래를 통한 이익의 증여의제 유형 중 흑자법인을 이용한 증여회피시도를 방지하기 위해 2014년 도입되었다. 결손법인 또는 휴면법인을 의미하는 기존 규정의 '특정법인'에 '지배주주와 그 친족이 지배하는 영리법인'을 추가하여 과세대상을 흑자법인으로 확대하였고, 이익의 산정방식도 '특정법인이 재산 증여나 법인의 채무 면제·인수로 인하여 얻은 이익 중 그 이익에 해당하는 법인세 상당액을 차감한 금액'을 기준으로 하도록 함으로써 과세대상을 넓히고자 마련되었다.

---

90) 자세한 논의는 [32] 특정법인과의 거래를 통한 이익의 증여의제 : 결손법인 사례 참조.

(2) 다만 결손법인에 대한 증여세 과세와 관련하여 해당 법 조항(구 상증세법 제41조 제1항)과 시행령 조항(구 상증세법 시행령 제31조 제6항) 간의 위임의 적법 여부가 계속해서 다투어졌고, 시행령 조항이 주주 등이 실제로 얻은 이익의 유무나 다과와 무관하게 증여세 납세의무를 부담하도록 함으로써 위임범위를 여전히 벗어나고 있어 무효라고 판시하였다(대법원 2017. 4. 20. 선고 2015두45700 전원합의체 판결).

(3) 2014년 과세관청은 상증세법 제41조에는 특정법인에 흑자법인을 새로이 포함시켰고, 시행령 제31조 제6항은 그 이익을 '증여재산가액 등에서 납부 법인세액에 대한 소득금액 중 증여재산가액 비율 상당액을 공제한 금액에 그 최대주주 등의 주식 등의 비율을 곱하여 계산한 금액'으로 변경하여 동법과 시행령을 모두 개정하였다. 그럼에도 불구하고 상증세법 제41조는 증여의 계산방법만을 대통령령에 위임하는 반면, 상증세법 시행령 제31조 제6항은 개정 전과 마찬가지로 이익을 간주하고 있다는 이유로 위임범위를 벗어나고 있다는 판시를 받아왔다.

(4) 2015. 12. 15. 상증세법 제41조가 삭제되고 현행 제45조의5가 신설되었는데, 이에 따르면 특정법인이 이익을 얻은 경우 그 이익에 특정법인의 주주 등의 주식보유비율을 곱하여 계산한 금액을 그 특정법인의 주주 등이 증여를 받은 것으로 의제함으로써 위임의 범위에 관한 문제는 해소되었다. 따라서 2016. 1. 1. 이후의 증여분에 대하여는 결손법인이든 흑자법인이든 현행 상증세법 제45조의5, 동법 시행령 제34조의4에 의한 증여세 과세가 가능하다. 다만 그 이전의 증여분에 대하여는 여전히 시행령의 무효 여부 및 증여세 과세 가부에 대하여 계속해서 다퉈지고 있다.

라. 증여시기에 따른 과세 가부 검토

흑자법인과의 거래를 통한 2013. 12. 31. 이전 증여분은 원칙적으로 증여세 과세대상이 아니고, 다만 예외적으로 사업양수도나 법인의 조직변경 등이 해당하는 경우에는 구 상증세법 제42조 제1항 제3호에 따라 증여세 과세가 가능하다. 2014. 1. 1. 이후의 증여분은 과세요건을 만족할 경우 흑자법인이 재산을 증여받은 경우 해당 법인의 최대주주에게 증여세가 부과될 수 있다고 봄이 상당하다.

다만 그럼에도 불구하고 구 상증세법 시행령 제31조 제6항의 위임범위를 벗어나 무효인지 여부는 계속해서 다퉈지고 있는데, 위임 문제가 완전히 해소된 2016. 1. 1. 이전의 증여분에 대하여는 하급심에서 계속해서 다퉈지고 있다. 상증세법 제41조와 동법 시행령 제31조 제6항 간의 위임범위가 문제됨을 이유로 증여세 처분이 원천 무효라는 판단과, 주식의 가치 상승분만큼은 증여세를 과세할 수 있다는 취지의 하급심의 엇갈린 판시가 계속되고 있다.

2. 이 사건의 분석

이 사안과 같이 흑자법인이 재산을 증여받은 경우 해당 법인의 최대주주에게 증여세 과세의 적법 여부에 대한 다툼은 특정법인의 의미와 과세요건의 충족, 입법취지와 관련 규정의 변천, 시행령의 위임범위 일탈 여부, 완전포괄주의 규정과의 관계, 증여시기에 따른 과세 가부 및 방법 등을 종합하여 판단되어야 하며, 명시적인 대법원 판례가 없어 하급심에서 자주 다퉈지고 있다.

이 사안에 관한 법원의 판단을 살펴보면, 먼저 구 상증세법 시행령 제31조 제6항이 무효인지 여부를, 다음으로 이 사건 처분의 적법 여부 및 주식의 보충적 평가방법에 따른 정당한 세액을 검토하였다.

법원은 개정에도 불구하고 동법 시행령은 이익의 유무나 다과와 무관하게 증여세 납부의무를 부과하고 있는데 이는 시행령이 모법의 규정 취지에 반할 뿐만 아니라 위임범위를 벗어난 것으로서 무효라고 보았기 때문이다. 즉 위 부동산의 증여는 2015. 1.경에 이뤄졌으므로, ① 흑자법인은 과세대상이 되지만(2014. 1. 1. 이후), ② 위임 문제가 완전히 해소되지 않아(2016. 1. 1. 이전) 시행령의 위임 여부를 검토해야 한다는 것이다.

처분의 적법 여부에 관하여 법원은 무효인 시행령 조항에 의한 증여세를 과세할 수는 없으나, ① 상증세법 제41조와 동조 제1항은 주주 또는 출자자의 특수관계인이 재산의 무상이전을 통해 이익을 얻는 것에 대하여 증여세를 부과하는 데 목적이 있는 점, ② 재산의 무상제공 등의 상대방이 특정법인인 이상 그로 인하여 주주가 얻는 이익은 주식 등의 가액 증가분임이 명백한 점 등을 바탕으로 할 때, 위 부동산의 증여로 인하여 원고가 보유한 A 회사의 주식 가치 증가 여부를 살펴야 한다고 판시하였다. 이때 증여재산가액은 구 상증세법 제41조 제1항에 따른 이익 전체가 아니라 부동산의 증여에 따른 주식의 가치 상승에 따른 이익에 한정되며, 사안의 경우 비상장주식이므로 동법 시행령 제54조에 따른 보충적 평가방법에 의하여 계산하였다.

이와 같은 사안에 대하여, 하급심은 위 판결과 같이 흑자법인과의 거래를 통한 이익에 대하여 무효인 시행령 조항에 의한 증여세를 과세할 수는 없더라도 주식의 가치 상승에 대하여 별도로 과세할 수 있다는 판시도 있는 반면(서울행정법원 2018. 8. 23. 선고 2017구합84334 판결 등), 시행령 조항에 따른 과세가 불가능하다면 주식의 가치 상승에 대하여도 과세할 수 없으므로 증여세 부과처분 전부를 취소할 수밖에 없다는 판시도 있다(서울고등법원 2019. 3. 28. 선고 2018누76097 판결 등). 따라서 결손법인과의 거래를 통한 이익의 증여와 관련된 사례 [32]와 마찬가지로 이러한 상반된 하급심의 결론을 정리하는 대법원의 판결이 주목된다.

3. 관련 사례 등

가. 판 례

부동산 증여에 따른 법인의 주주가 보유한 주식가치 상승 이익에 대하여 증여세를 과세할 수 없음(대법원 2015. 10. 15. 선고 2013두13266 판결)

구 상증세법 제41조 제1항과 동법 시행령 제31조의 입법의도에 비추어 결손법인과의 거래로 인한 이익 중 결손금 초과 부분이나 휴업·폐업 법인을 제외한 결손금이 없는 법인과의 거래로 인한 이익에 대하여 구 상증세법 제2조 제3항의 증여 개념에 들어맞더라도 증여세를 과세할 수 없음.91)

---

91) 자세한 논의는 [17] 증여세의 완전포괄주의와 개별가액산정규정의 관계 사례 참조.

34

명의신탁 증여의제에서의 명의신탁 합의

– 대법원 2018. 8. 30. 선고 2018두43910 판결 –

» 상증세법 제45조의2에서 규정하고 있는 명의신탁 재산의 증여의제 규정은 명의 신탁을 이용한 각종 조세의 회피를 방지하여 조세평등과 조세정의를 달성하고자 하는 것으로서 제1항에서 토지와 건물은 제외하고 있기에 주로 문제되는 것은 명 의개서가 필요한 주식임. 이때 과세대상이 되는 주식의 명의신탁이란 신탁자와 수탁자의 의사합치에 의하여 이루어진 것이어야 함. 만약 수탁자의 동의 없이 신 탁자의 일방적인 의사에 의하여 명의신탁이 이루어진 경우에도 수탁자에게 증여 세를 부과한다면 이는 아무런 귀책사유가 없는 자에게 제재를 가하는 것으로서 부당하기 때문임. 따라서 실무에서는 수탁자가 주식의 명의신탁이 일방적으로 이 루어졌다는 점을 들어 다투는 경우가 많음. 사안은 주식의 명의신탁에서 신탁자 와 수탁자 사이에 명의신탁의 합의가 있었는지가 문제된 것으로 명의신탁 증여의 제의 성립 요건, 그 중에서도 명의신탁 합의에 대해 검토하고자 함.

●💬 상속세 및 증여세법

제45조의2(명의신탁재산의 증여 의제)

① 권리의 이전이나 그 행사에 등기 등이 필요한 재산(토지와 건물은 제외한다. 이하 이 조에서 같다)의 실제소유자와 명의자가 다른 경우에는 「국세기본법」 제14조에도 불구하고 그 명의자로 등기 등을 한 날(그 재산이 명의개서를 하여야 하는 재산인 경우에는 소유권취득일이 속하는 해의 다음 해 말일의 다음 날을 말한다)에 그 재산의 가액(그 재산이 명의개서를 하여야 하는 재산인 경우 에는 소유권취득일을 기준으로 평가한 가액을 말한다)을 실제소유자가 명의자 에게 증여한 것으로 본다. 다만, 다음 각 호의 어느 하나에 해당하는 경우 에는 그러하지 아니하다.

1. 조세 회피의 목적 없이 타인의 명의로 재산의 등기 등을 하거나 소유권을 취득한 실제소유자 명의로 명의개서를 하지 아니한 경우
2. 삭제
3. 「자본시장과 금융투자업에 관한 법률」에 따른 신탁재산인 사실의 등기 등을 한 경우
4. 비거주자가 법정대리인 또는 재산관리인의 명의로 등기 등을 한 경우

② 삭제

③ 타인의 명의로 재산의 등기 등을 한 경우 및 실제소유자 명의로 명의개서를 하지 아니한 경우에는 조세 회피 목적이 있는 것으로 추정한다. 다만, 실제소유자 명의로 명의개서를 하지 아니한 경우로서 다음 각 호의 어느 하나에 해당하는 경우에는 조세 회피 목적이 있는 것으로 추정하지 아니한다.

1. 매매로 소유권을 취득한 경우로서 종전 소유자가 「소득세법」 제105조 및 제110조에 따른 양도소득 과세표준신고 또는 「증권거래세법」 제10조에 따른 신고와 함께 소유권 변경 내용을 신고하는 경우
2. 상속으로 소유권을 취득한 경우로서 상속인이 다음 각 목의 어느 하나에 해당하는 신고와 함께 해당 재산을 상속세 과세가액에 포함하여 신고한 경우. 다만, 상속세 과세표준과 세액을 결정 또는 경정할 것을 미리 알고 수정신고하거나 기한 후 신고를 하는 경우는 제외한다.
   가. 제67조에 따른 상속세 과세표준신고
   나. 「국세기본법」 제45조에 따른 수정신고
   다. 「국세기본법」 제45조의3에 따른 기한 후 신고

④ 제1항을 적용할 때 주주명부 또는 사원명부가 작성되지 아니한 경우에는 「법인세법」 제109조 제1항 및 제119조에 따라 납세지 관할세무서장에게 제출한 주주 등에 관한 서류 및 주식등변동상황명세서에 의하여 명의개서 여부를 판정한다.

⑤ 삭제

⑥ 제1항 제1호 및 제3항에서 "조세"란 「국세기본법」 제2조 제1호 및 제7호에 규정된 국세 및 지방세와 「관세법」에 규정된 관세를 말한다.

⑦ 삭제

I 대상판결의 개요

1. 사실관계의 요지

주식회사 A는 1996. 12.경 설립되어 제조업 등을 영위하고 있는 비상장법인이고, 甲은 1999. 12.경 A 회사의 대표이사로 취임한 이래 현재까지 대표이사의 지위에 있는 자임.

甲은 A 회사를 100% 출자하여 설립하면서 당시 발행된 주식 10,000주 중 40%를 본인이 보유하고 나머지 60%는 타인에게 명의신탁하여 두는 등 A 회사의 설립 이래 현재까지 본인 명의 또는 타인 명의로 A 회사의 주식 전부를 보유하고 있음.

관할 세무서장들은 2000. 11.경 실시된 A 회사의 유상증자에서 신주를 배정하여 甲이 원고 戊에게 약 4,200주를, 원고 丁에게 약 5,500주를, 원고 丙에게 약 5,400주를 각 명의신탁하였고, 2006. 4.경 丁, 戊 명의로 보유하고 있던 주식 약 19,600주에 관하여 기존 명의신탁을 해지한 후 이를 다시 원고 乙에게 명의신탁하였다는 이유로 상증세법 제45조의2 제1항을 적용하여 증여세 과세표준을 산정한 다음 증여세를 부과하였음.

2. 원고의 주장 요지

원고들은 A 회사의 임직원 또는 甲의 처의 부탁을 받고 주민등록등본을 발급받아 교부하였던 것으로서, 당시 주민등록등본의 사용처에 관하여는 별다른 설명을 듣지 못하였고 인감도장이나 인감증명서 등 법률행위의 대리에 일반적으로 필요한 서류 등은 교부한 적도 없으므로, 원고들로서는 甲이 원고들의 주민등록등본을 이용하여 주식 명의신탁을 할 것으로 예상할 수도 없었음. 따라서 원고들과 甲 사이에 명시적 또는 묵시적 명의신탁의 합의가 존재하였다고 볼 수 없음.

3. 판결 요지

가. 제1심 법원(피고 승소)

상증세법 제45조의2 제1항의 증여의제 규정은 권리의 이전이나 행사에 등기 등을 요하는 재산에 있어서 실질소유자와 명의자가 합의 또는 의사소통 하에 명의자 앞으로 등기 등을 한 경우에 적용되는 것이므로 명의자의 의사와는 관계없이 일방적으로 명의자 명의를 사용하여 등기한 경우에는 적용될 수 없으며, 이 경우 과세관청이 그 실질소유자가 명의자와 다르다는 점만을 입증하면 그 명의자에로의 등기 등이 명의자의 의사와는 관계없이 실질소유자의 일방적인 행위로 이루어졌다는 입증은 이를 주장하는 명의자가 하여야 함(대법원 2008. 2. 14. 선고 2007두15780 판결 등 참조).

그런데 다음과 같은 사정, 즉 ① 원고들에게 이 사건 명의신탁에 필요한 주민등록등본을 교부받은 자들은 위 회사의 직원이나 甲의 배우자로서, 원고들의 명의로 甲의 주식을 신탁할 것이라는 사정을 잘 알고 있었고 이들이 주민등록등본을 교부받으면서 명의대여 사정을 이야기하지 않는다면 사문서위조의 죄책을 부담할 수도 있기 때문에 주주명의 대여가 필요하다는 사정을 이야기하였을 것을 보이는 점, ② 戊는 사후에 명의신탁 사실을 알게 되었다면서도 크게 항의하지 않았고, 丙은 사후에 명의신탁 사실을 알게 되었다면서도 오히려 통장과 인감도장을 건네주었고, 乙도 별다른 항의를 하지 않았으며 원고들은 甲이나 위 중간자들에 대한 형사고소를 하지 않은 점, ③ 甲은 이 사건 이전에도 다른 명의수탁자들과 명의신탁을 한 후 관계가 단절되면 명의신탁해지를 하였으므로, 甲과 명의수탁자들 사이에는 명의수탁자들의 요청이 있는 경우 또는 관계가 단절되는 경우 더 이상 명의를 사용하지 않는다는 모종의 합의가 있었던 것으로 볼 여지가 다분한 점 등을 종합하면, 원고들에 대한 명의신탁이 그들의 의사와는 관계없이 甲의 일방적인 행위로 이루어졌다고 보기 어려움.

나. 항소심 법원(원고 승소)

다음과 같은 사정들을 종합하여 보면, 이 사건 각 명의 신탁은 甲과 원고들 사이의 명시적 또는 묵시적 합의 없이 甲에 의하여 일방적으로 이루어졌다고 봄이 상당함.

① 원고들이 이 사건 각 명의신탁과 관련하여 제공한 서류는 자신의 주민등록등본뿐이고, 그 이외에 인감증명서나 인감도장을 제공한 바는 없는데, A 회사의 업무에 관여하지 아니한 원고들의 입장에서 주민등록등본을 교부할 때 본인의 명의가 사용될 수 있다는 것은 짐작할 수 있었다고 할 것이나, 그렇다고 하여 구체적으로 A 회사의 주식 중 일부가 자신에게 명의신탁되어 명의상 주주가 될 수 있다는 것까지 짐작할 수 있었다고 보기는 어려움.

② 원고들은 주민등록등본을 교부한 이후 이 사건 각 명의신탁을 위하여 필요한 서류 등의 작성에 관여하지도 아니하였음.

③ 원고들은 각각 자신에게 주민등록등본을 요청한 甲의 처 등으로부터 A 회사에 필요하다는 정도의 설명만 듣고 더 구체적인 용도를 확인하지 아니한 채 주민등록등본을 교부할 수 있었던 인적 관계와 오랜 기간에 걸쳐 쌓아온 신뢰관계에 관하여 과세관청의 조사 단계에서부터 이 사건에 이르기까지 상당히 구체적으로 설명하고 있는데, 그 설명이 각각 개별적인 내용을 포함하고 있으며 일률적이고 전형적이지 않음.

다. 상고심 법원(원고 승소)

대법원은 항소심의 판단을 인용하여 상고기각하였음.

Ⅱ 해설

1. 증여추정과 증여의제

가. 개 관

(1) 상증세법의 규정 체계

상증세법 제44조 내지 제45조의5에서는 증여추정과 증여의제에 대하여 규정하고 있다. 우리 상증세법상 증여추정은 2가지가 있는데 제44조에서 규정하고 있는 배우자 등에게 양도한 재산의 증여추정, 제45조의 재산취득자금 등의 증여추정이 그것이다. 그리고 우리 상증세법에서는 4가지의 증여의제규정을 두고 있는데, 제45조의2에서는 명의신탁재산의 증여의제, 제45조의3에서는 특수관계법인과의 거래를 통한 이익의 증여의제, 제45조의4에서는 특수관계법인으로부터 제공받은 사업기회로 발생한 이익의 증여의제, 제45조의5에서는 특정법인과의 거래를 통한 이익의 증여의제를 규정하고 있다.

(2) 입법취지

이들 증여추정과 증여의제규정은 증여사실 자체가 증명되지 않았더라도 그 전제가 되는 사실이 증명된 경우 증여사실이 있는 것으로 보겠다는 것으로서 과세관청의 증명책임을 덜어주기 위한 것이다. 즉 증여세 회피를 위한 여러 변칙적인 행위들이 등장함에 따라 이를 방지하고자 입법적으로 증여추정과 증여의제규정을 두고 있다.

(3) 증명책임의 문제

증여추정규정에 따르면 증여사실의 존재에 대한 증명책임을 과세관청이 부담하는 것이 아니라, 과세관청은 전제가 되는 사실만 증명하면 되고 납세자가 증여사실의 부재에 대해 증명을 해야 하는 것이므로 이는 증명책임의 전환이라 볼 수 있다. 한편 증여의제규정에 따르면 과세관청에 의하여 증여의 전제사실이 증명되면 증여로 의제가 되므로 이는 증여추정규정에 비하여 훨씬 강력한 효과를 갖는 것으로 볼 수 있다. 이러한 증여의제규정 중에서 실무상으로 가장 많은 다툼이 발생하는 것이 상증세법 제45조의2 명의신탁 증여의제라고 볼 수 있으며 이하에서는 이에 대해 자세히 검토하고자 한다.

나. 명의신탁 증여의제의 과세요건

명의신탁 증여의제[92]에 의하여 과세하기 위해서는 ① 권리의 이전이나 그 행사에 등기, 등록, 명의개서 등이 필요한 재산의 명의신탁일 것, ② 명의신탁에 대한 당사자의 합의 또는 의사소통이 있을 것, ③ 타인 명의로 등기 등을 하거나 종전 소유자 명의로 두고 있을 것, ④ 조세회피 목적이 있는 명의신탁에 해당할 것 등의 4가지 요건을 모두 갖추어야 한다. 이 사안의 경우에는 위 4가지 요건 중에서 ②번과 ④번에 대하여 원고가 다투었고 그 중에서도 주된 쟁점은 ②번에 관한 다툼이다.

다. 명의신탁의 존부에 관한 쟁점 1 – 신탁자와 수탁자의 의사합치의 유무

명의신탁재산의 증여의제규정은 조세회피목적의 명의신탁을 방지하기 위한 것으로서 권리의 이전이나 그 행사에 등기 등이 필요한 재산의 실제소유자와 명의자가 다른 경우에는 이를 명의자가 실제소유자로부터 증여받은 것으로 의제하는 매우 강력한 제재규정이라고 볼 수 있다. 따라서 이러한 강력한 제재규정인 명의신탁재산의 증여의제규정에 대해서는 회피하고자 하는 조세가 증여세에 국한된 것도 아닌데 증여세를 부과하고 있다는 점과 명의신탁으로 의제하는 것이 과도한 제재라는 이유에서 비례의 원칙이나 과잉금지의 원칙에 반한다는 비판이 계속되고 있다.[93]

따라서 이러한 강력한 증여의제규정의 취지와 그에 대한 비판을 고려할 때 명의신탁재산의 증여의제규정이 적용되기 위한 명의신탁은 반드시 신탁자와 수탁자의 의사합치에 의하여 이루어진 것이어야 한다. 즉 수탁자의 동의 없이 신탁자의 일방적인 의사에 기해 명의신탁이 이루어진 경우까지 수탁자

---

92) 2019년 이후 이루어지는 명의신탁 재산에 대하여는 납세의무자가 종전의 명의수탁자가 아니라 실제소유자인 명의신탁자로 변경되었다(상증세법 제4조의2 제2항 신설).

93) 강석규, 앞의 책, p.1305.

에게 명의신탁재산의 증여의제규정을 적용하여 증여세를 부과하게 된다면 이는 귀책사유가 없는 수탁자에게 제재를 가하는 것으로서 타당하지 못한 측면이 있기 때문이다.

다만 상증세법 제45조의2 제1항에서는 적극적으로 타인에게 명의를 신탁한 경우뿐만 아니라 타인으로부터 재산을 취득하면서 소극적으로 자신의 명의로의 이전을 게을리 한 경우에 대해서도 제재를 가하고 있다. 즉 상증세법 제45조의2 제1항 괄호부분에서는 그 재산이 명의개서를 하여야 하는 재산인 경우에는 소유권취득일이 속하는 해의 다음 해 말일의 다음 날을 증여의제일로 보도록 규정하고 있는데 이는 권리를 취득하였음에도 불구하고 명의개서를 하지 아니하는 경우 이를 명의신탁으로 의제하여 과세하겠다는 것이다.

라. 명의신탁의 존부에 관한 쟁점 2 – 증명책임의 전환

앞서 살펴본 바와 같이 명의신탁재산의 증여의제규정을 적용하기 위해서는 신탁자와 수탁자 사이에서 명의신탁의 합의가 존재하여야 하는데 이러한 의사합치의 유무에 관한 증명책임에 대해서는 다음과 같은 대법원 판시를 살펴볼 필요가 있다.

즉 대법원은 2008. 2. 14. 선고 2007두15780 판결 등에서 "명의신탁에 관한 증여의제규정은 권리의 이전이나 행사에 등기 등을 요하는 재산에 있어서 실질소유자와 명의자가 합의 또는 의사소통을 하여 명의자 앞으로 등기 등을 한 경우에 적용되는 것이므로 명의자의 의사와 관계없이 일방적으로 명의자의 명의를 사용하여 등기 등을 한 경우에는 적용될 수 없으며, 이 경우 과세관청이 실질소유자가 명의자와 다르다는 점만을 입증하면 되고 그 명의자의 등기 등이 명의자의 의사와는 관계없이 실질소유자의 일방적인 행위로 이루어졌다는 입증은 이를 주장하는 명의자가 하여야 한다."고 판시한 바 있다.

이렇듯 대법원은 명의신탁에서 의사합치에 관한 증명을 납세자에게 귀속시키고 있는데 그 결과 명의신탁재산의 증여의제와 관련한 다툼에서는 이러한 의사합치를 둘러싼 증명책임에 관한 다툼이 많이 발생하고 있다.

2. 이 사건의 분석

이 사건에서 원고들은 A 회사의 임직원 또는 甲의 처의 부탁을 받고 주민등록등본을 발급받아 교부하였던 것으로서, 당시 주민등록등본의 사용처에 관하여는 별다른 설명을 듣지 못하였고 인감도장이나 인감증명서 등 법률행위의 대리에 일반적으로 필요한 서류 등은 교부한 적도 없으므로, 원고들로서는 甲이 원고들의 주민등록등본을 이용하여 주식 명의신탁을 할 것으로 예상할 수도 없었다고 주장하였다.

이에 대해 1심 법원은 ① 원고들에게 이 사건 명의신탁에 필요한 주민등록등본을 교부받은 자들은 위 회사의 직원이나 甲의 배우자로서, 원고들의 명의로 甲의 주식을 신탁할 것이라는 사정을 잘 알고 있었고 이들이 주민등록등본을 교부받으면서 명의대여 사정을 이야기하지 않는다면 사문서위조의 죄책을 부담할 수도 있기 때문에 주주명의 대여가 필요하다는 사정을 이야기하였을 것을 보이는 점, ② 戊는 사후에 명의신탁 사실을 알게 되었다면서도 크게 항의하지 않았고, 丙은 사후에 명의신탁 사실을 알게 되었다면서도 오히려 통장과 인감도장을 건네주었고, 乙도 별다른 항의를 하지 않았으며 원고들은 甲이나 위 중간자들에 대한 형사고소를 하지 않은 점, ③ 甲은 이 사건 이전에도 다른 명의수탁자들과 명의신탁을 한 후 관계가 단절되면 명의신탁해지를 하였으므로, 甲과 명의수탁자들 사이에는 명의수탁자들의 요청이 있는 경우 또는 관계가 단절되는 경우 더 이상 명의를 사용하지 않는다는 모종의 합의가 있었던 것으로 볼 여지가 다분한 점 등을 종합하여 원고들의 주장에는 신빙성이 없다는 이유로 피고승소로 판결하였다.

그러나 항소심 법원은 ① 원고들이 이 사건 각 명의신탁과 관련하여 제공한 서류는 자신의 주민등록등본뿐이고, 그 이외에 인감증명서나 인감도장을 제공한 바는 없는데, A 회사의 업무에 관여하지 아니한 원고들의 입장에서 주민등록등본을 교부할 때 본인의 명의가 사용될 수 있다는 것은 짐작할 수 있었다고 할 것이나, 그렇다고 하여 구체적으로 A 회사의 주식 중 일부가 자신에게 명의신탁되어 명의상 주주가 될 수 있다는 것까지 짐작할 수 있었다고 보기는 어려운 점, ② 원고들은 주민등록등본을 교부한 이후 이 사건 각 명의신탁을 위하여 필요한 서류 등의 작성에 관여하지도 아니하였던 점, ③ 원고들은 각각 자신에게 주민등록등본을 요청한 甲의 처 등으로부터 A 회사에 필요하다는 정도의 설명만 듣고 더 구체적인 용도를 확인하지 아니한 채 주민등록등본을 교부할 수 있었던 인적 관계와 오랜 기간에 걸쳐 쌓아온 신뢰관계에 관하여 과세관청의 조사 단계에서부터 이 사건에 이르기까지 상당히 구체적으로 설명하고 있는데, 그 설명이 각각 개별적인 내용을 포함하고 있으며 일률적이고 전형적이지 않은 점 등을 종합하여 원고들의 주장을 받아들였다.

이처럼 같은 사안에서도 사실관계에 대한 입증의 유무에 따라 판결의 결과가 판이하게 달라질 수 있으므로, 특히 명의신탁재산의 증여의제규정의 적용을 둘러싼 중요한 요건인 명의신탁에 관한 의사합치에 관한 입증의 문제는 실제 소송에서 더 주의 깊게 고려하여야 할 것이다.

3. 관련 사례 등

가. 판 례

명의도용에 대해 증여세 과세는 위법하다고 본 사례(대법원 2008. 2. 14. 선고 2007두 15780 판결)
명의도용 여부가 문제된 원고들 명의의 각 증권계좌개설신청서에 원고들의 인감증명서가 첨부되었음을 확인할 수 있는 자료가 보이지 않으며, 증인들의 증언에서도 당시는 명의인의 신분증과 인장만 가지고 가면 증권회사에서 증권계좌를 개설하여 주었다고 진술하고 있는 점 등의 제반 사정을 종합하면, 증여세 부과처분에 관계된 원고들 명의의 증권계좌들은 그 명의자의 의사와는 관계없이 실질소유자로 주장되는 甲의 일방적인 행위로 개설이 이루어졌다고 볼 여지도 충분하다고 할 것인바, 따라서 원심의 판단에는 필요한 심리를 다하지 아니하고 관련 증거를 제대로 살피지 못하여 심리미진 내지 채증법칙 위반의 위법이 있음.

실제소유 주식으로 판단되므로 증여세 과세는 위법하다고 본 사례(대법원 2017. 5. 30. 선고 2017두31460 판결)

甲은 乙의 자금을 차용하여 주식을 인수함에 따라 A 회사의 최대주주로서 경영에 참가할 수 있게 되었고, 실제 주식을 담보로 제공하거나 매도하여 대출원리금 상환 등 자신의 업무목적으로 사용하기까지 한 이상, 주식의 실제소유자는 乙이 아닌 甲이라 보는 것이 타당함. 그럼에도 원심은 이와 달리 乙이 주식을 甲에게 명의신탁 하였다고 판단하였으니, 이러한 원심의 판단에는 명의신탁 증여의제규정의 적용요건에 관한 법리를 오해하여 판결에 영향을 미친 잘못이 있음.

나. 예규 등

명의가 도용된 경우 과세 여부(재산세과 - 591, 2011. 12. 13.)

제3자 명의로 명의개서한 것에 대하여 당사자 간 합의 없이 명의가 도용되거나 당해 명의신탁에 대하여 조세회피목적이 없다고 인정되는 경우에는 증여세를 과세하지 아니함.

35

명의신탁 증여의제와 주주명부의 존부

– 서울행정법원 2018. 11. 30. 선고 2017구합61379 판결 –

» 상증세법 제45조의2에서 규정하고 있는 명의신탁 재산의 증여의제 규정은 명의
신탁을 이용한 각종 조세의 회피를 방지하여 조세평등과 조세정의를 달성하고자
하는 것으로서 제1항에서 토지와 건물은 제외하고 있기에 주로 문제되는 것은 명
의개서가 필요한 주식임. 이때 주식의 명의신탁과 관련하여 제4항에서는 주주명
부 또는 사원명부가 작성되지 아니한 경우에는 납세지 관할세무서장에게 제출한
주주 등에 관한 서류 및 주식등변동상황명세서에 의하여 명의개서 여부를 판단하
도록 규정하고 있는바, 실제 소송에서는 주주명부가 작성되어 있는가 여부에 대
한 다툼이 많음. 이 사안 역시 주주명부의 존부가 문제된 사례로서 주식 양수도와
유상증자의 경우 주식의 명의개서 여부의 판단, 주식등변동상황명세서를 통한 입
증 등에 관하여 검토하고자 함.

💬 상속세 및 증여세법

제45조의2(명의신탁재산의 증여 의제)

① 권리의 이전이나 그 행사에 등기 등이 필요한 재산(토지와 건물은 제외한다. 이
하 이 조에서 같다)의 실제소유자와 명의자가 다른 경우에는 「국세기본법」
제14조에도 불구하고 그 명의자로 등기 등을 한 날(그 재산이 **명의개서를**
하여야 하는 재산인 경우에는 소유권취득일이 속하는 해의 다음 해 말일
의 다음 날을 말한다)에 그 재산의 가액(그 재산이 명의개서를 하여야 하는 재
산인 경우에는 소유권취득일을 기준으로 평가한 가액을 말한다)을 실제소유자가
명의자에게 증여한 것으로 본다. 다만, 다음 각 호의 어느 하나에 해당하
는 경우에는 그러하지 아니하다.

　　1. 조세 회피의 목적 없이 타인의 명의로 재산의 등기 등을 하거나 소유
　　　권을 취득한 실제소유자 명의로 명의개서를 하지 아니한 경우
　　2. 삭제
　　3. 「자본시장과 금융투자업에 관한 법률」에 따른 신탁재산인 사실의 등기
　　　등을 한 경우
　　4. 비거주자가 법정대리인 또는 재산관리인의 명의로 등기 등을 한 경우
② 삭제
③ 타인의 명의로 재산의 등기 등을 한 경우 및 실제소유자 명의로 명의개서
　를 하지 아니한 경우에는 조세 회피 목적이 있는 것으로 추정한다. 다만,
　실제소유자 명의로 명의개서를 하지 아니한 경우로서 다음 각 호의 어느
　하나에 해당하는 경우에는 조세 회피 목적이 있는 것으로 추정하지 아니
　한다.
　　1. 매매로 소유권을 취득한 경우로서 종전 소유자가 「소득세법」 제105조
　　　및 제110조에 따른 양도소득 과세표준신고 또는 「증권거래세법」 제10
　　　조에 따른 신고와 함께 소유권 변경 내용을 신고하는 경우
　　2. 상속으로 소유권을 취득한 경우로서 상속인이 다음 각 목의 어느 하나
　　　에 해당하는 신고와 함께 해당 재산을 상속세 과세가액에 포함하여 신
　　　고한 경우. 다만, 상속세 과세표준과 세액을 결정 또는 경정할 것을 미
　　　리 알고 수정신고하거나 기한 후 신고를 하는 경우는 제외한다.
　　　가. 제67조에 따른 상속세 과세표준신고
　　　나. 「국세기본법」 제45조에 따른 수정신고
　　　다. 「국세기본법」 제45조의3에 따른 기한 후 신고
④ 제1항을 적용할 때 주주명부 또는 사원명부가 작성되지 아니한 경우에는
　「법인세법」 제109조 제1항 및 제119조에 따라 납세지 관할세무서장에게
　제출한 **주주 등에 관한 서류 및 주식등변동상황명세서**에 의하여 명의개서 여
　부를 판정한다.
⑤ 삭제
⑥ 제1항 제1호 및 제3항에서 "조세"란 「국세기본법」 제2조 제1호 및 제7호
　에 규정된 국세 및 지방세와 「관세법」에 규정된 관세를 말한다.
⑦ 삭제

Ⅰ 대상판결의 개요

1. 사실관계의 요지[94]

주식회사 A는 1998. 9.경 설립되어 건설업 등을 영위하고 있는 비상장법인이고, 원고들은 A 회사의 1인 주주인 甲의 명의수탁자들임.

A 회사는 총 발행주식 10,000주, 1주당 액면금액 5,000원으로 설립되었고, 설립 후 2010년까지 8회에 거쳐 1주당 발행가액 5,000원에 유상증자 및 6회에 걸친 주식 양수도를 하였으며, 기명식 보통주식만을 발행하고 주권은 발행하지 아니하였고 A 회사의 실질주주는 설립 당시부터 현재까지 甲 1인이었음.

관할 세무서장들은 A 회사에 대한 주식변동조사를 실시한 결과, 甲이 과점주주에 대한 간주취득세 회피, 배당소득 합산에 따른 종합소득세의 누진세율 회피 등의 목적으로 원고들에게 주식 약 46만주를 명의신탁하였다고 보고 이를 증여로 의제하여 증여세를 부과하였음.

2. 원고의 주장 요지

A 회사는 설립 당시부터 현재까지 상법상 요건을 갖춘 주주명부를 작성한 사실이 없어 위 주식은 명의개서가 되지 아니하였으므로, 증여의제 규정을 적용할 수 없음.

---

94) 관할 세무서장들은 주위적 처분사유로 A 회사의 주주명부가 존재한다는 주장을 하였고, 예비적 처분사유로 A 회사의 주주명부가 존재하지 않더라도 주식등변동상황명세서에 따라 명의개서가 된 것으로 볼 수 있다는 주장을 추가적으로 하였음.

3. 판결 요지(제1심 법원)

가. 주위적 처분사유에 관하여 - A 회사의 주주명부가 존재하는지 여부

(1) 유상증자의 경우(피고 승소)

(가) 상법 제337조 제1항에 따라 기명주식의 이전에 명의개서가 요구되는 것과 달리, 신주인수의 경우에는 상법 제423조 제1항에 따라 신주의 인수인이 납입기일에 인수가액을 납입하면 납입기일의 다음 날부터 주주의 권리의무가 생김. 따라서 주권이 발행되지 않았고 회사 내에 주주명부가 비치되지 아니하여 신주인수 여부가 기재되지 아니하였다고 하더라도 신주인수인이 그 신주에 대한 주주로서의 권리를 행사하는 데는 아무런 지장이 없으므로, 명의수탁자의 명의로 인수된 신주의 가액이 납입된 이상 이는 상증세법 제45조의2 제1항에서 말하는 증여의제의 요건인 '권리의 이전이나 행사에 명의개서 등을 요하는 재산에 있어서 실질 소유자와 명의자가 다른 경우'에 해당함.

(나) 명의수탁자인 원고들은 위 유상증자에서 그 명의로 신주를 인수하고 그 인수대금을 납입하였으므로 이는 상증세법 제45조의2 제1항에서 정하고 있는 증여의제의 요건인 '권리의 이전이나 행사에 명의개서 등을 요하는 재산에 있어서 실질소유자와 명의자가 다른 경우'에 해당하므로 이 부분에 대한 증여세 부과처분은 적법함.

(2) 주식 양수도의 경우(피고 패소)

(가) 구 상법 제337조 제1항에 따르면 기명주식의 이전은 취득자의 성명과 주소를 주주명부에 기재하지 아니하면 회사에 대항하지 못하는 것이므로, 주주명부에 주식의 실질소유자가 아닌 다른 사람 앞으로 명의개서가 되어야 증여의제 요건인 '권리의 이전이나 행사에 명의개서를 요하는 재산에 있어서 실질소유자와 명의자가 다른 경우'에 해당함.

(나) 한편 주주명부의 존재 및 명의개서 여부는 상증세법 제45조의2 제1항 또는 상증세법 제45조의2 제3항의 적용 여부와 명의신탁 주식의 가치평가 기준시점이 되는 증여의제일을 결정하는 과세요건사실이므로 기명주식의 이전에 대하여 상증세법 제45조의2 제1항을

적용하기 위한 전제로서 주주명부가 존재하고 명의신탁에 따른 명의개서가 이루어졌다는 사실에 대한 증명책임은 원칙적으로 과세관청인 피고들에게 있음.

(다) 그런데 A 회사가 위 주식 양수도 거래 당시 주주의 성명과 주소, 보유 주식의 종류와 수, 취득연월일 등 상법 제352조 제1항에서 규정하는 내용을 포함할 수 있는 정도의 형식을 갖춘 주주명부를 작성·보관하면서 위 주식 양수도 거래에 따른 명의개서를 하였음을 인정하기 어렵고 달리 이를 인정할 만한 증거가 없으므로 위 주식 양수도 거래에는 상증세법 제45조의2 제1항이 적용될 수 없으므로 위 주식 양수도 거래에 대한 주위적 처분사유는 인정되지 아니함.

나. 예비적 처분사유에 관하여 – A 회사의 주주명부가 존재하지 않는다고 볼 경우의 판단(피고 패소)

(1) 상증세법 제45조의2 제3항은 같은 조 제1항의 규정을 적용함에 있어서 주주명부가 작성되지 아니한 경우에는 법인세법 제109조 제1항 및 제119조의 규정에 의한 주주 등에 관한 서류 및 주식등변동명세서에 의하여 명의개서 여부를 판정하도록 규정하고 있고, 이때 위 규정에 의한 증여의제일은 실제소유자와 명의자가 다른 주식의 변동사실이 외부에 분명하게 표시되었다고 볼 수 있는 주식등변동상황명세서 등의 제출일이고, 상증세법 부칙(법률 제7010호, 2003. 12. 30.) 제10조는 '제45조의2 제3항의 개정규정은 이 법 시행 후 법인세법 제109조 제1항 및 제119조의 규정에 의하여 주주 등에 관한 서류 및 주식등변동명세서를 제출하는 분부터 적용한다'고 규정하고 있음.

(2) 따라서 위 규정의 시행일인 2004. 1. 1. 이후 주식등변동상황명세서 등을 제출하였고 이에 따라 명의개서 여부가 판정되었다면 그 제출일에 명의신탁 증여의제 요건이 완성되었다고 보아야 하는 것이고, 원고들의 위 주식 양수도 거래 중 2003년 이후에 이루어진 거래에 대해서는 주식등변동상황명세서를 2004. 3. 31.에 과세관청에 제출하였으므로 상증세법 제45조의5 제3항을 적용하여 과세할 수 있으나, 2001년 및 2002년에 이루어진 거래에 대해서는 이를 적용하여 과세할 수 없음.

Ⅱ | 해설

1. 명의신탁 증여의제의 요건 및 주주명부의 존부

가. 명의신탁 증여의제의 과세요건

명의신탁 증여의제에 의하여 과세하기 위해서는 ① 권리의 이전이나 그 행사에 등기, 등록, 명의개서 등이 필요한 재산의 명의신탁일 것, ② 명의신탁에 대한 당사자의 합의 또는 의사소통이 있을 것, ③ 타인 명의로 등기 등을 하거나 종전 소유자 명의로 두고 있을 것, ④ 조세회피 목적이 있는 명의신탁에 해당할 것 등의 4가지 요건을 모두 갖추어야 한다. 이 사안의 경우에는 위 4가지 요건 중에서 ①번에 대한 다툼이 발생하였고 특히 주식의 명의개서와 관련하여 주주명부의 존부가 문제되었다.

나. 주식의 명의개서 여부에 대한 판단

(1) 유상증자의 경우의 판단

상법 제337조 제1항에 따라 기명주식의 이전에 명의개서가 요구되는 것과 달리, 신주인수의 경우에는 상법 제423조 제1항에 따라 신주의 인수인이 납입기일에 인수가액을 납입하면 납입기일의 다음 날부터 주주의 권리의무가 생긴다.

따라서 주권이 발행되지 않았고 회사 내에 주주명부가 비치되지 아니하여 신주인수 여부가 기재되지 아니하였다고 하더라도 신주인수인이 그 신주에 대한 주주로서의 권리를 행사하는 데는 아무런 지장이 없으므로, 명의수탁자의 명의로 인수된 신주의 가액이 납입된 이상 이는 상증세법 제45조의2 제1항에서 말하는 증여의제의 요건인 '권리의 이전이나 행사에 명의개서 등을 요하는 재산에 있어서 실질 소유자와 명의자가 다른 경우'에 해당한다.

(2) 주식 양수도의 경우의 판단

상법 제337조 제1항에 따르면 기명주식의 이선은 취득자의 싱명과 주소를 주주명부에 기재하지 아니하면 회사에 대항하지 못하는 것이므로, 주주명부에 주식의 실질소유자가 아닌 다른 사람 앞으로 명의개서가 되어야 증여의제 요건인 '권리의 이전이나 행사에 명의개서를 요하는 재산에 있어서 실질소유자와 명의자가 다른 경우'에 해당한다.

그런데 주주명부의 존재 및 명의개서 여부는 상증세법 제45조의2 제1항 또는 상증세법 제45조의2 제3항의 적용 여부와 명의신탁 주식의 가치평가 기준시점이 되는 증여의제일을 결정하는 과세요건사실이므로 기명주식의 이전에 대하여 상증세법 제45조의2 제1항을 적용하기 위한 전제로서 주주명부가 존재하고 명의신탁에 따른 명의개서가 이루어졌다는 사실에 대한 증명책임은 원칙적으로 과세관청인 피고들에게 있다.

다. 주주명부가 작성되지 않은 경우의 판단방법

(1) 주식등변동상황명세서에 의한 판단

상증세법 제45조의2 제4항에서는 제1항을 적용할 때 주주명부 또는 사원명부가 작성되지 아니한 경우에는 납세지 관할 세무서장에게 제출한 주주 등에 관한 서류 및 주식등변동상황명세서에 의하여 명의개서 여부를 판정하도록 규정하였다. 다만 이 규정은 2004. 1. 1. 전의 증여분에 대하여는 소급 적용될 수 없다.

이때 이 규정에 의한 증여의제일은 실제소유자와 명의자가 다른 주식의 변동사실이 외부에 분명하게 표시되었다고 볼 수 있는 주식등변동상황명세서 등의 제출일이다. 그러므로 과세관청이 주식의 소유권 변동일을 증여의제일로 보아 이를 기준으로 주식가치를 평가하여 과세표준을 산출하고 가산세를 부과한다면 이는 증여의제일을 잘못 평가한 위법이 있는 것이다.

(2) 주주명부가 있을 경우

다음으로 문제가 되는 것은 주주명부가 작성되어 있는 경우 주식등변동
상황명세서 등을 통해 주식의 소유자 명의와 실제 소유자가 다르다는 것을 증
명하는 것이 가능한지 여부인데 이에 대해서는 대법원 2014. 5. 15. 선고
2011두11099 판결을 참조할 필요가 있다.

대법원은 주식등변동상황명세서 등에 주식 등의 소유자 명의를 실제 소
유자와 다르게 기재하여 조세를 회피하려고 하였더라도 주주명부나 사원명부
자체가 없어 명의개서가 이루어지지 아니한 경우에는 상증세법 제45조의2 제
1항 본문을 적용할 수 없었던 기존의 문제점을 해결하고자 제4항이 입법된
것이라 전제한 뒤, 제4항은 그 문언상 '주주명부 또는 사원명부가 작성되지
아니한 경우'라고 명백히 기재되어 있으므로 주주명부가 작성되어 있는 경우
에는 설령 주식등변동상황명세서 등에 주식의 소유자 명의가 실제 소유자와
다르게 기재되어 있다고 하더라도, 명의자 앞으로 주식에 대한 명의개서가 이
루어지지 아니하였다면 명의자에게 증여세를 과세할 수 없다고 판시하였다.

라. 주주명부의 존부에 관한 증명

이 사안에서도 A 회사가 상법상 요건을 갖춘 주주명부를 갖추고 있는지
여부에 관하여 다투어졌는데 실제 많은 사안에서 주주명부가 실제로 존재하
였는지 여부를 둘러싼 다툼이 발생한다.

상법 제337조 제1항에 따르면 주주명부에 주식의 실질소유자가 아닌 다
른 사람 앞으로 명의개서가 되어야 증여의제 요건인 '권리의 이전이나 행사에
명의개서를 요하는 재산에 있어서 실질소유자와 명의자가 다른 경우'에 해당
하는데, 이때 주주명부란 주주 및 주권에 관한 사항을 명확히 하기 위하여 작
성되는 장부로서 그 형식에 특별한 제한이 있는 것은 아니지만, 적어도 주주
의 성명과 주소, 보유 주식의 종류와 수, 취득연월일 등 상법 제352조 제1항
에서 규정하는 내용을 포함할 수 있는 정도의 형식을 갖춘 것으로서 상법 제

396조에서 정하고 있는 바와 같이 본점이나 명의개서대리인의 영업소에 비치하여 언제든지 주주나 채권자에게 열람 또는 등사해줄 수 있도록 작성 및 관리되고 있어야 한다. 그리고 이러한 주주명부의 존재 및 명의개서 여부는 과세요건사실로서 과세관청에게 원칙적으로 증명책임이 있다.

2. 이 사건의 분석

이 사안에서 법원은 상법상 요건을 갖춘 주주명부에 대한 판단을 하였다. 즉 A 회사가 금융기관이나 공증인 등에 대하여 필요한 경우 그때그때 주주명부라는 표제의 서면을 작성하여 제출하기는 하였지만, 이는 상법 제352조 제1항에 규정된 주주의 주소나 각 주주가 가진 주식의 취득연월일이 누락되어 상법이 정한 내용을 포함할 만한 형식요건을 갖추지 못한 것이어서 그와 같은 문서를 그 자체로 상법상 주주명부라고 할 수는 없다고 보았다.

또한 법원은 A 회사는 설립 무렵부터 甲 1인이 실질 주주이고 원고들을 포함한 명의수탁자들은 모두 甲의 가족이거나 친구 등이기에 주주명부를 작성할 현실적인 필요성이 적으므로 다수의 주주와 관련된 법률관계를 형식적이고 획일적인 기준에 따라 처리할 목적에서 마련된 상법상 주주명부를 작성·보관하면서 관리하였다고 보기 어렵다고 판단하였다.

이외에도 이 사안은 명의신탁 증여의제에서 자주 문제되는 주주명부의 존부와 관련하여 주식 양수도와 신주인수를 구별하여 전자는 주주명부에 주식의 실질소유자가 아닌 다른 사람 앞으로 명의개서가 되어야 증여의제 요건을 충족하나, 후자는 명의수탁자의 명의로 인수된 신주의 가액이 납입된 이상 증여의제 요건을 충족한다고 판단한 점, 그리고 주주명부가 존재하지 않는다고 볼 경우 주식등변동상황명세서를 통해 증여의제를 판단할 수 있다는 점 등에 대하여 설시한 판례로서 의의를 가진다.

3. 관련 사례 등

2004. 1. 1. 이전 주주명부가 작성되지 아니한 경우에는 증여세 부과가 위법하다고 본 사례(대법원 2014. 5. 16. 선고 2011두11090 판결)
주주명부가 작성되지 아니한 경우 주식등변동상황명세서에 따라 명의개서 여부를 판정한다고 개정된 상증세법 제45조의2 제3항의 규정은 2004. 1. 1. 이전의 증여분에 대하여는 소급하여 적용할 수 없음.

주주명부를 판단하는 방법에 관한 사례(의정부지방법원 2018. 1. 30. 선고 2016구합9553 판결)
주주명부는 주주 및 주권에 관한 사항을 명확하게 하기 위하여 작성되는 장부로서 그 형식에 특별한 제한이 있는 것은 아닌 점, 구 상법 제635조 제1항 제9호는 제352조 소정의 주주명부의 기재사항을 기재하지 않은 경우 발기인·이사 등에게 과태료의 벌칙을 부과한다고만 규정하고 있을 뿐 그 효력에 관하여는 별다른 언급이 없는 점 등에 비추어 보면, 구 상법 제352조 제1항 소정의 주주명부 기재사항이 일부 누락되어 있다는 사정만으로 원고들이 제출한 주주명부가 상법상의 주주명부에 해당하지 않는다고 보기는 어려움.

36

명의신탁 증여의제에서의 조세회피 목적

− 대법원 2018. 4. 26. 선고 2018두32477 판결 −

» 상증세법 제45조의2에서 규정하고 있는 명의신탁 재산의 증여의제 규정은 명의신탁을 이용한 각종 조세의 회피를 방지하여 조세평등과 조세정의를 달성하고자 하는 것으로서 제1항 제1호에 따르면 명의신탁이 증여로 의제되기 위해서는 조세회피의 목적이 있어야 하고 이때 조세회피의 목적이 없다는 점에 대한 증명책임은 납세자에게 있음. 이처럼 명의신탁을 증여로 의제하여 과세하기 위해서는 조세회피의 목적이 있어야 하고 그 입증책임은 납세자에게 있는데, 이러한 조세회피의 목적을 둘러싼 증명정도에 관해 실무에서 특히 다툼이 많이 발생하고 있음. 이 사안 역시 조세회피의 목적이 문제된 사안으로서 조세회피 목적의 판단 주체, 증명정도 등에 대해 검토하고자 함.

🗨 상속세 및 증여세법

제45조의2(명의신탁재산의 증여 의제)

① 권리의 이전이나 그 행사에 등기 등이 필요한 재산(토지와 건물은 제외한다. 이하 이 조에서 같다)의 실제소유자와 명의자가 다른 경우에는 「국세기본법」 제14조에도 불구하고 그 명의자로 등기 등을 한 날(그 재산이 명의개서를 하여야 하는 재산인 경우에는 소유권취득일이 속하는 해의 다음 해 말일의 다음 날을 말한다)에 그 재산의 가액(그 재산이 명의개서를 하여야 하는 재산인 경우에는 소유권취득일을 기준으로 평가한 가액을 말한다)을 실제소유자가 명의자에게 증여한 것으로 본다. 다만, 다음 각 호의 어느 하나에 해당하는 경우에는 그러하지 아니하다.

1. **조세 회피의 목적 없이** 타인의 명의로 재산의 등기 등을 하거나 소유권을 취득한 실제소유자 명의로 명의개서를 하지 아니한 경우

③ 타인의 명의로 재산의 등기 등을 한 경우 및 실제소유자 명의로 명의개서를 하지 아니한 경우에는 **조세 회피 목적**이 있는 것으로 추정한다. 다만, 실제소유자 명의로 명의개서를 하지 아니한 경우로서 다음 각 호의 어느 하나에 해당하는 경우에는 조세 회피 목적이 있는 것으로 추정하지 아니한다.

1. 매매로 소유권을 취득한 경우로서 종전 소유자가 「소득세법」 제105조 및 제110조에 따른 양도소득 과세표준신고 또는 「증권거래세법」 제10조에 따른 신고와 함께 소유권 변경 내용을 신고하는 경우

2. 상속으로 소유권을 취득한 경우로서 상속인이 다음 각 목의 어느 하나에 해당하는 신고와 함께 해당 재산을 상속세 과세가액에 포함하여 신고한 경우. 다만, 상속세 과세표준과 세액을 결정 또는 경정할 것을 미리 알고 수정신고하거나 기한 후 신고를 하는 경우는 제외한다.

   가. 제67조에 따른 상속세 과세표준신고

   나. 「국세기본법」 제45조에 따른 수정신고

   다. 「국세기본법」 제45조의3에 따른 기한 후 신고

제4조의2(증여세 납부의무)

⑥ 증여자는 다음 각 호의 어느 하나에 해당하는 경우에는 수증자가 납부할 증여세를 **연대하여 납부할 의무**가 있다. 다만, 제4조 제1항 제2호 및 제3호, 제35조부터 제39조까지, 제39조의2, 제39조의3, 제40조, 제41조의2부터 제41조의5까지, 제42조, 제42조의2, 제42조의3, 제45조의3부터 제45조의5까지 및 제48조(출연자가 해당 공익법인의 운영에 책임이 없는 경우로서 대통령령으로 정하는 경우만 해당한다)에 해당하는 경우는 제외한다. <개정 2018. 12. 31.>

1. 수증자의 주소나 거소가 분명하지 아니한 경우로서 증여세에 대한 조세채권(租稅債權)을 확보하기 곤란한 경우

2. 수증자가 증여세를 납부할 능력이 없다고 인정되는 경우로서 체납처분을 하여도 증여세에 대한 조세채권을 확보하기 곤란한 경우

3. 수증자가 비거주자인 경우

4. 삭제 <2018. 12. 31.>

I 대상판결의 개요

1. 사실관계의 요지

주식회사 A는 1998. 12.경 설립된 법인으로서 2004년경 A 회사의 총 발행주식 약 30,000주 중 25,500주는 원고 甲이, 나머지 4,500주는 원고 乙(甲의 처) 및 丙(甲의 형), 丁이 각 1,500주를 보유하고 있었음.

甲은 2004. 6.경 자신이 보유하고 있던 A 회사의 주식 25,500주를 乙에게 명의신탁하였고, 이로써 乙은 A 회사의 주식 27,000주(=1,500주 + 25,500주, 총 발행주식의 90%)를 보유한 지배주주가 되었음.

그 후 乙 및 丙, 丁은 2007. 6.경 A 회사가 실시한 유상증자에 참여하여 각 신주 10,000주를 배정받아 인수하였고, 이로써 乙은 A 회사의 총 발행주식 60,000주 중 37,000주를, 丙, 丁은 각 11,500주를 보유하게 되었으며, 乙은 2008. 12.경 甲에게 위 주식을 모두 양도하였음.

관할 세무서장은 甲이 주식을 乙에게 명의신탁하였던 것으로 보고, 상증세법 제45조의2 제1항에 따라 원고들에 대하여(증여자인 甲은 상증세법 제4조의2 제6항[95])에 따라 수증자인 乙과 연대하여 증여세를 납부할 의무를 부담한다는 이유로) 증여세 부과처분을 하였음.

---

[95] 상증세법 제4조의2 제6항
증여자는 다음 각 호의 어느 하나에 해당하는 경우에는 수증자가 납부할 증여세를 연대하여 납부할 의무가 있다. 다만, 제4조 제1항 제2호 및 제3호, 제35조부터 제39조까지, 제39조의2, 제39조의3, 제40조, 제41조의2부터 제41조의5까지, 제42조, 제42조의2, 제42조의3, 제45조의3부터 제45조의5까지 및 제48조(출연자가 해당 공익법인의 운영에 책임이 없는 경우로서 대통령령으로 정하는 경우만 해당한다)에 해당하는 경우는 제외한다.
1. 수증자의 주소나 거소가 분명하지 아니한 경우로서 증여세에 대한 조세채권(租稅債權)을 확보하기 곤란한 경우
2. 수증자가 증여세를 납부할 능력이 없다고 인정되는 경우로서 체납처분을 하여도 증여세에 대한 조세채권을 확보하기 곤란한 경우
3. 수증자가 비거주자인 경우

2. 원고의 주장 요지

위 명의신탁은 甲이 그가 운영하고 있던 B 회사의 투자금 유치 과정에서 그 투자자들과 사이에 체결한 경업금지 약정에 따라 부담하게 된 경업금지 의무를 이행하기 위하여 이루어진 것이지 조세회피 목적으로 이루어진 것이 아님.

A 회사는 설립 이후 현재까지 한 번도 주주들에 대한 배당을 실시하지 않았으므로 위 명의신탁으로 인하여 배당소득에 대한 종합소득세 회피의 결과는 발생하지 않았을 뿐만 아니라 乙에게 주식이 집중됨으로써 오히려 乙에게 주식의 배당소득에 관하여 누진세율에 따른 종합소득세가 과세될 가능성이 커졌으므로 종합소득세 납세의무를 회피한 결과가 초래되지 아니함.

또한 위 명의신탁으로 乙이 A 회사의 과점주주가 됨에 따라 그 배우자인 甲 역시 국세기본법상 제2차 납세의무를 부담하게 되므로 과점주주의 2차 납세의무를 회피한 결과 역시 초래되지 아니하며, 주식의 양도소득세는 명의자와 관계없이 10%의 단일세율이 부과되는 조세이므로 위 명의신탁으로 인한 양도소득세의 회피 결과도 초래되지 아니하기에 위 명의신탁으로 조세회피의 결과가 초래되지도 아니함.

3. 판결 요지

가. 제1심 법원(피고 승소)

상증세법 제45조의2 제1항의 입법 취지는 명의신탁제도를 이용한 조세회피행위를 효과적으로 방지하여 조세정의를 실현한다는 취지에서 실질과세원칙에 대한 예외를 인정한 데에 있으므로, 명의신탁이 조세회피목적이 아닌 다른 이유에서 이루어졌음이 인정되고 그 명의신탁에 부수하여 사소한 조세경감이 생기는 것에 불과하다면 그와 같은 명의신탁에 '조세회피목적'이 있었다고 단정할 수는 없다고 할 것이나(대법원 2006. 5. 12. 선고 2004두7733 판결 등), 위와 같은 입법 취지에 비추어 볼 때 명의신탁의 목적에 조세회피목적이 포함되어 있지 않은 경우에만 위 조항 단서를 적용하여 증여의제로 의율할 수 없는 것이므로 다른 주된 목적과 아울러 조세회피의 의도도 있었다고 인정되면 조세회피의 목적이 없다고 할 수 없음(대법원 2004. 12. 23. 선고 2003두13649 판결 등).

또한 조세회피의 목적이 있었는지 여부는 명의신탁 당시를 기준으로 판단할 것이지 그 후 실제로 위와 같은 조세를 포탈하였는지 여부로 판단할 것은 아님(대법원 2005. 1. 27. 선고 2003두4300 판결).

한편 조세회피의 목적이 없었다는 점에 관한 증명책임은 이를 주장하는 명의자에게 있고, 조세회피의 목적이 없었다는 점에 대하여는 조세회피의 목적이 아닌 다른 목적이 있었음을 증명하는 등의 방법으로 입증할 수 있다 할 것이나, 증명책임을 부담하는 명의자로서는 명의신탁에 있어 조세회피목적이 없었다고 인정될 정도로 조세회피와 상관없는 뚜렷한 목적이 있었고, 명의신탁 당시에나 장래에 있어 회피될 조세가 없었다는 점을 객관적이고 납득할 만한 증거자료에 의하여 통상인이라면 의심을 가지지 않을 정도의 입증을 하여야 할 것임(대법원 2006. 9. 22. 선고 2004두11220 판결, 대법원 2013. 11. 28. 선고 2012두546 판결 등).

원고들은 위 명의신탁이 甲이 운영하고 있던 B 회사의 투자금 유치 과정에서 그 투자자들과 사이에 체결한 경업금지 약정에 따라 부담하게 된 경업금지의 의무를 이행하기 위하여 이루어진 것이지 조세회피 목적으로 이루어진 것이 아니라고 주장하나, ① A 회사는 전자카드 제조 및 판매업 등을 사업목적으로 하는 법인으로서 위 명의신탁 당시 전자결제용 카드리더수신기 제조 등의 제조업을 영위하고 있었을 뿐 B 회사와 같은 모바일 결제시스템 관련 사업은 영위하고 있지 아니하였던 사실, ② 甲은 위 경업금지 약정이 있기 6개월 전인 2004. 6.경 이미 주식을 처인 乙에게 명의신탁하였던 사실 등이 인정되므로, A 회사가 B 회사와 경업관계에 있었다고 보이지 않음.

또한 甲은 위 경업금지 약정에도 불구하고 경업금지 기간 내에 A 회사의 이사로서 직접 A 회사의 경영에 참여하거나 처인 乙(대주주)과 형인 丙(대표이사)을 통하여 간접적으로 A 회사의 경영에 참여하여 왔던 것으로 보이고 그와 관련하여 투자자들로부터 어떠한 이의제기도 없었던 것으로 보이므로,

甲이 위 경업금지 약정의 이행을 위하여 주식을 乙에게 명의신탁하였던 것으로 볼 수 없으므로 위 명의신탁이 조세회피와 상관없는 뚜렷한 목적을 위하여 행하여진 것이라고 볼 수 없음.

나. 항소심 법원(원고 승소)

명의신탁제도를 이용한 조세회피행위를 효과적으로 방지하여 조세정의를 실현하려는 상증세법 제45조의2 제1항의 입법취지에 비추어 볼 때, 명의신탁이 조세회피 목적이 아닌 다른 이유에서 이루어졌음이 인정되고 그 명의신탁에 부수하여 사소한 조세경감이 생기는 것에 불과하다면 그와 같은 명의신탁에 '조세회피목적'이 있었다고 볼 수 없음(대법원 2017. 6. 19. 선고 2016두51689 판결, 대법원 2017. 6. 29. 선고 2017두38621 판결 등).

다음과 같은 사정들을 종합하여 보면, 위 명의신탁에는 조세회피의 목적이 없었다고 봄이 상당함.

① 甲이 乙에게 위 주식을 명의신탁하게 된 것은, 甲이 대표이사로서 경영하고 있던 B 회사가 2003년 말 내지 2004년 초부터 투자자들로부터 투자를 받기 위한 협의를 진행하였는데, 그 과정에서 투자자들이 甲에 대하여 투자계약을 체결하기 이전부터 투자를 위한 안전장치의 하나로 경업금지의무 준수를 요구하였기 때문인 것으로 보임. 또한 위 경업금지 약정에서는 B 회사의 경업금지의무 이외에 甲의 경업금지의무도 명시하고 있고, B 회사 외에 甲도 위 약정의 당사자로 별도로 참여하였던 점을 고려하면 위 경업금지 약정이 甲에게 구체적인 경업금지의무를 부과하는 것이 아니라고 보기는 어려움.

② 위 명의신탁으로 乙이 A 회사의 과점주주가 됨에 따라 그 배우자인 甲 역시 구 국세기본법(2006. 4. 28. 법률 제7930호로 개정되기 전의 것 및 2008. 12. 26. 법률 제9263호로 개정되기 전의 것) 제39조 제1항 제2호 다목에서 정한 자로서 제2차 납세의무를 부담하게 되므로, 甲에게 위 명의신탁으로 과점주주로서의 제2차 납세의무를 회피할 목적이 있었다고 보기는 어려움.

③ 乙이 주식을 보유한 기간 동안 그에게 주식이 집중됨으로써 오히려 위 주식으로 인한 배당소득에 관하여 종합소득합산과세에 따른 누진세율이

적용될 가능성이 커졌다고 볼 수 있음.

④ 원고들은 부부로서 위 명의신탁 당시 실제로 증여를 하였을 경우에는 상증세법 제53조에 따라 배우자 사이의 3억 원의 증여재산공제도 가능한데, 명의신탁을 하여 증여의제가 되는 경우에는 이러한 공제를 받을 수 없음.

따라서 위 명의신탁이 조세회피목적으로 이루어진 것을 전제로 한 이 사건 각 처분은 더 나아가 살필 필요 없이 위법함.

다. 상고심 법원(원고 승소)

대법원은 항소심의 판단을 인용하여 상고기각하였음.

Ⅱ 해설

1. 명의신탁 증여의제 규정의 중요 요건 – 조세회피의 목적

가. 조세회피의 목적의 의의

명의신탁재산의 증여의제규정은 조세회피목적의 명의신탁을 방지하기 위한 것으로서 권리의 이전이나 그 행사에 등기 등이 필요한 재산의 실제소유자와 명의자가 다른 경우에는 이를 명의자가 실제소유자로부터 증여받은 것으로 의제하는 매우 강력한 제재규정이라고 볼 수 있다. 이처럼 강력한 제재규정이라는 점을 고려하여 상증세법 제45조의2 제1항 제1호에서는 조세회피의 목적이 없이 타인의 명의로 재산의 등기 등을 하거나 소유권을 취득한 실제소유자 명의로 명의개서를 하지 아니한 경우를 증여세 부과대상에서 제외하도록 규정하고 있다. 다만 조세회피의 목적이 없다는 점에 대해서는 납세자가 증명책임을 부담한다.

나. 회피가능한 조세의 종류

명의신탁자가 주식을 명의신탁함으로써 회피할 수 있는 조세는 증여세에 국한되는 것이 아니고 소득세, 취득세 등의 다양한 세목이 실제 사안에서 문제된다. 대법원은 2004. 12. 23. 선고 2003두13640 판결에서 "상증세법 제1항의 입법 취지는 명의신탁제도를 이용한 조세회피 행위를 효과적으로 방지하여 조세정의를 실현한다는 취지에서 실질과세원칙에 대한 예외를 인정한 데에 있으므로 명의신탁의 목적에 조세회피의 목적이 포함되어 있지 않은 경우에만 같은 조항 단서의 적용이 가능하고 또한 그 단서 소정의 조세를 증여세에 한정할 수 없으며, 명의신탁에 있어서 조세회피의 목적이 없었다는 점에 관한 입증책임은 이를 주장하는 명의자에게 있다"고 판시하면서 해당 사안에서 주식의 명의신탁으로 인해 누진세인 종합소득세 등을 회피할 목적이 있었음을 인정한 바 있다. 이처럼 명의신탁자가 비상장주식을 명의신탁함으로써 회피할 수 있는 조세로는 양도소득세, 취득세, 과점주주의 제2차 납세의무 등이 있을 수 있다.

다. 조세회피 목적의 판단 주체

이때 조세회피 목적을 판단하는 주체가 명의신탁자인지 명의수탁자인지가 문제될 수 있는데, 조세회피 목적의 주체는 명의자가 아니라 실질 소유자로 보는 것이 타당하다. 명의신탁재산의 증여의제 규정은 실질 소유자인 명의신탁자가 조세회피의 목적으로 주식을 타인에게 명의신탁하는 것을 방지하기 위한 규정이기 때문이다. 대법원도 2005. 1. 28. 선고 2004두1223 판결에서 실질 소유자에게 조세회피의 목적이 있는 한 명의자 자신에게 그 목적이 없다는 점만으로 증여의제 규정의 적용을 회피할 수 없다고 판시한 바 있다.

라. 조세회피 목적의 증명정도

명의신탁재산의 증여의제 규정의 적용과 관련하여 실제 소송에서는 조세회피의 목적을 둘러싼 입증책임의 문제가 주된 쟁점으로 다루어지는 경우가 많은데 이때 주로 문제되는 것은 명의신탁을 하면서 조세회피의 목적 외에 다른 목적도 병존할 경우 수된 목적이 소세회피가 아닌 경우에도 증여로 의제하여 과세할 수 있는가 여부이다.

과거 대법원은 "명의신탁이 조세회피 목적이 아닌 다른 이유에서 이루어졌을 뿐 그에 부수하여 사소한 조세차질이 생기는 것 등을 제외하고"라고 판시(대법원 1995. 11. 14. 선고 94누11729 판결)한 바 있는데 이는 명의신탁의 주된 목적이 조세회피에 있는 경우에만 증여로 의제하여 과세할 것이지 다른 목적에서 이루어진 명의신탁의 결과 사소한 조세경감이 생기더라도 이를 증여로 의제하여 과세할 수 없다는 것으로 볼 수 있다.

그러나 실제 사안에서 조세회피의 목적이 없다고 인정된 사례가 거의 없자 강력한 제재규정인 명의신탁재산의 증여의제규정에 대해서는 회피하고자 하는 조세가 증여세에 국한된 것도 아닌데 증여세를 부과하고 있다는 점과 명의신탁으로 의제하는 것이 과도한 제재라는 이유에서 비례의 원칙이나 과잉금지의 원칙에 반한다는 비판이 계속[96]되었고 그 결과 대법원은 조세회피의 목적에 대한 증명을 엄격히 요구하던 과거의 판시를 완화하였다.

그리하여 최근의 일련의 판결들에서는 명의신탁이 조세회피의 목적 이외에 다른 이유에서 이루어졌음이 인정되고, 그 명의신탁에 부수하여 사소한 조세경감이 생기는 것에 불과하거나 현실적으로 회피된 조세액은 없는 반면 단지 장래에 조세경감의 결과가 발생할 수 있는 가능성이 있다는 막연한 사정이 있는 것에 불과하다면 조세회피 목적이 있었다고 볼 수는 없다는 판시가 이어지고 있다(대법원 2014. 5. 16. 선고 2014두786 판결 등 참조).

결국 실제 소송에서는 조세회피의 목적이 없었다는 것을 여러 사실관계를 종합하여 어떻게 판단할 것인지 및 그에 부수하여 사소한 조세경감이 발생하였는지 여부를 어느 정도의 조세부담의 감소를 기준으로 판단하여야 할 것인지 여부 등이 문제된다.

---

96) 강석규, 앞의 책, p.1326.

2. 이 사건의 분석

이 사안에서 1심 법원은 ① A 회사는 전자카드 제조 및 판매업 등을 사업목적으로 하는 법인으로서 위 명의신탁 당시 전자결제용 카드리더수신기 제조 등의 제조업을 영위하고 있었을 뿐 B 회사와 같은 모바일 결제시스템 관련 사업은 영위하고 있지 아니하였던 사실, ② 甲은 위 경업금지 약정이 있기 6개월 전인 2004. 6.경 이미 주식을 처인 乙에게 명의신탁하였던 사실 등이 인정되므로, A 회사가 B 회사와 경업관계에 있었다고 보이지 않는다고 보았다.

또한 甲은 위 경업금지 약정에도 불구하고 경업금지 기간 내에 A 회사의 이사로서 직접 A 회사의 경영에 참여하거나 처인 乙(대주주)과 형인 丙(대표이사)을 통하여 간접적으로 A 회사의 경영에 참여하여 왔던 것으로 보이고 그와 관련하여 투자자들로부터 어떠한 이의제기도 없었던 것으로 보이므로, 甲이 위 경업금지 약정의 이행을 위하여 주식을 乙에게 명의신탁하였던 것으로 볼 수 없으므로 위 명의신탁이 조세회피와 상관없는 뚜렷한 목적을 위하여 행하여진 것이라고 볼 수 없다고 보아 조세회피의 목적을 인정하였다.

그러나 항소심에서는 위 명의신탁이 이루어진 것은 甲이 대표이사로서 경영하고 있던 B 회사가 2003년 말 내지 2004년 초부터 투자자들로부터 투자를 받기 위한 협의를 진행하였는데, 그 과정에서 투자자들이 甲에 대하여 투자계약을 체결하기 이전부터 투자를 위한 안전장치의 하나로 경업금지의무 준수를 요구하였기 때문인 점, 위 경업금지 약정에서는 B 회사의 경업금지의무 이외에 甲의 경업금지의무도 명시하고 있고, B 회사 외에 甲도 위 약정의 당사자로 별도로 참여하였던 점을 고려하면 위 경업금지 약정이 甲에게 구체적인 경업금지의무를 부과하는 것이 아니라고 보기는 어렵다고 보았다.

또한 위 명의신탁으로 乙이 A 회사의 과점주주가 됨에 따라 그 배우자인 甲 역시 제2차 납세의무를 부담하게 되고, 乙이 주식을 보유한 기간 동안 그에게 주식이 집중됨으로써 오히려 위 주식으로 인한 배당소득에 관하여 종합소득합산과세에 따른 누진세율이 적용될 가능성이 커졌다고 볼 수 있다는 점을 인징하여 조세회피의 목적을 부정하였다.

이처럼 동일한 사실관계를 두고 사실심 법원의 판단이 갈린 것을 보면 실제 소송에서 조세회피의 목적을 둘러싼 입증책임의 문제가 얼마나 첨예하게 대립하는지 알 수 있다. 즉 조세회피의 목적의 증명정도에 대하여 법원이 얼마나 엄격한 증명을 요구하느냐에 따라 과세처분의 타당성 여부가 좌우되게 되는바 법원이 합리적이고 통일적인 기준을 마련할 필요가 있다.

3. 관련 사례 등

가. 조세회피의 목적을 인정한 사례

법인세 부담의 회피가 인정된 사례(대법원 2017. 12. 21. 선고 2017두66237 판결)

영리법인이 개인에게 주식들을 명의신탁함으로써 높은 법인세율을 회피할 가능성이 생기고, 차명으로 양도하는 경우에는 법인세법 제52조의 부당행위계산부인 규정의 적용을 회피할 수 있는 등의 이점이 있으므로 이 사건 주식의 명의신탁에는 법인세 부담을 회피하고자 하는 의도가 있었다고 봄이 타당함.

제2차 납세의무의 회피 목적이 인정된 사례(대법원 2013. 10. 17. 선고 2013두9779 판결)

원고가 주식의 명의를 신탁한 데에는 경업금지의무를 회피하면서 동종 영업을 하기 위한 주된 목적 외에도 제2차 납세의무를 회피하려는 의도도 있었고, 실제로 제2차 납세의무를 회피한 결과도 발생하였는바, 상증세법 제45조의2 제1항을 적용하여 증여세 부과처분을 한 것은 적법함.

나. 조세회피의 목적을 부정한 사례

경영상 목적에 의하여 조세회피 목적이 부정된 사례(대법원 2017. 6. 19. 선고 2016두 51689 판결)

원고와 선정자 甲이 이 사건 주식을 명의신탁하게 된 것은 건설공제조합에 대한 연대보증인을 선정자 甲에서 선정자 乙로 교체하는 등 A 회사의 경영상 어려움을 타개하기 위한 조치로 보임. 그리고 이 사건 주식의 명의수탁자들은 모두 명의신탁자인 원고 및 선정자 甲과 친족관계에 있으므로 과점주주로서의 제2차 납세의무를 회피할 목적이 있었다고 보기 어려움. 또한 A 회사가 한 번도 이익배당을 실시한 적이 없어 이 사건 주식의 명의신탁으로 인하여 회피된 종합소득세도 없으며, 설령 A 회사가 이익배당을 실시하였다고 하더라도 명의신탁 전후로 주주의 수가 같고, 지분율 구성에도 큰 변화가 없으며, 선정자 甲에게 이미 신용불량 사유가 발생하였거나 원고가 대표이사로 있던 회사가 부도처리된 사정 등에 비추어 볼 때, 명의수탁자들과 동일한 세율이 적용되어 그 세액에 있어 거의 차이가 없을 것으로 보이므로 명의신탁 당시 이 사건 주식과 관련된 배당소득의 종합소득합산과세에 따른 누진세율 적용을 회피할 목적이 없었음.

유상증자 과정에서의 주식 취득에 대해 조세회피 목적이 부정된 사례(대법원 2017. 12. 13. 선고 2017두39419 판결)

甲이 개인사업체를 운영하다가 국세 등을 연체한 상태에서 사업체를 폐업하고 A 회사를 설립하면서 총 발행주식 중 일부를 배우자인 乙 명의로 취득하고, 약 7년 후 다른 주주들로부터 나머지 주식을 乙 명의로 양수하였으며, 다시 3년 후 A 회사의 유상증자 과정에서 A 회사의 주식을 乙 명의로 취득하였는데, 과세관청이 甲이 조세회피를 목적으로 A 회사의 주식을 乙에게 명의신탁하였다고 보아 乙에게 다른 주주들로부터 양수한 주식과 유상증자 과정에서 취득한 주식에 대하여 증여세 부과처분을 한 사안에서, 위 주식 양수는 이미 체납상태에 빠져있던 甲이 조세채권의 확보를 곤란하게 하고 그 납부를 회피할 의도 등에서 乙에게 명의신탁을 한 것으로 보이나, 유상증자 과정에서의 주식 취득은 절차상의 번거로움을 피할 목적에서 종래 주식보유현황에 기초하여 乙 명의로 인수한 것으로서 체납된 조세채무의 회피와는 무관하게 이루어진 것이라고 볼 수 있는데도, 위 처분 중 유상증자 과정에서의 명의신탁에 대한 증여세 부분이 적법하다고 본 원심판단에 법리오해 등의 잘못이 있음.

37

명의신탁 재산의 상속에 관한 사례

– 대법원 2018. 5. 31. 선고 2018두35094 판결 –

» 　상증세법 제45조의2에서 규정하고 있는 명의신탁 재산의 증여의제 규정은 명의
신탁을 이용한 각종 조세의 회피를 방지하여 조세평등과 조세정의를 달성하고자
하는 것인데, 제45조의2 제1항의 괄호규정에서는 해당 재산이 명의개서를 하여
야 하는 재산인 경우에는 소유권취득일이 속하는 해의 다음 해 말일의 다음 날에
그 명의자가 증여받은 것으로 본다고 규정하고 있음. 그런데 이 규정과 관련하여
명의신탁자가 사망한 경우 그 신탁재산을 신탁자의 상속인이 상속한 뒤 그 상속
인이 수탁자의 명의를 자신의 명의로 회복하지 않고 그대로 둘 경우 상속인이 수
탁자에게 새로운 명의신탁을 한 것으로 보아 증여로 의제하여 증여세를 과세할
수 있는지 여부가 문제됨. 이 사안 역시 명의신탁된 주식을 상속받아 증여세 부과
여부가 문제된 건으로, 명의신탁된 재산의 상속을 둘러싼 견해의 대립과 판례의
입장에 관하여 검토하고자 함.

🗨 상속세 및 증여세법

제45조의2(명의신탁재산의 증여 의제)

① 권리의 이전이나 그 행사에 등기 등이 필요한 재산(토지와 건물은 제외한다.
이하 이 조에서 같다)의 실제소유자와 명의자가 다른 경우에는 「국세기본법」
제14조에도 불구하고 그 명의자로 등기 등을 한 날(그 재산이 명의개서를
하여야 하는 재산인 경우에는 소유권취득일이 속하는 해의 다음 해 말일의 다음
날을 말한다)에 그 재산의 가액(그 재산이 명의개서를 하여야 하는 재산인 경
우에는 소유권취득일을 기준으로 평가한 가액을 말한다)을 실제소유자가 명의
자에게 증여한 것으로 본다. 다만, 다음 각 호의 어느 하나에 해당하는 경
우에는 그러하지 아니하다.

Ⅰ 대상판결의 개요

1. 사실관계의 요지

　　원고의 부친인 망 甲은 약 50여 년 전 A 주식회사를 설립하였음. A 회사 발행주식 약 200만주는 홍콩 소재 법인인 B 회사 명의로 되어 있었는데, B 회사 발행주식 총 2주는 각 1주씩 C 회사와 D회사 명의로 되어 있었고, 망 甲은 위 200만주 주식과 B 회사 발행주식의 실제소유자였음.

　　망 甲은 2007. 2.경 사망하였고, 망 甲의 상속인으로는 원고가 있었는바 원고는 관할 세무서장에게 위 주식을 상속재산으로 포함하여 상속세를 신고하였음.

　　관할 세무서장은 위 200만주 주식을 원고가 상속받고도 소유권취득일이 속하는 다음해 말일의 다음날인 2009. 1. 1.까지 원고 명의로 명의개서하지 않았다는 이유로 증여세를 부과하였음.

2. 원고의 주장 요지

　　망 甲이 B 회사에게 이 사건 주식을 명의신탁하였다는 이유로 이미 증여의제하여 증여세가 과세되었는데, 그 상속인들인 원고가 위 200만주 주식에 관하여 명의개서를 하지 않았다는 이유로 다시 증여세를 부과한 것은 위법함.

3. 판결 요지

가. 제1심 법원(원고 승소)

　　명의신탁된 주식이 상속된 경우에는 기존의 명의수탁자는 당초 명의개서일에 이미 명의신탁 증여의제 규정의 적용 대상이 될 뿐만 아니라, 명의신탁된 주식에 관하여 상속으로 인하여 상속인과 사이에 법적으로 명의신탁관계가 자동 승계되는 것을 넘어 그와 같은 법률관계를 형성하기 위하여 어떠한 새로운 행위를 한 것이 아니며, 명의수탁자 스스로 상속인의 명의개서를 강제할 수 있는 마땅한 수단이 없고, 주식 양도인의 경우와 같은 증여의제배제 규정도 마련되어 있지 않음.

그런데도 주식의 명의신탁자가 사망한 후 일정기간 내에 상속인이 명의개서를 하지 않았다고 하여 명의개서해태 증여의제 규정에 의하여 명의수탁자가 다시 증여세 과세 대상이 된다고 보는 것은 지나치게 가혹할 뿐만 아니라 자기책임의 원칙에 반하여 부당한바, 주식이 명의신탁되어 명의수탁자 앞으로 명의개서가 된 후에 명의신탁자가 사망하여 주식이 상속된 경우에는 그 상속인이 명의개서기간 내에 주식에 관한 명의개서를 마치지 아니하였다고 하더라도 상증세법 제45조의2 제1항의 적용 대상에 해당한다고 볼 수는 없음(대법원 2017. 4. 13. 선고 2015두40446 판결 참조).

그러므로 원고가 망 甲이 이미 B 회사에 명의신탁해두었던 위 200만주 주식을 2007. 2.경 상속을 원인으로 취득하였다가 상속일의 다음연도 말일의 다음날인 2009. 1. 1.까지 원고 명의로 명의개서를 하지 않았다고 하여 명의개서해태 증여의제 규정을 적용할 수는 없다고 봄이 타당한바, 따라서 명의개서해태 증여의제 규정을 적용하여 원고에 대하여 증여세를 부과한 것은 위법함.

나. 항소심 및 상고심 법원(원고 승소)

항소심 법원은 1심의 판단을 그대로 인용하여 항소기각하였고, 대법원 역시 항소심의 판단을 인용하여 상고기각하였음.

Ⅱ 해설

1. 명의신탁 재산의 상속에 대한 검토

가. 규정의 검토

상증세법 제45조의2 제1항 본문은 "권리의 이전이나 그 행사에 등기 등을 요하는 재산에 있어서 실제소유자와 명의자가 다른 경우에는 국세기본법 제14조의 규정에 불구하고 그 명의자로 등기 등을 한 날(그 재산이 명의개서를 요하는 재산인 경우에는 소유권취득일이 속하는 연도의 다음 연도 말일의 다음날을 말한다)에 그 재산의 가액을 명의자가 실제소유자로부터 증여받은 것으로 본다."고 규정하고 있다.

그런데 명의신탁자가 사망한 경우 그 신탁재산은 실질적으로 수탁자가 아닌 신탁자의 재산이므로 신탁자의 상속인이 상속받게 된다. 이 경우 신탁자의 상속인이 상속받은 신탁재산의 명의를 자신의 명의로 회복하지 아니하고 방치한 경우 이를 상속인이 수탁자에게 재차 명의신탁을 한 것으로 보아 다시 증여의제에 의한 증여세를 과세할 수 있는지가 문제되는 것이다. 이에 대해 과세관청에서는 이를 다시 증여의제로 보아 증여세를 과세하고 있었기 때문에 실무에서 주로 문제가 되었다.

나. 견해의 대립

이에 대해 상반된 견해가 존재한다. 먼저 명의신탁재산을 상속하여 취득한 상속인은 자신의 명의로 명의개서를 하지 않은 것에 대해 책임이 있으므로 상증세법 제45조의2 제1항 괄호규정의 적용대상이 되어 증여세를 과세할 수 있다는 견해가 있다.[97] 이와 유사한 입장의 판결로는 서울고등법원 2016. 5. 18. 선고 2015누65188 판결이 있다.

---

[97] 강석규, 앞의 책, p.1320.

해당 판결은 "상증세법 제45조의2 제1항 괄호규정은 '그 재산이 명의개서를 요하는 재산인 경우에는 소유권 취득일이 속하는 연도의 다음 연도 말일의 다음 날에 그 재산의 가액을 명의자가 실제 소유자로부터 증여받은 것으로 본다'고 규정하고 있을 뿐, 소유권 취득의 원인을 매매, 교환 등과 같은 유상 양도로 한정하여 규정하고 있지 않으며, 위 괄호규정의 입법취지는 '권리를 취득하였음에도 불구하고 명의개서를 하지 아니하는 경우 과세당국에서 주식변동을 파악하지 못하는 문제가 있고, 장기간 명의개서를 하지 아니하는 경우 그 실질이 명의신탁과 같으므로 이를 명의신탁으로 의제하여 과세를 강화하고자 하는 것'이므로 위 괄호규정은 명의신탁된 주식을 상속으로 취득하는 경우에도 적용된다고 보아야 한다."고 판시하였다.

이에 대해 명의신탁 재산의 상속에 대해서는 위 괄호규정을 적용할 수 없다는 견해가 있다.[98] 이러한 입장의 근거는 다음과 같다. 즉 명의신탁된 주식이 상속된 경우에는 기존의 명의수탁자는 당초 명의개서일에 이미 명의신탁 증여의제 규정의 적용 대상이 될 뿐만 아니라, 명의신탁된 주식에 관하여 상속으로 인하여 상속인과 사이에 법적으로 명의신탁관계가 자동 승계되는 것을 넘어 그와 같은 법률관계를 형성하기 위하여 어떠한 새로운 행위를 한 것이 아니며, 명의수탁자 스스로 상속인의 명의개서를 강제할 수 있는 마땅한 수단이 없고, 주식 양도인의 경우와 같은 증여의제 배제 규정도 마련되어 있지 않다. 그런데도 주식의 명의신탁자가 사망한 후 일정기간 내에 상속인이 명의개서를 하지 않았다고 하여 명의개서해태 증여의제 규정에 의하여 명의수탁자가 다시 증여세 과세 대상이 된다고 보는 것은 지나치게 가혹할 뿐만 아니라 자기책임의 원칙에 반하여 부당하다(서울행정법원 2015. 10. 16. 선고 2015구합65391 판결).

---

98) 강석규, 앞의 책, p.1321.

다. 대법원의 입장

이러한 견해의 대립에 대하여 대법원은 "명의신탁된 주식이 상속된 경우에는 명의신탁된 주식에 관하여 상속으로 인하여 상속인과 사이에 법적으로 명의신탁관계가 자동 승계되는 것을 넘어 그와 같은 법률관계를 형성하기 위하여 어떠한 새로운 행위를 한 것이 없고, 명의수탁자 스스로 상속인의 명의개서를 강제할 수 있는 마땅한 수단이 없으며, 주식 양도인의 경우와 같은 증여의제 배제 규정도 마련되어 있지 않다. 그런데도 주식의 명의신탁자가 사망한 후 일정기간 내에 상속인이 명의개서를 하지 않았다고 하여 명의개서해태 증여의제 규정에 의하여 명의수탁자가 다시 증여세 과세 대상이 된다고 보는 것은 지나치게 가혹할 뿐만 아니라 자기책임의 원칙에 반하여 부당하다.

한편 부동산 실권리자명의 등기에 관한 법률 제10조 및 부동산등기 특별조치법 제2조 제1항에 의하면 부동산에 관한 장기미등기로 인한 과징금은 '소유권이전을 내용으로 하는 계약을 체결한 자'에 한하여 부과하도록 규정하고 있으므로 상속으로 인한 취득의 경우는 과징금 부과 대상에 해당하지 않는다. 이와 같은 여러 사정을 종합하여 보면, 주식이 명의신탁되어 명의수탁자 앞으로 명의개서가 된 후에 명의신탁자가 사망하여 주식이 상속된 경우에는 명의개서해태 증여의제 규정의 적용 대상에 해당하지 않는다."고 판시한 바 있다(대법원 2017. 1. 12. 선고 2014두43653 판결 등 참조).

즉 대법원은 명의신탁을 증여로 의제하여 과세하는 규정은 강력한 제재규정으로서 증여세의 과세규정으로는 적합하지 않은 측면이 있으므로 엄격하고 제한적으로 적용될 필요가 있다는 입장이다.

2. 이 사건의 분석

이 사안에서는 명의신탁자가 사망한 후 그 상속인이 수탁자의 명의를 자신의 명의로 회복하지 않고 그대로 둔 상황에서 상속인에게 새로운 명의신탁을 의제하여 증여세를 과세할 수 있는지가 문제되었다.

이에 대해 1심 법원은 명의신탁된 주식이 상속된 경우에는 기존의 명의수탁자는 당초 명의개서일에 이미 명의신탁 증여의제 규정의 적용 대상이 될 뿐만 아니라, 명의신탁된 주식에 관하여 상속으로 인하여 상속인과 사이에 법적으로 명의신탁관계가 자동 승계되는 것을 넘어 그와 같은 법률관계를 형성하기 위하여 어떠한 새로운 행위를 한 것이 아니며, 명의수탁자 스스로 상속인의 명의개서를 강제할 수 있는 마땅한 수단이 없고, 주식 양도인의 경우와 같은 증여의제배제 규정도 마련되어 있지 않다는 점을 고려하여 주식의 명의신탁자가 사망한 후 일정기간 내에 상속인이 명의개서를 하지 않은 것에 대해 다시 증여세를 부과하는 것은 위법하다고 판시하였다.

즉 원고가 망 甲이 이미 B에 명의신탁해두었던 이 사건 주식을 2007. 2.경 상속을 원인으로 취득하였다가 상속일의 다음연도 말일의 다음날인 2009. 1. 1.까지 원고 명의로 명의개서를 하지 않았다고 하여 명의개서해태 증여의제 규정을 적용할 수는 없다고 봄이 타당한바, 따라서 명의개서해태 증여의제 규정을 적용하여 원고에 대하여 증여세를 부과한 것은 위법하다고 보았고 이러한 판단을 2심과 3심 모두 인용하여 사건은 종결되었다.

결국 이 사안에서 법원은 명의신탁된 주식을 상속으로 취득하는 경우에는 상증세법 제45조의2 제1항 괄호규정은 적용될 수 없다는 판단을 한 것이다. 이러한 법원의 태도는 명의신탁의 증여의제규정이 강력한 제재규정이라는 점을 고려하여 엄격하고 제한적인 적용이 필요하다는 판단에서 비롯된 것이라 볼 수 있다.

3. 관련 사례 등

명의신탁된 주식을 상속으로 취득한 경우에 대한 사례(서울행정법원 2017. 12. 1. 선고 2017구합59642 판결)
명의수탁자가 사망하면 그 명의신탁관계는 그 재산상속인과의 사이에서 존속하게 되는바, 망인의 사망으로 인하여 甲은 원고와 사이에 이 사건 주식에 관한 명의신탁 합의가 없더라도

원고와 망인 사이에 존재하던 명의신탁 관계를 당연히 승계하게 되므로, 원고가 망인의 사망 이후에도 상속인인 甲과 사이에 이 사건 주식에 관한 명의신탁 관계를 유지할 의사가 있었다 하더라도 따로 명의신탁 합의를 체결할 이유는 없는 것으로 보이고, 주식 명의신탁 확인서의 기재는 원고와 乙 사이에 이 사건 주식에 관하여 명의신탁 관계가 있음을 확인한다는 취지일 뿐 기존의 명의신탁 관계를 종료하고 새롭게 명의신탁 합의를 하였다고 인정할만한 증거로 볼 수 없는 점을 고려할 때 증여세 부과처분은 위법함.

명의신탁된 주식을 상속받은 후 장기간 명의개서를 미이행한 경우(대법원 2017. 4. 13. 선고 2016두40030 판결)

명의신탁된 주식이 상속된 경우에는 기존의 명의수탁자는 당초 명의개서일에 이미 명의신탁 증여의제 규정의 적용대상이 될 뿐만 아니라, 명의신탁된 주식에 관하여 상속으로 인하여 상속인과 사이에 법적으로 명의신탁관계가 자동 승계되는 것을 넘어 그와 같은 법률관계를 형성하기 위하여 어떠한 새로운 행위를 한 것이 아니며, 명의수탁자 스스로 상속인의 명의개서를 강제할 수 있는 마땅한 수단도 없고, 주식 양도인의 경우와 같은 증여의제 배제규정도 마련되어 있지 않으므로 주식이 명의신탁되어 명의수탁자 앞으로 명의개서가 된 후에 명의신탁자가 사망하여 주식이 상속된 경우에는 명의개서해태 증여의제규정의 적용대상에 해당하지 않음.

38

증여재산의 반환과 명의신탁 증여의제

– 대법원 2018. 10. 12. 선고 2018두47813 판결 –

» 상증세법 제45조의2에서 규정하고 있는 명의신탁 재산의 증여의제 규정은 명의
신탁을 이용한 각종 조세의 회피를 방지하여 조세평등과 조세정의를 달성하고자
하는 것인데, 상증세법 제4조 제4항은 수증자가 증여재산을 당사자 간의 합의에
따라 증여세 과세표준 신고기한 이내에 증여자에게 반환하는 경우에는 처음부터
증여가 없었던 것으로 보고 있는바, 이 규정이 명의신탁 재산의 반환에도 적용될
수 있는지 여부가 문제됨. 이 사안은 실질 소유자가 아닌 타인의 명의로 인수된 주
식이 명의신탁으로 인한 것인지 증여에 따른 이전에 기한 것인지 여부가 다툼이
된 것으로, 이와 관련하여 명의신탁된 재산의 반환의 법률관계에 대해 검토하고
자 함.

💬 상속세 및 증여세법

제4조(증여세 과세대상)

④ 수증자가 증여재산(금전은 제외한다)을 당사자 간의 합의에 따라 제68조에
따른 증여세 과세표준 신고기한 이내에 증여자에게 반환하는 경우(반환하
기 전에 제76조에 따라 과세표준과 세액을 결정받은 경우는 제외한다)에는 처음
부터 증여가 없었던 것으로 보며, 제68조에 따른 증여세 과세표준 신고기
한이 지난 후 3개월 이내에 증여자에게 반환하거나 증여자에게 다시 증여
하는 경우에는 그 반환하거나 다시 증여하는 것에 대해서는 증여세를 부
과하지 아니한다.

I 대상판결의 개요

1. 사실관계의 요지

순번	명의변경 전 명의인	주식수	명의변경 후 명의인
1.	丙	4,000주	원고 甲
2	丁	1,400주	
3	戊	800주	원고 乙
4	己	1,600주	

A 주식회사는 2010. 12.경 기준 발행주식 총수 약 20,000주 가운데 아래와 같이 합계 약 7,800주가 원고 甲과 원고 乙의 명의로 변경되었음을 이유로 2010 사업연도 법인세 신고 시 그와 같은 주식변동내용을 신고하였음.

그러자 관할 세무서장은 원고들이 2010. 12.경 위 주식을 명의변경 전 명의인으로부터 증여받은 것으로 보아 甲과 乙에게 증여세를 부과하였음.

2. 원고의 주장 요지

A 회사의 설립자는 甲과 乙로서, 설립 당시 위 주식 가운데 丙, 丁 명의 주식 인수대금은 1979.경 甲이 납입하였고, 戊, 己 명의 주식 인수대금은 1984.경 乙이 납입하였는바, 결국 위 주식은 처음부터 원고들이 주식대금을 납입하여 취득한 소유자임. 원고들은 A 회사의 설립에 필요한 상법상 발기인 수 7인을 맞추기 위하여 위 주식을 丙, 丁, 戊, 己 에게 명의신탁하였다가 2010. 12.경 명의신탁 해지를 통고하고 원고들의 명의로 환원한 것임. 따라서 위 주식의 취득은 명의신탁 재산의 반환에 해당하는 것이고 새로운 별도의 증여로 볼 수 없음.

3. 판결 요지

가. 제1심 법원(피고 승소)

주식의 소유사실은 과세관청이 주주명부나 주식이동상황명세서 또는 법인 등기부등본 등 자료에 의하여 이를 입증하면 되고, 다만 위 자료에 비추어 일견 주주로 보이는 경우에도 실은 주주명의를 도용당하였거나 실질소유주 의 명의가 아닌 차명으로 등재되었다는 등의 사정이 있는 경우에는 단지 그 명의만으로 주주에 해당한다고 볼 수는 없으나 이는 주주가 아님을 주 장하는 자가 입증하여야 함.

이 사건 주식이 丙 등의 명의로 A 회사의 주식이동상황명세서에 등재되어 있다가 위 명의변경으로 인하여 원고들 명의로 이전되었고, 위 명의변경에 관하여 원고들과 丙 등 사이에 어떠한 대가도 지급되지 않았으므로, 丙 등 으로부터 원고들에게 위 주식의 소유권이 이전된 것은 상증세법 제2조 제6 호가 '증여'로 규정하고 있는 '경제적 가치를 계산할 수 있는 유형·무형의 재산을 타인에게 직접 또는 간접적인 방법에 의하여 무상으로 이전'한 경우 로서 증여세 과세요건을 충족함.

나. 항소심 법원(원고 승소)

공증인법에 규정된 사서증서에 대한 인증제도상 공증인이 사서증서를 인증 하면서 공증인법에 따라 반드시 촉탁인의 확인이나 대리촉탁인의 확인 및 그 대리권의 증명 등의 절차를 미리 거치도록 규정되어 있으므로 공증인이 사서증서를 인증하면서 이러한 절차를 제대로 거치지 아니하였다는 등의 사실이 입증되는 등의 특별한 사정이 없는 한 공증인이 인증한 사서증서의 진정성립이 추정됨(대법원 1992. 7. 28. 선고 91다35816 판결 등 참조).

그러므로 위 주식의 명의신탁에 관한 확인의 내용에 따르면 위 주식은 丙 등이 소유이다가 甲과 乙에게 명의가 이전된 것이 아니라, 애초부터 甲과 乙의 소유로서 丙 등에게 명의신탁 되어 있다가 환원된 것으로 봄이 상당 하고, 또한 위 확인서는 공증인가 B법률사무소 등의 인증을 받았으므로, 공 증인이 확인서를 인증하면서 관련 절차를 제대로 거치지 않았다는 사실이 입증되는 등의 특별한 사정이 없는 한 위 공증인의 인증한 확인서의 진정 성립이 추정되고, 이에 의할 때 위 확인서는 진정성립이 추정됨.

또한 A 회사의 상호는 甲의 아호에서 따온 것이고, 甲과 乙은 A 회사의 설립 당시부터 현재까지 대표이사의 지위에 있었음에 반하여, 丙 등은 A 회사의 운영에 관여한 바가 없고, 배당을 받거나 주권을 교부받은 적도 없는 등 주주권을 행사한 적이 없는 점을 고려할 때, 위 주식은 丙 등의 소유이다가 원고들에게 명의가 이전된 것으로 보기는 어렵고, 丙 등에게 명의신탁 되어 있다가 원고들에게 환원된 것으로 봄이 상당함.

다. 상고심 법원(원고 승소)

대법원은 항소심의 판단을 인용하여 상고기각하였음.

Ⅱ 해설

1. 명의신탁 재산 반환의 과세 여부

가. 실질소유자에게 환원한 경우

명의신탁을 해지하고 실질소유자 명의로 환원하는 경우에는 최초의 명의신탁에 따른 증여세 과세여부와 관계없이 환원시점에서는 증여세 과세문제가 발생할 수 없다. 즉 명의신탁 재산에 대한 소유권은 명의신탁자에게 있으므로 실질소유자 명의로 환원하는 것은 재산의 무상이전에는 해당하지 않기 때문이다.

나. 실질소유자가 아닌 자에게 환원한 경우

명의신탁을 해지하고 실질소유자가 아닌 다른 자의 명의로 소유권을 이전한 경우에는 그 시점에서 실질소유자가 아닌 다른 자에게 증여한 것으로 볼 수 있다. 그러므로 이 경우에는 그 명의이전을 증여로 보아 증여세를 과세하는 것이 타당하다.

다. 증여세 신고기한 내에 환원하는 경우의 과세 여부

(1) 상증세법 제4조 제4항과 명의신탁 재산의 반환

상증세법 제4조 제4항에 따르면 수증자가 증여재산(금전은 제외)을 당사자 간의 합의에 따라 제68조에 따른 증여세 과세표준 신고기한 이내에 증여자에게 반환하는 경우(반환하기 전에 제76조에 따라 과세표준과 세액을 결정받은 경우는 제외)에는 처음부터 증여가 없었던 것으로 보며, 제68조에 따른 증여세 과세표준 신고기한이 지난 후 3개월 이내에 증여자에게 반환하거나 증여자에게 다시 증여하는 경우에는 그 반환하거나 다시 증여하는 것에 대해서는 증여세를 부과하지 아니하도록 규정하고 있다. 그렇다면 명의신탁된 재산의 반환의 경우에도 위 조문을 적용하여 증여세를 과세할 수 없는 것인지가 문제될 수 있다.

이는 위에서 검토한 증여세 신고기한 이후의 명의신탁 재산의 반환과는 논의의 평면이 다르다. 즉 수탁자가 증여세 신고기한 이후에 명의신탁 재산을 반환하는 경우는 최초의 명의신탁에 대하여 증여의제가 적용되어 증여세가 부과되었는지 여부에 대해서는 별론으로 하고 증여세 신고기한이 지난 후에 명의신탁된 재산을 반환하는 것에 대하여 다시 증여세를 부과하는 것이 타당한지에 관한 논의라면, 증여세 신고기한 내에 수탁자가 명의신탁 재산을 반환하는 경우는 최초의 명의신탁에 대하여 증여의제를 적용하여 증여세를 과세할 수 없다고 보는 것이 타당한지에 대한 논의이다.

(2) 견해의 대립

이에 대해서는 상반된 견해가 존재하는데, 먼저 증여세를 과세할 수 없다는 견해는 명의신탁된 재산에 대해 증여로 의제하여 과세하는 것 자체가 증여세의 본질에 부합하지 않고 제재의 목적으로 과세하는 것이기에 되도록 그 적용범위를 제한하는 것이 타당하므로 명의신탁된 재산을 반환하는 것을 증여로 보아 과세할 수 없다는 입장이다.[99]

---

99) 강석규, 앞의 책, p.1322.

이에 대해 증여세를 과세해야 한다는 견해는 명의신탁에 대한 증여세는 증여로 인한 이익을 담세력으로 하는 것이 아니라 명의신탁을 하는 행위에 대한 제재로서의 성격을 지니는 것이므로 명의신탁된 재산을 다시 신탁자에게 반환하였더라도 당초의 명의신탁행위가 소급하여 사라지는 것은 아니므로 제재로서의 증여세가 과세되어야 한다는 입장이다.[100]

(3) 대법원의 입장

대법원은 "상증세법 제45조의2에서 증여로 의제되는 명의신탁에 대하여 상증세법 제4조 제4항의 적용을 배제하는 규정을 따로 두고 있지 않고, 증여세 과세표준 신고기한 내에 당사자들 합의에 의하여 증여재산을 반환하는 경우나 명의신탁받은 재산을 반환하는 경우 모두 그 재산을 수증자 또는 명의수탁자가 더 이상 보유하지 않게 된다는 면에서 실질적으로 다르지 아니한 점 등에 비추어 볼 때, 상증세법 제4조 제4항은 증여로 의제된 명의신탁재산에 대하여 명의신탁을 해지하고 반환하는 경우에도 적용된다고 보아야 하고, 이는 명의수탁자가 명의신탁받은 재산을 명의신탁자 명의로 재산을 반환하는 경우뿐 아니라 명의신탁자의 지시에 따라 제3자 명의로 반환하는 경우도 마찬가지라고 보아야 한다."라고 판시(대법원 2016. 12. 29. 선고 2016두52170 판결)하였다.

즉 대법원은 명의수탁자가 명의신탁받은 재산을 반환한 것은 마치 수증자가 증여받은 재산을 반환하는 것과 동일한 것으로 볼 수 있기 때문에 이를 동일하게 취급하는 것이 타당하다고 본 것이다. 따라서 대법원의 입장에 따르면 증여세 과세표준 신고기한 내에 명의신탁 재산을 반환하는 경우에는 처음부터 명의신탁이 없었던 것으로 보아 증여의제에 따른 증여세를 과세할 수 없다.

---

[100] 최성일, 앞의 책, p.833.

2. 이 사건의 분석

이 사안에서는 이 사건 주식의 명의 변경이 증여인지 단순한 명의의 변경인지 여부가 다투어졌는데, 이에 대해 1심과 2심의 판단이 달랐다. 이는 사실관계를 둘러싼 입증책임에서 승패가 갈린 것이라 볼 수 있고 실제 소송에서 사실관계를 둘러싼 입증의 문제가 중요한 부분이 될 수 있음을 보여준다.

먼저 1심은 주식의 소유사실은 과세관청이 주주명부나 주식이동상황명세서 또는 법인등기부등본 등 자료에 의하여 이를 입증하면 되고, 다만 위 자료에 비추어 일견 주주로 보이는 경우에도 실은 주주명의를 도용당하였거나 실질소유주의 명의가 아닌 차명으로 등재되었다는 등의 사정이 있는 경우에는 단지 그 명의만으로 주주에 해당한다고 볼 수는 없으나 이는 주주가 아님을 주장하는 자가 입증하여야 한다고 판단하였다.

이러한 전제에서 위 주식이 丙 등의 명의로 A 회사의 주식이동상황명세서에 등재되어 있다가 위 명의변경으로 인하여 원고들 명의로 이전되었고, 위 명의변경에 관하여 원고들과 丙 등 사이에 어떠한 대가도 지급되지 않았으므로, 丙 등으로부터 원고들에게 이 사건 주식의 소유권이 이전된 것은 상증세법 제2조 제6호가 '증여'로 규정하고 있는 '경제적 가치를 계산할 수 있는 유형·무형의 재산을 타인에게 직접 또는 간접적인 방법에 의하여 무상으로 이전'한 경우로서 증여세 과세요건을 충족한다고 판단하였다.

그러나 2심에서는 A 회사의 상호는 甲의 아호에서 따온 것이고, 甲과 乙은 A 회사의 설립 당시부터 현재까지 대표이사의 지위에 있었음에 반하여, 丙 등은 A 회사의 운영에 관여한 바가 없고, 배당을 받거나 주권을 교부받은 적도 없는 등 주주권을 행사한 적이 없는 점을 고려할 때, 위 주식은 丙 등의 소유이다가 원고들에게 명의가 이전된 것으로 보기는 어렵고, 丙 등에게 명의신탁 되어 있다가 원고들에게 환원된 것으로 봄이 상당하다고 보아 과세처분을 취소하였다.

결국 이 사안에서는 위 주식의 명의수탁자들이 실제 주주로서 활동하거나 권리를 행사한 바가 없다는 점이 중요한 판단 요소가 되어 위 주식의 명의 변경이 증여가 아니라 명의신탁된 재산의 반환이라는 결정이 난 것으로 볼 수 있다.

3. 관련 사례 등

가. 판 례

증여세 과세표준 신고기한 내에 반환한 경우(대법원 2011. 9. 29. 선고 2011두8765 판결)

"甲은 2007. 1.경 원고 乙에게 A 회사 주식 12,000주를 명의신탁하였다가 같은 달 31일 원고 丙으로 명의수탁자를 변경하는 한편, 원고 丁에게 2007. 5.경 A 회사 주식 2,500주를, 같은 달 8일 A 회사 주식 3,500주를 각 명의신탁하였다가 같은 달 31일 원고 戊로 명의수탁자를 변경하여, 乙, 丁은 더 이상 위 주식들을 보유하지 않게 되었음을 알 수 있음. 사정이 이와 같다면 乙, 丁은 명의신탁받은 위 주식을 증여세 과세표준 신고기한인 3개월 내에 명의신탁자에게 반환하였다고 보아야 한다."고 보아 명의신탁 재산의 반환으로서 증여세의 과세대상이 될 수 없다고 판시하였음.

사해행위취소 소송의 결과 원상회복된 경우(대법원 2012. 8. 23. 선고 2012두8151 판결)

명의신탁 증여의제 규정은 명의신탁제도를 이용한 조세회피행위를 효과적으로 방지하여 조세정의를 실현하기 위하여 실질과세원칙에 대한 예외를 인정한 것임. 이러한 입법 취지에 더하여 조세회피를 목적으로 명의신탁에 따른 등기 등이 일단 이루어진 이상 그 후 사해행위취소 판결에 의하여 그 등기 등의 명의가 실제 소유자 앞으로 원상회복되었다고 하더라도 사해행위취소 판결에는 소급효가 없으므로 그때까지는 명의신탁에 따른 등기 등이 유지됨으로써 조세회피의 목적이 달성되는 점 등에 비추어 볼 때, 명의신탁에 따른 등기 등이 이루어지고 그에 대하여 과세관청이 증여세 부과처분을 한 후 그 등기 등이 사해행위취소 판결로 원상회복되었다고 하여 증여의제규정의 적용이 배제되는 것은 아니라고 할 것임.

나. 예규 등

명의신탁한 주식의 반환의 경우 증여세 과세 여부 등(재산세과-159, 2011. 3. 28.)

주식을 제3자 명의로 명의개서한 경우로서 명의개서일로부터 신고기한 이내에 해당 주식을 실질소유자 명의로 전환하는 경우에는 처음부터 증여가 없던 것으로 보는 것이 타당하며, 증여재산가액은 명의개서일 현재 평가액으로 함.

39

신주의 인수와 증여의제의 적용

- 대법원 2019. 1. 31. 선고 2016두30644 판결 -

» 상증세법 제45조의2에서 규정하고 있는 명의신탁 재산의 증여의제 규정은 명의 신탁을 이용한 각종 조세의 회피를 방지하여 조세평등과 조세정의를 달성하고자 하는 것으로서 제1항에서 토지와 건물은 제외하고 있기에 주로 문제되는 것은 명 의개서가 필요한 주식임. 이와 관련하여 제3자 명의로 취득한 주식의 발행법인이 다른 법인에 흡수합병됨으로써 새로운 주식을 제3자 명의로 취득한 경우 이를 새 로운 명의신탁으로 의제하여 상증세법 제45조의2 제1항을 적용하여 증여세를 과세할 수 있는지가 문제될 수 있음. 이 사안은 흡수합병에 따른 신주의 인수가 문 제된 것으로, 합병에 따른 신주의 취득에 대한 증여의제의 적용 여부에 대해 검토 하고자 함.

🗨 상속세 및 증여세법

제45조의2(명의신탁재산의 증여 의제)

① 권리의 이전이나 그 행사에 등기 등이 필요한 재산(토지와 건물은 제외한다. 이 하 이 조에서 같다)의 실제소유자와 명의자가 다른 경우에는 「국세기본법」 제14조에도 불구하고 그 명의자로 등기 등을 한 날(그 재산이 명의개서를 하 여야 하는 재산인 경우에는 소유권취득일이 속하는 해의 다음 해 말일의 다음 날을 말한다)에 그 재산의 가액(그 재산이 명의개서를 하여야 하는 재산인 경우에는 소유권취득일을 기준으로 평가한 가액을 말한다)을 실제소유자가 명의자에게 증여한 것으로 본다. 다만, 다음 각 호의 어느 하나에 해당하는 경우에는 그러하지 아니하다.

　　1. 조세 회피의 목적 없이 타인의 명의로 재산의 등기 등을 하거나 소유
　　　권을 취득한 실제소유자 명의로 명의개서를 하지 아니한 경우

　　2. 삭제

　　3. 「자본시장과 금융투자업에 관한 법률」에 따른 신탁재산인 사실의 등기
　　　등을 한 경우

　　4. 비거주자가 법정대리인 또는 재산관리인의 명의로 등기 등을 한 경우

② 삭제

③ 타인의 명의로 재산의 등기 등을 한 경우 및 실제소유자 명의로 명의개서
　를 하지 아니한 경우에는 조세 회피 목적이 있는 것으로 추정한다. 다만,
　실제소유자 명의로 명의개서를 하지 아니한 경우로서 다음 각 호의 어느
　하나에 해당하는 경우에는 조세 회피 목적이 있는 것으로 추정하지 아니
　한다.

　　1. 매매로 소유권을 취득한 경우로서 종전 소유자가 「소득세법」 제105조
　　　및 제110조에 따른 양도소득 과세표준신고 또는 「증권거래세법」 제10
　　　조에 따른 신고와 함께 소유권 변경 내용을 신고하는 경우

　　2. 상속으로 소유권을 취득한 경우로서 상속인이 다음 각 목의 어느 하나
　　　에 해당하는 신고와 함께 해당 재산을 상속세 과세가액에 포함하여 신
　　　고한 경우. 다만, 상속세 과세표준과 세액을 결정 또는 경정할 것을 미
　　　리 알고 수정신고하거나 기한 후 신고를 하는 경우는 제외한다.

　　　가. 제67조에 따른 상속세 과세표준신고

　　　나. 「국세기본법」 제45조에 따른 수정신고

　　　다. 「국세기본법」 제45조의3에 따른 기한 후 신고

④ 제1항을 적용할 때 주주명부 또는 사원명부가 작성되지 아니한 경우에는
　「법인세법」 제109조 제1항 및 제119조에 따라 납세지 관할세무서장에게
　제출한 주주 등에 관한 서류 및 주식등변동상황명세서에 의하여 명의개서
　여부를 판정한다.

⑤ 삭제

⑥ 제1항 제1호 및 제3항에서 "조세"란 「국세기본법」 제2조 제1호 및 제7호
　에 규정된 국세 및 지방세와 「관세법」에 규정된 관세를 말한다.

⑦ 삭제

I 대상판결의 개요

1. 사실관계의 요지

A 주식회사는 2007. 12.경 B 주식회사를 흡수합병하였고, B 회사의 주주인 甲으로부터 피합병회사의 주식을 명의신탁 받았던 원고들은 위 합병에 따라 합병구주에 상응하는 합병신주를 배정받아 주주명부에 원고들 명의로 등재를 마쳤음.

관할 세무서장들은 2013. 11.경 합병구주의 대가로 교부받은 합병신주역시 甲으로부터 명의신탁 받았다고 보아, 상증세법 제45조의2 제1항을 적용하여 원고들에게 증여세를 부과하였음.

2. 원고의 주장 요지

위 합병신주는 위 합병으로 인하여 원고들이 위 합병구주 대신에 취득한 대체물에 불과하여 새로운 명의신탁이 존재하지 않고, 위 합병구주에 대한 명의신탁에 따른 조세회피의 가능성 외에 추가적인 조세회피의 가능성이 생겨난다고 할 수도 없으며, 위 합병의 경우 상장 여부를 달리하는 회사의 합병과 달리 비상장법인 사이의 합병이어서 추가적인 양도소득세의 회피가능성도 존재하지 않으므로 위 합병신주에 대해서는 상증세법상의 명의신탁 증여의제규정을 적용할 수 없음.

3. 판결 요지

가. 제1심 법원(원고 승소)

위 합병구주에 대한 명의신탁재산의 의제규정에 따른 증여세 과세 이외에, 위 합병에 따라서 원고들이 취득하게 된 위 합병신주에 대해서도 명의신탁

재산의 의제규정에 따른 증여세 과세를 하기 위해서는, 위 합병신주에 대해서 위 합병구주에 대한 명의신탁관계와는 다른 새로운 명의신탁행위가 요구된다고 할 것인바, 다음과 같은 이유에서 위 합병신주에 대해서 종전과는 다른 새로운 명의신탁행위가 이루어졌다고 볼 수는 없다고 판단됨.

① 합병이란 2개 이상의 회사가 법정된 절차에 의하여 단일회사가 되는 것이라고 할 수 있으며 회사의 계속성을 위하여 소멸회사는 청산절차를 필요로 하지 않고, 소멸회사의 주주는 원칙적으로 합병계약상의 합병이율과 배정방식에 따라 존속회사 또는 신설회사의 주주권을 획득하며, 존속회사 또는 신설회사의 주주가 되므로(대법원 2003. 2. 11. 선고 2001다14351 판결), 합병으로 인하여 회사가 소멸됨으로써 소멸회사의 사원 또는 주주가 소멸회사에서 당연히 퇴사하는 효과가 발생하거나 주주로서의 지위를 상실하는 것은 아님.

② 따라서 피합병회사의 주주가 회사의 합병으로 피합병회사의 주식(합병구주)에 갈음하여 존속회사 또는 신설회사의 주식(합병신주)을 취득하는 경우에, 그러한 합병구주와 합병신주의 교체는 당해 주주가 자신의 의사에 따라 합병구주를 처분하고 합병신주를 취득하는 것이 아니라, 피합병회사가 다른 회사와 합병한 결과 당해 주주가 보유하던 자산인 합병구주가 합병신주로 대체되는 것에 불과하다고 보아야 함(대법원 2011. 2. 10. 선고 2008두2330 판결).

③ 그렇다면 명의신탁은 명의신탁자와 명의수탁자 사이에 체결된 명의신탁약정에 의해 형식적으로 재산이 이전되어야 성립하는 것이고, 상증세법 제45조의2 제1항 소정의 명의신탁재산의 증여의제 조항이 실질과세원칙의 예외라고 하더라도 실질소유자가 명의자에게 자산을 명의신탁하는 형식적 행위사실을 과세요건으로 하여 증여세를 과세하는 규정인 이상, 위 조항이 적용되기 위해서는 적어도 명의신탁자가 명의수탁자에게 자산을 명의신탁하는 행위자체는 전제되어야 할 것임.

그런데 위 합병과 같은 회사 합병의 경우에는 구주가 명의신탁 되었는지 여부 또는 당해 주주의 의사가 어떠한지 여부에 관계없이 합병 당시를 기준으로 주주명부에 명의개서가 된 주주들에게 합병비율에 따라 자동으로 신주가 교부되므로, 합병 당시 원고들과 같이 구주를 명의신탁받은 명의수탁자가 있고 이들이 합병반대주주의 주식매수청구권을 행사한 바 없다고 하더라도, 이들은 통상의 주주들과 마찬가지로 위와 같은 합병의 법률적 효력에 따라서 신주를 교부받을 뿐이어서, 합병에 따른 신주 교부 과정에서는 명의신탁자가 명의수탁자에게 신주를 명의신탁하는 행위자체가 존재하지 않는다고 보임.

나. 항소심 법원(피고 승소)

다음 사정 등을 종합하여 보면, 종전 명의신탁관계는 합병에 의하여 합병구주가 소멸됨에 따라 동시에 해소되고, 기존 명의신탁자와 명의수탁자 사이에는 합의 또는 의사소통 하에 명의수탁자 명의로 합병신주를 취득하여 명의개서를 마침으로써 새로운 명의신탁행위를 하였다고 보아야 함. 따라서 위 합병구주 이외에 합병신주에 대해서도 원고들과 甲 사이에서는 명의신탁행위가 있었다고 봄이 타당함.

① 위와 같은 합병절차에 있어 피합병회사의 주주는 합병계약에서 정하여진 합병비율에 따라 그 신주를 배정받게 되는 것이기는 하나, 그 과정에 주주총회 특별결의, 합병반대주주의 주식매수청구권(상법 제522조의3) 등 합병에서 이탈할 수 있는 수단이 존재하는바, 주식의 포괄적 교환에서와 마찬가지로 주식매수청구권을 행사하지 않는 합병구주의 주주는 결국 그러한 권리를 행사하지 아니함으로써 합병신주를 취득하게 됨. 따라서 합병절차가 진행되고 있음에도 합병구주의 명의수탁자가 주식매수청구권을 행사하지 않고 또는 실명전환절차도 밟지 아니하였다면 합병신주에 대하여 기존 명의신탁자가 기존 명의수탁자 앞으로 별도로 합병신주에 대한 명의신탁을 하는 것에 대한 합의 또는 의사소통이 있었다고 보아야 함.

② 이와 같이 합병절차에서 주식매수선택권 행사를 하지 아니하고 합병계약을 주총결의로 승인함으로써 합병신주에 관한 새로운 명의신탁 의사가 존재하고, 합병절차상 구주는 소멸되고, 소멸된 구주의 대가가 합병신주이므로 그 경제적 가치가 동일한 경우가 있다고 하여 두 주식을 법률상 동일하다고 볼 수 없음.

다. 상고심 법원(원고 승소)

흡수합병이 이루어짐에 따라 소멸회사의 합병구주를 명의신탁 받았던 사람이 존속회사가 발행하는 합병신주를 배정·교부받아 그 앞으로 명의개서를 마친 경우, 합병구주와는 별도의 새로운 재산인 합병신주에 대하여 명의신탁자와 명의수탁자 사이에 합병구주에 대한 종전의 명의신탁관계와는 다른 새로운 명의신탁관계가 형성되기는 함.

그런데 ① 상증세법 제45조의2 제1항은 조세회피목적의 명의신탁행위를 방지하기 위하여 실질과세원칙의 예외로서 실제소유자로부터 명의자에게 해당 재산이 증여된 것으로 의제하여 증여세를 과세하도록 허용하는 규정이므로, 조세회피행위를 방지하기 위하여 필요하고도 적절한 범위 내에서만 적용되어야 함.

② 증여의제 대상이 되어 과세되었거나 과세될 수 있는 최초의 명의신탁 주식인 합병구주에 상응하여 명의수탁자에게 합병신주가 배정되어 명의개서가 이루어진 경우에 그와 같은 합병신주에 대하여 제한 없이 이 사건 법률조항을 적용하여 별도로 증여세를 과세하는 것은 증여세의 부과와 관련하여 최초의 명의신탁 주식에 대한 증여의제의 효과를 부정하는 모순을 초래할 수 있어 부당함.

③ 더구나 흡수합병에 따라 존속회사는 소멸회사의 권리의무를 승계하게 되고, 이때 소멸회사의 주주는 통상 합병구주의 가치에 상응하는 합병신주를 배정·교부받게 되므로, 합병 전·후로 보유한 주식의 경제적 가치에 실질적인 변동이 있다고 보기 어려운 사정도 감안하여야 함.

④ 또한 최초로 명의신탁된 합병구주와 이후 합병으로 인해 취득한 합병신주에 대하여 각각 이 사건 법률조항을 적용하게 되면 애초에 주식이나 그 인수자금이 수탁자에게 증여된 경우에 비하여 지나치게 많은 증여세액이 부과될 수 있어서 형평에도 어긋남.

이와 같은 사정들을 고려할 때, 최초로 증여의제 대상이 되어 과세되었거나 과세될 수 있는 합병구주의 명의수탁자에게 흡수합병에 따라 배정된 합병신주에 대해서는 특별한 사정이 없는 한 다시 상증세법 제45조의2 제1항의 규정을 적용하여 증여세를 과세할 수 없음.

Ⅱ 해설

1. 합병에 의한 신주의 취득

가. 주식의 포괄적 교환에 의한 신주의 취득과의 비교

(1) 주식의 포괄적 교환의 의의

상법 제360조의2에서 규정하고 있는 주식의 포괄적 교환이란 완전자회사가 되는 회사의 주주가 가지는 그 회사의 주식은 주식을 교환하는 날에 완전모회사가 되는 회사에 이전하고, 완전자회사가 되는 회사의 주주는 완전모회사가 되는 회사가 주식교환을 위하여 발행하는 신주의 배정을 받음으로써 그 회사의 주주가 되는 것을 말한다.

(2) 명의신탁 증여의제의 적용 여부

이때 완전자회사의 주식을 제3자에게 명의신탁한 경우에는 주식의 포괄적 교환으로 인해 명의수탁자는 완전모회사가 되는 회사의 신주를 취득하게 되는데, 이렇게 완전모회사의 주식을 명의수탁자가 취득한 것을 새로운 명의신탁으로 보아 상증세법 제45조의2 제1항을 적용하여 증여세를 과세할 수 있는지가 문제될 수 있다.

이에 대해 우리 대법원은 "주식의 명의신탁을 받은 자가 상법상 주식의 포괄적 교환에 의하여 완전자회사가 되는 회사의 주주로서 그 주식을 완전모회사가 되는 회사에 이전하는 대가로 그의 명의로 완전모회사의 신주를 교부받아 명의개서를 마친 경우, 신주에 관하여는 명의신탁자와 명의수탁자 사이에 종전의 명의신탁관계와는 다른 새로운 명의신탁관계가 형성되므로, 그 자체로는 상증세법 제45조의2 제1항에서 규정하고 있는 명의신탁 증여의제의 적용대상이 될 수 있다."고 하여 주식의 포괄적 교환도 명의신탁 증여의제의 적용대상이 될 수 있다고 판단하였다.

그러나 증여의제의 적용대상이 될 수 있더라도 "① 명의신탁 증여의제 조항은 조세회피목적의 명의신탁행위를 방지하기 위하여 실질과세원칙의 예외로서 실제소유자로부터 명의자에게 해당 재산이 증여된 것으로 의제하여 증여세를 과세하도록 허용하는 규정이므로, 조세회피행위를 방지하기 위하여 필요하고도 적절한 범위 내에서만 적용되어야 하는 점,

② 주식의 경우에 관하여 보면, 증여의제 대상이 되어 과세되었거나 과세될 수 있는 최초의 명의신탁 주식이 매도된 후 그 매도대금으로 다른 주식을 취득하여 다시 동일인 명의로 명의개서를 한 경우에 그와 같이 다시 명의개서된 다른 주식에 대하여 제한 없이 위 조항을 적용하여 별도로 증여세를 과세하는 것은 증여세의 부과와 관련하여 최초의 명의신탁 주식에 대한 증여의제의 효과를 부정하는 모순을 초래할 수 있어 부당한 점,

③ 최초의 명의신탁 주식이 매도된 후 그 매도대금으로 취득하여 다시 동일인 명의로 명의개서되는 이후의 다른 주식에 대하여 각각 별도의 증여의제 규정을 적용하게 되면 애초에 주식이나 그 매입자금이 수탁자에게 증여된 경우에 비하여 지나치게 많은 증여세액이 부과될 수 있어서 형평에 어긋나는 점 등을 고려할 때, 최초로 증여의제 대상이 되어 과세되었거나 과세될 수 있는 명의신탁 주식의 매도대금으로 취득하여 다시 동일인 명의로 명의개서된 주식은 특별한 사정이 없는 한 다시 위 조항이 적용되어 증여세가 과세될 수는 없다.

상법상 주식의 포괄적 교환의 경우에도 최초의 명의신탁 주식과 명의수탁자가 완전모회사가 되는 회사로부터 배정받은 신주에 대하여 각각 별도의 증여의제 규정을 적용하게 되면, 위와 같이 증여세의 부과와 관련하여 최초의 명의신탁 주식에 대한 증여의제의 효과를 부정하는 모순을 초래하고 형평에 어긋나는 부당한 결과가 발생하는 것은 마찬가지이므로, 원칙적으로 위 법리가 그대로 적용된다."고 판시하였다(대법원 2018. 3. 29. 선고 2012두27787 판결 등 참조).

나. 합병에 의한 신주의 취득의 검토

합병의 경우에도 위에서 검토한 주식의 포괄적 교환과 동일한 문제가 발생할 수 있다. 즉 흡수합병이 일어나게 되면 흡수합병법인이 피합병법인의 주주들로부터 그들이 보유하는 주식의 전부를 취득하면서 그 대가로 합병법인의 신주를 교부하게 되는데, 이때 피합병법인의 주주가 취득하는 합병법인의 신주는 주식의 포괄적 교환에서 취득하게 되는 신주와 동일한 성격을 갖는다고 볼 수 있다. 따라서 피합병법인의 주식을 제3자에게 명의신탁하여 둔 경우 합병법인이 교부하는 신주를 그 제3자가 취득하게 되는데 이때 새로운 명의신탁이 있었다고 보아 증여세를 과세할 수 있는지가 문제되는 것이다.

이에 대해 최근에 선고된 대법원 판결은 합병에 의한 신주의 취득에 대해서는 증여의제를 적용할 수 없다는 취지의 판결을 하였다. 즉 "흡수합병이 이루어짐에 따라 소멸회사의 합병구주를 명의신탁받았던 사람이 존속회사가 발행하는 합병신주를 배정·교부받아 그 앞으로 명의개서를 마친 경우, 합병구주와는 별도의 새로운 재산인 합병신주에 대하여 명의신탁자와 명의수탁자 사이에 합병구주에 대한 종전의 명의신탁관계와는 다른 새로운 명의신탁관계가 형성되기는 한다.

그런데 ① 상증세법 제45조의2 제1항은 조세회피 목적의 명의신탁행위를 방지하기 위하여 실질과세원칙의 예외로서 실제소유자로부터 명의자에게 해당 재산이 증여된 것으로 의제하여 증여세를 과세하도록 허용하는 규정이므로, 조세회피행위를 방지하기 위하여 필요하고도 적절한 범위 내에서만 적용되어야 한다.

② 증여의제 대상이 되어 과세되었거나 과세될 수 있는 최초의 명의신탁 주식인 합병구주에 상응하여 명의수탁자에게 합병신주가 배정되어 명의개서가 이루어진 경우에 그와 같은 합병신주에 대하여 제한 없이 위 조항을 적용하여 별도로 증여세를 과세하는 것은 증여세의 부과와 관련하여 최초의 명의신탁 주식에 대한 증여의제의 효과를 부정하는 모순을 초래할 수 있어 부당하다.

③ 더구나 흡수합병에 따라 존속회사는 소멸회사의 권리의무를 승계하게 되고, 이때 소멸회사의 주주는 통상 합병구주의 가치에 상응하는 합병신주를 배정·교부받게 되므로, 합병 전후로 보유한 주식의 경제적 가치에 실질적인 변동이 있다고 보기 어려운 사정도 감안하여야 한다.

④ 또한 최초로 명의신탁된 합병구주와 이후 합병으로 인해 취득한 합병신주에 대하여 각각 위 조항을 적용하게 되면 애초에 주식이나 그 인수자금이 수탁자에게 증여된 경우에 비하여 지나치게 많은 증여세액이 부과될 수 있어서 형평에도 어긋난다. 이와 같은 사정들을 고려할 때, 최초로 증여의제 대상이 되어 과세되었거나 과세될 수 있는 합병구주의 명의수탁자에게 흡수합병에 따라 배정된 합병신주에 대해서는 특별한 사정이 없는 한 다시 위 조항을 적용하여 증여세를 과세할 수 없다(대법원 2019. 1. 31. 선고 2016두30644 판결)."

2. 이 사건의 분석

이 사건 역시 명의신탁한 주식에 대하여 합병 후 교부된 신주를 종전 주주 명의로 명의개서 한 것이 새로운 명의신탁이 되는지가 쟁점이 되었다. 이에 대해 1심 법원은 회사 합병의 경우에는 구주가 명의신탁 되었는지 여부 또는 당해 주주의 의사가 어떠한지 여부에 관계없이 합병 당시를 기준으로 주주 명부에 명의개서가 된 주주들에게 합병비율에 따라 자동으로 신주가 교부되므로, 합병 당시 원고들과 같이 구주를 명의신탁받은 명의수탁자가 있고 이들이 합병반대주주의 주식매수청구권을 행사한 바 없다고 하더라도, 이들은 통상의 주주들과 마찬가지로 위와 같은 합병의 법률적 효력에 따라서 신주를 교부받을 뿐이어서, 합병에 따른 신주 교부 과정에서는 명의신탁자가 명의수탁자에게 신주를 명의신탁하는 행위자체가 존재하지 않는다고 보았다.

그러나 항소심 법원은 종전 명의신탁관계는 합병에 의하여 합병구주가 소멸됨에 따라 동시에 해소되고, 기존 명의신탁자와 명의수탁자 사이에는 합의 또는 의사소통 하에 명의수탁자 명의로 합병신주를 취득하여 명의개서를 마침으로써 새로운 명의신탁행위를 하였다고 보아야 한다고 판시하여 1심 법원과는 다른 판단을 하였다.

그러나 이에 대해 대법원은 위에서 소개한 2019. 1. 31. 선고 2016두30644 판결의 취지에 따라 합병구주와 합병신주의 교체는 당해 주주가 자신의 의사에 따라 합병구주를 처분하고 합병신주를 취득하는 것이 아니라 피합병회사가 다른 회사와 합병한 결과 합병구주가 합병신주로 대체되는 것에 불과하므로 합병신주에 대해서도 명의신탁 증여의제의 규정을 적용하여 증여세를 부과하는 것은 위법하다는 판시를 하였고 이로써 합병에 따른 신주의 인수와 증여의제의 문제는 정리된 것으로 볼 수 있다.

3. 관련 사례 등

> **증자에 따른 이익의 증여에 관한 사례**(대법원 2017. 5. 17. 선고 2014두14976 판결)
>
> 상증세법 제39조 제2항은 이익을 증여한 자가 소액주주로서 2명 이상인 경우에는 이익을 증여한 소액주주가 1명인 것으로 보고 이익을 계산한다고 규정하고 있는데, 신주를 배정받을 수 있는 권리를 포기한 소액주주가 2인 이상인 경우 소액주주 1명이 그 권리를 포기한 것으로 보아 이익을 계산하도록 한 것은 증여자별로 증여이익을 계산하는 것이 복잡하고 그 증여가액이 과세 최저한에 미달하여 과세를 못하게 되면 증여세 회피수단으로 악용될 우려가 있다는 점을 고려한 것임. 따라서 위 조항은 증자에 따른 이익에 대한 증여세 과세 제도의 목적을 달성하기 위하여 불가피한 것으로 과잉금지의 원칙 또는 조세평등주의 원칙에 반한다고 보기 어려움.

40

가업승계 지원제도

– 대법원 2018. 7. 25. 선고 2018두40485 판결 –

» 조세특례제한법 제30조의6에서 규정하고 있는 가업의 승계에 대한 증여세 과세 특례 규정은 가업(해당 사안의 경우 관광진흥법에 따른 관광 사업을 영위하는 중소기업)을 10년 이상 계속하여 경영한 60세 이상의 부모로부터 가업의 승계를 목적으로 주식을 증여받고, 가업을 승계한 경우 일정부분의 증여세를 면해주고 있음. 이 사안은 '가업을 10년 이상 경영'이라는 요건이 문제되었는데, 증여일 직전 10년 이내의 기간 중 약 2년간 가업인 숙박업체 운영 도중 위탁경영을 위해 다른 법인에 위 숙박업체를 임대해준 것이 '가업을 10년 이상 경영'이라는 요건을 부정하게 되느냐가 쟁점이 된 것으로서, 가업승계 지원제도 및 그 요건 등에 대하여 검토해보고자 함.

⬤〕 조세특례제한법

제30조의6(가업의 승계에 대한 증여세 과세특례)

① 18세 이상인 거주자가 「상속세 및 증여세법」 제18조 제2항 제1호에 따른 가업을 10년 이상 계속하여 경영한 60세 이상의 부모(증여 당시 아버지나 어머니가 사망한 경우에는 그 사망한 아버지나 어머니의 부모를 포함한다. 이하 이 조에서 같다)로부터 해당 가업의 승계를 목적으로 주식 또는 출자지분(증여세 과세가액 30억원을 한도로 한다. 이하 이 조에서 "주식 등"이라 한다)을 2013년 12월 31일까지 증여받고 대통령령으로 정하는 바에 따라 가업을 승계한 경우에는 「상속세 및 증여세법」 제53조 및 제56조에도 불구하고 증여세 과세가액에서 5억원을 공제하고 세율을 100분의 10으로 하여 증

여세를 부과한다. 다만, 가업의 승계 후 가업의 승계 당시 해당 주식 등의 증여자 및 「상속세 및 증여세법」 제22조 제2항에 따른 최대주주 또는 최대출자자에 해당하는 자(가업의 승계 당시 해당 주식 등을 증여받는 자는 제외한다)로부터 증여받는 경우에는 그러하지 아니하다.

② 제1항에 따라 주식 등을 증여받은 자가 대통령령으로 정하는 바에 따라 가업을 승계하지 아니하거나 가업을 승계한 후 주식 등을 증여받은 날부터 10년 이내에 대통령령으로 정하는 정당한 사유 없이 다음 각 호의 어느 하나에 해당하게 된 경우에는 그 주식 등의 가액에 대하여 「상속세 및 증여세법」에 따라 증여세를 부과한다. 이 경우 대통령령으로 정하는 바에 따라 계산한 이자상당액을 증여세에 가산하여 부과한다.

1. 가업에 종사하지 아니하거나 가업을 휴업하거나 폐업하는 경우
2. 증여받은 주식 등의 지분이 줄어드는 경우

③ 제1항에 따른 주식 등의 증여에 관하여는 제30조의5 제7항부터 제12항까지의 규정을 준용한다. 이 경우 "창업자금"은 "주식 등"으로 본다.

④ 제1항에 따른 주식 등의 증여 후 「상속세 및 증여세법」 제41조의3·제41조의5 및 제42조가 적용되는 경우의 증여세 과세특례 적용 방법, 해당 주식 등의 증여 후 상속이 개시되는 경우의 가업상속공제 적용방법, 증여자 및 수증자의 범위 등에 관하여 필요한 사항은 대통령령으로 정한다.

⑤ 제1항을 적용받는 거주자는 제30조의5를 적용하지 아니한다.

제18조(기초공제)

② 거주자의 사망으로 상속이 개시되는 경우로서 다음 각 호의 어느 하나에 해당하는 경우에는 다음 각호의 구분에 따른 금액을 상속세 과세가액에서 공제한다.

1. 가업[대통령령으로 정하는 중소기업(이하 이 항 및 제5항에서 "중소기업"이라 한다) 또는 규모의 확대 등으로 중소기업에 해당하지 아니하게 된 기업(상속이 개시되는 사업연도의 직전 사업연도의 매출액이 2천억원을 초과하는 기업 및 상호출자제한기업집단 내 기업은 제외한다. 이하 이 조에서 같다)으로서 피상속인이 10년 이상 계속하여 경영한 기업을 말한다. 이하 같다]의 상속(이하

> "가업상속"이라 한다) : 다음 각 목의 구분에 따른 금액 중 큰 금액
> 가. 가업상속 재산가액의 100분의 70에 상당하는 금액. 다만, 그 금액이
>   100억원을 초과하는 경우에는 100억원을 한도로 하되, 피상속인이 15년
>   이상 계속하여 경영한 경우에는 150억원, 피상속인이 20년 이상 계속하
>   여 경영한 경우에는 300억원을 한도로 한다.
> 나. 2억원. 다만, 해당 가업상속 재산가액이 2억원 미만인 경우에는 그
>   가업상속 재산가액에 상당하는 금액으로 한다.

I 대상판결의 개요

1. 사실관계의 요지

주식회사 A는 약 60여 년 전 설립되어 관광사업 등을 영위하고 있는 비
상장회사이고, 원고 甲은 현재 A 회사의 대표이사임.

A 회사는 약 60여 년 전부터 숙박업체를 운영하여 왔는데, 2009. 11.경
주식회사 B에 위 숙박업체를 임대차기간 2009. 11.경부터 2014. 11.경까지로
정하여 임대하였고, 2011. 10.경 위 임대차계약을 해지함.

甲의 父 乙은 2013. 12.경 甲에게 A 회사 주식 약 2,000주(증여재산가액
약 50억 원)를 증여하였음.

甲은 2014. 3.경 위 주식 중 증여재산가액 30억 원 해당 부분에 관해서는
가업의 승계에 대한 증여세 과세특례가 적용되는 것으로 보아 5억 원을 공제
하여 10% 세율을 적용하고, 위 주식 중 나머지 부분에 관해서는 일반증여 세
율을 적용하여, 증여세 합계 약 9억 원을 신고·납부하였음.

관할 세무서장은 '위 증여세 과세특례는 증여자가 증여일로부터 소급하
여 10년 이상 계속하여 가업을 경영한 경우에만 적용될 수 있는데, A 회사가

2009. 11.경부터 2011. 10.경까지 위 숙박업체를 B 회사에 임대하여 관광업이 아닌 부동산임대업만을 영위하였으므로, 乙이 증여일로부터 소급하여 10년 이상 계속하여 가업을 경영하였다고 볼 수 없다'는 이유로 일반증여 세율의 증여세를 부과함.

2. 원고의 주장

위 임대차기간에도 위 숙박업체의 경영은 실질적으로 B 회사가 아닌 A 회사에 의하여 이루어졌으므로, A 회사는 위 주식 증여일로부터 소급하여 10년 이상 계속하여 위 숙박업체를 경영하였다고 할 것임.

乙이 위 주식 증여일로부터 소급하여 10년 이상 계속하여 가업을 경영하였다고 볼 수 없더라도, 과세특례규정상 '증여일로부터 소급하여'라는 요건은 규정되어 있지 않으므로, 조세법률주의의 원칙상 위 증여세 과세특례규정이 증여일로부터 소급하여 10년 이상 계속하여 가업을 경영한 경우에 한정하여 적용된다고 볼 수 없음.

3. 판결 요지

가. 제1심 법원(피고 승소)

1) A 회사가 위 임대차계약 기간 동안 위 숙박업체를 경영하였는지 여부(소극)

① 위 임대차기간 동안 위 숙박업체의 손익은 모두 A 회사가 아닌 B 회사에 귀속된 점, ② 위 숙박업체 직원들의 고용이 모두 B 회사에 승계되었으므로, 위 숙박업체 직원들의 불법행위에 대한 사용자책임은 모두 A 회사가 아닌 B 회사가 부담해야 하는 점, ③ 행정관청에 대한 인·허가 명의나 국세청에 신고한 사업자등록상의 명의와 실제 영업상의 주체가 다를 경우, 당해 사업을 영위하는 자는 명의자가 아닌 실제 영업상의 주체이므로, 위 숙박업체에 관한 관광사업등록명의가 A 회사로 되어있다

는 사실만으로는 A 회사가 위 숙박사업의 영위자라고 볼 수 없는 점 등을 종합하면, A 회사가 아닌 B 회사가 위 임대차기간 동안 위 숙박사업을 영위하였다고 볼 수 있음.

2) 위 증여세 과세특례규정이 증여일로부터 '소급하여' 10년 이상 계속하여 경영된 사업만을 가업상속 대상이라고 보는 것인지 여부(적극)

상증세법 제18조 제2항 제1호의 개정취지는 가업상속 공제액을 1억 원에서 30억 원으로 대폭 확대하는데 있었지, 상속개시일로부터 소급하여 일정 기간 계속 경영이 이루어지지 않은 기업에까지 가업상속을 확대하여 적용하는데 있지 않았으므로, 중소기업의 사전상속 활성화를 위해 도입된 위 증여세 과세특례규정 역시 증여일로부터 소급하여 10년 이상 계속하여 경영된 사업만이 가업상속 대상이라고 해석함이 타당함.

나. 항소심 법원(원고 승소)

A 회사의 제1호 목적사업이 관광사업이고, 위 임대차계약은 위 숙박사업에 관한 위탁경영을 시도하면서 그 법률적 형식으로 체결된 것일 뿐이며, A 회사는 위 임대차기간에도 위 숙박업체를 영위하기 위한 핵심 자산인 상표와 같은 무형자산, 객실(토지와 건물)과 같은 유형자산 및 인력을 지배하고 있었고, 실제 위 숙박사업도 이러한 핵심 자산을 기반으로 하여 A 회사[그 경영진인 회장(사내이사) 乙과 대표이사 甲]에 의하여 이루어졌으며, 대외활동 및 대외적 인식, 관련 법률, B 회사의 역할, B 회사의 대표이사 丙의 경영 참여 정도를 고려하면, A 회사는 위 임대차기간 2년 동안에도 그 이전과 마찬가지로 관광사업을 주된 사업으로 영위하는 중소기업으로서의 실질이 변하지 아니하였다고 봄이 타당함.

따라서 乙은 증여 무렵 중소기업인 A 회사를 10년 이상 경영하였다고 보아야 하므로, 따라서 피고의 증여세 부과처분은 위법함.

다. 상고심 법원(원고 승소)

대법원은 항소심의 판단을 인용하여 상고기각하였음.

Ⅱ 해설

1. 가업의 승계에 대한 증여세 과세특례

가. 개 요

대기업과 달리 중소기업은 기업소유자가 곧 경영자인 경우가 대부분이고, 경영자 자신이 곧 회사라고 할 수 있을 만큼 경영자에 대한 의존도가 높다. 또한 경영자 혹은 그 가족이 대부분의 주식을 소유하고 있어 가업승계에 따르는 세금의 실질적인 체감도가 매우 크다. 가업승계가 적기에 이루어지지 못하여 경영자의 고령화가 지속되면 경영자는 적극적인 자세로 기업가 정신을 발휘하기 어렵고, 이는 다시 중소기업의 투자 위축, 신기술 개발의 부진, 기업 가치 하락의 문제로 이어지는바, 이는 국가 전체적인 측면에서도 바람직하지 않다.[101]

이에 가업승계가 원활히 이루어져서 경영자의 경영에 대한 이념과 가치관 등 무형자산과 사회적 책임을 다음 세대에 물려주도록 하는 것이 가업승계 감면의 취지이다.

2008. 1. 1.부터 창업자가 생존시에 자녀에게 가업을 승계시키는 것을 지원하기 위하여 일정요건을 갖춘 주식을 증여받고 가업을 승계한 경우에는 증여세 과세가액에서 5억원을 공제한 금액에 100분의 10(2015. 1. 1. 이후 증여분부터 과세표준이 30억원을 초과하는 경우 그 초과금액에 대해서는 100분의 20)의 세율을 적용하여 증여세를 과세한다.

나. 요 건

(1) 증여자 및 증여재산의 범위

증여자는 증여일 현재 60세 이상인 수증자의 부모(부모가 사망했을 시 조부모 포함)이어야 한다.

---

101) 강석규, 앞의 책, p.1216 참조.

증여하는 주식은 증여자가 10년 이상 계속하여 경영한 종소기업인 법인으로서 증여지가 해당 법인의 최대주주에 해당하고, 그와 친족 등 특수관계에 있는 자의 주식 등을 합하여 해당 법인의 발행주식총수 50%(상장법인은 30%) 이상의 주식 등을 소유하고 있어야 한다. 증여세 과세특례가 인정되는 금액은 100억원(2014. 12. 31. 이전의 경우 30억원)을 한도로 한다. 2014. 12. 31. 이전에 주식을 증여받아 증여세 과세특례를 적용받은 경우, 해당 주식의 가액을 2015. 1. 1. 이후 증여받은 주식의 가액에 포함하여 계산했을 때 100억을 한도로 한다.

(2) 수증자 및 가업승계 요건

18세 이상인 거주자 1인이 60세 이상의 부모(부모가 사망했을 시 조부모 포함)로부터 해당 가업의 승계를 목적으로 주식 또는 출자지분을 증여받는 경우 적용한다.

父가 자녀들에게 증여하는 경우 1인의 자녀에게만 과세특례가 적용되며, 최대주주 등이 2인 이상인 경우에는 1인의 최대주주 등에 대해서만 과세특례가 적용된다.

수증자 또는 그 배우자가 가업인 중소기업주식을 증여받은 후 신고기한 내에 가업에 반드시 종사해야 하고, 증여일로부터 5년 이내에 대표이사로 취임하여야 한다.

(3) 증여세 특례신청 요건

증여세 신고기한까지 신고서와 함께 반드시 「가업승계 주식 등 증여세 과세특례 적용신청서」를 납세지 관할세무서장에게 제출하여야 한다.

(4) 증여받은 해당 주식이 상장 등이 된 경우

증여세 과세특례 적용대상 주식 등을 증여받은 후 해당 주식 등이 상장 등이 된 경우 상증세법 제41조의3(주식 등의 상장 등에 따른 이익의 증여) 또는

제41조의5(합병에 따른 상장 등 이익의 증여)에 따른 증여이익은 증여세 과세특례 대상 주식 등의 과세가액과 증여이익을 합하여 100억원까지 납세자의 선택에 따라 가업승계에 대한 증여세 과세특례를 적용받을 수 있다.

다. 상속세 과세시 가업상속공제 적용방법

증여세 과세특례를 적용받은 후에 증여자인 부모가 사망하여 상속이 이루어진 경우 증여시기에 관계없이 모두 상속세 과세가액에 가산하여 상속세로 정산한다. 이 경우 증여자의 사망 당시 다음의 요건을 모두 갖추고 있으면 상속세 계산시 가업상속공제를 적용받을 수 있다.

① 피상속인의 10년 이상 가업영위 등 가업상속공제요건을 충족할 것. 다만, 피상속인의 대표이사 재직요건은 갖추지 아니하여도 된다.
② 수증자가 증여받은 주식을 처분하거나 지분율이 낮아지지 아니한 경우로서 가업에 종사하거나 대표이사로 재직할 것

라. 정상 증여세율에 따른 증여세 추징사유

주식 등을 증여받은 수증자가 가업을 승계하지 아니하거나 해당 주식 등을 증여받고 가업을 승계한 수증자가 증여일부터 7년 이내에 정당한 사유 없이 다음의 어느 하나에 해당하게 된 경우에는 해당 주식 등의 가액에 대하여 증여세를 부과한다. 이 경우 이자상당액을 증여세에 가산하여 부과한다.

(1) 증여세 추징사유

증여세 추징사유에는 ① 가업 주식을 증여받은 수증자 또는 그의 배우자가 증여세 신고기한까지 가업에 종사하지 아니하거나 증여일로부터 5년 이내에 대표이사에 취임하지 아니하거나 7년까지 대표이사직을 유지하지 아니하는 경우, ② 증여일로부터 7년 이내에 정당한 사유 없이 가업에 종사하지 아니하거나, 가업의 주된 업종변경 또는 1년 이상의 휴업이나 폐업을 하거나,

수증자가 증여받은 주식 등을 처분하거나, 증여받은 주식 등을 발행한 법인이 유상증자 등을 하는 과정에서 실권등으로 수증지의 지분율이 낮아지는 경우 등이 있다.

(2) 증여세를 추징하지 않는 정당한 사유

증여세를 추징하지 않는 정당한 사유에는 ① 수증자가 사망한 경우로서 수증자의 상속인이 상속세 과세표준 신고기한 이내에 수증자의 지위를 승계하여 가업에 종사하는 경우, ② 증여받은 주식을 국가나 지방자치단체에 증여하는 경우, ③ 합병·분할 등 조직변경에 따른 처분으로서 수증자가 최대주주 등에 해당하는 경우, ④ 자본시장법에 따른 상장규정의 상장요건을 갖추기 위해 지분을 감소시킨 경우, ⑤ 해당 법인의 채무가 출자전환됨에 따라 수증자의 지분율이 낮아지는 경우로서 수증자가 여전히 최대주주에 해당하는 경우 등이 있다.

2. 창업자금에 대한 증여세 과세특례

가. 개 요

창업자금에 대한 사전상속제도는 청년실업, 출산율 저하, 고령화에 대응하여 젊은 세대로의 부의 조기이전을 촉진함으로써 사회, 경제에 활력을 도모하기 위하여 창설된 제정된 제도이다.

60세 이상의 부모 등이 18세 이상 또는 결혼한 자녀에게 창업자금을 증여하는 경우에는 30억원 범위 내의 증여세 과세가액에서 5억 원을 공제한 후 10%의 낮은 세율로 증여세를 과세하고 증여자가 사망하였을 때에 상속재산에 포함시켜서 상속세를 정산하는 것이다. 단 창업을 가장하여 사전상속제도를 악용하는 것을 방지하기 위하여 증여일부터 1년 이내에 창업을 하지 아니하거나 창업 후 10년 이내에 폐업 등을 하는 경우에는 증여세를 추징하도록 하였다(조세특례제한법 제30조의5).

나. 적용 요건

(1) 증여자 및 수증자 요건

18세 이상인 거주자가 창업을 목적으로 60세 이상의 부모로부터 증여받은 경우에 적용한다. 증여를 받을 당시에 부 또는 모가 사망한 경우에는 사망한 부 또는 모의 부모인 조부모와 외조부모로부터 증여받은 경우에도 과세특례를 적용한다.

(2) 창업(증여)자금 요건

증여세 과세특례가 적용되는 증여재산은 현금, 채권, 상장주식 중 소액주주분 등을 대상으로 하여 30억원을 한도로 하고, 2016. 1. 1. 이후 증여하는 분부터 창업을 통하여 10명 이상을 신규 고용한 경우에는 50억원까지를 한도로 하며, 소득세법 제94조 제1항에 따른 다음의 양도소득세 과세대상이 되는 재산을 제외한다.

① 토지·건물 또는 부동산에 관한 권리
② 주식 또는 출자지분. 다만 대주주 요건에 해당하는 경우는 제외한다.
③ 영업권, 시설물 이용권, 회원권 등 기타자산

부동산 등 양도소득세 과세대상자산을 제외한 것은 증여시점까지 발생한 양도소득세를 회피하기 위한 수단으로 악용될 소지가 있기 때문이다. 창업자금으로 부동산 그 자체를 증여할 경우와 이를 현금화하여 증여할 경우를 비교하여 보면 양도소득세의 부담액만큼 부담세액에 차이가 발생하기 때문이다.

(3) 창업 요건

창업자금을 증여받은 자는 증여받은 날로 1년 이내에 새로운 중소기업을 창업하여야 한다. 여기서 중소기업이란 조세특례제한법 제6조 제3항에 따른 중소기업을 말하고, 2014. 1. 1. 이후 증여 분부터 업종을 광업, 제조업, 건설업, 음식점업, 출판업, 영상·오디오 기록물 제작 및 배급업, 방송업, 컴퓨터 프로그래밍, 정보서비스업, 물류산업, 관광숙박업, 국제회의업, 경비 및 경호서비스업, 건물 및 산업설비청소업 등 창업중소기업 세액감면에 해당하는 업종으로 제한하고 과세특례적용기한을 폐지하였다.

다만, ① 합병·분할·현물출자 또는 사업의 양수를 통하여 종전의 사업을 승계하거나 종전의 사업에 사용되던 자산을 인수 또는 매입하여 같은 종류의 사업을 하는 경우, ② 거주자가 하던 사업을 법인으로 전환하여 새로운 법인을 설립하는 경우, ③ 폐업 후 종전의 사업과 같은 종류의 사업을 하는 경우, ④ 다른 업종을 추가하는 경우 등 새로운 사업을 최초로 개시하는 것으로 보기 곤란한 경우, 그 밖에 이와 유사한 것으로서 창업자금을 증여받기 이전부터 영위한 사업의 운용자금과 대체설비자금 등으로 사용하는 경우 등은 창업으로 보지 않는다(조세제한특례법 제30조의5 제2항).

(4) 과세특례의 신청 및 사용내역서의 제출

증여세 과세특례를 적용받고자 하는 자는 증여세 과세표준신고와 함께 창업자금 특례신청서 및 사용내역서를 납세지 관할세무서장에게 제출하여야 한다. 이를 제출하지 않거나 기재내용이 불분명한 경우 과세특례를 적용받지 못하거나, 미제출분 또는 불분명한 부분의 금액에 1천분의 3을 곱한 만큼 가산세가 부과된다.

다. 창업자금에 대한 증여세 과세 및 상속세 정산

(1) 창업자금에 대한 증여세 과세

창업자금에 대한 증여가액의 한도는 30억원(2016. 1. 1. 이후 10명 이상 신규 고용한 경우 50억원)이며, 증여세 과세가액에서 증여재산공제는 적용하지 아니하고 5억원을 공제한 금액에 100분의 10을 곱한 금액을 산출세액으로 하여 증여세를 과세한다. 창업자금을 2회 이상 증여받거나 부모(부 또는 모가 사망한 경우 조부모 또는 외조부모를 말함)로부터 각각 증여받은 경우에는 증여받은 재산을 합산하여 과세한다. 동일인으로부터 창업자금 외의 재산을 증여받은 경우에는 재차 증여재산에 대한 합산과세를 하지 아니하고, 창업자금에 대한 증여세과세특례를 적용받은 거주자에게는 가업의 승계에 대한 증여세 과세특례를 적용하지 아니한다(조세특례제한법 제30조의5 제13항).

(2) 창업자금에 대한 상속세 정산

창업자금은 증여받은 날부터 상속개시일까지의 기간에 관계없이 상속세 과세가액에 가산하며, 각 상속인별 상속세 납세의무와 연대납세의무를 정할 때의 사망 전 증여재산에 포함한다. 그러나 상속공제한도액을 계산할 때에 상속세 과세가액에서 차감하는 증여재산가액으로 보지 아니하므로 창업자금으로 증여받은 재산가액에 대해서는 상속공제를 적용받을 수 있다.

라. 창업자금에 대한 증여세 추징

(1) 추징사유 및 증여재산가액

창업자금을 증여받은 날부터 1년 이내에 창업을 하지 아니한 경우에는 창업자금 전부에 대하여 증여세를 부과하고, 증여받은 후 3년 내 증여받은 재산 중 창업에 사용하지 아니한 재산이 있는 경우에는 그 미사용금액에 대하여 증여세를 부과한다. 창업자금으로 창업 중소기업업종 외의 업종에 사용한 경우 그 금액에 대하여 증여세를 부과하고, 증여받은 후 10년 이내에 창업자금(창업으로 인한 가치증가분을 포함)을 당해 사업용도 외의 용도로 사용한 경우에는 그 용도 외 사용금액을 증여재산가액으로 하여 증여세를 부과한다.

창업 후 10년 이내에 수증자의 사망, 당해 사업을 폐업하거나 휴업을 한 경우에는 당해 창업자금(창업으로 인한 가치증가분을 포함)에 대하여 증여세를 부과한다. 증여받은 창업자금이 30억원을 초과하는 경우로서 창업한 날이 속하는 과세연도의 종료일부터 5년 이내에 각 과세연도의 근로자 수가 "창업한 날의 근로자 수 - (창업을 통하여 신규 고용한 인원 수 - 10명)"보다 적은 경우에는 30억원을 초과하는 창업자금에 대하여 증여세를 부과한다.

(2) 추징제외 사유

① 수증자가 창업자금을 증여받고 창업하기 전에 사망한 경우로서 수증자의 상속인이 수증자의 지위를 승계하여 증여세 과세특례 적용요건에 따라 창업하는 경우, ② 수증자가 창업자금을 증여받고 적법하게 창업한 후 증여일부터 3년 이내에 창업목적에 사용하기 전에 사망한 경우로서 수증자의 상속인이 수증자의 지위를 승계하여 증여세 과세특례 적용요건에 따라 창업하는 경우, ③ 수증자가 창업자금을 증여받고 적법하게 창업을 완료한 후 10년 이내에 사망한 경우로서 수증자의 상속인이 수증자의 지위를 승계하여 증여세 과세특례 적용요건에 따라 창업하는 경우, ④ 부채가 자산을 초과하여 폐업하는 경우, ⑤ 최초 창업 이후 영업상 필요 또는 사업전환을 위하여 1회에 한하여 2년(폐업의 경우에는 폐업 후 다시 개업할 때까지 2년)이내의 기간 동안 휴업하거나 폐업하는 경우(휴업 또는 폐업 중 어느 하나에 한한다) 등에 해당하는 경우 증여세를 추징하지 아니한다.

(3) 추징세액

추징세액은 증여 당시 증여세액에 이자상당액을 합한 금액으로 한다. 증여세액은 증여시점을 기준으로 10~50%의 정상세율로 계산하고, 이자상당액은 창업자금에 대한 증여세 신고기한의 다음 날부터 추징사유 발생일까지의 기간에 1일 10만분의 25(2019. 2. 11. 이전 기간에 대해서는 1만분의 3)를 곱하여 계산한 금액으로 한다.

3. 이 사건의 분석

가. 사안의 쟁점

가업승계 감면의 취지는 가업승계가 원활히 이루어져서 경영자의 경영에 대한 이념과 가치관 등 무형자산과 사회적 책임을 다음 세대에 물려주도록 하는 것이다. 가업승계 감면을 위해서는 증여하는 주식은 증여자가 10년 이상 계속하여 경영한 종소기업인 법인으로서 증여자가 해당 법인의 최대주주에 해당하고, 그와 친족 등 특수관계에 있는 자의 주식 등을 합하여 해당 법인의 발행주식총수 50%(상장법인은 30%) 이상의 주식 등을 소유하고 있어야 하는데, 사안에서 A 회사의 경우 약 60여 년 전에 설립되었으므로 위 임대기간을 제외하더라도 乙이 가업을 10년 이상 계속하여 경영하였다는 점은 명백하다. 다만 가업을 10년 이상 경영하였다는 것이, 가업을 증여일로부터 '소급하여' 10년 이상 경영해야 하는 것이라고 해석될 수 있는지가 문제된 것이다. 즉, 증여일 직전 10년 이내의 기간 중 약 2년간에 해당하는 위 임대기간 동안, 乙이 부동산임대업만을 영위하는 중소기업을 경영한 것으로 보아, 위 증여세 과세특례규정의 적용을 배제한 것이 적법한지가 문제되었다.

나. 가업경영의 계속성 인정 여부

조세법은 그 명칭이나 형식에 관계없이 그 실질 내용에 따라 적용하여야 한다는 실질과세의 원칙을 대원칙으로 하고 있다. 따라서 대내·외적으로 사업으로 인식되고 그 실질도 가업경영의 틀에서 벗어나지 않는 이상, 일시 위탁경영의 형식을 취하고 그에 따라 각종 행정신고나 세무신고를 하였다고 하더라도 가업이 단절된 것으로 해석할 수 없다. 조세법상 가업승계에 대한 혜택 부여는 실질적으로 가업이 계속되면 족하다는 전제에 서 있기 때문이다.

따라서 A 회사가 형식적으로는 위 임대기간 동안 B 회사에 위 숙박업체의 시설을 임대하고 이에 대한 임대수익을 매출로 인식하였다고 하더라도, 그 실질이 A 회사가 직접 위 숙박사업을 영위한 것이라면 그 가업의 실체는 전혀 변경된 바가 없다고 할 것이므로, 이와 같은 경우 증여세 과세특례규정의 요건을 충족한 것으로 보는 것이 타당하다. 즉, 위 임대기간 동안 A 회사가 위 숙박사업과 관련된 핵심 자산을 지배하고 핵심 자산에 대한 의사결정이 A

회사를 통해 이루어졌다면, 숙박업이라는 가업은 계속된 것으로 보아야 한다는 것이다.

다. 사안의 결론과 해당 판결의 의의

사안에서 A 회사는 위 임대기간 동안에도 위 숙박사업을 영위하기 위한 핵심 자산인 상표와 같은 무형자산, 부지와 건물, 객실 등과 같은 유형자산 및 인력을 지배하고 있었고, 실제 위 숙박사업은 이러한 핵심자산을 기반으로 하여 A 회사의 경영진인 증여자 乙 및 대표이사이자 원고인 甲에 의해 이루어졌으므로, A 회사는 위 임대기간 동안에도 실질적으로 위 숙박사업을 영위한 것으로 볼 수 있다. 법원도 위와 같은 기준에서 실질 과세의 원칙하에 A 회사 가업경영의 계속성을 인정한 판결이다. 즉, 실질적으로 사업을 영위한 것으로 판단되는 경우에는 가업경영의 계속성을 인정한 의미 있는 판결이다.

4. 관련 사례 등

가. 관련 예규 등

합병 후 주식 증여시 가업영위기간은 합병법인이 합병 후 사업을 개시한 날부터 기산하여 판단함(재산세과 – 723, 2010. 10. 5.)
10년 이상 영위한 기업의 기존 사업부문을 인적분할한 후 최근에 설립한 법인과 합병한 경우 가업승계 증여세 과세특례 요건 중 10년 이상 계속 경영하였는지 여부는 합병법인이 합병 후 사업을 개시한 날부터 기산하여 판단함.

가업승계 후 기존 공장을 매각하고 새로운 공장으로 확장이전한 경우 증여세를 부과하지 아니함(서면법규과 – 150, 2014. 2. 18.)
가업승계 증여세 과세특례를 적용받은 후 가업용 자산인 공장시설을 확장이전하기 위해 기존 공장을 처분하고 새로운 공장을 취득하는 경우 증여세를 부과하지 아니함.

가업승계 요건 중 '경영'이란 단순히 지분을 소유하는 것을 넘어 가업의 효과적이고 효율적인 관리 및 운영을 위하여 실제 가업운영에 참여한 경우를 의미함(재재산 – 825, 2011. 9. 30.)

부와 모로부터 가업승계를 받은 경우, 주식을 보유하고는 있었으나 경영에 참여하지 않았던 모의 주식에 대해서는 과세특례가 적용 안 됨.

41

공익법인 주식출연 시 증여세 과세가액 불산입

– 대법원 2017. 4. 20. 선고 2011두21447 전원합의체 판결 –

» 대법원은 '선의의 기부에 대한 세금폭탄 사건'으로 잘 알려진 본 사안에서, A 장학재단의 상고를 받아들여 원심 판결을 파기환송한 바 있음. 공익법인에 내국법인의 5%를 초과하는 주식을 출연하였더라도 그 실질이 편법적으로 기업을 지배하려는 것이 아닌 경우라면 이에 대한 증여세를 부과하지 않음으로써 공익법인이 지속적으로 안정적인 재원을 확보할 수 있도록 할 필요가 있다고 본 것임. 이 사안에서는 공익법인에 대한 과세가액 불산입에 대하여 살펴보고자 함.

💬 상속세 및 증여세법

제48조(공익법인 등이 출연받은 재산에 대한 과세가액 불산입등)

① 공익법인 등이 출연받은 재산의 가액은 증여세 과세가액에 산입하지 아니한다. 다만, 공익법인 등이 내국법인의 의결권 있는 주식 또는 출자지분(이하 이 조에서 "주식 등"이라 한다)을 출연받은 경우로서 출연받은 주식 등과 다음 각 호의 주식 등을 합한 것이 그 내국법인의 의결권 있는 발행주식총수 또는 출자총액(자기주식과 자기출자지분은 제외한다. 이하 이 조에서 "발행주식총수 등"이라 한다)의 제16조 제2항 제2호에 따른 비율을 초과하는 경우(제16조 제3항 각 호에 해당하는 경우는 제외한다)에는 그 초과하는 가액을 증여세 과세가액에 산입한다.

1. 출연자가 출연할 당시 해당 공익법인 등이 보유하고 있는 동일한 내국법인의 주식 등
2. 출연자 및 그의 특수관계인이 해당 공익법인 등 외의 다른 공익법인 등에 출연한 동일한 내국법인의 주식 등

제16조(공익법인 등에 출연한 재산에 대한 상속세 과세가액 불산입)

② 제1항에도 불구하고 내국법인의 의결권 있는 주식 또는 출자지분(이하 이 조에서 "주식 등"이라 한다)을 공익법인 등에 출연하는 경우로서 출연하는 주식 등과 제1호의 주식 등을 합한 것이 그 내국법인의 의결권 있는 발행주식총수 또는 출자총액(자기주식과 자기출자지분은 제외한다. 이하 이 조에서 "발행주식총수 등"이라 한다)의 제2호에 따른 비율을 초과하는 경우에는 그 초과하는 가액을 상속세 과세가액에 산입한다.

2. 비율: 100분의 5. 다만, 제50조 제3항에 따른 외부감사, 제50조의2에 따른 전용계좌의 개설 및 사용, 제50조의3에 따른 결산서류 등의 공시, 제51조에 따른 장부의 작성·비치, 그 밖에 대통령령으로 정하는 요건을 모두 갖춘 공익법인 등(이하 "성실공익법인 등"이라 한다)으로서 「독점규제 및 공정거래에 관한 법률」 제14조에 따른 상호출자제한기업집단(이하 "상호출자제한기업집단"이라 한다)과 특수관계에 있지 아니한 성실공익법인 등에 출연하는 경우에는 다음 각 목의 구분에 따른 비율

　가. 다음의 요건을 모두 갖춘 성실공익법인 등에 출연하는 경우: 100분의 20

　　　1) 출연받은 주식 등의 의결권을 행사하지 아니할 것

　　　2) 자선·장학 또는 사회복지를 목적으로 할 것

　나. 가목 외의 경우: 100분의 10

I 대상판결의 개요

1. 사실관계의 요지

원고 A 재단은 상호출자제한기업집단에 속하는 법인과 특별관계에 있지 아니한 성실공익법인이고 甲은 B 주식회사의 총 발행주식 12만 주 중 70%를,

그의 6촌 동생 乙이 나머지 30%를 각 소유하고 있었는데, 2003. 2.경 甲과 乙은 각 B 회사의 전체 주식 중 60%와 30%를 A 재단에 출연하였음.

관할 세무서장은 A 재단이 甲 등으로부터 이 사건 주식을 출연받은 것은 A 재단의 공익목적사업의 효율적 수행을 위한 것이기는 하나 상속세 및 증여세법(2007. 12. 31. 법률 제8828호로 개정되기 전의 것) 제48조 제1항 단서에서 규정한 공익법인이 내국법인의 의결권 있는 발행주식 총수의 100분의 5를 초과한 경우라고 보아 A 재단에게 증여세를 부과하였음.

2. 원고의 주장

甲은 B 회사와 특수관계에 있지 아니하므로, 상증세법상 공익법인 출연재산에 대한 증여세 과세가액 불산입조항에 의하여 위 주식 가액 전부를 증여세 과세가액에 산입할 수 없음.

설령 甲이 A 재단의 최대주주에 해당한다고 하더라도 위 처분은 비례원칙에 반하므로 법률조항의 합헌적 법률해석 방법 또는 헌법상 비례의 원칙에 의하여 위법함.

3. 판결 요지

가. 제1심 법원(원고 승소)

(1) 최대주주 판단시점

상증세법 시행령 제13조 제4항 제1호는 공익법인에 내국법인의 주식을 출연한 자 및 그와 특수관계에 있는 자가 당해 내국법인의 최대주주인 경우 그 출연자는 당해 내국법인과 특수관계가 있는 것으로 규정하고 있는데, 이 규정의 취지는 출연 당시의 주식 보유 현황을 기준으로 공익법인에 내국법인의 주식을 출연한 자 및 그와 특수관계에 있는 자가 당해 내국법인에 대한 지배력이 있었다면 그 출연자가 자신의 주식을 공익법인에 출연한 경우 그 공익법인을 통하여 당해 내국법인에 대한 지배력을 유지할 수 있기 때문에 그 출연자와 당해 내국법인 간에 특수관계가 있는 것으로 볼 수 있다는 것임.

그런데 甲은 위 주식 출연 당시 B 회사의 최대주주였으므로 甲·乙과 B 회사는 특수관계에 있었음.

(최대주주 요건 중 "주주가 재산을 출연하여 설립한 비영리법인"의 해당 여부에 대해서는 甲·乙이 A 재단과 특수관계에 있었음이 인정된 이상 달리 검토하지 아니함)

(2) 위헌적 처분에 대한 합헌적 법률해석론

헌법은 실질적 평등을 통한 개인의 자유를 실현하기 위하여 공공복리를 기본권제한입법의 근거로서 수용하고 있으며(헌법 제37조 제2항), 균형있는 국민경제의 성장 및 안정과 적정한 소득의 분배를 유지하고, 시장의 지배와 경제력의 남용을 방지하며, 경제주체간의 조화를 통한 경제의 민주화를 위하여 국가가 경제에 관한 규제와 조정을 할 수 있다고 규정하고 있음(헌법 제119조 제2항).

위 헌법 규정들의 취지를 고려하면 증여세 과세가액 불산입조항을 해석하면서 공익법인에 내국법인의 주식을 출연한 것이 경제력 집중이나 경제력 세습과 관계가 있는 것인지를 아울러 고려하여 증여세법 시행령 제13조 제4항에서 공익법인에 내국법인의 주식을 출연한 자와 당해 내국법인간에 특수관계가 있는 것으로 규정된 경우라도 증여세 납세의무가 있는 공익법인이 그 주식 출연이 경제력 집중이나 경제력 세습과 무관하다는 점에 관하여 적극적으로 입증하는 경우에는 예외적으로 증여세를 부과할 수 없다고 해석할 수 있는지 문제됨.

이러한 예외적인 경우에 해당하는지 여부는 공익법인의 주식 출연이 경제력 집중이나 경제력 세습과 무관하다는 점에 관하여 출연자의 내국법인 주식 출연의 동기, 경위, 과정, 관련 공익법인이 새로 설립되었다면 그 설립경위 혹은 이미 설립되어 있었다면 출연 당시까지의 운영내용, 출연 당시의 공익법인에 대한 출연자의 관여정도, 영향력 존부와 행사 정도 등과 같은 출연 당시를 기준으로 한 사정들과 출연 이후 공익법인의 운영내용, 내국법인과의 관계 등의 사후적인 사정도 함께 고려하여 종합적으로 판단할 수밖에 없음.

판단건대, 甲은 정관작성 등 A 재단의 설립 과정에 일체 개입하지 않은 점, 본래 甲은 C 대학교에 자신의 소유주식 전부를 기부하려고 하였으나 甲의 생계를 염려한 C 대학교에서 이를 반려하여 대신 A 재단을 설립한 점, 甲이 A 재단의 이사장이 된 것은 C 대학교 총장이 A 재단 이사장을 겸임하는 것을 염려한 C 대학교 교직원들이 제청한 까닭인 점, A 재단은 설립 이후 활발히 장학 사업을 벌여온 점이 인정되므로 甲이 A 재단에 대하여 경제력 집중 내지 경제력 세습의 수단으로 사용할 목적이 있다고 보기 어려움.

나. 항소심 법원(피고 승소)

(1) 최대주주 판단시점

만약 제1심 법원과 같이 주식 출연 직전의 시점을 기준으로 판단한다면 경제적인 집중과 세습과 관련 없이 1인 주주가 공익적 목적을 위하여 본인의 주식을 전부 공익법인에 출연하는 것 자체도 상증세법상 봉쇄되는 결과가 되는데 이는 불합리하므로 최대주주 판단시점은 주식 출연 직후를 기준으로 보는 것이 타당함.

(2) "주주가 재산을 출연하여 설립한 비영리법인"의 의미

위와 같은 법리를 기초로 아래의 사정을 종합할 때 상증세법 시행령 제19조 제2항 제4호 소정의 "주주가 재산을 출연하여 설립한 비영리법인"이라 함은 주주가 재산을 출연한 결과로 설립에 이른 비영리법인을 의미하는 것으로 볼 것이지 주주가 재산을 출연하고 또한 설립행위(정관의 작성)를 할 것을 요구하는 것까지 의미한다고 볼 수 없음.

① "주주가 재산을 출연하여 설립한 비영리법인" 규정을 주주가 재산출연과 설립행위를 모두 한 비영리법인을 의미하는 것으로 해석한다면, 주식을 보유한 자가 증여세를 회피하기 위하여 공익법인을 설립하면서 주식만을 출연하고 제3자로 하여금 민법상 설립행위의 개념에 포함되는 정관작성 및 기명날인을 형식적으로 하도록 하는 경우에 증여세를 부담하지 않게 되는 결과를 초래하여 공익법인을 통하여 기업의 경영

권을 편법으로 승계시키고 증여세를 회피하는 것을 막고자 하는 상증세법의 입법취지가 몰각될 수 있음.

② 민법 제40조에 의하여 재단법인의 설립이라 함은 재산의 출연 및 정관의 작성을 의미하는 데 반하여 위 "주주가 재산을 출연하여 설립한 비영리법인" 규정에서는 "재산 출연"과 "설립"을 별도로 규정하여 위 설립의 개념을 반드시 민법상의 설립의 개념을 차용한 것이라고 볼 수도 없음.

판단건대, "주주가 재산을 출연하여 설립한 비영리법인"이라 함은 주주가 재산을 출연한 결과로 설립에 이른 비영리법인을 의미하는 것으로 볼 것인데, 甲은 B 회사 주식을 출연함으로써 A 재단을 설립한 것으로 볼 수 있으므로 甲과 원고는 상증세법 시행령 제13조 제4항 제1호에 따른 특수관계에 있는 자임.

(3) 위헌적 처분에 대한 합헌적 법률해석론

입법자는 최종적으로 대규모기업집단에 속하지 아니하는 성실공익법인이 내국법인 발행주식총수의 100분의 5 이상을 보유한 경우라도 주식이 그 출연자와 특수관계에 있지 아니한 내국법인의 주식이라면 증여세를 과세하지 않도록 성실공익법인의 주식보유에 관한 입법정책상 한계를 설정하였음.

따라서 증여세 과세가액 불산입조항은 입법자의 입법 재량의 범위 내에서 도입된 것으로 그 자체가 헌법에 위반될 여지가 있다고 볼 수 없고, 또한 위 조항이 입법자가 공익법인의 주식 출연에 대한 정책적 필요성을 이미 반영하여 주식 출연자와 특수관계에 있지 아니한 내국법인의 주식일 경우에 과세 예외를 둔 이상 위 조항의 해당 여부는 주식의 출연자와 주식출연자의 내국법인에 대한 실질적 지배력 여부나 공익 목적 사업의 수행 여부와 상관없이 판단되어질 수밖에 없음.

더구나 합헌적 조세법률을 적법하게 적용하여 한 과세처분이 구체적인 경우에 형평에 반하는 등의 위헌적인 결과에 이른다고 할지라도 독일 국세기본법 제163조와 제227조와 같이 입법을 통한 구체적인 구제제도가 없는 이상 헌법 제107조 제2항에 의하여 법원에게 이를 시정할 권한이 주어졌다고 볼 수도 없음.

다. 상고심 판결(원고 승소)

(1) 다수의견

(가) 최대주주 판단시점

구 상증세법 제48조 제1항과 제16조 제2항 단서의 규정을 종합하여 보면, 공익법인에 출연된 내국법인의 주식이 내국법인 발행주식 총수의 100분의 5를 초과하는 경우라고 하더라도 출연된 주식에 대하여 증여세를 부과하기 위해서는 출연자와 내국법인 사이에 '특수관계'가 인정되어야 함.

이와 관련하여 위 단서 규정의 위임에 따른 구 상증세법 시행령 제13조 제4항은 "법 제16조 제2항 단서에서 '당해 공익법인의 출연자와 특수관계에 있지 아니하는 내국법인'이라 함은 다음 제1호 및 제2호에 해당하지 아니하는 내국법인을 말한다."라고 규정하고 있고, 제1호에서는 '출연자 또는 그와 특수관계에 있는 자(출연자와 제6항 각 호의 1의 관계에 있는 자를 말하되, 당해 공익법인을 제외함)가 주주이거나 임원의 현원 중 5분의 1을 초과하는 내국법인'이라는 요건(이하 '주주 요건'이라고 함)과 '출연자 및 그와 특수관계에 있는 자(출연자와 제6항 각 호의 1의 관계에 있는 자를 말함)가 보유하고 있는 주식의 합계가 가장 많은 내국법인'이라는 요건(이하 '최대주주 요건'이라고 함)을 모두 갖춘 내국법인을 '당해 공익법인의 출연자와 특수관계에 있는 내국법인'으로 규정하고 있음.

법 제48조 제1항의 입법 취지가 내국법인 주식의 출연 전에 '내국법인의 최대주주였던 자'의 출연을 규제하고자 하는 것이라면 '최대주주 요건'을 주식이 출연되기 전의 시점을 기준으로 판단하여야 하고, 주식의 출연 후에 '내국법인의 최대주주가 되는 자'의 출연을 규제하고자 하는 것이라면 '최대주주 요건'을 주식이 출연된 후의 시점을 기준으로 판단하여야 함.

(나) "주주가 재산을 출연하여 설립한 비영리법인"의 의미

조세법규의 해석 원칙과 입법취지, 상증세법 시행령 제19조 제2항 제4호의 입법연혁, 특수관계에 있는 비영리법인의 범위를 정한 다른 조세법규의 내용, 정관작성이나 이사선임 등의 설립행위가 공익법인의 운영과정에 미치는 영향력 등을 종합적으로 고려하면, 위 시행령 조항에서 정한

'재산을 출연하여 비영리법인을 설립한 자'란 비영리법인의 설립을 위하여 재산을 출연하고 정관작성, 이사선임, 설립등기 등의 과정에서 그 비영리법인의 설립에 실질적으로 지배적인 영향력을 행사한 자를 의미함. 예컨대 법인세법은 부당행위계산 부인규정의 적용과 관련하여 '해당 법인이 직접 또는 그와 제1호부터 제3호까지의 관계에 있는 자를 통하여 비영리법인의 이사의 과반수를 차지하거나 비영리법인의 출연재산(설립을 위한 출연재산만 해당한다)의 100분의 30 이상을 출연하고 그 중 1인이 설립자인 경우'에 해당 법인이 그 비영리법인과 특수관계에 있는 것으로 정하고 있음(법인세법 제52조 제1항, 법인세법 시행령 제87조 제1항 제4호, 제2항, 국세기본법 시행령 제1조의2 제4항 제2호).

이렇듯 다른 조세법규 등에 따르면 특정인이 비영리법인의 설립을 위한 출연금의 100분의 50 이상 또는 100분의 30 이상을 '출연'한 것만으로는 그 특정인이 비영리법인과 특수관계에 있다고 볼 수 없음.

'설립'의 구체적인 의미와 관련하여, 위 시행령 조항은 설립 당시의 정관작성이나 이사선임 등이 이후 재단법인의 운영 방식과 내용에 결정적 영향을 미친다는 점을 고려하여 위 과정에서 실질적으로 지배적인 영향력을 행사한 자는 그 비영리법인의 의사결정을 좌우할 수 있다고 보아 그 비영리법인과 특수관계에 있다고 정하고 있음. 다만 주식 출연자가 비영리법인의 설립에 실질적으로 지배적인 영향력을 행사하였는지는 반드시 발기인 등의 지위에서 정관작성 또는 이사선임 과정 등에 참여한 경우로 한정할 것은 아니고 정관작성이나 이사선임에서 출연자의 관여 정도 등과 같이 그 실질을 따져 판단하여야 하며, 설립 이후 주식 출연자의 행태 등을 통하여 이를 추단할 수 있음.

그런데 원심 재판부는 甲 등이 원고의 정관작성, 이사 선임 등의 설립과정에서 실질적으로 지배적인 영향력을 행사함으로써 원고를 설립한 것으로 볼 수 있는지를 더 면밀하게 심리할 필요가 있음에도 불구하고 이를 간과하였는바, 甲이 주식을 출연받은 원고와 특수관계에 있는지 심리하기 위하여 원심을 파기환송할 필요가 있음.

(2) 반대의견

(가) 최대주주 판단시점

법 제48조 제1항 단서는 다수의견이 이해하는 바와 같이 공익법인을 이용한 기업의 간접적 지배구조의 형성 자체를 차단하고자 하는 것이 아니라, 출연자가 기존에 지배하고 있던 특정한 기업의 주식을 출연함으로써 공익법인을 특정기업의 간접적 승계의 수단으로 이용하는 경우에만 증여세를 과세하도록 규정하고 있음이 명확하다. 다시 말하면, 종전에는 증여세가 비과세되는 출연한도를 발행주식 총수의 5%로 정하였다가, '5%를 초과하나 출연자가 최대주주는 아닌 경우'까지로 완화하여 비과세 한도를 높여 준 것이어서 법 제48조 제1항과 관련한 주주 요건과 최대주주 요건의 판단 기준시점은 주식의 출연 당시라고 볼 수밖에 없음.

(나) "주주가 재산을 출연하여 설립한 비영리법인"의 의미

출연자와 공익법인 사이의 특수관계를 가리는 요건으로서 시행령 제19조 제2항 제4호에 정한 '재산을 출연하여 설립한 비영리법인'은 출연자가 재산을 출연함으로써 설립에 이른 비영리법인을 의미함.

시행령 제19조 제2항 제4호의 '재산을 출연하여 설립한'이라는 문언을 다수의견과 같이 '출연행위를 하고 정관작성, 최초 이사선임, 설립등기 등의 과정에서 그 공익법인의 설립에 지배적인 영향력을 행사한 점이 인정되는 경우'로 해석할 근거가 없음.

재단법인은 사단법인과 같은 인적 결합이 아니라 설립자가 정한 목적의 실현을 위한 재산의 집합체이므로, 재산 출연이 그 설립에 가장 핵심적이고 중요한 요소가 됨. 재단법인이 실현하고자 하는 설립목적에는 재산을 출연하여 재단법인이 설립되도록 한 사람의 의사가 반영되기 마련이고, 설립과정에서 상당한 재산을 출연한 자는 구체적인 설립행위에 개입하지 않더라도 공익법인에 영향을 미칠 수 있는 길이 얼마든지 있음. 따라서 재산을 출연하여 재단법인이 설립되도록 한 자라면 그 재단법인 사이에 특수관계가 있다고 보는 것이 타당함.

다수의견은 주식 출연자가 공익법인의 설립에 실질적으로 지배적인 영향력을 행사하였는지는 반드시 발기인 등의 지위에서 정관작성 등에 참여한 경우로 한정할 것은 아니고 출연자의 관여 정도 등과 같은 그 실질을 따져야 한다고 보고 있음. 그러나 그와 같이 실질을 따지면서도 정관작성 또는 이사선임 과정을 판단 기준으로 들고 있는 것은 적절한 해석이라고 할 수 없음. 출연자가 공익법인의 설립 당시에 정관작성, 최초 이사선임 등에 관여하지 않았다고 해서 언제나 공익법인을 지배할 여지가 없다고 볼 수는 없음.

II 해설

1. 공익법인 등이 출연받은 재산에 대한 과세가액 불산입 등

가. 공익법인의 의의

공익법인이란 공익사업을 영위할 목적으로 그 사업과 관련된 주무관청의 설립허가를 받은 비영리법인을 말한다. 상증세법은 공익법인에 대하여 별도의 정의규정을 두고 있지 않으나, 제16조에서 "종교 · 자선 · 학술 관련 사업 등 공익성을 고려하여 대통령령으로 정하는 사업을 하는 자"를 "공익법인 등"이라고 규정하고 있고, 동법 시행령 제12조에 열거되어 있는 사업을 영위하는 법인을 공익법인으로 보고 있다. 법원도 위 시행령 제12조의 성질을 열거규정으로 보고 있다(대법원 1996. 12. 10. 선고 96누7700 판결 참조).

나. 공익법인 출연재산의 불산입 취지

국가가 공공복리를 실현하는 적극적인 역할을 수행하게 되면서 이에 따른 공적 과제가 폭발적으로 증가하였다. 그리하여 정부의 재정지출만으로는 사회복지, 교육 등 다양한 공익사업의 수요를 충족시키는 것이 불가능하게 되어 이러한 공익사업분야에 민간단체와 개인의 참여가 불가피하게 되었다. 이에 따라 입법자는 민간단체 또는 개인이 공익사업에 적극적으로 침여할 수 있도록 공익사업에 출연하는 재산에 대하여 일정한 요건 하에 증여세를 면제하는 세제상의 장려정책을 마련하였다.

그런데 이러한 세제상의 혜택을 악용하여 공익법인에 내국법인의 주식을 출연함으로써 경제력을 집중시키거나 부를 세습시키는 폐단이 발생하게 되었고, 이에 대처하기 위하여 입법자는 공익법인이 출연받은 내국법인의 주식과 출연 당시 당해 공익법인이 보유하는 그 내국법인의 주식이 당해 내국법인의 발행주식총수의 100분의 5를 초과하는 경우 대통령령이 정하는 방법에 의하여 계산한 초과부분에 대하여 증여세를 부과하도록 규정하는 등 공익사업의 장려 및 그로 인한 폐단방지의 절충을 위한 노력을 다하고 있다(수원지방법원 2010. 7. 15. 선고 2009구합14096 판결 참조).

다. 공익법인 출연재산의 불산입 요건

(1) 개　요

상증세법 시행령 제12조에 열거된 공익법인 등에 대해서는 증여세를 과세가액 불산입하는 것이 원칙이다. 다만, 상증세법은 위 공익법인 등이 내국법인의 의결권 있는 주식을 출연받은 경우로서 의결권 있는 발행주식총수(자기주식 제외)의 5%(성실공익법인의 경우 10% 또는 20%)를 초과하여 소유하는 경우에는 그 초과부분에 대하여, 상증세법상 규정된 사후관리의무를 다하지 않는 경우에는 상증세법이 정하는 내용에 따라 증여세 및 가산세를 부과한다(상증세법 제48조 제1항).

▌공익법인이 출연받은 재산에 대하여 지켜야 할 의무 요약[102]

제목	가산세 등 부과내용	관련 법령
주식 취득 및 보유 제한 • 내국법인의 주식 5%(성실공익법인 10%) 초과하여 출연·취득시 증여세 과세 • 계열기업의 주식보유액이 총재산가액 30%(외부감사 등 이행 공익법인 50%) 초과시 가산세 부과	• 5%(10%) 초과 출연 또는 주식가액에 증여세 부과 • 30%(50%) 초과하는 매 사업연도 말 주식가액에 5% 가산세 부과	법 제48조 제1항 시행령 제37조 법 제48조 제9항
출연재산의 직접 공익목적사업 등에 사용	공익목적사업 외에 사용 및 미사용금액에 증여세 부과	법 제48조 제2항 제1호 시행령 제38조 제2항
출연재산 운용소득의 공익목적사업 사용 • 운용소득으로 수익사업용 재산을 취득하는 것은 공익목적사업에 사용한 것으로 보지 아니함	1년 이내 70% 미달사용액의 10% 가산세 부과(출연재산 평가액×공익목적 외 사용액/운용소득금액)에 증여세 부과	법 제48조 제2항 제3호 시행령 제38조 제5항, 제6항
출연재산 매각대금의 공익목적사업 사용 • 매각대금을 매각일이 속하는 사업연도 종료일부터 3년 내 90% 이상 공익목적 사업에 사용 • 수익사업용 재산의 취득을 포함	• 1·2년 이내에 30%·60%에 미달 사용금액의 10% 가산세 부과 • 공익목적 외 사용 및 3년 이내 90% 미달사용액에 증여세 부과	법 제48조 제2항 제4호 시행령 제38조 제4항, 제7항
출연자 등의 일정수 이상 이사 취임제한 • 이사 1/5 초과 취임 및 임직원이 되는 경우 가산세 부과	기준 초과 이사와 임직원에게 지출된 직·간접경비를 가산세로 부과	법 제48조 제8항

특정기업의 광고·홍보행위 제한
• 특수관계 있는 내국법인의 이익을 증가시키기 위하여 정당한 대가를 받지 않은 광고 등 제한
	• 다음 금액에 증여세 부과
	  무상사용 : 출연재산가액
	  저가사용 : 정상가액과의 차액
		법 제48조 제10항

자기내부거래 제한 • 출연자 등에게 정당한 대가를 받지 않고 출연재산을 사용·수익케하는 경우 증여세 부과	특정계층에 제공된 재산가액 또는 이익에 대하여 증여세 부과	법 제48조 제3항 시행령 제39조

---

102) 최성일, 앞의 책, pp.905~906.

제목	가산세 등 부과내용	관련 법령
수혜자의 범위 한정 금지 • 출생지 등 특정계층에만 혜택을 제공하는 경우 증여세 부과	특정계층에 제공된 재산가액 또는 이익에 대하여 증여세 부과	법 제48조 제2항 제6호 시행령 제38조 제8항 제2호
공익법인 해산시 잔여재산 귀속 의무 • 잔여재산은 국가·지방자치단체 또는 유사 공익법인에 귀속시키지 않은 경우 증여세 부과	• 미귀속 재산가액에 증여세 부과 • 재산귀속자에게 증여세 부과	법 제48조 제2항 제6호 시행령 제38조 제8항 제1호

(2) 공익법인이 주식을 출연받는 경우 보유비율에 따른 증여세 과세가액 불산입

(가) 개 요

공익법인이 내국법인의 주식을 출연 받는 경우로서 당해 출연 받은 주식과 다음의 주식을 합하여 주식수가 발행법인 총발행주식수의 5%(성실공익법인 10% 또는 20%) 이하의 경우 공익법인의 증여세과세가액에 불산입하고, 이를 초과하는 경우 초과분은 증여세를 부과한다(상증세법 집행기준 48-37-1).

① 출연 받을 당시 공익법인이 보유하고 있는 동일한 내국법인 주식

② 출연자 및 그와 특수관계자가 다른 공익법인에 출연한 동일한 내국법인의 주식

③ 출연 당시 출연자와 특수관계자로부터 재산을 출연받은 다른 공익법인 등이 출연 당시 보유하고 있는 동일한 내국법인의 주식

(나) 산입 요건

공익법인 등이 내국법인의 의결권 있는 주식 또는 출자지분을 출연받은 경우로서 출연주식 등과 이미 보유하고 있는 동일 내국법인의 주식 등을 합한 것이 그 내국법인의 의결권 있는 발행주식 총수 또는 출자총액(자기주식과 자기출자지분 제외)의 5%(공정거래법상 상호출자제한기업집단과 특수관계에 있지 아니한 성실공익법인 등[103]은 10%, 20%)를 초과하는 경우에는 그 초과부분을 증여세 과세가액에 산입한다. 다만, 출연된 내국법인의 주식이 그 내국법인 발행주식

총수의 5%를 초과하더라도 출연된 주식에 대하여 증여세를 부과하기 위해서는 그 출연자와 내국법인 사이에 '특수관계'가 인정되어야 한다. 법원은 '주주요건'과 '최대주주 요건'을 모두 갖춘 경우 비로소 '특수관계'에 있음을 인정하고 있다(상증세법 제48조 제1항과 제16조 제2항 및 대법원 2017. 4. 20. 선고 2011두21447 판결 참조).

즉, 출연자(출연자가 사망한 경우에는 그 상속인을 의미) 또는 그의 특수관계인(해당 공익법인 등은 제외)이 주주 또는 출자자이거나 임원의 현원(5명에 미달하는 경우에는 5명으로 본다)중 5분의 1을 초과하는 내국법인으로서 출연자 및 그의 특수관계인이 보유하고 있는 주식 및 출자지분의 합계가 가장 많은 내국법인이어야 한다(상증세법 시행령 제13조 제10항 참조). 또한 ① 출연자 및 출연자 또는 그의 특수관계인(해당 공익법인 등은 제외)이 주주등이거나 임원의 현원 중 5분의 1을 초과하는 내국법인에 대하여 출연자, 그의 특수관계인 및 공익법인 등 출자법인이 보유하고 있는 주식 및 투자지분의 합계가 가장 많아야 한다. ② 또한 주식이 출연되기 전에 최대주주였다고 하더라도 그 출연에 따라 최대주주로서의 지위를 상실하게 되었다면 출연자는 더 이상 내국법인에 대한 지배력을 바탕으로 공익법인에 영향을 미칠 수 없기 때문에 위 요건에 해당하는지 여부는 주식이 출연된 후의 시점을 기준으로 판단하여야 한다. ③ 나아가 내국법인의 주식을 출연받은 '당해 공익법인'이 출연자와 특수관계에 있는지 여부도 검토하여야 하는데, 구체적으로 '주식 출연자 등이 재산을 출연하여 설립한 공익법인'에 해당하거나, '주식 출연자 등이 당해 공익법인 이사의 과반수를 차지'하는 경우가 있다(상증세법 시행령 제38조 제11항 참조). 법원은 '주식 출연자 등이 재산을 출연하여 설립한 비영리법인'의 구체적인 의미는 비영리법인의 설립을 위하여 재산을 출연하고 정관 작성, 이사 선임, 설립등기 등의 과정에서 그 비영리법인의 설립에 실질적으로 지배적인 영향력을

---

103) "성실공익법인 등"이란 상증세법 제50조 제3항에 따른 외부감사, 제50조의2에 따른 전용계좌의 개설 및 사용, 제50조의3에 따른 결산서류 등의 공시, 제51조에 따른 장부의 작성·비치, 동법 시행령 제13조에 정하는 요건을 모두 갖춘 공익법인 등을 의미한다.

행사한 자를 의미하는 것으로 보고 있다.

(다) 법 위반시 처분

주식보유비율을 초과하여 취득한 주식의 취득가액을 증여재산 가액으로 하여 증여세를 부과한다.

(3) 출연재산을 3년 이내, 직접 공익목적사업 등에 사용할 의무

(가) 개 요

공익법인은 출연받은 재산을 출연일로부터 3년 내에, 직접 공익목적사업 등의 용도로 전부 사용하여야 한다(상증세법 제48조 제2항 제1호). 다만, 직접 공익목적사업 등에 사용하는 데에 장기간이 걸리는 등 대통령령으로 정하는 부득이한 사유가 있는 경우로서 제5항에 따른 보고서를 제출할 때 납세지 관할세무서장에게 그 사실을 보고하고, 그 사유가 없어진 날부터 1년 이내에 해당 재산을 직접 공익목적사업 등에 사용하는 경우는 제외한다(상증세법 제48조 제2항 제1호 단서).

(나) 적용요건

공익법인은 출연받은 재산을 출연일로부터 3년 내에, 직접 공익목적사업 등의 용도로 전부 사용하여야 한다(상증세법 제48조 제2항 제1호). 이때 직접 공익목적사업에 사용하는 것은 공익법인 등의 정관상 고유목적사업에 사용하거나 출연받은 재산을 해당 직접 공익목적사업에 효율적으로 사용하기 위하여 주무관청의 허가를 받아 다른 공익법인 등에 출연하는 것을 포함한다(상증세법 시행령 제38조 제2항). 다만, 직접 공익목적사업 등에 사용하는 데에 장기간이 걸리는 등 대통령령으로 정하는 부득이한 사유가 있는 경우로서 제5항에 따른 보고서를 제출할 때 납세지 관할 세무서장에게 그 사실을 보고하고, 그 사유가 없어진 날부터 1년 이내에 해당 재산을 직접 공익목적사업 등에 사용하는 경우는 제외한다(상증세법 제48조 제2항 제1호 단서).

다만, 위의 사용액에서 고유목적에 지출한 것으로 보지 아니하는 금액(법인세법 시행령 제56조 제11항) 및 수선비, 전기료 및 전화사용료 등을 제외한 관리비는 제외하고 위 의무이행 여부를 판단한다.

(다) 법 위반시 처분

상증세법 제48조는 출연받은 재산을 공익목적사업 외에 사용하거나 3년 내 사용하지 않은 경우 즉시 증여세를 부과하는데, 3년 내 사용하지 않은 경우 증여재산가액은 당초 출연일이 아닌 증여세 부과사유가 발생한 시점인 출연받은 날로부터 3년이 지난날을 기준으로 상증세법에 따라 평가한 가액이다(대법원 2017. 8. 18. 선고 2015두50696 판결 참조).

다만, 출연받은 재산을 분실하거나 도난당한 경우, 출연자 및 그의 특수관계인을 제외한 공익법인의 이사 또는 사용인의 불법행위로 인하여 출연받은 재산이 감소된 경우에는 해당 재산가액을 공제하고 증여재산가액을 산정한다(상증세법 시행령 제38조 제9항).

❙ 증여재산가액

> 직접 공익목적사업 등 외에 사용한 재산한 가액 + 3년 이내에 직접 공익목적사업 등에 사용하지 아니하였거나 미달하게 사용한 재산의 가액 − 분실·도난된 재산 − 이사 또는 사용인의 불법행위로 인하여 감소한 재산의 가액

(4) 출연재산 매각대금을 3년 이내, 직접 공익사업목적 등에 사용할 의무
(가) 개 요

공익법인은 출연재산을 매각한 경우, 그 매각대금을 매각일로부터 3년 이내에 일정액 이상 사용하지 아니한 경우에는 해당 가액을 공익법인 등이 증여받은 것으로 보아 증여세를 부과한다(상증세법 제48조 제2항 제4호).

(나) 적용요건

공익법인은 출연재산을 매각한 경우, 그 매각대금을 매각일로부터 3년 이내에 대통령령이 정하는 바와 같이 사용하지 아니한 경우에는 해당 가액을 공익법인 등이 증여받은 것으로 보아 증여세를 부과한다(상증세법 제48조 제2항 제4호).

출연받은 재산을 매각하는 경우에는 그 매각대금을 매각일로부터 1년 이내에 30%, 2년 이내에 60%, 3년 이내에 90% 이상을 공익사업에 사용하여야 한다. 매각대금에는 매각대금에 의하여 증가된 재산을 포함하되, 해당 재산매각에 따라 부담하는 국세 및 지방세를 제외한다.

(다) 법 위반시 처분

매각대금을 3년 이내에 기준금액에 미달하게 사용하거나 직접 공익목적 사업 외에 사용하는 경우에는 10%의 가산세 또는 증여세율을 적용한 세금을 부과한다.

① 직접공익목적사업에 사용하지 아니한 경우

$$증여세과세가액 = \left(매각대금의\,90\% \times \frac{목적\,외\,사용금액}{매각대금}\right) + 미달사용금액$$

* 매각대금에는 증가된 재산이 포함되며 매각에 따라 부담하는 국세, 지방세를 뺀 금액

② 사용기준금액에 미달하게 사용하는 경우

출연재산 매각일이 속하는 과세기간 또는 사업연도의 종료일부터 1년 내에 매각대금 등의 30%, 2년 내에 60% 이상을 직접 공익목적사업에 사용하지 아니할 경우에는 매각대금 중 2년 이내에 각각의 비율에 미달하게 사용하는 금액에 대하여 미달사용액의 10% 가산세를 부과한다(상증세법 시행령 제38조 제7항).

▌매년 사용기준 및 미달시의 부과세율[104]

사용기간	매각대금 사용실적	미달 사용하는 경우
1년 이내	30%	• 미달사용액의 10% 가산세 부과
2년 이내	60%	• 미달사용액의 10% 가산세 부과
3년 이내	90%	• 미달사용액을 증여가액으로 증여세 부과

(5) 출연재산 운용소득의 직접 공익목적사업 사용

(가) 개 요

출연받은 재산을 수익용 또는 수익사업용으로 운용하는 경우에는 그 운용소득의 70% 이상을 1년 이내에 공익사업에 사용하여야 하고, 운용소득을 공익목적사업 외에 사용한 경우에는 증여세를 부과한다.

(나) 적용요건

출연받은 재산을 수익용 또는 수익사업용으로 운용하는 경우에는 그 운용소득의 70% 이상을 1년 이내에 공익사업에 사용하여야 하고, 운용소득을 공익목적사업 외에 사용한 경우에는 증여세를 부과한다. 이때 수익사업에서 발생한 소득금액이란 출연재산으로 영위하는 수익에서 발생한 소득만을 의미하고, 출연재산과 무관한 수익사업에서 발생한 소득금액은 포함하지 아니한다 (대법원 2010. 5. 27. 선고 2007두26711 판결).

(다) 법 위반시 처분

공익법인의 수익사업에서 발생한 운용소득을 아래 기준금액 이하로 공익목적사업에 사용한 경우에는 가산세를 부과한다. 이때 운용소득의 공익사업에 사용한 실적은 운용소득이 발생한 사업연도 종료일부터 1년 이내에 사용한 실적을 말하나 사용실적 및 기준금액을 당해사업년도와 직전 4 사업연도의 5 년 간의 평균금액으로 알 수 있다(상증세법 집행기준 48-38-7).

---

104) 상증세법 집행기준 48-38-8.

① 해당사업연도 수익사업에서 발생한 차가감 소득금액
　가. 해당 사업연도 수익사업에서 발생한 소득금액 등
－ 나. 출연재산을 매각한 경우 양도차익
＋ 다. 고유목적사업준비금
＋ 라. 해당 사업연도 중 고유목적사업으로 지출된 금액으로 손금에 산입된 금액
＋ 마. 출연재산을 수익의 원천에 사용함으로써 생긴 소득금액(분리과세된 이자소득 포함)
＝ 해당 사업연도의 수익사업에서 발생한 차가감 소득금액
② 해당 소득에 대한 법인세 또는 소득세·농어촌 특별세·지방소득세·이월결손금
③ 직전 사업연도의 운용소득 사용기준금액에 미달사용한 금액 － 가산세

※ 운용소득의 사용기준 금액 : 운용소득 × 70% ＝ (① － ② ＋ ③) × 70%

　　한편 수익용 또는 수익사업용으로 운용하는 출연재산의 운용소득을 직접 공익목적사업 외에 사용한 경우에는 출연재산의 평가 가액에 공익목적사업 외에 사용한 금액이 운용소득에서 차지하는 비율을 곱하여 계산한 금액을 증여세 과세가액으로 하여 공익법인에게 증여세를 부과한다.

$$증여세\ 과세가액 = 출연재산의\ 평가가액 \times \frac{공익목적사업\ 외\ 사용한\ 금액}{운용소득}$$

(6) 출연자 등의 이사·임직원 취임제한

(가) 개 요

　　출연자 또는 그의 특수관계인이 공익법인(의료법인 제외)의 현재 이사 수의 1/5를 초과하여 이사가 되거나, 그 공익법인 등의 임·직원이 되는 경우에는 가산세를 부과한다.[105]

(나) 요 건

　　① 출연자 또는 그의 특수관계인이 ② 상증세법 시행령 제38조 제11항에서 규정하고 있는 공익법인(의료법인 제외) 등의 ③ 현재 이사수(5명 미만은 5명으로 봄)의 1/5를 초과하여 이사가 되거나 ④ 임·직원(이사 제외)이 되는 경우

---

105) 자세한 사항은 국세청, 『2019 공익법인 세무안내』, p.157 참조.

가산세를 부과한다.

(다) 법 위반시 처분

이사 수 기준(1/5)을 초과하는 이사 또는 임·직원이 된 출연자 등이 있는 경우 그 사람을 위하여 지출된 급료, 판공비, 비서실 운영경비, 차량유지비 등 직·간접경비 상당액 전액을 매년 가산세로 부과한다(상증세법 제78조 제6항 및 상증세법 시행령 제80조 제10항).

(7) 특정기업의 광고 등 행위 금지

(가) 개 요

공익법인이 특수관계에 있는 내국법인의 이익을 증가시키기 위하여 정당한 대가를 받지 아니하고 광고 또는 홍보를 하는 경우 가산세를 부과한다(상증세법 제48조 제10항).[106]

(나) 요 건

1) 특수관계에 있는 내국법인의 범위

특수관계에 있는 내국법인의 범위는 아래 ①~③에 해당하는 자가 ①에 해당하는 기업의 주식 등을 출연하거나 보유한 경우의 해당 기업을 의미한다.

① 기업집단의 소속기업과 다음의 어느 하나에 해당하는 관계에 있는 자 또는 해당 기업의 임원에 대한 임면권의 행사·사업방침의 결정 등을 통하여 그 경영에 대하여 사실상의 영향력을 행사하고 있다고 인정되는 자

  ⅰ) 기업집단 소속의 다른 기업

  ⅱ) 기업집단을 사실상 지배하는 자

  ⅲ) ⅱ)의 자와 친족 및 직계비속의 배우자의 2촌 이내의 혈족과 그 배우자

② 상기 ①의 본문 또는 ⅰ)에 따른 기업의 임원이 이사장인 비영리법인

③ ① 및 ②에 해당하는 자가 이사의 과반수이거나 재산을 출연하여 설

---

106) 자세한 사항은 국세청, 앞의 글, p.160 참조.

립한 비영리법인

2) 광고·홍보의 범위

가산세를 부과하는 홍보는 아래에 해당하는 것을 의미한다.

① 신문·잡지·텔레비전·라디오·인터넷 또는 전자광고판 등을 이용하여 내국 법인을 위하여 홍보하거나 내국법인의 특정상품에 관한 정보를 제공하는 행위(다만, 내국법인의 명칭만을 사용하는 홍보는 제외)

② 팜플렛·입장권 등에 내국법인의 특정상품에 관한 정보를 제공하는 행위(다만, 내국법인의 명칭만을 사용하는 홍보는 제외)

(다) 법 위반시 처분

위 ①의 경우 당해 광고·홍보매체의 이용비용을, ②의 경우 당해 행사비용 전액을 가산세로 징수한다(상증세법 제78조 제8항, 상증세법 시행령 제80조 제12항).

(8) 자기내부거래를 통한 이익 증여 금지

(가) 개 요

공익법인이 출연받은 재산, 출연받은 재산을 원본으로 취득한 재산, 출연받은 재산의 매각대금 등을 특수관계에 있는 자가 정당한 대가를 지급하지 않고 사용·수익하는 경우에는 공익법인이 증여받은 것으로 보아 증여세를 과세한다(상증세법 제48조 제3항, 동법 시행령 제39조).[107]

(나) 법 위반시 처분

① 출연재산을 무상으로 사용·수익하게 하는 경우에는 해당 출연재산가액을 증여가액으로 과세한다.

② 정상적인 대가보다 낮은 가액으로 사용·수익하게 하는 경우에는 그 차액에 상당하는 출연재산가액을 증여가액으로 과세한다.

---

107) 자세한 사항은 국세청, 앞의 글, pp.161~163 참조.

(9) 특정계층에만 공익사업의 혜택 제공 금지

(가) 개 요

공익법인이 출연받은 재산을 사회 전체의 불특정다수인의 이익을 위하여 사용하지 아니하고 사회적 지위·직업·근무처 및 출생지 등에 의하여 일부에게만 혜택을 제공하는 경우에는 출연받은 재산을 공익목적에 맞게 사용하지 아니한 것으로 보아 공익법인에게 증여세를 과세한다(상증세법 제48조 제2항 제8호, 동법 시행령 제38조 제8항 제2호).[108]

(나) 법 위반시 처분

특정계층에 제공된 재산가액이나 경제적 이익을 증여가액으로 하여 그 공익법인에게 증여세가 과세된다.

반면, 해당 공익법인의 설립 또는 정관의 변경을 허가하는 조건으로 주무부장관이 기획재정부장관과 협의하여 공익사업 수혜자의 범위를 정하는 경우에는 증여세 과세대상에서 제외된다. 단, 이 경우 행정권한의 위임 및 위탁에 관한 규정 제3조 제1항에 따라 공익법인 설립허가 등에 관한 권한이 위임된 경우에는 해당 권한을 위임받은 기관과 해당 공익법인의 관할 세무서장이 협의하여야 한다.

(10) 공익법인 해산시 재산귀속의무

(가) 개 요

공익법인이 보유하고 있는 재산은 공익사업을 목적으로 출연된 재산이므로 공익법인이 사업을 종료하고 해산한 때에는 그 잔여재산을 국가·지방자치단체 또는 해당 공익법인과 동일하거나 주무부장관이 유사한 것으로 인정하는 공익법인에 귀속시켜야 한다.[109]

---

108) 자세한 사항은 국세청, 앞의 글, p.164 참조.
109) 자세한 사항은 국세청, 앞의 글, p.165 참조.

(나) 법 위반시 처분

1) 공익법인에 대한 과세

공익법인이 사업을 종료한 때의 잔여재산을 국가·지방자치단체 또는 동일하거나 주무부장관이 유사한 것으로 인정하는 공익법인에 귀속시키지 아니한 경우 해당 재산가액을 공익법인이 증여받은 것으로 보아 증여세가 과세된다.

2) 잔여재산의 귀속자에 대한 과세

공익법인의 잔여재산이 국가·지방자치단체 또는 동일하거나 주무부장관이 유사한 것으로 인정하는 공익법인 이외의 자에게 귀속되는 경우 그 귀속자에 대하여 증여세(영리법인의 경우 법인세)가 과세된다.[110]

2. 이 사건의 분석

❙표 1심과 2심, 대법원의 입장 차이 정리[111]

구분	1심	2심	대법원	
			다수	반대
판결내용	원고 승소	원고 패소	원심 파기 환송	상고 기각 의견
최대주주 판단시점	주식 출연 직전의 시점	주식 출연 후의 시점	주식 출연 후의 시점	주식 출연 직전의 시점
최대주주 요건 중 "주주가 재산을 출연하여 설립한 비영리법인"의 의미	재산을 출연하여 설립에 이른 비영리법인	재산을 출연하여 설립에 이른 비영리법인	"재산을 출연하여 설립한 자"란, 정관작성, 이사선임 등의 과정에서 비영리법인의 설립에 실질적으로 지배적인 영향력을 행사한 자임	재산을 출연하여 설립에 이른 비영리법인

---

110) 자세한 사항은 국세청, 앞의 글, p.165 참조.

111) 윤현경·박훈, "공익법인 주식출연시 증여세 과세가액 불산입 인정 요건에 대한 소고 – 대법원 2017. 4. 20. 선고 2011두21447 전원합의체 판결을 중심으로 –", 2017, pp.16~17 참조.

구분	1심	2심	대법원	
			다수	반대
위헌적 처분에 대한 합헌적 법률해석론	긍정(공익법인이 그 주식출연이 경제적 집중이나 경제적 세습과 무관하다는 점에 관하여 적극적으로 입증하는 경우 예외적으로 증여세 부과할 수 없음)	부정(위헌적 처분이라고 볼 만한 아무런 사정이 없고, 법령의 문언이 없는 추가적인 요건을 설정하는 것은 합헌적 법률해석의 원칙을 포함한 일반적 법률해석을 넘는 것임)		

가. 사안의 쟁점

구 상증세법 제48조 제1항, 제16조 제2항 단서 및 구 상증세법 시행령 제13조 제4항 제13조 제4항 제1호에 따르면 공익법인에 내국법인의 주식을 출연한 자 및 그와 특수관계에 있는 자가 당해 내국법인의 최대주주인 경우, 최대주주 등이 출연한 주식은 공익법인 등이 출연받은 재산에 대한 과세가액에 산입한다.

이와 관련하여 최대주주 판단 시점을 출연자의 주식 출연 이전 시점을 기준으로 할 것인지, 출연 이후 보유 비율을 기준으로 할 것인지 문제되었다.

만약, 만약 주식 출연 이전 시점을 기준으로 판단하는 경우, 최대주주 등이 출연한 주식은 과세가액으로 산입하는 것이 원칙이나, 소위 합헌적 법률해석론은 이 경우에도 최대주주 등이 지배력을 집중할 목적으로 출연행위를 한 것이 아니라면 위 주식을 과세가액으로 산입하지 않는 것이 합헌적 법률해석이라는 입장이다. 반면 주식 출연 이후 시점을 기준으로 판단하더라도 구 상증세법 시행령 제13조 제6항 제3호 및 제19조 제2항 제4호는 "주주가 재산을 출연하여 비영리법인을 설립"한 경우 그 출연자를 최대주주로 볼 수 있다고 규정하고 있으므로, 출연행위만으로 상증세법상 증여세 과세표준산입대상이 되는 설립행위로 인정할 것인지, 그와는 별도로 실질적으로 지배적인 영향력을 행사하어 재단을 실립한 경우만 설립행위로 인정할 수 있는지가 문제된디. 다만, 전자의 경우에는 상술한 것과 같이 합헌적 법률해석론의 적용가능성이 검토될 수 있다.

결국 이 사안은 공익법인 등에 대한 출연재산의 과세가액의 산입 요건을 충족하였는지 여부가 문제된 사안으로서 최대주주인지 여부를 평가하는 시점, 주주가 재산을 출연하여 설립한 비영리법인의 의미 등이 문제되었다.

나. 최대주주 여부를 판단하는 시점

제1심 법원은 상증세법 시행령 제13조 제4항 제1호는 공익법인에 내국법인의 주식을 출연한 자 및 그와 특수관계에 있는 자가 당해 내국법인의 최대주주인 경우 그 출연자는 당해 내국법인과 특수관계가 있는 것으로 규정하는데, 이 규정의 취지는 출연 당시의 주식 보유 현황을 기준으로 공익법인에 내국법인의 주식을 출연한 자 및 그와 특수관계에 있는 자가 당해 내국법인에 대한 지배력이 있었다면 그 출연자가 자신의 주식을 공익법인에 출연한 경우 그 공익법인을 통하여 당해 내국법인에 대한 지배력을 유지할 수 있기 때문에 그 출연자와 당해 내국법인 간에 특수관계가 있는 것으로 볼 수 있다는 것으로, 甲은 위 주식 출연 당시 B 회사의 최대주주였으므로 甲·乙과 B 회사는 특수관계에 있다고 판단하였다.

반면 항소심, 상고심 법원은 만약 제1심 법원과 같이 주식 출연 직전의 시점을 기준으로 판단한다면 경제적인 집중과 세습과 관련 없이 1인 주주가 공익적 목적을 위하여 본인의 주식을 전부 공익법인에 출연하는 것 자체도 상증세법상 봉쇄되는 결과가 되는데 이는 불합리하므로 최대주주 판단시점은 주식 출연 직후를 기준으로 보는 것이 타당하다고 판단하였다.

다. 주주가 재산을 출연하여 설립한 비영리법인의 의미

제1심 법원은 상술한 것과 같이 주식 출연 직전 시점을 기준으로 최대주주 여부를 판단하였으므로, 출연자와 A 재단과의 관계를 기준으로 최대주주 여부를 판단하게 되는 본 쟁점은 검토할 실익이 없었다.

항소심 법원은 상증세법 시행령 제19조 제2항 제4호 소정의 "주주가 재산을 출연하여 설립한 비영리법인"의 의미와 관련하여, 만약 주주가 재산출연과 설립행위를 모두 한 경우로 한정지어 해석하는 경우, 이를 악용한 조세회피의 가능성 및 경제력 집중에 대한 시도가 빈발할 것임을 고려하여 주주가 재산을 출연한 결과로 설립에 이른 비영리법인을 의미하는 것으로 볼 것이지 주주가 재산을 출연하고 또한 설립행위(정관의 작성)를 할 것을 요구하는 것까지 의미한다고 볼 수 없다고 판단하였다.

상고심 법원의 다수의견은 甲, 乙의 출연행위 결과 A 재단이 설립되었으므로 시행령 제19조 제2항 제4호의 규정된 설립행위를 한 사실은 인정되지만, 위 설립행위로 말미암아 A 재단과 甲 간의 특수관계가 인정되는 "재산을 출연하여 설립한 자"로 보기 위해서는, 출연자가 정관작성 · 이사선임 등의 과정에서 비영리법인의 설립에 실질적으로 영향력을 행사한 자여야 한다고 판시하면서, 그 근거로 법인세법상 부당행위계산 부인규정의 경우 설립 및 출연을 함께한 경우 특수관계가 있다고 보는 점, 위 규정의 악용가능성을 막기 위해서는 재단에 대하여 지배적인 영향력을 행사하였는지 여부를 검토하여 추단할 수 있는 점 등을 제시하였다.

반면, 반대의견은 출연자가 공익법인의 설립 당시에 정관작성, 최초 이사선임 등에 관여하지 않았다고 해서 언제나 공익법인을 지배할 여지가 없다고 볼 수는 없다는 점 등을 근거로 재산을 출연하여 재단법인이 설립되도록 한 자라면 그 재단법인 사이에 특수관계가 존재한다고 보아야 할 것이라고 주장하였다.

라. 이 판결의 의의 등

이 판결은 공익법인을 설립하고 재산을 출연한 자에 대하여 경제력 집중 내지 조세회피의 수단으로 악용될 염려가 없음에도 불구하고 증여세를 부과할 수 있던 관행에 제동을 검으로써 공익사업에 대한 장려를 추구하는 공익법인 제도의 취지에 부합하는 한편, 공익법인의 주식보유비율에 대하여 공익법인의 예외적 증여세 부과(산입) 요건을 명백히 한 사례이다.

다만, 이는 최초 설립할 당시의 보유비율에 한정하여 기준을 제시한 것으로서 향후 공익법인과 성실공익법인과의 출연 주식의 비율 등과 관련하여 추가적으로 검토할 여지가 존재하므로, 관련하여 더욱 연구할 필요가 있다.

3. 관련 사례 등

가. 판 례

최대주주 요건을 충족하는 경우(서울고등법원 2018. 7. 25. 선고 2018누41350 판결)

출연자 甲은 B 내국법인 주식 중 35%를 보유하고 있었다가 15%를 원고 A 장학재단에 출연하였는데, 배우자 乙도 14%의 지분을 보유하고 있었다. 관할 세무서장은 위 장학재단이 구 상속세 및 증여세법(2010. 1. 1. 법률 제9916호로 개정되기 전의 것) 제48조 제1항 단서에서 규정한 공익법인이 의결권 있는 발행주식 총수의 100분의 5를 초과하여 주식을 출연받은 경우에 해당한다고 보아 증여세부과처분을 하였음. 이에 위 재단은 甲은 위 출연으로 인하여 더 이상 최대주주가 아니게 되었다는 이유로 증여세 부과처분이 위법하다고 주장하면서 위 처분에 대한 취소소송을 제기하였으나, 제1심 재판부는 설령 甲의 출연행위로 인하여 최대주주가 아니게 되었다고 하더라도 특수관계인인 배우자 乙의 보유주식을 합산(20% + 14% = 39%)하면 최대주주 요건을 충족하는바 이와 다른 전제에서 제기된 원고의 청구는 부당하다고 판결하였고, 항소심 재판부는 같은 취지로 원고의 항소를 기각하였음.

여러 공익법인에 출연하였는데, 일부만 성실공익법인인 경우 증여세 과세가액 불산입(서울행정법원 2019. 3. 21. 선고 2017구합74429 판결)

출연자 亡 甲은 A 재단에 B 법인 주식 4.94%를 출연하였고, 이후 원고 C 재단, 원고 D 재단, 원고 E 재단에 각 0.49%, 0.09%, 0.29%를 각 증여하였다. 이에 원고들과 E 재단은

D 재단의 일부주식(0.06%)를 제외하고, 5%를 넘는 부분에 대하여 증여세를 자진신고하였고, 관할지방국세청은 이를 반영한 과세처분을 하였으나, 이후 A 재단과 E 재단이 성실공익법인 등에 해당한다는 사실이 밝혀지자 피고는 E 재단에 대한 증여세 부과처분을 직권취소하면서 과세가액 불산입 범위 내에 있어 과세표준에서 제외된 B법인 주식 0.06%는 C, D, E 재단이 수증주식비율에 따라 증여받은 것으로 보고 C, D 재단에게 증여세를 새로이 부과하였다. C, D 재단이 이에 증여세부과처분 취소소송을 제기하였는데, 제1심 재판부는 성실공익법인과 공익법인이 혼재하는 경우 과세가액 불산입 한도에 차이가 있음을 고려하여 일반공익법인의 증여세 과세가액 불산입 한도 초과 여부는 성실공익법인의 수증주식에 1/2 배 가중치를 적용하여 합산한 가액을 기준으로 판단하여야 하므로, 출연 당시 성실공익법인에 대한 수증주식의 지분비율이 5.23%(A 재단 4.94% + E 재단 0.29%)이고, 일반공익법인의 수증주식의 지분비율이 0.58%(= C 재단 0.49% + D 재단 0.09%)이지만, 위 가중합산방법에 의하면 [0.58% + (4.94 + 0.29)/2]로 모두 가세가액 불산입 한도 내에 있다고 할 것이라고 판시함.

공익법인의 기본재산 처분의 효력이 부정된 사례(대법원 2019. 6. 27. 선고 2019두36131 판결)

원고 A 재단은 주무관청인 서울시의 허가없이 기본재산에 속하였던 서울시내 토지 및 위 지상 건물을 매각하여 그 매각대금을 A 재단의 기본재산으로 편입한 다음, 서울시의 허가없이 위 금원으로 B 회사의 신주인수권을 취득하였고, 이후 위 신주인수권을 행사하여 B 회사의 주식을 취득하였음. 이에 피고는 A 재단이 위 회사의 지분비율 5%를 초과하는 주식을 취득하였다고 보아 증여세를 부과하였음. 이에 법원은 재단법인의 기본재산 처분은 정관변경을 요하는 것이므로 주무관청의 허가가 없으면 그 주식취득은 무효인바, 상증세법 제48조 제2항 제2호에서 규정하는 '주식의 취득'이라는 과세요건이 충족되지 아니하여 증여세 부과처분은 위법하다고 판결하였음.

나. 예규 등

(1) 소속회원의 정기적인 회비는 출연재산 아님(서면4팀 - 1274, 2008. 5. 26.)

공익법인이 고유목적사업 수행을 위하여 그 소속회원 모두로부터 정기적으로 받는 일정금액의 회비는 출연재산에 해당하지 아니하는 것이나 일부회원으로부터 비정기적으로 징수하는 회비는 출연재산에 해당함.

> **(2) 공익법인이 유상증자시 얻은 이익도 출연재산임**(서면4팀 – 1185, 2005. 7. 12.)
>
> 법인이 자본을 증가시키기 위하여 신주를 발행함에 따라 당해 법인의 주주가 아닌 자가 당해 법인으로부터 신주를 직접 배정받음으로써 얻은 이익상당액은 증여세 과세대상에 해당하는 것이나, 이 경우 그 이익을 얻은 자가 공익법인에 해당될 때에는 출연재산에 해당됨.

> **(3) 법령에 따라 해산하는 공익법인의 잔여재산이 다른 공익법인에 승계된 경우 새로운 출연에 해당함**(법령해석재산 – 50, 2016. 2. 25.)

42

상속세 및 증여세와 가산세

– 대법원 2018. 10. 4. 선고 2018두48328 판결 –

» 국세기본법 제47조의2에서는 부당무신고가산세에 대하여 규정하고 있는데 이는
통상의 무신고가산세율(20%)과 달리 부당한 방법으로 무신고한 과세표준에 대
하여 40%의 가산세율을 적용하여 과세하는 것을 말함. 그런데 명의신탁 증여의
제의 경우 조세회피의 목적으로 허위의 외관을 작출하는 것이므로 이에 대해 부
당무신고가산세를 적용하여 가산세를 함께 부과할 수 있는지 여부가 소송에서 자
주 문제됨. 이 사안은 주식의 명의신탁에 대하여 부당무신고가산세를 부과한 사
안인데, 이와 관련하여 상증세법상의 가산세 일반에 대해서도 검토하고자 함.

🗨 국세기본법

제47조의2(무신고가산세)

① 납세의무자가 법정신고기한까지 세법에 따른 국세의 과세표준 신고(예정
신고 및 중간신고를 포함하며,「교육세법」제9조에 따른 신고 중 금융·보험업자
가 아닌 자의 신고와「농어촌특별세법」및「종합부동산세법」에 따른 신고는 제외
한다)를 하지 아니한 경우에는 그 신고로 납부하여야 할 세액(이 법 및 세
법에 따른 가산세와 세법에 따라 가산하여 납부하여야 할 이자 상당 가산액이 있
는 경우 그 금액은 제외하며, 이하 "무신고납부세액"이라 한다)에 다음 각 호의
구분에 따른 비율을 곱한 금액을 가산세로 한다.
  1. 부정행위로 법정신고기한까지 세법에 따른 국세의 과세표준 신고를 하지
    아니한 경우 : 100분의 40(국제거래에서 발생한 부정행위인 경우에는 100분의 60)
  2. 제1호 외의 경우 : 100분의 20
② 제1항에도 불구하고 다음 각 호의 어느 하나에 해당하는 경우에는 해당

호에 따른 금액을 가산세로 한다.

1. 「소득세법」 제70조 및 제124조 또는 「법인세법」 제60조, 제76조의17 및 제97조에 따른 신고를 하지 아니한 자가 「소득세법」 제160조 제3항에 따른 복식부기의무자(이하 "복식부기의무자"라 한다) 또는 법인인 경우 : 다음 각 목의 구분에 따른 금액과 제1항 각 호의 구분에 따른 금액 중 큰 금액

   가. 제1항 제1호의 경우 : 수입금액에 1만분의 14를 곱한 금액

   나. 제1항 제2호의 경우 : 수입금액에 1만분의 7을 곱한 금액

2. 「부가가치세법」에 따른 사업자가 같은 법 제48조 제1항, 제49조 제1항 및 제67조에 따른 신고를 하지 아니한 경우로서 같은 법 또는 「조세특례제한법」에 따른 영세율이 적용되는 과세표준(이하 "영세율과세표준"이라 한다)이 있는 경우 : 제1항 각 호의 구분에 따른 금액에 영세율과세표준의 1천분의 5에 상당하는 금액을 더한 금액

③ 제1항 및 제2항에도 불구하고 다음 각 호의 어느 하나에 해당하는 경우에는 제1항 및 제2항을 적용하지 아니한다.

1. 「부가가치세법」 제53조의2에 따라 전자적 용역을 공급하는 자가 부가가치세를 납부하여야 하는 경우

2. 「부가가치세법」 제69조에 따라 납부의무가 면제되는 경우

④ 제1항 또는 제2항을 적용할 때 「부가가치세법」 제45조 제3항 단서에 따른 대손세액에 상당하는 부분에 대해서는 제1항 또는 제2항에 따른 가산세를 적용하지 아니한다. <개정 2013. 6. 7.>

⑤ 제1항 또는 제2항을 적용할 때 예정신고 및 중간신고와 관련하여 이 조 또는 제47조의3에 따라 가산세가 부과되는 부분에 대해서는 확정신고와 관련하여 제1항 또는 제2항에 따른 가산세를 적용하지 아니한다.

⑥ 제1항 또는 제2항을 적용할 때 「소득세법」 제81조 제8항, 제115조 또는 「법인세법」 제75조의3이 동시에 적용되는 경우에는 그 중 가산세액이 큰 가산세만 적용하고, 가산세액이 같은 경우에는 제1항 또는 제2항의 가산세만 적용한다.

⑦ 수입금액의 범위, 가산세액의 계산과 그 밖에 가산세 부과에 필요한 사항은 대통령령으로 정한다.

Ⅰ 대상판결의 개요

1. 사실관계의 요지

원고들은 甲의 지인들이며, 甲은 A 주식회사와 그 계열회사인 B 주식회사의 대주주이자 대표이사임.

A 회사, B 회사는 비상장 금융회사인 C 주식회사의 경영권을 취득하기 위하여, 2010. 5.경 C 회사 주주인 乙과 그 배우자인 丙 등으로부터 C 회사 주식 약 400만 주를 대금 200억 원에 양수하기로 하는 계약을 체결하였음.

그런데 乙 소유의 C 회사 주식에 대해서는 금융위원회의 승인 등의 이유로 취득 과정에서 문제가 발생하자, 丙 소유의 C 회사 주식을 취득하고자 하였음. 그런데 丙 소유의 C 회사 주식에 대해서는 丁 앞으로 질권이 설정된 사실을 알게 되었고 그리하여 A 회사, B 회사, 甲은 2011. 4.경 丁에게 약 40억 원을 지급하고 丁으로부터 원고들 명의로 약 100만 주를 취득하였음.

관할 세무서장들은 2011. 4.경 A 회사, B 회사, 甲이 원고들에게 각 C 회사 주식 합계 약 100만 주를 명의신탁한 것으로 보아 부당무신고가산세를 가산하여 증여세 부과처분을 하였음.

2. 원고의 주장 요지

위 명의신탁행위만으로는 부당무신고가산세의 요건인 '사기, 그 밖의 부정한 행위'가 있었다고 볼 수 없으므로, 부당무신고가산세(가산세율 40%)가 아니라 일반무신고가산세(가산세율 20%)가 적용되어야 함. 따라서 위 증여세 부과처분 중 가산세율의 차이로 발생하는 세액 부분은 위법함.

3. 판결 요지

가. 제1심 법원(원고 일부 승소)

국세기본법 제47조의2 제1항 제3호는 납세자가 법정신고기한까지 세법에 따른 과세표준신고를 하지 아니한 경우 상증세법에 따른 산출세액의 20/100에 해당하는 '일반무신고가산세액'을 납부할 세액에 가산하거나 환급받을 세액에서 공제하도록 규정하고 있고, 같은 조 제2항은 납세자가 대통령령으로 정하는 부당한 방법으로 무신고한 경우 산출세액의 40/100에 상당하는 '부당무신고가산세액'을 납부할 세액에 가산하거나 환급받을 세액에서 공제하도록 규정하고 있음.

그런데 상증세법 제45조의2 제1항에 따른 명의신탁 증여의제의 경우에는 과세요건 자체가 조세회피의 목적으로 명의주주와 실질주주가 다르다는 허위의 외관을 형성하는 행위이고, 이러한 외관을 형성하기 위하여 사실과 다른 내용의 주식양수도계약서, 불필요한 자금이동 및 그에 따른 회계장부 기록 등이 수반될 수밖에 없으므로, 명의신탁 증여의제로 인한 증여세에 부당무신고가산세 규정을 적용하기 위해서는 위와 같은 명의신탁행위 및 그에 수반되는 행위를 넘어 보다 적극적으로 명의신탁 증여의제에 따른 증여세의 부과와 징수를 불가능하게 하거나 현저히 곤란하게 하는 사실의 은폐 또는 가장행위가 있어야 한다고 보아야 함.

원고들이 명의신탁행위에 수반되는 행위를 넘어 명의신탁 증여의제에 따른 증여세의 부과와 징수를 불가능하게 하거나 현저히 곤란하게 하는 사실의 은폐·가장행위를 하였음을 인정할 자료는 없는바, 따라서 피고들은 원고들에게 부당무신고가산세를 부과할 수는 없고 단지 통상의 무신고가산세를 부과할 수 있을 뿐임.

따라서 이 사건 각 부과처분 중 원고들에게 통상의 무신고가산세율(20%)을 적용하여 계산한 정당세액을 초과하는 부분은 위법함.

나. 항소심 및 상고심 법원(피고 일부 승소)

항소심은 1심의 판단을 인용하여 항소기각하였고, 대법원 역시 항소심의 판단을 인용하여 상고기각하였음.

Ⅱ 해설

1. 상증세법상 가산세의 쟁점

가. 가산세의 의의

　가산세는 세법에 규정하는 의무의 성실한 이행을 확보하기 위하여 그 세법에 의하여 산출한 세액에 가산하여 징수하는 금액을 말한다. 가산세 부과의 요건은 의무위반이라는 객관적 사실 자체의 발생이기 때문에 고의나 과실과 같은 주관적 요건은 요구되지 않는다. 이러한 가산세는 모든 세목에 공통되는 가산세와 개별 세목에 고유한 가산세가 있는데 전자는 국세기본법(제47조의2 내지 5)에서 규정하고 있고, 후자는 소득세법(제81조, 제115조), 법인세법(제76조), 부가가치세법(제60조), 상증세법(제78조) 등에서 규정하고 있다.

나. 모든 세목에 공통되는 가산세의 유형

(1) 무신고가산세

　무신고가산세는 기한 내에 과세표준신고서를 제출하지 아니한 자에 대하여 부과하는 가산세를 말한다. 따라서 납세의무자가 법정신고기한까지 상속세 또는 증여세의 과세표준 신고를 하지 아니한 경우에는 상증세법에 따른 산출세액의 100분의 20에 상당하는 금액을 가산세로 납부하여야 한다. 만약 납세자가 부정행위로 신고하지 아니하는 경우에는 100분의 40에 상당하는 금액을 가산세로 납부하여야 하는데 이를 부당무신고가산세라 부른다. 이러한 부당무신고가산세의 적용요건으로서 사기 그 밖의 부정한 행위가 필요한데 이와 관련하여 명의신탁 증여의제 규정과의 관계가 문제될 수 있고 이에 대하여는 뒤에서 자세히 살펴보고자 한다.

(2) 과소신고 및 초과환급신고 가산세

과소신고 가산세란 법정신고 기한 내에 과세표준을 신고하였으나 납부할 세액을 신고하여야 할 세액에 미달하게 신고한 경우 부과되는 가산세를 말하고, 초과환급신고 가산세란 환급받을 금액을 신고하여야 할 금액보다 과다하게 신고한 경우에 부과하는 가산세를 말한다. 이때 가산세율은 과소신고한 납부세액과 초과신고한 환급세액의 합산액의 10%로 하되, 만약 부정행위로 과소신고나 초과환급신고를 한 경우에는 40%의 세율이 적용된다.

(3) 납부불성실 및 환급불성실 가산세

납부불성실 가산세란 납세의무자가 납부기한 내에 납부하지 아니하거나 정당한 세액에 미달하게 납부한 경우 그 미납부에 대하여 부과하는 가산세를 말하고, 환급불성실 가산세란 납세자가 환급받은 세액이 정당한 환급세액을 초과하는 경우에 부과하는 가산세를 말한다. 이러한 납부불성실 가산세와 환급불성실 가산세는 부당한 보유세액에 대하여 일정한 비율을 적용하여 획일적으로 계산하는 것이 아니라 그 부당 보유세액에 연체 이자율을 적용하여 이를 보유한 기간에 비례하여 계산하는 것으로서 미납부 기간에 대한 손해배상적 성격을 갖는다.

▎납부불성실 가산세

미납세액 또는 과소납부세액(세법에 따라 이자상당액을 가산하여 납부하여야 하는 경우에는 그 금액을 더한 금액) × 납부기한의 다음 날부터 자진납부일 또는 납세고지일까지의 기간 × 금융회사의 연체대출금 이자율을 고려하여 시행령에서 정하는 이자율(1일 10,000분의 3)

▎환급불성실 가산세

초과하여 환급받은 세액(세법에 따라 이자상당액을 가산하여 납부하여야 하는 경우에는 그 금액을 더한 금액) × 환급받은 날의 다음 날부터 자진납부일 또는 납세고지일까지의 기간 × 금융회사의 연체대출금 이자율을 고려하여 시행령에서 정하는 이자율(1일 10,000분의 3)

다. 상증세법상의 특유한 가산세 – 공익법인에 대한 가산세

상증세법 제78조에서는 상증세법상의 특유한 가산세인 공익법인에 대한 가산세에 대하여 규정하고 있다. 즉 2007. 1. 1.부터 고의성 없이 공익법인이 세법상 협력의무를 위반한 경우 그 의무위반의 종류에 따라 1억 원을 한도로 가산세를 부과하고, 2011. 1. 1. 이후 세법에 규정하는 의무를 최초로 위반하는 분부터는 5천만 원을 한도로 하여 가산세를 부과한다. 의무위반에 따른 가산세의 종류로는 ① 보고서 미제출에 따른 가산세, ② 주식보유비율 초과에 따른 가산세, ③ 외부확인 및 장부작성·비치의무 불이행에 따른 가산세, ④ 이사취임 기준 초과에 따른 가산세, ⑤ 계열기업 주식 보유기준 초과에 따른 가산세, ⑥ 특수관계기업 광고 및 홍보에 따른 가산세, ⑦ 운용소득 등 미사용에 따른 가산세, ⑧ 전용계좌 미개설 및 사용에 따른 가산세 등이 있다.

라. 가산세의 감면

(1) 신고·납부불성실가산세 전부 감면

천재·지변 등 기한연장 사유가 있어 세무서장이 법정신고납부기한을 연장하였거나 납세자가 의무를 불이행한 것에 대하여 정당한 사유가 있는 때에는 해당 가산세를 부과하지 않는다(국세기본법 제48조 제1항). 이 경우 납세자는 감면을 받고자 하는 가산세의 종류와 금액, 해당 의무를 이행할 수 없었던 사유와 이를 증명할 수 있는 문건을 첨부하여 관할세무서장에게 신청서를 제출하여야 한다. 이때 납세자에게 납세의무를 불이행한 것에 대한 정당한 사유가 어떠한 것인지에 대해서는 명문의 규정이 없으므로 구체적인 사안별로 달리 판단할 수밖에 없다.

(2) 수정신고에 따른 신고불성실가산세 감면

법정신고기한 내에 상증세를 신고한 경우로서 과소신고한 과세표준과 세액을 법정신고기한 경과 후 수정신고를 한 경우에는 해당 수정신고한 과세표준에 상당하는 산출세액에 대한 가산세를 수정신고 기간별로 구분하여 감면한다(국세기본법 제48조 제2항). 즉 법정신고기한이 지난 후 6개월 이내에 수정신고한 경우에는 해당 가산세액의 100분의 50에 상당하는 금액, 6개월 초과 1년 이내에 수정신고한 경우에는 100분의 20에 상당하는 금액, 1년 초과 2년이내에 수정신고한 경우에는 100분의 10에 상당하는 금액을 감면한다.

(3) 기한 후 신고 등에 따른 신고·납부불성실가산세 감면

과세전적부심사 결정·통지기간에 그 결과를 통지하지 아니한 경우 그 결정·통지 지연기간에 부과되는 납부불성실가산세의 50%를 감면한다. 또한 기한 후 신고한 경우, 법정신고기한이 지난 후 1개월 이내에 기한 후 신고를 한 경우에는 해당 가산세액의 100분의 50에 상당하는 금액을, 1개월 초과 6개월 이내에 기한 후 신고를 한 경우에는 100분의 20에 상당하는 금액을 감면한다.

2. 부당무신고가산세와 명의신탁 증여의제의 검토

가. 부당무신고가산세의 입법 취지

국세기본법 제47조의2는 무신고가산세에 대하여 규정하고 있는데 이는 법정신고 기한 내에 과세표준신고서를 제출하지 아니한 자에 대하여 부과하는 가산세이다. 이때 가산세율은 원칙적으로는 그 신고로 납부하여야 할 세액의 20%로 하되, 사기, 그 밖의 부정한 행위가 있는 경우에는 40%를 적용하도록 규정하고 있다.

위 규정의 입법 취지는 국세의 과세표준이나 세액 계산의 기초가 되는 사실의 발견을 곤란하게 하거나 허위의 사실을 작출하는 등의 부정한 행위가 있는 경우에 과세관청으로서는 과세요건사실을 발견하고 부과권을 행사하기 어려우므로 부정한 방법으로 과세표준 또는 세액의 신고의무를 위반한 납세자를 무겁게 제재하는 데 있다. 그러므로 위에서 말하는 부정행위는 국세기본법 제26조의2 제1항 제1호에서 규정하고 있는 장기의 부과제척기간 적용 요건으로서의 '사기나 그 밖의 부정한 행위'와 같은 개념이라고 볼 수 있다.

따라서 이러한 '사기나 그 밖의 부정한 행위'란 조세의 부과와 징수를 불가능하게 하거나 현저히 곤란하게 하는 위계 기타 부정한 적극적인 행위를 말하고, 과세대상의 미신고와 아울러 수입이나 매출 등을 고의로 장부에 기재하지 아니한 행위 등 적극적 은닉의도가 나타나는 사정이 덧붙여지지 않은 채 단순히 세법상의 신고를 하지 아니한 것은 여기에 해당하지 않는다(대법원 2016. 2. 18. 선고 2015두1243 판결 등 참조).

나. 명의신탁 증여의제에의 적용 요건

그런데 명의신탁 증여의제의 경우에는 과세요건 자체가 조세회피의 목적으로 명의주주와 실질주주가 다르다는 허위의 외관을 형성하는 행위이고 이러한 외관을 형성하기 위하여 사실과 다른 내용의 주식양수도계약서, 불필요한 자금이동 및 그에 따른 회계장부 기록 등이 수반될 수밖에 없으므로 이것만으로는 조세의 부과와 징수를 불가능하게 하거나 현저히 곤란하게 하는 위계 기타 부정한 적극적인 행위라고 보기 어려운 측면이 있다.

만약 명의신탁 증여의제에 따른 증여세의 부과와 징수를 불가능하게 하거나 현저히 곤란하게 하는 사실의 은폐 또는 가장행위가 없음에도 이를 부당무신고가산세의 적용 요건인 부정행위로 포섭하게 된다면 대부분의 명의신탁에 대해 증여의제로 인한 증여세 외에도 부당무신고가산세가 부과되는 결과가 되므로, 이는 명의신탁 행위에 대한 과도한 제재가 될 수 있다.

우리 대법원도 "납세자가 명의를 위장하여 소득을 얻더라도, 명의위장이 조세포탈의 목적에서 비롯되고 나아가 여기에 허위 계약서의 작성과 대금의 허위 지급, 과세관청에 대한 허위의 조세 신고, 허위의 등기·등록, 허위의 회계장부 작성·비치 등과 같은 적극적인 행위까지 부가되는 등의 특별한 사정이 없는 한, 명의위장 사실만으로 '사기, 그 밖의 부정한 행위'에 해당한다고 볼 수 없다."고 판시한 바 있다(대법원 2018. 12. 13. 선고 2018두36004 판결 등 참조).

3. 이 사건의 분석

이 사안에서 1심 법원은 A 등이 원고들의 명의로 이 사건 회사 주식 102만 주를 취득하는 과정에서, A 등이 명의신탁을 위한 자금거래의 내용에 일치하도록 회계장부를 기록하고, 명의신탁 외관에 따라 주식양수도계약서를 작성한 것은 인정되나, 그 밖에 명의신탁행위에 수반되는 행위를 넘어 A 등이나 원고들이 명의신탁 증여의제에 따른 증여세의 부과와 징수를 불가능하게 하거나 현저히 곤란하게 하는 사실의 은폐·가장행위를 하였음을 인정할 자료가 없다는 이유로 원고들에게 부당무신고가산세를 부과할 수는 없고 통상의 무신고가산세를 부과할 수 있을 뿐이라고 판단하였다. 그리고 이러한 판단은 2심과 3심에서도 그대로 유지되어 결국 부당무신고가산세와 관련하여서는 원고들의 승소로 종결되었다.

즉 법원은 국세기본법상의 '사기나 그 밖의 부정한 행위'란 조세의 부과와 징수를 불가능하게 하거나 현저히 곤란하게 하는 위계 기타 부정한 적극적인 행위를 말하므로, 과세대상의 미신고와 아울러 수입이나 매출 등을 고의로 장부에 기재하지 아니한 행위 등 적극적 은닉의도가 나타나는 사정이 덧붙여지지 않은 이 사안에서는 '사기나 그 밖의 부정한 행위'를 인정할 수 없다고 본 것이다.

이는 앞서 살펴본 대법원의 법리에 따른 것으로서 명의신탁 증여의제에 대하여 증여세의 부과 외에 부당무신고가산세를 부과하기 위해서는 명의위장행위가 조세포탈의 목적에서 비롯되고 허위 계약서의 작성 등과 같은 적극적인 기망행위가 필요하다는 기존의 법리를 재확인한 것으로 볼 수 있다.

4. 관련 사례 등

가. 판 례

부당무신고가산세의 적용 여부가 문제된 사례(대법원 2016. 2. 18. 선고 2015두1243 판결)

甲이 국내 자산을 처분하고 A 그룹의 국내 계열사의 대표이사에서 물러날 무렵 거주지를 이전할 의사가 전혀 없었다고 단정하기 어려운 점, 甲이 국내 자산을 처분한 행위 등이 허위 또는 가장행위라고 볼 수 없는 점 등을 종합해 보면, 甲이 비거주자가 되기 위하여 행한 행위들이 조세를 포탈하기 위한 위계 기타 부정한 적극적 행위에 해당한다고 할 수 없고, 달리 적극적인 소득 은닉의도가 드러나는 행위도 보이지 않음. 그런데도 원심은 甲의 위와 같은 조치들이 '사기 그 밖에 부정한 행위'에 해당한다고 판단하였으니, 이러한 원심의 판단은 국세기본법상 부당무신고가산세에 관한 법리를 오해한 나머지 판결결과에 영향을 미친 잘못이 있음.

부당과소신고가산세의 적용 여부가 문제된 사례(대법원 2013. 11. 28. 선고 2013두12362 판결)

甲은 2003사업연도 내지 2008사업연도의 법인세에 관하여 종전의 사업연도에 이미 과다하게 익금에 산입한 금액을 공제하는 소극적인 방법으로 그 과세표준을 과소신고하였을 뿐 새롭게 과세요건사실의 발견을 곤란하게 하거나 허위의 사실을 작출하는 등의 행위를 한 바 없고, 甲이 작업진행률을 과다하게 조작하여 2000사업연도 내지 2002사업연도의 익금을 실제보다 많이 산입한 것은 해당 사업연도의 매출액을 늘려 수익이 실제보다 많이 발생한 것처럼 가장하려는 것으로서 그로 인하여 2003사업연도 내지 2008사업연도의 각 익금누락이 발생하는 외에 누진세율의 회피나 이월결손금 공제 등과 같은 조세포탈의 결과가 발생하지 아니하였음을 알 수 있음.

그러므로 甲이 2007사업연도 및 2008사업연도에 익금을 과소계상한 행위는 2000사업연도 내지 2002사업연도에 작업진행률을 조작하여 익금을 과다계상한 결과로 행해진 것으로서 새롭게 부정한 적극적인 행위가 있다고 하기 어려울 뿐 아니라 그 행위가 조세포탈의 목적에서 비롯된 것으로 단정하기도 어려워 보이므로, 이는 일반과소신고에 해당할 뿐 '부당한 방법'으로 과세표준을 과소신고한 경우에 해당한다고 할 수 없음.

> **가산세 감면의 정당한 사유에 관한 사례**(서울행정법원 2019. 6. 13. 선고 2018구합3028 판결)
>
> 망인이 사망한지 8년이 경과하도록 원고를 포함한 망인의 상속인 중 어느 누구도 망인에 대한 사망신고를 하지 아니하였고, 원고가 사망진단만으로 사망신고와 상속세 관련 행정업무가 모두 일괄 처리되는 것으로 알았다는 점은 지나치게 상식에 반하는 점, 일반적으로 암환자라 하더라도 사망신고 및 상속세 신고 · 납부 등의 행정 업무는 가족이나 대리인 등을 통해서라도 이행할 수 있는 의무에 속한다고 할 것이고, 설령 원고의 질병이 매우 중하여 그 치료를 위해 상당한 기일과 노력이 들어갔다 하더라도 어느 정도 의사결정을 할 만한 능력이 있었던 이상 원고가 주장하는 사정이 무려 8년 동안 신고 · 납부의무 등을 이행하지 아니한 것을 정당화할 만한 사유가 된다고 보기는 어려운 점 등을 고려하면 원고가 망인의 사망으로 인한 상속세 신고 · 납부의무를 다하지 못한 것에 정당한 사유가 있다고 볼 수 없음.

나. 예규 등

> **영리법인에게 증여한 재산 합산신고하지 아니한 경우**(재재산 46014 -229, 2000. 10. 27.)
>
> 상속개시일 전 5년 이내에 피상속인이 영리법인에 증여한 재산가액을 상속세 과세가액에 가산하는 경우로서 이를 신고하지 아니한 경우에는 신고불성실가산세가 적용됨.

제 **4** 편

재산의 평가편

43

재산평가의 원칙(시가평가의 원칙)

– 대법원 2017. 7. 18. 선고 2014두7565 판결 –

» 상증세 부과에 있어 재산의 가액은 상속개시일 또는 증여일의 시가에 따름. 즉, 시가는 재산의 가치 평가와 관련하여 기본이 되는 요소로서 매우 중요한 부분을 차지하고 있는 영역인데, 매매사례가액, 감정가액 등, 보충적 평가방법 등 다양한 방법으로 재산의 가치 평가가 이루어짐을 고려하면 어떤 기준으로 이를 산정할지가 필수적으로 고려되어야 함. 이 사안에서는 시가의 개념 및 범위와 관련하여 재산 평가방법을 무엇으로 할지가 문제되었으므로 이에 대하여 검토해보고자 함.

🗨 상속세 및 증여세법

제60조(평가의 원칙 등)

① 이 법에 따라 상속세나 증여세가 부과되는 재산의 가액은 상속개시일 또는 증여일(이하 "평가기준일"이라 한다) 현재의 시가(時價)에 따른다. 이 경우 제63조 제1항 제1호 가목에 규정된 평가방법으로 평가한 가액(제63조 제2항에 해당하는 경우는 제외한다)을 시가로 본다.

② 제1항에 따른 시가는 불특정 다수인 사이에 자유롭게 거래가 이루어지는 경우에 통상적으로 성립된다고 인정되는 가액으로 하고 수용가격·공매가격 및 감정가격 등 대통령령으로 정하는 바에 따라 시가로 인정되는 것을 포함한다.

③ 제1항을 적용할 때 시가를 산정하기 어려운 경우에는 해당 재산의 종류, 규모, 거래 상황 등을 고려하여 제61조부터 제65조까지에 규정된 방법으로 평가한 가액을 시가로 본다.

④ 제1항을 적용할 때 제13조에 따라 상속재산의 가액에 가산하는 증여재산의 가액은 증여일 현재의 시가에 따른다.

⑤ 제2항에 따른 감정가격을 결정할 때에는 대통령령으로 정하는 바에 따라 둘 이상의 감정기관(대통령령으로 정하는 금액 이하의 부동산의 경우에는 하나 이상의 감정기관)에 감정을 의뢰하여야 한다. 이 경우 관할 세무서장 또는 지방국세청장은 감정기관이 평가한 감정가액이 다른 감정기관이 평가한 감정가액의 100분의 80에 미달하는 등 대통령령으로 정하는 사유가 있는 경우에는 대통령령으로 정하는 바에 따라 대통령령으로 정하는 절차를 거쳐 1년의 범위에서 기간을 정하여 해당 감정기관을 시가불인정 감정기관으로 지정할 수 있으며, 시가불인정 감정기관으로 지정된 기간 동안 해당 시가불인정 감정기관이 평가하는 감정가액은 시가로 보지 아니한다.

I 대상사건의 개요

1. 사실관계의 요지

원고들의 부친은 2008. 4.경 자신 소유의 서울시 소재 토지를 30여 억 원에 매도하였으나 매수인들이 매수대금을 지급하지 못하여 매매계약이 해제되었고, 부친은 2008. 6.경 사망하여 원고들이 위 토지를 상속하였음.

원고들은 위 토지의 가치를 위 매매대금과 동일한 30여 억 원으로 평가하여 상속세 신고를 하였으나, 관할 세무서장은 원고들이 주장하는 매매계약은 해제되었고, 매매대금 역시 위 토지의 적정한 시가를 반영한 것으로 볼 수 없다는 이유로 상증세법상 보충적 평가방법에 따라 공시지가로 계산하여 위 토지의 시가를 약 250여 억 원으로 평가한 다음, 상속세 약 140여 억 원을 경정·고지하였음.

2. 원고의 주장

상속세가 부과되는 재산의 가액은 상속 개시일 당시의 시가에 의하되, 이에 따른 시가는 불특정 다수인 사이에 자유롭게 거래가 이루어지는 경우에 통상적으로 인정되는 가액으로 하고, 평가기준일 전후 6개월 이내의 기간 중 당해 재산에 대한 매매사실이 있는 경우 그 거래가액을 기준으로 한다고 규정되어 있으므로 위 토지는 상속개시일 직전에 이루어진 2008. 4. 매매거래가액인 32억 원을 시가로 인정하여 상속세가 산정되어야 함.

설령 위 거래가액을 인정하지 않더라도 위 매매계약 당시 가등기와 압류에 대하여는 매수인이 책임지고 해결하기로 약정하였으므로 위 거래가액 32억 원에 가등기와 압류 관련 채무액으로 확인되는 약 18억 원을 더한 약 50억 원을 시가로 인정하여야 함.

3. 판결 요지

가. 제1심 및 항소심 법원(피고 승소)

(1) 인정사실

원고들의 부친은 위 토지의 인근에 위치한 비교토지들을 소유하고 있었는데, 비교토지들은 2008. 6. 공익사업에 수용되어 ㎡당 약 3만 7천 원으로 보상금액이 산정되었고, 위 보상금액은 원고들의 상속재산에 포함되었음.

위 매매계약 당시 위 토지에 설정된 근저당권의 피담보채무는 매도인 측이 변제하고, 나머지 가등기 및 압류에 대하여는 매수인 측이 해결하기로 하면서 매매금액을 32억 원으로 정하였음.

원고들의 부친은 위 매매계약 외에도 인근 토지들에 대하여 2004. 10.경 40여 억 원, 2005. 8.경 40여 억 원, 2006. 11.경 30여 억 원, 2007. 8.경 60여 억 원, 2008. 3.경 30여 억 원을 각 매매대금으로 하는 매매계약을 체결한 적이 있고, 원고들은 2009. 4.경, 6경 각 60억 원, 2010. 8.경 60

여 억 원, 2010. 11.경 50억 원을 각 매매대금으로 하는 매매계약을 체결한 바 있음.

(2) 판 단

상증세법 제60조 제1항은 당해 재산의 가액을 평가기준일 현재의 '시가'에 의하도록 규정하고 있는데, 여기서 말하는 '시가'란 불특정 다수인 사이에 자유로이 거래가 이루어지는 경우에 통상 성립한다고 인정되는 가액, 즉 정상적인 거래에 의하여 형성된 객관적 교환가격을 말하고, 상증세법 제49조 제1항 제1호가 정한 '당해 재산에 대한 매매사실이 있는 경우에는 그 거래가액'에 해당하며, 이는 그 매매계약이 해제된 경우에도 동일함(대법원 2007. 8. 23. 선고 2005두5574 판결, 대법원 2012. 7. 12. 선고 2010두27936 판결 등 참조).

위 매매계약 당시 피담보채무 변제 등에 대하여 매도인, 매수인을 나누기로 한 것으로 보아 그 매매금액이 이 사건 각 토지 자체의 객관적 가치를 적정하게 반영한 것으로 보기 어려운 점, 피고가 공시지가(㎡당 약 26,000원)를 반영하여 시가로 결정한 금액보다 인근 토지의 ㎡당 가격이 더 높은 점(㎡당 약 37,000원), 원고들의 부친 및 원고들은 위 토지 및 인근 비교토지들을 수 차례에 걸쳐 매도하려고 하였는바, 그 매매금액은 30여 억 원부터 60여 억 원까지 다양했던 점, 원고들이 제출한 증거만으로는 그 주장과 같이 가등기 및 압류 관련 채무액이 약 18억 원에 달할 것으로 인정하기 어려운 점을 종합하면 위 토지의 시가를 32억 원 또는 50억 원으로 인정할 수 없고, 달리 그 시가를 인정할 만한 자료도 없어 보충적 평가방법에 따라 그 가액을 산정할 수밖에 없음.

나. 대법원(피고 승소)

대법원은 항소심의 판단을 인용하여 상고기각하였음.

Ⅱ 해설

1. 재산평가의 원칙

가. 재산의 평가방법

(1) 개 요

상속 또는 증여가 이루어지는 경우 상증세법상 상속세 또는 증여세가 부과되는데, 이때 재산의 가액은 평가기준일 현재의 시가에 따른다. 다만 시가를 산정하기 어려운 경우에는 해당 재산의 종류, 규모, 거래상황 등을 고려하여 상증세법 제61조부터 제65조까지에 규정된 방법, 즉 개별공시지가, 기준시가 등 보충적 평가방법에 의하여 평가한다.

시가는 "불특정 다수인 사이에 자유롭게 거래가 이루어지는 경우에 통상적으로 성립된다고 인정되는 가액"을 의미하는데(상증세법 제60조 제2항 전단 참조), 여기에는 실제로 성립한 거래가격인 매매사례가액 뿐만 아니라 수용가격·공매가격 및 감정가격 등이 포함된다(동항 후단 참조). 법원은 시가란 "정상적인 거래에 의하여 형성된 객관적 교환가치(대법원 1986. 2. 25. 선고 85누804 판결 및 대법원 2003. 5. 30. 선고 2001두6029 판결 등 참조)"라고 하는데 이는 위 상증세법 제60조 제2항과 같은 취지의 판시로 보인다.

상증세법 및 동법 시행령의 규정과 판례의 태도를 종합하면 상증세법상 재산가치의 평가는 거래가액 - 수용가격·공매가격 및 감정가격 등 대통령령으로 시가로 정하는 가격 - 유사매매사례가액 - 보충적 평가방법의 순으로 이루어진다.

┃표 재산 평가방법의 순서[1]

1순위	평가대상 재산의 거래가액, 감정기액, 수용·경매·공매가액

⇩

2순위	유사매매사례가액 : 다만, 신고한 재산의 경우 평가기준일 전 6개월(증여는 3개월)부터 상속세 또는 증여세 신고기한 이내의 신고일까지 가액만 인정

⇩

3순위	평가대상 재산의 개별공시지가, 공시가격 등

⇩

평가특례	저당권 등이 설정된 재산의 경우 순서에 따른 평가액과 담보하는 채권액 중 큰 금액으로 평가함

　　다만, 대법원은 위의 어떤 가액을 기준으로 재산가치를 평가하더라도 객관적 교환가치를 적정하게 반영하고 있고, 상속(증여) 이후 발생한 거래를 기준으로 가치평가를 시도하는 경우 상속일과 거래일 사이에 가격변동이 없다는 것이 전제되어야 시가가 합리적으로 산정되었다고 판단하고 있다(대법원 1998. 7. 10 선고 97누10765 판결 참조).

(2) 평가기준일

(가) 원　칙

　　평가기준일은 상속·증여재산의 취득시기, 즉 증여일이나 상속개시일을 기준으로 보는 것이 원칙이다. 그러나 일정한 경우에는 위 원칙에도 불구하고 다른 날을 평가기준일로 한다.

(나) 민법상 실종선고가 이루어진 경우

　　법원의 실종선고가 이루어져 그에 따라 실종자의 사망이 간주되는 경우 이를 근거로 상속이 개시되는데, 민법의 경우 실종 기간이 만료한 때에 사망한 것으로 보지만(민법 제28조), 상증세의 부과에 있어서는 실종선고일을 기준

---

1) 최성일, 앞의 책, pp.1023~1024 참조.

으로 한다(상증세법 제2조 제2호). 이는 민법과 같이 실종기간의 만료일을 납세의무성립일로 정하는 경우 청구인의 실종선고 청구일에 따라 상속세 부과제척기간이 도과될 수 있기 때문이다.

(다) 상속개시일 전 처분한 상속추정 재산

피상속인이 재산을 처분·인출하였거나 채무를 부담한 경우, 위 처분·인출액 또는 채무액의 용도가 객관적으로 명백하지 않고, 상속개시일 1년 이내에 2억 원 이상인 경우와 2년 이내에 5억 원 이상인 경우라면 이를 상속세 과세가액에 산입한다(상증세법 제15조 및 상증세법 시행령 제11조 제2항 참조). 이때 처분·인출액 또는 채무액은 실제 수입액 내지 인출액을 기준으로 하나, 이것이 불명확하다면 해당 재산의 처분 당시를 기준으로 상증세법 제60조부터 제66조까지에 따라 평가한 가액으로 한다.[2]

(라) 상속재산에 가산하는 증여재산

상속개시일 전 10년 이내에 피상속인이 상속인에게 증여한 재산가액 및 상속개시일 전 5년 이내에 피상속인이 상속인이 아닌 자에게 증여한 재산가액은 상속세 과세가액에 가산한다(상증세법 제13조). 이와 같이 상속세 과세가액에 가산되는 증여재산가액은 증여일 현재의 시가에 따라 평가한 금액으로 한다.[3]

나. 시가평가의 원칙

(1) 개 요

상증세가 부과되는 재산의 가액은 평가기준일의 시가에 의하는바, 시가보다 기준시가, 개별공시지가 등 보충적 평가액이 더 높은 경우에도 원칙적으로 시가를 적용한다. 그러나 시가를 산정하기 어려운 경우에는 보충적 평가방법을 적용하여 평가한 가액에 의하여 가액을 산정한다. 보충적인 평가방법에

---

2) 최성일, 앞의 책, p.1044 참조.
3) 최성일, 앞의 책, p.1044 참조.

의할 수밖에 없었다는 점에 대한 입증책임은 과세당국에 있고, 그에 대한 입증책임을 다하지 못한 과세처분은 원칙적으로 위법하다는 것이 법원의 입장이다(대법원 1994. 8. 23. 선고 94누5960 판결 참조).

(2) 시가의 범위

(가) 시가의 물적 범위

시가로 인정되는 가액의 범위에 대하여 상증세법 시행령 제49조는 수용가격·공매가격 및 감정가격 기타 경매가격 등을 의미한다고 규정하고 있다.

여기서 경매란 민사집행법에 의한 경매(강제집행, 담보권실행 등을 위한 경매)를 의미하는데, 법 제73조에 따라 물납한 재산을 상속인 또는 그의 특수관계인이 경매 또는 공매로 취득한 경우는 제외한다(상증세법 시행령 제49조 제1항 제3호 가목).

평가대상 재산에 대한 매매사실이 있는 경우에는 그 실제거래가액을 시가로 본다.[4] 다만, 그 거래가액이 특수관계인과의 거래가액이어서 객관적으로 산정되었다고 보기 어려운 경우, 거래된 비상장주식의 가액이 액면가액의 합계액으로 계산한 해당 법인의 발행주식총액 또는 출자총액의 100분의 1에 해당하는 금액이나 3억원 중 적은 금액 미만인 경우(평가심의위원회의 심의를 거쳐 정당한 관행이 있음이 인정된 때에는 예외로 한다)에는 이를 시가로 보지 아니한다(상증세법 시행령 제49조 제1항 제1호).

한편, 과세당국은 계약만 체결된 상태인 경우 그 매매계약상 가액은 거래가액으로 인정하지 않으므로 이를 시가로 인정할 수 없다고 보았다(재재산-658, 2017. 9. 26.). 또한 인접 토지의 개별공시지가가 당해 토지의 금액보다 크고 잔금지급이 이루어지지 않아 계약이 해지된 경우에도 이를 시가로 인정하지 않는다(조심 2011중2542, 2011. 10. 31.). 반면, 계약이 사후에 해제되거나 그 내용이 변경

---

4) 임승순, 앞의 책, p.960에 따르면, ① 주관적인 요소가 배제된 객관적인 것이어야 하고, ② 거래에 의해 형성된 것이어야 하며, ③ 거래는 일반적이고 정상적인 것이어야 하고, ④ 그 기준시점의 재산의 구체적 현황에 따라 평가된 객관적 교환가치를 적정하게 반영한 것이어야 한다.

된 경우 법원 또는 과세당국은 이를 시가로 인정하고 있다(대법원 2012. 7. 12. 선고 2010두27936 판결 및 재산세과-393, 2012. 11. 2.). 이를 종합하면 법원 및 과세당국은 그 거래가액이 합리적인 기준으로 결정되었는지 여부에 따라 시가의 인정여부를 판단하고 있는 것으로 판단된다.

(나) 시가의 시적 범위

상증세법 제60조 및 동법 시행령 제49조도 평가기준일 전후 6개월(증여재산의 경우 평가기준일 전 6개월부터 평가기준일 후 3개월까지) 이내의 기간 중 해당 재산에 대한 매매사실이 있는 경우 그 거래가액을 시가로 판단하고 있고, 평가기간에 해당하지 않는 경우에도 평가기준일 전 2년 이내에 매매·감정·수용·공매가 있거나 평가기간이 경과한 날부터 9개월(증여재산의 경우 6개월) 이내에 매매 등이 있는 경우에도 납세의무자나 지방국세청장 또는 관할세무서장이 가격변동에 특별한 사정이 없다고 보아 신청하는 때에는 평가심의위원회의 심의를 거쳐 해당 매매 등의 가액을 시가로 볼 수 있다. 다만, 법원은 상증세법 시행령 제49조의 성격을 예시적 규정으로 보고 있는데, 예컨대 소급감정에 대하여, "시가는 객관적이고 합리적인 방법으로 평가한 가액도 포함하는 개념이므로 거래를 통한 교환가격이 없는 경우에는 공신력 있는 감정기관의 감정가격도 시가로 볼 수 있고, 그 가액이 소급감정에 의한 것이라 하여도 달라지지 않는다(대법원 2008. 2. 1. 선고 2004두1834 판결)."고 하여 동법 시행령 제49조에서 인정하고 있지 않은 소급감정의 경우에도 공신력이 있는 감정기관에서 객관적이고 합리적인 방법으로 평가하였다면 시가로 인정하고 있다.[5]

(3) 유사 매매사례가액
(가) 개 요

매매사례가액은 시가의 판단 기준으로 가장 많이 이용되는 것 중 하나인

---

[5] 소급감정에 대한 자세한 사항은 [44] 부동산의 가치평가 : 소급감정에 관한 사례 부분 참조.

데, 만약 가치 산정에 있어 특별한 사정이 존재하지 않는다면 가장 시장상황에 부합하게 객성된 가격이기 때문이다.

(나) 거래의 유사성

조세쟁송에서 소송당사자들은 매매사례가액을 시가로 볼 수 있는지 여부와 관련하여 쟁점토지와 매매가 이루어진 비교대상토지 간 거래의 유사성이 존재하는지 여부를 두고 다투는 경우가 많은데, 상증세법 시행령 제49조 제1항 제1호는 "해당 재산"에 대한, 동조 제4항은 당해 재산과 "(해당 재산과 면적·위치·용도·종목 및 기준시가가) 동일·유사한 다른 재산"에 대한 매매사례가 존재하는 경우 그 판매가를 각 매매사례가액으로 볼 수 있다고 규정하고 있고, 법원도 평가기준 시점과 매매사례의 거래 시점 사이의 사정변경 발생여부 등 제반사정을 고려하여 각 판매가를 매매사례가액으로 인정하고 있다.

다. 보충적 평가방법

(1) '시가를 산정하기 어려운 때'의 의미

법원은 보충적 평가방법을 적용하기 위해서는 과세대상의 시가를 산정하기 어렵다는 점이 주장·입증되어야 하고 그 주장·입증책임은 과세관청에 있지만(대법원 1994. 8. 23. 선고 94누5960 판결 등), 상속개시 당시까지 목적물이 처분되는 일이 없고 별도로 감정가격도 존재하지 않는 경우에는 시가를 산정하기 어려운 경우로 볼 수 있다는 입장이다(대법원 2001. 9. 14. 선고 2000두406 판결 참조).[6]

---

6) 이에 대하여 임승순, 앞의 책, p.964는 종전 판례는 보충적 평가방법을 적용하기 위해서는 과세대상의 시가를 산정하기 어렵다는 점이 주장·입증되어야 하고 그 주장·입증책임은 과세관청에 있다고 보았으나, 상속세법의 평가규정 취지가 모든 부동산에 관한 소급감정을 요구하고 있다고 볼 수 없는 점, 비상장주식의 경우 정상적인 매매실례가 드물고, 감정평가도 쉽지 않을 뿐 아니라 신뢰성의 문제를 수반함을 고려하면 위 종전 판례들에는 큰 문제점이 있었기 때문에 법원이 위 2000두406 판결에서 전향적으로 판결하기 시작하였다고 평석하였다.

(2) 토지의 가치평가

상증세법 제61조 제1항 제1호는 토지의 경우 부동산 가격공시에 관한 법률상 개별공시지가를 기준으로 하여 그 가치를 평가하되, 다만, 개별공시지가가 없는 토지의 가액은 납세지 관할 세무서장이 인근 유사 토지의 개별공시지가를 고려하여 대통령령이 정하는 방법으로 평가한 금액으로 하고, 지가가 급등하는 지역으로서 대통령령으로 정하는 지역의 토지 가액은 배율방법으로 평가한 가액으로 정하고 있으며, 위의 "대통령령이 정하는 방법으로 평가한 금액"에 대하여 동법 시행령 제50조 제1항은 "개별공시지가가 없는 해당 토지와 지목·이용상황 등 지가형성요인이 유사한 인근 토지를 표준지로 보고 부동산 가격공시에 관한 법률상 비교표에 따라 납세지 관할 세무서장이 평가한 가액"이라고 규정하고 있다.

이와 관련하여 토지의 증여 이후에 비로소 당해 연도의 개별공시지가가 고시된 경우, 증여 토지의 가액 평가기준이 문제될 수 있는데, 법원은 "증여 당시 고시되어 있던 전년도 개별공시지가보다는 당해 연도의 개별공시지가가 증여 당시 토지의 현황을 더 적정하게 반영하여 시가에 근접한 것이라고 보아야 하므로, 개별공시지가가 납세자에게 유리하게 낮아진 경우에는 당연히 증여 이후 고시된 당해 연도의 개별공시지가를 기준으로 하여 증여토지의 가액을 평가하여야 한다(대법원 1996. 8. 23. 선고 96누4411 판결)."고 판단하였다.[7]

한편, 여러 필지의 토지가 일단을 이루어 용도상 불가분의 관계에 있는 경우에는 특별한 사정이 없는 한 그 일단의 토지 전체를 1필지로 보고 토지특성을 조사하여 그 전체에 대하여 단일한 가격으로 평가함이 상당하고, 여기에

---

7) 위 판결만 보았을 경우, 개별공시지가가 납세자에게 유리하게 도출된 경우만 유효하다고 볼 여지가 있으나, 법원은 이후 "개별공시지가 결정의 적법 여부는 부동산 가격공시 및 감정평가에 관한 법률 등 관련 법령이 정하는 절차와 방법에 따라 이루어진 것인지에 의하여 결정될 것이지 당해 토지의 시가나 실제 거래가격과 직접적인 관련이 있는 것은 아니므로, 단지 그 공시지가가 감정가액이나 실제 거래가격을 초과한다는 사유만으로 그것이 현저하게 불합리한 가격이어서 그 가격 결정이 위법하다고 단정할 수는 없다(대법원 2013. 10. 11. 선고 2013두6138 판결)."고 하여 개별공시지가를 토대로 산정된 당해 세액의 산정이 적절하다고 판단하였다.

서 '용도상 불가분의 관계에 있는 경우'라 함은 일단의 토지로 이용되고 있는 상황이 사회적·경제적·행정적 측면에서 합리적이고 당해 토지의 가치형성적 측면에서도 타당하다고 인정되는 관계에 있는 경우를 말한다(대법원 2005. 5. 26. 선고 2005두1428 판결 등 참조).

(3) 주택의 가치평가

주택의 경우, 부동산공시법에 따른 개별주택가격 및 공동주택가격('고시주택가격')을 원칙으로 한다. 다만, 해당 주택의 고시주택가격이 없거나 고시주택가격 고시 후에 해당 주택을 건축법 제2조 제1항 제9호 및 제10호에 따른 대수선 또는 리모델링을 하여 고시주택가격으로 평가하는 것이 적절하지 아니한 경우에는 납세지 관할세무서장이 인근 유사주택의 고시주택가격을 고려하여 대통령령으로 정하는 방법에 따라 평가한 금액으로 한다.

한편, 증여재산의 가액을 평가할 때 하나의 거래단위를 이루고 있는 공동주택의 경우, 그 토지와 건물을 일체로서 평가한 객관적 교환가치가 존재하지 않고 구 상속세 및 증여세법 제61조 제3항(1999. 12. 28. 법률 제6048호로 개정되기 전의 것)에 정한 '국세청장이 토지와 건물의 가액을 일괄하여 산정·고시한 가액'이 없는 이상, 토지와 건물을 분리하여 각각 다른 방법으로 평가할 수 있다(대법원 2009. 1. 30. 선고 2006두14049 판결).

(4) 기 타

상증세법은 토지, 주택 외에도 오피스텔 및 상업용 건물, 선박 기타 유형재산에 대한 보충적 평가방법에 대해서도 규정하고 있다(상증세법 제61조 이하 참조). 또한 보충적 평가방법은 상증세법 제35조 제2항 등에 의하여 증여세 부과대상이 되는지를 판단하는 기준이 되는 시가에도 해당한다(대법원 2012. 6. 14. 선고 2012두3200 판결 참조).

▌참조 상증세법상 시가와 타 세목상 시가의 구분

1. 문제점

    개별 세법에서는 시가에 관한 사항은 각각 규정하고 있는데, 그 범위가 서로 다르므로 이에 대하여 검토할 필요가 있다.

2. 상증세법상의 시가

    시가에 관한 규정 중 가상 기본적인 것은 상증세법 제60조이다. 제60조 제1항 및 제2항에 따르면 시가에는 평가대상 재산의 거래가액, 감정가액, 수용·경매·공매가액 및 유사매매사례가액이 있다. 한편, 위의 방법으로 시가를 산정하기 어려운 경우에는 보충적 평가방법에 의하여 평가한 금액을 시가로 본다(제60조 제3항).

3. 법인세법상의 시가

    법인세법은 부당행위계산부인과 관련하여 '건전한 사회 통념 및 상거래 관행과 특수관계인이 아닌 자 간의 정상적인 거래에서 적용되거나 적용될 것으로 판단되는 가격(요율·이자율·임대료 및 교환 비율과 그 밖에 이에 준하는 것을 포함)'을 시가라고 정의하고 있다(법인세법 제52조 제2항). 구체적으로는 특수관계인 외의 자와의 거래가액 또는 유사매매사례가액을 기준으로 한다(법인세법 시행령 제89조 제1항).

    위의 방법으로 시가가 판단할 수 없는 경우 ① 감정평가법인의 감정가액, ② 상증세법상 합병·증자·감자·현물출자에 따른 이익의 증여, 상증세법상 보충적 평가방법 순으로 시가를 평가한다(법인세법 시행령 제89조 제2항). 즉, 상증세법과는 달리 수용·경매·공매가액을 포함하고 있지 않다.

4. 소득세법상의 시가

    소득세법은 양도가액 및 필요경비와 취득가액 등을 산정할 때 실지거래가액을 기준으로 판단한다(소득세법 제96조, 제97조 제1호 및 제100조 제1항 참조).

    실지거래가액이란 자산의 양도 또는 취득 당시에 양도자와 양수자가 실제로 거래한 가액으로서 해당 자산의 양도 또는 취득과 대가관계에 있는 금전과 그 밖의 재산가액을 말한다(소득세법 제88조 제5호). 이는 감정가액이나 매매사례가액만을 포함하고 있어 상증세법상 시가와 구별된다(소득세법 제100조 제1항).

    다만, 부당행위계산부인의 기준이 되는 시가는 배당소득, 사업소득 또는 기타소득은 법인세법 시행령 제89조 제1항을 준용하고(소득세법 시행령 제98조 제3항), 양도소득의 부당행위계산에 있어서는 상증세법상 시가의 개념을 준용(소득세법 시행령 제167조 제5항)하는 등의 특징을 보인다.

5. 부가가치세법상의 시가

    부가가치세법은 '사업자가 특수관계인이 아닌 자와 해당 거래와 유사한 상황에서 계속적으로 거래한 가격 또는 제3자 간에 일반적으로 거래된 가격'을 시가로 정의하면서 부가가치세법 시행령 제62조 제1호 위 시가를 확인할 수 없는 경우, '공급받은 사업자가 특수관

> 계인이 아닌 자와 해당 거래와 유사한 상황에서 계속적으로 거래한 해당 재화 및 용역의 가격 또는 제3자 간에 일반직으로 거래된 가격'을 후순위로 시가로 정의한다(부기기치세법 시행령 제62조 제2호).
> 만약 위 기준에 따른 시가를 확인할 수 없는 경우에는 소득세법 및 법인세법상 부당행위계산부인의 기준이 되는 시가개념을 차용하여 사용한다(부가가치세법 시행령 제62조 제3호).

2. 이 사건의 분석

가. 사안의 쟁점

재산가치의 평가에 있어서 상증세법 및 상증세법 시행령은 거래가액 – 유사매매사례가액 – 개별공시지가 등 보충적 평가방법의 순서로 평가수단을 예정하고 있다. 다만, 법원은 위의 어떤 가액을 기준으로 재산가치를 평가하더라도 객관적 교환가치를 적정하게 반영하고 있고, 평가일과 납세의무 발생일 간 가격변동의 차이가 크지 않은 경우 비로소 이에 따른 시가의 산정이 합리적이라고 인정하고 있으므로, 그 구체적인 기준 및 효과에 대하여 논의의 여지가 있다. 사안은 상속세액의 결정과 관련하여 거래가액 및 유사매매사례가액이 존재하고 있음에도 기준시가를 기준으로 상속세를 부과한 과세관청의 처분이 적법한지가 문제된 사안이다.

나. 재산의 가치평가 기준에 대한 판단

법원은 상증세법 및 상증세법 시행령의 내용, 입법취지 등에 비추어 합리적이고 객관적으로 산정된 거래가액이어야 비로소 재산평가의 기준이 될 수 있다는 전제 하에 시가 산정의 적법성을 판단하였다.

매매계약이 사후에 해제된 경우에도 시가 판단기준으로 삼을 수 있다는 판례[8]가 있음을 고려하면, 위 해제에도 불구하고 거래가액이 합리적으로 산

---

8) 대법원 2012. 7. 12. 선고 2010두27936 판결.

정되었음이 입증되었다면 이를 시가로 판단할 수 있었을 것이다. 그러나 재판부는 거래의 전체적인 전개과정을 종합적으로 고려하였을 때, 원고 측에서 주장하는 거래가액은 위 토지의 가치를 제대로 반영하고 있지 못하다고 보아 상속세액이 과다하다는 원고청구를 기각하였다. 이는 비록 거래가격이 존재하더라도 해당 토지의 공시지가 또는 비교토지 매매사례가액과 평당 가격 차이가 큰 점, 가등기 및 압류가액이 18억 원에 달한다고 볼 사정이 없던 점, 인근 토지와의 가치가 컸던 점 등을 고려할 때 원고가 주장하는 거래가액을 인정하기 어렵다고 판단한 것이다.

한편, 비교토지들의 경우 약 30억 원으로 판매된 사례가 있어 원고 측은 그와 유사한 가격에 매매된 위 토지의 거래가액도 30억 원으로 볼 여지가 있다고 주장하였으나, 법원은 비교토지들의 매도인이 원고들의 부친인 점, 비교토지들의 거래가액이 약 30억 원에서 60억 원까지 분포되어 있다는 점에서 신뢰하기 어렵다고 보아 이에 대한 원고의 주장도 기각하였다.

상술한 것과 같이 재산의 평가는 거래가액을 1순위로 보고, 그 가액이 존재하지 않거나 신뢰할 수 없는 경우 유사매매사례가액을 고려하여 재산을 평가하는 것이 일반적이라고 할 것이나, 법원은 위 가액들을 부인하고 보충적 평가방법으로 산정한 재산가치에 근거한 상속세 부과처분을 적법하다고 판결하였는데, 이는 합리적인 방법으로 산정된 경우 소급감정가액도 인정하는 법원의 태도와 종합하여 생각해보면 법원은 비록 평가의 순위는 법령상 나뉘지만 결국 과세처분 대상 재산을 객관적이고 합리적인 방법으로 평가하고자 하는 입장인 것으로 이해된다.

다. 판결의 의의

이 사안은 재산의 가치평가에 대하여 기존에 정립된 이론을 확인시키고, 위에서 살펴본 바와 같은 "정상적인 거래에 의하여 형성된 객관적 교환가치"를 정하는 데 있어서 참고할 만한 중요한 사례라고 할 것이다.

3. 관련 사례 등

가. 판 례

매매계약이 사후에 해제된 경우에도 시가 판단기준으로 삼을 수 있다고 본 사례(대법원 2012. 7. 12. 선고 2010두27936 판결)

재판부는 대상 부동산에 관하여 피상속인과 주식회사 A 사이에 체결된 매매계약상의 매매가격이 그 당시의 객관적 교환가치를 적정하게 반영한 것이라고 보아, 비록 위 매매계약이 해제되었음에도 적법한 매매사례가액이 존재한다고 판단하였음.

상속 부동산에 대한 유류분 산정과 상속세 산정은 그 목적과 방법을 달리하는 것이어서, 유류분 상속재산 시가를 평가함에 있어 아무런 구속력을 가지지 아니함(대법원 2017. 9. 14. 선고 2017두46301 판결)

개별공시지가 산정이 위법하여 법원의 감정가액으로 조정권고가 이루어진 사례(서울행정법원 2017구합56322 사건)

원고들은 부모로부터 토지를 증여받고, 개별공시지가 약 3억 원을 증여재산으로 하여 증여세를 신고하였다. 관할 세무서장은 위 토지들 중 일부에 거래사례가 있음을 확인하고, 위 거래가액을 기준으로 하여 증여재산가액을 10억 원으로 평가한 다음 원고들에게 증여세경정처분을 하였다. 이에 원고들은 위 거래가액은 태풍 등으로 인한 토지의 피해액, 당해 토지에 이미 존재하던 공장의 가치 등을 고려하여 과대산정한 것이므로 이를 기준으로 삼는 것은 부당하다고 하면서 소를 제기하였다. 재판부는 재판 도중 위 토지들에 대하여 감정을 실시한 다음, 그 감정가액을 기준으로 하여 조정권고를 하였고, 재판당사자들이 이를 받아들여 소가 종료되었음.

매매사례가액을 인정할 수 없다고 본 사례(서울행정법원 2019. 5. 14. 선고 2018구단69021 판결)

증여세가 부과되는 재산의 가액은 증여일 현재의 시가에 따르는데, 사안의 경우 증여일 전후 3개월 이내에 매매·감정·수용·경매가 없었던 점, 그 밖에 증여 5개월 전 시행된 사감정의 결과 및 인근 부동산중개소에서의 시세조회한 결과를 더하여 증여재산가액을 산정하였다는 사정과 당시 사감정 결과에 따른 관할 세무서장의 증여세 부과처분 사실이 존재하는 점은 시가의 정의인 '불특정 다수인 사이에 자유롭게 거래가 이루어지는 경우에 통상적으로 성립된다고 인정되는 가액'이라고 보기 어려움.

매매사례가액을 인정할 수 없다고 본 사례(서울행정법원 2019. 5. 31. 선고 2018구합 74273 판결)

망인은 2015. 9.경 비상장회사 A에서 사임할 당시, 자신이 소유하던 위 회사의 주식을 모두 위 회사가 액면가(주당 5,000원)로 책임지고 처분하기로 하는 계약을 체결하였고, 2016. 5. 경 사망하였음. 사망 당시 평가가액은 약 3,291원에 불과하였는데, 과세당국은 망인의 자녀 들이 액면가 상당의 이익을 얻었다고 보아 상속세를 부과하였으나, 법원은 위 거래는 망인의 퇴직금 내지 합의금의 성격을 겸한 것이라고 보아 원고의 청구를 일부 인용하였음.

취득가액의 산정에 있어 매매사례가액을 인정하지 아니한 사례(서울행정법원 2019. 5. 14. 선고 2018구단69021 판결)

토지의 1/2 지분을 이미 양도한 상황에서 잔여 지분을 양도하였을 때, 그에 대한 양도소득세 의 취득가액을 산정함에 있어서 원고는 종전 1/2 지분에 대한 매매사례가액을 기준으로 취 득가액을 신고하였으나, 법원은 당시 기준시가(1억 7,000만 원)를 기준으로 취득가액을 산 정, 양도소득세를 추가 부과하였는데, 원고는 개발 호재로 인하여 2005. 초부터 당해 사건 토지 주변의 부동산 가격이 앙등하고 있던 점, 여기에 인근 부동산중개업소에서 시세조회한 결과를 고려하여 당시 증여 재산의 가치를 3억 2,000만 원으로 보았으나, 원고가 주장하는 사정만으로 거래가액이 적법하게 인정된다고 볼 수 없음.

나. 예규 등

분할된 토지의 매매사례가액을 상속재산가액으로서 시가인정 가부(조심 2011전1085, 2011. 8. 19.)

상속토지에서 분할된 비교대상토지는 위치와 면적, 용도가 본래의 상속토지와 상이하고 기준 시가도 2배 이상 차이가 나며 매매사례가액이 상속개시일 전후 6개월 이내에 해당되지 않으 므로 매매사례가액으로 평가한 처분은 부당함.

44

부동산의 가치평가 : 소급감정에 관한 사례

– 대법원 2018. 4. 27. 선고 2018두38444 판결 –

» 상증세법 제60조 및 제61조 등에서 규정하고 있는 부동산의 가치평가는 실무상 많이 문제되고 있어 중요한 논점 중 하나인데, 그중에서도 특히 소급감정을 통한 감정가격의 산정은 상증세법 및 동법 시행령의 해석에 있어 논란의 여지가 있어 중요한 쟁점으로 손꼽히고 있음.

상속세 및 증여세법

제60조(평가의 원칙 등)

① 이 법에 따라 상속세나 증여세가 부과되는 재산의 가액은 상속개시일 또는 증여일(이하 "평가기준일"이라 한다) 현재의 시가(時價)에 따른다. 이 경우 제63조 제1항 제1호 가목에 규정된 평가방법으로 평가한 가액(제63조 제2항에 해당하는 경우는 제외한다)을 시가로 본다.

② 제1항에 따른 시가는 불특정 다수인 사이에 자유롭게 거래가 이루어지는 경우에 통상적으로 성립된다고 인정되는 가액으로 하고 수용가격·공매가격 및 감정가격 등 대통령령으로 정하는 바에 따라 시가로 인정되는 것을 포함한다.

③ 제1항을 적용할 때 시가를 산정하기 어려운 경우에는 해당 재산의 종류, 규모, 거래 상황 등을 고려하여 제61조부터 제65조까지에 규정된 방법으로 평가한 가액을 시가로 본다.

④ 제1항을 적용할 때 제13조에 따라 상속재산의 가액에 가산하는 증여재산의 가액은 증여일 현재의 시가에 따른다.

⑤ 제2항에 따른 감정가격을 결정할 때에는 대통령령으로 정하는 바에 따라 둘 이상의 감정기관(대통령령으로 정하는 금액 이하의 부동산의 경우에는 하나 이상의 감정기관)에 감정을 의뢰하여야 한다. 이 경우 관할 세무서장 또는 지방국세청장은 감정기관이 평가한 감정가액이 다른 감정기관이 평가한 감정가액의 100분의 80에 미달하는 등 대통령령으로 정하는 사유가 있는 경우에는 대통령령으로 정하는 바에 따라 대통령령으로 정하는 절차를 거쳐 1년의 범위에서 기간을 정하여 해당 감정기관을 시가불인정 감정기관으로 지정할 수 있으며, 시가불인정 감정기관으로 지정된 기간 동안 해당 시가불인정 감정기관이 평가하는 감정가액은 시가로 보지 아니한다.

제61조(부동산 등의 평가)

① 부동산에 대한 평가는 다음 각 호의 어느 하나에서 정하는 방법으로 한다.

1. 토지

「부동산 가격공시에 관한 법률」에 따른 개별공시지가(이하 "개별공시지가"라 한다).

다만, 개별공시지가가 없는 토지(구체적인 판단기준은 대통령령으로 정한다)의 가액은 납세지 관할세무서장이 인근 유사 토지의 개별공시지가를 고려하여 대통령령으로 정하는 방법으로 평가한 금액으로 하고, 지가가 급등하는 지역으로서 대통령령으로 정하는 지역의 토지 가액은 배율방법(倍率方法)으로 평가한 가액으로 한다.

2. 건물

건물(제3호와 제4호에 해당하는 건물은 제외한다)의 신축가격, 구조, 용도, 위치, 신축연도 등을 고려하여 매년 1회 이상 국세청장이 산정·고시하는 가액

Ⅰ 대상판결의 개요

1. 사실관계의 요지

원고는 2013. 2.경 사망한 망 甲의 남편으로, 甲 소유의 토지 및 그 지상에 위치한 건물을 상속받은 다음 상속재산가액을 기준시가 약 7억 7천만 원으로 하여 2013. 6.경 상속세 과세미달 신고를 하였는데, 관할 세무서장은 2014. 7.경까지 상속세 조사를 실시한 다음 2014. 11.경 상속세 과세미달 결정 및 통지를 하였음.

원고는 2015. 6.경 위 부동산에 관하여 A감정평가법인과 B감정평가사무소에 상속개시일을 기준으로 감정평가를 의뢰한 다음 감정평가평균가액인 약 21억 원을 상속재산가액으로 하여 수정신고를 하고 상속세를 납부하였으며, 이후 2016. 2.경 위 상속세 중 일부에 대한 경정청구를 하였으나, 피고는 이를 거부하고 이미 납부한 수정신고납부세액을 전액 환급하였음.

2. 원고의 주장

위 부동산은 상증세법 제60조(상속세 및 증여세법 2015. 12. 15. 법률 제13557호로 개정되기 전의 것)에 따른 감정평가 등을 통한 시가의 산정이 가능하므로 동법 제61조에 따른 기준시가로 평가할 필요가 없음에도 감정평가 평균가액을 상속재산가액으로 한 원고의 상속세 수정신고를 거부한 것은 위법하므로 취소되어야 함.

3. 판결 요지

가. 제1심 법원(피고 승소)

(1) 원고에게 소를 제기할 법률상 이익이 있는지 여부

상속받은 재산의 양도소득세 산정시 취득가액은 상속개시일을 기준으로 상증세법 제60조부터 제66조까지의 규정에 따라 평가한 가액이어서 위 부동산의 상속재산가액은 정당한 상속세액 산정의 기초가 될 뿐만 아니라 위 부동산의 양도소득세 산정시 취득가액에 영향을 미치게 되므로 원고에게는 위 처분의 취소를 구할 법률상 이익이 있음.

(2) 위 처분이 위법한지 여부

원고의 수정신고가 적법한지 여부와 관련하여, 과세표준신고서를 법정신고기한까지 제출한 자는 관할 세무서장이 국세의 과세표준과 세액을 결정 또는 경정하여 통지하기 전까지 과세표준수정신고서를 제출할 수 있는데(국세기본법 제45조 제1항), 피고가 2014. 11. 경 상속세액을 결정·통지한 다음 원고의 수정신고가 이루어졌으므로, 적법한 수정신고로 볼 수 없음. 또한 상증세법 시행령(2014. 2. 21. 대통령령 제25192호로 개정되기 전의 것) 제49조 제1항 제2호는 '감정가격이란 평가기준일 전후 6개월 이내의 기간 중 감정이 있는 경우'에 둘 이상의 감정기관의 감정가액 평균액을 말한다고 정하고 있고, 같은 조 제2항 제2호는 감정가격이 평가기준일 전후 6월 이내에 해당하는지 여부는 감정가액평가서를 작성한 날을 기준으로 판단한다고 정하여, 평가기준일과 감정가액평가서를 작성한 날이 6월 이내에 있어야 함을 정하고 있는데, 원고가 제출한 A감정평가법인과 B감정평가사무소의 각 감정평가서는 평가기준일인 2013. 2. 19.로부터 약 2년 4개월이 경과한 후인 2015. 6. 12. 작성되었으므로, 그 감정가액 평균액은 상증세법 제60조 제2항, 동법 시행령 제49조에서 정한 상속재산가액 시가인 '감정가격'에 해당한다고 볼 수 없음.

결국 원고의 수정신고가 적법한 수정신고에 해당하지 않는다고 보아 그 납부한 세액을 환급하는 등 수정신고를 받아들이지 아니한 이 사건 처분은 적법함.

나. 항소심 법원(소 각하, 피고 승소)

원고에게 이 사건 소를 제기할 법률상 이익이 있는지 여부

(1) 행정처분에 관한 취소소송을 제기하기 위해서는 행정처분의 취소를 구할 법률상 이익이 있어야 하는데 그 법률상 이익은 당해 처분의 근거 법률에 의하여 보호되는 직접적이고 구체적인 이익이 있는 경우를 말하고 간접적이거나 사실적, 경제적 이해관계를 가지는 데 불과한 경우는 여기에 해당하지 않음.

(2) 그런데 원고가 상속세 과세미달 신고를 하자 피고는 상속세 조사를 실시하여 상속세 과세미달 결정·통지하였고, 원고가 그 후 수정신고를 하면서 상속세(가산세 포함)를 추가 납부하자 피고는 원고의 수정신고납부 상속세액 전액에 대하여 환급결정을 하였음.

(3) 이처럼 피고가 원고에게 원고의 수정신고납부 상속세액 전액을 환급하였으므로 원고가 이 사건 처분으로 인하여 직접적이고 구체적인 불이익을 입은 것이 없고, 원고가 장차 이 사건 부동산을 양도함에 있어 상속재산가액이 양도소득세 계산에 영향을 미칠 수 있다거나 상속세의 가산세가 증액될 수 있다는 사정은 아직 발생하지도 아니한 양도소득세 또는 상속세 가산세와 관련한 간접적이거나 사실적, 경제적 이해관계에 불과하여 원고의 상속재산가액 신고에 대하여 피고가 기속된다고 볼 법적 근거도 찾기 어려우므로 이 사건 처분의 취소를 구할 법률상 이익이 있다고 볼 수 없음.

다. 상고심 법원(피고 승소)

대법원은 원고의 상고 이유서 미제출을 이유로 상고기각 판결을 선고하였음.

Ⅱ 해설

1. 부동산의 가치평가의 의의

상증세법 제60조는 "상속세나 증여세가 부과되는 재산의 가액은 상속개시일 또는 증여일('평가기준일') 현재의 시가에 따른다."고 규정하여 이른바 시가

주의를 채택하였고, 동조 제2항은 "불특정 다수인 사이에 자유롭게 거래가 이루어지는 경우에 통상적으로 성립된다고 인정되는 가액으로 하고 수용가격·공매가격 및 감정가격 등 대통령령으로 정하는 바에 따라 시가로 인정되는 것을 포함한다."고 하여 시가의 범위를 규정하고 있다.

이중 감정(鑑定)은 사실인정을 위한 주요 수단 내지 손해배상액 산정과 같은 측정의 방법으로 사용되는데, 통상 재판과정에서의 감정은 법원이 어떤 사항을 판단함에 있어 특별한 지식과 경험칙을 필요로 하는 경우에 그 판단의 보조수단으로서 그러한 지식경험을 이용하기 위하여 실시한다(대법원 1988. 3. 8. 선고 87다카1354 판결).

상증세법 또는 소득세법상 감정은 취득 당시의 대상물의 가치판단을 위하여 주로 사용된다. 요컨대 대상물의 거래가액을 확인하기 어려운 경우 그 가액을 산정하기 위하여 이용된다. 상증세법 및 소득세법은 감정을 법령을 통하여 시가 산정의 방법으로 규정하고 있다.

2. 소급감정에 의한 부동산의 가치평가

가. 개 요

위와 같이 상증세법은 감정가격을 시가의 하나로 인정하고 있으나, 한편으로는 이를 남용하여 증여세 또는 양도소득세 납세의무를 회피할 수 있으므로 입법자는 상증세법 제60조 및 동법 시행령 제49조를 규정하여 이를 제한하고 있다.

나. 소급감정의 제한

감정가액에 대해서 상증세법은 일정한 요건을 두어 그 신뢰성을 확보하고 있는데, ① 대통령령으로 정하는 금액 이하의 경우를 제외하고 2 이상의 감정기관에 감정을 의뢰하여야 하고(상증세법 제60조 제5항), ② 평가기준일 전후 6개월(증여재산의 경우에는 3개월) 이내의 기간 중 감정이 이루어진 경우 그 가액들의 평균액을 감정가액으로 한다(상증세법 시행령 제49조 제1항 본문).

다만, 위 시행령에서는 조세납입의무를 부당하게 회피할 목적 등으로 감정을 시행하는 경우를 방지하기 위하여 평가기준일 기준 당해재산의 원형대로 감정하지 아니한 경우나 일정한 조건이 충족될 것을 전제로 당해 재산을 평가하는 등 상증세의 납부목적에 부합하지 아니한 감정가액의 경우 인정을 하지 않고 있다(상증세법 시행령 제49조 제1항 제2호 가, 나목).

다. 상증세법 시행령 제49조의 성질[9]

(1) 견해의 대립

한편, 상증세법 시행령 제49조의 해석에 대하여 동 조항을 예시적 규정으로 보아서 설령 상속개시일로부터 6개월이 경과한 이후(증여세의 경우 3개

---

9) 상속세 및 증여세법 시행령 제49조(평가의 원칙 등)
　① 법 제60조 제2항에서 "수용가격·공매가격 및 감정가격 등 대통령령으로 정하는 바에 따라 시가로 인정되는 것"이란 평가기준일 전후 6개월(증여재산의 경우에는 평가기준일 전 6개월부터 평가기준일 후 3개월까지로 한다. 이하 이 항에서 "평가기간"이라 한다)이내의 기간 중 매매·감정·수용·경매(「민사집행법」에 따른 경매를 말한다. 이하 이 항에서 같다) 또는 공매(이하 이 조 및 제49조의2에서 "매매 등"이라 한다)가 있는 경우에 다음 각 호의 어느 하나에 따라 확인되는 가액을 말한다. (단서 생략)
　2. 해당 재산(법 제63조 제1항 제1호에 따른 재산을 제외한다)에 대하여 둘 이상의 기획재정부령이 정하는 공신력 있는 감정기관(이하 "감정기관"이라 한다)이 평가한 감정가액이 있는 경우에는 그 감정가액의 평균액. 다만, 다음 각 목의 어느 하나에 해당하는 것은 제외하며, 해당 감정가액이 법 제61조·제62조·제64조 및 제65조에 따라 평가한 가액과 제4항에 따른 시가의 100분의 90에 해당하는 가액 중 적은 금액(이하 이 호에서 "기준금액"이라 한다)에 미달하는 경우(기준금액 이상인 경우에도 제49조의2 제1항에 따른 평가심의위원회의 심의를 거쳐 감정평가목적 등을 감안하여 동 가액이 부적정하다고 인정되는 경우를 포함한다)에는 세무서장(관할지방국세청장을 포함하며, 이하 "세무서장 등"이라 한다)이 다른 감정기관에 의뢰하여 감정한 가액에 의하되, 그 가액이 납세자가 제시한 감정가액보다 낮은 경우에는 그러하지 아니하다.
　　가. 일정한 조건이 충족될 것을 전제로 당해 재산을 평가하는 등 상속세 및 증여세의 납부목적에 적합하지 아니한 감정가액
　　나. 평가기준일 현재 당해재산의 원형대로 감정하지 아니한 경우의 당해 감정가액

월) 감정가액평가서가 작성된 소위 소급감정이라고 하더라도 이를 유효하다고 볼 것인지 문제된다.

　부정설은 상속개시 전후의 감정가격을 무제한적으로 시가로 인정한다면, ① 동일 부동산에 대하여 납세자가 우연히 감정을 시행하였는가 여부에 따라 세부담이 달라지고, ② 과세관청이 소급감정을 시행하는 경우, 과세관청의 자의에 의하여 세부담이 좌우될 수 있으며, ③ "시가를 산정하기 어려울 때"에 한하여 감정가격을 인정할 수 있다는 보충적 평가방법이라는 입법취지가 유명무실해질 것이라고 주장한다.10) 과세관청은 소급감정가액은 설령 2 이상의 공신력 있는 감정기관이 평가한 감정가액의 평균액이 있다고 하더라도 시가의 범위에 포함되지 않는다는 입장이다(법규과－1054, 2012. 9. 12., 재산세과－612, 2011. 12. 26.).

　긍정설은 일정한 요건을 갖춘 소급감정을 허용하여야 한다는 입장이다. 예컨대 상속 부동산의 양도가 이루어진 이후 소급감정을 실시하고 이에 기초하여 상속세 기한 후 신고 및 양도세 자신신고를 경우에도 과세관청에서 이를 인정하지 않은 다음, 취득가액은 개별공시지가에 기초하고, 양도가액은 시가로 계산하여 높은 양도소득세를 부과하는 것은 양도차익을 계산할 때 양도가액을 실지거래가액에 따라 구한다면 취득가액도 실지거래가액에 따라 구하여야 한다고 정한 소득세법 제100조의 취지에 반한다는 점에서 불합리하다고 주장한다.11)

(2) 법원의 입장

　법원은 "구 상증세법 시행령(1998. 12. 31. 대통령령 제15971호로 개정되기 전의 것) 제49조 제1항 각 호는 상속재산의 시가로 볼 수 있는 대표적인 경우

---

10) 황현호, "상속세법상 상속재산의 평가방법과 소급감정(遡及鑑定)", 2002, 법조, 제51권 제6호 pp.5~39 참조.
11) 조인호, 상속부동산 양도에 따른 양도세 부과에 관련된 몇 가지 문제에 대한 소고, 2016, 한양법학, 제27권 제1호, pp.443~445 참조.

를 예시한 것에 불과"하다고 보면서(대법원 2008. 2. 1. 선고 2000두5098 판결 참조),[12] "증여세를 부과함에 있어 과세관청이 증여재산의 증여 당시의 시가를 평가하기 어렵다는 이유로 보충적 평가방법에 의하여 평가하여 과세처분을 하였다고 하더라도 그 과세처분 취소소송의 사실심 변론종결시까지 증여 재산의 시가가 입증된 때에는 그 증여재산의 시가에 의한 정당한 세액을 산출한 다음 과세처분의 위법 여부를 판단하여야 하며(대법원 2008. 2. 1. 선고 2004두1834 판결 참조)", "상속세법 시행령 제5조 제1항 소정의 "시가"는 객관적이고 합리적인 방법으로 평가한 가액도 포함하는 개념이므로 거래를 통한 교환가격이 없는 경우에는 공신력 있는 감정기관의 감정가액도 시가로 볼 수 있는 것이고 그 가액이 소급감정에 의한 것이라 하여 달라진다고 볼 수 없다 할 것"이라고 하여 소급감정을 인정하고 있다(대법원 1991. 5. 29. 선고 90누1854 판결 등 참조).

(3) 소급감정의 제한

종전 법원은 소급감정에 대하여 당해 사건의 인근 유사표준지가 어떤 토지인지 아무런 기재가 없고, 감정평가의 목적도 금융기관에 대한 담보제공이었던 경우 등 제한적인 상황에서만 시가인정을 부인하였다(대법원 2003. 5. 30. 선고 2001두6029 판결 참조).

그러나 최근 비록 양도소득세에 관한 판결이었지만,[13] 당해 사건에서 1개의 감정기관만이 감정가액을 측정한 점, 상속개시일과 감정일 사이에 상당

---

12) 이러한 법원의 입장은 문구해석상 예시적 규정으로 볼 수 있었던 1998. 12. 31. 상증세법 시행령 개정 전에 도출된 것이었으나, 상증세법 시행령 제49조 제1항이 "평가기준일 전 6월(증여재산의 경우에는 3월)부터 상속세과세표준신고 또는 증여세 과세표준신고의 기간 중 감정 등을 한 경우에 '한하여' 다음 각 호의 1의 규정에 의하여 확인되는 가액을 말한다."고 하여 1998. 12. 31. 개정된 이후에도 달라지지 않았고(대법원 2010. 1. 14. 선고 2007두23200 판결 등 참조), 이에 대해서는 소급감정을 제한적으로 인정하고자 하였던 법령 개정의 취지를 제대로 살리지 못하고 있다는 비판이 존재한다. 자세한 사항은 강석규, 앞의 책, pp.1348~1350 참조.

13) 참고로, 양도소득세 필요경비의 산정에 있어 소득세법 시행령 제163조에서 상증세법 제60조부터 제66조까지의 규정을 준용하고 있음을 명시적으로 규정하고 있다.

한 시간이 경과하여 당해 사건 토지가 분할되었으며 부과제척기간도 도과하는 등 큰 변화가 있었던 점 등을 고려하여 소급감정에 의한 양도소득세 감면을 주장한 당해 사건 원고의 청구를 기각하거나(서울행정법원 2018. 6. 22. 선고 2017구합88923 판결 참조), 당해 사건 원고가 평가기준일로부터 약 2년 4개월이 경과한 이후 작성된 감정평가서를 근거로 그 감정가액 평균액을 감정가격이라고 주장한 경우에 대하여 상증세법 제60조 제2항, 동법 시행령 제49조에서 정한 상속재산가액 시가인 '감정가격'에 해당한다고 볼 수 없다고 보아 원고의 청구를 기각하는 등(서울행정법원 2017. 9. 1. 선고 2017구합50317 판결 참조), 원고 측에서 소급감정을 악용할 여지를 줄이거나, 토지의 당시 가치를 확인하기 어려운 현실적 사정 등을 고려하여 감정가격에 의한 시가의 산정을 제한하고 있다.

(4) 소 결

부동산의 가치를 산정하기 위해서는 매매사례가액의 존재 여부를 우선 확인하고, 만약 매매사례가액이 존재하지 않거나, 신뢰할 수 없는 경우라면 감정가액, 공매가액 등의 존재 여부를 확인하며, 마지막으로 개별공시지가 등 보충적 평가방법을 이용하여야 한다.

한편, 감정가격의 결정에 있어서 소급감정의 허용여부가 문제되고 있는데, 종전 법원은 이를 신뢰할 수 있는 기관이 수행한 경우 허용하는 입장이었으나, 이후 상증세법 시행령 제49조의 요건을 엄격하게 적용하는 듯한 판결들을 선고하고 있어 향후 추이가 주목되고 있다.

라. 소급감정과 가산세의 관계

(1) 납부불성실가산세

납부불성실가산세란 신고납부기한까지 미납부한 세액에 대하여 금융 혜택을 받은 것으로 보아 가하는 행정상의 제재인데, 납세의무자가 그 의무를

알지 못하였다고 볼만한 정당한 사유가 있는 경우에는 이를 부과할 수 없다
(대법원 2014. 2. 27. 선고 2011두13842 판결 참조).

(2) 감정이 이루어진 경우 가산세 부과가능성

상증세법 시행령에 따른 일정한 기준에 의하여 재감정이 이루어진 경우
에도 납세의무자는 납부하여야 할 액수를 알 수 없으므로 이에 대한 납부불성
실가산세의 부과는 위법하다(대법원 2015. 3. 12. 선고 2014두44205 판결 참조).

3. 이 사건의 분석

가. 사안의 쟁점

이 사안에서는 판례가 소급감정에 따른 부동산의 가치평가를 인정하는지
여부가 주로 문제되었다. 사안과 같이 상증세의 증액경정 가능성이 있더라도
소급감정을 하는 것은 소급감정으로 인하여 부동산의 취득가액이 증가되면
그로 인하여 감액되는 양도소득세보다 증액되는 상속세 등이 훨씬 적기 때문
이다. 요컨대, 상증세 등은 누진세 체계를 취하고 있을 뿐만 아니라, 기초공
제, 배우자공제 등 많은 공제제도를 갖추고 있기 때문에 일정 액수까지는 증
가되는 상증세 등이 그로 인하여 감액되는 양도소득세 보다 적다. 본래 소급
감정은 그 가액의 산정이 합리적이고 객관적인 방법으로 이루어진 경우 인정
되는 것이 판례의 입장이었으나, 이 사건의 경우 종전 법원의 태도와 다른 결
론이 나왔으므로 이에 대하여 검토할 실익이 있다.

나. 재산평가의 기준

재산가치의 평가에 있어서 상증세법 및 상증세법 시행령은 거래가액 – 유
사매매사례가액 – 개별공시지가 등 보충적 평가방법의 순서로 평가수단을 예
정하고 있다. 다만, 법원은 위의 어떤 가액을 기준으로 재산가치를 평가하더

라도 객관적 교환가치를 적정하게 반영하고 있고, 평가일과 납세의무 발생일 간 가격변동의 차이가 크지 않은 경우 비로소 이에 따른 시가의 산정이 합리적이라고 인정하고 있다.

다. 소급감정의 인정 여부

그동안 실무 사례에 있어서도 취득 후 6개월이 지났음에도 감정기관 등으로부터 소급감정을 받아 부과된 양도소득세의 경정 또는 취소소송을 제기하는 경우가 많이 있었고, 법원은 거의 예외 없이 6개월이 지난 소급감정도 인정하여 왔다.

그런데, 최근에 양도소득세 부과처분 취소소송에 있어서 예외적으로 상속세 부과 제척기간이 경과된 경우 등에는 위에서 살펴본 바와 같이 6개월이 지난 소급감정이란 이유 등으로 원고의 청구를 기각하는 사례가 발생하기 시작하였다.

이 사안은 일반적으로 양도소득세가 부과된 뒤에 그 처분에 대하여 취소를 구하는 형식이 아닌 양도소득세 발생 전 상속세 수정신고를 거부한 처분에 대하여 취소를 구하는 내용으로, 양도소득세가 아닌 상속세 자체에 대한 6개월이 지난 소급감정을 인정하느냐는 것으로 의의를 갖는다.

물론 이 사건에서도 원고의 진정한 의도는 양도소득세액을 감액하기 위한 것으로 보이나, 상속세 자체에 대하여 6개월을 초과한 소급감정을 인정하느냐의 문제였는데, 종전의 판례 태도와는 달리 1심 재판부는 관련 법령상 소급감정을 허용하고 있지 않다는 이유로 원고의 청구를 기각하였다.

다만, 항소심 법원은 피고가 원고에게 원고의 수정신고납부 상속세액 전액을 환급하였으므로 원고가 이 사건 처분으로 인하여 직접적이고 구체적인 불이익을 입은 것이 없고, 원고가 장차 이 사건 부동산을 양도함에 있어 상속재산가액이 양도소득세 계산에 영향을 미칠 수 있다거나 상속세의 가산세가 증액될 수 있다는 사정은 아직 발생하지도 아니한 양도소득세 또는 상속세 가산세와 관련한 간접적이거나 사실적, 경제적 이해관계에 불과하다는 이유로 원고에게 소의 이익이 없다며 소 각하 판결을 하였다.

다. 판결의 의의

위 각하 판결 및 원고 측의 상고이유서 미제출로 인하여 6개월을 초과한 소급감정의 인정문제는 상고심에서 판단되지 아니하였으나, 위 소급감정액이 객관적이고 합리적으로 산정된 것인지 여부와 무관하게 상증세법 시행령에서 예정한 감정평가 기간을 도과하였음을 이유로 기각되었다는 점은 비록 하급심일지라도 기존의 판례와 다른 판결을 한 것에 그 의미가 있고, 또한 소의 이익에 대하여 다시금 명확하게 한 사례로서 큰 의미를 지닌 것이라고 할 것이다.

4. 관련 사례 등

가. 판 례

대상 토지가 수용된 경우(서울행정법원 2018. 5. 18. 선고 2017구합67070 판결)
피고 측에서 시행한 소급감정[14]이 적법하다고 보아 개별공시지가에 의하여 토지가액을 산정하여야 한다는 원고의 취소청구를 기각하였는데, ① 위 감정가액은 대상 토지가 한국도로공사에 수용되면서 그 보상을 위하여 공신력 있는 3개의 감정기관이 평가한 각 가액을 평균한 것이어서 부실감정 등의 염려가 없는 점, ② 이 사건 감정가액은 「부동산가격공시 및 감정평가에 관한 법률」에 따라 도출된 것인데, 통상적인 시장에서의 '적정가격'을 산출한다는 측면에서 '시가'를 구하는 상증세법 제60조와 부합하는 점 등을 고려하면 당해 사건 감정가액이 개별공시지가보다 30% 이상 높게 책정되었다고 하여 부당하다고 볼 수 없는 점 등을 고려하여 위와 같이 판결하였음.

---

14) 2014. 5. 30. 감정 시행, 2015. 2. 27. 증여.

나. 예규 등

하나의 감정기관이 평가한 감정가액은 시가의 범위에 포함되지 아니함(재재산 – 582, 2007. 5. 18.)

1개의 감정기관이 평가한 감정가액은 상증세법상 시가로 볼 수 없음(심사양도 2012 – 0131, 2012. 9. 18.)

2 이상의 공신력 있는 감정기관이 평가한 감정가액이 있는 경우 그 감정가액의 평균액을 시가로 보는 것이나, 1개의 감정기관이 3회 평가한 감정가액은 시가로 보기 어려움.

1년 6개월 전 1개의 감정가액은 시가로 인정하기 어려움(조심 2010서1778, 2011. 6. 29.)

평가기준일 전 1년 6개월 전 1개의 감정가액을 비상장주식평가심의위원회를 거치지 않은 경우 시가를 인정할 수 없으며, 또한 법원에서 청구인의 취득가액이 부당하게 낮은 것이 아니라 하여 무죄판결을 받은 점을 감안하면 청구인에게 저가양수에 따른 증여세를 부과한 처분은 부당함.

45

비상장주식의 평가 : 평가방법에 관한 사례

– 서울행정법원 2016. 12. 8. 선고 2015구합63586 판결 –

» 상속세 및 증여세법 제63조에서 규정하고 있는 비상장주식가치 평가는 제한시장
인 비상장주식 시장의 특성상 그 가치평가를 정확히 하기 곤란하다는 점에서 매
우 어려운 쟁점임. 이 사안은 비상장주식의 평가방법 자체가 문제된 사안이므로
이에 대하여 검토해보고자 함.

상속세 및 증여세법

제60조(평가의 원칙 등)

① 이 법에 따라 상속세나 증여세가 부과되는 재산의 가액은 상속개시일 또
는 증여일(이하 "평가기준일"이라 한다) 현재의 시가(時價)에 따른다. 이 경
우 제63조 제1항 제1호 가목에 규정된 평가방법으로 평가한 가액(제63조
제2항에 해당하는 경우는 제외한다)을 시가로 본다.

② 제1항에 따른 시가는 불특정 다수인 사이에 자유롭게 거래가 이루어지는
경우에 통상적으로 성립된다고 인정되는 가액으로 하고 수용가격·공매가
격 및 감정가격 등 대통령령으로 정하는 바에 따라 시가로 인정되는 것을
포함한다.

③ 제1항을 적용할 때 시가를 산정하기 어려운 경우에는 해당 재산의 종류,
규모, 거래 상황 등을 고려하여 제61조부터 제65조까지에 규정된 방법으
로 평가한 가액을 시가로 본다.

> 제63조(유가증권 등의 평가)
> ① 유가증권 등의 평가는 다음 각 호의 어느 하나에서 정하는 방법으로 한다.
>   1. 주식 등의 평가
>   나. 가목 외의 주식 등은 해당 법인의 자산 및 수익 등을 고려하여 대통령령으로 정하는 방법으로 평가한다.

Ⅰ 대상판결의 개요

1. 사실관계의 요지

원고 甲은 2008. 2.경 乙로부터 주식회사 A의 비상장주식 약 7만주를 명의신탁 받았는데 이후 乙은 2008. 6.경 甲 명의로 유상증자에 참여하여 신주약 2만 4천주를 배정받았음.

관할 세무서장은 구 상증세법(2010. 1. 1. 법률 제9916호로 개정되기 전의 것) 제63조 제1항 제1호 다목의 보충적 평가방법을 적용하여 이 사건 위 약 7만주의 1주당 가액을 약 1만 5천 원, 위 2만 4천주의 1주당 가액을 약 6천 8백 원으로 평가하여 2013. 7.경 원고에게 증여세 약 6억 원을 결정·고지하였음.

2. 원고의 주장

주식의 보충적 평가방법을 사용한 것은 위법하고 이에 대하여 감정평가를 시행하여야 함.

관할 세무서장은 보충적 평가방법을 통한 위 주식들의 1주당 가액을 산정함에 있어 A 회사가 금융감독원장으로부터 대손금으로 승인받은 채권 등 대손충당금을 자산에서 차감하지 아니하여 순자산가치를 과도하게 산정하였음.

관할 세무서상은 위 7만 주에 대한 순손익액 평가시 2007. 7. 1.부터 2007. 12. 31.까지 사이에 발생한 대손금은 반영하지 아니하여 순손익가치가 과다하게 산정되었음.

3. 판결 요지(피고 일부 승소)

가. 구 상증세법상의 보충적 평가방법에 의하는 것이 위법한지 여부

위 주식들은 불특정 다수인 사이에 거래가 이루어지지 아니하여 시가를 산정하기 어려운 경우에 해당하므로 원칙적으로 구 상증세법 시행령 제54조 소정의 보충적 평가방법에 따라야 할 것이고, 구 상증세법 시행령 제49조 제1항 제2호에서 특별한 사정이 없는 한 비상장주식의 감정가액은 시가로 인정하지 않는다고 규정하고 있는 점 등에 비추어 보면, 피고가 이 사건 각 주식에 대한 평가시 구 상증세법상의 보충적 평가방법을 적용한 것에 어떠한 잘못이 있다고 볼 수 없으므로 원고의 주장은 이유 없음.

나. 순자산가액 평가시 A 회사가 금융감독위원장으로부터 대손승인을 받은 금액을 자산에서 차감하여야 하는지 여부 및 그 범위

(1) 보충적 평가 방법에 의하여 증여재산인 비상장주식의 가액을 평가함에 있어 그 산정요소의 하나인 증여일 당시 당해 법인의 순자산가액에는 증여일 당시 회수불능인 채권은 포함시킬 수 없고(대법원 2007. 8. 23. 선고 2005두5574 판결), 회수불능채권인지 여부는 채무자의 재산상태, 자금조달능력, 사회적 신분, 직업 등 채무자의 변제능력과 회사의 경영상태, 채권의 발생원인, 액수, 시기 등 회사의 채권행사에 관련된 사정을 참작하여 결정함(대법원 2010. 9. 9. 선고 2010두6458 판결).

(2) 구 상증세법 시행령 제55조 제1항은 '순자산가액은 평가기준일 현재 당해 법인의 자산을 평가한 금액에서 부채를 차감한 금액으로 한다.'고 규정하고 있고, 구 법인세법(2008. 12. 26. 법률 제9267호로 개정되기 전의 것) 제34조 제2항은 '내국법인이 보유하고 있는 채권 중 채무자의 파산 등 대통령령이 정하는 사유로 회수할 수 없는 채권의 금액은 당해 사업

연도의 소득금액계산에 있어서 이를 손금에 산입한다.'고 규정하고 있으며, 구 법인세법 시행령(2009. 2. 4. 대통령령 제21302호로 개정되기 전의 것, 이하 같음) 제62조 제1항은 '법 제34조 제2항에서 "대통령령으로 정하는 사유로 회수할 수 없는 채권"이라 함은 다음 각 호의 어느 하나에 해당하는 것을 말한다.'고 규정하면서 그 중 하나로 '금융감독원장이 기획재정부장관과 협의하여 정한 대손처리기준에 따라 금융기관이 금융감독원장으로부터 대손금을 승인받은 것'(제12호의 가목)을 들고 있음.

(3) 상호저축은행법 감독규정 제36조, 제38조, 제39조는 상호저축은행은 보유자산에 대하여 금융감독원장이 정하는 세부기준에 따라 '정상, 요주의, 고정, 회수의문, 추정손실' 등 5단계로 건전성을 분류하여야 하고, 금융기관채권대손인정업무세칙 제3조는 '금융감독원장은 상호저축은행업 감독규정 제36조 제2항에 따라 추정손실로 분류된 경우 대손인정할 수 있다.'고 규정하고 있음.

(4) 이러한 각 규정의 문언 및 취지 등과 아래의 사정들을 종합하여 보면, 상호저축은행이 금융감독원장으로부터 대손승인을 받은 대출채권은 '추정손실'의 단계에 이른 것으로서 회수불능이 확실하여 손비처리가 불가피한 것으로 볼 수 있으므로, 비상장주식의 평가기준을 현재 금융감독원장의 대손승인이 이루어진 대출채권은 비상장법인의 순자산가액 계산 시 그 자산에서 차감되는 회수불능채권에 해당한다고 봄이 상당함.

(5) A 회사는 상호저축은행법 감독규정상의 자산건전성 분류기준에 따라 분류된 대출채권에 대하여 금융감독원장에게 대손상각 승인을 요청하여 위 2만 4천주를 증여받기 전에 약 170억 원의 대출채권에 대하여 승인을 받았으므로 위 대출채권은 평가기준일 현재 회수할 수 없는 채권에 해당한다고 할 것이므로 위 회사의 순자산가액 평가시 그 자산에서 위 대손승인금액 약 170억 원은 차감되어야 함.

다. 순자산가액 평가시 대손충당금이 자산에서 공제되어야 하는지 여부

(1) 대손충당금이란 대차대조표에 자산으로 표기되는 받을 어음·외상매출금·대출금 등 채권에 대한 차감의 형식으로 계상되는 회수불능 추산액으로서, 향후 실제로 대손이 발생하였을 때에는 대손충당금과 먼저 상계하고 그 충당금이 부족하면 채권금액에서 차감하는 방식으로 처리하

는데, 상증세법 시행규칙 제17조익2 제4호 및 가목은 '영 제55조 제2항의 규정에 의한 무형자산·준비금·충당금 등 기타 자산 및 부채의 평가에 있어서 평가기준일 현재의 제 충당금은 이를 부채에서 차감하여 계산하되, "충당금 중 평가기준일 현재 비용으로 확정된 것"은 차감하지 아니한다.'고 규정하고 있고, 동목에서 법인의 자산에 대한 평가에 있어 평가기준일 현재의 대손충당금을 부채에서 차감하도록 하면서 '충당금 중 평가기준일 현재 비용으로 확정된 것'을 제외하도록 하는 취지는 대손충당금은 아직 대손이 확정된 부분이 아니기 때문에 채권액을 평가할 때 자산인 채권액에서 차감하지 못하도록 한 것이며 다만 대손이 확정되어 비용으로 처리할 수 있는 부분은 예외로 한다는 것이어서 대출채권에 대한 대손충당금은 앞서 본 금융감독원장의 대손승인을 받는 등으로 대손이 확정된 것이 아닌 한 대출채권액을 평가할 때 이를 그 채권액에서 공제할 수 없음.

(2) 피고가 각 주식평가서를 작성할 때 위 7만 주의 경우 대손충당금 약 300억 원, 위 2만 4천주의 경우 대손충당금 223억 원을 원고가 계산한 순자산가액에 가산한 것으로 처리하였는데, 위 각 대손충당금은 그 산출근거, 대출채권의 회수불능 여부 등을 알 수 있는 자료가 없어 각 주식에 대한 평가기준일 기준 대손으로 확정되었다고 볼 수 없으므로, 피고가 이를 회수불능채권 부분으로 보지 아니한 것은 원고가 순자산가액을 산정할 때 채권금액에서 차감하였던 것을 부인한 조치로서 위 규정의 내용과 취지에 부합하는 것임.

라. 순손익액 산정에 대손금 약 174억 원을 반영하지 않은 것이 위법한지 여부

(1) 구 상증세법 시행령 제54조 제1항은 1주당 순손익가치를 '1주당 최근 3년간의 순손익액의 가중평균액 ÷ 3년 만기 회사채의 유통수익을 감안하여 기획재정부령으로 정하는 이자율'로 규정하고 있고, 제56조는 '제54조 제1항에 따른 1주당 최근 3년간의 순손익액의 가중평균액은 "{(평가기준일 이전 1년이 되는 사업연도의 1주당 순손익액 × 3) + (평가기준일 이전 2년이 되는 사업연도의 1주당 순손익액 × 2) + (평가기준일 이전 3년이 되는 사업연도의 1주당 순손익액 × 1)} ÷ 6"의 계산식에 따른다.'고 규정하고 있으며, 법인세법 제1조 제5호는 "사업연도"란 법인의

소득을 계산하는 1 회계기간을 말한다고 규정하고 있음.

(2) A 회사는 6월말 회계법인이고 위 7만주에 대한 평가기준일이 2008. 2. 4.인바, 위 각 규정에 따르면, 평가기준일 이전 1년이 되는 사업연도는 '2006. 7. 1.~2007. 6. 30.', 평가기준일 이전 2년이 되는 사업연도는 '2005. 7. 1.~2006. 6. 30.' 및 평가기준일 이전 3년이 되는 사업연도는 '2004. 7. 1.~2005. 6. 30.'인데, 원고가 위 7만주에 대한 순손익가치 평가시 반영해달라고 주장하는 대손금 약 174억 원은 2007. 7. 1.부터 2007. 12. 31.까지 사이에 발생된 것으로서 위 각 사업연도에 포함되지 않으므로 피고가 이 사건 위 7만주에 대한 순손익가치 평가시 위 대손금을 반영하지 아니한 것은 정당함.

Ⅱ 해설

1. 상증세법상 비상장주식의 가치평가 기준

가. 의 의

비상장주식은 상장주식[15]과 달리 접근이 제한된 시장에서 거래가 이루어지므로 그 가치를 평가하기 어려운데, 주식의 교환가치란 회사의 자산과 손익을 기준으로 한 실질가치뿐 아니라 회사의 앞으로의 전망, 수익성, 주식의 거래 가능성 등 다양한 요소들에 의하여 결정되는 것인데, 매매사례가액은 그러한 다양한 요소가 복합적으로 반영된 결과인 반면, 상증세법상 보충적 평가방법은 가격결정에 관여하는 모든 요소들을 총체적으로 반영할 수 있는 방법이

---

15) 상장주식에 대한 구체적인 평가방법에 대해서는 상속세 및 증여세법 제63조 제1항 제1호 가목 등 참조.

아니고, 주식의 교환가치를 밝히는 것을 목적으로 한다기보다는 회사의 순자산(또는 순손익)을 기준으로 한 특정시점에서의 주식의 실질가치를 계산하는데 초점이 맞춰져 있으므로, 자산(또는 손익)을 기준으로 한 실질가치 이외의 요소들까지 반영되어 결정되는 주식의 교환가치와는 상당한 괴리가 발생할 수 있다.

따라서 실제 매매사례가 다수 존재하고 그것이 객관적으로 부당하다고 인정할 만한 특별한 사정이 없는 이상 그 가액을 시가로 봄이 상당하고 어떠한 비상장주식의 가격이 상증세법 제60조 제3항 소정의 '시가를 산정하기 어려운 경우'에 해당하여 보충적 평가방법을 사용할 수 있는 경우에 해당하는지 여부는 엄격하게 판단하여야 한다(대법원 2011. 12. 27. 선고 2011두21539 판결 참조).

나. 매매사례가액을 기준으로 한 비상장주식의 가치평가

상증세법상 비상장주식의 평가는 상속개시일 또는 증여일(평가기준일) 현재의 시가를 따르는데, 이때 시가는 불특정 다수인 사이에 자유롭게 거래가 이루어지는 경우에 통상적으로 성립된다고 인정되는 가액이나 대통령령에 따라 인정되는 수용가격·공매가격 등을 의미하고(상증세법 제60조 제1항 및 제2항 참조),[16] 다만, 시가를 산정하기 어려운 때에는 해당 재산의 종류, 규모, 거래상황 및 해당 법인의 자산 및 수익 등을 고려하여 대통령령이 정하는 방법으로 그 가치를 평가한다(상증세법 제60조 제3항 및 제63조 제1항 제1호 나목 참조).

이때 비상장주식은 제3자와의 매매에서 그 거래가액과 상증세법상 보충적 평가방법에 의한 평가액 사이에 큰 차이가 있을 수 있으나 상증세법령은

---

16) 한편, 상증세법 시행령 제49조 제1항 제2호는 감정가액 산정 대상에서 "법 제63조 제1항 제1호에 따른 재산을 제외한다."고 하면서 비상장주식 자체의 감정가액을 시가로 인정하고 있지 않는데, 이와 관련하여 법원은 주식의 감정가액을 시가로 인정하지 않은 위 시행령이 모법의 위임한계를 벗어나거나 조세법률주의를 위반한 것은 아니라고 판결하였다(대법원 2016. 2. 18. 선고 2015두53558 판결 참조).

명문으로 특수관계 없는 제3자와의 매매사례가 있는 경우 그 거래가액을 시가로 인정하고 있으므로 단지 그 매매사례가액과 상증세법상 보충적 평가방법에 의한 평가액 간 차이가 있다는 등의 이유만으로 그 매매사례가액을 시가에 해당하지 않는다고 할 수는 없다(대법원 2007. 3. 16. 선고 2007두405 판결 등 참조). 즉, 매매사례가액이 존재하는 경우 특수관계 없는 자 사이의 매매사례가액은 특별한 사정이 없는 한 시가로 추정되며, 위 가액이 객관적인 교환가치를 정당하게 반영하지 못한다는 점에 대해서는 과세관청에서 입증책임을 부담한다(대법원 2008. 11. 13. 선고 2007두24173 판결 참조).

그러나 위 시가란 일반적이고 정상적인 거래에 의하여 형성된 객관적인 교환가격을 의미하므로, 비록 거래 실례가 있다 하여도 그 거래가액을 증여재산의 객관적 교환가치를 적정하게 반영하는 정상적인 거래로 인하여 형성된 가격이라고 할 수 없고 증여의 대상이 비상장주식이라면 그 시가를 산정하기 어려운 것으로 보고 상증세법상 보충적 평가방법에 따라 그 가액을 산정할 수 있으므로, 예컨대 경영권을 수반하는 거래였고, 매매사례가액들이 단기간에 크게 변동한 경우에는 이를 정상적인 거래로 인하여 형성된 가격으로 볼 수 없다(대법원 2004. 10. 15. 선고 2003두5723 판결 참조).

매각대금에 대하여 합의를 하였다고 하더라도 이후 협상이 결렬된 이상 이를 적절한 매매실례로 볼 수 없고, 회계법인이 주식을 평가하는 방법인 현금흐름할인법은 미래의 수익창출능력으로 기업의 가치를 평가하는 방법으로 현재 자산가치를 전혀 고려하지 않으므로 3년 이상 결손금이 발생하여 순자산가치만으로 주식의 시가를 평가하여야 하는 경우 적절한 시가 방법으로 볼 수 없다(서울행정법원 2017. 9. 15. 선고 2016구합54244 판결).[17]

---

17) 위 판결은 대법원 2019. 2. 18. 선고 2018두64252 판결로 확정되었다.

다. 보충적 평가방법

(1) 개 요

상증세법 시행령 제54조는 비상장주식의 평가에 대한 구체적인 방법을 제시하고 있는데, 주식의 가치를 순손익가치와 1주당 순자산가치를 각각 3과 2의 비율로 가중평균하여 정하고, 다만, 그 가중평균한 가액이 1주당 순자산가치에 100분의 80을 곱한 금액보다 낮은 경우에는 1주당 순자산가치에 100분의 80을 곱한 금액을 비상장주식 등의 가액으로 하는데, 이를 수식화하면 아래와 같다.

① 주식의 가치산정 공식(상증세법 시행령 제54조 제1항 본문)

$$1주당 평가액 = \frac{1주당 순손익가치 \times 3 + 1주당 순자산가치 \times 2}{5}$$

다만, 동조는 대상회사가 소득세법상 부동산과다보유법인[18]에 해당하는 경우에는 1주당 순손익가치와 순자산가치의 비율을 각각 2와 3으로 가중평균하고 있다.

---

18) 소득세법(2017. 12. 19. 법률 제15225호로 일부개정된 것)
   제94조(양도소득의 범위) ① 양도소득은 해당 과세기간에 발생한 다음 각 호의 소득으로 한다.
   4. 다음 각 목의 어느 하나에 해당하는 자산(이하 이 장에서 "기타자산"이라 한다)의 양도로 발생하는 소득
      다. 법인의 자산총액 중 다음의 합계액이 차지하는 비율이 100분의 50 이상인 법인의 과점주주(소유 주식 등의 비율을 고려하여 대통령령으로 정하는 주주를 말하며, 이하 이 장에서 "과점주주"라 한다)가 그 법인의 주식 등의 100분의 50 이상을 해당 과점주주 외의 자에게 양도하는 경우에 해당 주식 등
         5) 제1호 및 제2호에 따른 자산(이하 이 조에서 "부동산 등"이라 한다)의 가액
         6) 해당 법인이 보유한 다른 법인의 주식가액에 그 다른 법인의 부동산 등 보유비율을 곱하여 산출한 가액. 이 경우 다른 법인의 범위 및 부동산 등 보유비율의 계산방법 등은 대통령령으로 정한다.

② 부동산과다보유법인 주식의 가치산정 공식(상증세법 시행령 제54조 제1
항 본문)

$$1주당 평가액 = \frac{1주당\ 순손익가치 \times 2 + 1주당\ 순자산가치 \times 3}{5}$$

(2) 평가기준일

증여세 산정의 기초가 되는 시가는 증여일 당시 증여재산의 객관적 교환
가치를 적정하게 반영하고 있어야 하고, 상증세법상 평가기준일을 증여일로
하여 시가 내지 시가계산의 시간적 범위를 정하여 놓은 것은 평가기준일이라
는 특정시점의 자산가치를 반영하기 위함이므로, 비상장주식의 시가산정 방법
의 하나로 보충적 평가방법을 규정하고 있는 법조문이 평가기준일을 정하여
그때를 기준으로 시가를 평가하도록 규정하고 있는 것을 다른 법리나 조문의
해석으로 사실상 변경하는 결과를 초래하는 것은 허용되지 않는다.

법원은 주식의 증여가 상증세법 제45조의2 제1항에 따른 증여세 과세대
상에 해당하더라도, 주식발행회사가 타 회사로부터 2010년부터 2012년까지
허위·과다청구를 통하여 지급받은 운송료는 소외 회사의 2012 사업연도 소
득금액에서 제외한 후 이를 기초로 다시 주식의 가치를 평가하여야 한다는 원
고의 주장에 대하여 법인세는 권리확정주의에 따라 일단 확정된 권리에 대하
여 장래 이익의 발생을 전제로 납세의무를 인정하여 세금을 부과하는 것으로
장래 그 이익이 실제로 실현되지 아니한 경우 그 이익 실현을 전제로 이미 발
생한 납세의무는 전제를 상실하게 되는 결과 그와 같은 후발적 사유에 의한
과세표준의 조정이 필요한 반면, 증여세의 경우 평가기준일인 명의신탁일 당
시 주식의 증여의제로 인하여 발생한 이익, 즉 그 시점에서의 주식의 가치에
대한 과세가 이루어지는 것이므로 명의신탁일 당시 주식의 가치로서 증여세
산정의 기초가 되는 2012 사업연도 익금에서 제외할 수는 없다고 판결하였다
(서울행정법원 2018. 5. 24. 선고 2016구합7415 판결 참조).

라. 순손익액의 계산

(1) 순손익액의 가중평균액의 계산

순손익액의 계산방법은 원칙적으로 아래와 같은데, 그 가액이 음수인 경우에는 영(零)으로 한다(상증세법 시행령 제56조 제1항).

$$1주당 최근 3년간 순손익액의 가중평균액 = \frac{A \times 3 + B \times 2 + C \times 1}{6}$$

A : 평가기준일 이전 1년이 되는 사업연도의 1주당 순손익액
B : 평가기준일 이전 2년이 되는 사업연도의 1주당 순손익액
C : 평가기준일 이전 3년이 되는 사업연도의 1주당 순손익액

한편, 회사가 설립된지 3년이 경과하지 않은 상태에서 상증세법 시행령 제56조 제1항을 적용하여 순손익액을 구할 수 있는지 여부와 관련하여, 2004. 12. 31. 대통령령 제18627호로 개정된 이후 상증세법 시행령 제56조 제4항 제2호는 이 경우 순자산가치에 따라 평가할 것을 규정하고 있으나, 법원은 종전 규정이 적용되는 경우에는 과세관청이 순손익가치를 기준으로 비상장주식의 가치를 평가하였더라도 당시 규정상 별다른 대안이 없었고, 개정 이후 규정에 따라 순자산가치에 따른 계산을 하도록 소급적용할 이유가 없으므로 적법하다고 판단하였다(대법원 2018. 1. 25. 선고 2017두64095 판결).

(2) 각 사업연도의 주식수 계산

각 사업연도의 주식수는 각 사업연도 종료일 현재의 발행주식총수에 의한다. 다만, 평가기준일이 속하는 사업연도 이전 3년 이내에 증자 또는 감자를 한 사실이 있는 경우에는 증자 또는 감자전의 각 사업연도 종료일 현재의 발행주식총수는 상증세법 시행규칙 제17조의3 제5항으로 정하는 바에 따른다(상증세법 시행령 제56조 제3항).

한편, 상증세법 시행령(2011. 7. 25. 대통령령 제23040호로 일부 개정되기 전

의 것) 제56조 제2항은 "제1항 제1호의 규정을 적용함에 있어서 각 사업연도의 주식수는 각 사업연도 종료일 현재의 발행주식 총수에 의한다. 다만, 평가기준일이 속하는 사업연도전 3년 이내에 무상증자 또는 무상감자를 한 사실이 있는 경우에는 무상증자 또는 무상감자 전의 각 사업연도 종료일 현재의 발행주식 총수는 기획재정부령이 정하는 바에 의한다."고 규정하고 있어 유상증자나 유상감자의 경우에도 손순익가치 계산시 유상증자 또는 유상감자 주식수를 반영하여야 하는지가 문제되었다.

이에 대하여 법원은 "유상증자의 규모와 신주발행가액 등을 고려할 때 유상증자 후에도 이 사건 주식의 1주당 순손익액이 종전과 동일하게 유지된다고 보기도 어려우므로 제1호 가액의 계산방식에 따라 이 사건 유상증자 전 해당 사업연도의 1주당 순손익액의 가중평균액을 산정하여 이를 그대로 이 사건 유상증자 후의 주식에 관한 1주당 순손익가치로 삼는 것은 이 사건 유상증자에 따른 발행주식총수의 증가 및 이에 상응한 1주당 순손익액의 변동 등에 관한 사정 등이 전혀 반영되지 아니하여 불합리"하고, "이는 원고가 제2호 가액이 적용될 수 있는 요건을 갖추지 못하여 이 사건 주식에 관하여 제2호 가액[19]을 적용할 수 없는 경우라 하더라도 마찬가지"라고 판결하였다(대법원 2013. 11. 14. 선고 2011두31253 판결 참조).

(3) 각 사업연도별 순손익액 계산

각 사업연도별 순손익액은 법인세법 제14조에 따른 각 사업연도소득을 기준으로 아래의 평가기준에 따라 가감하여 산출한다(상증세법 시행령 제56조 제4항).

> **상증세법 시행령 제56조 제4항**
> ① 가산항목
> 1. 국세 또는 지방세의 과오납금의 환급금에 대한 이자(법인세법 제18조 제

---

19) 상증세법 시행령 제56조 제2항에 해당한다.

4호)

2. 지주회사 익금불산입 수입배당금(법인세법 제18조의2)

3. 일반법인 익금불산입 수입배당금(법인세법 제18조의3)

4. 손금불산입지정기부금 및 법정기부금의 손금산입한도액 초과금액(법인세법 제24조 제4항)

5. 기타 기획재정부령이 정하는 금액(상증세법 시행령 제56조 제4항 제1호)

② 차감항목

1. 당해 사업연도의 법인세액, 법인세액의 감면액 또는 과세표준에 부과되는 농어촌특별세액 및 지방소득세액(상증세법 시행령 제56조 제4항 제2호 가목)

2. 벌금, 과료(통고처분에 따른 벌금 또는 과료에 상당하는 금액을 포함한다), 과태료(과료와 과태금을 포함한다), 가산금 및 체납처분비(동호 나목, 법인세법 제21조 제3호)

3. 법령에 따라 의무적으로 납부하는 것이 아닌 공과금(동호 나목, 법인세법 제21조 제4호)

4. 각 세법에서 규정하고 있는 징수불이행납부세액(동호 나목)

5. 기부금·접대비·지급이자의 손금불산입액(동호 다목)

6. 기부금한도초과액(동호 다목)

7. 시인부족액에서 같은 조에 따른 상각부인액을 손금으로 추인한 금액을 뺀 금액(동호 라목, 법인세법 시행령 제32조 제1항)

8. 기타 기획재정부령이 정하는 금액(동호 다목)

한편 상증세법 시행령 제56조 제4항은 "제1항에 따른 순손익액은 「법인세법」 제14조에 따른 각 사업연도소득에 제1호의 금액을 더한 금액에서 제2호의 금액을 뺀 금액으로 한다."고 규정하고 있어 차감항목을 제2호에 열거된 사유들만으로 제한하여야 하는지가 문제되는데, 대법원은 "규정의 입법 취지가 평가기준일 이전 최근 3년간 기업이 산출한 순손익액의 가중평균액을 기준으로 평가기준일 현재의 주식가치를 정확히 파악하려는 데 있는 점에 비추어 보면, 상증세법 시행령 제56조 제3항이 정한 최근 3년간의 '순손익액'을 산정함에 있어서는(상증세법 시행령 제56조 제4항 제2호에 열거된 경우가 아니더라

도) 당해 사업연도 말의 퇴직급여추계액을 기준으로 한 퇴직급여충당금 과소
계상액을 차감하는 것이 상당하다."고 판시함으로써 위 규정을 예시적 규정으
로 해석하였다(대법원 2011. 7. 14. 선고 2008두4275 판결 참조).

그러나 국세청에서는 위 대법원 판결에도 불구하고 상증세법 시행령에
열거된 항목만 차감할 수 있다는 입장을 유지하고 있다(서면상속증여-22647,
2015. 02. 17. 참조).[20]

(4) 예외 : 상증세법 시행령 제56조 제2항

다만, 다음 각 호의 요건을 모두 갖춘 경우에는 상증세법 시행령 제54조
제1항에 따른 1주당 최근 3년간의 순손익액의 가중평균액을 기획재정부령으
로 정하는 신용평가전문기관, 「공인회계사법」에 따른 회계법인 또는 「세무사
법」에 따른 세무법인 중 둘 이상의 신용평가전문기관, 「공인회계사법」에 따른
회계법인 또는 「세무사법」에 따른 세무법인이 기획재정부령으로 정하는 기준
에 따라 산출한 1주당 추정이익의 평균가액으로 할 수 있다(상증세법 시행령
제56조 제2항).

1. 일시적이고 우발적인 사건으로 해당 법인의 최근 3년간 순손익액이
   증가하는 등 기획재정부령으로 정하는 경우에 해당할 것
2. 법 제67조 및 제68조에 따른 상속세 과세표준 신고기한 및 증여세 과
   세표준 신고기한까지 1주당 추정이익의 평균가액을 신고할 것
3. 1주당 추정이익의 산정기준일과 평가서작성일이 해당 과세표준 신고
   기한 이내일 것
4. 1주당 추정이익의 산정기준일과 상속개시일 또는 증여일이 같은 연도
   에 속할 것

---

20) 한국공인회계사회, 비상장주식 평가 실무연구, 2018, p.32 이하 참조.

마. 순자산가치의 계산

(1) 개 요

순자산가액은 평가기준일 기준 당해 법인의 자산평가가액에서 부채를 차감한 가액으로 하는데, 법인의 자산을 보충적 방법으로 평가하는 경우 장부가액과 보충적 평가액 중 큰 금액으로 평가하며[21], 이때 순자산가액이 0원 이하인 경우에는 0원으로 한다(상증세법 시행령 제55조 제1항 및 동법 시행규칙 제17조의2).[22]

(2) 자산의 산정

(가) 개 요

법인세법 제2장 제1절은 법인세 과세표준을 구하는 기준을 제시하고 있는데, 상증세법상 자산을 산정함에 있어서도 동법 및 동 시행령에 규정된 기준에 따른다.

즉, 기업의 자산은 익금과 손금의 합에 따른 것이므로 상증세 부과처분의 대상이 되는 자산을 평가함에 있어서도 이를 고려하는 것이다. 예컨대 이 사안에 문제되는 대손금의 경우 법인세법 제19조의2[23] 및 법인세법 시행령 제

---

21) 보충적 평가방법에 의하여 평가한 가액이 장부가액보다 적은 정당한 사유가 있는 경우의 일반적인 예는 감가상각 적용대상자산에 대하여 결산상 감가상각비를 전혀 계상하지 아니한 경우인데, 유형자산손상차손은 자산의 노후화 등으로 인한 가치 감소로 그 자산의 회수가능액이 장부가액에 미달하는 경우 그 차액을 비용으로 인식하는 것이고, 감가상각비는 자산의 노후화 등으로 인한 고정자산의 가치감소를 그 자산의 내용연수에 걸쳐 합리적 방법으로 비용으로 배분하는 것으로서 그 실질이 유사하다(대법원 2014. 3. 13. 선고 2013두20844 판결). 따라서 적정하게 산정된 유형자산손상차손을 전혀 계상하지 아니한 경우에는 장부가액보다 적은 정당한 사유에 해당한다고 봄이 타당하다(서울행정법원 2017. 9. 15. 선고 2016구합54244 판결).

22) 다만, 구 상속세 및 증여세법 시행령(2009. 2. 4. 대통령령 제21292호로 개정되기 전의 것) 부칙 제3조에서 '제55조 제1항의 개정 규정은 이 영 시행 후 최초로 비상장주식을 평가하는 분부터 적용한다.'라고 규정하고 있는데 이는 평가기준일이 개정된 시행령 시행 후인 경우를 의미하므로 위 시행령 개정 전에 평가기준일이 도래한 경우에는 순자산가치가 부수(−)로 산정된다고 하더라도 이를 0원으로 평가할 수 없고, 그대로 부수로 평가하여야 한다(대법원 2019. 1. 17. 선고 2018두56626 판결 참조).

23) 제19조의2(대손금의 손금불산입)

19조의2에 따른 손금산입 사유에 해당하는 경우 자산에서 제외되므로 이를 합산하여 과세처분을 하는 것은 위법하다.

(나) 자산의 가산항목 및 차감항목

위 자산의 가치를 평가하는데 적용되는 가산항목 및 차감항목은 아래와 같다.

---

① 법 제19조의2 제1항에서 "대통령령으로 정하는 사유로 회수할 수 없는 채권"이란 다음 각 호의 어느 하나에 해당하는 것을 말한다.
   1. 「상법」에 따른 소멸시효가 완성된 외상매출금 및 미수금
   2. 「어음법」에 따른 소멸시효가 완성된 어음
   3. 「수표법」에 따른 소멸시효가 완성된 수표
   4. 「민법」에 따른 소멸시효가 완성된 대여금 및 선급금
   5. 「채무자 회생 및 파산에 관한 법률」에 따른 회생계획인가의 결정 또는 법원의 면책결정에 따라 회수불능으로 확정된 채권
   5의2. 「서민의 금융생활 지원에 관한 법률」에 따른 채무조정을 받아 같은 법 제75조의 신용회복지원협약에 따라 면책으로 확정된 채권
   6. 「민사집행법」 제102조에 따라 채무자의 재산에 대한 경매가 취소된 압류채권
   7. 삭제 [2019.2.12]
   8. 채무자의 파산, 강제집행, 형의 집행, 사업의 폐지, 사망, 실종 또는 행방불명으로 회수할 수 없는 채권
   9. 부도발생일부터 6개월 이상 지난 수표 또는 어음상의 채권 및 외상매출금[「조세특례제한법 시행령」 제2조에 따른 중소기업(이하 "중소기업"이라 한다)의 외상매출금으로서 부도발생일 이전의 것에 한정한다]. 다만, 해당 법인이 채무자의 재산에 대하여 저당권을 설정하고 있는 경우는 제외한다.
   10. 재판상 화해 등 확정판결과 같은 효력을 가지는 것으로서 기획재정부령으로 정하는 것에 따라 회수불능으로 확정된 채권
   11. 회수기일이 6개월 이상 지난 채권 중 채권가액이 20만원 이하(채무자별 채권가액의 합계액을 기준으로 한다)인 채권
   12. 제61조 제2항 각 호 외의 부분 단서에 따른 금융회사 등의 채권(같은 항 제13호에 따른 여신전문금융회사인 신기술사업금융업자의 경우에는 신기술사업자에 대한 것에 한정한다) 중 다음 각 목의 채권
      가. 금융감독원장이 기획재정부장관과 협의하여 정한 대손처리기준에 따라 금융회사 등이 금융감독원장으로부터 대손금으로 승인받은 것
      나. 금융감독원장이 가목의 기준에 해당한다고 인정하여 대손처리를 요구한 채권으로 금융회사 등이 대손금으로 계상한 것
   13. 「중소기업창업 지원법」에 따른 중소기업창업투자회사의 창업자에 대한 채권으로서 중소벤처기업부장관이 기획재정부장관과 협의하여 정한 기준에 해당한다고 인정한 것

① 자산 가산항목

1. 지급받을 권리가 확정된 가액(상증세법 시행규칙 제17조의2 제1호)
2. 영업권평가액(상증세법 시행령 제55조). 다만, 다음 각목의 경우는 제외
   가. 충당금중 평가기준일 현재 비용으로 확정된 것. 다만, 사업의 계속이 곤란하다고 인정되는 법인의 주식이나 부동산과다보유법인[24]의 자산 보유 비율이 80%에 달하는 경우는 제외(상증세법 시행령 제54조 제4항 제1호 및 제3호)
   나. 사업개시 전의 법인, 사업개시 후 3년 미만의 법인 또는 휴업·폐업 중인 법인의 주식등. 다만, ① 개인사업자가 무체재산권을 현물출자하거나 조세특례제한법 시행령(대통령령 제28636호 일부개정 2018. 2. 13.) 제29조 제2항에 따른 사업 양도·양수의 방법에 따라 법인으로 전환하는 경우로서 ② 그 법인이 해당 사업용 무형자산을 소유하면서 사업용으로 계속 사용하고, ③ 위 개인사업자와 법인의 사업 영위기간의 합계가 3년 이상인 경우는 제외(①, ②, ③ 모두 해당할 것)(상증세법 시행령 제55조 제3항 제2호 및 동령 제54조 제4항 제2호)

② 자산 차감항목

1. 선급비용(상증세법 시행규칙 제17조의2 제2호)
2. 무형고정자산 중 개발비(상증세법 시행규칙 제17조의2 제2호 및 법인세법 시행령 제24조 제1항 제2호 바목)

(3) 부채의 산정

(가) 개 요

자산에서 부채를 제하면 그 법인의 자본이 산정되는바, 위에서 도출된 자산에 그 부채를 차감하여 그 가치를 산정한다.

---

24) 다만, 통상적인 부동산과다법인의 경우 기준 비율이 50%인 반면, 본 조항의 경우 기준 비율이 80%임.

(나) 부채의 가산항목 및 차감항목

위 부채의 가치를 평가하는데 적용되는 가산항목 및 차감항목은 아래와 같다.

---

① 부채 가산항목

1. 평가기준일까지 발생된 소득에 대한 법인세액, 법인세액의 감면액 또는 과세표준에 부과되는 농어촌특별세액 및 지방소득세액(상증세법 시행규칙 제17조의2 제3호 가목)

2. 평가기준일 현재 이익의 처분으로 확정된 배당금·상여금 및 기타 지급 의무가 확정된 금액(상증세법 시행규칙 제17조의2 제3호 나목)

3. 평가기준일 현재 재직하는 임원 또는 사용인 전원이 퇴직할 경우에 퇴직급여로 지급되어야 할 금액의 추계액(상증세법 시행규칙 제17조의2 제3호 다목)

② 부채 차감항목

1. 평가기준일 현재의 제충당금과 「조세특례제한법」 및 기타 법률에 의한 제 준비금. 다만, 아래 각목의 1에 해당하는 것은 제외한다(상증세법 시행규칙 제17조의2 제4호)

   가. 충당금중 평가기준일 현재 비용으로 확정된 것

   나. 「법인세법」 제30조 제1항에 규정된 보험업을 영위하는 법인의 책임준비금과 비상위험준비금으로서 동법 시행령 제57조 제1항 내지 제3항에 규정된 범위안의 것

바. 취득가액에 따른 비상장주식의 평가

보충적 평가방법에 의하여 비상장주식의 가치를 정하는 경우 비상장법인이 다른 비상장법인의 발행주식총수 등(자기주식 및 자기출자지분 제외) 중 100분의 10 이하의 출자지분을 소유하고 있는 경우에는 그 다른 비상장주식 등의 평가는 법인세법 시행령 제74조 제1항 제1호 마목에 따른 취득가액에 의할 수 있다. 다만, 법 제60조 제1항에 따른 시가가 있으면 시가를 우선하여 적

용한다.

그러나 위 취득가액은 취득 당시의 제반상황을 바탕으로 한 것으로서 취득일로부터 상속세 평가기준일까지 경제상황이나 해당 회사의 손익상황 등의 변화가 전혀 반영되어 있지 않아 상속세 평가기준일 당시의 시가와는 개념상으로나 실제 거래상으로 차이가 있으므로, 위 규정은 상증세법 시행령 제54조 제1, 2항에 의한 순손익가치와 순자산가치의 가중평균법이 적용될 수 있는 경우를 전제로 하여 위 방법에 의한 가액과 상증세법 시행령 제54조 제3항에 따른 취득가액 중 과세관청이 납세자에게 유리한 방법에 따라 선택하여 평가할 수 있다는 취지로 해석하여야 한다(서울고등법원 2018. 10. 31. 선고 2017누76045 판결 참조).

사. 최대주주 등 할증평가

최대주주 또는 최대출자자 및 그의 특수관계인에 대항하는 주주 등의 주식 등에 대해서는 위 평가가액에 그 가액의 100분의 20(대통령령이 정하는 중소기업의 경우에는 100분의 10)을 가산하되, 최대주주 등이 해당 법인의 의결권 있는 발행주식총수 또는 출자총액의 100분의 50을 초과하여 보유하는 경우에는 100분의 30(대통령령이 정하는 중소기업의 경우에는 100분의 15)을 가산한다(상증세법 제63조 제3항).

아. 외국에 있는 비상장주식 등의 평가

평가대상 주식 또는 출자지분이 외국에 있는 경우 상증세법 시행령 제54조 등이 정한 보충적 평가방법을 그대로 적용하는 것이 '부적당하지 않은 때'에 한하여 위 보충적 평가방법을 적용할 수 있는데, 위 보충적 평가방법을 적용하는 것이 '부적당하지 않다'는 점에 관한 증명책임은 과세관청에게 있다(대법원 2010. 1. 14. 선고 2007두5646 판결 등 참조).

보충적 평가방법의 적용 가부와 관련하여 상증세법 시행령 제54조 제1항에 따라 비상장법인의 출자지분의 가치를 순손익가치와 순자산가치를 가중평균하여 산정할 수 있는지 여부가 문제된다.

　순손익가치는 미래의 기대수익을 국내 금융기관이 보증한 3년 만기 회사채 유통수익률을 감안하여 기획재정부 장관이 고시하는 이자율에 의하여 현재가치로 할인한 것이므로 원칙적으로 국내 비상장법인의 출자지분을 그 적용대상으로 하는 것이어서 외국 비상장법인의 출자지분을 그대로 평가하는 경우에는 위와 같은 보충적 평가방법을 그대로 적용할 수 없다.

　순자산가치는 당해 법인의 순자산가액을 기초로 평가[25]하고, 순자산가액은 상증세법 시행령 제55조에 따라 당해 법인의 자산을 상증세법 제60조 내지 제66조의 규정에 의하여 평가한 가액에서 부채를 차감한 가액으로 평가하는바, 당해 법인의 자산을 평가함에 있어 상증세법 제61조 제1항 제1호는 '개별공시지가'에 의하여 토지를 평가하도록 하고, 같은 항 제2호는 '매년 1회 이상 국세청장이 산정·고시하는 가액'에 의하여 건물을 평가하도록 하고 있으므로, 원칙적으로 비상장 출자지분의 가치를 평가하는 기초가 되는 순자산가치 역시 '국내 재산'을 그 적용대상으로 한다고 볼 수 있다(서울고등법원 2018. 10. 31. 선고 2017누76045 판결).[26][27]

　외국에 있는 상속 또는 증여재산으로서 위 법 제60조 내지 제65조에 규정된 평가원칙들을 적용하는 것이 부적당한 경우에는 당해 재산이 국가에서 조세 부과를 위하여 평가한 가액을 평가액으로 하고, 위 평가액이 없는 경우에는 세무서장 등이 국내외 감정기관에 의뢰하여 감정한 가액을 참작하여 세

---

25) 상증세법 시행령 제54조
　② 제1항의 규정에 의한 1주당 순자산가치는 다음의 산식에 의하여 평가한 가액으로 한다.
　1주당 가액 = 당해법인의 순자산가액 ÷ 발행주식총수
26) 위 판결은 대법원 2019. 2. 18. 선고 2018두64252 판결로 확정되었다.
27) 위 판결은 해외 부동산을 주요 자산으로 보유하고 있는 외국법인이 처한 경제환경과 무관하게 위와 같은 방법을 그대로 적용하게 되면 그 외국법인의 순자산가치를 제대로 산정할 수 없게 되므로, 구 상증세법 시행령 제54조 제4항에 따라 순자산가치에 의해서만 비상장 출자지분을 보충적으로 평가하는 방법 역시 부동산 개발 프로젝트를 사업 목적으로 하면서 해외 부동산을 주요 자산으로 보유하고 있는 외국 비상장법인의 출자지분의 가치를 평가함에 있어 적당한 방법이라고 보기 어렵다고 보았다.

액을 평가한다(상증세법 시행령 제58조의3).

2. 이 사건의 분석

가. 사안의 쟁점

앞에서 살펴본 것과 같이 상증세법 및 상증세법 시행령은 주식에 대하여 감정을 제외한 거래가액을 인정하는 한편, 보충적 평가방법에 의한 재산의 가치평가도 예정하고 있다. 재산의 가치평가는 그 예정된 순서에도 불구하고 그 가액의 산정이 합리적으로 이루어졌다면 인정하는 것이 종전 법원의 입장이었다. 그런데 사안에서 원고는 재산 평가의 적절성과는 무관하게 보충적 평가방법에 의한 주식의 가치평가를 부적절하다고 주장하는 한편, 순자산가치, 순손익액의 산정 등이 위법하게 이루어졌다고 주장하였는바, 이에 대하여 위 가액들의 산정이 합리적으로 이루어진 것인지 문제되었다.

나. 보충적 평가방법을 이용하여 주식의 가치를 평가한 것이 적절한지 여부

이 사안에서 원고는 보충적 평가방법을 사용한 것이 위법하므로 감정을 시행하여야 한다고 주장하였으나, 위 주식에 대한 별다른 거래가액이 존재하지 않는 점, 상증세법 시행령 제49조 제1항 제2호에 따르면 주식의 가치판단에 있어 감정가액을 인정하지 않는 점, 법원은 이에 반하는 원고의 주장을 기각하였다.

다. 순자산가치 산정이 적절하게 이루어졌는지 여부

이 사안에서는 관할 세무서장이 순자산가치 및 순손익가치를 과도하게 산정하였는지 여부가 주로 문제되었는데, 구체적으로는 대손의 인정여부를 검토하였다. 법원은 상증세법 시행규칙 제17조의2 제4호 및 가목은 '영 제55조

제2항의 규정에 의한 무형자산·준비금·충당금 등 기타 자산 및 부채의 평가
에 있어서 평가기준일 현재의 제 충당금은 이를 부채에서 차감하여 계산하되,
"충당금 중 평가기준일 현재 비용으로 확정된 것"은 차감하지 아니한다.'고 규
정하고 있고, 동목에서 법인의 자산에 대한 평가에 있어 평가기준일 현재의
대손충당금을 부채에서 차감하도록 하면서 '충당금 중 평가기준일 현재 비용
으로 확정된 것'을 제외하도록 하는 취지는 대손충당금은 아직 대손이 확정된
부분이 아니기 때문에 채권액을 평가할 때 자산인 채권액에서 차감하지 못하
도록 한 것이며 다만 대손이 확정되어 비용으로 처리할 수 있는 부분은 예외
로 한다는 것이어서 대출채권에 대한 대손충당금은 앞서 본 금융감독원장의
대손승인을 받는 등으로 대손이 확정된 것이 아닌 한 대출채권액을 평가할 때
이를 그 채권액에서 공제할 수 없다고 보아 원칙적으로 대손충당금은 채권액
에서 공제되지 않는다는 입장을 취하였다.

　　다만, 법원은 구 상증세법 시행령 제55조 제1항에서 '순자산가액은 평가
기준일 현재 당해 법인의 자산을 평가한 금액에서 부채를 차감한 금액으로 한
다.'고 규정하고 있는 점, 구 법인세법 제34조 제2항은 '내국법인이 보유하고
있는 채권 중 채무자의 파산 등 대통령령이 정하는 사유로 회수할 수 없는 채
권의 금액은 당해 사업연도의 소득금액계산에 있어서 이를 손금에 산입한다.'
고 규정하고 있으며, 구 법인세법 시행령 제62조 제1항은 '법 제34조 제2항에
서 "대통령령으로 정하는 사유로 회수할 수 없는 채권"이라 함은 다음 각 호
의 어느 하나에 해당하는 것을 말한다.'고 규정하면서 그 중 하나로 '금융감독
원장이 기획재정부장관과 협의하여 정한 대손처리기준에 따라 금융기관이 금
융감독원장으로부터 대손금을 승인받은 것'(제12호 가목)을 들고 있음을 고려
하여 이 부분에 대한 원고의 청구를 인용하였다.

라. 순손익액 산정이 적절하게 이루어졌는지 여부

　A 회사는 6월 말 회계법인이고 위 7만주에 대한 평가기준일이 2008. 2.

4.인바, 평가기준일 이전 1년이 되는 사업연도는 '2006. 7. 1.~2007. 6. 30.', 평가기준일 이선 2년이 되는 사업연도는 '2005. 7. 1.~2006. 6. 30.' 및 평가기준일 이전 3년이 되는 사업연도는 '2004. 7. 1.~2005. 6. 30.'인데, 원고가 위 7만주에 대한 순손익가치 평가시 반영해달라고 주장하는 대손금 약 174억 원은 2007. 7. 1.부터 2007. 12. 31.까지 사이에 발생된 것으로서 위 각 사업연도에 포함되지 않으므로 피고가 이 사건 위 7만주에 대한 순손익가치 평가시 위 대손금을 반영하지 아니한 것은 사업연도가 다른 점을 감안한 것이었다.

마. 판결의 의의

비상장주식의 가치평가는 거래가액 등 다른 수단을 통하여 그 가치를 판단하기 어려운 특성상 재산의 평가 중에서도 가장 어려운 부분이라고 볼 수 있고, 그 판단기준에 대하여 지속적인 검토가 필요한 부분이라고 할 것인데, 이 판결은 순자산가치의 평가에 있어 대손충당금의 인정 기준을 제시한 사례로서 그 의의를 갖는다고 볼 수 있다.

3. 관련 사례 등

증여행위 이후 유상증자를 한 경우 주식가치의 평가(서울고등법원 2013누29720 사건)

회사 대표이사가 회사 직원들의 명의로 명의신탁을 한 다음 유상증자를 하였는데, 이에 대하여 관할국세청장이 명의신탁 증여의제 규정을 적용하면서 1주당 순손익가치를 증자 이전 구주를 기준으로 평가하여 증여세 부과처분을 하였고, 이에 대하여 당해 사건 원고들은 상증세법 시행령(2011. 7. 25. 대통령령 제23040호로 개정되기 전의 것) 제56조 제2항을 적용하여 주식의 가치를 평가하여 줄 것을 청구하였음. 이에 법원은 비록 명시적 규정은 없으나 증여세 부과처분을 함에 있어 유상증자에 따른 주식가치 희석을 반영하여야 한다는 취지의 조정권고를 하였고, 과세관청은 이에 동의하였음.

매매사례가액을 인정할 수 없는 경우(대법원 2018. 8. 16. 선고 2018두42672 판결)

비록 수년간에 걸친 비상장주식의 거래내역이 존재한다고 할지라도, 그 거래가 급매여서 제대로 가치평가를 하지 못한 점, 거래가격 결정 기준 내지 과정을 알 수 있는 자료가 존재하지 않는 점, 당해 사건 법인이 수년간 매출, 영업이익, 당기순이익 등이 증가한 점, 당해 사건 경매절차에서 수차례 유찰된 점 등을 고려하면 당해 사건의 매각가격은 당해 사건 법인 주식의 객관적 교환가치를 적정하게 반영한 것이라고 볼 수 없음.

유형자산손상차손을 반영하여 평가기준일 당시 순자산가치를 0원으로 평가한 사례(대법원 2019. 2. 18. 선고 2018두64252 판결)

3년 이상 결손금이 발생한 법인은 그 발행주식을 순자산가치에 의하여 평가하는데, 평가기준일 당시 A 회사의 순자산가액은 0원 이하이므로(자본총계 약 830억 - 유형자산손상차손 약 1000억 원), B 회사의 순자산가액 평가시 A 법인 발행주식 평가액은 0원임.

① C 회사 및 B 회사 간 A 회사 발행주식에 관한 매각대금을 주당 10원으로 합의한 사실이 있다고 하더라도 협상이 결렬된 점, 위 거래는 경영권 이전과 관련된 점을 고려하면 이를 매매 실례로 볼 수 없음.

② A 회사의 주력사업이 자산의 노후화와 과다경쟁 등으로 인하여 수익성이 떨어졌고, 이로 인하여 5년 간 누적 당기순실액이 약 1,100억 원에 이르렀는바, 이는 자산에서 발생하는 영업손익이 유의적으로 악화된 것으로 자산손상을 시사하는 징후에 해당하였지만, A 회사는 위 기간 중 유형자산손상차손을 인식하지 않았다가, 수년간의 유형자산손상차손을 일거에 반영하였으며, 달리 과다계상된 것이라고 인정할 증거가 없음.

③ A 회사가 이후 자본잠식에서 벗어나고 당기순이익이 발생한 것은 평가기준일 이후 약 300억 원의 유상증자 및 기업구조조정에 따른 것임.

46

최대주주 할증평가

– 대법원 2018. 2. 8. 선고 2017두48451 판결 –

» 상증세법상 최대주주 할증평가는 상증세법상 가장 큰 쟁점 중 하나임. 예컨대 일률적인 할증률과 경영권 프리미엄의 이전이 없는 경우에도 일률적으로 할증평가를 하는 것으로 말미암아 제도개선을 요구하는 목소리가 큼. 사안은 명의신탁 증여의제로 말미암은 증여세를 부과함에 있어 최대주주 할증평가를 할 수 있는지 여부가 문제된 것으로, 최대주주 할증평가의 적용요건 및 효과를 중심으로 제도 전반에 대하여 검토해보고자 함.

상속세 및 증여세법

제63조(유가증권 등의 평가)

① 유가증권 등의 평가는 다음 각 호의 어느 하나에서 정하는 방법으로 한다.

   1. 주식 등의 평가

      나. 가목 외의 주식 등은 해당 법인의 자산 및 수익 등을 고려하여 대통령령으로 정하는 방법으로 평가한다.

③ 제1항 제1호, 제2항 및 제60조 제2항을 적용할 때 대통령령으로 정하는 최대주주 또는 최대출자자 및 그의 특수관계인에 해당하는 주주 등(이하 이 항에서 "최대주주 등"이라 한다)의 주식등(평가기준일이 속하는 사업연도 전 3년 이내의 사업연도부터 계속하여 「법인세법」 제14조 제2항에 따른 결손금이 있는 법인의 주식 등 대통령령으로 정하는 주식 등은 제외한다)에 대해서는 제1항 제1호 및 제2항에 따라 평가한 가액 또는 제60조 제2항에 따라 인정되는 가액에 그 가액의 100분의 20(대통령령으로 정하는 중소기업의 경우에는 100분의 10으로 한다)을 가산하되, 최대주주 등이 해당 법인의 의결권 있는 발

행주식총수 또는 출자총액의 100분의 50을 초과하여 보유하는 경우에는 100분의 30(대통령령으로 정하는 중소기업의 경우에는 100분의 15로 한다)을 가산한다. 이 경우 최대주주 등이 보유하는 주식 등의 계산방법은 대통령령으로 정한다.

I 대상사건의 개요

1. 사실관계의 요지

원고 甲, 乙은 주식회사 A 설립 당시 발기인으로 참가하였는데, 위 회사 주식의 실제 소유자는 대표이사 丙이었으나, 그 중 일부를 명의신탁 받았음(원고들 각 30%, 소외 丁 5%, 丙 35%).

관할 세무서장은 2015. 3.경 위 명의신탁을 이유로 원고들에게 대하여 구 상증세법 제45조의2를 적용하는 한편, 위 주식이 최대주주 등의 보유 주식이라는 이유로 동법 제63조 제3항에 따른 할증평가를 적용하여 증여세 약 10억 원을 부과하였음.

※ 구 상증세법 시행령이 2016. 2. 5. 대통령령 제26960호로 개정되면서 명의신탁 증여의제에 따라 증여세를 부과하는 경우가 최대주주 할증평가 예외사유로 추가되었으나, 그 부칙 제7조에서 위 개정 규정을 위 시행령 시행[28](2016. 2. 5. 시행) 이후 평가하는 분부터 적용하도록 하였음.

---

28) 상속세 및 증여세법 시행령(2016. 2. 5. 대통령령 제26960호로 개정된 것) 부칙
　　제1조(시행일) 이 영은 공포한 날부터 시행한다.
　　제7조(최대주주 등에 대한 할증평가의 적용이 배제되는 주식 등에 관한 적용례) 제53조 제6항 제8호의 개정규정은 이 영 시행 이후 평가하는 분부터 적용한다.

2. 원고의 주장 요지

원고들은 상법상 발기인 정족수를 충족하기 위하여 이사로 등록된 것일 뿐이고,[29] 달리 조세회피의 목적이 없었으며, 실제로 회피된 조세도 없거나 경미하였으므로 원고들에 대한 위 증여세 부과처분은 위법함.

설령 원고들에게 위 명의신탁 증여의제 규정이 적용된다고 하더라도 원고들은 주식의 명의만 이전받았을 뿐, 실질적인 지배권은 넘겨받지 못하였으므로 지배권 이전에 대한 프리미엄을 이유로 한 할증평가는 위법함.

구 상증세법 시행령 제19조 제2항 제2호(현 상증세법 시행령 제12조의2 참조)의 특수관계인[30]으로서 '사용인'이란 실제 해당 회사와 고용계약관계를 맺고 근로제공에 대한 대가를 지급받는 자를 의미하는 것으로, 단지 법인등기부상 임원으로 등재되어 있을 뿐 실제 A 회사와 아무런 고용계약관계를 맺고 그 업무를 수행한 사실이 없고, 그 대가를 받은 적도 없는 원고들은 위 사용인에 포함된다고 볼 수 없으므로 위 명의신탁은 구 상증세법 시행령 제53조 제5항 제6호[31]에서 정한 할증평가의 예외사유에 해당함.

---

29) 현행 상법은 발기인이 1명만을 요구하지만, 1995. 12. 29. 법률 제5053호로 개정되기 전에는 7인 이상, 2001. 7. 24. 법률 제6488호로 개정되기 전에는 발기인이 3명 이상 존재할 것을 요구하고 있었음(제288조).

30) 자세한 논의는 [22] 저가양수에 따른 이익의 증여 사례 참조.

31) 구 상속세 및 증여세법 시행령(2005. 8. 5. 대통령령 제18989호로 개정되기 전의 것)
　　제53조(협회등록법인의 주식 등의 평가 등)
　　③ 법 제63조 제3항에서 "대통령령이 정하는 최대주주 또는 최대출자자 및 그와 특수관계에 있는 주주 또는 출자자"라 함은 제19조 제2항 각호외의 부분의 규정에 의한 주주 등 1인과 동항 각호의 1의 관계에 있는 자를 말한다.
　　⑤ 법 제63조 제3항에서 "대통령령이 정하는 주식 등"이라 함은 다음 각호의 1에 해당하는 경우의 당해 주식 등을 말한다.
　　　6. 최대주주 등이 보유하고 있는 주식 등을 최대주주 등외의 자가 법 제47조 제2항에서 규정하고 있는 기간 이내에 상속 또는 증여받은 경우로서 상속 또는 증여로 인하여 최대주주 등에 해당되지 아니하는 경우

3. 판결 요지

가. 제1심 및 항소심 법원(피고 승소)

(1) 위 명의신탁에 조세회피목적이 존재하지 않는지 여부

명의신탁 행위에 대한 구 상증세법 제45조의2가 적용되는 경우, 명의자는 명의신탁에 있어 조세회피와는 무관한 뚜렷한 목적이 존재하고, 명의신탁으로 말미암아 회피될 조세가 없었음을 객관적이고 납득할 만한 증거자료에 의하여 입증하여야 함.

위 명의신탁으로 인하여 丙의 주식지분은 50% 미만이 되어 과점주주의 제2차 납세의무를 면하게 된 점, A 회사의 배당가능자원이 최대 633억 원에 달하여 향후 종합소득세 회피가 예상되는 점 등을 고려하면 대표이사가 원고에게 위 주식을 발기인 수를 충족할 목적으로 명의신탁한 것이라고 보기 어려움.

(2) 최대주주 할증평가가 조세평등주의 등에 위배되는지 여부

상증세법 제63조 제3항이 최대주주 등의 보유주식의 가치를 다른 주주의 보유주식과 달리 취급한 것은 주식의 가치 및 회사 지배권의 특성을 감안하여 공평한 조세부담을 통한 조세정의의 실현 요구, 징세의 효율성이라는 조세정책적, 기술적 요구를 종합적으로 고려하여 결정한 것이고, 그 입법목적에 비추어 자의적이거나 임의적인 것으로서 입법형성권의 한계를 벗어났다고 할 수 없음.

(3) 원고들이 최대주주의 특수관계인이 아니어서 최대주주 할증평가 적용 제외사유에 해당하는지 여부

구 상증세법 시행령 제53조 제3항, 제19조 제2항 제2호에서 정한 '사용인'은 같은 시행령 제13조 제6항 제2호 소정의 '사용인'과 동일한 개념으로서 '출자에 의하여 지배하고 있는 법인의 사용인'을 포함하므로 최대주주 등이 30% 이상 출자하고 있는 회사의 사용인도 여기에 포함됨.

같은 시행령의 위임을 받은 구 상증세법 시행규칙(2005. 3. 19. 기획재정부령 제425호로 개정되기 전의 것) 제4조는 사용인의 정의에 대해 '임원·상업사용인 및 그 밖에 고용계약관계에 있는 자를 말한다.'라고 규정하고 있으며, 사용인 중 임원에 대해서는 같은 시행령 제13조 제4항 제1호에서 '법인세법 시행령 제43조 제6항의 규정에 의한 임원과 퇴직 후 5년이 경과하지 아니한 그 임원이었던 자를 말한다.'라고 규정하고 있고, 구 법인세법 시행령(2005. 8. 19. 대통령령 제19010호로 개정되기 전의 것) 제43조 제6항 제1호는 임원에 대하여 '이사회의 구성원 전원'을 규정하고 있음.

위 규정들을 종합하면, 원고들이 이 사건 회사의 법인등기부상 이사로 등재되어 있었던 이상 임원으로서 사용인에 해당한다 할 것이고, 회사와 고용계약을 체결하고 실제 업무를 수행하거나 대가를 받은 적이 없다 하여 달리 볼 아무런 근거가 없을 뿐만 아니라, 그러한 경우에도 특수관계인으로서 규율할 필요성은 존재함.

나. 상고심 법원(피고 승소)

(1) 최대주주 할증평가가 조세평등주의 등에 위배되는지 여부

최대주주 할증평가는 지배주주가 소유하는 주식은 경영권과 관계가 있고 소액주주가 소유하는 주식에 비하여 양도성 등에 차이가 있어 거래현실상 일반적으로 그 가치가 높게 평가되는 점을 반영하자는 것이지, 현실적으로 경영권 이전의 결과가 발생하는지에 따라 그 주식의 평가가 달라진다는 취지를 규정한 것이 아님(대법원 2003. 2. 11. 선고 2001두8292 판결 참조).

(2) 상증세법 시행령(2016. 2. 5. 대통령령 제26960호로 개정된 것) 부칙 제7조의 해석

구 상증세법 시행령이 2016. 2. 5. 대통령령 제26960호로 개정되면서 '주식 등의 실제 소유자와 명의자가 다른 경우로서 법 제45조의2에 따라 해당 주식 등을 명의자가 실제 소유자로부터 증여받은 경우', 즉 명의신탁재산 증여 의제의 경우가 최대주주 할증평가 예외사유로 추가되었으나(제53조 제6항 제8호), 그 부칙 제7조에서 위 개정 규정을 위 시행령 시행 이후 평가하는 분부터 적용하도록 하고 있음을 고려하면 명의신탁재산 증여 의제의 경우 그 제재로서의 성격을 감안하더라도 2016. 2. 5. 개정된 구 상증세법 시행령의 시행 전에 해당 주식의 가액을 평가하였다면, 그전의 법령에 따라 최대주주 할증가액이 가산된다고 보아야 함.

Ⅱ 해설

1. 최대주주 할증평가

가. 의 의

주식의 가치를 평가함에 있어 최대주주의 주식 등 특정한 경우에 대하여 상증세법은 그 주식 등의 평가가액에 일정 비율만큼을 가산한 다음, 이를 기준으로 증여세를 부과하는데, 이를 최대주주 할증평가라고 한다(상증세법 제63조 제3항). 위 제도는 최대주주 등이 보유하는 주식은 그 가치에 더하여 당해 회사의 경영권 내지 지배권을 행사할 수 있는 특수한 가치, 이른바 '경영권(지배권) 프리미엄'을 지니고 있고, 이와 같은 회사의 지배권이 정당한 조세부과를 받지 아니하고 낮은 액수의 세금만을 부담한 채 이전되는 것을 방지하기 위하여 적정한 과세를 위한 공정한 평가방법을 두고자 도입되었다(서울고등법원 2012. 10. 24. 선고 2012나3168 판결).

최대주주 할증평가는 지배주주가 보유하는 주식은 경영권과 관계가 있고 소액주주가 소유하는 주식에 비하여 양도성 등에 차이가 있어 거래현실상 일반적으로 가치가 높게 평가되는 점을 반영하자는 것이지, 현실적으로 경영권이전의 결과가 발생하는지에 따라 주식의 평가가 달라진다는 취지를 규정한 것이 아니므로(대법원 2003. 2. 11. 선고 2001두8292 판결 등 참조), 양수인이 실제로 경영권을 이전받았는지 여부는 법 제63조 제3항의 적용 여부에 영향을 미치지 않는다.

나. 할증평가 요건

(1) 개 요

상증세법은 상증세액 계산시 원칙적으로 최대주주가 보유하고 있는 주식의 가치에 대하여 할증평가를 한다. 다만, 종전에는 일률적·획일적 할증가산으로 문제가 되었다면 현재는 경영권 프리미엄이 이전되는 경우 등을 구분하여 그 적용에 예외를 두고 있으며 할증 비율도 차등하고 있다.

(2) 할증평가의 대상

상증세법에 따른 할증대상은 전반적으로 확대되고 있다. 다만, 결손법인 등 상증세를 부과하기 부적절한 경우에는 그 적용을 부정한다(상증세법 제63조 제3항).

┃표 연도별 할증대상 변화

(단위 : 년)

1993. 이후	1997. 이후	2000. 이후	2003. 이후	2009. 이후	2016. 2. 5.~
비상장 법인의 지배주주	모든 법인의 최대주주	• 할증률 차등 적용 개시 • 결손법인 할증제외	• 결손법인 등 할증제외 (제외 대상 확대)	• 시가 평가 포함(제60조 제2항)	• 명의신탁 증여의제 제외

할증평가의 대상과 관련하여 최대주주가 보유한 비상장주식의 가액을 보충적 평가방법이 아닌 시가 적격성을 갖춘 매매실례가액으로 산정하는 경우에도 그 매매실례가액에 경영권 프리미엄 등의 가치가 반영되어 있지 않은 것으로 보아 30%의 할증평가규정을 적용하는 것이 타당한지 여부가 문제되었다.

이와 관련하여 할증평가규정의 일률적인 적용은 부당하다는 입장[32]에서는 (1) 비상장주식의 매매실례가액에 경영권 프리미엄 등의 가치가 포함되어 있을 수 있음에도 이를 간과하고 있는 점,(2) 할증률을 20% 또는 30% 등 일률적으로 산정하고 있는 것은 비합리적이라는 점 등을 이유로 위의 경우 할증평가규정의 적용을 반대하고 있다.

반면 헌법재판소는 "최대주주 등의 주식에 100분의 10을 가산하여 평가하도록 규정한 심판대상조문이 최대주주 등의 보유주식 등의 가치를 다른 주

---

32) 김동수, "비상장주식을 시가에 의하여 평가하는 경우에도 상속세 및 증여세법 제63조 제3항의 할증평가규정을 적용할 것인지", 『조세판례백선 2』, 2015, 한국세법학회, 박영사.

주의 보유주식 등과 달리 취급하면서 예외를 인정하지 아니하는 일률적인 규율방식을 취하였고, 또한 거래 주식 등의 수량이나 거래의 상대방 등에 따라 그 적용범위를 한정하는 방식을 취하지 아니하였다고 하더라도, 이는 주식 등의 가치 및 회사 지배권의 특성을 감안한 바탕 위에 공평한 조세부담을 통한 조세정의의 실현 요구, 징세의 효율성이라는 조세정책적, 기술적 요구를 종합적으로 고려하여 결정한 것이라고 할 수 있을 뿐, 그 입법목적에 비추어 자의적이거나 임의적인 것으로서 입법형성권의 한계를 벗어났다고 볼 수 없으므로 조세평등주의에 위반되지 아니한다는 것(헌재 2003. 1. 30. 2002헌바65)."이라고 판시하면서 일률적인 할증평가 규정의 적용이 헌법상의 원리·원칙에 반하지 않는다고 판단하였다.

법원은 "최대주주 할증평가는 지배주주가 소유하는 주식은 경영권과 관계가 있고 소액주주가 소유하는 주식에 비하여 양도성 등에 차이가 있어 거래 현실상 일반적으로 가치가 높게 평가되는 점을 반영하자는 것이지, 현실적으로 경영권 이전의 결과가 발생하는지에 따라 주식의 평가가 달라진다는 취지를 규정한 것이 아니"라고 판시하여 왔고(대법원 2003. 2. 11. 선고 2001두8292 판결 참조), 본 사안에서도 법원은 종전 법원 판시를 인용하며 가치 이전 등과 무관한 할증평가 규정의 일률적 적용을 긍정하였다.

(3) 최대주주 등의 범위

(가) 개 요

"최대주주 등"이란 주주 1인 및 그와 특수관계에 있는 주주(특수관계에 있는 주주 그룹)가 평가기준일 현재 보유하고 있는 의결권이 있는 주식 등의 합계를 주주 그룹 별로 계산하여 해당 법인에서 보유 지분율이 가장 많은 주주 그룹에 속하는 모든 주주를 말하는데, 다음 사항에 유의하여 최대주주 등에 해당하는지 여부를 판단한다.

(나) 고려사항

① 연도별 할증평가 대상인 최대주주 등의 범위 개정내용을 확인할 것

┃표 연도별 최대주주 등의 범위 개정내역

1993. 1. 1.~ 1996. 12. 31.	1997. 1. 1.~ 1999. 12. 31.	2000. 1. 1. 이후
• 지배주주 소유 지분율이 1% 이상인 주주로서 그와 특수관계에 있는 주주의 주식합계가 해당 법인에서 가장 많은 경우의 해당 주주 등	• 최대주주 등 주주 1인과 특수관계에 있는 주주가 보유한 주식의 합계가 10% 이상인 경우로서 해당 법인에서 가장 많은 경우의 해당 주주 등	• 최대주주 등 주주 1인과 특수관계에 있는 주주가 보유한 주식의 합계가 해당 법인에서 가장 많은 경우의 해당 주주 등

② 의결권 있는 주식이 할증대상이므로 자기주식을 제외하고 지분율 계산

③ 2000. 1. 1. 이후부터 평가기준일 전 1년 이내에 양도, 증여한 주식을 합산하여 지분율 계산

④ 최대주주 등에 해당되면 각 주주 지분율에 관계없이 모두 동일한 할증률 적용[33]

　　* 최대주주 등이 차명으로 보유한 주식도 합산하여 최대주주 등 지분율 계산

(다) 최대주주 등에 해당되는 주주는 그의 지분율에 관계없이 모두 동일한 할증률을 적용하며, 최대주주 등의 그룹이 2 이상인 경우(즉, 지분율이 같은 경우)에는 그 모두를 최대주주 등으로 보아 할증 평가한다.[34]

(라) 비상장법인(A)이 다른 법인(B)의 최대주주로서 주식을 보유하고 있는 경우에는 A법인의 순자산가액 산정시 B법인의 주식을 할증 평가한 가액으로 하고, A법인의 최대주주 등에 대해서는 그 A법인의 주식 평가액에 대하여 할증평가 규정을 적용한다.[35]

---

33) 국세청, 앞의 책, p.476 참조.
34) 국세청, 앞의 책, p.477 참조.
35) 국세청, 앞의 책, p.477 참조.

다. 할증평가율

최대주주 또는 최대출자자 및 그와 특수관계에 있는 주주 또는 출자자의 주식 등에 대하여는 그 평가액에 그 가액의 20%(중소기업은 10%)를 가산하되, 최대주주 등이 해당 법인의 발행주식총수 등의 50%를 초과하여 보유하는 경우에는 30%(중소기업의 경우 15%)를 가산한다(상증세법 제63조 제3항). 이때 중소기업은 중소기업기본법 제2조에 따른 국내[36] 중소기업을 의미한다(상증세법 시행령 제53조 제7항).

라. 할증평가를 하지 않는 경우

조세특례제한법 제101조, 상증세법 제63조 제3항 전단 및 동법 시행령 제53조 제6항에서 정한 할증평가 제외사유는 아래와 같다.

(1) 평가기준일이 기준, 3년 간 계속해서 결손법인인 경우

(2) 평가기준일 전후 6월(증여의 경우에는 3월) 이내에 최대주주 등이 보유하는 주식 등이 전부 매각된 경우[37]

(3) 합병·증자·감자·현물출자·전환사채 이익 전환에 따른 이익을 계산하는 경우

(4) 평가대상인 주식 등을 발행한 법인이 보유한 타 법인의 주식 등을 평가하는 경우[38]

(5) 평가기준일부터 소급하여 3년 이내에 사업을 개시한 법인으로서 각 사업연도의 기업회계기준에 의한 영업이익이 모두 영 이하인 경우

(6) 평가대상 주식 등을 발행한 법인의 청산이 확정된 경우

(7) 최대주주 등이 보유하고 있는 주식 등을 최대주주 등이 아닌 자가 증여일로부터 10년 이내에 상속 또는 증여받았음에도 최대주주 등이 아닌 경우

---

36) 서면4팀-1559, 2004. 10. 5.

37) 시행령 제49조 제1항 제1호에 적합한 경우 한정.

38) 타 법인이 보유한 또 다른 법인의 주식도 포함.

(8) 명의신탁 증여의제가 이루어진 경우(2016. 2. 5. 평가하는 분부터)

(9) 중소기업의 최대주주 등이 상속 또는 증여를 받은 경우(2020. 12. 31.까지
예정)

2. 이 사건의 분석

이 사안에서는 명의신탁 증여의제의 적용이 적법한지 여부 및 최대주주
의 할증평가 요건에 해당하는지 문제되었다. 특히 명의신탁 증여의제가 이루
어진 경우, 구 상증세법 시행령 제53조 제6항 제8호가 적용될 수 있는지가 문
제되었다.

명의신탁 증여의제의 적용과 관련하여, 법원은 종래의 판시를 원용하며,
조세회피의 정황이 존재하는 이상 조세회피목적의 존재가 인정됨을 근거로
원고에 대한 명의신탁 증여의제 조문의 규율이 적법하다고 판단하였다.

특수관계인 해당 여부에 대해서도 법원은 조문의 문리해석상 실제 업무
수행 여부와는 무관하게 임원으로 등재되어 있던 원고들이 특수관계인에 해
당한다고 판단하였다.[39]

법원은 구 상증세법 시행령 제53조 제6항 제8호의 적용 여부와 관련하여
위 시행령 부칙 제7조에 의거, 주식의 가치 평가가 이루어진 때를 기준으로
구 상증세법 시행령 제53조 제6항 제8호의 적용 여부가 정해진다고 하였다.
즉, 위 주식 평가는 구 상증세법 시행령 시행(2016. 2. 15.) 이전에 행하여진 것
으로서 위 시행령 부칙 제7조에 비추어 보았을 때 최대주주 할증평가의 대상
이 된다.[40]

---

39) 백현민, "명의신탁주식의 최대주주 할증평가 적용 및 최대주주 판단기준", 「TAX ANALYSIS」
2018년 5월호, 2018, 법무법인(유) 율촌, pp.40~41에서는 위 판결에 대하여 법인등기부상 이사
로 등재되어 있을 뿐 실질적으로 회사와 고용관계가 없는 경우 최대주주가 출자한 법인의 사용
인으로서 최대주주와 특수관계에 있다고 보는 것은 실질과세의 원칙에 부합하지 않는 점 등을
고려하면 부당하다고 평석하였다.

40) 백현민, 앞의 글, p.40은 '주식 명의신탁의 본질은 주식 소유권이 실제로 이전되지 않은 채 명의

이 사안은 최대주주 할증평가가 조세평등주의 등에 위배되는지 여부, 특수관계인 해당 여부, 명의신탁에 있어서 조세회피 목적, 명의신탁 증여의제에 있어서 최대주주 할증평가 제외사유의 적용시기 등에 대하여 명백히 한 사례로서 그 의의를 지닌다고 할 것이다.

3. 관련 사례 등

가. 판 례

최대주주 할증평가 예외사유로 명의신탁재산 증여 의제를 추가하도록 상증세법 시행령이 개정되었으나 동 시행령 시행 전 명의신탁 주식의 가액을 평가한 경우(대법원 2018. 2. 8. 선고 2017두48451 판결)
구 상증세법 시행령이 2016. 2. 5. 대통령령 제26960호로 개정되면서 명의신탁재산 증여 의제의 경우가 최대주주 할증평가 예외사유로 추가되었으나(제53조 제6항 제8호), 부칙 제7조에서 위 개정 규정을 위 시행령 시행 이후 평가하는 분부터 적용하도록 하고 있음. 이러한 최대주주 할증평가 관련 규정의 입법 취지 등을 종합적으로 고려하면, 명의신탁재산 증여 의제의 경우 제재로서의 성격을 감안하더라도 2016. 2. 5. 개정된 구 상증세법 시행령의 시행 전에 해당 주식의 가액을 평가하였다면, 그 전의 법령에 따라 최대주주 할증가액이 가산됨.

최대주주 할증평가 예외사유를 규정한 상증세법 시행령 제53조 제6항이 예시적 규정인지 여부(서울고등법원 2019. 5. 3. 선고 2018누70990 판결)
구 상증세법 시행령 제53조 제5항(현 상증세법 시행령 제53조 제6항)의 제 · 개정 내역에 따르면 예외사유가 점점 확대되어 온 점, 위 규정을 열거규정으로 해석하더라도 최대주주 할증평가가 지나치게 확대적용될 우려가 있다고 보기 어려운 점 등을 고려하면 위 시행령 규정을 예시적 조항으로 보기 어려움.

만 바꾸는 것에 불과한 점, 그럼에도 명의신탁 증여의제에 대하여 최대주주 할증평가를 하는 것은 명의신탁 증여의제에 따른 증여세 부과의 법적 성격이 행정벌이라는 점에서 가공의 경영권 프리미엄을 제재 강도의 판단 기준으로 삼는 것은 불합리하다는 점'을 근거로 위 판례의 결론을 비판하였다.

나. 예규 등

> **외국법인이 할증평가 제외 대상인 3년 이상 결손법인인지 여부**(재산상속 46014-39, 2003. 2. 17.)
>
> 결손법인이란 상증세법 제56조 제1항 제1호의 "1주당 최근 3년간의 순손익액의 가중평균액"의 계산시 각 사업연도 순손익액이 모두 결손인 법인을 말한다. 그 법인이 외국법인이면 해당 법인 소재지국의 관련 조세법령에 따라 산출한 각 사업연도의 순손익액이 모두 결손인 법인을 의미함.

> **평가기준일 현재 의결권이 없는 주식도 할증평가 대상인지 여부**(서일 46014-10519, 2003. 4. 24.; 서면4팀-3801, 2006. 11. 17.)
>
> 상증세법 제63조 제3항의 규정에 의하여 최대주주가 보유한 주식에 대한 할증평가율을 적용하는 경우 당해 법인의 발행주식총수와 최대주주의 보유주식수에는 상법 제369조 제2항의 규정에 의하여 평가기준일 현재 의결권이 제한되는 자기주식은 포함되지 아니하는 것임.

사항색인

저자 주요 약력

홍 효 식

서울지방검찰청 검사
법무부 송무과 검사
서울지검 동부지청 검사
국민고충처리위원회(현 국민권익위원회) 법률보좌관(파견 근무)
광주지방검찰청 해남지청장
서울북부지방검찰청 형사2부장검사
서울서부지방검찰청 형사1부장검사
창원지방검찰청 통영지청장
수원지검 안양지청 차장검사
춘천지방검찰청 차장검사
서울고등검찰청 부장검사
광주고등검찰청 부장검사
現 서울고등검찰청 세월호 관련 국가소송수행단장 겸 조세소송 담당검사

서울고등검찰청 송무부 조세팀 명단

공익법무관   박 주 성
공익법무관   정 광 욱
공익법무관   최 호 준
공익법무관   진 지 헌
공익법무관   박 근 영
공익법무관   최 석 준

최신사례를 통한
상속·증여세법의 이해

초판발행   2019년 7월 20일
중판발행   2019년 9월 10일

지은이   홍효식
펴낸이   안종만·안상준

편 집   이승현
기획/마케팅   조성호
표지디자인   BENSTORY
제 작   우인도·고철민

펴낸곳   (주)박영사
            서울특별시 종로구 새문안로3길 36, 1601
            등록 1959. 3. 11. 제300-1959-1호(倫)

전 화   02)733-6771
f a x   02)736-4818
e-mail   pys@pybook.co.kr
homepage   www.pybook.co.kr
ISBN   979-11-303-3455-4 93360

정 가   49,000원